U0940744

中国社会出版社

沈阳何氏眼科医院组建
辽宁省青年爱心流动医院，支援灾区

中国社会组织促进会在京成立

全国社会组织管理暨执法监察工作会议

南京市一家亲互助社开展公益活动

陕西省社会公益基金会开展“我们在一起”大型书画义卖赈灾活动

南京市白下区基层社会组织“爱心家园”在为溧水特困家庭送温暖

基金会评估工作总结暨授牌大会

民政部民间组织管理局开展“孺子牛”志愿服务行动

中国社会组织年鉴 2009

中国社会组织年鉴编委会 编

中国社会出版社

编辑说明

一、《中国社会组织年鉴2009》是由中华人民共和国民政部民间组织管理局组织、主持编纂，中国社会出版社编辑出版的全面反映我国社会组织事业发展里程和成就的大型权威性、资料性、综合性工具书。本书对社会组织登记管理机关干部、从事社会组织研究和教学的人员、社会组织从业人员，以及国际社会了解和研究我国社会组织事业的发展状况，具有重要的参考价值。

二、本书主要收录了2008年度中央及地方各级有关部门制定发布的有关社会组织登记管理的政策法规。

本书同时收录了民政部及部分地方省市领导的重要论述，全国和各省、自治区、直辖市及计划单列市社会组织工作综述，有关社会组织建设、发展和管理的理论研究成果等。

本书还收录了一些社会组织在社会各领域发挥积极作用的典型案例。

三、本书大部分内容按照文件发布时间、各省、自治区、直辖市行政序列编排。在编辑过程中，得到了各省、自治区、直辖市、计划单列市的社会组织登记管理机关的大力支持，在此深表谢意。由于水平有限，难免有疏漏之处，敬请批评、指正。

四、本书由“公平发展　公共治理”项目资助出版。

《中国社会组织年鉴2009》编辑委员会

2009年6月

《中国社会组织年鉴2009》编委会名单

目　录

第一编　政策法规

第二编　重要讲话和论述

第三编　工作综述

第四编　调研报告

第五编 理论研究

第六编　社会组织风采

·第一编·

政策法规

社会团体登记管理条例

（中华人民共和国国务院令第250号
1998年10月25日）

第一章 总 则

第一条 为了保障公民的结社自由，维护社会团体的合法权益，加强对社会团体的登记管理，促进社会主义物质文明、精神文明建设，制定本条例。

第二条 本条例所称社会团体，是指中国公民自愿组成，为实现会员共同意愿，按照其章程开展活动的非营利性社会组织。

国家机关以外的组织可以作为单位会员加入社会团体。

第三条 成立社会团体，应当经其业务主管单位审查同意，并依照本条例的规定进行登记。

社会团体应当具备法人条件。

下列团体不属于本条例规定登记的范围：

（一）参加中国人民政治协商会议的人民团体；

（二）由国务院机构编制管理机关核定，并经国务院批准免于登记的团体；

（三）机关、团体、企业事业单位内部经本单位批准成立、在本单位内部活动的团体。

第四条 社会团体必须遵守宪法、法律、法规和国家政策，不得反对宪法确定的基本原则，不得危害国家的统一、安全和民族的团结，不得损害国家利益、社会公共利益以及其他组织和公民的合法权益，不得违背社会道德风尚。

社会团体不得从事营利性经营活动。

第五条 国家保护社会团体依照法律、法规及其章程开展活动，任何组织和个人不得非法干涉。

第六条 国务院民政部门和县级以上地方各级人民政府民政部门是本

级人民政府的社会团体登记管理机关（以下简称登记管理机关）。

国务院有关部门和县级以上地方各级人民政府有关部门、国务院或者县级以上地方各级人民政府授权的组织，是有关行业、学科或者业务范围内社会团体的业务主管单位（以下简称业务主管单位）。

法律、行政法规对社会团体的监督管理另有规定的，依照有关法律、行政法规的规定执行。

第二章　管　辖

第七条　全国性的社会团体，由国务院的登记管理机关负责登记管理；地方性的社会团体，由所在地人民政府的登记管理机关负责登记管理；跨行政区域的社会团体，由所跨行政区域的共同上一级人民政府的登记管理机关负责登记管理。

第八条　登记管理机关、业务主管单位与其管辖的社会团体的住所不在一地的，可以委托社会团体住所地的登记管理机关、业务主管单位负责委托范围内的监督管理工作。

第三章　成立登记

第九条　申请成立社会团体，应当经其业务主管单位审查同意，由发起人向登记管理机关申请筹备。

第十条　成立社会团体，应当具备下列条件：

（一）有 50 个以上的个人会员或者 30 个以上的单位会员，个人会员、单位会员混合组成的，会员总数不得少于 50 个；

（二）有规范的名称和相应的组织机构；

（三）有固定的住所；

（四）有与其业务活动相适应的专职工作人员；

（五）有合法的资产和经费来源，全国性的社会团体有 10 万元以上活动资金，地方性的社会团体和跨行政区域的社会团体有 3 万元以上活动资金；

（六）有独立承担民事责任的能力。

社会团体的名称应当符合法律、法规的规定，不得违背社会道德风尚。社会团体的名称应当与其业务范围、成员分布、活动地域相一致，准确反映其特征。全国性的社会团体的名称冠以“中国”、“全国”、“中华”等字样的，应当按照国家有关规定经过批准，地方性的社会团体的名称不得冠以“中国”、“全国”、“中华”等字样。

第十一条 申请筹备成立社会团体，发起人应当向登记管理机关提交下列文件：

（一）筹备申请书；

（二）业务主管单位的批准文件；

（三）验资报告、场所使用权证明；

（四）发起人和拟任负责人的基本情况、身份证明；

（五）章程草案。

第十二条 登记管理机关应当自收到本条例第十一条所列全部有效文件之日起 60 日内，作出批准或者不批准筹备的决定；不批准的，应当向发起人说明理由。

第十三条 有下列情形之一的，登记管理机关不予批准筹备：

（一）有根据证明申请筹备的社会团体的宗旨、业务范围不符合本条例第四条的规定的；

（二）在同一行政区域内已有业务范围相同或者相似的社会团体，没有必要成立的；

（三）发起人、拟任负责人正在或者曾经受到剥夺政治权利的刑事处罚，或者不具有完全民事行为能力的；

（四）在申请筹备时弄虚作假的；

（五）有法律、行政法规禁止的其他情形的。

第十四条 筹备成立的社会团体，应当自登记管理机关批准筹备之日起 6 个月内召开会员大会或者会员代表大会，通过章程，产生执行机构、负责人和法定代表人，并向登记管理机关申请成立登记。筹备期间不得开展筹备以外的活动。

社会团体的法定代表人，不得同时担任其他社会团体的法定代表人。

第十五条 社会团体的章程应当包括下列事项：

（一）名称、住所；

（二）宗旨、业务范围和活动地域；

（三）会员资格及其权利、义务；

（四）民主的组织管理制度，执行机构的产生程序；

（五）负责人的条件和产生、罢免的程序；

（六）资产管理和使用的原则；

（七）章程的修改程序；

（八）终止程序和终止后资产的处理；

（九）应当由章程规定的其他事项。

第十六条 登记管理机关应当自收到完成筹备工作的社会团体的登记申请书及有关文件之日起30日内完成审查工作。对没有本条例第十三条所列情形，且筹备工作符合要求、章程内容完备的社会团体，准予登记，发给《社会团体法人登记证书》。登记事项包括：

（一）名称；

（二）住所；

（三）宗旨、业务范围和活动地域；

（四）法定代表人；

（五）活动资金；

（六）业务主管单位。

对不予登记的，应当将不予登记的决定通知申请人。

第十七条 依照法律规定，自批准成立之日起即具有法人资格的社会团体，应当自批准成立之日起60日内向登记管理机关备案。登记管理机关自收到备案文件之日起30日内发给《社会团体法人登记证书》。

社会团体备案事项，除本条例第十六条所列事项外，还应当包括业务主管单位依法出具的批准文件。

第十八条 社会团体凭《社会团体法人登记证书》申请刻制印章，开立银行账户。社会团体应当将印章式样和银行账号报登记管理机关备案。

第十九条 社会团体成立后拟设立分支机构、代表机构的，应当经业务主管单位审查同意，向登记管理机关提交有关分支机构、代表机构的名称、业务范围、场所和主要负责人等情况的文件，申请登记。

社会团体的分支机构、代表机构是社会团体的组成部分，不具有法人资格，应当按照其所属的社会团体的章程所规定的宗旨和业务范围，在该社会团体授权的范围内开展活动、发展会员。社会团体的分支机构不得再设立分支机构。

社会团体不得设立地域性的分支机构。

第四章 变更登记、注销登记

第二十条 社会团体的登记事项、备案事项需要变更的，应当自业务主管单位审查同意之日起30日内，向登记管理机关申请变更登记、变更备案（以下统称变更登记）。

社会团体修改章程，应当自业务主管单位审查同意之日起30日内，报登记管理机关核准。

第二十一条 社会团体有下列情形之一的，应当在业务主管单位审查同意后，向登记管理机关申请注销登记、注销备案（以下统称注销登记）：

（一）完成社会团体章程规定的宗旨的；

（二）自行解散的；

（三）分立、合并的；

（四）由于其他原因终止的。

第二十二条 社会团体在办理注销登记前，应当在业务主管单位及其他有关机关的指导下，成立清算组织，完成清算工作。清算期间，社会团体不得开展清算以外的活动。

第二十三条 社会团体应当自清算结束之日起15日内向登记管理机关办理注销登记。办理注销登记，应当提交法定代表人签署的注销登记申请书、业务主管单位的审查文件和清算报告书。

登记管理机关准予注销登记的，发给注销证明文件，收缴该社会团体的登记证书、印章和财务凭证。

第二十四条 社会团体撤销其所属分支机构、代表机构的，经业务主管单位审查同意后，办理注销手续。

社会团体注销的，其所属分支机构、代表机构同时注销。

第二十五条 社会团体处分注销后的剩余财产，按照国家有关规定办理。

第二十六条 社会团体成立、注销或者变更名称、住所、法定代表人，由登记管理机关予以公告。

第五章 监督管理

第二十七条 登记管理机关履行下列监督管理职责：

（一）负责社会团体的成立、变更、注销的登记或者备案；

（二）对社会团体实施年度检查；

（三）对社会团体违反本条例的问题进行监督检查，对社会团体违反本条例的行为给予行政处罚。

第二十八条 业务主管单位履行下列监督管理职责：

（一）负责社会团体筹备申请、成立登记、变更登记、注销登记前的审查；

（二）监督、指导社会团体遵守宪法、法律、法规和国家政策，依据其章程开展活动；

（三）负责社会团体年度检查的初审；

（四）协助登记管理机关和其他有关部门查处社会团体的违法行为；

（五）会同有关机关指导社会团体的清算事宜。

业务主管单位履行前款规定的职责，不得向社会团体收取费用。

第二十九条 社会团体的资产来源必须合法，任何单位和个人不得侵占、私分或者挪用社会团体的资产。

社会团体的经费，以及开展章程规定的活动按照国家有关规定所取得的合法收入，必须用于章程规定的业务活动，不得在会员中分配。

社会团体接受捐赠、资助，必须符合章程规定的宗旨和业务范围，必须根据与捐赠人、资助人约定的期限、方式和合法用途使用。社会团体应当向业务主管单位报告接受、使用捐赠、资助的有关情况，并应当将有关情况以适当方式向社会公布。

社会团体专职工作人员的工资和保险福利待遇，参照国家对事业单位的有关规定执行。

第三十条 社会团体必须执行国家规定的财务管理制度，接受财政部门的监督；资产来源属于国家拨款或者社会捐赠、资助的，还应当接受审计机关的监督。

社会团体在换届或者更换法定代表人之前，登记管理机关、业务主管单位应当组织对其进行财务审计。

第三十一条 社会团体应当于每年3月31日前向业务主管单位报送上一年度的工作报告，经业务主管单位初审同意后，于5月31日前报送登记管理机关，接受年度检查。工作报告的内容包括：本社会团体遵守法律法规和国家政策的情况、依照本条例履行登记手续的情况、按照章程开展活动的情况、人员和机构变动的情况以及财务管理的情况。

对于依照本条例第十七条的规定发给《社会团体法人登记证书》的社会团体，登记管理机关对其应当简化年度检查的内容。

第六章　罚　则

第三十二条 社会团体在申请登记时弄虚作假，骗取登记的，或者自取得《社会团体法人登记证书》之日起1年未开展活动的，由登记管理机关予以撤销登记。

第三十三条 社会团体有下列情形之一的，由登记管理机关给予警告，责令改正，可以限期停止活动，并可以责令撤换直接负责的主管人员；情节严重的，予以撤销登记；构成犯罪的，依法追究刑事责任。

（一）涂改、出租、出借《社会团体法人登记证书》，或者出租、出借社会团体印章的；

（二）超出章程规定的宗旨和业务范围进行活动的；

（三）拒不接受或者不按照规定接受监督检查的；

（四）不按照规定办理变更登记的；

（五）擅自设立分支机构、代表机构，或者对分支机构、代表机构疏于管理，造成严重后果的；

（六）从事营利性的经营活动的；

（七）侵占、私分、挪用社会团体资产或者所接受的捐赠、资助的；

（八）违反国家有关规定收取费用、筹集资金或者接受、使用捐赠、资助的。

前款规定的行为有违法经营额或者违法所得的，予以没收，可以并处违法经营额1倍以上3倍以下或者违法所得3倍以上5倍以下的罚款。

第三十四条 社会团体的活动违反其他法律、法规的，由有关国家机关依法处理；有关国家机关认为应当撤销登记的，由登记管理机关撤销登记。

第三十五条 未经批准，擅自开展社会团体筹备活动，或者未经登记，擅自以社会团体名义进行活动，以及被撤销登记的社会团体继续以社会团体名义进行活动的，由登记管理机关予以取缔，没收非法财产；构成犯罪的，依法追究刑事责任；尚不构成犯罪的，依法给予治安管理处罚。

第三十六条 社会团体被责令限期停止活动的，由登记管理机关封存《社会团体法人登记证书》、印章和财务凭证。

社会团体被撤销登记的，由登记管理机关收缴《社会团体法人登记证书》和印章。

第三十七条 登记管理机关、业务主管单位的工作人员滥用职权、徇私舞弊、玩忽职守构成犯罪的，依法追究刑事责任；尚不构成犯罪的，依法给予行政处分。

第七章　附　则

第三十八条 《社会团体法人登记证书》的式样由国务院民政部门制定。

对社会团体进行年度检查不得收取费用。

第三十九条 本条例施行前已经成立的社会团体，应当自本条例施行之日起1年内依照本条例有关规定申请重新登记。

第四十条 本条例自发布之日起施行。1989年10月25日国务院发布的《社会团体登记管理条例》同时废止。

民办非企业单位登记管理暂行条例

（中华人民共和国国务院令第 251 号
1998 年 10 月 25 日）

第一章　总　则

第一条　为了规范民办非企业单位的登记管理，保障民办非企业单位的合法权益，促进社会主义物质文明、精神文明建设，制定本条例。

第二条　本条例所称民办非企业单位，是指企业事业单位、社会团体和其他社会力量以及公民个人利用非国有资产举办的，从事非营利性社会服务活动的社会组织。

第三条　成立民办非企业单位，应当经其业务主管单位审查同意，并依照本条例的规定登记。

第四条　民办非企业单位应当遵守宪法、法律、法规和国家政策，不得反对宪法确定的基本原则，不得危害国家的统一、安全和民族的团结，不得损害国家利益、社会公共利益以及其他社会组织和公民的合法权益，不得违背社会道德风尚。

民办非企业单位不得从事营利性经营活动。

第五条　国务院民政部门和县级以上地方各级人民政府民政部门是本级人民政府的民办非企业单位登记管理机关（以下简称登记管理机关）。

国务院有关部门和县级以上地方各级人民政府的有关部门、国务院或者县级以上地方各级人民政府授权的组织，是有关行业、业务范围内民办非企业单位的业务主管单位（以下简称业务主管单位）。

法律、行政法规对民办非企业单位的监督管理另有规定的，依照有关法律、行政法规的规定执行。

第二章　管　辖

第六条　登记管理机关负责同级业务主管单位审查同意的民办非企业单位的登记管理。

第七条　登记管理机关、业务主管单位与其管辖的民办非企业单位的住所不在一地的，可以委托民办非企业单位住所地的登记管理机关、业务主管单位负责委托范围内的监督管理工作。

第三章　登　记

第八条　申请登记民办非企业单位，应当具备下列条件：

（一）经业务主管单位审查同意；

（二）有规范的名称、必要的组织机构；

（三）有与其业务活动相适应的从业人员；

（四）有与其业务活动相适应的合法财产；

（五）有必要的场所。

民办非企业单位的名称应当符合国务院民政部门的规定，不得冠以“中国”、“全国”、“中华”等字样。

第九条　申请民办非企业单位登记，举办者应当向登记管理机关提交下列文件：

（一）登记申请书；

（二）业务主管单位的批准文件；

（三）场所使用权证明；

（四）验资报告；

（五）拟任负责人的基本情况、身份证明；

（六）章程草案。

第十条　民办非企业单位的章程应当包括下列事项：

（一）名称、住所；

（二）宗旨和业务范围；

（三）组织管理制度；

（四）法定代表人或者负责人的产生、罢免的程序；

（五）资产管理和使用的原则；

（六）章程的修改程序；

（七）终止程序和终止后资产的处理；

（八）需要由章程规定的其他事项。

第十一条　登记管理机关应当自收到成立登记申请的全部有效文件之日起60日内作出准予登记或者不予登记的决定。

有下列情形之一的，登记管理机关不予登记，并向申请人说明理由：

（一）有根据证明申请登记的民办非企业单位的宗旨、业务范围不符合本条例第四条规定的；

（二）在申请成立时弄虚作假的；

（三）在同一行政区域内已有业务范围相同或者相似的民办非企业单位，没有必要成立的；

（四）拟任负责人正在或者曾经受到剥夺政治权利的刑事处罚，或者不具有完全民事行为能力的；

（五）有法律、行政法规禁止的其他情形的。

第十二条 准予登记的民办非企业单位，由登记管理机关登记民办非企业单位的名称、住所、宗旨和业务范围、法定代表人或者负责人、开办资金、业务主管单位，并根据其依法承担民事责任的不同方式，分别发给《民办非企业单位（法人）登记证书》、《民办非企业单位（合伙）登记证书》、《民办非企业单位（个体）登记证书》。

依照法律、其他行政法规规定，经有关主管部门依法审核或者登记，已经取得相应的执业许可证书的民办非企业单位，登记管理机关应当简化登记手续，凭有关主管部门出具的执业许可证明文件，发给相应的民办非企业单位登记证书。

第十三条 民办非企业单位不得设立分支机构。

第十四条 民办非企业单位凭登记证书申请刻制印章，开立银行账户。民办非企业单位应当将印章式样、银行账号报登记管理机关备案。

第十五条 民办非企业单位的登记事项需要变更的，应当自业务主管单位审查同意之日起 30 日内，向登记管理机关申请变更登记。

民办非企业单位修改章程，应当自业务主管单位审查同意之日起 30 日内，报登记管理机关核准。

第十六条 民办非企业单位自行解散的，分立、合并的，或者由于其他原因需要注销登记的，应当向登记管理机关办理注销登记。

民办非企业单位在办理注销登记前，应当在业务主管单位和其他有关机关的指导下，成立清算组织，完成清算工作。清算期间，民办非企业单位不得开展清算以外的活动。

第十七条 民办非企业单位法定代表人或者负责人应当自完成清算之日起 15 日内，向登记管理机关办理注销登记。办理注销登记，须提交注销登记申请书、业务主管单位的审查文件和清算报告。

登记管理机关准予注销登记的，发给注销证明文件，收缴登记证书、印章和财务凭证。

第十八条 民办非企业单位成立、注销以及变更名称、住所、法定代表人或者负责人，由登记管理机关予以公告。

第四章 监督管理

第十九条 登记管理机关履行下列监督管理职责：

（一）负责民办非企业单位的成立、变更、注销登记；

（二）对民办非企业单位实施年度检查；

（三）对民办非企业单位违反本条例的问题进行监督检查，对民办非企业单位违反本条例的行为给予行政处罚。

第二十条 业务主管单位履行下列监督管理职责：

（一）负责民办非企业单位成立、变更、注销登记前的审查；

（二）监督、指导民办非企业单位遵守宪法、法律、法规和国家政策，按照章程开展活动；

（三）负责民办非企业单位年度检查的初审；

（四）协助登记管理机关和其他有关部门查处民办非企业单位的违法行为；

（五）会同有关机关指导民办非企业单位的清算事宜。

业务主管单位履行前款规定的职责，不得向民办非企业单位收取费用。

第二十一条 民办非企业单位的资产来源必须合法，任何单位和个人不得侵占、私分或者挪用民办非企业单位的资产。

民办非企业单位开展章程规定的活动，按照国家有关规定取得的合法收入，必须用于章程规定的业务活动。

民办非企业单位接受捐赠、资助，必须符合章程规定的宗旨和业务范围，必须根据与捐赠人、资助人约定的期限、方式和合法用途使用。民办非企业单位应当向业务主管单位报告接受、使用捐赠、资助的有关情况，并应当将有关情况以适当方式向社会公布。

第二十二条 民办非企业单位必须执行国家规定的财务管理制度，接受财政部门的监督；资产来源属于国家资助或者社会捐赠、资助的，还应当接受审计机关的监督。

民办非企业单位变更法定代表人或者负责人，登记管理机关、业务主管单位应当组织对其进行财务审计。

第二十三条 民办非企业单位应当于每年 3 月 31 日前向业务主管单位报送上一年度的工作报告，经业务主管单位初审同意后，于 5 月 31 日前报送登记管理机关，接受年度检查。工作报告内容包括：本民办非企业单位遵守法律法规和国家政策的情况、依照本条例履行登记手续的情况、按照章程开展活动的情况、人员和机构变动的情况以及财务管理的情况。

对于依照本条例第十二条第二款的规定发给登记证书的民办非企业单位，登记管理机关对其应当简化年度检查的内容。

第五章　罚　则

第二十四条　民办非企业单位在申请登记时弄虚作假，骗取登记的，或者业务主管单位撤销批准的，由登记管理机关予以撤销登记。

第二十五条　民办非企业单位有下列情形之一的，由登记管理机关予以警告，责令改正，可以限期停止活动；情节严重的，予以撤销登记；构成犯罪的，依法追究刑事责任：

（一）涂改、出租、出借民办非企业单位登记证书，或者出租、出借民办非企业单位印章的；

（二）超出其章程规定的宗旨和业务范围进行活动的；

（三）拒不接受或者不按照规定接受监督检查的；

（四）不按照规定办理变更登记的；

（五）设立分支机构的；

（六）从事营利性的经营活动的；

（七）侵占、私分、挪用民办非企业单位的资产或者所接受的捐赠、资助的；

（八）违反国家有关规定收取费用、筹集资金或者接受使用捐赠、资助的。

前款规定的行为有违法经营额或者违法所得的，予以没收，可以并处违法经营额1倍以上3倍以下或者违法所得3倍以上5倍以下的罚款。

第二十六条　民办非企业单位的活动违反其他法律、法规的，由有关国家机关依法处理；有关国家机关认为应当撤销登记的，由登记管理机关撤销登记。

第二十七条　未经登记，擅自以民办非企业单位名义进行活动的，或者被撤销登记的民办非企业单位继续以民办非企业单位名义进行活动的，由登记管理机关予以取缔，没收非法财产；构成犯罪的，依法追究刑事责任；尚不构成犯罪的，依法给予治安管理处罚。

第二十八条　民办非企业单位被限期停止活动的，由登记管理机关封存其登记证书、印章和财务凭证。

民办非企业单位被撤销登记的，由登记管理机关收缴登记证书和印章。

第二十九条 登记管理机关、业务主管单位的工作人员滥用职权、徇私舞弊、玩忽职守构成犯罪的，依法追究刑事责任；尚不构成犯罪的，依法给予行政处分。

第六章 附 则

第三十条 民办非企业单位登记证书的式样由国务院民政部门制定。

对民办非企业单位进行年度检查不得收取费用。

第三十一条 本条例施行前已经成立的民办非企业单位，应当自本条例实施之日起1年内依照本条例有关规定申请登记。

第三十二条 本条例自发布之日起施行。

基金会管理条例

（中华人民共和国国务院令第400号

2004年3月8日）

第一章 总 则

第一条 为了规范基金会的组织和活动，维护基金会、捐赠人和受益人的合法权益，促进社会力量参与公益事业，制定本条例。

第二条 本条例所称基金会，是指利用自然人、法人或者其他组织捐赠的财产，以从事公益事业为目的，按照本条例的规定成立的非营利性法人。

第三条 基金会分为面向公众募捐的基金会（以下简称公募基金会）和不得面向公众募捐的基金会（以下简称非公募基金会）。公募基金会按照募捐的地域范围，分为全国性公募基金会和地方性公募基金会。

第四条 基金会必须遵守宪法、法律、法规、规章和国家政策，不得危害国家安全、统一和民族团结，不得违背社会公德。

第五条 基金会依照章程从事公益活动，应当遵循公开、透明的原则。

第六条 国务院民政部门和省、自治区、直辖市人民政府民政部门是基金会的登记管理机关。

国务院民政部门负责下列基金会、基金会代表机构的登记管理工作：

（一）全国性公募基金会；

（二）拟由非内地居民担任法定代表人的基金会；

（三）原始基金超过2000万元，发起人向国务院民政部门提出设立申请的非公募基金会；

（四）境外基金会在中国内地设立的代表机构。

省、自治区、直辖市人民政府民政部门负责本行政区域内地方性公募基金会和不属于前款规定情况的非公募基金会的登记管理工作。

第七条 国务院有关部门或者国务院授权的组织，是国务院民政部门登记的基金会、境外基金会代表机构的业务主管单位。

省、自治区、直辖市人民政府有关部门或者省、自治区、直辖市人民政府授权的组织，是省、自治区、直辖市人民政府民政部门登记的基金会的业务主管单位。

第二章 设立、变更和注销

第八条 设立基金会，应当具备下列条件：

（一）为特定的公益目的而设立；

（二）全国性公募基金会的原始基金不低于800万元人民币，地方性公募基金会的原始基金不低于400万元人民币，非公募基金会的原始基金不低于200万元人民币；原始基金必须为到账货币资金；

（三）有规范的名称、章程、组织机构以及与其开展活动相适应的专职工作人员；

（四）有固定的住所；

（五）能够独立承担民事责任。

第九条 申请设立基金会，申请人应当向登记管理机关提交下列文件：

（一）申请书；

（二）章程草案；

（三）验资证明和住所证明；

（四）理事名单、身份证明以及拟任理事长、副理事长、秘书长简历；

（五）业务主管单位同意设立的文件。

第十条 基金会章程必须明确基金会的公益性质，不得规定使特定自然人、法人或者其他组织受益的内容。

基金会章程应当载明下列事项：

（一）名称及住所；

（二）设立宗旨和公益活动的业务范围；

（三）原始基金数额；

（四）理事会的组成、职权和议事规则，理事的资格、产生程序和任期；

（五）法定代表人的职责；

（六）监事的职责、资格、产生程序和任期；

（七）财务会计报告的编制、审定制度；

（八）财产的管理、使用制度；

（九）基金会的终止条件、程序和终止后财产的处理。

第十一条 登记管理机关应当自收到本条例第九条所列全部有效文件之日起60日内，作出准予或者不予登记的决定。准予登记的，发给《基金会法人登记证书》；不予登记的，应当书面说明理由。

基金会设立登记的事项包括：名称、住所、类型、宗旨、公益活动的业务范围、原始基金数额和法定代表人。

第十二条 基金会拟设立分支机构、代表机构的，应当向原登记管理机关提出登记申请，并提交拟设机构的名称、住所和负责人等情况的文件。

登记管理机关应当自收到前款所列全部有效文件之日起60日内作出准予或者不予登记的决定。准予登记的，发给《基金会分支（代表）机构登记证书》；不予登记的，应当书面说明理由。

基金会分支机构、基金会代表机构设立登记的事项包括：名称、住所、公益活动的业务范围和负责人。

基金会分支机构、基金会代表机构依据基金会的授权开展活动，不具有法人资格。

第十三条 境外基金会在中国内地设立代表机构，应当经有关业务主管单位同意后，向登记管理机关提交下列文件：

（一）申请书；

（二）基金会在境外依法登记成立的证明和基金会章程；

（三）拟设代表机构负责人身份证明及简历；

（四）住所证明；

（五）业务主管单位同意在中国内地设立代表机构的文件。

登记管理机关应当自收到前款所列全部有效文件之日起60日内，作出准予或者不予登记的决定。准予登记的，发给《境外基金会代表机构登记证书》；不予登记的，应当书面说明理由。

境外基金会代表机构设立登记的事项包括：名称、住所、公益活动的业务范围和负责人。

境外基金会代表机构应当从事符合中国公益事业性质的公益活动。境外基金会对其在中国内地代表机构的民事行为，依照中国法律承担民事责任。

第十四条 基金会、境外基金会代表机构依照本条例登记后，应当依法办理税务登记。

基金会、境外基金会代表机构，凭登记证书依法申请组织机构代码、刻制印章、开立银行账户。

基金会、境外基金会代表机构应当将组织机构代码、印章式样、银行账号以及税务登记证件复印件报登记管理机关备案。

第十五条 基金会、基金会分支机构、基金会代表机构和境外基金会代表机构的登记事项需要变更的，应当向登记管理机关申请变更登记。

基金会修改章程，应当征得其业务主管单位的同意，并报登记管理机关核准。

第十六条 基金会、境外基金会代表机构有下列情形之一的，应当向登记管理机关申请注销登记：

（一）按照章程规定终止的；

（二）无法按照章程规定的宗旨继续从事公益活动的；

（三）由于其他原因终止的。

第十七条 基金会撤销其分支机构、代表机构的，应当向登记管理机关办理分支机构、代表机构的注销登记。

基金会注销的，其分支机构、代表机构同时注销。

第十八条 基金会在办理注销登记前，应当在登记管理机关、业务主管单位的指导下成立清算组织，完成清算工作。

基金会应当自清算结束之日起15日内向登记管理机关办理注销登记；在清算期间不得开展清算以外的活动。

第十九条 基金会、基金会分支机构、基金会代表机构以及境外基金会代表机构的设立、变更、注销登记，由登记管理机关向社会公告。

第三章　组织机构

第二十条　基金会设理事会，理事为5人至25人，理事任期由章程规定，但每届任期不得超过5年。理事任期届满，连选可以连任。

用私人财产设立的非公募基金会，相互间有近亲属关系的基金会理事，总数不得超过理事总人数的三分之一；其他基金会，具有近亲属关系的不得同时在理事会任职。

在基金会领取报酬的理事不得超过理事总人数的三分之一。

理事会设理事长、副理事长和秘书长，从理事中选举产生，理事长是基金会的法定代表人。

第二十一条　理事会是基金会的决策机构，依法行使章程规定的职权。

理事会每年至少召开2次会议。理事会会议须有三分之二以上理事出席方能召开；理事会决议须经出席理事过半数通过方为有效。

下列重要事项的决议，须经出席理事表决，三分之二以上通过方为有效：

（一）章程的修改；

（二）选举或者罢免理事长、副理事长、秘书长；

（三）章程规定的重大募捐、投资活动；

（四）基金会的分立、合并。

理事会会议应当制作会议记录，并由出席理事审阅、签名。

第二十二条　基金会设监事。监事任期与理事任期相同。理事、理事的近亲属和基金会财会人员不得兼任监事。

监事依照章程规定的程序检查基金会财务和会计资料，监督理事会遵守法律和章程的情况。

监事列席理事会会议，有权向理事会提出质询和建议，并应当向登记管理机关、业务主管单位以及税务、会计主管部门反映情况。

第二十三条　基金会理事长、副理事长和秘书长不得由现职国家工作人员兼任。基金会的法定代表人，不得同时担任其他组织的法定代表人。公募基金会和原始基金来自中国内地的非公募基金会的法定代表人，应当由内地居民担任。

因犯罪被判处管制、拘役或者有期徒刑，刑期执行完毕之日起未逾5年的，因犯罪被判处剥夺政治权利正在执行期间或者曾经被判处剥夺政治权利的，以及曾在因违法被撤销登记的基金会担任理事长、副理事长或者秘书长，且对该基金会的违法行为负有个人责任，自该基金会被撤销之日起未逾5年的，不得担任基金会的理事长、副理事长或者秘书长。

基金会理事遇有个人利益与基金会利益关联时，不得参与相关事宜的决策；基金会理事、监事及其近亲属不得与其所在的基金会有任何交易行为。

监事和未在基金会担任专职工作的理事不得从基金会获取报酬。

第二十四条 担任基金会理事长、副理事长或者秘书长的香港居民、澳门居民、台湾居民、外国人以及境外基金会代表机构的负责人，每年在中国内地居留时间不得少于3个月。

第四章 财产的管理和使用

第二十五条 基金会组织募捐、接受捐赠，应当符合章程规定的宗旨和公益活动的业务范围。境外基金会代表机构不得在中国境内组织募捐、接受捐赠。

公募基金会组织募捐，应当向社会公布募得资金后拟开展的公益活动和资金的详细使用计划。

第二十六条 基金会及其捐赠人、受益人依照法律、行政法规的规定享受税收优惠。

第二十七条 基金会的财产及其他收入受法律保护，任何单位和个人不得私分、侵占、挪用。

基金会应当根据章程规定的宗旨和公益活动的业务范围使用其财产；捐赠协议明确了具体使用方式的捐赠，根据捐赠协议的约定使用。

接受捐赠的物资无法用于符合其宗旨的用途时，基金会可以依法拍卖或者变卖，所得收入用于捐赠目的。

第二十八条 基金会应当按照合法、安全、有效的原则实现基金的保值、增值。

第二十九条 公募基金会每年用于从事章程规定的公益事业支出，不得低于上一年总收入的70%；非公募基金会每年用于从事章程规定的公益事业支出，不得低于上一年基金余额的8%。

基金会工作人员工资福利和行政办公支出不得超过当年总支出的10%。

第三十条 基金会开展公益资助项目，应当向社会公布所开展的公益资助项目种类以及申请、评审程序。

第三十一条 基金会可以与受助人签订协议，约定资助方式、资助数额以及资金用途和使用方式。

基金会有权对资助的使用情况进行监督。受助人未按协议约定使用资助或者有其他违反协议情形的，基金会有权解除资助协议。

第三十二条 基金会应当执行国家统一的会计制度，依法进行会计核算，建立健全内部会计监督制度。

第三十三条 基金会注销后的剩余财产应当按照章程的规定用于公益目的；无法按照章程规定处理的，由登记管理机关组织捐赠给与该基金会性质、宗旨相同的社会公益组织，并向社会公告。

第五章 监督管理

第三十四条 基金会登记管理机关履行下列监督管理职责：

（一）对基金会、境外基金会代表机构实施年度检查；

（二）对基金会、境外基金会代表机构依照本条例及其章程开展活动的情况进行日常监督管理；

（三）对基金会、境外基金会代表机构违反本条例的行为依法进行处罚。

第三十五条 基金会业务主管单位履行下列监督管理职责：

（一）指导、监督基金会、境外基金会代表机构依据法律和章程开展公益活动；

（二）负责基金会、境外基金会代表机构年度检查的初审；

（三）配合登记管理机关、其他执法部门查处基金会、境外基金会代表机构的违法行为。

第三十六条 基金会、境外基金会代表机构应当于每年 3 月 31 日前向登记管理机关报送上一年度工作报告，接受年度检查。年度工作报告在报送登记管理机关前应当经业务主管单位审查同意。

年度工作报告应当包括：财务会计报告、注册会计师审计报告，开展募捐、接受捐赠、提供资助等活动的情况以及人员和机构的变动情况等。

第三十七条 基金会应当接受税务、会计主管部门依法实施的税务监督和会计监督。

基金会在换届和更换法定代表人之前，应当进行财务审计。

第三十八条 基金会、境外基金会代表机构应当在通过登记管理机关的年度检查后，将年度工作报告在登记管理机关指定的媒体上公布，接受社会公众的查询、监督。

第三十九条 捐赠人有权向基金会查询捐赠财产的使用、管理情况，并提出意见和建议。对于捐赠人的查询，基金会应当及时如实答复。

基金会违反捐赠协议使用捐赠财产的，捐赠人有权要求基金会遵守捐赠协议或者向人民法院申请撤销捐赠行为、解除捐赠协议。

第六章　法律责任

第四十条　未经登记或者被撤销登记后以基金会、基金会分支机构、基金会代表机构或者境外基金会代表机构名义开展活动的，由登记管理机关予以取缔，没收非法财产并向社会公告。

第四十一条　基金会、基金会分支机构、基金会代表机构或者境外基金会代表机构有下列情形之一的，登记管理机关应当撤销登记：

（一）在申请登记时弄虚作假骗取登记的，或者自取得登记证书之日起 12 个月内未按章程规定开展活动的；

（二）符合注销条件，不按照本条例的规定办理注销登记仍继续开展活动的。

第四十二条　基金会、基金会分支机构、基金会代表机构或者境外基金会代表机构有下列情形之一的，由登记管理机关给予警告、责令停止活动；情节严重的，可以撤销登记：

（一）未按照章程规定的宗旨和公益活动的业务范围进行活动的；

（二）在填制会计凭证、登记会计账簿、编制财务会计报告中弄虚作假的；

（三）不按照规定办理变更登记的；

（四）未按照本条例的规定完成公益事业支出额度的；

（五）未按照本条例的规定接受年度检查，或者年度检查不合格的；

（六）不履行信息公布义务或者公布虚假信息的。

基金会、境外基金会代表机构有前款所列行为的，登记管理机关应当提请税务机关责令补交违法行为存续期间所享受的税收减免。

第四十三条　基金会理事会违反本条例和章程规定决策不当，致使基金会遭受财产损失的，参与决策的理事应当承担相应的赔偿责任。

基金会理事、监事以及专职工作人员私分、侵占、挪用基金会财产的，应当退还非法占用的财产；构成犯罪的，依法追究刑事责任。

第四十四条　基金会、境外基金会代表机构被责令停止活动的，由登记管理机关封存其登记证书、印章和财务凭证。

第四十五条　登记管理机关、业务主管单位工作人员滥用职权、玩忽职守、徇私舞弊，构成犯罪的，依法追究刑事责任；尚不构成犯罪的，依法给予行政处分或者纪律处分。

第七章　附　则

第四十六条　本条例所称境外基金会，是指在外国以及中华人民共和国香港特别行政区、澳门特别行政区和台湾地区合法成立的基金会。

第四十七条　基金会设立申请书、基金会年度工作报告的格式以及基金会章程范本，由国务院民政部门制订。

第四十八条　本条例自2004年6月1日起施行，1988年9月27日国务院发布的《基金会管理办法》同时废止。

本条例施行前已经设立的基金会、境外基金会代表机构，应当自本条例施行之日起6个月内，按照本条例的规定申请换发登记证书。

劳动和社会保障部、民政部关于社会组织专职工作人员参加养老保险有关问题的通知

（劳社部发［2008］11号　2008年3月18日）

各省、自治区、直辖市劳动和社会保障厅（局）、民政厅（局），新疆生产建设兵团劳动和社会保障局、民政局：

为进一步完善社会保障体系，扩大养老保险覆盖面，促进社会组织的健康发展，维护劳动者的合法权益，根据国家有关政策规定，现就社会组织专职工作人员参加养老保险的有关问题通知如下：

一、凡依法在各级民政部门登记的社会团体（包括社会团体分支机构和代表机构）、基金会（包括基金会分支机构和代表机构）、民办非企业单位、境外非政府组织驻华代表机构及其签订聘用合同或劳动合同的专职工作人员（不包括兼职人员、劳务派遣人员、返聘的离退休人员和纳入行政事业编制的人员），按属地管理原则，参加当地企业职工基本养老保险。

二、尚未参加企业职工基本养老保险的社会组织，应在当地规定的时间内，持民政部门颁发的《社会团体法人登记证书》、《社会团体分支机构、代表机构登记证书》、《基金会法人登记证书》、《基金会分支机构、代

表机构登记证书》、《境外基金会代表机构登记证书》或《民办非企业单位登记证书》及参保所需的文件材料，到住所所在地社会保险经办机构办理社会保险登记手续，参加企业职工基本养老保险。本通知下发之后成立的社会组织，应当自登记注册起30日内办理社会保险登记手续，参加企业职工基本养老保险。

三、社会组织及其专职工作人员应按规定缴纳基本养老保险费，其中社会组织的缴费基数为全部参保专职工作人员个人缴费工资之和。

四、社会组织及其专职工作人员在本通知下发前签订聘用合同或劳动合同的，可按当地有关规定补缴基本养老保险费。

五、社会组织专职工作人员曾在机关事业单位工作的，其符合国家规定的工作年限视同为基本养老保险缴费年限；曾在企业或以个人身份参保的，要按有关规定做好养老保险关系的接续工作。

六、鼓励有条件的社会组织按照有关规定为专职工作人员建立年金制度，以提高工作人员退休后的保障水平。

切实做好社会组织专职工作人员参加养老保险的工作，对保障他们的合法权益、构建和谐社会具有重要意义。各级劳动和社会保障、民政部门要密切配合，认真贯彻落实国家有关政策规定，做好组织实施工作。

国家发展改革委、国务院纠风办、民政部、工商总局、中编办、人民银行、国资委、法制办、财政部关于印发规范行业协会、市场中介组织服务和收费行为专项治理工作的实施意见的通知

（发改产业［2008］2351号　2008年8月29日）

国务院各有关部门，各省、自治区、直辖市发展改革委、经贸委（经委）、纠风办、民政厅（局）、工商局、编办、中国人民银行各分行、国资委、法制办、财政厅（局），新疆生产建设兵团发展改革委及相关部门：

为贯彻落实第十七届中央纪委第二次全会和全国纠风工作会议精神，切实做好规范行业协会、市场中介组织服务和收费行为专项治理工作，根据中央纪委《关于中央和国家机关贯彻落实2008年反腐倡廉工作任务的分工意见》（中纪发［2008］5号）的要求，我们制定了《关于规范行业协会、市场中介组织服务和收费行为专项治理工作的实施意见》，现印发给你们，请结合实际，认真贯彻执行。

关于规范行业协会、市场中介组织服务和收费行为专项治理工作的实施意见

为落实第十七届中央纪委第二次全会提出的“规范行业协会、市场中介组织服务和收费行为”的专项治理工作任务，按照2008年国务院第一次廉政工作会议和全国纠风工作会议的部署，根据中央纪委《关于中央和国家机关贯彻落实2008年反腐倡廉工作任务的分工意见》（中纪发［2008］5号）的要求，现提出如下实施意见：

一、指导思想、基本原则和总体目标

（一）指导思想

以邓小平理论和“三个代表”重要思想为指导，全面贯彻党的十七大精神，深入落实科学发展观，按照“依法行政、加强监管、严格自律、规范发展”的方针，集中整治当前行业协会和市场中介组织存在的突出问题，加快健全规范发展的长效机制，推动服务型政府建设，促进行业协会和市场中介组织健康发展，为构建社会主义和谐社会服务。

（二）基本原则

坚持谁主管谁负责，充分发挥登记管理机关、业务主管单位和职能部门的监管作用。

坚持突出重点、分类指导，针对行业协会和市场中介组织不同类别和属性，以解决突出问题为切入点，务求集中整治见实效。

坚持标本兼治、纠建并举，一边抓突出问题的解决，一边抓规范发展，完善监管体制，加强自律机制建设，健全政策法规体系。

坚持市场化发展方向，推进政府与行业协会和市场中介组织分开，创造公平发展环境，增强行业协会和市场中介组织服务能力。

（三）总体目标

用一年左右时间，解决行业协会和市场中介组织服务和收费行为不规

范、损害企业和群众利益等突出问题，使服务质量明显提高，会员满意度和社会公信力明显增强；用两到三年的时间，理顺政府与行业协会和市场中介组织关系，政策法规比较健全、监管体制比较完善、自律机制得到加强，行业协会和市场中介组织规范发展长效机制基本建立。

二、规范工作范围

专项治理规范工作的范围是：在民政部门登记的行业协会（包括：商会、同业公会、联合会等社团组织）；在工商等部门注册的经济鉴证类社会中介机构等与群众利益密切相关的市场中介组织。

三、规范工作主要任务及分工

（一）集中整治行业协会和市场中介组织下列四类问题：

一是行业协会违法违规强制入会、摊派会费、强行服务，未按照规定履行批准程序举办评比达标表彰活动，或者违反有关规定提供展览会、交易会、研讨会、培训、出国考察等方面服务的，以及违规设立“小金库”、乱收乱支的。（国务院纠风办、民政部等负责，排在前面的部门负牵头责任，下同）

二是行业协会违反民政部等六部门《关于规范社会团体收费行为有关问题的通知》（民发［2007］167号）规定，依靠代行行政管理职能或凭借垄断地位擅自设立收费项目、扩大收费范围、提高收费标准、增加企业和社会负担的。（国家发展改革委牵头）

三是经济鉴证类社会中介机构违法出具认定报告或出具虚假认定报告，借机谋取不正当利益的；市场中介组织提供虚假信息、搞恶性竞争，违反商业道德、严重侵害企业和群众利益的。（工商总局牵头）

四是社会中介机构在依法或接受委托授权实施认证、检验、鉴定以及举办资格考试等，不执行国家收费政策规定的；依据委托、授权的行政职能，或与行政机关、行使行政职能的事业单位、行业组织联合下发文件或协议，强制或变相强制委托人购买指定产品或接受指定服务并收费的；以及对委托人进行价格欺诈的。（国家发展改革委牵头）

（二）集中规范下列政府行政行为：

一是坚决纠正将特定行业协会和市场中介组织的服务作为行政许可的前置条件，进行指定服务；坚决纠正干预行业协会和市场中介组织依法自主开展活动等行为。（国务院纠风办牵头）

二是严肃查处政府部门把行业协会和市场中介组织作为自己的“小金

库”，利用其资金或借用其账户滥发福利，以及公务人员在行业协会和市场中介组织无偿占用财物、报销个人费用等问题。（财政部牵头）

（三）重点健全以下长效机制：

根据党中央、国务院关于规范发展行业协会和市场中介组织的精神，按照《国务院办公厅关于加快推进行业协会商会改革和发展的若干意见》（国办发［2007］36号）等文件的要求，着力做好以下工作：

一是加强自律机制建设。健全行业协会和市场中介组织法人治理结构，完善内部管理制度（民政部、工商总局分别牵头）；加快建立行业协会评估和优胜劣汰的退出机制（民政部、国家发展改革委负责）；建立健全行业协会和市场中介组织财务管理、财务核算和资产管理制度（财政部、民政部、工商总局负责）。

二是加快推进政府与行业协会、市场中介组织分开。进一步把应该由行业协会和市场中介组织行使的职能交给行业协会和市场中介组织；行业协会和市场中介组织要从职能、机构、工作人员、财务等方面与政府及其部门彻底分开。（国务院纠风办、中编办、国家发展改革委等负责）

三是完善监管体制。加强和改进行业协会和市场中介组织登记管理工作，简化和规范管理内容和方式，加强日常监管，严厉打击非法组织（民政部、工商总局分别牵头）；开展行业协会管理体制改革试点，探索逐步建立健全科学、规范、有效的监管体制（国家发展改革委牵头）；调整和完善行业协会间的代管关系（国资委牵头）。

四是健全政策制度和法规体系。建立政府购买行业协会和市场中介组织服务的制度（财政部、国家发展改革委负责）；根据税制和行业协会改革进展情况，适时完善相关税收政策（财政部牵头）；健全行业协会和市场中介组织法律法规体系（国家发展改革委、民政部、工商总局、法制办等负责）。

四、实施步骤

规范行业协会、市场中介组织服务和收费行为专项治理工作从本意见下发后开始，分为以下三个阶段：

第一阶段，调查研究、制定方案（2008年9月底前）。根据本意见的要求，各地区、各有关部门要组织对本地区、本部门行业协会和市场中介组织的服务和收费行为、对非法干预行业协会和市场中介组织活动等行政行为进行一次全面系统的调查，找准问题症结和工作的切入点，制定集中整治和长效机制建设工作方案，进行总体部署。

第二阶段，自查自纠、集中整治（2008 年 10 月至 12 月）。各地区、各有关部门组织开展本地区、本部门的自查自纠和集中整治，明确自查自纠和集中整治的程序和处理方式，对发现的问题区分情况，有的责成自纠整改，有的由有关职能部门依法纠正处理。

第三阶段，建章立制、规范管理（自 2009 年 1 月起）。在推进集中整治的同时，国务院各牵头部门和各地方政府要在各自职权范围内，加快组织制订行业协会和市场中介组织方面的政策制度和法规，推动行业协会和市场中介组织规范发展。

以上三个阶段，每完成一个阶段，国务院各有关部门和各省、自治区、直辖市发展改革部门都要组织将情况汇总报送国家发展改革委，国家发展改革委将会同国务院纠风办等部门及时进行总结，向中央纪委和国务院提交专项治理工作报告。

五、工作要求

规范行业协会、市场中介组织服务和收费行为专项治理工作涉及面广、政策性强、工作要求高、责任重大。各地区、各有关部门要进一步增强政治意识、大局意识和责任意识，把专项治理工作列入重要议事日程，严格落实责任制，保证各项措施落到实处，坚决防止走过场、搞形式主义，务求专项治理工作目标的实现。

（一）加强组织领导。国家发展改革委、国务院纠风办要做好统筹协调、政策指导、监督检查以及信息和情况通报等总体组织工作；民政部、工商总局、中编办、人民银行、国资委、法制办、财政部等牵头部门，要针对各自承担的牵头任务，及时组织制定配套的实施办法，指导专项治理各项工作的深入推进。各地区、各有关部门要建立相应工作机制，加强对专项治理工作的组织领导和政策指导，保障专项治理工作的顺利进行。

（二）明确责任分工。专项治理工作采取自上而下、条块结合、各负其责的方式进行。各地区及有关部门要做好统筹安排，抓好各项措施的落实，加强上下沟通协调。国务院各有关部门既要对本部门及本部门主管的行业协会和市场中介组织存在的问题进行集中整治，也要对本系统的专项治理工作进行指导。各行业协会和市场中介组织要按照要求和部署，搞好自查自纠，整改有关问题，加强自身建设。

（三）加强监督检查。国家发展改革委、国务院纠风办等部门要定期组织开展普遍检查和重点抽查，各地区、各有关部门要切实加强对规范行业协会、市场中介组织服务和收费行为专项治理工作的监督检查，充分发挥群众民主评议、新闻媒体和社会公众的监督作用。严肃查处违规违法案件，对典型案件进行公开曝光，确保专项治理工作顺利推进。

民政部办公厅关于社会组织撤销登记有关问题的复函

（民办函［2008］225号　2008年11月6日）

广东省民政厅：

你厅《关于社会组织撤销登记有关问题的请示》（粤民民［2008］42号）收悉。经研究，答复如下：

一、关于撤销登记的定性问题

撤销登记属于行政处罚。社会组织被撤销登记后，除组织清算、办理注销及进行诉讼活动外，不得开展任何其他活动。社会组织被撤销登记后，其主体资格、债权债务关系依然存在，只有在注销登记后，社会组织的主体资格才完全灭失。

二、关于撤销登记的程序问题

登记管理机关对社会组织进行撤销登记，相关处罚法律文书无法采取直接送达、挂号邮寄等方式送达的，可以采取公告方式送达。社会组织被撤销登记后，应当办理注销登记。社会组织在办理注销登记前，应当在其业务主管单位及其他有关机关的指导下成立清算组织，完成清算工作。依据《社会团体登记管理条例》、《基金会管理条例》和《民办非企业单位登记管理暂行条例》的规定，注销登记是依申请的注销，登记管理机关不能依职权主动注销社会组织。

财政部、国家税务总局、民政部关于公益性捐赠税前扣除有关问题的通知

（财税［2008］160号　2008年12月31日）

各省、自治区、直辖市、计划单列市财政厅（局）、国家税务局、地方税务局、民政厅（局），新疆生产建设兵团财务局、民政局：

为贯彻落实《中华人民共和国企业所得税法》和《中华人民共和国个人所得税法》，现对公益性捐赠所得税税前扣除有关问题明确如下：

一、企业通过公益性社会团体或者县级以上人民政府及其部门，用于公益事业的捐赠支出，在年度利润总额12%以内的部分，准予在计算应纳税所得额时扣除。年度利润总额，是指企业依照国家统一会计制度的规定计算的大于零的数额。

二、个人通过社会团体、国家机关向公益事业的捐赠支出，按照现行税收法律、行政法规及相关政策规定准予在所得税税前扣除。

三、本通知第一条所称的用于公益事业的捐赠支出，是指《中华人民共和国公益事业捐赠法》规定的向公益事业的捐赠支出，具体范围包括：

（一）救助灾害、救济贫困、扶助残疾人等困难的社会群体和个人的活动；

（二）教育、科学、文化、卫生、体育事业；

（三）环境保护、社会公共设施建设；

（四）促进社会发展和进步的其他社会公共和福利事业。

四、本通知第一条所称的公益性社会团体和第二条所称的社会团体均指依据国务院发布的《基金会管理条例》和《社会团体登记管理条例》的规定，经民政部门依法登记、符合以下条件的基金会、慈善组织等公益性社会团体：

（一）符合《中华人民共和国企业所得税法实施条例》第五十二条第（一）项到第（八）项规定的条件；

（二）申请前3年内未受到行政处罚；

（三）基金会在民政部门依法登记3年以上（含3年）的，应当在申请前连续2年年度检查合格，或最近1年年度检查合格且社会组织评估等级

在3A以上（含3A），登记3年以下1年以上（含1年）的，应当在申请前1年年度检查合格或社会组织评估等级在3A以上（含3A），登记1年以下的基金会应当具备本款第（一）项、第（二）项规定的条件；

（四）公益性社会团体（不含基金会）在民政部门依法登记3年以上，净资产不低于登记的活动资金数额，申请前连续2年年度检查合格，或最近1年年度检查合格且社会组织评估等级在3A以上（含3A），申请前连续3年每年用于公益活动的支出不低于上年总收入的70%（含70%），同时需达到当年总支出的50%以上（含50%）。

前款所称年度检查合格是指民政部门对基金会、公益性社会团体（不含基金会）进行年度检查，作出年度检查合格的结论；社会组织评估等级在3A以上（含3A）是指社会组织在民政部门主导的社会组织评估中被评为3A、4A、5A级别，且评估结果在有效期内。

五、本通知第一条所称的县级以上人民政府及其部门和第二条所称的国家机关均指县级（含县级，下同）以上人民政府及其组成部门和直属机构。

六、符合本通知第四条规定的基金会、慈善组织等公益性社会团体，可按程序申请公益性捐赠税前扣除资格。

（一）经民政部批准成立的公益性社会团体，可分别向财政部、国家税务总局、民政部提出申请；

（二）经省级民政部门批准成立的基金会，可分别向省级财政、税务（国、地税，下同）、民政部门提出申请，经地方县级以上人民政府民政部门批准成立的公益性社会团体（不含基金会），可分别向省、自治区、直辖市和计划单列市财政、税务、民政部门提出申请；

（三）民政部门负责对公益性社会团体的资格进行初步审核，财政、税务部门会同民政部门对公益性社会团体的捐赠税前扣除资格联合进行审核确认；

（四）对符合条件的公益性社会团体，按照上述管理权限，由财政部、国家税务总局和民政部及省、自治区、直辖市和计划单列市财政、税务和民政部门分别定期予以公布。

七、申请捐赠税前扣除资格的公益性社会团体，需报送以下材料：

（一）申请报告；

（二）民政部或地方县级以上人民政府民政部门颁发的登记证书复印件；

（三）组织章程；

（四）申请前相应年度的资金来源、使用情况，财务报告，公益活动的明细，注册会计师的审计报告；

（五）民政部门出具的申请前相应年度的年度检查结论、社会组织评估结论。

八、公益性社会团体和县级以上人民政府及其组成部门和直属机构在接受捐赠时，应按照行政管理级次分别使用由财政部或省、自治区、直辖市财政部门印制的公益性捐赠票据，并加盖本单位的印章；对个人索取捐赠票据的，应予以开具。

新设立的基金会在申请获得捐赠税前扣除资格后，原始基金的捐赠人可凭捐赠票据依法享受税前扣除。

九、公益性社会团体和县级以上人民政府及其组成部门和直属机构在接受捐赠时，捐赠资产的价值，按以下原则确认：

（一）接受捐赠的货币性资产，应当按照实际收到的金额计算；

（二）接受捐赠的非货币性资产，应当以其公允价值计算。捐赠方在向公益性社会团体和县级以上人民政府及其组成部门和直属机构捐赠时，应当提供注明捐赠非货币性资产公允价值的证明，如果不能提供上述证明，公益性社会团体和县级以上人民政府及其组成部门和直属机构不得向其开具公益性捐赠票据。

十、存在以下情形之一的公益性社会团体，应取消公益性捐赠税前扣除资格：

（一）年度检查不合格或最近一次社会组织评估等级低于3A的；

（二）在申请公益性捐赠税前扣除资格时有弄虚作假行为的；

（三）存在偷税行为或为他人偷税提供便利的；

（四）存在违反该组织章程的活动，或者接受的捐赠款项用于组织章程规定用途之外的支出等情况的；

（五）受到行政处罚的。

被取消公益性捐赠税前扣除资格的公益性社会团体，存在本条第一款第（一）项情形的，1年内不得重新申请公益性捐赠税前扣除资格，存在第（二）项、第（三）项、第（四）项、第（五）项情形的，3年内不得重新申请公益性捐赠税前扣除资格。

对本条第一款第（三）项、第（四）项情形，应对其接受捐赠收入和其他各项收入依法补征企业所得税。

十一、本通知从2008年1月1日起执行。本通知发布前已经取得和未取得捐赠税前扣除资格的公益性社会团体，均应按本通知的规定提出申请。《财政部 国家税务总局关于公益救济性捐赠税前扣除政策及相关管理问题的通知》（财税［2007］6号）停止执行。

江西省青年志愿服务条例

（2007年12月14日江西省第十届
人民代表大会常务委员会第32次会议通过）

第一条 为了规范青年志愿服务活动，保障青年志愿者、青年志愿者组织和青年志愿服务对象的合法权益，促进志愿服务事业的发展，根据有关法律的规定，结合本省实际，制定本条例。

第二条 本省行政区域内的青年志愿者、青年志愿者组织、青年志愿服务对象及青年志愿服务活动适用本条例。

第三条 本条例所称的青年志愿服务是指青年志愿者以自身知识、技能、体能等，自愿地为社会和他人提供服务和帮助的公益性行为。

本条例所称的青年志愿者是指经个人申请，在青年志愿者组织登记，参加志愿服务活动的青年。

本条例所称的青年志愿者组织是指从事青年志愿服务的非营利的公益性组织，包括各级青年志愿者协会及其分支机构，以及青年志愿协会下设的青年志愿服务站、服务队等。

第四条 青年志愿服务活动应当遵循自愿、无偿、诚信、平等的原则。

第五条 各级人民政府应当倡导和支持青年志愿服务活动，提高青年志愿服务在社会发展中的参与程度，把青年志愿服务纳入社会发展规划。

第六条 共青团组织对青年志愿者组织及其服务活动进行组织、协调、指导和监督。

第七条 符合下列条件的人员，本人向青年志愿者组织提出申请，经青年志愿者组织同意，登记成为青年志愿者：

（一）年龄为16周岁至45周岁；

（二）符合志愿服务活动要求的身体条件；

（三）自愿从事志愿服务；

（四）具备相应的服务能力。

前款第一项所指人员属于未成年人的，参加青年志愿服务活动需征得其监护人同意。

第八条 青年志愿者享有下列权利：

（一）参加志愿服务活动，接受有关培训；

（二）获得从事志愿服务的必需条件、必要保障和相关信息；

（三）请求青年志愿者组织帮助解决在志愿服务中遇到的困难和问题；

（四）拒绝提供违反法律和违背社会公德的服务；

（五）对青年志愿服务工作提出意见、建议，并进行监督；

（六）有特殊困难时优先获得志愿服务；

（七）退出青年志愿者组织；

（八）法律、法规规定的其他权利。

第九条 青年志愿者履行下列义务：

（一）遵守青年志愿者组织的章程和制度；

（二）履行志愿服务承诺；

（三）尊重志愿服务对象的合法权利，保守志愿服务对象的个人隐私和商业秘密；

（四）不得向志愿服务对象索取或者变相索取报酬；

（五）不得以青年志愿者身份、青年志愿者组织的名义从事营利性或者违背社会公德的活动；

（六）维护青年志愿者、青年志愿者组织的形象和名誉；

（七）法律、法规规定的其他义务。

第十条 县级以上行政区域可以依法设立地方青年志愿者协会，行业根据需要可以依法建立行业青年志愿者协会。

青年志愿者协会应当符合国家有关社会团体登记管理的规定，经县级以上人民政府民政部门依法登记成为社会团体法人。

学校、团体、企业事业单位和其他组织的青年志愿者组织提出申请并经青年志愿者协会批准，可以成为青年志愿者协会的团体会员。

第十一条 青年志愿者组织应当履行下列职责：

（一）建立健全开展青年志愿服务活动的各项措施和制度；

（二）负责青年志愿者的招募、培训、管理和考核；

（三）制定青年志愿服务计划并组织实施，发布青年志愿服务信息；

（四）负责青年志愿服务活动资金、物资的筹集、使用和管理；

（五）为青年志愿者提供必要的帮助，维护志愿者合法权益；

（六）组织开展青年志愿服务的宣传、合作和交流活动。

第十二条 青年志愿者组织应当为青年志愿服务活动提供必要的经费支持和服务保障。

第十三条 青年志愿者组织在组织志愿服务活动时，应当对青年志愿者进行安全教育；对可能危及人身安全的志愿服务，应当协同活动的举办者为青年志愿者办理相应的人身意外伤害保险；对服务过程中遭受意外伤害的青年志愿者应当及时提供援助。

第十四条 青年志愿服务的范围主要包括扶弱助残、扶贫济困、支教助学、科技传播、医疗卫生、抢险救灾、环境保护、法律援助、治安防范、社区服务和大型社会活动等。

第十五条 青年志愿服务的个体对象主要是残疾人、老年人、未成年人、优抚对象、城乡特困人员和其他有特殊困难需要帮助的社会成员。

第十六条 青年志愿者组织应当通过适当方式向社会公示其志愿服务范围和联系方式。

第十七条 需要志愿服务的个人或者单位可以向青年志愿者组织提出申请。申请人为无民事行为能力、限制民事行为能力的，由其监护人代为申请。

第十八条 青年志愿者组织根据申请人的申请和实际情况，提供力所能及的志愿服务；不能提供志愿服务的，应当及时答复申请人。

第十九条 青年志愿者、青年志愿者组织与服务对象之间是自愿、平等的服务与被服务关系，应当互相尊重，平等相待。

青年志愿者、青年志愿者组织和服务对象可以订立志愿服务协议，明确服务的内容、要求以及权利和义务。

第二十条 青年志愿者参加由青年志愿者组织开展的志愿服务时，应当佩戴统一的青年志愿服务标志。

第二十一条 青年志愿者组织应当如实为青年志愿者提供参加志愿服务的证明，并建立个人档案记载参加志愿服务的情况。

第二十二条 每年3月5日至11日为本省青年志愿服务活动宣传周。

第二十三条 机关、团体和企业事业单位应当鼓励和支持青年志愿服务活动，维护青年志愿者和青年志愿者组织的合法权益。

第二十四条 县级以上人民政府应当对青年志愿服务活动提供必要的资助。

鼓励自然人、法人和其他组织对青年志愿者组织及其志愿服务活动进行捐赠、资助。捐赠人和资助人依法享受相关优惠。

第二十五条 捐赠和资助的资金，由青年志愿者协会设立专门账户，用于青年志愿服务活动。资金的使用和管理应当接受政府有关部门、捐赠人、资助人和青年志愿者的监督。

捐赠和资助的物资，由青年志愿者协会接收、登记和管理，并按照资助和捐赠者的意愿发放、使用。

接受的资金和物资应当向社会公布。任何单位和个人不得侵占、挪用青年志愿服务的资金和物资。

第二十六条 接受志愿服务的个人和单位，应当就服务事项及安全隐患做必要的告知，为青年志愿者提供必要的物质、安全、卫生保障。

第二十七条 大型社会活动的举办者应当根据情况，为青年志愿者提供开展志愿服务所必需的专项培训。

第二十八条 教育行政部门、学校和有关团体应当将培养青少年的志愿服务意识纳入思想品德教育的范围。鼓励在校的青年学生利用课余时间从事力所能及的志愿服务。

第二十九条 民政、卫生、公安、司法、农业、林业、水利、环保、人事、劳动保障、城市管理等有关行政主管部门应当结合本部门的工作实际和社会需求，为青年志愿服务提供相应的信息和支持。

第三十条 村民委员会、居民委员会应当支持青年志愿者、青年志愿者组织开展志愿服务活动，并为其服务活动提供便利条件。

第三十一条 广播、电视、报刊、网站等新闻媒体应当无偿开展青年志愿服务活动的公益性宣传。

第三十二条 对表现突出的青年志愿者、青年志愿者组织，以及支持、帮助青年志愿服务有突出贡献的组织和个人，县级以上人民政府及有关部门应当给予表彰、奖励。

第三十三条 在志愿服务过程中，青年志愿者给服务对象、其他相关人员造成损害的，或者服务对象、其他相关人员对青年志愿者造成损害的，青年志愿者、青年志愿者组织、青年志愿服务对象或者相关人员应当依法承担相应的法律责任。

第三十四条 对非法侵占、挪用青年志愿者组织资金和物资的单位和个人，依法追究其相应的法律责任。

第三十五条 对以青年志愿者组织或者青年志愿者名义、标志从事以营利为目的的经营性活动或者进行其他违法活动的，有关部门、青年志愿者组织应当予以制止；情节严重的，依法追究其相应的法律责任。

第三十六条 本省行政区域内的其他志愿者、志愿者组织、志愿服务对象及其志愿服务活动，参照本条例执行。

第三十七条 本条例自 2008 年 3 月 1 日起施行。

安徽省人民政府办公厅转发省经委等部门关于加快推进全省行业协会改革发展意见的通知

（皖政办［2008］22号）

各市人民政府，省政府各部门、各直属机构：

经省政府同意，现将省经委、省民政厅、省编办《关于加快推进全省行业协会改革发展的意见》转发给你们，请结合实际，认真贯彻落实。

2008年5月1日

关于加快推进全省行业协会改革发展的意见

省经委、省民政厅、省编办：

为规范和发展各类行业协会，充分发挥其在服务全省经济社会发展中的作用，根据《国务院办公厅关于加快推进行业协会商会改革和发展的若干意见》（国办发［2007］36号）精神，现就推进全省行业协会改革发展提出如下意见：

一、总体要求和基本原则

（一）总体要求。以党的十七大精神为指导，深入贯彻落实科学发展观，按照健全现代市场体系的总体要求，通过理顺关系、强化自律、改进监管、完善政策、加大支持等，推进行业协会规范发展，逐步形成体制完备、结构合理、职责明确、行为规范、法制健全的行业协会体系。

（二）基本原则。一是坚持市场化方向。遵循市场规则，坚持自主办会，维护市场秩序，增强社会公信力和服务能力。二是坚持政会分开。进一步明确行业协会与政府的关系，强化行业协会社团属性，明确界定行业协会职能，改进管理方式，规范监管行为。三是坚持统筹协调发展。做到培育发展和规范管理并重，与政府职能转变相协调，推进行业协会统筹和谐可持续发展。四是坚持规范发展。加快行业协会立法步伐，建立健全规章制度，依法监管，规范运作，实现行业协会依法设立、民主管理、行为规范、自律发展。

二、主要任务

（一）推进政会分开。

现有行业协会要在职能、机构、人员、资产和财务等方面与政府及其部门彻底脱钩。

1. 机构分设。行业协会的办事机构不得与政府机关处室、企事业单位合署办公。合署办公的，要于2008年底前完成机构分设。

2. 人员分离。现职公务员不得在行业协会兼任领导职务，确需兼任的要严格按有关规定审批。

3. 职能分开。各地、各有关部门要结合行政审批制度改革和新一轮机构改革，进一步转变政府职能，把应由行业协会履行的职能交给行业协会，把宜于行业协会行使的职能明确委托或转移给行业协会。

4. 财产分割。行业协会使用的国有资产，应明晰产权归属，按有关规定划归行业协会使用和管理。产权不清晰的，于2008年底前完成资产核实和划分。在资产分割过程中应切实保护行业协会的财产权，保证行业协会应有的办公等基本工作条件。

（二）明确行业协会职能。

1. 行业自律职能。贯彻实施法律、法规和规章，制定并组织实施本行业的行规、行约，依法按章开展活动。建立健全各项自律性制度，制定并组织实施行业职业道德准则，规范自身和会员行为，大力推进诚信建设，实现行业内人才、技术的有序流动，反对不正当竞争和行业垄断，维护公平竞争的市场秩序。

2. 行业代表职能。适应新形势要求，深入开展行业调查研究，掌握行业发展动态，为行业发展服务。积极向政府及其部门反映会员、行业的诉求，主动参与协调对外贸易争议，维护会员合法权益和行业整体利益。参与研究制定相关法律法规和产业政策，提出本行业立法和政策方面的意见和建议。参与行业标准、发展规划的制订和质量管理监督和行业准入资质的审查。

3. 行业服务职能。根据授权进行行业统计，收集、分析、发布行业信息，进行市场预测，开展咨询服务，为会员提供国内外技术经济和市场信息。参与行业资质认证、新技术和新产品鉴定及推广、事故认定相关工作。组织本行业企业开拓国内外市场，受政府委托承办或根据市场和行业发展需要举办交易会、展览会等。依照有关规定创办刊物和网站，发布法律、政策、技术、管理、市场等相关信息。根据行业发展需要，组织开展人才、技术、管理、政策法规等培训，帮助会员企业提高素质、增强创新能力、改善经营管理，提升行业和企业的竞争力。

4. 行业协调职能。协调会员之间，会员与其他社会经济组织、个人之间，本行业协会与其他社会组织、个人之间的有关事务。积极扩大行业的对外交往，代表行业与国外商会建立经济、技术和商会间的合作关系，在维护产业利益和支持企业参与国际竞争等方面发挥作用。积极组织业内企业开展国内外经济技术交流和合作，开辟国际市场。积极组织会员企业做好反倾销、反补贴、反垄断和保障措施的应诉、申诉等相关工作，维护正常的进出口经营秩序。在业务主管单位指导下，规范和监督会员企业的对外交往活动。

（三）优化行业协会结构布局。

1. 规范现有行业协会。对现有行业协会中行业代表性差、专业权威性低、行业分布不合理、职能交叉重复、没有专职工作人员、不能正常开展活动的行业协会，通过采取注销、合并重组、限期整改等措施，进行清理和规范，提高行业协会的整体素质。

2. 大力发展新型行业协会。支持企业较为集中、产品和市场优势明显的行业，组建全省性行业协会。在信息电子、农产品加工、生物技术、物流服务等行业，培育发展新型行业协会组织。

3. 优化行业协会布局。各地要根据我省国民经济的行业分布特点和发展趋势，从推动经济结构调整、适应国际竞争的要求出发，制定行业协会发展总体规划，明确行业协会发展的方向、目标、措施与具体实施步骤。

4. 扩大行业协会覆盖面。行业协会要广泛吸收业内各类经济组织入会，提高行业协会的代表性。吸收与行业相关的省内外科研院所和具有专业特长或实践经验的专家、学者入会，增强行业协会的专业权威性。

（四）加强行业协会自身建设。

1. 健全法人治理结构。行业协会的设立应由行业内企业或业主自主发起并依法取得法人资格。行业协会要健全会员或会员代表大会、理事会制度，认真执行选举制度，按照章程规定的民主程序选举产生行业协会会长（理事长）、副会长（副理事长）。鼓励企业家担任会长（理事长），秘书长可通过选举或向社会公开招聘等方式产生。行业协会要建立健全党的基层组织，并发挥其应有作用。

2. 规范收费行为。行业协会要坚持非营利性，不得从事以营利为目的的经营活动。行业协会举办展览会、展销会、培训等有偿服务活动，收费应符合有关规定标准，并遵循公开、公平、合理的原则，向全体会员公示收费依据、标准和收支情况，自觉接受监督。行业协会的经费不能投资企业从事营利活动。

3. 健全财务制度。行业协会要根据《民间非营利组织会计制度》建立健全财务管理、财务核算制度，设立专业的财务人员。凡行业协会与政府部门实行会计合账或财务集中管理的，应在与政府部门脱钩时单独建账。行业协会的收支情况要定期向会员代表大会报告并接受其审查。属于财政拨款、政府资助和社会捐款的，要接受审计部门的监督并向社会公开。

4. 健全劳动人事制度。行业协会要全面实行劳动合同制度，保障工作人员合法权益。行业协会及其分支机构、代表机构应配备专门工作人员，并参照国家有关规定，对符合条件的工作人员进行职称评定。要建立健全岗位管理制度，完善激励机制，优化人员的年龄、知识结构。

三、支持行业协会规范健康发展

（一）加大政策扶持力度。各地应将行业协会发展列入国民经济和社会发展规划，形成与全省经济社会发展相适应的行业协会发展体系。各地、各有关部门在制定涉及行业利益的地方性法规、规章、公共政策、行业发展规划及确定相关行业资助项目时，应听取行业协会的意见。建立政府购买行业协会服务的制度，政府委托行业协会提供的服务，可通过“购买”的方式或法律法规允许的方式进行。行业协会承担政府部门授权或委托的职能，相关部门应当为其提供必需的经费等保障。行业协会组织重大公益活动，各级政府可适当给予一定的资金支持。财政、税务部门要制定和落实相关税收优惠政策，指导行业协会规范财务、票据管理，支持行业协会加快发展。鼓励企业等经济组织向行业协会开展公益性慈善捐助。

（二）加强和改进工作指导。行业协会改革发展涉及面广、任务重。各地、各有关部门要结合实际，制订具体的实施办法和配套措施，密切配合，通力协作，把行业协会改革发展的各项任务落到实处。对行业协会改革发展中出现的新情况、新问题，要及时研究，妥善处理。

（三）落实工作责任。经委、民政、编办、发展改革、人事、财政等有关部门要按照统筹规划、分类指导的要求，加强对行业协会改革发展工作的综合协调和统筹管理，并开展立法调研，制订行业协会组建和管理的规定。各行业协会业务主管单位要认真落实相关行业协会改革发展的政策措施，加强对行业协会所涉及的产业发展、行业规范、协会活动等方面的业务指导和监督。民政部门要根据有关规范行业协会的登记管理工作，协同有关部门推进行业协会评估工作，利用登记、年检等管理手段，引导和督促行业协会建立完善的法人治理机制。对行业协会的违法违章行为，要依法严肃查处。

贵州省人民政府关于加快推进行业协会商会改革和发展的意见

（黔府发［2008］15号　2008年5月29日）

各自治州、市人民政府，各地区行署，各县（自治县、市、市辖区、特区）人民政府，省政府各部门、各直属机构：

行业协会、商会（以下统称行业协会）是由同行业、同领域的工商企业、个体工商者、其他经济组织和自然人，依法自愿组成的自律性、非营利性的经济类社会团体法人。改革开放以来，我省行业协会在加强行业自律、反映会员诉求、维护会员合法权益、规范会员经营行为、协助政府部门加强行业管理等方面发挥了积极作用。但是，由于相关法律法规不健全，政策措施不配套，管理体制不完善，我省行业协会还存在着制度不健全、结构不合理、作用不明显、运作不规范等问题。为了加快推进我省行业协会改革发展，促进行业协会适应新形势新阶段经济社会发展的要求，更好地为实现贵州经济社会发展的历史性跨越服务，根据党的十七大精神和《国务院办公厅关于加快推进行业协会商会改革和发展的若干意见》（国办发［2007］36号）等文件要求，现提出以下意见：

一、行业协会改革和发展的指导思想、基本原则和主要目标

（一）指导思想。坚持以邓小平理论和“三个代表”重要思想为指导，全面贯彻落实科学发展观，按照完善社会主义市场经济体制的总体要求，进一步理顺关系、优化结构，加强建设、强化自律，改进监管、完善政策，加快推进行业协会的改革和发展，逐步建立体制完善、结构合理、行为规范、法规健全的行业协会体系，充分发挥行业协会在经济建设和社会发展中的重要作用。

（二）基本原则。一是坚持市场化方向。通过健全体制机制和完善政策，创造良好的发展环境，优化结构和布局，提高行业协会素质，增强服务能力。二是坚持政会分开。理顺政府与行业协会之间的关系，明确界定行业协会职能，改进和规范管理方式。三是坚持统筹协调。做到培育发展与规范管理并重，行业协会改革与政府职能转变相协调。四是坚持依法监管。加快行业协会法制建设，健全规章制度，实现依法设立、民主管理、行为规范、自律发展。

（三）主要目标。争取用5年左右的时间，在全省培育一批独立公正、行为规范、运作有序、代表性强、公信力高、适应社会主义市场经济发展要求的新型行业协会，初步形成适应我省产业特点和企业发展需要、布局合理、覆盖面广、功能完备的行业协会结构体系；初步形成符合社会主义市场经济规律和国际惯例的行业协会组建、发展、运作和退出机制；初步建立行业协会承担政府转移职能、授权和委托事项及政府购买行业协会服务的体制机制；初步建立保障行业协会健康有序发展的法律制度和管理体制。

二、加快推进行业协会体制机制改革

（一）实行政会分开。行业协会的业务主管单位要正确处理与行业协会之间指导与被指导、监督管理与被监督管理的关系；行业协会要严格依照法律法规和章程独立自主地开展活动，切实解决其行政化倾向严重以及依赖政府等问题。

1. 机构分设。行业协会办事机构不得与政府部门合署办公，已合署办公的要进行机构分设。此项工作于2008年开展试点，2009年上半年全面推开，2009年底前完成。具体办法由省人事厅和省监察厅牵头制订。

2. 人员分离。现职公务员（含参照公务员法管理的工作人员，下同）不得在行业协会兼任领导（含会长、副会长和秘书长）职务，已兼任职务的，任期届满后不得再兼任；确需兼任的，要严格按照有关组织程序和规定审批。在行业协会兼职的现职公务员不得在协会领取报酬。

3. 财产分开。行业协会与政府部门财产不清晰或行业协会使用国有资产的，必须于2009年底前完成资产划分，明确产权归属。具体办法由省财政厅牵头制订。

（二）规范和完善行业协会设立审查登记管理制度。行业协会的设立应由业内龙头企业或在本区域内有影响力的专业人士发起，经业务主管单位审查同意，依法向民政部门申请登记，取得法人资格。县级以上民政部门是行业协会的登记管理机关，其他有关部门在各自职责范围内依法对行业协会进行相关业务指导和监督管理。各级登记管理机关和业务主管单位及有关部门要加强沟通，密切配合，简化登记手续，规范、完善监管方式和内容。行业协会的设立要根据国家现行的行业标准进行，允许不同领域内的行业协会业务范围有所交叉，通过适度竞争提高服务质量。

（三）建立健全行业协会退出机制。各级民政部门和业务主管单位要密切配合，抽调专门力量，在2009年底前完成对现有行业协会的清理和规范工作。

1. 对一些行业覆盖面过大和行业特点不明确的行业协会，要经过梳理，引导和督促其进一步细化。

2. 对产业日趋萎缩，不符合国家产业结构调整政策和产业升级要求以及重复设立过多的行业协会，要进行归并、重组。

3. 对开展活动不规范、无专职工作人员、无固定办公场所、无经费来源、内部管理混乱、不按规定时间参加年检以及不符合年检要求的协会，应限期整改或依法撤销登记。

4. 对名不符实、缺乏行业代表性、不能维护和代表会员利益、不积极开展活动的行业协会要予以撤销。行业协会在注销登记和撤销登记时，要依法进行清算，并及时向社会公告。

三、促进行业协会规范有序发展

（一）进一步明确行业协会职能。行业协会要积极宣传、贯彻、执行党的路线、方针、政策和国家的法律法规，努力适应新形势的要求，切实履行好以下各项职能。

1. 行业服务职能。根据授权或委托进行行业统计，收集、分析、发布行业信息；组织人才、技术、职业、管理、法规等培训；组织或举办会展、招商、商务考察、产品推介等活动；建设行业公共服务平台，组织推广使用新科技成果，开展省内外、国内外经济技术交流与合作；依照有关规定出版行业刊物，开展相关咨询服务。

2. 行业代表职能。充分发挥桥梁纽带作用，代表会员与政府部门及其他社会经济组织进行沟通与协调，研究提出有关行业发展的意见和立法建议；向政府部门反映会员诉求，维护会员合法权益；代表会员开拓国际市场，参与协调贸易争议。

3. 行业自律职能。牵头制订、执行行规行约，健全各项自律管理制度，制订并组织实施行业职业道德准则，建立完善行业自律性管理约束机制，规范行业行为，维护市场公平，倡导公平竞争，协调会员关系；依据行规行约对会员的产品与服务质量、竞争手段与经营作风以及执行国家标准、行业标准、地方标准等情况进行监督。对会员违反行规行约、违反行业职业道德准则、扰乱市场秩序、损害消费者合法权益的，要严格按照有关规定进行处理，并协助有关单位对会员的违法违规情况进行调查。

4. 行业管理职能。经政府转移、委托和授权，行业协会可以行使部分管理职能，具体包括：指导、帮助企业改善经营管理，防范市场风险；参与制订行业发展规划、行业标准和行业准入条件；参与行业生产许可证、质量体系认证、产品名牌评审等有关工作；参与新技术、新产品的鉴定等有关工作；对行业内重大的技术改造、技术引进、技术创新和投资开发项目进行前期论证；开展公信证明、行业调查和信息披露、行业内纠纷裁决、资质资格认定、检验检测、事故认定等工作。

（二）优化行业协会布局，健全行业协会体系。积极推进行业协会重组和改造，鼓励和支持我省优势行业、新兴产业和支柱产业领域组建行业协会，尤其是在能源、磷煤化工、有色金属、白酒、烟草、民族制药、特色产品等工业领域及旅游、信息、文化产业、交通运输和物流等服务业领域培育发展一批行业协会，逐步形成适应产业特色和企业发展需要的行业协会结构体系。在农村地区，可按农产品种类或种养殖技术特点组建具有较强专业性的农村专业经济协会，尤其要扶持优质环保农产品、禽畜产品、花卉、水果等符合农业产业结构调整方向的行业组建相应的协会组织。

（三）扩大行业协会覆盖面。认真贯彻《中共贵州省委关于巩固壮大新世纪新阶段统一战线的实施意见》（黔党发［2007］7号）精神，努力吸收行业内的民营企业、外资企业、外省在黔企业等各类经济组织加入协会，并适当放宽入会条件，鼓励与行业有关的高校、科研机构等加入协会，扩大其功能和代表性。行业协会应具有行业代表性，行业协会组建2年内会员应当达到本区域同业组织数量的20％以上或者同业销售额的50％以上。

（四）积极营造有利于行业协会发展的舆论氛围。加强对行业协会性质、地位、作用的宣传，重视挖掘、树立和宣传先进典型，提高行业协会的知名度和社会认同感。积极开展行业协会问题研究，举办专题研讨会、报告会，编辑出版行业协会发展报告，逐步提高行业协会的社会影响。按照构建和谐贵州的要求，形成政府、行业组织和企业互相信任、各司其职的和谐局面。

（五）不断提升行业协会的影响力和公信力。鼓励和支持行业协会按规定和需要不断吸纳新会员，扩充新力量，扩大覆盖面，全面提升影响力和代表性，努力打造一批在省内外有广泛影响力的行业协会知名品牌。支持行业协会组织从事危险品、爆炸品、易燃易爆物品、消防器材等特种商品生产、运输和销售企业，以及矿山开采等特殊行业企业加入协会。支持行业协会对生产环境恶劣、不签订劳动合同、拖欠工资、不参加社会保险、待员工不公等损害职工合法权益的企业依照章程规定进行告诫、处罚。积极开展行业诚信自律活动，建立行业信用服务机制，加强会员自律，提高行业公信力。

四、大力提高行业协会整体素质

（一）加强组织机构建设。健全会员大会（会员代表大会）、理事会（常务理事会）制度和协会会长（法人）负责制。会长、副会长、理事（常务理事）必须按照协会章程规定的民主程序选举产生。协会会长是行业协会的法定代表人，特殊情况下，副会长、秘书长可以是行业协会的法定代表人，鼓励选举企业家担任会长。协会秘书长可通过选举、聘任产生，也可以向社会公开招聘，秘书长必须为专职。

（二）规范收费行为。严格执行民政部等六部委《关于规范社会团体收费行为有关问题的通知》（民发［2007］167号）的有关规定，行业协会会费收取标准和办法，由行业协会自主确定，经会员大会（会员代表大会）半数以上代表同意后生效；协会须将收费标准报登记管理机关和财政部门备案。行业协会开展评比达标活动要严格遵守《国务院办公厅转发监察部等部门关于清理评比达标表彰活动意见的通知》（国办发［2006］102号）的有关规定，未按照规定履行批准程序，不得针对企业举办全省性或行业性的评比活动，经批准举办的评比活动不得收取费用。行业协会举办的展览会、交易会、培训、研讨会等活动可以实行有偿服务，收费应符合有关规定，并公开收费依据、标准和收支情况。对于依法或经授权强制实施具有垄断性质的仲裁、认证、检验、鉴定以及资格考试等活动，应执行行政事业性收费有关规定。

（三）完善财务管理。行业协会要认真执行财政部制订的《民间非营利组织会计制度》，设立独立的资金账户，建立财务公开制度，接受审计部门、会计主管部门、税务部门的监督检查和会员的监督。要设立专职的会计人员，会计不得兼任出纳。行业协会在换届和更换法定代表人时，业务主管单位和登记管理机关应当按规定要求其进行财务审计。行业协会不得从事营利性经营活动。

（四）强化运行管理和队伍建设。行业协会要以服务为中心，坚持走市场化、社会化运行模式，切实做到“行业办会、会员办会”。行业协会要积极探索，进一步深化运行机制改革，努力推进人事制度改革，建立和完善激励机制，落实劳动合同制度，建立健全协会工作人员的养老、失业、医疗、工伤和生育等社会保障制度，解除协会工作人员后顾之忧。行业协会要配备专职工作人员，并按照国家规定，对符合条件的工作人员进行职称评定，吸引更多优秀人才，建立一支稳定的专业化的行业协会工作队伍，促进行业协会快速发展。

（五）加强行业协会党建工作。按照党的十七大提出的“加强党的基层组织建设”的要求，依照党章，建立和完善行业协会的党的基层组织。

五、进一步完善促进行业协会发展的政策措施

（一）进一步落实税收等扶持政策。认真落实国家对行业协会规定的各项税收优惠政策，扶持行业协会稳步、健康发展。行业协会组织重大公益性活动，各级政府可按有关规定给予适当支持。

（二）建立健全法律法规体系。法制、民政等部门要加强立法调研，学习借鉴国内外先进经验，做好我省行业协会地方性法规起草工作，适时出台《贵州省行业协会管理办法》等法规和政策，将行业协会发展纳入法制化、规范化轨道。

（三）积极拓宽行业协会的职能。各地人民政府及有关部门要进一步转变职能，有步骤地将适宜行业协会行使的职能委托或转移给行业协会。各有关部门要按照各自工作职权范围，围绕地方标准制订、行业统计、行业调查、行业发展规划、价格协调、新产品和新技术鉴定、行业技能资质考核、行业职业培训等，制订向行业协会委托承办或转移职能的计划，按规定报批后组织实施。

（四）逐步建立政府购买行业协会服务机制。对行业协会受政府委托开展业务活动或提供的服务，按照等价交换的市场经济规则支付相应的费用，各部门要将所需资金纳入预算管理；政府及有关部门可以采取招标等方式购买行业协会的临时性服务。财政部门要抓紧制订政府购买行业协会服务的相关实施办法，并对购买服务的效果定期进行评价。

（五）建立征询机制。地方政府在制订涉及行业利益的政策规定前，要充分征求有关行业协会意见。政府举行的各类听证会，凡涉及行业利益的，应吸收有关行业协会参加。政府牵头或组织著名商标、名牌产品的评

选及其他涉及企业产品的评优等，应听取有关行业协会的意见和建议。

六、加强对行业协会的监督管理和组织领导

（一）加强对行业协会执行协会章程的监督管理。登记管理机关和业务主管单位要对行业协会执行章程的情况进行监督检查，对于违反章程的要责令整改，并给予行政处罚。业务主管单位负责指导、监督管理行业协会遵守国家法律法规和方针政策。

（二）严禁行业协会组织形成市场垄断和价格垄断。行业协会要引导、组织会员遵守国家价格法律、法规和政策，积极规范地反映会员的合理要求。对借行业协会名义，利用制订行业规则协议价格，或者相互串通等其他方式垄断市场，扰乱市场秩序，妨碍公平竞争，损害消费者、非会员的合法权益，或损害社会公共利益等不法行为，要依法予以处罚；坚决查处以行业协会为主导的价格垄断行为，严防行业协会成为垄断推手。具体实施办法由省物价局牵头，省工商局等部门配合制订。

（三）建立行业协会重大事项报告制度。行业协会要及时将重要的行业集会（会员大会或会员代表大会、换届选举会议、规模较大的研讨会、报告会、学会活动）、行规行约修订、重大决策活动，创办刊物、举办国内和国际展览会、举办规模较大的培训班、给会员授资格证牌、组织人员到国内和境外考察学习、收受境外捐赠和资助、与境外非政府组织合作开展活动以及重大的鉴定、公证、评估等活动，上报业务主管单位、登记管理单位及相关执法机构；一些重大活动必须召开听证会议，通报内容，事先征求各方意见和建议；有关部门要根据掌握的情况，采取相应措施，认真解决苗头性、倾向性问题，做到指导协调到位、监督管理渠道畅通有效。

（四）建立完善对行业协会工作的综合评价体系。省民政厅和省发展改革委等部门要牵头研究制订进一步加强行业协会自身建设和行业协会工作的绩效评价办法，对行业协会进行定期跟踪、目标引导、绩效统计和综合评价。对诚信守法、严格自律、表现突出、绩效明显的行业协会给予表彰。在综合评价指标体系中，要逐步完善对行业业务主管单位支持行业协会发展情况的评价内容。

（五）加强对行业协会改革和发展工作的组织领导。省政府决定建立由省发展改革委、省经贸委、省监察厅、省民政厅、省国资委、省法制办、省物价局、省工商联等有关部门和单位组成的行业协会工作联席会议制度，统筹协调解决行业协会改革发展中的重大问题，向省人民政府提出

有关工作建议，为政府部门与行业协会提供沟通交流平台。联席会议办公室设在省发展改革委，联席会议定期召开，邀请行业协会参加。各有关部门和单位要认真履行政府授予的行业管理职责，相互协调配合，采取积极的政策措施，共同推动行业协会健康发展。省发展改革委、省民政厅要会同省有关部门，负责做好全省行业协会改革发展的综合协调管理，制订行业协会发展总体规划以及促进行业协会发展的具体政策措施。劳动保障、人事部门要认真研究解决行业协会专职人员的社会保障和职称评定等问题，稳定行业协会工作队伍。质量技术监督部门要把行业协会参与制订地方标准纳入标准化工作管理体制。工商部门要充分发挥行业协会参与市场监管的作用。其他相关部门要按照职责分工，积极支持行业协会履行职能，加快改革发展步伐。

各地、各有关部门和单位要根据本意见的要求，按照各自职责，抓紧制定配套实施方案和实施细则。省发展改革委要会同有关部门和单位对落实本意见的情况进行监督检查，及时向省人民政府报告。

宁夏回族自治区人民政府关于加快社会中介组织发展的意见

（宁政发［2008］96号　2008年7月10日）

各市、县（区）人民政府，自治区政府各部门、直属机构：

社会中介组织是介于政府、企业、其他社会组织和个人之间，提供信息咨询、市场交易、法律财务、监督鉴证、协调自律服务的社会团体和非社会团体组织，其发展程度是衡量一个地区经济社会发展水平的重要标志。近年来，随着市场经济的发展、经济体制改革的深化和政府职能的逐步转变，我区社会中介组织得到较快发展，在促进经济社会发展、政府职能转变、投资环境改善、政治稳定和社会安定等方面发挥了重要作用。与此同时，我区的社会中介组织也存在着发展滞后、体制不顺、监管乏力、自律不严等突出问题。为进一步加快社会中介组织健康发展，根据法律法规和国家有关规定，结合自治区实际，现提出如下意见：

一、指导思想和基本原则

（一）指导思想

以科学发展观为指导，坚持“培育发展与监督管理并重、管理与服务结合”的基本方针，以体制创新为动力，规范管理为手段，加快发展为目的，着力优化市场环境，努力构建类型齐全、布局合理、组织完善、功能完备、服务全面、管理有序、自律规范的社会中介组织体系，充分发挥社会中介组织在政府与企业、企业与市场、企业与企业之间的桥梁和纽带作用，促进我区经济社会跨越式发展。

（二）基本原则

——合法性原则。社会中介组织要依法登记成立，依照法律法规和国家有关规定从事行业服务。

——自律性原则。优化社会中介组织结构，规范社会中介组织综合服务职能。要依据法律法规和国家有关规定，制定行规公约、行业质量规范和服务标准，规范社会中介组织章程，健全组织机构，健全以章程为核心的各项内部管理制度，使社会中介组织实现自主设立、自我管理、自律运行、自我发展、自我服务。

——监管性原则。监督管理部门要切实履行各自职能，加强对社会中介组织登记、执业、收费、纳税、诚信、资质等方面的监督检查，督促社会中介组织依法依章从事活动；监督会员单位依法诚信经营，对社会中介组织及其从业人员的执业质量和职业道德进行检查监督。

——竞争性原则。推行公开招投标制度，鼓励和引导社会中介组织积极参与竞争，打破“官办”垄断模式，引入独立、公开、公平的竞争机制，促进社会中介组织竞相发展。

二、发展方向和重点

（三）培育和扶持农村社会中介组织

鼓励有销售网络、生产加工技术、资金优势的“能人”牵头创办农村专业合作组织（包括农村专业经济、技术协会和农民合作社）；鼓励基层农技推广和供销合作组织领办农村专业合作组织。发挥村级集体经济组织“带头致富、带领群众致富”的作用和地域优势，建立独具地方特色的农村专业合作组织。放宽农村专业合作组织的服务和经营范围，鼓励跨区域、跨行业开展服务，大力支持、鼓励开展农产品流通，允许依法经营生产资料。

（四）培育和发展经济服务型社会中介组织

规范发展注册会计师事务所、注册税务师事务所、注册资产评估师事务所、房地产评估师事务所、土地评估师事务所、注册造价师事务所、律师事务所等社会中介组织和招投标、监理等代理机构。大力引进国内外知名经济鉴证类社会中介组织，引导和支持社会中介组织通过联合、重组等方式优胜劣汰、做大做强。进一步扩展经济鉴证类社会中介组织业务，开发新型服务产品。积极支持和引导税务师事务所开展涉税服务和涉税鉴证业务，充分发挥注册税务师行业的职能作用。充分发挥会计师事务所、资产评估师事务所、律师事务所及咨询机构等社会中介组织对企业经营者的监督作用，鼓励和支持工商企业开展会计代理、投资理财、管理咨询等委托业务。发展一批中介贸易服务机构，组织国内外投融资、中小企业信誉担保、经贸信息咨询等，为企业推销产品、开拓市场提供专业化服务，促进我区对外经济贸易合作和发展。

（五）培育和发展社会服务型社会中介组织

以打造"幸福社区"、"文明社区"、"平安社区"、"和谐社区"为目标，以满足居（村）民多层次需求为导向，以适合居（村）民爱好特长为基础，以提高居（村）民生活品质和文明程度为目的，以培育中介性、公益性、服务性、经济性和慈善类组织为重点，积极培育和发展城乡基层社区社会组织，完善社区社会组织的服务功能，不断满足广大人民群众参与社区自治、享受公益服务的现实需求。自治区每年从本级社会福利金中拿出一定数量资金，扶持社会服务型社会中介组织。各市、县（区）也要给予一定的资金支持。

（六）培育和发展科技服务型社会中介组织

按照组织网络化、功能社会化、服务产业化的要求，重点发展一批骨干科技中介机构，努力为企业提供科技创新、科技评估、成果转化、信息咨询、人才培训、产权交易、科技创业等科技服务，协助企业建立技术依托，提高企业科技创新能力。各级政府要选择有区域优势的生产力促进中心、科技企业孵化器、工程技术中心等，在共用技术开发平台建设、服务设备购置、从业人员培训等方面加大支持力度，打造精品服务项目，提升服务质量和水平。

（七）培育和发展优势、新型产业行业协会、商会

大力扶持农产品加工与出口、劳务输出、高新技术产业、现代服务业、能源化工以及其他符合产业发展方向的行业协会、商会的发展。大力发展信贷担保、融资物流、咨询等新型社会组织。鼓励和支持与工商企业

及农业产业化紧密联系的中、小行业协会的发展。打破部门隶属、所有制性质、经营规模的界限发展会员，注意吸收行业内民营企业、农民合作社、外资企业等经济组织。

（八）培育和发展信用服务型社会中介组织

坚持以市场为导向，培育发展种类齐全、功能互补、依法经营、有市场公信力的社会信用服务机构。加快推进信用服务市场建设，加快发展信用调查、信用征集、信用咨询、信用评估、信用担保、商账催收等信用中介服务机构，不断满足资本市场、货币市场、保险市场、商品市场对信用服务产品的需求。加强信用评级市场监管，加快信用评级标准化建设，切实规范信用评级等社会中介组织的执业行为。

（九）培育和发展民办非企业单位

积极鼓励、支持社会力量在教育、科技、文化、卫生、体育、就业、培训、社会福利等领域兴办民办非企业单位，满足人民群众多层次、多样化的需求。

三、主要任务和措施

（十）深化社会中介组织改革

1. 推进政事分开。政府原则上不再设立事业单位性质的社会中介组织。政府部门原设立的中介性质的事业单位，要结合事业单位改革逐步进行剥离和脱钩，退出事业单位管理序列。剥离和脱钩后，要按照管理权限，对中介组织的财务账目进行审计，清产核资，做到财务独立，自负盈亏。对不具备执业资格条件的中介组织，要依法予以注销登记。凡在社会中介组织任职的机关事业单位公职人员，要辞去所担任的社会中介组织职务，确需在特殊行业社会中介组织中留任的，应按管理程序报批，促进社会中介组织真正实现社会化、民间化、市场化。

2. 推进政会分开。按照《国务院办公厅关于加快推进行业协会商会改革和发展的意见》（国办发［2007］36号）的要求，全面推进政会分开，使行业协会、商会从职能、机构、人员、财务等方面与政府部门彻底分开。

——机构分设。行业协会、商会的办事机构不得与政府部门合署办公，已合署办公的要进行机构分设。从2008年下半年开始，选择有代表性的行业协会、商会，开展机构分设改革试点，边试点边总结，2009年全面推开，当年年底完成机构分设工作。

——人员分离。现职公务员不得在行业协会、商会兼任领导职务，确需兼任的，要严格按照有关规定审批。鼓励机关事业单位工作人员辞职从事行业协会、商会工作。

——职能分开。进一步转变政府职能，把适宜行业协会、商会行使的行业管理职能委托给行业协会、商会。

——财产分开。行业协会、商会与政府部门财产不清晰的，必须于2008年底前完成资产划分、明晰产权归属。行业协会、商会使用的国有资产，要明确产权归属，按照有关规定划归行业协会、商会使用和管理。

（十一）规范整顿社会中介组织

对中介市场存在的乱收费、出具虚假鉴证报告、发布虚假信息、采用欺骗手段诈骗、非法设立机构等违法经营或非法活动，要进行集中整治，促进社会中介组织规范运作。对职能交叉重叠，常年不开展活动的社会中介组织要进行清理、整合。中介服务收费实行在国家价格政策调控、引导下，主要由市场形成价格的制度。对咨询、拍卖、职业介绍、婚姻介绍、广告设计等具备市场充分竞争条件的中介服务收费实行市场调节价。对评估、代理、认证、招标服务等市场竞争不充分或服务双方达不到平等、公开服务条件的中介服务实行政府指导价。对检验、鉴定、公证、仲裁收费等少数具有行业和技术垄断的中介服务收费实行政府定价。法律法规另有规定的，从其规定。

（十二）加强社会中介组织内部建设

社会中介组织要进一步建立健全以章程为核心的内部管理制度，促进内部管理实现制度化、规范化、标准化、合法化。引导社会中介组织规范财务管理，建立健全财务管理、会计核算制度。加强社会中介组织自身能力建设，逐步优化社会中介组织领导成员的年龄、知识结构，加强社会中介组织工作人员培训，提高从业人员的整体素质。建立和完善社会中介组织诚信服务制度，增强社会中介组织自主发展、自我管理、自我约束能力。建立社会中介活动公开披露制度，公开服务程序和服务项目、服务标准和收费标准，实行明码标价，自觉接受社会监督。

（十三）提高社会中介组织的自律能力

建立健全自律机制。各行业协会、商会要按照法律法规和国家有关规定，制定和完善行业章程、执业标准、执业规范、奖惩制度等规范性管理办法，建立行业自律性监督管理机制。加强行业执业信息库建设，建立行业信用服务机制，提高行业公信力。同时，支持尚未成立行业协会、商会的行业成立自律性行业协会、商会。

（十四）积极创造加快社会中介组织发展的良好环境

1. 降低门槛条件。积极探索完善社会中介组织管理体制，在坚持登记管理机关和业务主管单位双重管理体制的前提下，依法逐步取消经济服务型、社会服务型、科技服务型、公益型和民办非企业单位等社会中介组织成立、变更、注销的前置性审批，业务主管部门要加强业务指导。对城乡社区的涉农组织、社会组织等基层组织实行登记和备案的双轨管理，简化登记程序；对具备条件的要及时给予注册登记，对基本具备条件的要及时给予指导，尽早使它们获得法人主体资格。

2. 放宽准入范围。按照“非禁即入、不适则调”的准入原则，凡法律法规没有明令禁止的领域，允许各类资本进入。进一步拓宽社会中介组织准入领域，宽进严管，鼓励在法律法规和国家政策的范围内大胆探索和组建基层社会中介组织，鼓励和帮助一些新的社会中介组织进入市场，提供优质服务。放宽注册资本数额限制，放宽行业协会会员登记人数限制，放宽社会中介组织办公场所和经营场所限制。放宽冠名要求，社会中介组织可依法自行选择规范的组织或机构名称。

3. 加大资金扶持。自治区、市、县（区）财政每年安排一定的资金，用于扶持示范性社会中介组织发展，奖励先进社会中介组织；有条件的中介组织可牵头组织会员企业依法共同出资设立担保公司，鼓励会员企业本着自愿原则出资入股担保公司，担保公司应积极为会员企业申请短期贷款提供服务。

要充分发挥农村专业流通合作组织促进设施农业发展和农民增收的作用。各级财政每年要安排一定的资金，用于扶持示范性农产品专业流通合作组织和奖励先进专业流通合作组织。对新办一个农村专业流通合作组织，补助开办费 2000 元，由自治区财政和县（市、区）财政各承担一半；对新建服务性、带动面大的农村专业流通合作组织，由自治区财政和县（市、区）财政各补助开办费 5000 元。自治区每年按照新增数量 30%的比例对新建的农村专业合作组织给予 2 万—3 万元以奖代补资金；每年选择 10—15 个运行一年以上且发展潜力较大的农村专业流通合作组织给予 5 万元以奖代补资金；每年选择 10—15 个发展实力较强、经营状况良好、对会员（社员）提供服务优良、对产业发展和农民增收有明显带动作用的农村专业流通合作组织给予 10 万—20 万元以奖代补资金。此外，每年选择 3—5 个为农服务成效明显的跨区域农村专业合作组织给予 5 万元的以奖代补资金。各市、县（区）也要安排专项资金，对农村专业合作组织实行以奖代补。

4. 落实优惠政策。社会中介组织享受国家规定的有关税收优惠政策和自治区推进全民创业政策。税务部门应按照国家有关规定保障社会中介组织享有会费收取、政府委托培训等项目的税收减免待遇。对社会中介组织的行政事业性收费，要根据情况减收、缓收或免收；不能减收、免收的，均按国家和自治区制定的收费标准下限执行。建立政府购买社会中介服务的制度，对社会中介组织受政府委托开展业务活动和提供服务的，政府应支付相应的费用，所需资金纳入预算管理。各行政、事业单位购买社会中介服务，要坚持公开、公正、公平原则，必须通过公开招标的方式，择优选择中介单位，不得设置行政区域、行业或部门的执业限制。下岗职工从事中介组织服务工作的，享受下岗职工再就业的各项优惠政策。

加大对农村专业流通合作组织政策扶持力度。免收农村专业流通合作组织的登记费、工本费、公告费和年检费等费用。鼓励外地专业流通合作组织在我区设立地域性分支机构，鼓励农村专业经济、技术协会异地设立办事（代表）机构，允许异地发展会员，允许办企业，允许广泛开展经济活动。农业、林业、供销社等业务主管单位和部门要积极引导农产品加工、流通企业和农民合作社组建农村专业流通合作组织，充分发挥其开拓市场、协调生产的作用。银行、信用社等金融部门要积极给予信贷支持，帮助解决农村专业流通合作组织农副产品收购流动资金贷款问题，利率适当优惠。工商、质检部门要支持专业流通合作组织争创农产品品牌、注册商标。农产品流通的临时用地比照农业设施用地办理，农产品储藏、加工的用电执行非普通工业用电电价。

（十五）建立完善社会保障制度

社会中介组织的职工应按照法律法规和属地管理原则，参加养老、医疗、失业、生育和工伤等社会保险，逐步实现社会中介组织工作人员的职业化和专业化。

（十六）切实加强组织领导

1. 强化组织领导。各级党政领导和社会各界要进一步提高认识，高度重视社会中介组织发展和管理工作，将培育发展社会中介组织纳入经济社会发展总体规划，摆上重要议事日程，按照统筹规划、分类指导的要求，加快社会中介组织的培育和发展。自治区要成立发展社会中介组织工作领导小组，领导小组办公室设在民政厅，建立民政牵头、部门参与、社会力量兴办的工作机制，定期研究解决社会中介组织改革和发展中出现的新情况、新问题，组织协调全区社会中介组织的规范发展和监督管理等相关工作，研究制定全区社会中介组织的发展规划、政策措施和管理办法。

2. 加强监督管理。登记管理机关和业务主管部门要紧密配合，发挥各自的职能作用。民政和工商部门要按各自职责依照有关规定对社会中介组织的活动进行管理监督，对违法违规行为进行处罚；会同有关部门查处对社会中介组织的投诉。业务主管部门要加强对社会中介组织的专业技术业务指导和监督，对社会中介组织的执业质量进行管理，对社会中介组织出具的执业报告进行监督，对违法违规的社会中介组织进行查处。对登记管理部门要从人员上予以加强，职能上予以健全和完善，资金投入上予以保障，不断提高综合协调和监管能力。

3. 完善政策法规。依照法律法规，抓紧制定我区相关配套措施，建立健全社会中介组织的税收、财会、人事、社会保障等方面的政策规定，为社会中介组织的健康发展创造良好的政策环境。加快社会中介组织地方立法步伐，将社会中介组织的发展纳入规范化、法制化轨道。

4. 加大宣传力度。采取多种形式，加大对社会中介组织性质、地位、作用的宣传，逐步提高社会中介组织的影响力。不定期召开全区性的社会中介组织工作总结大会，对贡献突出的社会中介组织和先进个人进行表彰奖励，树立和宣扬社会中介组织的先进典型，提高社会中介组织的知名度和社会认同感。

本意见是自治区全民创业行动的配套政策性文件。各地、各有关部门要结合实际，抓紧研究制订贯彻措施，确保意见精神落到实处。对工作中的重大问题，应及时报告自治区人民政府。

中共深圳市委办公厅、深圳市人民政府办公厅关于印发《关于进一步发展和规范我市社会组织的意见》的通知

（深办发［2008］66号 2008年9月24日）

各区委、区政府，各街道党工委、街道办事处，市委各部委办，市直各单位，市各人民团体，中直和各省（区）市驻深各单位，市属各企业：

《关于进一步发展和规范我市社会组织的意见》已经市委、市政府同意，现印发给你们，请认真遵照执行。

关于进一步发展和规范我市社会组织的意见

社会组织作为政府和企业之外的承担社会管理和公共服务的非营利组织，在经济、政治、文化、社会建设中发挥着积极作用。为深入贯彻党的十七大精神，落实《中共深圳市委深圳市人民政府关于坚持改革开放推动科学发展努力建设中国特色社会主义示范市的若干意见》（深发［2008］5号）的要求，促进我市社会组织规范、有序、健康发展，提出如下意见。

一、指导思想、基本原则和总体目标

（一）指导思想。以邓小平理论和“三个代表”重要思想为指导，深入贯彻落实科学发展观，进一步解放思想，坚持培育发展与管理监督并重，在发展中规范，以规范促发展，充分发挥社会组织在完善市场经济体制、促进民主政治建设、发展先进文化、构建和谐社会中的积极作用，推进中国特色社会主义示范市的建设。

（二）基本原则。

1. 解放思想，先行先试。准确把握社会组织在公民社会中的功能定位，继续发扬“敢闯敢试”的特区精神，加大转变政府职能力度，为社会组织的生存发展和发挥作用提供空间；加大社会领域的投入和改革力度，扶持社会组织参与社会管理和公共服务；改革创新社会组织发展的体制和机制，着力培养社会自治能力。

2. 分类指导，突出重点。根据社会组织的活动领域及其功能作用，科学调控，合理布局，优化结构，有针对性地制定鼓励政策，统筹兼顾、循序渐进，突出重点、分类推进，形成科学优化、平稳有序的社会组织发展体系。

3. 依法管理，规范运作。严格依法行政，登记管理机关及相关部门应当依照法律、法规及规章规定，对社会组织进行管理、指导，监督社会组织依照法律、法规、规章及其章程规范运作，把社会组织工作全面纳入法制化、规范化轨道。

（三）总体目标。抓住我市被列入国家社会组织“改革创新综合观察点”的重要机遇，建设与深圳经济社会发展需要相适应、门类齐全、层次丰富、结构优化、布局合理、覆盖广泛的社会组织体系；发展一批公信力强、功能完备、运作规范、作用显著的社会组织；构建充满活力、富有效率、有利于社会组织健康发展的体制，形成党委领导、政府管理、社会监督和社会组织自律相结合的社会组织管理格局。

二、加大政策扶持力度，促进社会组织发展

（四）拓展社会组织的发展空间。从体制机制上规范政府、市场、社会三者的关系，培育社会自治能力，强化市场功能，完善政府职能。结合新一轮行政管理体制改革，将各部门可由社会组织承担的事项，交由社会组织承担，通过向社会购买服务来实现公共责任和义务。政府相关部门要加强引导、扶持、管理和监督，强化标准化建设、资质审查、跟踪指导和绩效评估，为社会组织提供良好的发展条件。

（五）创新社会组织登记管理体制。除法律、行政法规规定须由有关部门在登记前进行前置审批的社会组织外，工商经济类、社会福利类、公益慈善类的社会组织申请人均可直接向社会组织登记管理机关申请登记。对主要在社区范围内开展活动的社区社会组织，实行登记备案双轨制，纳入监督管理。适度放开异地商会的登记和管理；允许本市行业协会、商会根据产业发展需要吸收异地同行会员；同行业可以按照产品类型、经营方式、经营环节及服务类型成立行业协会、商会。

（六）健全沟通协调制度。建立政府与社会组织联系沟通的常设平台。政府在制定政策、进行重大决策及立法过程中，应及时与相关社会组织进行沟通，听取社会组织的意见和建议。积极组织社会组织代表参加各种听证会、论证会，提高社会组织对公共行政的参与度。政府各部门在行政管理过程中，与相关社会组织建立日常联系制度，方便社会组织及时反映意见。在党代会、人大增加社会组织的代表比例，在政协增加社会组织的功能界别，进一步发挥社会组织在协调利益关系、反映群众诉求方面的作用。

（七）完善政府投入机制。按照政府转变职能和事业单位改革的要求，对政府分离出的或新增的社会管理和公共服务事项，凡可委托社会组织承担的，通过政府采购等法定方式，向符合条件的社会组织购买，预算单位在年度预算中申报购买服务项目预算，财政部门审核安排。按照突出重点、分类实施的原则，在工商经济、社会福利、公益慈善和社区社会组织等近期重点发展领域的优先扶持项目中进行试点，根据社会组织提供社会管理和公共服务的数量、质量、绩效水平以及服务创新等情况，开展考核评估工作，并根据考评结果对社会组织予以奖励和资助。市财政部门会同民政部门制定财政扶持管理办法，建立购买服务、政府资助及奖励制度，

明确操作规程和部门职责，加强监督管理。

（八）构建社会组织公共服务平台。加快规划建设社会组织孵化基地和公共信息化系统，打造政府扶持、发展、服务社会组织的公共平台。社会组织孵化基地要建成社会组织对外合作、政社交流的平台，优先满足重点发展领域的社会组织进驻，为其履行职能提供项目策划、能力培养等优质服务。同时，要发挥市社会组织总会在联系政府与各社会组织中的桥梁纽带作用，促进社会组织的规范发展。

（九）加大对工商经济类社会组织的扶持力度。对现行支持产业、行业、企业发展的各项政策进行梳理，进一步拓宽政府扶持政策的覆盖面，发挥工商经济类社会组织行业公共服务和公共技术平台的作用，加大支持力度，以多种途径实施政府支持行业发展的各项政策措施，为企业营造公平的市场竞争环境。

（十）制订相关配套政策。加大对社会组织的财税和人才政策支持，根据社会组织的非营利性质，民政部门要会同财政、税务部门研究制定鼓励社会捐赠的配套政策；要会同人事、劳动保障等部门研究解决社会组织的人才引进和培训、职称评定及职业资格认证等问题，为社会组织的发展提供良好的配套环境。

（十一）加强社会组织人才队伍建设。积极开展社会组织人才的培养工作，建立一支高素质的社会组织专职人才队伍。开展对社会组织中高层管理人员的职业和管理能力培训，使其成为推动社会组织规范化管理的中坚力量。对社会组织专职工作人员进行职业能力培训，形成社会组织的专职工作队伍。按照我市高层次专业人才队伍建设的有关规定，营造有利于社会组织人才成长、稳定发展的环境。

（十二）完善社会组织法制保障。借鉴发达国家和地区的立法经验，制定《深圳经济特区行业协会商会条例》，深化行业协会商会管理体制改革。建立健全我市社会组织管理的法规、规章体系，明确各类社会组织在经济、政治、文化、社会建设中的功能定位和作用，对社会组织的登记管理、政府扶持、资产界定、信息公开、评价体系、监管机制等进行改革、规范和完善。探索社会组织的法定机构立法，对在社会管理和公共服务领域发挥重要作用、与社会公共利益关系密切的社会组织，通过专项立法明确其法律地位和职能，规范服务行为和标准。

三、健全监管体系，加强对社会组织的监督管理

（十三）切实加强党对社会组织的领导。发挥各级党委对社会组织的

领导作用，把握社会组织发展与规范的正确方向，使社会组织成为党领导下的可靠建设力量。在社会组织中，实现党的组织和工作“两个全覆盖”。依托社会组织登记管理机关，组建社会组织党的领导机构，完善社会组织党建工作归口分级管理体制。社会组织为党组织的活动提供必要条件。

（十四）建立社会组织分类管理制度。根据社会组织的不同种类、不同特点和不同作用，围绕人民群众的需要和我市经济社会发展现状，编制社会组织设立导向目录，实行分类指导和管理，对重点发展领域，简化登记程序，加大扶持力度，严格控制业务宽泛、不易界定的社会组织，禁止设立违背法律法规的社会组织。

（十五）形成协调联动的监管合力。有关部门要各司其职，紧密配合，依法对社会组织实行监管和指导。逐步由重登记向兼重准入和日常管理服务转变，加强以年检为主要内容的依法管理，健全以规范行为为重心的相关管理制度，提高处置突发事件的能力。登记管理机关要认真履行登记管理责任，完善登记管理机关与相关部门间的信息交流、协同监管机制，提高监管合力和应急反应能力，逐步建立预测预警机制和执法联动机制。业务主管（指导）部门要增强责任意识，切实履行好对社会组织的监督管理职责。要配合登记管理部门对社会组织进行业务指导，强化日常监督，促进社会组织依法、规范、有序地承接和履行政府转移的职能。民政、财政、税务、审计、公安、人事、劳动保障、外事等相关职能部门依法对社会组织的财务管理、人员管理、社会保险、涉外活动等进行监管。

（十六）建立公开透明的社会监督机制。建立社会组织信息披露制度、重大事项报告和公众投诉制度，健全社会组织评估机制和诚信制度，形成对社会组织的有效舆论监督和社会监督。社会组织登记管理机关建立社会组织法人数据库，定期公布社会组织名单和遵纪守法、年检情况等信息。社会组织要定期公布其服务程序、业务规程、服务项目、收费标准、公益服务和年检情况等信息。接受社会捐赠、政府资助或政府向其购买服务的社会组织，应定期公布资金使用情况、财务审计报告，自觉接受社会监督，提高公益财产的使用效益。

（十七）健全社会组织的自律机制。社会组织依法承担民事责任。明确章程在社会组织活动中的基本准则地位，保护社会组织在章程规定的范围内依法开展活动。建立健全内部治理结构和管理制度，完善内部制衡和约束机制，建立权责明确，协调运转、有效制衡的内部治理结构；开展自律与诚信建设，建立和完善财务风险管理、信息披露、服务承诺等管理制度。提升社会组织的自我发展能力。

（十八）规范社会组织的涉外活动。加强对社会组织涉外活动的管理，登记管理机关、业务主管（指导）部门及相关部门要按照中央、省的有关文件精神，加强协调配合，积极做好社会组织参与国际交流、与境外社会组织建立友好合作关系、应邀以单位会员名义加入国际组织以及接受境外捐赠等相关涉外活动的监管工作。

（十九）大力查处非法组织和违法行为。登记管理机关要加大执法监督力度，对非法社会组织和社会组织违法违规行为，坚决依法予以查处，净化社会组织发展环境，维护社会稳定。对未经登记擅自以社会组织名义进行活动，或者被撤销登记的社会组织继续以社会组织名义进行活动的，由登记管理机关予以取缔。

（二十）加强领导，统筹协调。各级党委、政府要把发展和规范社会组织，发挥社会组织作用作为贯彻落实科学发展观、构建和谐社会的重要工作，将社会组织的发展纳入经济社会发展规划。政府各职能部门要通力合作，紧密配合，齐抓共管，形成发展和规范社会组织及发挥作用的良好局面。完善工作协调机制，建立由市民政、财政、人事、公安、外事等各相关部门组成的联席会议制度，统筹解决制约社会组织发展和发挥作用的困难和问题。

中共广东省委办公厅、广东省人民政府办公厅关于发展和规范广东省社会组织的意见

（粤办发［2008］13号　2008年9月28日）

为深入贯彻落实党的十七大和省委十届三次全会精神，促进广东省社会组织规范、有序、健康发展，充分发挥其在经济社会发展中的重要作用，经省委、省政府同意，现结合我省实际，提出如下意见。

一、发展和规范社会组织的重要性

发展和规范社会组织，是促进政府职能转变、完善市场功能、增强产业竞争力、实现经济又好又快发展的客观需要；是反映社会诉求、加强社会管理、增强社会自治功能、发展社会主义民主政治的内在要求；是整合

社会资源、满足社会公共服务需求、加快推进以改善民生为重点的社会建设、化解社会矛盾和促进社会和谐的有效途径。2000年以来，我省社会组织发展迅速，市场化改革初见成效，社会组织体系初步形成，社会作用不断增强，逐步成为一支促进经济社会发展的重要力量。

当前，我省正处于全面建设小康社会新的历史起点，改革开放进入关键时期，新一轮地方机构改革即将启动。面对新形势新任务，我省社会组织的发展仍然存在一些不相适应的问题，如对社会组织在经济社会发展中的重要性认识不足，社会组织的数量、规模、质量、作用总体上还不能满足日益增长的社会需求，发展的政策环境还不完备，部分社会组织政社不分、行政化倾向严重、自我发展和自我管理能力不足等。为此，必须从深入贯彻落实科学发展观和构建社会主义和谐社会的高度，把支持、培育和引导社会组织加快发展作为一项重大和长期的任务，切实抓紧抓好。

二、发展和规范社会组织的指导思想和总体目标

指导思想。高举中国特色社会主义伟大旗帜，以邓小平理论和“三个代表”重要思想为指导，深入贯彻落实科学发展观，继续解放思想，按照培育发展与监督管理并重的要求，采取转变职能、理顺关系、分类指导、改进监管、提升能力、强化自律、完善政策等措施，坚持在发展中规范，以规范促发展，为社会组织发展创造宽松的外部环境，充分发挥社会组织在推进社会主义现代化建设和构建社会主义和谐社会中的重要作用。

总体目标。力争用3—5年时间，在全省逐步建立起与经济社会发展相适应的定位准确、功能齐全、作用显著的社会组织发展体系，形成党委领导、政府负责、社会协同、公众参与的社会管理格局和科学、有效、规范的社会组织监管体制和机制，实现社会组织与经济社会协调发展。

三、社会组织的科学定位和分类

本意见所称社会组织，主要是指依法在经济和社会活动中发挥服务、沟通、协调、监督、维权、自律等作用的各类民间组织、中介组织。根据社会组织的功能属性及特点，主要包括六类：

（一）行业协会类

指由同业经济组织或个人以保护和促进共同经济利益为目标而依法自愿组建，具有行业性、专业性、自律性和非营利性特点的社会组织。

（二）学术联谊类

指由相关组织或个人依据章程自愿组建，具有鲜明的联谊性、学术研

究性和非营利性特点的社会组织。

（三）咨询经纪类

指依据相关法律法规，为社会和市场主体提供专业性建议、意见，或为生产要素交易提供信息、技能、设施服务，具有鲜明的经纪性、代理性和有偿性特点的社会组织。

（四）鉴证评估类

指依据相关法律法规，利用专业知识和专门技能，独立提供具有公信力的资信评估服务，出具技术性评估报告，或者依据行业规范、技术标准，为社会提供鉴证、鉴定、监督、检测、检验、评价、评估和认证服务，实行有偿服务并承担相应法律或其他责任，具有鲜明的独立性、客观性特点的社会组织。

（五）公证仲裁类

指依据相关法律法规，独立行使公证或裁决职能，具有法定性、强制性、公正性特点的社会组织。

（六）公益服务类

指承担面向社会，为社会公众和社会发展提供公益慈善服务，具有社会性、保障性和非营利性特点的社会组织。

四、积极培育和扶持社会组织发展

（一）着力转变政府职能

1. 加大政府职能转移力度。加快推进政府与市场中介组织分开。除法律法规另有规定外，政府各职能部门要逐步将公民、法人和其他组织能够自主解决、市场机制能够自行调节、社会组织通过自律能够解决的事项转移出去。将行规行约制定、行业准入审核、等级评定、公信证明、行业标准、行业评比、行业领域学术和科技成果评审等行业管理与协调性职能；法律服务、宣传培训、社区事务、公益服务等社会事务管理与服务性职能；业务咨询、行业调研和统计分析、决策论证、资产项目评估等技术服务性职能与市场监督等职能，通过授权、委托及其他适当方式依法转移给社会组织。政府各部门要根据本意见，对各自承担的职能进行全面梳理和分解，提出职能转移具体方案，并结合地方政府机构改革，在部门“三定”规定（“职能配置、内设机构、人员编制”规定）中明确职能转移事项，将政府各部门不再行使和可交由社会组织承担的职能事项分离出去。可选择一些代表性强、运作较规范的社会组织作为试点，取得经验后逐步推广，稳步推进。

2. 加强指导和沟通协调。对转移给社会组织承担的职能事项，转移出职能的行业主管部门应对有关社会组织设立为期 3 年的指导期，切实对其加强资质审查、跟踪指导和绩效管理，并及时发现和解决问题。指导期内发现该社会组织不具备承接条件或所转移职能不适宜由该社会组织承担时，政府部门按程序收回相应职能。建立政府与社会组织的沟通、协调机制，畅通信息交流渠道。制订涉及社会组织利益的地方性法规、政府规章、公共政策、行政措施、行业发展规划时，应主动征求和听取相关社会组织的意见和建议。

（二）调整优化布局结构

政府要监督、指导和促进各类社会组织合理布局和有序准入，避免无序竞争。加快建立评估机制和优胜劣汰的退出机制，择优扶持，积极推动社会组织重组和优化改造，通过适度竞争提高服务质量，打破行业、地区封锁及行业垄断。承担中介服务职能的事业单位要打破部门和行业界限，按照优化、效能原则进行重组。重点推进政府所属检验、检测机构的整合，全面提高公共检测能力与水平。

（三）建立政府购买服务制度

抓紧制定政府购买社会组织服务的具体实施办法。政府购买社会组织服务的经费纳入年度财政预算。根据社会组织提供服务的数量和质量，按照一定的标准进行审核后支付费用；或采取“政府承担、合同管理、评估兑现”的契约方式。部分特殊事项在一定时期可以实行定向购买服务。为确保改革取得成效，可先在条件成熟的领域试点，在此基础上及时总结经验，逐步扩大购买服务范围。

（四）加大资金扶持力度

加大财政支持力度，推动建立公共财政对社会组织资助和奖励机制，促进、扶持社会组织发展。采取购买服务、项目招标等方式，重点扶持一批具有示范导向作用的公益服务性社会组织。鼓励社会组织拓宽筹资渠道，增加公益积累，壮大自身实力。在加强风险控制措施的前提下，鼓励金融机构积极为社会组织发展提供信贷支持。

（五）完善各项扶持政策

落实相关税收优惠政策。对符合条件的社会组织，按规定给予税收政策支持。切实解决有关登记障碍。尽快研究制定适应社会组织特点的人员流动、入户、档案管理、职称评定、福利、保障等具体政策措施，营造留住人才的环境和条件。逐步增加社会组织代表人士在党代会代表、人大代表、政协委员中的比例，鼓励社会组织中的优秀人才积极参政议政。

五、强化社会组织能力建设

（一）强化社会责任意识

社会组织应坚持正确的政治方向，围绕党和国家工作大局，自觉承担社会责任，增强服务社会的意识和功能，主动参与解决人民群众最关心、最直接、最现实的利益问题，注重社会效益，面向会员、行业、社会提供更多的公共服务和公益支持。

（二）完善诚信自律机制

推动社会组织以建立健全规范运作、诚信执业、信息公开、公平竞争、奖励惩戒、自律保障六个机制为抓手，建立自律的长效机制。按法人登记的社会组织要建立健全权责明确、运转协调、有效制衡的法人治理结构和治理机制。健全以章程为核心的各项内部管理制度，完善民主选举、民主决策、民主管理、民主监督的运行机制。

（三）加强从业队伍建设

社会组织要加强对从业人员的业务培训和职业道德教育，不断提高从业队伍素质；规范用人制度，建立健全岗位管理制度；完善保障和激励机制，推进社会组织从业人员专业化、职业化和年轻化。加快建立健全志愿服务制度，规范志愿服务行为。

（四）加强党的建设

创新党组织设置形式，扩大党在社会组织中的组织覆盖和工作覆盖。创新党组织负责人选拔培养方式，加强社会组织党组织领导班子建设。创新党员教育管理理念，激发党员保持先进性的内在动力。创新党组织活动内容和载体，充分发挥社会组织党组织和党员的作用。创新党建工作管理体制，社会组织党组织以属地管理为主，依托登记管理部门成立党工委进行协管。在社会组织登记注册时，登记管理部门应要求具备条件的社会组织同步设置党组织；在年审时，社会组织要向登记管理部门党工委报告成立党组织、开展党的工作和发展党员的情况。

（五）规范服务和收费行为

社会组织要公开服务程序或业务规程、服务项目和收费标准，实行明码标价，自觉接受监督。不得利用权力强制入会、摊派会费、搭车收费、指定服务，不得擅自制定应由政府定价的收费项目和标准，不得违规收费和设立“小金库”，不得乱收滥支、坐收坐支。

六、规范和改进社会组织监督管理

（一）实施清理整顿

社会组织必须依法设立，依照有关法律、法规、规章从事业务活动。社会组织的设立实行依法登记制度。原则上由民政部门依法对行业协会类、学术联谊类、公证仲裁类、公益服务类等非营利性社会组织进行登记管理；由工商部门依法对咨询经纪类、鉴证评估类等营利性社会组织进行登记管理。

原作为事业单位管理的行业协会类、学术联谊类、咨询经纪类、鉴证评估类、公证仲裁类等机构，要按照《广东省事业单位分类改革试点指导意见》（粤机编［2007］5 号）精神进行改革，逐步向民间性社会组织发展。政府部门原设立的以经营服务为主、具有竞争性和中介服务性质的事业单位，要结合事业单位分类改革逐步进行剥离和脱钩，不再列入事业单位序列。今后原则上不再设立承担中介服务职能的事业单位。

进一步做好社会组织入口登记工作，强化准入管理。由各类登记管理机关牵头，政府各主管部门负责，分类对社会组织进行全面清理整顿。对按照法律、法规、规章规定应纳入而未纳入登记的社会组织，在清理整顿基础上限期办理登记。对名存实亡或存在严重问题，以及已不适应当前经济社会发展需要的社会组织予以撤销；对自律机制不健全、作用发挥不明显的社会组织进行限期整改。对整改不到位的，依法予以注销或撤销。现职国家机关工作人员不得在社会组织中任职，确需兼任的要严格按有关规定审批。结合治理商业贿赂工作，全面清理、严肃查处市场中介组织进行价格欺诈、提供虚假信息、搞不正当竞争等违法违规行为。

（二）改进和完善监管方式

1. 明确政府监管职能。登记管理部门负责社会组织的登记管理、发展规划、政策制订和综合协调。具体职责是：会同有关部门制订社会组织的发展规划和政策；联合有关部门督促和监督各项政策的执行和实施；为社会组织依法开展各类活动提供服务；推动、支持社会组织参与社会管理和公共服务。

行业主管部门（业务指导单位）要增强责任意识，切实履行对社会组织的监督管理职责。要对社会组织涉及的产业发展、行业规范和业务活动等进行业务指导，配合登记管理部门强化日常监管，促进社会组织依法、规范、有序地承接和履行政府转移的职能；积极提出培育发展社会组织的建议，促进社会组织健康发展。

2. 建立综合监管机制。逐步由重入口登记向准入和日常管理并重转变，健全以规范行为为重心的相关管理制度，将年检工作与日常监督、绩效管理、信用建设、执法查处结合起来。完善登记管理部门、行业主管部门及相关职能部门之间的信息交流、协同监督、齐抓共管的责任机制，提高监管合力和应急反应能力，逐步建立健全科学、规范、有效的监管体制，为社会组织创造公平、公正的发展环境。

3. 建立健全法规体系。开展社会组织发展规范的立法调研，加快相关地方性法规的立法步伐。通过立法进一步明确社会组织法律地位和发展空间，重点对社会组织登记管理、政府资助、政府采购、资产界定、信息公开、评价体系、监管机制等进行规范。鼓励和支持有条件的地区在社会组织立法方面先行先试。

（三）创新监督和管理方式

1. 完善信用监管体系。建立信用信息动态情况记录、社会评价、诚信公示和失信惩戒等信用管理制度。民政部门登记管理的社会组织还要建立等级评估制度。将社会组织公益服务和遵纪守法情况纳入社会诚信管理体系。严厉打击中介活动中出具虚假资信证明、虚假会计报表、虚假评估、虚假鉴证、虚假信息等失信和违法行为。

2. 建立奖励惩戒机制。按照相关法律法规的规定，建立社会组织奖惩机制，对诚信守法、自律严格、作用突出、社会认可的社会组织，以及作出突出贡献的社会组织工作人员，给予一定形式的奖励。对在运作中出现问题的社会组织，视情节依法给予警告、限期改正或撤销等处理。

3. 健全信息公开制度。有重点、分步骤推进社会组织信息公开工作，积极探索各类社会组织信息公开的机制和方式。政府相关部门要紧密配合、加强沟通，整合信息资源，抓紧建立和完善统一、高效、完整的社会组织监管信息系统和服务信息网络。

4. 创新社会监督机制。建立与信息公开制度、财税扶持政策等相适应的社会监督体系，将群众监督、舆论监督与社会参与、新闻媒体、法律手段等有机结合起来。

七、加强组织领导

（一）加强组织实施

各级党委、政府要高度重视，把发展和规范社会组织工作摆上重要位置，纳入经济社会发展规划，将社会组织改革与深化行政管理体制改革、事业单位分类改革有机结合起来，有计划、有步骤地推进。省编办要会同省民政厅、省工商局尽快提出各部门分工落实方案，报省委、省政府批准后由省民政厅牵头组织实施。省有关部门要按照各自的职责分工抓紧制定具体方案和政策措施。各地要结合本地区实际，制定本地区发展和规范社会组织的意见和具体政策措施，并抓好落实。鼓励和支持有条件的地区和部门根据实际情况，解放思想，先行先试，创造更多好的做法和经验。

（二）完善工作协调机制

为进一步推动发展和规范社会组织工作，成立由省民政厅、省编办、省工商局、省委组织部、省委统战部、省发展改革委、省经贸委、省财政厅、省人事厅、省劳动保障厅、省监察厅（纠风办）、省公安厅、省司法厅、省国税局、省地税局、省物价局、省工商联、省科协、省社科联、省贸促会组成的省发展和规范社会组织工作联席会议制度。各地也要相应建立发展和规范社会组织工作协调机制，定期召开会议，相互通报有关情况，研究协调重要问题，抓好各项工作的落实。

宁夏回族自治区党委办公厅关于印发《关于加强新社会组织党建工作的意见》的通知

（宁党办［2008］64号　2008年10月30日）

各市、县（区）党委（工委），区党委各部委，区直各厅局委办党组（党组），各人民团体、直属事业单位党委（党组），各大型企业党委：

《关于加强新社会组织党建工作的意见》已经自治区党委同意，现印发给你们，请认真贯彻落实。

宁夏回族自治区党委办公厅

2008年10月30日

关于加强新社会组织党建工作的意见

为认真贯彻落实党的十七大精神，切实加强党对新社会组织的领导，不断扩大党在新社会组织的覆盖面，促进新社会组织健康、有序发展，现就加强我区新社会组织党建工作，提出如下意见。

一、充分认识加强新社会组织党建工作的重大意义

新社会组织是对社会团体、民办非企业单位、基金会和社会中介组织等的统称。目前，随着社会主义市场经济的蓬勃发展和改革开放的不断深入，各类新社会组织日益发展壮大，已成为人民群众经济社会生活中的重要组成部分，成为推动中国特色社会主义建设事业的重要力量，成为党和政府联系社会新阶层的重要纽带。近年来，我区的新社会组织在推动经济发展、促进社会和谐方面发挥了重要作用，但与快速发展的形势相比，新社会组织党建工作较为滞后。主要是党组织的覆盖面小，党的工作力量不足；一些党组织工作方法陈旧，作用发挥不够；有的党组织对党员教育管理的针对性不强，效果不明显；一些党员的思想观念出现多元化倾向等。对此，各级党委要从加强党的阶级基础、扩大党的群众基础和巩固党的执政基础的高度，充分认识新形势下做好新社会组织党建工作的重要性，切实增强责任感和使命感，努力开创我区新社会组织党建工作新局面。

二、加强新社会组织党建工作的指导思想、工作目标

指导思想：以邓小平理论和“三个代表”重要思想为指导，深入贯彻落实科学发展观，以增强党的阶级基础、扩大党的群众基础、巩固党的执政基础，推动全区经济社会又好又快发展为目标，以扩大党的组织覆盖面和工作覆盖面、充分发挥党组织的战斗堡垒作用和党员的先锋模范作用为着力点，积极探索，大胆创新，建立健全领导体制和长效工作机制，努力构建符合新社会组织自身特点的党建工作格局，为新社会组织健康发展提供坚强有力的组织保证。

工作目标：“一年打基础”，即到2009年底，全区50人以上的新社会组织有党员，100人以上的新社会组织有党组织；“两年上台阶”，即到2010年底，党的组织和党的工作覆盖60%以上的新社会组织，30%以上的新社会组织党组织达到领导班子好、党员队伍好、工作机制好、发挥作用好、各方反映好的“五好”目标；“三年见成效”，即到2011年底，树立一

批基础较好、工作规范、影响良好的新社会组织党组织先进典型，使全区的新社会组织党建工作整体取得明显成效。

三、明确隶属关系，建立科学有序的新社会组织党建工作管理体制

按照有利于加强党对新社会组织的领导，有利于党组织和党员开展活动、发挥作用，有利于促进新社会组织健康发展的原则，针对不同类型新社会组织的特点，实行以业务主管单位或行政挂靠单位党组织管理为主，行业协会党组织管理为依托，分级负责的党建工作管理体制，采取“谁审批（指批准成立的业务主管单位）、谁主管、谁负责”和坚持“属业管理与属地管理相结合”的办法，合理确定新社会组织党组织的隶属关系和管理模式。

对律师、会计师事务所等业务性较强、行业准入较严格的新社会组织，以业务主管单位或行政挂靠单位管理为主，依托行业协会建立党组织。

对各类民办学校、民办医疗机构、民办职业培训机构等专业性较强、数量较少、暂不宜成立行业管理党组织，但有明确的业务主管单位或行政挂靠单位的新社会组织，党组织可由其业务主管单位、行政挂靠单位直接管理。

对没有行业准入限制、没有明确的业务主管部门的新社会组织，可暂由其所在街道（乡镇）党组织属地管理。

新社会组织成立、变更、注销时，其业务主管部门党组织、登记管理部门应同步指导做好党组织的成立调整或重建工作，及时明确隶属关系，防止出现党组织瘫痪或党员无人管理的现象。

四、加大党组织组建力度，不断扩大党在新社会组织中的覆盖面

2009 年 6 月底前，凡有 3 名以上正式党员的新社会组织都应单独建立党组织；党员不足 3 人的新社会组织，要按照地域相邻、行业相近的原则，通过联合组建的方式建立党组织。

暂无党员或不具备建立党组织条件的新社会组织，各地各业务主管部门党组织要通过选派党建工作指导员，成立工会、共青团、妇联等群众组织，向新社会组织输送党员和在优秀经营管理者和业务骨干中发展党员等

办法，为组建党组织积极创造条件。

自治区和地级市律师、会计师协（分）会应成立党的基层委员会或总支部委员会。规模、影响较大的其他行业协会、商会，会员单位党员人数超过100名的，根据工作需要，经上级党组织批准，可以成立党的基层委员会；党员人数超过50名的，可以成立党的总支部委员会。进一步深化和拓展农村“支部加协会”的经验做法，抓好农村新社会组织建立党组织工作。要在新社会组织所在乡（镇）、村党组织的领导下，从农民党员的实际需求出发，通过建立党小组、联合党支部等多种形式，及时把党组织建在园区、产业链和专业协会上。

选好配强新社会组织党组织负责人。党组织负责人应由党性强、作风正、业务精、善管理、在群众中有较高威信的党员担任。已建立工会、共青团、妇联组织的，负责人是党员的应进入党组织领导班子。建立新社会组织党组织负责人离职报备案制度，新社会组织解聘党组织负责人，要事先征求上级党组织意见并说明理由。

切实做好在新社会组织中发展党员工作。认真抓好新社会组织入党积极分子的培养、教育和管理，努力把那些思想政治素质好、业务水平高、有群众威信的优秀分子吸收到党的队伍中来。要充分发挥工会、共青团、妇联组织的作用，依托群团组织推荐、培养和发展党员，不断壮大党员队伍。

认真做好党员组织关系接转工作。根据中央组织部规定，具有在全国范围内相互转移和接收党员组织关系权限的党组织，可以直接相互接转，不必再经过其上级党组织。党组织要根据规定的权限和程序，采取灵活有效的措施，帮助党员接转组织关系。新社会组织从业人员中的党员，稳定工作6个月以上的，其组织关系要转入现工作单位党组织。

五、积极探索发挥新社会组织党组织和党员作用的有效途径

切实发挥新社会组织党组织的作用。要在上级党组织的领导下，认真贯彻党的方针政策，引导和监督新社会组织遵守国家的法律法规，领导工会、共青团、妇联等群众组织，团结员工群众，维护各方的合法权益，充分发挥基层党组织推动发展、服务群众、凝聚人心、促进和谐的作用。

加强和改进党员教育管理工作。要加强对党员的马克思主义基本理论、理想信念、党性、法制和社会主义道德等方面的教育。积极创新党员教育形式，充分利用远程教育和网络等手段，在党员和党组织之间建立便捷的交流、联络渠道，增强教育的实效性。

深入开展争先创优和主题实践活动。各地和有关业务主管单位要围绕解决新社会组织发展的热点、难点问题，以及增强行业自律意识、提高服务水平等内容，积极开展“五好”新社会组织党组织的基础上，命名表彰新社会组织党建工作先进单位。

探索建立激励关怀帮扶党员的机制。在推选各级党代表、人大代表、政协委员和推荐表彰先进模范人物时，要统筹考虑对新社会组织中贡献突出、具有先进性和代表性的党员。党组织要关心爱护党员，通过结对帮扶等形式，为生活困难的新社会组织党员提供必要的帮助。

六、切实加强对新社会组织党建工作的领导

加强组织领导。各级党委和有关部门党组织要把新社会组织党建工作作为履行基层党建工作责任制的重要内容，纳入党建工作的整体布局。各市、县（区）要建立由组织部门牵头，民政、工商、财政、司法、教育、卫生等相关部门为成员单位的新社会组织党建工作指导小组，及时沟通研究工作。地方各级党委领导班子成员要建立新社会组织党建工作联系点，经常深入联系点调查研究，协调解决问题。

营造良好环境。各级党委、政府和有关部门要深入研究新社会组织发展中的重大问题，从行业规范、人才支持、环境优化等方面提供政策支持，推动新社会组织向规模化、高层次发展。要下决心解决影响新社会组织健康发展的突出问题，下大力气治理商业贿赂，坚决制止乱收费，为新社会组织健康发展营造公平合理的竞争环境。要坚持正面宣传为主，及时总结推广新社会组织党建工作的成功做法和先进经验，努力形成社会各界关心支持，相关部门通力合作，新社会组织从业人员和管理者积极配合，共同推进新社会组织党建工作的良好氛围。完善保障机制。各地和各业务主管单位党组织要帮助新社会组织党组织搞好活动阵地建设，采取返还党费、划拨专项经费等多种方式，为新社会组织党组织提供必要的活动经费。生产经营正常的新社会组织，应从管理费中列支党组织活动的必要经费。

加强教育培训。各市、县（区）每年应对新社会组织党务工作者培训一次，自治区每年在区外举办一期新社会组织党务工作者培训班，不断提高新社会组织党务工作者的能力和水平。

中共海口市委关于进一步转变政府职能促进社会组织发展的决定

（2008年12月4日中国共产党海口市
第十一届委员会第四次全体会议通过）
海发［2008］7号

为贯彻党的十七大精神，落实科学发展观，构建更具活力的体制机制，提高城市综合竞争力，促进海口经济发展与社会和谐，结合强区扩权和新一轮行政体制改革，现就进一步转变政府职能，促进社会组织发展作出如下决定。

一、指导思想和总体目标

（一）指导思想

深入贯彻落实科学发展观，按照“解放思想、实事求是；转移职能、让渡空间；统筹兼顾、重点突破；依法管理、规范运作”的原则，进一步转变政府职能，推进社会建设重心下移、社会服务重心前移，建设服务型政府。坚持培育发展与监督管理并重，坚持依法规范与组织自律并重，坚持统筹布局和分类指导并重，充分发挥社会组织在推进经济建设和构建和谐社会中的重要作用。

（二）总体目标

实现政府职能向创造良好发展环境、提供优质公共服务、维护社会公平正义的根本转变，实现政府组织机构及人员编制向科学化、规范化、法制化的根本转变，实现行政运行机制和政府管理方式向规范有序、公开透明、便民高效的根本转变，建设人民满意的政府。

培育扶持一批公信力强、功能完备、运作规范、作用显著的社会组织，逐步形成门类齐全、布局合理、覆盖广泛、发展有序的社会组织体系。充分发挥社会组织在海口经济建设、政治建设、文化建设、社会建设、对外交流、区域合作等方面的积极作用，使社会组织成为经济社会发展的一支重要力量。

二、切实转变政府职能

（三）明确政府职能转移事项

按照建设服务型政府的要求，进一步推进政社分开，明确政府职能转移的基本原则：除法律法规另有规定外，政府各职能部门要将公民、法人和其他组织能够自主解决，市场机制能够自行调节，社会组织能够通过自律管理的事项转移出去。

以政府职能部门具备的权限为依据，以社会组织具备承接能力为前提，政府各职能部门要有重点、分步骤地将以下职能通过授权、委托等适当方式转移给社会组织。

行业管理与协调职能：行业规划、行业标准和行规行约的制定；行业准入资质资格、专业技术职称、执业资格与等级初审；公信证明、行业评比、行业领域学术和科技成果评审等。

社会事务管理与服务职能：法律服务、宣传教育、专业培训、社区事务、公益服务等。

技术服务与市场监督职能：业务咨询、行业调研、统计分析、资产项目评估，行业内重大投资、改造、开发项目可行性前期论证以及项目的责任监督等。

（四）分步实施政府职能转移

政府职能部门对各自承担的职能进行梳理和分解，提出职能转移具体方案。由市编委办统一协调，结合强区扩权和新一轮行政管理体制改革，将政府部门不应行使和可转移给社会组织承担的职能，在“三定”方案中予以明确。选择一些代表性强、运作规范的社会组织特别是行业协会作为试点，取得经验后逐步推广。对转移给社会组织承担的职能或事项，设立3年指导期，相关政府部门要切实加强对社会组织的资质审查、跟踪指导、服务协调和绩效评估，及时发现并解决问题。对不能正常履行承接职能，问题较多、群众反映大的，可按有关规定和程序收回相应职能。

（五）加快推进事业单位改革

理顺政府部门、事业单位与社会组织的关系。事业单位不应再行使的公共服务职能，要从现有事业单位中剥离，为社会组织创造资源配置的空间；可以通过政府采购方式提供的公共服务，要按照“费随事转”的办法，用市场化的方式组织生产和供应，为社会组织创造公平竞争的环境。

根据现有事业单位的社会功能，将其划分为承担行政职能的、从事生产经营活动的和从事公益服务的三大类。按照政事分开、事企分开和管办分离的原则，加快推进事业单位分类改革。

完全行使行政职能的，转为行政机构；承担部分行政职能的，将其行政职能和公益服务职能与其他单位分拆整合。今后不再批准设立承担行政职能的事业单位。

从事生产经营活动的，逐步转为企业，注销事业单位，核销事业编制。今后不再批准设立从事生产经营活动的事业单位。

从事公益服务的，强化公益属性，整合资源，完善法人治理结构，加强政府监管。从事公益服务的划分为三个类别：不能或不宜由市场配置资源的，所需经费由财政予以保障，不得开展经营活动，不得收取服务费用；可部分实现由市场配置资源的，所需经费由财政按照不同方式给予不同程度的投入，鼓励社会力量参与；可实现由市场配置资源的，实行经费自理，财政通过政府购买服务方式给予相应的经费补助，具备条件的，应逐步转为企业，今后这类单位主要由社会力量举办。

三、积极培育和扶持社会组织发展

（六）明确社会组织发展重点

今后3—5年，重点培育和扶持五类社会组织。

——行业协会商会。围绕建设新型工业基地战略，重点培育和发展一批依托我市支柱产业、优势产业、新兴产业的工业协会商会；围绕现代服务业的发展战略，重点培育和发展一批优势明显、带动力强、面向生产、保障民生类的服务业协会商会；围绕统筹城乡发展战略，重点培育和发展一批种植业、养殖业、畜牧业、农业经济合作、农副产品加工类等农村专业经济协会。发挥行业协会商会在行业自律、利益协调等方面的功能，为我市经济社会发展服务。

——公益慈善类社会组织。拓宽社会福利事业的资金筹集渠道，积极发展面向社会公众的，具有社会性、保障性和非营利性特点的公益慈善类社会组织，培育和发展一批志愿者组织，建立与政府服务、市场服务相衔接的社会志愿者服务体系。发挥公益慈善类社会组织在扶贫济困、抢险救灾、化解矛盾、公益捐赠等方面的作用。

——民办非企业单位。鼓励社会力量在教育、科技、文化、卫生、体育、社会福利、法律援助等领域兴办民办非企业单位。发挥民办非企业单位在扩大就业、培养人才、便民服务等方面的作用，使之成为政府管理与服务功能的有效延伸，满足社会需求，促进和谐社会建设。

——城乡社区社会组织。重点培育和发展城乡体育运动、文化娱乐、书画摄影、老年康乐、妇女保健等不以营利为目的，满足城乡居民不同需求的社区组织。建立结构合理、专业化程度高的社区社会组织体系，形成基层政府、基层自治组织与社会组织密切合作的城乡社区现代治理机制，推进和谐社区建设。

——职业类社会团体。重点培育和发展一批会计师协会、律师协会、社工协会、企业家协会、职业经理人协会、导游协会、医师协会、护士协会、记者协会等以共同职业为特征的社会团体，发挥职业类社会团体在表达诉求、维护群体利益、提高职业能力和服务水平方面的重要作用。

（七）完善社会组织登记管理体制

加强社会组织登记管理机关力量，在市民政局民间组织管理办公室的基础上组建市社会组织管理机构，健全机构，充实人员，增加经费。对社会组织实行分类登记管理，放宽准入条件，为其创造有利的发展环境。

——改革行业协会商会登记管理。除法律法规授权履行特殊职能的注册会计师、注册资产评估师、律师等行业协会商会外，其他行业协会商会的成立，依照有关程序直接向登记管理机关申请登记。政府部门不再担任行业协会的业务主管部门，其主要职责是依照自身职能对行业协会的业务活动实施指导和监督，实现由登记管理机关和业务主管单位归口管理，向相关部门各司其职、齐抓共管、共同负责的综合监管转变，实现由管理中的行政控制向业务指导转变，为行业协会商会的发展创造宽松的外部环境。行业协会商会的登记管理体制改革取得经验后，逐步扩大到公益慈善类组织、自然科学类学术性团体和主要从事公益服务的民办非企业单位。

适度放开异地商会的登记和管理，允许本市行业协会商会根据产业发展需要吸收异地同行会员。同行业可以成立不同经营环节的协会商会，行业协会商会之间可通过适度竞争提高服务质量。

——推进社区社会组织登记管理试点工作。根据《海口市培育发展和规范管理社区社会组织的工作方案》，采取一级登记（区民政局）、二级备案（区民政局、镇或街道办事处）模式。各镇、街道办事处成立镇（街道）公共事务管理协会，在区民政局注册登记；街道公共事务管理协会根据需要下设各类分会，在区民政局备案。

——放宽农村专业经济协会的准入条件。对农村专业经济协会实行“五个放宽、三个减少”：放宽对农村专业经济协会资金、会员数量、办公场所、业务主管单位、专职工作人员的准入条件；减少筹备审批环节、减少或免除公告环节、减少或免收登记（备案）费。

（八）改进财政扶持方式

——建立政府购买服务机制。政府部分公共服务、事务性事项，采取公开招标、项目发包、项目申请、委托管理等方式，以契约为基础履行各自的权利和义务，向社会购买服务。政府制定购买服务模式及具体实施细则，将所需经费列入年度预算。审计、监察部门要加强对购买服务资金的监管，确保资金到位。

政府职能部门委托第三方对社会组织的能力和绩效进行评估，做到对社会组织在购买服务前有资质审查，在服务过程中有跟踪调查，在服务完成后有绩效评估，形成公开、公平、公正的优胜劣汰竞争激励机制。同时，委托第三方对政府部门项目设立与绩效进行评估，政府职能部门通过政社合作的项目绩效评估和部门绩效评估，形成自我监督、约束、评价的回馈机制，进一步节约行政资源，提高管理效能。

为确保改革取得成效，在社会急需、条件成熟的领域先行试点，取得经验后逐步扩大购买范围。

行业协会购买服务模式。按照“费随事转”的原则和项目结算的方式，行业协会商会从事技术服务、人才培训、合作交流、会展等政府委托的其他事项时，由职能部门向行业协会商会购买服务。

城市社区购买服务模式。各区选择一个社区作为改革试点，探索新的社区服务模式。政府制定规划和标准，提供资金和设施资助，指导并监督社区服务工作。社区公共服务项目通过竞标的方式向社会购买，鼓励和支持社会组织参与。

社会工作购买服务模式。开发不同类型的社会工作专业岗位，积极培育和发展社会工作服务站，由政府直接向服务站购买社会福利、社会救助、社会慈善、残障康复、优抚安置、社区矫正等专业服务。

——建立社会组织发展专项资金。将社会组织发展专项资金列入财政预算，由市民政局管理，对重点培育和扶持的社会组织给予支持。社会组织在成立阶段确有资金困难的，向登记部门提出申请，经核准后，可享受1万—5万元的补助作为启动资金；在开展活动和提供服务过程中遇到实际困难的，可向登记管理机关申请工作经费补贴；由社会组织承办，有利于我市经济建设和社会发展的项目，适当给予项目经费支持；设立社会组织奖励资金，对诚信守法、严格自律、贡献突出的社会组织给予表彰奖励。

（九）制定相关扶持政策

——税收优惠政策。进一步落实《中华人民共和国企业所得税法》第九条和《中华人民共和国企业所得税法实施条例》第五十一条、五十二条、五十三条的规定，把企业和个人公益捐赠的税前扣除政策落到实处，鼓励企业和个人将更多的资金投入到公益事业中来。

——建设孵化基地。利用政府现有资产，筹建海口市社会组织服务中心，打造社会组织孵化基地，建设专业培训、技术孵化、投资融资、管理咨询等公共服务体系。孵化基地优先满足需要重点扶持的社会组织进驻，为社会组织提供综合服务场所。

——搭建信息平台。由市发改局列入政府投资项目，建立海口市社会组织网和基础数据库，为社会组织提供信息采集、发布、交流等公共信息平台，设置网上注册、评估、年审等网络服务窗口，简化服务流程，提高办事效率，提供便民服务。

——保障合法权益。明确社会组织作为独立法人的法律地位，由市民政局牵头，协同相关部门，共同维护社会组织的合法权益。人事劳动保障、公安等部门要研究制定和落实社会组织人事档案、职称评定、就业培训、入籍立户、社会保障、工资福利等相关政策，解决社会组织及从业人员实际困难，为社会组织吸纳专业人才创造条件。

（十）建立社会组织人才有序参与制度

建立社会组织人才参政议政的平台。适当增加社会组织代表人士在党代表、人大代表、政协委员中的比例，鼓励社会组织中的优秀人才积极参政议政。市（区）委统战部负责社会组织人才参政议政的领导工作，联系并指导社会组织人才特别是新的社会阶层人士有序参与政治。

建立政府部门与社会组织沟通协调的机制。政府在制定政策、进行重大决策过程中，应听取社会组织人士的意见和建议，邀请相关代表参加各种听证会、论证会、咨询会和通报会等，提高其对公共事务的参与度。

建立社会组织优秀人才使用的制度。拓宽用人渠道，将社会组织中的优秀人才纳入选拔任用视野，建立从社会组织中选拔和招聘优秀人才的工作机制。

四、加强社会组织能力建设

（十一）健全法人治理结构

建立以章程为核心的内部管理制度，健全责权明确、运转协调、有效制衡的法人治理结构和治理机制，完善会员代表大会、理事会、监事会和执行团队等内部运行机制，制定议事规则，明确决策机构、执行机构、监督机构的责权利，保证社会组织依法运行、有效治理。

推进社会组织民间化，解决社会组织行政化倾向严重的问题。逐步实现社会组织自愿发起、自选会长、自筹经费、自聘人员、自主会务；实现社会组织无行政级别、无行政事业编制、无政府人员任职，真正发挥社会组织的积极作用。

（十二）加强社会组织人才队伍建设

由市委组织部牵头制定《海口市社会组织人才队伍建设的实施意见》，财政部门落实培训经费，党校、高等院校、职业学校要为社会组织提供定向培训，形成贯穿专业教育、入职教育、继续教育各阶段衔接的培训和引导体系。

——加强社会组织领导人的培训。对会长（理事长）、秘书长等高层管理人员定期培训，科学设定培训内容，提高其政策引导、战略管理、风险控制、筹资与资源管理、国际交流与合作等职业素质和能力，使其成为推动社会组织规范化管理的带头人。

——推进社会组织从业人员职业化。对社会组织专职工作人员进行职业能力培训，动员和组织开展“社工师”职业资格考试，提高从业人员的专业化、职业化水平，形成社会组织的专职骨干队伍。

——发展壮大志愿者队伍。由团市委统筹全市志愿者队伍建设，多种渠道、多种模式发展慈善救助、抢险救灾、生态保护、法律援助、社区矫正等不同类型的志愿者组织。坚持青年学生与其他群体、专业化服务与群众性参与、松散型队伍与注册志愿者队伍相结合，形成以市级志愿者组织为龙头，以学校、区级志愿者组织为枢纽，以镇（街道）和社区志愿服务队、服务站为基点的志愿服务组织网络体系。

五、规范社会组织监督管理

（十三）依法规范整合

建立社会组织优胜劣汰的评估、激励与退出机制。对诚信守法、严格自律、作用突出的予以扶持；对按照法律、法规应纳入登记而未登记的限期办理登记；对部分自律机制不健全、作用发挥不明显的进行整改，整改不到位的依法予以撤销；对有违法行为的社会组织依法查处；对非法社会组织坚决予以打击。通过扶持一批、规范一批、清理一批，优化布局结构，促进社会组织可持续发展。

（十四）完善监管体制

——明确政府监管职能。登记管理机关履行社会组织的登记管理、发展规划、政策制定和综合协调职能，依法对社会组织进行有效监管，为社会组织开展活动提供服务；业务主管部门、业务指导部门要配合登记管理机关强化日常监管，促进社会组织依法、规范、有序地承接政府转移的职能，对社会组织涉及的产业发展、行业规范等进行业务指导。

——建立健全综合监管体系。改变过去重入口管理、轻日常管理的传统模式，逐步形成准入和日常管理并重的监管机制，健全以规范行为为重心的管理制度，坚持年检工作与绩效评估、信用建设、执法查处相结合，完善登记管理机关、业务主管部门、业务指导部门及相关部门的信息交流、协同监督、齐抓共管的责任机制，提高监管合力和应急反应能力，建立健全党委领导、政府管理、社会监督和组织自律相结合的综合监管体系。

（十五）创新监管方式

——建立信息公开制度。登记管理机关要会同有关部门整合信息资源，建立科学、规范、高效的社会组织监管信息系统和服务信息网络，定期在部门网站、新闻媒体公布社会组织的年检、执法查处等情况。社会组织应当向社会公开其服务程序、业务规程、服务项目、收费标准、公益服务等信息。接受社会捐赠、政府资助或政府向其购买服务的社会组织，应定期公布资金使用情况、财务审计报告，自觉接受社会监督，提高公益财产的使用效益。

——完善信用监管体系。建立信用信息动态情况记录、社会评价、诚信公示和失信惩戒等信用管理制度。将社会组织公益服务和遵纪守法情况纳入社会诚信管理体系，严厉打击社会组织中出具虚假资信证明、虚假会计报表、虚假评估、虚假鉴证、虚假信息等失信行为。做到群众监督、舆论监督与法律手段、社会参与的有机结合，为社会组织创造公平公正的发展环境。

（十六）加强党组织建设

加强社会组织党建工作，按照属地管理的原则，统一管理全市社会组织党建工作。有3名以上党员的社会组织，可独立建立党支部；不足3名党员的社会组织，按属地管理原则编入所辖地方党组织参加活动，实现党的组织和工作“两个全覆盖”，增强党对社会组织的影响力，确保社会组织正确的政治方向。

六、加强组织领导

（十七）建立工作协调机制

成立“海口市促进社会组织发展工作领导小组”，建立联席会议制度，统筹指导社会组织的发展，协调解决发展中的困难和问题，抓好各项工作的落实。各区要相应建立促进社会组织发展工作协调机制。

（十八）加大组织实施力度

各级党委、政府要提高对转变政府职能，发展社会组织的重要性和紧迫感的认识，把这项工作摆上重要议事日程，纳入经济社会发展总体规划，制定有关法规和规章，保障社会组织健康有序发展。党委、政府各部门要按照统一部署，明确职责分工，出台实施细则，有计划、有步骤地推进。市委、市政府督查部门要加大督查力度，定期检查督促各部门的工作进展情况，及时发现并解决问题，切实把这项工作落到实处。

（十九）营造良好社会氛围

宣传部门要加大宣传力度，积极营造有利于转变政府职能发展社会组织的舆论氛围，新闻媒体要积极配合，提供政策宣传、信息发布、舆论监督等平台。引导广大干部群众从贯彻落实科学发展观和构建和谐社会的高度，主动参与，发挥积极作用，加快推进社会体制改革，开创我市社会建设新局面。

宁夏回族自治区人民政府办公厅关于加快推进行业协会商会改革和发展的实施意见

（宁政办发［2008］203号　2008年12月24日）

为贯彻落实《国务院办公厅关于加快推进行业协会商会改革和发展的若干意见》（国办发［2007］36号），结合我区实际，现就进一步加快全区行业协会、商会（以下统称行业协会）的改革和发展，提出如下意见。

一、推进行业协会改革和发展的重要性

改革开放以来，我区行业协会得到较快发展，特别是近年来，在提供政策咨询、加强行业自律、促进行业发展、完善行业管理、反映会员诉

求、维护会员合法权益和拓展企业与区外、境外的合作与交流等方面发挥了重要作用。但是，由于受经济社会发展程度制约以及相关法律法规不够健全，政策措施不够配套，管理体制不够顺畅，我区行业协会还存在着布局结构不够合理、行业代表性较差、职能发挥不到位、自律机制不健全、行政依附性强等问题。

随着科学发展观的全面贯彻落实，行业协会在促进经济发展、民主政治建设、先进文化建设和和谐社会建设中的作用越来越突出，影响力越来越大，地位越来越重要。推进行业协会的改革与发展，对于完善社会主义市场经济体制，建立新的社会管理体制和运行机制，推动行业健康有序发展；推进政府职能转变，优化发展环境；大力推进我区在更宽领域、更高水平上对外开放，在新的起点上实现跨越式发展等都具有十分重要的意义。各地、各部门要充分认识推进行业协会的改革与发展的重要意义，切实把支持行业协会加快改革发展摆上重要议事日程，采取理顺关系、优化结构、改进监管、强化自律、完善政策、加强建设等措施，认真研究支持行业协会发展的具体办法，及时解决行业协会发展中的困难和问题，积极支持和加快推进行业协会的改革和发展，促进全区经济社会又好又快发展。

二、行业协会改革与发展的指导思想、基本原则、目标任务和实施步骤

（一）指导思想

以邓小平理论和“三个代表”重要思想为指导，全面贯彻落实科学发展观，按照完善社会主义市场经济体制的总体要求，以“培育发展与监督管理并重、管理与服务结合”为基本方针，自觉服从和服务于自治区经济社会发展战略，以各主要产业发展需求为重点，加快推进行业协会的改革和发展，逐步建立职责功能明晰、体制机制完善、结构布局合理、发展规范有序、法规政策健全的行业协会组织和管理体系，充分发挥行业协会在提供政策咨询、反映行业诉求、加强行业自律、维护企业合法权益、扶持支柱产业、促进产业集聚和服务行业发展等方面的重要作用，为我区经济社会的跨越式发展提供强有力的支持。

（二）基本原则

——坚持市场化方向。推进政会分开，按照“自我管理、自理会务、自筹会费、自聘人员、自求发展”的要求，加快政府职能转变，明确界定

和赋予行业协会职能，确立行业协会的独立法人地位，实现行业协会民主自治、自我发展。

——坚持科学发展。打破“官办”垄断模式，引入独立、公开、公平的竞争机制，引导行业协会深化内部治理结构，建立健全科学规范的管理运行机制和制度，通过法律规范、政府监管、政策引导和行业自律等综合措施，优化行业协会发展环境，促进行业协会服务能力不断提高，实现可持续发展。

——坚持统筹协调。做到培育发展与规范管理并重，积极改造现有行业协会，扶持发展新行业协会，优化行业协会结构；协调处理行业协会改革发展进程中的各种关系，实现行业协会内部机制转换与优化行业协会发展环境相结合，加强监管与政策引导相结合，推进行业协会统筹协调发展。

——坚持依法监管。改进政府管理方式，健全规章制度，规范政府监管行为，实现行业协会依法设立、规范运作、自律发展。

（三）目标任务

力争到2010年，在全区培育一批独立公正、行为规范、运作有序、代表性强、公信力高，适应社会主义市场经济发展要求的新型行业协会，初步形成与我区经济社会发展相适应，布局合理、覆盖面广、功能完备的行业协会结构体系；初步形成符合社会主义市场经济发展规律要求、与国际通行规则和惯例相衔接的行业协会组织、运行、发展和退出机制；初步形成保障行业协会健康有序发展的法律体系和管理体制，为行业协会提供良好的发展环境。

（四）实施步骤

第一步，开展试点阶段（2008年）。选取典型行业，组织开展试点工作，为改革发展探索经验。

第二步，初步实施阶段（2009年）。扩大试点范围，进一步总结完善改革发展措施和政策支持体系。

第三步，全面推行阶段（2010年）。在全区各个行业协会中全面实施，实现改革发展的基本目标。

三、行业协会改革发展的重点、主要内容和要求

（一）改革的重点

凡在我区各级民政部门登记的各类行业性社会团体（包括生产、流通

及其他服务行业的行业协会）存在以下情况之一的，都属改革的重点范围：

1. 与行政机关合署办公的；

2. 与行政机关会计核算未分账的；

3. 现职公务员兼任行业协会领导职务的；

4. 承担政府行政和事业单位职能的；

5. 与市场经济法律法规和要求相抵触的。

（二）改革发展的主要内容和要求

1. 政会分开

——机构分设。行业协会办事机构不得与政府部门合署办公，已合署办公的要进行机构分设。此项工作在试点的基础上，于2009年9月底前全部完成。

——人员分离。现职公务员不得在行业协会兼任领导职务，已兼任职务的，任期届满后不得再兼任；确需兼任的要严格按有关规定审批。

——职能分开。进一步转变政府职能，把应由行业协会履行的职能移交给行业协会，把适宜于行业协会行使的行业管理职能委托给行业协会。

——财产分开。行业协会与政府部门财产不清晰的，必须于2008年底前完成资产划分，明晰产权归属。各行业协会都要建立独立的财务账户。

2. 明晰行业协会职能

——行业自律职能。根据行业发展的要求制定行规行约并组织实施；依据有关法律法规规章和政策，按照协会章程制定相应质量规范、服务标准；组织实施有关地方或国家标准并进行监督，维护公平竞争的市场秩序。

——行业代表职能。开展行业调查研究，掌握行业动态，提出有关经济社会发展政策和立法方面的意见和建议；代表会员企业进行反倾销、反补贴、保障措施等调查、应诉和诉讼；协助会员开拓国内外市场，参与协调贸易争议；联系国内外组织，协调会员单位开展国内外经济技术交流与合作；向政府部门反映行业、会员诉求，维护会员合法权益。

——行业服务职能。收集、分析、发布国内外行业经济信息；开展咨询服务；建设行业公共服务平台，开展产品展示、研发设计、质量检测、招商等服务；组织展销会、展览会，举办报告会、研讨会；组织人才、技术、职业、管理、法规等培训；指导、协助会员企业改善经营管理。

——行业协调职能。协调会员关系，防止行业内的无序竞争和恶性竞争，维护公平竞争的市场环境；协调会员之间、会员与其他社会经济组织之间或个人之间的事宜；协调本行业协会与其他社会组织和个人之间的事宜。

——授权委托职能。根据法律法规规章的规定和政府部门的委托，开展行业标准起草、行业信息披露、行业纠纷裁决、资质资格认定、检验检测以及行业规划、行业统计、行业调查、公信证明等工作。

3. 优化行业协会结构布局

——整顿规范现有行业协会。积极推进行业协会的重组和改造，建立健全评估机制和优胜劣汰的退出机制。对涵盖领域过大且特征不明显、管理松散、不能有效履行职能的行业协会，要引导其进行分立分设；对名称相近相似、业务交叉重叠以及分类过细的行业协会，要引导其通过公平竞争，实现归并重组；对无专门办公场所、无专职工作人员或连续1年以上不开展活动的行业协会，要依法注销或者予以撤销，并引导会员转入其他行业协会。

——积极发展新行业协会。加快培育和组建一批有影响和有实力的行业协会。配合自治区发展战略，重点鼓励和支持优势产业、新兴行业、特色行业的行业协会建设和发展。自治区级重点在能源、化工、新材料、农副产品加工、机械装备制造和高新技术产业（“五优一新”）及环境保护、节能减排、文化旅游、现代农业、金融保险、现代物流和其他符合产业发展方向的领域培育和发展一批新的具有示范作用的行业协会，并支持其做大做强。市、县两级应侧重于本地特色和新型产业的行业协会发展，重视培育服务“三农”、为建设社会主义新农村服务的行业协会。注意吸收民营企业、农民合作社等经济组织。

——优化行业协会区域布局。打破行政区划界限，支持各地同业企业集中、产品和服务有比较优势的行业组建全区性行业协会。扶持优势特别明显的行业组建区域性或全国性行业协会。要努力营造良好环境，加大开放力度，加强区内行业协会与国内外相关行业协会的联系与合作，吸引和争取全国性行业协会、国际性行业组织的办事机构在我区落户。

——扩大行业协会覆盖面。行业协会发展会员要打破部门、所有制、经济规模和行政地域等限制，注重吸收民营、外资企业等各类经济组织入会，提高行业协会的代表性和影响力。吸收与行业相关的区内科研院所和符合条件的外省市在我区的同业经济组织入会，增强行业协会多方位服务功能。通过引导、扶持和发展，逐步实现各行业协会会员数量达到该行业单位总数的20%以上，或会员企业的销售额达到该行业销售额的50%以上。

4. 规范行业协会运行机制

——健全法人治理结构。行业协会要建立和完善以章程为核心的内部管理制度，健全会员大会或会员代表大会、理事会或常务理事会制度，认真执行换届选举制度，实行民主管理。理事会成员要严格按照民主程序选举产生，会长或理事长应由理事会提出人选，通过会员大会（会员代表大会）以无记名投票方式选举产生，并逐步实行差额选举。会长（理事长）应由政治坚定、有影响力、工作能力强、企业上规模、有一定参政能力和水平的优秀企业家担任。秘书长可通过选举、聘任或向社会公开招聘等方式产生。行业协会的章程、行规行约、会费标准和各项公开制度等均由会员或会员代表大会民主讨论制定。

——健全财务制度。行业协会要根据《民间非营利组织会计制度》建立健全财务管理、财务核算和资产管理制度，设立专门的财务人员，并对所属分支机构、派出机构的财务实行统一管理。会费的收支情况要定期向会员或会员代表大会报告并接受审查。行业协会的资产属于财政拨款、政府资助或社会捐赠的，要接受审计部门的监督并向社会公开。

——规范收费行为。行业协会举办展览会、展销会、研讨会、培训等活动，允许有偿服务。行业协会不得从事以营利为目的的经营活动，依法所得不得在会员中分配、不得投入会员企业进行营利。未按照规定履行批准程序，不得针对企业举办全区性或行业性评比活动，经批准举办的评比活动不得收取费用。对依法或经授权强制实施具有垄断性质的仲裁、认证、检验、鉴定以及资格考试等活动的收费，应执行行政事业性收费的有关规定。行业协会应本着公开、公平、合理的原则，公开收费依据和收支情况，自觉接受监督。

——健全劳动人事制度。行业协会要全面实行劳动合同制度，保障工作人员的合法权益。要深化人事制度改革，工作人员要实行全员聘用制，面向社会公开招聘，优化人员年龄、专业结构，实现行业协会工作人员的职业化。

——加强对外交流管理。行业协会要建立和完善各项对外交流管理制度，规范开展区内、省际和国际间交流活动，在对外交往中遵守法律法规和纪律，维护国家形象和利益。

——加强基层党组织建设。认真落实自治区党委《关于加强新社会组织党建工作的意见》的要求，在行业协会成立、变更、注销时，要同步做好党组织的成立、调整或重建工作，及时明确隶属关系。要加大在行业协会组建党组织工作力度，凡有 3 名以上正式党员的都应单独成立党组织；党员不足 3 人的可以通过联合组建的方式建立党组织。充分发挥党组织的监督保障作用，引导和带动行业协会自觉贯彻党的路线方针政策、遵守国家法律法规、积极履行社会责任，促进行业协会的健康发展。

——完善监管体制。民政部门作为行业协会登记管理机关，负责行业协会的设立、变更、注销登记，对行业协会实施年检和监督管理。对根据法律法规授权履行特殊职能的注册会计师、注册资产评估师、律师等行业协会，有关部门要依法加强监督和指导。

四、推进行业协会改革和发展的主要措施

（一）加强组织领导

行业协会改革发展是一项系统工作，涉及面广，情况复杂，任务繁重。各地、各部门要把加快推进行业协会改革和发展作为转变政府职能的重要内容，统筹规划、分类指导，切实抓紧抓好。自治区发展社会中介组织工作领导小组总体指导和综合协调全区行业协会的改革和发展。各地和行业协会较多的部门应成立相应的工作协调机构，负责组织实施和协调落实具体改革方案和工作任务。

（二）落实工作责任

政府部门要按照各自的职能分工，切实做好行业协会改革与发展的各项工作。社团登记管理机关依法行使对行业协会的设立、变更、注销登记等工作。业务主管单位负责行业协会所涉及的产业发展、行业规范、协会活动等方面的业务指导和监督。自治区发展社会中介组织工作领导小组办公室牵头，会同有关部门负责全区行业协会改革与发展试点工作。

（三）加大资金和政策扶持

要逐步完善促进行业协会发展的政策措施，落实各项扶持政策。行业协会的财政拨款收入、依法收取并纳入财政管理的行政事业性收费、政府性基金等不征税收入，免征企业所得税。政府委托行业协会提供的服务，通过市场购买的方式或法律法规允许的方式进行。行业协会承担政府部门移交、授权或委托的职能，移交、授权或委托的政府部门应按照“费随事转”的原则，提供行业协会履行职能所需要的资金等物质保障。购买服务的项目经费作为公共财政开支的科目列入年度部门预算。行业协会组织重大公益性活动，各级政府应给予适当的资金支持。

（四）建立健全社会保障制度

按照国家和自治区有关规定及属地管理原则，将行业协会工作人员纳入社会保障体系，参加当地养老、医疗、失业、工伤和生育等社会保险，履行缴费义务，享受相应的社会保障待遇。

（五）提供教育培训服务

各地、各部门要把行业协会专职工作人员的教育培训纳入当地社会工

作者教育培训规划之中，创造条件，提供外出交流、学习和考察机会，并在交通、教材、食宿等方面的费用上给予支持。

（六）建立良好的沟通机制

各级政府和相关部门在出台涉及行业发展的重大政策措施前，应主动听取和征求有关行业协会的意见和建议。政府部门举行的各类听证会，凡涉及行业利益的，应吸收行业协会代表参加。各地、各部门牵头或组织著名商标、名牌产品的评选，其他涉及企业产品的评优及企业先进人物的推荐等，可征求所在行业协会意见。各级党代表、人大代表、政协委员和劳模等先进分子的遴选，行业协会人员应占有一定比例。各地要支持行业协会建设信息化公共服务平台，加强行业协会会员及协会之间的交流合作，畅通政府与协会之间的信息交流渠道。行业协会要积极转变工作方式，加强行业调查，把握国内外行业发展动态，及时向政府报告相关信息和对策建议，主动参与政府决策，促进政府决策民主化和科学化。

（七）建立考评制度

建立行业协会综合评价制度体系。行业协会登记管理机关和各行业主管部门要及时跟踪了解我区行业发展态势，加强引导管理，督促行业协会按照国家有关法律法规和行规行约履行职责。评估结果要对社会发布，接受社会监督，并作为政府对行业协会进行监管和扶优限劣的依据。对诚信守法、严格自律、作用突出的要予以表彰奖励；对问题明显的要求及时督促整改或给予惩处。对各方面运作情况良好，在行业发展中起到重要作用的行业协会，优先将政府有关转移职能移交其行使。

（八）加快立法进程

加强规范行业协会的立法调研活动，着手研究《宁夏回族自治区促进行业协会发展条例（草案）》，条件成熟时进入立法程序。从地方性法规的高度，对行业协会的性质及在社会经济发展中的地位、作用、责任、义务等问题予以明确，促使行业协会步入规范化、法制化发展轨道。

（九）加强舆论宣传

新闻媒体要加强对行业协会性质、地位和作用的宣传，及时报道其重要活动、先进典型，提高行业协会的知名度和社会认同感，为其发展营造良好的社会舆论环境。

河南省人民政府办公厅关于行业协会商会改革与发展的实施意见

（豫政办发［2008］99号　2008年12月30日）

各省辖市人民政府，省人民政府各部门：

为贯彻落实党的十七大和《国务院办公厅关于加快推进行业协会商会改革与发展的若干意见》（国办发［2007］36号）精神，推动行业协会、商会（以下统称行业协会）改革与发展工作，结合我省实际，经省政府同意，提出如下实施意见：

一、行业协会改革与发展的指导思想、总体目标和基本原则

（一）指导思想。高举中国特色社会主义伟大旗帜，以邓小平理论和“三个代表”重要思想为指导，全面贯彻落实科学发展观，按照加快行政管理体制改革、建设服务型政府的总体要求，采取改革体制、明确职能，调整结构、强化自律，完善政策、加强监管等措施，加快推进行业协会的改革与发展，充分发挥行业协会在我省经济社会发展中的积极作用。（二）总体目标。按照市场化原则推进行业协会的改革与发展，争取用5年左右的时间，初步形成与我省经济社会发展水平相适应的布局合理、覆盖广泛、功能到位的行业协会组织体系，初步形成符合社会主义市场经济发展要求和国际惯例的行业协会设立、发展、运作和退出机制，初步形成法制健全、管理规范、分级负责、分类指导的行业协会管理体制。（三）基本原则。1. 市场化原则。实行行业协会依法设立、民主管理、自律发展的市场化运作模式，确立行业协会的独立法人地位。2. 政会分开原则。理顺政府与行业协会之间的关系，改进和规范管理方式。行业协会要严格依照法律、法规和章程独立自主地开展活动，切实解决行政化倾向严重的问题。3. 依法监管、规范发展原则。加快行业协会立法步伐，以发展为主线，以规范为手段，通过法律规范、政府监管、政策引导和行业自律，推进行业协会规范、有序、健康发展。4. 统筹兼顾、协调发展原则。处理好行业协会培育发展与规范管理的关系，处理好行业协会发展与政府职能转变的关系，处理好行业协会机制转换与优化政策环境的关系。

二、行业协会改革与发展的主要任务

（一）实行政会分开，推进行业协会体制机制改革。1. 人员分离。现职公务员不得在行业协会兼任领导职务，确需兼任的要严格按有关规定审批。已在行业协会兼任领导职务的现职公务员，应结合换届选举辞去所兼领导职务；行业协会领导实现以非现职公务员为主。2. 机构分设。行业协会应具有独立的办公场所和专职工作人员，不得与政府部门、企事业单位合署办公。3. 职能分开。各级政府及其部门要结合行政审批制度改革，进一步转变政府职能，采用授权、委托或购买服务的方式，把应由或适宜于行业协会履行的职能逐步移交给行业协会。4. 财务独立。建立完善的财务管理制度、配备专门的财务人员，行业协会与政府及其所属部门、企事业单位在财务上分开。行业协会使用的国有资产，要明确产权归属，按照有关规定划归行业协会使用和管理。业务主管单位和登记管理机关要加强对行业协会财务和国有资产使用与管理情况的审计与监督。（二）提高服务能力，积极拓展行业协会职能。1. 充分发挥行业协会的桥梁纽带作用。行业协会是本行业利益的代表，要开展行业调查研究，全面掌握行业动态，向政府及其部门反映行业、会员诉求，维护行业、会员合法权益，并主动协调、解决本行业会员之间、本行业与其他经济组织以及个人之间的利益关系和纠纷；参与行业相关的法律法规、宏观调控、产业政策的研究、制订，参与行业标准、行业发展规范、行业准入条件的制订及推广实施；各级政府及其部门在开展上述工作时应当主动吸纳行业协会参与，并认真听取、征求行业协会的意见和建议。2. 充分发挥行业协会的行业服务作用。行业协会的宗旨是为行业提供服务。行业协会应当根据授权进行行业统计，收集、分析、发布行业信息；依照有关规定，创办报刊和网站，开展法规、政策、技术、管理、市场等方面的咨询服务；根据经济社会发展的需要，组织进行人才、技术、职业、管理、法规等方面的业务培训；参与行业资质认证、新技术和新产品鉴定与推广、事故认定等相关工作；受政府委托承办或根据市场需求举办交易会、展览会等，为企业开拓市场创造条件。3. 充分发挥行业协会行业自律的作用。行业协会应当担负实施行业自律的重要职责。建立和完善行业自律性管理制度，规范会员行为，协调会员关系；制订并组织实施行业职业道德准则，大力推动行业诚信建设，树立良好的行业风气。4. 充分发挥行业协会开拓国际市场的作用。行业协会要借鉴国内外先进做法，在维护行业利益和支持企业参与国内外竞争等方面充分发挥作用。积极组织企业开拓国内外市场；建设行业公共服务平台，开展国内外经济技术交流与合作，指导、规范和监督会员企业的对外交往活动；主动参与、协调对外贸易争端，维护正常的进出口经营秩序。（三）优化结构布局，推进行业协会健康发展。1. 建立行业协会综合评估体系和优胜劣汰的退出机制，对行业协会进行定期追踪评估，对诚信守法、自律规范、作用明显的行业协会予以支持和表彰；对长期不开展活动、不接受监督管理、有严重违法违规行为的行业协会依法予以注销或者撤销。2. 适应我省向经济强省、文化强省跨越的要求，重点在我省优势产业、支柱产业、高新技术产业和文化、旅游产业以及现代农业和现代物流业等领域，培育一批按市场化原则规范运作，在行业中具有广泛代表性，与国际接轨的行业协会；在民营经济较为发达的建筑业、商贸业、服务业以及中小企业相对集中的领域，积极扶持成立以民营企业为主体的行业协会。3. 积极推进行业协会的重组和改造，打破行政区域界限，在具有产业、产品和市场优势的地方设立区域性行业协会，或者将地方性的行业协会依法重组、改造为区域性行业协会。积极创造条件，吸引全国性行业协会在我省设立总部或分支（代表）机构。4. 行业协会要打破部门、所有制、经济规模等界限，积极吸纳包括民营企业和个体工商业者在内的各类经济组织和个人入会，提高行业协会的覆盖面和代表性。（四）提高工作人员素质，建立专业化的行业协会服务队伍。1. 积极吸纳具有社会工作知识和行业管理知识的优秀人才到行业协会工作，优化行业协会工作人员的知识结构、年龄结构，加强对现有行业协会工作人员的培训，加快建立一支专业化的行业协会服务队伍。2. 深化行业协会劳动人事制度改革。行业协会要全面实行劳动合同制度，贯彻执行《中华人民共和国劳动合同法》和《中华人民共和国劳动合同法实施条例》（国务院令第535号），保障工作人员合法权益。行业协会及其分支（代表）机构要配备符合业务要求的专职工作人员，并参照国家有关规定，对符合条件的行业协会专业技术人员进行职称评定。行业协会人事档案管理、职称评定等事务可由具备劳动人事代理资格的中介机构代理。3. 建立行业协会工作人员的社会保障制度。行业协会工作人员按照国家有关规定和属地管理的原则，参加当地养老、医疗、失业、工伤和生育等社会保险，履行缴费义务，享受相应的社会保障待遇。

三、完善法规政策，加强行业协会规范管理

（一）健全行业协会的法人治理结构。行业协会必须建立以章程为核心的内部管理制度，健全会员大会（会员代表大会）、理事会（常务理事

会）制度，认真执行换届选举制度，实行民主管理。理事会成员要严格按照民主程序选举产生，会长（理事长）应由理事会提出人选，通过会员大会（会员代表大会）以无记名投票方式选举产生，并逐步实行差额选举。鼓励选举企业家担任会长（理事长）。秘书长可通过选举、聘任或向社会公开招聘等方式产生。

（二）加强行业协会的财务管理。行业协会要根据《民间非营利组织会计制度》（财会［2004］7号），建立健全财务管理、会计核算制度和资产管理制度。行业协会对所属分支（代表）机构的财务实行统一管理。行业协会的收支状况、资产使用管理状况要定期向会员或会员代表大会报告，并接受登记管理机关、业务主管单位及有关部门的审计与监督。

（三）规范行业协会的收费行为。会费收取标准和办法由行业协会自主确定，经会员大会（会员代表大会）半数以上会员（代表）同意后方能生效。行业协会不得从事以营利为目的的经营活动，依法所得不得在会员中分配、不得投入会员企业进行营利。未按照规定履行批准程序，不得针对企业举办各种评比、表彰、达标活动，经批准举办的评比、表彰、达标活动不得收取费用。行业协会举办展览会、展销会、交易会、研讨会、技术咨询、技术服务以及培训等活动可以实行有偿服务，收费应符合国家有关规定，并公开收费依据、标准和收支情况；对依法或经授权强制实施具有垄断性质的仲裁、认证、检验、鉴定以及资格考试等活动的收费，按照国家行政事业性收费的有关规定执行。

（四）建立政府向行业协会购买服务制度。对行业协会经政府授权或受政府委托开展业务活动以及提供的服务，政府应支付相应的费用，所需资金纳入预算管理。

（五）完善促进行业协会发展的财政税收政策。行业协会按规定收取的会费，符合国家税收规定的，不征收营业税；行业协会符合条件的收入，免征企业所得税。行业协会组织重大社会公益活动，各级政府应给予适当的资金支持。

（六）加强对行业协会的监督管理。登记管理机关要按照分级负责、分类指导的原则，加强对行业协会的管理和监督；各业务主管单位要切实履行职责，按照规定担负起对行业协会业务活动、财务状况、党组织建设的管理工作。同时，登记管理机关、业务主管单位和相关职能部门要加强沟通、相互配合，逐步建立健全科学、规范、有效的监管体制，为行业协会创造公平、公正的发展环境。对根据法律、法规授权履行特殊职能的注册会计师、注册资产评估师、律师等行业协会，有关部门要依法加强监督和指导。

（七）行业协会要建立健全党的基层组织。行业协会应依照《中共中央组织部关于印发关于加强社会团体党的建设工作的意见的通知》（中组发［2000］10号）的要求，建立健全党的基层组织。

（八）建立健全行业协会的法规体系，做好行业协会的立法调研工作，适时出台《河南省行业协会管理办法》，将行业协会发展纳入法制化轨道。

四、加强对行业协会改革与发展工作的组织领导

（一）加强组织领导。行业协会的改革与发展涉及各行各业，情况复杂，任务繁重。各地要切实加强对这项工作的组织领导，成立相应的工作协调机构，并从实际出发，制定具体的实施意见，加快推进行业协会的改革与发展。

（二）落实工作责任。各级政府、省直有关部门要按照各自的职能和本实施意见的要求，制定、完善促进行业协会改革与发展的各项法规、政策、措施。省发展改革委、民政厅具体协调，有关部门密切配合，齐抓共管，把行业协会改革与发展的各项工作落到实处。

·第二编·

重要讲话和论述

在“基金会评估工作总结暨授牌大会”上的讲话

民政部副部长　姜力

（2008 年 4 月 29 日）

各位代表、各位专家、各位来宾，同志们：

今天，民政部在这里召开会议，对基金会评估工作进行总结，并为 3A 以上等级的基金会授牌。刚才获得 5A 级的中国青少年发展基金会、中国扶贫基金会、中国残疾人福利基金会负责人，又作了典型发言。首先我代表民政部对在此次基金会评估中获得 3A 以上等级的基金会表示热烈的祝贺！对在基金会评估工作中做出辛勤努力的评估委员会委员、各位专家学者表示衷心的感谢，对大力支持和积极参与评估工作的各业务主管单位和有关部门同志们表示真诚的谢意！

开展基金会评估，是促进基金会健康发展的重要措施，是加强基金会能力建设的重要方面，也是改进政府监管方式，促进管理科学化、规范化的重要手段。根据中央关于“坚持培育发展和管理监督并重，完善培育扶持和依法管理社会组织的政策”“引导各类社会组织加强自身建设，提高自律性和诚信度”的精神。民政部对社会组织评估工作非常重视。部长李学举在“全国先进社会组织表彰大会”上指出：“建立社会组织评估体系，通过明确可比的评估指标和完善的评估体系以及与之相配套的奖惩制度，加强对社会组织的激励和监督”。又在全国民政工作会议上强调，要“建立政府指导、社会参与、独立运作的社会组织综合评估机制”。民政部先后制定了《民政部关于推进民间组织评估工作指导意见》和《全国性民间组织评估实施办法》，并于 2007 年 10 月下发了《民政部关于开展基金会评估工作的通知》，正式启动了基金会评估工作。之所以把基金会评估作为社会组织评估的优先领域，是因为基金会是社会组织中最能体现社会关爱精神、自身运作较为复杂、公众关注度最强、社会期望值最高的一类组织。公益事业活动能力和社会公信力是基金会生存与发展的价值所在。通过评估，建立基金会的社会监督与自律机制，将有助于提高基金会的运作能力和公信力，创造更加有利于基金会和公益事业发展的内部环境和社会环境，带动基金会组织建设和管理水平的提高，更好地发挥公益慈善作用。

在各业务主管单位的支持下，在各位专家、学者的积极参与下，经过基金会的全力配合，历时4个多月，基金会评估工作圆满结束。此次基金会评估工作由政府主导，社会力量承办，专家行家参与，标准适当，程序合理，体现了公平、公开、公正的原则。5个等级的确立，比较准确地反映出我国基金会的现状，为每个基金会都提供了充分展示自己的机会，使基金会得以审视自身，寻找差距，发现问题，增强了自律、规范和发展意识，促进了基金会组织、制度和能力建设。评估工作吸引了公众对基金会的关注，促进了群众对公益慈善事业的参与，为加强公益事业宣传、弘扬慈善精神、营造全社会关注慈善事业的良好氛围提供了丰富的实践成果。此次评估工作达到了预期目的，收到了良好效果，为下一步开展对其他类别社会组织的评估奠定了好的基础。

随着经济的快速发展，市场经济体制的逐步完善，政府职能进一步转变，人们物质和精神生活水平的不断提高，我国社会组织呈现可喜的发展态势。截至2007年底，登记注册的社会组织总量达到38.5万多个，遍布全国城乡，涉及社会生活各个领域，初步形成了门类齐全、层次不同、覆盖广泛的组织体系。社会组织的发展，对激发社会活力，促进社会公平，倡导互助友爱，缓解就业压力，反映公众诉求，推进公益事业，化解社会矛盾等起到了重要作用。社会组织已经成为党和政府联系人民群众的桥梁和纽带，成为推进经济持续发展、社会和谐进步和人类全面发展不可或缺的力量。

作为社会组织的重要组成部分，我国基金会是改革开放的产物，至今只有20多年的发展历史。以2004年国务院《基金会管理条例》的颁布为标志，基金会进入了新的规范化发展新阶段。近几年来，在各级党委、政府的领导下，在各有关部门、社会各界的支持下，经过各级民政部门的积极努力，一系列与之配套的管理办法出台，基金会的培育发展和监督管理工作取得了新的进展：

一是制定和坚持分类指导的原则。对公募基金会，以提高管理水平和开展公益活动的能力为重点，推动建立科学、民主的决策机制，加大社会监督力度。对非公募基金会，以鼓励设立为重点，对企业和个人自愿从事公益慈善事业设立基金会的，给予鼓励和政策支持，研究制定专门的章程示范文本，放宽准入条件，对基金会的资金流动进行规范，以保障基金会的健康发展。

二是完善税收优惠政策。利用税收政策培育和监管基金会，是世界各国通行的做法。2007 年，国家先后制定了企业所得税法和企业所得税实施条例。新的企业所得税法规定，企业向公益组织捐赠税前扣除的比例为年度利润总额的 12%，比过去提高了 9 个百分点。企业所得税法实施条例明确规定，基金会和公益性社团等公益组织获得捐赠税前扣除的资格的具体条件由国务院财政、税务和民政部门共同制定，非营利组织收入免税的具体条件由国务院财政、税务和国务院有关部门共同制定。目前，民政部正与财政部、国家税务总局积极协商，提出加大公益慈善类组织的税收优惠力度，建立公益组织捐赠税前扣除资格认定和监管的办法，建立非营利组织收入免税的具体规则。

三是加强基金会会计财务管理和信息公布。为了解决基金会财务管理工作薄弱，监督机制不够完善的问题，民政部就完善基金会会计基础工作加强财务管理、规范统计口径、强化社会监督等方面提出了指导意见，制定了财务审计的格式化模板，制定下发了基金会年度检查办法、基金会信息公布办法等一批新规章，推进了基金会建设与管理以及社会公信力的提高。为加强基金会人才队伍建设，2006 年，劳动和社会保障部、人事部、民政部、财政部下发关于事业单位、民间非营利组织工作人员工伤有关问题的通知，不久前，劳动和社会保障部、民政部又联合制定了关于社会组织专职工作人员参加养老保险有关问题的通知，进一步健全完善了专职工作人员的社会保险政策。

经过各方努力，特别是广大基金会的开拓创新、扎实工作，基金会发展取得明显成效：

一是数量显著增加，社会贡献明显提高。截至 2007 年底，全国共有基金会 1369 个，比上年增加 19.67%，是三类社会组织中增长最快的。全国共有公募基金会 900 个，比上年增加 13.21%，非公募基金会 469 个，比上年增加 34.38%。据初步统计，全国基金会的资产总额近 300 亿元，年募集资金近 200 亿元，在民政部登记参加 2006 年年检的 92 家基金会，2006 年的净资产达到 54.2 亿元，比上年增长 21%，每个基金会平均为 5894 万元。基金会募集资金能力的提高，为公益事业提供了重要的增量资源。2006 年，这些基金会的公益支出达到 25.6 亿元，比上年增长 52.4%，每个基金会的公益支出平均为 2781 万元。其中，中华慈善总会、清华大学教育基金会、中国博士后科学基金会、中国初级卫生保健基金会、中国扶贫基金会、中国青少年发展基金会、北京大学教育基金会 7 个基金会的公益支出超过亿元。这些基金会通过开展各种公益活动，不仅广泛动员了社会各个阶层对公益事业的参与，而且推动了全社会公益慈善意识的提高，基金会已经成为我国公益事业的一面旗帜。

二是内部治理结构逐步完善，自身建设进一步加强。通过贯彻实施《基金会管理条例》，基金会普遍加强了章程的基础地位，建立了理事会集体决策、理事监事各负其责的民主议事制度，启动了信息公布工作，强化财务管理，加强领导班子建设和队伍建设，提高了基金会自我管理能力和自身活力，使基金会的发展有了组织和人才保障。

三是公益项目运作更加成熟，形成了特色和品牌。基金会主要依托公益项目开展业务活动。经过多年的发展，基金会在公益项目的设计和运作上更加成熟，已经形成了一些具有鲜明特色和广泛社会影响力的品牌项目，初步建立了科学决策与监督反馈相结合的项目管理机制，社会效益得到进一步增强。如中国青少年发展基金会的“希望工程”，中国扶贫基金会的小额信贷项目，中国老龄事业发展基金会以“敬老、爱老、助老”为主题的爱心护理工程，中国残疾人福利基金会开展的“阳光伴我行”轮椅捐赠活动，中国妇女发展基金会的“大地之爱·母亲水窖”等。

在肯定成绩的同时，我们也应清醒地认识到，与发达国家相比，我国基金会在数量、规模、募捐和项目运作能力，在规范化程度、社会影响等诸多方面与发达国家还有不小的差距，还远远不能满足慈善事业对基金会的新要求和人民群众对基金会的新期待，需要政府、社会和基金会自身共同努力。

基金会作为公益慈善事业的主要载体，在构建和谐社会的进程中发挥着重要的作用。党和政府历来高度重视基金会的培育发展工作。党的十六届六中全会通过的《中共中央关于构建社会主义和谐社会若干重大问题的决定》要求“健全社会组织，增强服务社会功能……发展和规范各类基金会，促进公益事业发展”；党的十七大也强调指出“加快建立覆盖城乡居民的社会保障体系，保障人民生活”，要以“慈善事业、商业保险为补充，加快社会保障体系”建设，党和政府的高度重视为基金会的发展指明了方向。

基金会建设与管理应坚持培育发展与管理监督并重，积极扶持，完善政策，分类指导，提升能力，推进体制机制创新，使基金会可持续发展，充分发挥其在推进现代化建设、改善民生、构建和谐社会中的积极作用。当前，应着重从以下几个方面做好工作：

一是要进一步为基金会的发展营造良好空间。要积极适应形势发展变化的要求，创新发展理念，破解发展难题，实现基金会总量、规模、结构、布局与我国社会主义经济、政治、文化、社会各项建设相适应。争取到十一五规划末，全国基金会发展到2000个左右，资产规模达500亿元。要尊重基金会自身的特点和发展规律，在制定普遍规则的同时，区分不同基金会的具体情况，加以引导，鼓励基金会做大做强；要继续改进登记管理，简化办事程序，缩短登记时间，对于涉及民政业务的非公募基金会，民政部门要积极承担业务主管单位的职能，切实解决基金会登记难的问题；要积极配合财政、税务部门加快落实企业所得税法和实施条例对基金会等公益组织的税收优惠政策，使基金会及其捐赠者更普遍、更方便地享受税收优惠。建立多部门合作的税收监管机制，发挥税收对基金会行为的调控作用；要支持和引导基金会进入社区建设、安老扶弱、助残养孤、扶危济困、救助赈灾等最需要的民生领域，实施公益项目，雪中送炭；要进一步转变政府职能，扩大向基金会购买服务的范围；要提高年检、执法和评估的力度，规范基金会的行为，增加基金会的公开性和透明度；要广泛开展交流、研讨、培训和宣传工作，推进基金会整体素质的提高。

二是基金会要加强自身能力建设，努力建立现代社会组织制度。要以法人地位明确、治理结构完善、筹资渠道稳定、制约机制健全、管理运行科学为主要内容，建设功能到位、作用明显、充满生机活力的现代社会组织制度。各基金会要强化责任意识，明确组织使命。遵循追求社会公平、社会和谐和社会进步的宗旨，分析社会需求，认识自身特点，动员社会资源，打造组织竞争力；要完善内部管理机制，建立健全以章程为基础的各项规章制度，并抓好落实；要健全权责明确、协调运转、有效制衡的法人治理结构，完善理事会决策程序，发挥监事的监督作用，提高管理层和办事机构的运作水平；要提高资产运作和财务管理的水平，增加效率，降低风险；增强公开透明度，自觉公布募捐、接受捐赠、对外资助等运作情况，主动接受媒体和公众的监督，提高社会公信力；要推进人才队伍建设，规范用人制度，完善社会保障，健全激励机制，充分调动积极性和主动性，建立一支爱岗敬业的专职工作人员队伍。要善于吸引和团结广大志愿工作者，形成一支乐于奉献的志愿者队伍。

三是全社会要提高公益慈善意识，培养积极向上的公益慈善风尚。公益慈善不仅仅是一种具体行为，更重要的是尊重人、关心人、理解人的文化理念。要利用各种方式和途径传播公益慈善理念，倡导扶贫济困、诚信友爱、互帮互助、奉献社会的良好风尚，推动中华民族优秀文化和道德观念的发扬光大；要鼓励和引导人们增强社会责任感，积极投身到公益慈善事业中来，从身边做起，从小事做起，有钱出钱，有力出力。企业和有能力的个人可以通过向基金会等公益组织的捐赠，或设立非公募基金会等渠道，传递爱心，造福社会；媒体应当增加对基金会等公益组织的了解和宣传，客观评价和反映他们的贡献，呼吁全社会对基金会、对公益事业的关心和支持。使公益慈善成为大众的普遍情怀，使公益慈善事业成为全社会的共同事业。

谢谢大家。

创新管理　完善机制
促进社会组织健康发展

——在全国社会组织管理暨执法监察工作会议上的讲话（节选）

民政部副部长　姜　力

（2008 年 10 月 11 日）

同志们：

民政部在青岛召开全国社会组织管理暨执法监察工作会议，并举办社会组织创新与发展论坛，目的是认真总结近几年全国社会组织执法监察工作经验，分析社会组织管理工作面临的新形势，按照科学发展观的要求，进一步解放思想、转变观念，研究完善和创新社会组织管理的思路和办法，提高社会组织管理水平，推动社会组织健康发展。会上，青岛、上海等 8 省市介绍了执法监察工作经验，大家实地考察了青岛市市南区八大湖街道社区社会组织。刚才，各组召集人汇报了分组讨论的情况，对创新社会组织管理提出了很好的意见和建议。下面，我借此机会，就加强社会组织管理问题，讲三点意见。

一、社会组织管理工作在不断创新中发展

近几年来，各级民政部门认真贯彻落实党中央、国务院精神，以科学发展观为指导，面对不断发展变化的新形势，把社会组织管理工作作为加强社会建设与管理的重要内容，进一步夯实基础，锐意进取，大胆探索，社会组织管理和服务水平进一步提高。

（一）社会组织登记工作明显加强

登记工作，是社会组织管理的基础。各级民政部门认真应对社会各阶层群众建立和参加组织的愿望增强、各类社会组织登记量大幅增加的实际

情况，按照培育发展和监督管理并重的原则，努力把好登记关，统筹布局，使社会组织发展有利经济社会发展稳定大局。

认真履行登记职责。各级民政部门积极贯彻落实社会组织发展的方针政策，统筹兼顾，分类推进，有效发挥登记工作的调控作用。近年来，全国每年新登记各类社会组织超过 4 万个，其中社会团体超过 1.5 万个，民办非企业单位超过 2.5 万个，基金会 100 多个。重点登记了经济社会发展急需的经济类、公益类、服务类和科技研究类等社会组织，行业协会已登记 6 万多个，非公募基金会 436 个，社会事业类民办非企业单位 15 万多个。初步探索建立了社会组织退出机制，对那些长期不活动、没有完成宗旨任务、或者存在严重违法违规问题的社会组织，每年依法注销约 1 万个。

适时改进登记政策。适应社会主义新农村建设的需要，适时调整了农村专业经济协会登记政策，明确其法律地位。山东、辽宁、内蒙古、新疆生产建设兵团等进一步结合实际，降低门槛，简化手续，探索登记和备案相结合的登记制度。适应社会建设和管理重心下移的新要求，青岛、江苏、天津、宁夏等地大胆实践，对尚不具备法人条件的城乡基层社区服务性组织，实行备案管理。适应国际交流合作的发展，启动了境外基金会代表机构和涉外基金会的登记工作，开拓了登记管理工作新的领域。

积极改进登记服务方式。民政部设立了全国性社会组织登记服务大厅，各地也普遍建立了服务大厅，或在政务大厅开设专门窗口，并在大厅内设置电子显示屏和登记指南，登记场所建设不断规范，使社会组织登记服务成为各级政府公共服务的重要内容。北京、青海等地积极推进电子政务，实行社会组织登记网上申报。黑龙江、广西、四川、甘肃等地按照依法行政的要求，进一步规范登记工作程序，完善办事指南、登记和备案的制式表格，理顺内部审批流程，提高了工作效率，方便了社会组织。

（二）社会组织依法管理水平不断提升

加强监督，引导和保障社会组织健康有序地发展，是登记管理机关的基本职责，也是社会组织健康发展的必要条件。近几年，各级民政部门不断加强监督管理的力度，出台和完善监管措施，调节和规范社会组织行为，及时奖优惩劣，登记管理机关对社会组织的监管能力进一步增强。

着力规范年度检查。年检是政府对社会组织实施监管的重要环节。民政部先后修订了社会团体、基金会和民办非企业单位年度工作报告书格式文本，使年检的内容突出重点、涵盖全面、反映真实、标准一致，年检的形式更加方便、快捷，实现了年检制度化。民政部和上海、湖北、厦门等地，相继实行网上年检。浙江、江苏、山东等地采用改进建议书或整改通知书等形式，对有问题的组织进行诫勉，严重的及时立案查处，将年检与日常管理、执法监察相衔接，强化了年检的督促、引导作用。一些地方积极开发和利用年检信息，将年检得到的大量第一手资料，编制成社会组织发展的专题报告，报送党委政府和有关部门，发挥了年检的决策支持效应。

认真开展专项治理。2006年以来，按照国务院有关要求，各级民政部门认真开展了清理社团评比达标表彰、清理规范各类职业资格、规范服务和收费行为等专项治理活动。民政部会同财政部出台了规范社会团体会费标准制定、修改的专门文件会同发改委等部门出台了关于规范社会团体收费行为有关问题的通知和关于规范行业协会、市场中介组织服务和收费行为专项治理工作的实施意见等，对社会团体收费和服务行为作出明确规范，在社会组织行为规范建设方面取得了新的进展。

积极推行现代社会组织制度。2007年5月，民政部、中国科协联合印发关于推进科技类学术团体创新发展试点工作的通知，以完善内部治理结构、强化会员主体地位、创新组织机构建设、规范各类服务活动、增强社会服务功能为核心，推动科技类学会创新发展。2007年9月，《民政部关于社会团体登记管理有关问题的通知》对章程修订、民主程序、负责人产生等，作出细化的明确规定，引导社会组织建立健全以章程为核心的法人治理结构，形成民主选举、民主管理、规范有序的运作机制。

（三）推动社会组织自身建设效果明显

公信力、规范化是社会组织的生命力。建立健全社会化监督机制，引导社会组织提高自律性和诚信度，不断加强自身建设，是社会组织管理的重要着力点。近几年来，各级民政部门不断探索方式，出台措施，建立外部激励机制，推动社会组织加强自身建设。

大力推行信息公开制度。民政部和大部分省（区、市）实行了基金会重大活动和年度工作报告的信息公布制度。特别是在今年汶川特大地震救灾中，公布和督促接受赈灾捐赠的公益基金会，及时向社会公布接受捐赠款物情况和使用计划，接受社会监督。2007年9月，民政部出台关于深入开展民办非企业单位信息公开和承诺服务活动工作的意见，建立了民办非企业单位的信息公开制度。天津、湖北等地还探索实施了社会团体重大活动事先报告制度。信息公开制度的施行，提高了社会组织运作的透明度，推动了社会监督、舆论监督。

广泛开展自律诚信建设活动。自2005年全国开展民办非企业单位自律与诚信建设活动以来，各地认真组织，广泛动员，力求把活动落到实处。

浙江、新疆、贵州、陕西等地开展的自律诚信建设活动，主题突出、特色明显。河南尝试建立社会组织电子诚信档案。四川设立了社会组织行为失信惩戒制度试点。安徽、山西、甘肃、宁夏、海南等地先后成立社会组织联合会、促进会等自律性组织，探索建立社会组织自律的长效机制。今年初，中国社会组织促进会在北京成立，为推进社会组织的自律与诚信，搭建了一个全国性的重要平台。

积极推进评估工作。根据《民政部关于推进民间组织评估工作的指导意见》和《全国性民间组织评估实施办法》，全国性基金会评估顺利完成，评出五A级6个，四A级13个，三A级19个，二A级14个，一A级10个。今年4月，民政部在人民大会堂隆重举行了等级证书和牌匾颁发仪式。年中，民政部在上海专门召开基金会暨社会组织评估工作座谈会，总结上海、湖北、福建、山东等地社会组织评估经验。下半年，民政部又启动了行业协会商会的评估工作。社会组织评估机制的建立，推进了社会组织管理方式的创新，增强了社会组织规范发展意识和社会责任观念。

（四）社会组织执法监察工作有新进展

依法活动，违法追究，是法治国家对社会组织发展与管理的基本要求。执法监察工作，是社会组织管理不容忽视的重要环节。近几年，各级民政部门加强了执法监察，督促社会组织逐步成为依法开展活动，自觉规范行为，有良好社会声誉的法人组织。

努力加强执法队伍建设。随着社会组织的不断发展和依法行政的不断深入，各地越来越重视社会组织执法队伍建设。北京、上海、天津、新疆相继建立了专门的社会组织执法队伍，广东、青岛、深圳、福建等地设立了执法处。今年国务院批复的民政部机构改革“三定”方案中，进一步明确民间组织管理局加挂“民间组织执法监察局”，在法定职能上突出了“执法”和“监察”，为建立统一的社会组织监管体系迈出重要一步。

加大违法案件查处力度。2006年以来，民政部坚决查处一批社会组织的违法行为，对30多个年度检查不合格，或长期不参加年度检查的组织，视情节分别给予了警告、限期停止活动或撤销登记的处罚。上海近年来共受理执法案件1140件，平均结案率为79.5%，行政处罚45件，查处非法社会组织209个。江苏、福建、湖南、西藏等地也认真查处了一批社会组织违法违规案件，果断取缔了一些损害群众利益、危害社会稳定的非法组织，有效维护了法律的权威性。

积极推进执法规范化建设。按照依法行政的要求，吉林、江西等地先后制定了处罚程序规定、执法工作制度、执法程序流程图，将立案、调查取证、事先告知、处罚决定等各个环节依法进行规范。宁夏、湖北等地严格执行执法人员持证上岗、亮证执法制度。上海、青岛精编了《行政执法案例集》，以案析法，指导基层执法，不断提高执法工作的规范化水平。

探索建立执法工作机制。一些地方充分利用社会资源，建立了省（市）—县（区）—乡镇（街道）—村（居）委会四级预警网络，天津、浙江、西藏等地横向成立了多部门联合执法工作机制。青岛市积极推行“积极执法”“规范执法”“和谐执法”等措施，从体制、机制等方面入手，进一步加强和改善了行政执法工作。

（五）社会组织管理体制机制创新扎实推进

积极面对新情况，勇于解决新问题，坚持改革发展，在实践中大胆探索，不断创新社会组织管理体制机制，是保持社会组织管理效力的关键。

探索管理体制改革。上海、河北、辽宁鞍山等地民政部门，积极贯彻中央精神，以推进行业协会管理体制改革为突破口，进行了多种形式、不同路径的创新探索。广东省按照省委省政府的要求，对行业协会管理体制进行了重大改革，将业务主管单位改为业务指导单位，实行政社分离，行业协会设立可直接到民政部门登记。管理体制的改革创新，为行业协会发展注入了新的动力，初步建立起行业协会与企业、与政府的新型关系，促进了行业协会的发展。

推进政社分开。浙江、重庆、天津、大连等地先后出台相关措施，以行业协会为重点，实行与政府部门、企事业单位，在职能、机构、人员、财务等方面彻底分开，严格限制党政领导干部兼职，打破社会组织与政府的行政依附关系，使之逐步实现领导人自选、经费自筹、决策自主、独立运作、责任自担，进一步确立了社会组织独立法人地位。

拓展政府扶持措施。江苏、江西等地从实际出发，协调制定出台公益组织资格认定办法，把社会组织公益救济性捐赠税前扣除政策落到实处。广东、河北利用新一轮机构改革的时机，出台专门文件，制订操作办法，扎实推进政府部门向社会组织转移职能。上海抓住深化行政管理体制改革的机遇，积极建立政府向社会组织购买服务机制。据不完全统计，上海市政府各部门以及各区县政府每年用于购买社会组织服务的资金已达数亿元。深圳建立了社区民间组织从事社区服务资助制度，设立了“深圳市行业协会发展专项经费”，把社会组织管理作为重要内容，纳入了深圳市“建设中国特色社会主义示范市”和近期改革的总体部署。上海、深圳两地还规划建设社会组织“孵化器”，由政府出资建设，民政部门管理，统一为社会组织提供工作、活动场所和信息服务，实实在在地体现了政府对社会组织的扶持和培育。

建立改革创新观察点。为了鼓励各地探索社会组织管理改革创新，丰富新认识，总结新经验，民政部今年设立了上海、深圳2个综合性和广东、云南、新疆、青岛4个单项的社会组织建设和管理改革创新观察点。广东为推动社会组织建设与管理的改革创新，也选择广州、珠海等8市作为全省社会组织“改革创新观察点”。“改革创新观察点”的设立，为鼓励、支持有条件的地方积极探索，大胆实践，创造出更多的新经验，搭建了一个积极的工作机制。

经过多年的努力，社会组织管理在实践中不断创新，在创新中不断发展，总体顺应了社会组织发展的形势变化，促进了社会组织健康有序的发展。

一是社会组织一直保持着较快发展的良好态势。截至今年二季度，登记注册的社会组织总量已经超过38.6万个，其中社会团体21.1万个，民办非企业单位17.4万个，基金会1392个。社会组织的布局和结构进一步优化，种类不断丰富，初步形成了门类齐全、覆盖广泛、结构优化、布局合理的社会组织体系。

二是社会组织自身建设不断加强。社会组织的法人治理机制初步建立，领导班子建设日渐加强，从业人员年龄知识结构不断优化，非营利组织会计制度广泛执行，自律意识和诚信观念不断加强，逐步涌现出一批制约机制健全、管理运行科学、社会公信力和影响力高的社会组织。

三是社会组织服务社会能力进一步提高。2007年度，全国各类社会组织吸纳社会各类人员就业456.9万人，比上年增长7.4%；形成固定资产总值682亿元，比上年增长61.2%；收入合计1343.6亿元，比上年增长111.3%；各类费用支出900.2亿元，比上年增长99.9%；社会组织增加值为307.6亿元，比上年增长173.9%，占服务业的比重为0.32%。综合实力的增强，不断提升着社会组织服务社会能力。据不完全统计，汶川特大地震抗震救灾中，全国各类社会组织及其会员为地震灾区捐款捐物100多亿元。

四是社会组织整体影响力日益增强。社会组织涉及和深入社会生活的各个层面，在促进经济发展、繁荣社会事业、参与公共管理、开展公益活动和扩大对外交往等方面都显示出越来越重要的作用。汶川特大地震发生后，各类社会组织各显所长，发动社会捐赠，组织志愿服务，开展社会工作，甚至直接参与第一线的抗震抢险和灾后重建任务。在北京奥运会期间，志愿者用自己的杰出表现感动了世界，北京志愿者协会还被授予“联合国卓越志愿服务组织奖”。这充分展现了社会组织多年来取得的长足发展和可喜变化，引起了社会各界的广泛关注。

二、社会组织管理创新面临着新的形势

当前，全党和全国人民正深入学习实践科学发展观，认真总结改革开放30年经验，进一步解放思想，全面推进社会主义经济建设、政治建设、文化建设、社会建设以及生态文明建设。社会组织管理工作面临许多新课题新考验，改革创新的任务比过去任何时候都更加紧迫、更为繁重。

一是推进科学发展，促进经济社会又好又快发展，需要进一步认识社会组织管理。社会组织管理，本质上是政府引导和保障社会组织不断适应经济社会发展的需要、不断满足人民群众的各种需求的工作过程。经历30年的改革开放，我国已经进入经济、政治、文化和社会等各领域深入改革、发展的新阶段，社会加速转型，各种社会现象、社会利益关系、社会矛盾和问题纷繁出现。在新的形势下，有序发展社会组织，发挥其在经济、政治、文化、社会和对外开放等方面提供服务、反映诉求、规范行为的积极作用，成为经济社会协调发展的重要任务。2008年以来，胡锦涛、温家宝、李克强等中央领导同志多次批示，要求进一步发挥社会团体的作用。中共中央关于深化行政管理体制改革的意见明确提出，要从制度上更好地发挥公民和社会组织在社会公共事务管理中的作用。《国务院关于加强市县政府依法行政的决定》强调，“市县政府及其部门要加强对社会组织的培育、规范和管理，把社会可以自我调节和管理的职能交给社会组织。实施社会管理、提供公共服务，要积极与社会组织进行合作，鼓励、引导社会组织有序参与。”与此同时，各类社会组织在支援抗震救灾、在服务奥运当中的积极作为，也彰显了社会组织提供公共服务、支持社会事业的强大力量。最近我国连续发生几起重大食品安全事件和生产安全事故，也反映出需要进一步发挥社会组织在倡导社会责任、规范企业行为、建设诚信体系上的作用。目前，我国社会组织服务社会的功能还比较弱，作用不够明显，社会组织建设和发展上还存在不少思想认识和工作差距的问题。能不能服从、服务于科学发展的全局，顺应经济社会协调发展的趋势，形成一个更有利于健全社会组织、更有利于增强社会组织服务社会功能、更有利于充分发挥社会组织积极作用的制度环境，是当前社会组织管理创新面临的艰巨任务。

二是促进社会和谐，维护社会安定团结的局面，需要进一步加强社会组织管理。建立社会组织规范、协调、和谐的发展秩序，维护社会有序、

安定、团结的良好局面，是社会组织管理的基本任务。古今中外的历史经验告诉我们，社会组织是经济、社会和政治运行的活跃分子，管理好了，能增进社会安定团结，促进经济和社会的发展；管理不好，就会对经济社会发展产生负面影响，甚至破坏社会政治稳定。当前，我国社会组织数量快速增长，种类更加丰富，形式不断多样化，活动领域日益扩大。国内社会组织开始越来越多地“走出去”，参与保护环境、消除贫困、维护人权、倡导和平、促进发展等重大国际事务和国际规则制定。境外非政府组织也越来越多地“走进来”，在教育、科技、文化、卫生、体育、经济、环保、慈善和社会福利等领域开展公益和交流活动。这既是我国社会不断进步、开放和活力的重要表现，也客观上使得社会组织管理，以至整个社会建设和管理，面临更加纷繁复杂的局面。近年来，一些社会组织违法违规现象比较突出，操纵企业涨价、借评比乱收费、假慈善牟私利等行为不规范问题陆续出现，违背法律法规、影响安定团结的非法组织活动时有发生，侵犯了企业、人民群众的利益，干扰了正常的市场竞争秩序和社会生活秩序，社会反映强烈。适应改革开放深入发展的新形势，能不能尽快建立一套科学、高效的社会组织管理体制机制，有效监督和引导社会组织在改革发展稳定大局下良性发展，增加和谐因素，减少不和谐因素，维护安定团结，是对社会组织管理的重大考验。

三是建设法治国家，全面推进依法行政，需要进一步改进社会组织管理。依法治国是我们基本的治国方略，依法行政是社会组织管理的根本原则。随着我国人民物质生活水平提高，人们的公民意识、民主意识、法律意识日益增长，对社会组织管理的依法行政水平也提出了更高更新的要求。按照依法行政的要求，没有法律法规依据实施管理是“越位”，法律法规赋予职责没有切实履行管理是“缺位”，管理不符合法定职责和程序是违法行政。长期以来，由于法制建设不健全，立法层次低，政策环境不完善，许多社会组织具体活动的管理因缺少法律依据难以实施，政府部门对社会组织的管理习惯于利用行政手段和途径。另外，由于各级登记管理机关力量薄弱，社会组织管理还没有真正做到有法必依、执法必严、违法必究。当前社会组织中出现的问题，很多都与执法不力、长期得不到有关处理。这不仅严重影响社会组织发展的正常秩序，也严重损害社会组织管理的执行力和公信力。按照依法治国、依法行政的要求，加紧解决法制建设与形势变化、与社会组织发展趋势不相适应的突出矛盾和问题，从源头上规范、引导社会组织行为，实现忠于职守不越位、监管到位不缺位、严格执法不随意，切实将社会组织管理全面纳入依法运转的轨道，是社会组织管理必须重视的重要环节。

四是实现以民为本，建设服务型政府，需要进一步创新社会组织管理。服务型政府的本质，是政府在履行自身职能时，坚持以人为本，充分体现“社会本位、民众本位”精神，始终把自身定位于服务者的角色。社会组织管理的过程，就是服务社会组织、服务人民群众、服务经济社会协调发展的过程。近些年来，经过各级登记管理机关的不懈努力，登记管理的服务方式、服务手段不断改进。但必须清醒地看到，离建设服务型政府的要求，离社会组织和人民群众的要求，我们的管理服务水平还有较大差距。一是服务观念还没有根本转变。一些干部工作中仍将社会组织视为“被管理者”，以“管理者”自居，没有真正树立为社会组织服务的意识，没有主动把“寓管理于服务”落到实处。二是服务层次还不够高。许多地方仍停留于一般登记管理，还没有把社会组织管理职能，真正转到主要为社会组织服务和创造良好发展环境上来，一提培育扶持就放任少管，一提加强管理就限制发展，跳不出“管怕管死、放怕放乱”、“该管没管，该放不放”的框框。三是服务方式尚未转变。许多地方不同程度地存在“重登记轻管理”“重监管轻培育”现象，对各类社会组织不加分类、一个模式管的粗放式管理，还没有得到根本扭转。四是服务力量仍相当薄弱。各级登记管理机关，特别是市县一级，普遍人员不足、经费缺乏，与加强和改进社会组织管理、与建设服务型政府的工作任务，越来越不适应。我们必须重视存在的这些差距，加大改革创新力度，加快推进社会组织管理服务的转变。

总之，社会组织管理的改革创新，已经进入一个关键时期，尽管我们面前存在着不少的困难和问题，但我们必须以为党和国家长期平稳发展负责的高度责任感和紧迫感，适应新形势，完成新任务，实现新发展。

三、新时期创新社会组织管理的主要任务

当前，社会组织创新管理的指导思想是：以邓小平理论和“三个代表”重要思想为指导，深入学习实践科学发展观，坚持培育发展与监督管理并举，更新观念，创新机制，改进方式，提高效能，把改革创新贯穿社会组织管理各个环节，将发展、监督、执法、服务有机统一，不断推进社会组织管理体制机制创新，促进社会组织健康、有序、可持续发展。

新时期创新社会组织管理的任务和要求是：

（一）完善社会组织法规政策体系

进一步推进社会团体、基金会和民办非企业单位登记管理的基本法规

建设，建立境外非政府组织在华机构登记管理制度，加大力度完善财政、税收、社会保障等配套政策。

（二）解放思想，创新管理体制机制

通过改革创新，解决当前制约社会组织发展与管理的突出矛盾和问题。改进和完善社会组织管理体制，探索建立政府各部门各司其职、齐抓共管、共同负责的综合监管机制，建设政府管理、社会监督和社会组织自律相结合的管理格局，建立和完善富有活力和效力的管理体制机制。

（三）推进社会组织与政府部门合作互动

推广现代社会组织制度，强化社会组织独立法人地位，提高自律性和诚信度，加大政府对社会组织的支持力度，拓展政府与社会组织合作方式，引导社会组织有序参与社会管理和公共服务。

（四）提高登记管理和服务效能

以发展为导向，以监管为手段，以服务为原则，实现登记与管理并重、发展与监督并重，依法行政，细化分类管理，寓管理于服务之中，实现发展、监督、服务的有机统一，不断提高社会组织管理的公信力和执行力，建设服务型登记管理机关。

为了实现上述任务，各级民政部门要积极努力，大胆实践，重点抓好以下措施：

（一）进一步深化分类管理

这些年的实践表明，针对不同类型的社会组织，采取不同的登记管理措施，实施分类指导、分类管理，是优化社会组织管理的有效途径。我们必须总结经验，继续深入推进。

一要进一步细化分类管理。改变笼统地按照社会团体、基金会、民办非企业单位三大类粗放管理的传统做法，参照新颁布实施的社会组织分类标准，逐类研究制定管理措施和相关发展政策。

二要进一步明确分类管理的原则。从改革发展稳定大局出发，支持社会力量兴办民办社会事业、公益慈善类、互益类组织和城乡基层社区服务组织，加大对这些组织的政策扶持力度，鼓励发展；规范发展行业协会、学术性社团，推进这些组织改革创新，优化结构，提高质量；严禁成立危害国家安全、影响社会稳定、破坏民族团结、与国家法律法规相悖的社会组织，加大查处力度。

三要积极关注研究各类新型组织。对当前出现的新型社会组织，如异地商会、跨区域联合组织、公益信托组织、基层志愿服务组织等，要立足实际，加强调查、了解和研究，制定有针对性的管理措施和法规政策。已经具备登记条件的，要督促其依法登记。

四要认真抓好改革创新观察点建设。民政部确定的6个观察点，要形成工作方案，推动实践探索，并及时就实践进展情况和出现的新问题、新情况，加强与民政部的沟通。各省（区、市）也可以根据本地情况，设立自己的观察点，鼓励支持基层大胆探索，丰富认识，积累经验。

（二）加快完善政府支持政策

当前，要结合全国开展的深入学习实践科学发展观活动，适时推动政府部门向社会组织转移职能，出台和完善政府扶持政策。

一要推进政府向社会组织转移职能。要利用当前深化行政管理体制改革、加强市县依法行政的有利时机，加大政策理论研究，积极提出措施建议，分类进行、重点突破，推动各级政府制定操作办法，明确政府职能转变的领域，划定可以转移给社会组织的职能范围，完善社会组织承接政府职能的管理制度，扩大政府公共决策中的社会组织参与。

二要逐步推广、规范政府向社会组织购买服务。有条件的地方，要加大力度，推动政府部门在人民群众需求大、多样性强的领域，以公开招标、合同管理的方式，向社会组织购买公共服务。各级民政部门要带头将社区管理、安老扶危、扶贫济困等方面的具体事务和项目，以购买服务的方式，交给社会组织去做。在地震灾区恢复重建中，也可以将一部分工作面向社会组织招标，吸纳更多的社会力量参与。

三要加快推进财政支持政策的落实和完善。加紧与财政、税务部门的沟通协调，尽快明确公益慈善类组织的认定、申请、审批制度，将法律规定的捐赠所得税优惠政策落到实处。加强政策研究，认真解决社会组织发展中遇到的税收优惠、票据发放管理等突出问题，推动将政府向社会组织购买服务，纳入政府采购范畴，所需资金列入部门年度预算。

四要积极探索政府服务社会组织的平台建设。各地要积极探索不同形式、不同层次的“孵化器”建设，为社会组织提供综合性培育和服务基地，缓解社会组织参与社会管理和公共服务过程中遇到的资金、场所等困难。有条件的地方，可以实践设立社会组织发展基金，以财政资金为主、吸纳部分社会资金，对社会组织能力建设提供资助。

（三）推进管理体制改革

社会组织自主发展、自主运行、自我管理、自我约束，是社会组织生存发展的根本要求，是社会组织发挥作用的重要基础。必须改变社会组织作为政府附属机构的观念，从体制、机制上减少社会组织的行政色彩，从制度上强化社会组织的独立法人意识。

一要继续大力推进政社分开。以行业协会为重点，从入口把关，进一步引导和规范各类社会组织在职能、机构、人员、财务等方面，与政府部门、企事业单位脱钩，解决党政领导干部在社会组织兼职过多的问题，推动社会组织真正成为自我管理、自我服务、自我监督的社会法人主体。

二要改进和完善管理体制。在广东实践的基础上，扩大行业协会管理体制改革试点范围，各省（区、市）可以结合实际，统筹安排，选择一些行业协会发展基础比较好、当地政府改革积极性高的市、县，进行改革试点。对主要从事慈善公益活动的非公募基金会，民政部门可以积极承担起业务主管职责，制定专门的章程示范文本，适当放宽负责人年龄和届数要求，开辟绿色通道。各地可以在实践的基础上，通过地方立法的形式，推进改革。

三要继续探索完善城乡基层社会组织备案制度。重视农村专业经济协会、社区社会组织等城乡基层社会组织的发展，及时总结实践经验，注意借鉴各地做法，积极推进备案管理的规范化、制度化，完善示范章程、备案文书、备案证书、活动准则等，把不具备法人条件的组织纳入培育、发展、监督、管理的范围。城乡基层社会组织，可由乡镇政府、街道办事处担任业务指导单位。

四要深入开展评估工作。争取在全国形成全面开展社会组织评估的态势，暂未开展评估的地区，要积极创造条件尽快启动，先易后难，稳步推进。扩展社会组织评估的实施领域，及时总结基金会评估的经验和做法，有计划、有步骤地对行业协会、科技类社团、公益性社团和服务类民办非企业单位开展评估。要为开展评估提供必要的人力、财力、物力保障，有条件的地方可以成立事业性质或者民非性质的评估机构。要在实践基础上，把握规律，总结经验，进一步完善分类评估指标体系，健全操作规范、运转协调的评估工作机制，不断提高评估工作的准确性和科学性。要研究制定配套政策，将评估结果与相关登记管理措施挂钩，把评估等级与承接政府职能、参与政府购买服务、获取税收优惠等衔接，更好地发挥评估的导向、约束和激励作用。

（四）加强社会组织自身建设

自律、诚信，是社会组织的立身之本。各级民政部门要继续坚持不懈地推动社会组织加强和改善自身建设。

一要继续抓好信息公开制度的落实。抓住抗震救灾中社会反映强烈、群众关注捐赠资金物资接收使用信息公开的热点问题，因势利导，进一步改善基金会信息公开制度。还没有实行基金会年度工作信息披露的省（区、市）登记管理机关，要抓紧拿出操作办法和具体步骤，促进本地基金会自觉接受社会监督。积极实行公益慈善类社团、民办非企业单位的信息公开，逐步推广到所有社会组织都实行信息公开制度。

二要探索自律诚信建设长效机制。认真总结民办非企业单位自律诚信活动的经验，以规范行为、增强社会责任为重点，推进制度建设和机制规范。改进和加强年度检查工作，明确标准，健全机制，优化方式，提升效能，不断提高规范化和制度化水平。针对当前比较突出的违法违规问题，制定政策措施，逐步健全社会组织行为规范的政策体系。进一步加强社会组织的自律性组织建设，条件成熟的地方，都要积极探索设立社会组织联合会、促进会等。

三要加强现代社会组织制度建设。修订和完善社会组织章程、内部治理结构、分支（代表）机构管理、名称管理、财务会计管理等制度，强化章程对于社会组织的权威性和约束力，推行理事长兼任法定代表人制度和秘书长聘任制度，加强理事会建设，引导社会组织健全民主选举、民主决策、民主管理、民主监督的运行机制，增强自主运作、独立运转能力。

四要加强社会组织人才培养。拓展培训渠道，争取党校、行政学院、高等院校等面向社会组织开展专项培训，促进领导班子建设和社会工作人才建设。加快社会组织人事管理、社会保障、职称评定、职业建设等政策的完善和配套，提高从业人员职业水平。积极推荐更多的社会组织优秀代表参选人大代表和政协委员；条件成熟的地方，争取在人大或政协中增设社会组织界别，进一步提高社会组织人才的社会形象和地位。

五要积极培育社会组织品牌。可以结合社会组织评估，引导和支持那些评级高的社会组织加强自身建设，争取在全国各地、在各个领域，都能涌现一批服务有特色、能力强、公信力高、影响力大的社会组织名牌。加大品牌社会组织的宣传力度，推广品牌社会组织在规范自身建设、履行社会责任、开展公益服务、增强诚信自律等的成功做法和经验，带动本地区各类社会组织整体健康发展。

（五）加强执法监察工作

执法监察工作是维护社会组织良好发展秩序，净化社会组织发展环境，促进社会和谐稳定的重要手段。各级民政部门要充分认识执法监察工作的重要性，切实加强和改善执法监察工作，全面推进执法工作深入开展，做到严格执法、公正执法、文明执法。

一要切实将执法职能履行到位。省一级民政部门要带头做好执法工作，充分发挥示范、指导、监督、协调作用；市县一级也要因地制宜地开展执法工作。还没有有效开展执法工作的地方，要尽快将这项工作开展起来，在一年之内要实现执法零的突破。执法力量严重不足的，要积极充实力量，争取省级民政部门要普遍成立专门的执法机构，地市都要有专人负责执法工作，并增加执法设备和经费。

二要着力推进制度化建设。要按照依法行政的要求，完善行政执法程序规定，规范相关法律文书，加强执法工作规范化和程序化。加强执法人员法律业务培训，增强依法行政、依法办事的能力，严格执行持证执法制度。

三要加大执法查处力度。针对人民群众关心、社会反映强烈的问题，加大对违法违规社会组织和非法组织的查处力度，坚决惩处少数“害群之马”，树立法律法规的权威性，从源头上引导广大社会组织在法制规范下健康发展。

四要不断改善执法工作机制。加强与业务主管单位、公安、司法等有关部门的合作，建立社会组织执法协作机制。加强层级间、地域间信息沟通，探索形成社会组织突发事件预警体系和快速反应机制，提高处置突发事件的能力。

（六）加强登记机关自身建设

加强登记管理机关自身建设，建立一支政治合格、纪律严明、业务精通、作风过硬的社会组织管理队伍，是推进社会组织管理创新的前提和保障。必须始终把加强登记管理机关自身建设作为一项基础性工作抓实抓好。一是要重视社会组织管理机构建设。新一轮地方政府机构改革即将启动，各级民政部门要积极向党委、政府汇报，争取在机构、编制、经费等方面取得新进展。二是要努力建设服务型机关。各地都要普遍建立登记管理服务窗口，探索推广电子政务，健全管理制度，规范办事程序，为社会组织提供更优质、高效的服务。三是要不断提高依法行政水平。从体制、机制和队伍建设等方面入手，带头维护法律的权威性，严格按法定程序办事，切实将社会组织管理行为纳入依法运转的轨道。四是要切实加强廉政建设。积极推行政务公开，自觉接受群众监督，预防和治理腐败，杜绝利用社会组织登记、管理和执法之机滥用职权、枉法营私的现象，树立廉洁政府形象。

同志们，加强和改进社会组织管理工作，是党和政府赋予我们的神圣职责，光荣而艰巨。我们一定要深入学习实践科学发展观，继续坚持解放思想、实事求是、与时俱进，以更饱满的精神，更积极的实践，更扎实的工作，不断开创社会组织管理的新局面，促进社会组织又好又快发展，为构建社会主义和谐社会、全面建设小康社会作出新的贡献。

在四川省抗震救灾先进社会组织表彰会上的讲话

民政部副部长　姜　力

（2008 年 11 月 5 日）

同志们：

今天，四川省隆重召开抗震救灾先进社会组织表彰大会，表彰在“5·12”特大地震灾害中做出重大贡献的 455 家先进社会组织，体现了四川省委、省政府对社会组织工作的高度重视，也是省委、省政府对社会组织自觉响应党和国家的号召，主动投身灾害救助行动的充分肯定，对于在全社会宣传弘扬伟大的抗震救灾精神，鼓励社会组织进一步树立社会使命，主动承担社会责任，具有十分重要的意义。刚才，5 个单位代表的发言，生动感人，听了以后深受教育和鼓舞。你们的先进事迹，集中体现了各级各类社会组织和广大志愿者在抗震救灾斗争中高度的社会责任感与高尚无私的奉献精神，在此，我谨代表民政部，向受到表彰的抗震救灾先进社会组织和优秀个人，致以崇高的敬意和衷心的祝贺！向出席今天会议的省政府和各部门领导、新闻媒体以及关心支持社会组织工作的社会各界人士，表示衷心的感谢。

四川省汶川大地震，是新中国历史上前所未有的一次特大地震灾害，其破坏力之强、波及范围之广、救灾难度之大，给灾区人民所造成的人员伤亡和财产损失之严重，都是史无前例的。在这场巨大的自然灾害面前，全国尤其是四川省各级各类社会组织，积极响应党中央的号召，纷纷以各种方式积极投入抗震救灾工作当中，成为这场举国上下抗震救灾大会战中不容忽视的重要力量，向社会和人民交出了一份圆满的答卷。社会组织在灾区群众身处地震灾害的危难时刻，快速反应，发挥专业或行业优势，利用所掌握的独特资源，通过各种渠道，灵活运用各种方式，积极支援救灾抢险；在此后的灾民安置救助和灾后重建过程中，各级社会组织多方筹集资金、调集资源，组织服务，广泛动员社会力量直接或间接援助灾后重建，真情回馈社会，成为政府抗震救灾的有力助手和有益补充。社会组织的无私行动和杰出贡献体现了全社会良好的公民道德意识，展现了来自民间社会的巨大力量，有力地支援了灾区人民，分担了各级政府的压力，为伟大的抗震救灾精神做出了精彩的诠释。

刚才，四川省民政厅厅长黄明全对四川省社会组织在“5·12”抗震救灾中的巨大作用进行了全面的回顾与总结，一会儿，张作哈副省长还要代表四川省委、省政府作重要讲话。我也借此机会，对社会组织工作讲几点意见：

一、充分认识社会组织参加抗震救灾工作的重大意义

改革开放以来，随着我国经济成分、就业方式、生活方式多样化以及城市化进程的加快，国际交往的日渐频繁，人民群众参与公共管理和公共服务的热情不断提高，社会组织呈现出稳中加快的发展态势。目前，全国各类社会组织已发展到 38.7 万多个，其中社会团体 21.2 万多个，基金会 1340 个，民办非企业单位 17.4 万多个，初步形成了遍布城乡、门类齐全、层次不同、覆盖广泛的社会组织体系。社会组织的综合实力不断增强，在社会生活各个领域发挥着越来越重要的作用。地震发生后，全国各级各类社会组织迅速行动起来，及时动员社会力量，发动社会捐赠，组织志愿服务，甚至直接参与第一线的抗震抢险任务，为抗震救灾做出了突出的贡献，引起了社会各界的广泛关注，受到了灾区群众和国内外媒体的充分肯定，充分展示了社会组织巨大的社会责任和对民间力量的聚合力，显示社会组织参与社会管理和建设的强大的内在动力。社会组织在这次抗震救灾的积极作用，进一步证明了社会组织在激发社会活力，倡导互助友爱，推进公益事业，提供公共服务，促进社会和谐等方面起到了不可替代的作用。社会组织已经成为党和政府联系人民群众的桥梁和纽带，成为推进经济发展、社会进步和人的全面发展的不可缺少的重要力量。这是我国社会进步的标志，是当代中国社会管理与建设的必然趋势。通过这次灾害的检验，我们有理由相信，我国社会组织的发展将迎来一个崭新的发展时期，我们要抓住这一有利时机，深刻把握社会组织发展的规律，因势利导，为社会组织参与灾后重建创造条件，推动社会组织的进一步发展。

二、加强研究，制定对策，进一步完善对社会组织服务和管理的措施

加强社会组织建设和管理，是党的十七大提出的一项重要任务，这既是加强和完善社会管理的重要内容，又是公众参与社会管理、提供公益服务的重要组织载体。而推动社会组织的健康有序发展，是民政部门义不容辞的职责。当前，我国社会组织数量快速增长，种类更加丰富，形式不断多样化，活动领域日益扩大，客观上使得社会组织管理，以至整个社会建设和管理，面临更加纷繁复杂的局面。此次抗震救灾工作，社会组织的作用明显，但同时也存在一定的困难和问题。比如，地震发生时，许多基层社会组织和志愿者自发地投入进来，展示了基层社会组织的动员能力，但也暴露出管理薄弱，活动无序等问题。再比如，一些社会组织在抢险救灾中缺少统一协调和指导，一定程度上影响了抗震救灾工作的质量和效果。如何对这些志愿者和社会组织进行有效管理和服务，是对政府管理水平的重要考验，对我们社会组织管理部门都提出了新的更高的要求。随着灾区工作重心从初期的救灾抢险向灾后恢复重建的转移，恢复重建工作的复杂性和艰巨性将进一步凸显，政府如何全部覆盖并满足灾区群众所有的需求将受到严峻的考验。如何进一步发挥社会组织拾遗补缺的积极作用，并借此全面提升社会组织参与社会建设和管理的水平，从整体上推动全国社会组织的跨越式发展，将是一项艰巨的任务。

为此，民政部门要针对当前形势，认真总结社会组织参与抗震救灾的经验，进一步完善对社会组织服务和管理的措施。当前重点应做好三方面的工作：

第一，进一步完善社会组织的登记管理体制。要积极关注研究各类新型组织，认真总结各地的创新经验，切实把活跃在基层、贴近于生活、服务于群众的基层社会组织纳入规范管理的视野。对不具备登记条件而社会确实需要的基层社会组织实行备案制，对已经具备登记条件的基层社会组织，要督促其按现行民间组织登记管理法规、政策进行依法登记。要根据十七届三中全会的要求，大力发展培育农村服务性、公益性、互助性社会组织，完善社会自治功能。

第二，积极完善政府培育扶持社会组织的政策措施。要把社会组织参与抗震救灾工作纳入灾后重建工作规划，为社会组织参与抗震救灾让渡空间。要全面总结社会组织参加抗震救灾的正反经验，研究社会组织应对重大灾害时的预警机制和参与途径，把社会组织纳入社会紧急救援体系，搭

建政府和社会组织交流合作的平台。要进一步健全社会组织的财政扶持政策，采取政府转移职能、购买服务、提供配套资金等多种措施予以支持和鼓励，形成政府主导与社会参与良性互动、政府救助与社会支持优势并举、政府部门与社会组织有效协同的良好局面。

第三，着力加强社会组织的自身建设。要抓住今年抗震救灾中社会反映强烈、群众关注捐赠资金物资接收使用信息公开的热点问题，因势利导，进一步改善社会组织信息公开制度，促进本地社会组织自觉接受社会监督。要建立现代社会组织制度，完善权责明确、协调运转、有效制衡的法人治理结构，强化社会团体独立法人地位。要将社会组织管理人才纳入国家人才发展战略规划，加快社会组织人事管理、社会保障、职称评定、职业建设等政策的配套，通过各种渠道培养培训社会组织的专门人才。

三、加强登记管理机关建设，增强依法监管能力

俗话说："打铁还得自身硬"。加强登记管理机关自身建设，建立一支政治合格、纪律严明、业务精通、作风过硬的社会组织管理队伍，是开创社会组织工作新局面的前提和保障。我国社会组织数量大、门类多，涉及面广，政治性强，培育和监管任务十分繁重，目前登记管理机关的行政管理能力与社会组织登记管理的复杂局面很不适应。重登记、轻管理和督促不到位、服务手段不完善的问题比较突出，加强登记管理机关建设更是成为当务之急。随着新一轮地方政府机构改革即将启动，各地民政部门都在积极向党委政府反映情况，争取在机构、编制、经费等方面取得新进展，以期形成人员编制、经费与管理对象数量相协调、相适应的机构建设机制。与此同时，一些省份在加强社会组织执法监察力量方面也取得了长足进展，在各级登记管理机关，逐步建立起规范的执法监察队伍，健全了执法监察制度，保证了执法监察工作的顺利实施，这些都是好的趋势。

我们也希望四川省各级党委、政府一如既往地重视、关心社会组织管理工作，及时研究解决工作中出现的困难和问题，特别在建立健全政府对社会组织的资助机制，加强登记管理机关建设，完善社会组织内部治理结构，充分发挥社会组织作用等方面进一步积极探索，努力创新，总结出更多更好的经验，为全国社会组织的发展树立典型和提供借鉴。

同志们，在这场波澜壮阔的抗震救灾斗争中，我们的社会组织经受住了考验，得到了锻炼。我相信，在四川省委、省政府的正确领导下，在各级登记管理机关、业务主管单位和广大社会组织的共同努力下，四川省的社会组织管理工作一定能与时俱进、开拓进取，为四川灾区灾后重建，为

全面建设小康社会、构建社会主义和谐社会做出新的更大的贡献！

民政部副部长姜力在“中国社会组织论坛（2008）”讲话摘要

民政部副部长　姜力

2008年12月19日

民政部副部长姜力在论坛上对各类社会组织如何在全球金融危机背景下发挥作用提出了明确要求：

——行业协会商会要围绕促发展，扩内需，调结构，当好政府的参谋助手，深入调研统计国内国外企业发展状况和需求，提出应对建议，及时向政府反映，帮助政府科学决策；要提振企业家的信心，组织企业勇敢面对危机，及时调整经营策略，保持员工队伍稳定，承担社会责任，平稳度过冬天，为以后繁荣壮大打下坚实基础；要承担行业自律、规范竞争的职责，配合政府宏观调控，推动结构调整，促进行业可持续发展；要积极应对日益增多的国际贸易纠纷，维护企业权益，帮助出口型企业转型，把损失降低到最小程度。

——各类学会要围绕理论创新、科技创新和体制创新，当好党和政府的思想库，引导、组织专家学者、大专院校和科研院所，深入分析当前全球金融危机对我国经济发展、就业失业、社会稳定的影响和对策，推进经济社会建设的理论、机制、方式等各方面的创新，为党和政府科学决策提供理论参考，为企业经营管理提供技术指导，为社会公众坚定信心、振奋精神提供有力的舆论支持。

——各类公益组织和基金会要围绕以人为本，和谐安定，当好政府的爱心使者，积极从事减贫济困、安老抚幼、扶弱助孤、助学助医等公益活动，尤其是对失业职工和农民工、生活困难群体提供帮助扶持，把政府的关心、爱心送到每一位需要帮助的人手中、心中，缓解社会矛盾，促进社会和谐。

——各类民办非企业单位要围绕促就业，保民生，抓住中央着力解决民生难点热点的有力时机，发挥贴近群众、了解群众、机制灵活的特点，充分提供民办教育培训、医疗卫生、社会福利、社会就业、文化娱乐、体育健身、环境保护等服务，大量吸纳社会人员就业，添补公共服务的薄弱环节，扩大公共服务。

——各类社区社会组织要围绕服务群众，化解矛盾，当好政府的矛盾调解员，充分利用扎根基层，扎根社区的优势，广泛提供针对社区老年人、残疾人、困难群众的生活服务，开展群众喜闻乐见的文体科普活动，使社会的多样化需求得到进一步满足。及时传达政府政策，反映群众心声，疏导社会心理，引导群众理性表达利益诉求，依法维护自身权益，把重大群体性事件的苗头解决在社区，消化在基层，保持社会稳定，为经济平稳较快增长提供安定的社会环境。

切实做好社会组织的建设与管理工作

黑龙江省副省长　孙永波

（2008 年 12 月 23 日）

一、提高认识，切实增强做好社会组织建设和管理工作的责任感和紧迫感

当前，随着改革开放的不断深入，社会转型加速，各种新的社会现象、社会矛盾纷繁出现，社会组织的发展面临着许多新课题、新考验，我们必须准确把握社会组织发展所面临的形势，清醒认识社会组织的重要地位和作用，切实增强做好社会组织建设和管理工作的责任感和紧迫感。

第一，社会组织是构建和谐社会的重要力量。随着市场经济的发展和改革开放的不断深入，我国出现了社会贫富差距拉大，就业压力增大，社会保障体系建设相对滞后等诸多问题，引发了一些新型的人民内部矛盾，和谐社会建设面临着较为复杂的局面。不可否认，政府是推动、构建和谐社会的主体，但是，随着社会组织的不断发展壮大，其在构建和谐社会进程中的重要作用也日益凸显。实践证明，大量的社会组织在某种程度上发挥了增进沟通、互助解困、调处纠纷、维护治安、保障权益等多项功能，为社会增加了和谐因素。在今年的抗震救灾中，就充分显示了社会组织提供服务、支持社会事业的强大力量。最近我国发生的几起重大食品安全事件，也反映出需要进一步发挥社会组织在倡导社会责任、规范行业行为、建设诚信体系、促进社会和谐上的作用。

第二，社会组织是发扬基层民主的有效平台。随着我国经济社会的不断发展，人民群众的利益诉求日益多元化，权利意识、民主意识、法律意识普遍增强，参与经济、政治、文化、社会事务管理的愿望日趋强烈，而社会组织产生于公众，是不同群体实现自己意愿、维护自身权益的利益共同体，为人民群众表达利益诉求、合力维护自身权益、有序扩大政治参与提供了重要的渠道。同时，社会组织植根于群众，是人民群众实现自我管理、自我服务、自我教育、自我监督的重要形式，为人民群众开展社会自治和互动服务，实现政府行政管理和基层群众自治有效衔接和良性互动提供了有效的平台。

第三，社会组织是政府职能转变的有力支撑。早在改革开放之初，我国就提出了“小政府，大社会”的建设目标。然而，从实践来看，效果不是十分理想，部分地方行政机关机构臃肿的状况并没有得到根本性的转变。究其根源，一方面是有些部门职能转变不到位，另一方面是社会组织本身的承接能力不具备。事实证明，社会组织是政府的有力助手，可以做许许多多政府想做而不便做，或者由社会组织承接出面效果更好的事情。在国外就有很多这样的例子，如去年比利时布鲁塞尔国际机场安检及消防人员突然罢工，让政府和社会都有点措手不及，但危机当天就得到了解决，这其中就体现了比利时“社会协商”机制的强大功能，特别是该国工会等社会组织功不可没。当然，政府职能的转变需要一个过程，但加快发展社会组织，为政府职能转变提供有力支撑，将成为一种必然的选择。

二、开拓进取，努力开创社会组织建设和管理工作新局面

新的历史时期，社会组织的发展面临着许多新形势、新情况和新问题，要求我们必须以战略的眼光、前瞻的精神、改革的勇气和务实的态度，努力实现社会组织建设和管理工作的新突破。

（一）社会组织民间化要有新突破

民间化是社会组织的本质特征，也是国际惯例。国家为此提出了自愿发起、自选会长、自筹经费、自聘人员、自主会务的工作方针和无行政级别、无行政事业编制、无现职国家机关工作人员兼职的要求，为社会组织民间化指明了方向。我们要按照国家的有关要求和有利于社会组织发展的原则，积极探索社会组织民间化的有效途径，不断深化社会组织管理体制改革，减少行政干预，实现政社分开，严格限制党政领导干部在社会组织兼职，社会组织的人、财、物、办公场所要逐步实现与政府部门分开，淡化社会组织的官方色彩，强化社会组织的民间特征。

（二）政府向社会组织转移职能和购买服务要有新突破

加快政府向社会组织转移职能和购买服务，是深化行政管理体制改革的迫切需要。一方面，要逐步建立政府向社会组织转移职能制度，将属于社会组织的功能归还于社会组织，将政府不便管理的事项委托给社会组织。如行业管理与协调性职能、社会事务管理与服务性职能、技术服务性职能与市场监督职能等。另一方面，要逐步建立政府向社会组织购买公共服务制度，可以制定出台具体的实施办法，采取政府部门授权或委托社会组织承担管理服务事项的，由政府各部门提出年度购买服务的事项及要求，纳入部门年度财政预算，由同级财政支付。通过这些探索进一步减轻政府负担，使其轻装上阵，降低行政成本，提高行政效率。

（三）扶持社会组织发展的政策措施要有新突破

社会组织的发展壮大需要政策的扶持，而发展壮大的社会组织，才能更好地为社会服务。因此，我们可以考虑从三个方面加大对社会组织的扶持力度：一是积极为社会组织开展工作创造条件。对非公募基金会等公益慈善类社会组织，没有明确业务主管单位的，由民政部门承担业务主管职责，对确有必要建立的农村专业经济协会、社区社会组织要积极提供方便。二是制定落实社会组织相关税收优惠政策。增加优惠税种，保证政策落实，让社会组织真正享受到非营利组织的税收优惠。三是研究出台社会组织专职工作人员权益保障政策。制定适合社会组织特点的人员流动、入户、工资福利、职称评定、档案管理、社工招聘等具体政策措施，促进社会组织人才队伍的职业化、专业化。

（四）促进社会组织发挥作用上要有新突破

社会组织是社会各行各业的代表，比较了解民生、民情、民意，要建立并畅通他们建言献策、咨询服务的渠道，积极探索建立重大行业决策征询社会组织意见的制度。政府及相关部门在制定出台涉及公共管理和公共服务等领域的政府规章、公共政策、行政管理措施和行业发展规划之前，通过一定的方式征求和听取相关社会组织的意见和建议，为社会组织参政议政搭建平台。

三、加强领导，为社会组织建设和管理提供强有力的组织保障

新的形势对社会组织建设与管理提出了更新、更高的要求。不仅要认识到位、政策到位，更要组织到位，落实到位，通过对社会组织建设和管理强有力的组织领导，确保各项措施落到实处，推动全省社会组织不断发

展进步。

一是要加强组织领导。社会组织建设与管理，是一项政治性、政策性很强的工作。党和政府把这项牵动全局的重要职能赋予民政部门，既是重托，更是信任。各级民政部门的领导特别是主要领导，要高度重视这项工作，要从民政工作服从、服务于大局，为社会和谐提供基础保障的高度，把社会组织建设和管理工作摆上突出位置，及时了解掌握工作中的新情况、新动向，定期研究新问题、新思路，着力解决当前社会组织建设与管理中遇到的各种实际困难，真正把这项工作抓紧抓实抓出成效。

二是要形成工作合力。社会组织工作，涉及方方面面，是一项复杂的社会系统工程。为此，要有效整合各方面的力量和资源，形成促进社会组织发展和加强社会组织管理的强大合力。各级社会组织登记管理机关和业务主管单位要密切配合，各司其职，各负其责，共同做好工作。同时，各地要积极争取各相关部门完善社会组织发展的扶持政策，努力在经济、文教、卫生等事业发展中突出社会组织的内容，并积极探索建立多部门参加的长效协调机制，形成多层次、多方位的综合支持体系和综合管理体系。

三是要强化自身建设。切实加强社会组织登记管理部门自身建设，是社会组织发展进程中必须高度重视的一项基础性工作。要针对社会组织管理工作涉及面广，知识面宽，理论性、政策性强的特点，将其作为高素质人才的培育基地，选派政治强、素质高、作风正的同志充实岗位。同时，要不断加强登记管理机关基础设施建设，千方百计筹措资金，搞好窗口服务建设，完善软硬件设施，推进政务公开，提高服务水平。

（摘自黑龙江省副省长孙永波在 2008 年 12 月 23 日黑龙江省先进社会组织表彰暨经验交流会上的讲话）

在四川省“5·12”抗震救灾先进社会组织表彰会上的讲话

四川省副省长　张作哈

（2008 年 11 月 5 日）

同志们：

今天，召开全省社会组织抗震救灾表彰大会，总结社会组织参与“5·12”抗震救灾工作的成绩和经验，并向 455 家社会组织授予“抗震救灾先进社会组织”的荣誉称号。

首先我谨代表四川省人民政府向亲临这次会议指导的国家民管局局长孙伟林一行表示热烈的欢迎；向长期关心和支持四川省社会组织工作的民政部表示衷心的感谢；向受到表彰的先进社会组织表示热烈的祝贺！

这次“5·12”特大地震，给四川省的社会、经济和人民群众的生命财产造成了难以估量的巨大损失，20 个市（州）、161 个县（市、区）不同程度受灾，68687 人遇难，18195 人失踪，受灾面积 25.2 万平方公里。这同时也对我们各级党委、政府“执政为民”宗旨的实践提出了严峻的挑战。在党中央、国务院的极大关心和高度重视下，在全国各族人民的无私援助和省委、省政府的坚强领导下，全省各族人民众志成城、团结一心，克服了各种难以想象的困难，取得了抗震救灾工作的阶段性重大胜利。在这场艰苦的斗争中，全省社会组织积极主动地自觉承担起了极大的社会责任和义务，始终坚定地与灾区人民战斗在一起，心连心、同呼吸、共命运。先后捐款捐物共计 42.8 亿元，2456 个社会组织组织志愿者 15 万人，赴抗震救灾一线直接参加救援工作。这是一组非常了不起的数字，你们用鲜血和汗水书写了四川人民战胜地震灾害的坚定信念，显示了敢于牺牲、不怕困难、拼搏进取的昂扬斗志，展现了锐意开拓、勇于创新、善于发展的精神风貌，树立了自力更生、艰苦奋斗、奋发有为的良好形象，赢得了灾区人民的高度赞誉，为全省取得抗震救灾工作的胜利作出了积极的贡献。在此我再次代表省政府和灾区人民向你们表示由衷的感谢并致以崇高的敬意！

浙江商会、驼峰越野俱乐部、四川省教育基金会、成都市餐饮同业公会和绵阳市志愿者协会五家社会组织的事迹报告让我深受感动，希望大家都以他们为榜样，向他们学习。刚才孙伟林局长也代表民政部姜力副部长对四川省当前和今后一个时期的社会组织发展和管理工作作了重要讲话，提出了新的要求。大家要认真学习领会，抓好贯彻落实。下面，我再强调两点：

一、充分发挥社会组织在经济社会发展中的重要作用

社会组织是经济、社会和政治的有机组成部分，随着行政管理体制改革的深入，"小政府、大社会"格局的出现，政府正向"有限政府""责任政府"和"法治政府"转变。社会组织作为承接政府社会管理职能的重要载体，是和谐社会建设的重要力量。同时，充分发挥社会组织在经济社会发展中的作用，是社会组织建设与管理的出发点和落脚点。到目前为止，四川省登记注册的社会组织总数已达 2.6 万个，居全国第二位。各类社会组织已遍布全省城乡，涉及社会生活的各个领域，初步形成了门类齐全、层次不同、覆盖广泛的社会组织体系，社会组织在促进全省经济社会发展中的作用也正逐渐显现。主要体现在：

行业协会、商会通过沟通政府与企业的关系，参与政府的决策，维护企业的合法权益，建立从业规范，创造良好的公平竞争秩序，加强行业自律，解决贸易纠纷，促进了生产的发展和技术的进步，企业管理水平也得到了很大提高；学术性社会团体充分利用自身人才荟萃、信息灵通、知识密集、经验丰富的优势，奉献聪明才智，促进了全省经济和文化、教育、卫生、科技等事业的进步和发展；农村专业经济协会积极推进农业产业化，繁荣农村经济，加快奔小康的进程，发展农业社会化服务体系和城乡一体化的产业化经营方式，引导农民建立新的联合与合作，实现农业向商品化、专业化、现代化转变，促进了"三农"问题的解决；公益性社会组织乐善好施，扶贫济困，助残敬老，积极参与社会福利和灾害救援，维护困难群众和弱势群体的合法权益，弘扬中华民族的传统美德，推进了各类社会公益事业的发展；社区社会组织不断深化社区建设，推进社区公益事业的发展，组织社区群众参与基层民主建设，整合社区资源为社区群众服务，倡导科学健康的生活方式，促进了城市管理新架构的形成；各类民办非企业单位利用各种社会资源，培养各类人才，促进全民素质的提高，扩大社会服务领域，拓展就业和再就业渠道，缓解了社会矛盾；还有的社会组织在政府指导下积极开展与境外社会组织的合作与交流，引进港、澳、台和国外资金、技术、管理经验，在促进四川省对外开放和招商引资中发

挥了很大的作用。

随着社会经济的不断发展，社会组织将发挥政府所不能代替的积极作用。这一点各级政府尤其是领导干部应该要有一个清醒的认识，从而不断增加进一步加强社会组织管理的责任感和使命感，给予社会组织更多的重视和关心，使其更好地发挥作用。

我也希望，广大社会组织要进一步规范行为、完善功能、增强实力，在党委领导、政府负责、社会协同、公众参与的社会管理新格局中，努力逐步形成社会自治与行政管理互联、社会工作与政府工作互补、社会资源与政府力量互补的社会组织发展良性机制。一是发挥人才优势，结合自身业务特点，找准方位，扬长避短，开展多种形式的会员服务、行业服务和社会公益服务活动。二是围绕党和国家工作大局，自觉承担社会责任，以人民群众利益为重，以服务社会为己任，主动参与并帮助解决人民群众最关心、最直接、最现实的利益问题，积极投身经济建设、政治建设和社会建设。三是利用自身优势，在公共服务方面对政府工作和市场机制发挥拾遗补缺的作用，参与更多的管理和社会服务职能，适应市场经济发展和社会服务需求多元化趋势，扩大服务范围，延伸服务触角，满足社会不同层次、不同群体的服务需求。

二、抓住机遇坚定不移地搞好社会组织管理工作

长期以来，四川省委、省政府对社会组织管理工作十分关心和重视，促进了全省社会组织健康、有序地发展。“十七大”报告中明确提出了“重视社会组织建设和管理”的重要论述，为我们发展社会组织管理工作提供了强大动力和历史机遇。同时，也对新时期我们的社会组织管理工作提出了更新、更高的要求。如何适应新形势，把四川省的社会组织管理工作抓得更好、更有成效，促进社会组织更加健康、有序地发展，贯彻好这次会议精神很重要。下面，我提几点要求：

第一，各级民政部门和业务主管单位要解放思想，创新管理机制，切实做好社会组织的培育发展与监督管理工作。民政部门与业务主管单位要密切配合，各司其职，共同做好工作。民政部门作为登记管理机关，要重点履行好登记管理、年度检查和执法监督等管理职责。尤其要在社会组织管理的改革创新工作上下工夫：规范登记管理工作程序，理顺内部审批流程；推进社会组织诚信自律建设和失信惩戒制度试点工作；建立专业执法队伍，强化社会组织执法监察工作；推广社会组织信息公开制度和社会组织评估机制。业务主管单位要切实配合民政部门，履行好社会组织登记前

的审查，协助查处违法行为等职责。

第二，各级地方党委、政府要高度重视社会组织建设与管理，要将社会组织的培育发展纳入当地经济和社会发展的总体规划，把社会组织的培育发展作为转变政府职能的一个重要内容，运用经济、法律、舆论及必要的行政手段，采取具体、有力的措施。并努力在经济、科教、卫生、文化等事业规划中突出社会组织的内容，确保社会组织与经济社会发展同步。要在协调上下工夫，着力解决当前社会组织管理工作中遇到的各种实际问题，完善社会组织发展的扶持政策，整合力量和资源，探索建立促进社会组织发展、加强社会组织管理的长效协调机制。要进一步转变政府职能，将应由社会组织承担的社会管理和公共服务职能转移出去，为社会组织的发展拓展必要的空间。通过购买服务等方式，建立政府对社会组织的资助机制，同时完善税收、工资、人事、社会保险等政策。

第三，强化社会组织登记管理机构队伍建设。当前，地方对社会组织管理工作缺乏足够重视，不少地方民管工作人员、经费匮乏，甚至少数地区的社会组织登记管理机构名存实亡。各级党委、政府要根据形势的需要切实加强社会组织管理力量，配备必需的人力、物力和财力，使社会组织管理机关有机构、有职能、有岗位、有专人。财政部门要为社会组织登记管理工作落实相应的工作经费，尤其是办案经费，逐步配备、完善办公设备。

社会组织管理是一个涉及面广，知识面宽，政治性、理论性和政策性很强的工作，要将政治强、作风正、业务好、素质高的同志充实到这个岗位，逐步培养出一支政治坚定、业务精通、作风优良、相对稳定的管理干部队伍。

同志们，社会组织工作事关大局，任重而道远。我们要坚持以科学发展观为统领，进一步弘扬伟大的抗震救灾精神，切实把广大社会组织在抗震救灾斗争中所激发出来的巨大热情和高昂斗志，转化为做好灾后重建和生产救灾的强大动力。确保四川省在大灾之年继续保持良好的发展势头，顺利完成各项目标任务，为建设富裕、文明、和谐新四川作出更大的贡献！

云南省副省长曹建方在2008年全省民政工作会议上的讲话摘要

一年来，云南省民政部门在各级党委、政府的领导下，坚持以“三个代表”重要思想为指导，以科学发展观为统领，以为民解困为己任，以加快制度建设为重点，创新管理方式，增强财力支撑，加强基层基础，取得了优异成绩，作出了积极贡献。民间组织管理工作坚持培育发展与监督管理并重，行业协会、农村专业经济协会和公益慈善组织服务功能进一步增强。

2008年，我们将以培育发展、监督管理、发挥作用为重点，继续积极培育发展行业协会、农村专业经济协会、公益性民间组织、社区民间组织。完善政府监管和社会监督方式，坚决依法查处违法违纪的民间组织，确保民间组织在法律法规规定的范围内自主开展活动，更好地造福社会、服务群众。要加强民间组织自律和诚信建设，消除不利于民间组织发展的体制性障碍，为民间组织发展创造良好环境。大力培育发展公益类民间组织，配合政府相关部门研究制定政府购买民间组织社会工作服务的政策。加强志愿服务法规建设，大力推进志愿服务，倡导社会文明新风。通过充分发挥城乡基层自治组织作用，大力培育发展各类社会组织，有利于形成社会管理和社会服务的合力。

在甘肃省社会组织抗震救灾表彰会议上的讲话

甘肃省副省长　张晓兰

（2008年8月6日）

同志们：

今天，我们召开甘肃省社会组织抗震救灾表彰大会，表彰在全省抗震救灾工作中做出突出贡献的社会组织和个人。在这里，我代表省政府向受表彰的优秀社会组织和个人表示祝贺！向全省各级社会组织及所有关心支持社会组织发展的社会各界表示感谢！

受四川汶川“5·12”特大地震波及破坏，甘肃省10个市州的70个县市区、834个乡镇、11967个村、131万户、525.7万人受灾，人民群众生命财产和城乡基础设施遭受严重损失，直接经济损失达642.62亿元，是仅次于四川的第二重灾区。地震发生后，在党中央、国务院的坚强领导下，省委、省政府高度重视，迅速动员和组织全省党政军民、社会各界万众一心，不畏艰险、举全省之力抗震救灾。目前，全省抗震救灾工作已取得了重大阶段性胜利，工作重点已转到灾后恢复重建阶段。

在这次抗震救灾中，甘肃省各级社会组织发挥了重要作用。先后捐赠物资2.47亿元，向灾区运送帐篷、衣被、食品、药品等急需救灾物资，组织志愿者500多人，赴灾区开展医疗卫生、后勤服务等救援工作，体现了高度的社会责任感和崇高的奉献精神，值得尊重和学习。希望受到表彰的优秀单位和个人，珍惜荣誉，再接再厉，在今后的工作中取得更大的成绩，为构建和谐社会、全面建设小康社会做出积极贡献。

社会组织是承接政府社会管理职能的重要载体，也是和谐社会建设的重要力量。充分发挥社会组织在经济社会发展中的作用，是社会组织建设与管理的出发点和落脚点。广大社会组织要发挥人才优势，结合自身业务特点，找准方位，扬长避短，开展多种形式的会员服务、行业服务和社会公益服务活动。要围绕党和国家工作大局，自觉承担社会责任，以人民群众利益为重，以服务社会为己任，主动参与并帮助解决人民群众最关心、最直接、最现实的利益问题，积极投身经济建设、政治建设和社会建设。

各级政府要高度重视社会组织建设与管理工作，提高认识，加强领导，着力解决当前社会组织管理工作中遇到的各种实际问题，正确处理社会组织与经济社会发展的关系，通盘考虑，促进发展。各有关部门要在协调上下工夫，整合力量和资源，探索建立促进社会组织发展、加强社会组织管理的长效协调机制，规范管理，完善社会组织发展的扶持政策，形成多层次、多方位的综合支持体系和综合管理体系，不断推动社会组织健康协调发展，为甘肃省经济社会建设做出新贡献！

新疆维吾尔自治区党委副书记、自治区常务副主席杨刚同志在自治区规范行业协会、市场中介组织服务和收费行为专项治理工作电视电话会议上的讲话

（2008年10月30日）

同志们：

为认真贯彻落实十七届中央纪委二次全会和全国纠风工作会议精神，充分发挥行业协会、市场中介组织在构建社会主义和谐社会中的积极作用，今年9月，国家发改委、国务院纠风办等九部门联合下发了《关于规范行业协会、市场中介组织服务和收费行为专项治理工作的实施意见》，对规范行业协会、市场中介组织服务和收费行为专项治理工作作出周密部署。今天，我们召开电视电话会议，主要任务就是贯彻落实九部门实施意见精神，研究部署新疆维吾尔自治区专项治理工作。

下面，我就做好这次专项治理规范工作讲几点意见。

一、充分认识做好专项治理规范工作的重要意义

行业协会、市场中介组织是与市场经济关系最为密切的社团类组织。随着社会主义市场经济体制的日趋完善，特别是中国加入世贸组织以来，行业协会、市场中介组织的地位与作用日益凸显。近年来，新疆维吾尔自治区行业协会、市场中介组织在整合资源、提升市场竞争力、引导行业自律、规范经济秩序以及服务企业和服务社会等方面发挥了重要作用，已成为新疆维吾尔自治区经济社会发展不可或缺的重要力量，越来越受到各级党委、政府的重视和企业的认可。但是，由于各方面的原因，从整体情况来看，新疆维吾尔自治区行业协会、市场中介组织还存在着管理体制不完善、职能作用不到位、行业代表性不突出，以及自我生存能力不强等问

题。这些问题，不仅严重制约着新疆维吾尔自治区行业协会、市场中介组织的健康发展，而且成为滋生腐败现象的温床，必须引起我们高度重视。

（一）做好专项治理规范工作，有利于推进行政管理体制改革，促进政府职能转变。建立和完善社会主义市场经济体制，充分发挥市场配置资源的基础性作用，就要深化行政管理体制改革，加快政府职能转变，实现由全能政府向有限政府、责任政府、法治政府、服务政府的转变，进一步增强政府的社会管理和公共服务职能，把经济管理职能转到主要为市场主体服务和创造良好发展环境上来。开展专项治理规范工作，就是要按照这个原则，理清政府与行业协会、中介组织的关系，实现政社分开。今后能用市场机制替代的管理职能，就要通过市场机制来运作；能够由中介组织完成的事项，就要转交给中介组织去做。应该是政府管的事，坚决管住、管好；应该是行业协会、中介机构办的事，积极支持鼓励行业协会和中介机构办好，逐步解决政府职能“越位”和行业协会、中介机构功能“缺位”的问题。根据自治区实施办法的要求，通过一年半的专项治理规范工作，使新疆维吾尔自治区行业协会、市场中介组织发展进一步成熟起来，使其具备在政府退出的领域里承接相关职能、提供公共服务产品的能力，真正成为政府与企业之间的桥梁与纽带。

（二）做好专项治理规范工作，有利于维护市场秩序和行业利益，加快社会主义市场经济体制的完善。市场经济条件下的行业协会、中介组织具有多方面的作用。国内外的实践已经证明，要有效地协调市场主体利益、提高资源配置效率、加强行业自律，就要充分发挥行业协会、市场中介组织的作用和功能。近年来，党中央、国务院十分重视行业协会、中介组织的发展。十六大以来，党中央提出了一系列发展和规范社会组织的方针政策，提出“按照市场化原则规范和发展各类行业协会、商会等自律性组织”，要求“发挥社团、行业组织和社会中介组织提供服务、反映诉求、规范行为的作用，形成社会管理和社会服务的合力”。十六届六中全会提出“健全社会组织，增强服务社会功能。坚持培育发展和管理监督并重，完善培育扶持和依法管理社会组织的政策”“推进政事分开，支持社会组织参与社会管理和公共服务”“引导各类社会组织加强自身建设，提高自律性和诚信度”等。从新疆的实际看，行业协会、市场中介等社团组织已成为当今社会管理格局的一个重要组成部分，是坚持中国特色社会主义经济建设、政治建设、文化建设、社会建设四位一体基本目标的重要载体。通过开展专项治理规范工作，新疆行业协会、中介组织的运作机制将更加合理，功能作用将会得到更好的体现。

（三）做好专项治理规范工作，有利于推动行业协会、中介组织的健康发展，促进社会和谐与稳定。行业协会、市场中介组织的健康发展既是推动经济社会发展的需要，也是促进社会和谐的需要。从行业协会、中介组织产生与发展的历程，我们可以看出，行业协会、中介组织的发展不是自发的，在这个过程中，既离不开政府的管理监督和政策引导，又需要在行业协会、中介组织内部建立起民主管理、民主决策、依法活动的自我约束机制，两者缺一不可。通过专项治理规范工作，在坚持政府部门对行业协会、中介组织依法管理的同时，进一步规范行业协会、中介组织的行为，建立必要的自律机制和监督机制，使其依照法律和章程开展活动，实现更好地发挥其促进社会和谐的目标。

总之，规范行业协会、市场中介组织行为，不仅是加强反腐倡廉建设的重要举措，也是贯彻落实科学发展观、维护企业和社会公共利益的有效途径。我们一定要从政治和全局的高度，充分认识规范行业协会、市场中介组织服务和收费行为的重要性及必要性，高度重视行业协会和市场中介组织建设，充分发挥行业协会和市场中介组织的作用，为促进新疆经济社会又好又快发展做出新的贡献。

二、明确专项治理规范工作的目标任务

这次开展专项治理规范工作，主要是通过加强行业协会、中介组织发展环境建设，实现自律与他律有机结合，逐步形成布局合理、结构优化、作用明显、诚信自律的组织体系。具体要实现三个目标：

（一）进一步理顺行业协会、中介组织管理体制。这次专项治理规范工作的目的，就是理清政府部门与行业协会、中介组织的关系和各自的职能，明确政府的管理责任和管理方式，还原行业协会、中介组织的独立法人地位。按照有关法规，政府对行业协会、中介组织的监管，主要是由登记管理机关和业务主管单位分别组织实施的。在具体管理工作中，既要依法加强监督指导，在发展中规范，以规范促发展，又要支持行业协会、中介组织自主办会和自我发展，不直接参与或干预其内部运作，保障其依法独立开展活动，由控制型管理转向服务型管理。

（二）进一步强化行业协会、中介组织自身建设。一要按照实施办法的规定，解决好行政机关与行业协会的人、财、物脱钩问题。在职公务员一律不得在行业协会、中介组织中兼职；已兼职的，要依照有关程序主动辞去兼任职务，全力以赴把本职工作做好。行业协会、市场中介组织的办事机构不得与政府部门合署办公，行业协会、中介组织的资产应明晰产

权。二要组织现有行业协会、中介组织重新修订章程。对于行业协会来说，章程具有规范内部管理机制、实行民主管理、民主决策的重要约束作用。要通过修订章程，完善内部治理结构，建立健全以章程为核心的内部管理制度，形成民主选举、民主决策、民主管理、民主监督、规范有序的运作机制，依法依章开展活动。行业协会、市场中介组织要以开展专项治理规范工作为契机，按照国务院办公厅下发的关于加快推进行业协会商会改革和发展的若干意见要求，坚持以服务为宗旨，加强行业自律，维护市场公平竞争，以优质服务增强吸引力和凝聚力，全面提升在行业中的影响力和代表性，提高社会公信力。

（三）进一步优化行业协会、市场中介组织的发展环境。各地各部门要结合各行业的实际，通过委托、移交、政府购买等方式，积极稳妥地指导行业协会、市场中介组织承担起相关职能，积极支持行业协会、市场中介组织依法开展活动，帮助行业协会、市场中介组织解决实际问题，为行业协会、市场中介组织发挥作用创造必要的条件。同时，要指导行业协会、市场中介组织加强党建工作，不断提高领导班子和专职工作人员的综合素质，优化人员年龄、专业结构，特别要注意吸引本行业的优秀人才专职从事协会和中介工作，建设一支业务精、素质高、作用发挥好的专业工作队伍。要加强对行业协会、市场中介组织性质、地位和作用的宣传，树立先进典型，增强行业协会、市场中介组织的社会影响力。

三、抓住专项治理规范工作的重点

这次专项治理规范工作，重点是要解决突出问题、规范行为、建立长效机制。各地各部门要按照实施办法的要求，扎扎实实抓好工作任务的落实。

（一）切实解决好四类问题。一是行业协会违法违规强制入会、摊派会费、强行服务，未按照规定履行批准程序举办评比达标表彰活动，或违反有关规定提供展览会、交易会、研讨会、培训、出国考察等方面服务，以及违规设立“小金库”、乱收乱支的问题。二是行业协会违反民政部等六部门关于规范社会团体收费行为有关问题的通知（民发［2007］167 号）规定，依靠代行行政管理职能或凭借垄断地位擅自设立收费项目、扩大收费范围、提高收费标准、增加企业和社会负担的问题。三是经济鉴证类社会中介机构违法出具认定报告或出具虚假认定报告，借机谋取不正当利益以及市场中介组织提供虚假信息、搞恶性竞争，违反商业道德、严重侵害企业和群众利益的问题。四是社会中介机构依法或接受委托授权，实施认证、检验、鉴定以及举办资格考试等，不执行国家收费政策规定；依据委托授权的行政职能，或与行政机关、行使行政职能的事业单位、行业组织联合下发文件或协议，强制或变向强制委托人购买指定产品或接受指定服务并收费，以及对委托人进行价格欺诈的问题。

（二）认真规范行政行为。一是坚决纠正将特定行业协会和市场中介组织的服务作为行政许可的前置条件，进行指定服务。二是坚决纠正干预行业协会和市场中介组织依法自主开展活动等行为。三是严肃查处政府部门把协会和市场中介组织作为自己的“小金库”，利用其资金或借用其账户滥发福利，以及公务人员在行业协会和市场中介组织无偿占用财物、报销个人费用等问题。

（三）建立健全长效机制。一是加强自律机制建设。健全行业协会和市场中介组织法人治理结构，完善内部管理制度；加快建立行业协会评估和优胜劣汰的退出机制；建立健全行业协会和市场中介组织财务管理、财务核算和资产管理制度。二是建立职能转换机制。加快推进政府与行业协会、市场中介组织分开。进一步把应该由行业协会和市场中介组织行使的职能交给行业协会和市场中介组织；行业协会和市场中介组织要从职能、机构、工作人员、财务等方面与政府及其部门彻底分开。三是完善监管体制。加强和改进行业协会和市场中介组织登记管理工作，简化和规范管理内容和方式，加强日常监管，严厉打击非法组织；开展行业协会管理体制改革试点，探索逐步建立健全科学、规范、有效的监管体制；调整和完善行业协会间的代管关系。四是健全政策制度和法规体系。建立、完善行业协会和市场中介组织服务的制度；根据税制和行业协会改革进展情况，适时完善相关税收政策；健全行业协会和市场中介组织法律法规体系。

在这里，我强调一下各类学会的治理规范问题。学会是从事自然科学、社会科学以及交叉科学研究的一种社会团体。新疆维吾尔自治区的各类学会主要由自治区有关部门组建，并依靠有关各部门开展工作。今年初，自治区纪委七届三次全会提出，要对各部门学会的违规行为进行清理规范，主要是对一些学会经费管理混乱、违规问题频发的问题进行治理。自治区各部门的学会大都设立单独账户，有的部门把学会账户当作自己的“小金库”，搞账外账、公款私存、坐收坐支、违规出借资金，有的部门以学会名义，违反规定乱收费，有的部门通过学会账户滥发奖金补贴、乱开支，还有的部门打着学会名义公款旅游等。这些问题必须引起各地各部门高度重视，采取有力措施，加以治理规范。各地各部门要把各类学会纳入这次对行业协会和中介组织的专项治理规范工作范围，重点是对经费管理情况进行规范，加强财务审计监督，坚决禁止有关部门利用学会账户做违反规定的事情。同时，也要逐步理清有关部门与学会的关系，明确各自职责，健全法规制度，加强民政、社科联或科协以及业务主管部门的监督管理，促进各类学会健康发展。

四、切实加强对专项治理规范工作的组织领导

专项治理规范工作关系到社会主义市场经济体制的完善，关系到社会主义和谐社会的建设。各地、各部门要加强组织领导，采取有力措施，确保专项治理规范工作任务圆满完成。

一是统一思想认识。从今年 11 月开始为期一年半的专项治理规范工作，政策性强，任务繁重，时间紧迫。各地、各有关部门要站在构建社会主义和谐社会的高度，认真学习领会实施办法精神，进一步统一思想，提高认识，增强全局意识和大局观念，明确此次专项治理规范工作的重大意义和目标要求，顺利完成专项治理规范工作任务。

二是加强组织领导。各地、各职能部门要根据这次会议的统一部署，切实把组织这次专项治理规范工作列入议事日程，加强组织领导，指定专人负责，结合实际尽快拟定工作措施并做好实施工作。发改、民政、工商等部门要发挥好牵头作用，认真做好协调工作；监察、纠风、财政等部门要加强对行政机关与行业协会人财物脱钩情况的监督检查。政府法制、民政、工商等部门要抓紧研究出台相关法律法规，为行业协会、市场中介组织的健康发展提供法律保证；各业务主管单位要组织相关行业协会、中介组织做好整治规范工作，依法履行监督管理职责，着眼于行业协会、中介组织的长远发展，搞好职能下放工作，妥善处理好各种矛盾和问题，务求取得实效。

三是加强分类指导。各地、各部门要本着以规范促发展的原则，结合实际，加强分类指导，积极稳妥推进工作。各有关方面要密切合作，加强沟通协调，注意抓好专项治理规范过程中有关工作的衔接，特别是慎重处理好公务员退出行业协会后领导职务的补选，防止出现行业协会日常工作停顿、瘫痪的现象。要及时研究整治规范过程中出现的新问题、新情况，搞好调查分析，制定具体解决措施，对一些特殊情况，要采取“一会一策”妥善予以解决，避免“一刀切”。要树立典型，发挥其示范带动作用，以点带面促进工作。

四是搞好督查验收。自治区要把实施办法作为部门规章，必须得到严格执行，任何单位和个人都不得敷衍塞责。要严肃工作纪律，确保政令畅

通，防止在专项治理规范过程中出现各种违纪违法问题。专项治理规范工作期间，自治区发改委、民政厅、工商局等部门要会同有关部门对各地和各业务主管单位开展工作的情况进行全面督查，并向自治区人民政府写出报告，确保按时完成专项治理规范任务。

同志们，行业协会、市场中介组织是社会组织的重要组成部分，在构建社会主义和谐社会和建设小康社会的伟大实践中担负重要职责。各地各部门要进一步统一思想，提高认识，以更加振奋的精神，更加扎实的工作，促进新疆行业协会、市场中介组织的健康发展，为建设社会主义和谐新疆作出新的更大的贡献。

新疆维吾尔自治区党委常委肖开提·依明同志在自治区社会组织开展自律与诚信建设活动表彰大会上的讲话

（2008 年 5 月 28 日）

同志们：

今天，新疆维吾尔自治区民政厅在这里隆重召开自治区社会组织开展自律与诚信建设活动表彰大会，在当前这个特殊的时期，召开的表彰活动，有着特殊的意义。因为“5·12”汶川强烈地震，是新中国成立以来西部地区发生的损失最大的一次破坏性地震，给广大人民生命财产造成了巨大的损失。震灾发生以来，在党中央、国务院和中央军委的坚强领导下，灾区广大干部群众奋勇自救，全国各地各部门和社会各界全力支持，海外华侨华人踊跃捐助，国际社会积极施援，抗震救灾各项工作取得了重要进展，为打胜这场抗震救灾的硬仗奠定了坚实基础。全党全军全国各族人民万众一心，同舟共济的伟大精神谱写了一曲中华民族自强不息、团结奋斗的英雄凯歌。面对这场突如其来的灾难，新疆各地区各部门各单位各族人民心系灾区，积极响应党中央和自治区党委、人民政府的号召，一切为了灾区，全力支援灾区，迅速掀起了为灾区献爱心捐款活动，重灾面前再一次体现了中华民族“一方有难，八方支援”的崇高精神和团结友爱、互助互济的优良传统，其中也包括了广大社会组织的一份真情。当前，抗震救灾形势依然严峻，社会组织要按照党中央和自治区党委，一手抓抗震救灾工作，一手抓经济社会发展，全力以赴支援灾区的要求，从行业和单位特点出发，深入发动，把抗震救灾的各项措施落到实处，为夺取这场抗震救灾斗争的全面胜利贡献力量。

今天大会向97个社会组织、3个管理机关授予“新疆维吾尔自治区开展自律与诚信建设先进单位”和“新疆维吾尔自治区开展自律与诚信建设活动最佳组织奖”的称号。这是对社会组织开展自律与诚信建设活动的肯定，也是对社会组织在构建社会主义和谐社会中发挥积极作用的肯定。我代表自治区党委、自治区人民政府，向受到表彰的社会组织和管理机关，表示热烈的祝贺和亲切的慰问！

刚才，自治区民政厅雪合来提·买买提尼亚孜同志对在社会组织开展自律与诚信建设活动的情况做了总结，三位同志做了大会发言。今天召开的表彰会，既是对过去几年社会组织开展自律与诚信建设活动以来的总结，也是继续深入开展这一活动的动员会。总的看，在自治区党委、自治区人民政府的正确领导下，在各部门的相互支持和密切配合下，自治区社会组织的发展保持良好态势，改革探索的实践取得显著成果，各项管理工作扎实推进，有力地促进了经济社会协调发展。

新时期的社会组织建设与管理，意义深远，任务艰巨。我们一定要进一步认清形势，抓住机遇，乘势而上，认真做好这项工作。下面，我讲几点意见：

一、认真贯彻十七大精神，深刻领会党中央关于社会组织建设与管理的新要求

党的十七大报告，全面描绘了在新的时代条件下继续全面建设小康社会、加快推进社会主义现代化的宏伟蓝图，是在新的历史起点上继续发展中国特色社会主义的政治宣言和行动纲领。在这份凝聚全党全国各族人民智慧的政治文件中，对于社会组织提出了一系列新的、多方面的论述。报告把社会组织放到全面推进社会主义经济建设、政治建设、文化建设、社会建设“四位一体”的高度进行全面而系统的论述：围绕“促进国民经济又好又快发展”，明确“规范发展行业协会和市场中介组织，健全社会信用体系”；围绕“坚定不移发展社会主义民主政治”，不仅要求增强社会自治功能，还要求“加快推进……政府与市场中介组织分开”；围绕“推动社会主义文化大发展大繁荣”，提出“完善社会志愿服务体系”，“深化文

化体制改革，完善扶持公益性文化事业……的政策”“坚持把发展公益性文化事业作为保障人民基本文化权益的主要途径”；围绕“加快推进以改善民生为重点的社会建设”，明确“鼓励和规范社会力量兴办教育”，要求“以慈善事业……为补充，加快完善社会保障体系”，强调“健全党委领导、政府负责、社会协同、公众参与的社会管理格局”“重视社会组织建设和管理”；围绕“始终不渝走和平发展道路”，提出“加强……民间团体对外交往，增进中国人民和各国人民的相互了解和友谊”。

可以说，在新的历史时期，中央关于社会组织发展的指导思想更加清晰，关于社会组织的方针、政策更为全面，对各项工作的要求更加具体。概括起来就是：发展是前提，建设是核心，培育与监管是基本手段，发挥社会组织的积极作用是根本目的。

——发展是前提，就是必须坚持把发展作为第一要务，主动顺应时代潮流，积极适应形势变化，把握发展规律、创新发展理念、破解发展难题，实现社会组织的总量、规模、结构、布局与我国社会主义经济、政治、文化、社会各项建设保持同步。

——建设是核心，就是必须贯彻落实科学发展观，进一步增强社会组织服务社会功能，完善社会组织政策体系，科学规划、正确引导、积极扶持，使社会组织全面协调可持续发展与构建社会主义和谐社会的内在要求相适应，与建设中国特色社会主义的正确方向相统一。

——培育与监管是基本手段，就是要一手抓培育，一手抓监管。这是社会组织建设内在统一、缺一不可的两个方面。既要充分认识新时期社会组织的地位、作用，积极扶持、解决社会组织发展遇到的困难和问题，努力创造良好的发展环境和条件；又要积极引导、兴利除弊、依法管理，提高社会组织自律性和诚信度，实现社会组织更好更快发展。

——发挥社会组织的积极作用是根本目的，就是要把社会组织发挥作用的状况作为衡量工作成效的基本标准。要服从、服务于全面建设小康社会、加快推进社会主义现代化建设的客观需要，重视社会组织，团结社会组织，凝聚社会组织，善用社会组织，使其成为科学发展、社会和谐的积极力量。

中央已经为新时期社会组织建设与管理指明了方向，也提出了更新、更高的要求。我们一定要用十七大精神指导实践、推动工作，把思想统一到中央和自治区党委的要求上来，把力量集中到落实自治区党委提出的各项任务中来。

二、全面认识新时期社会组织在经济社会发展中的作用

当前，我国已经进入社会主义现代化建设的关键时期。经济体制深刻变革，社会结构深刻变动，利益格局深刻调整，思想观念深刻变化，已经和正在改变社会组织发展的条件和环境。全面推进社会主义经济建设、政治建设、文化建设、社会建设，对社会组织的功能和作用也提出了更高、更新、更全面的要求。

完善市场经济体制，实现经济又好又快发展，客观需要更大程度地发挥社会组织的作用。发达市场经济的经验表明，企业自我管理、行业中观调节、政府宏观调控，三位一体、共同作用，是更好地发挥市场在资源配置中基础性作用的重要保证。行业协会，积极提供政策咨询，反映合理诉求，平衡各方利益，调解贸易纠纷，加强市场交流，促进产业升级，已经成为加快转变经济发展方式、促进行业可持续发展的“助推器”；通过行业协会把企业组织起来，制定行规行约，规范同业竞争，促进行业信用建设和行业守信自律，防范和打击假冒伪劣、坑蒙拐骗等各种不正当行为，遏制和消除市场的无序和混乱，对于形成公平合法、竞争有序的市场环境，起到了积极和重要的促进作用。

发展社会主义民主，加快行政管理体制改革，内在要求社会组织承担更多的功能。在新的历史时期，巩固和扩大党的执政基础，是加强党的执政能力建设的一个重要方面。社会组织是党和政府联系人民群众的纽带与桥梁，为党更广泛地团结和凝聚各方面积极力量，巩固和扩大执政基础，增强自身活力，提供了新的途径和方式。随着我国经济社会不断发展，社会组织为人民群众理性表达利益诉求合理维护自身权益，有序扩大政治参与，提供了组织渠道。另外，社会组织是承接政府职能，增强社会自治的重要载体。今后一个时期，行政管理体制改革进一步加快，将逐步形成“小政府，大社会”的格局。社会组织为实现政府行政管理与群众广泛参与的有效衔接和良性互动，提供了组织平台。

发展和繁荣中华文化，提高国家文化软实力，客观需要进一步激发社会组织的活力。文化是一个民族生生不息、团结奋进的不竭动力，是国家软实力的重要因素。社会组织积极从事减贫济困、救灾防害、安老抚幼、扶弱助孤、助学助医等公益活动，传承了中华民族互助互爱、扶弱济困的优良传统，倡导了担当社会责任并自助、互助和助他的公民精神，弘扬了尊老爱幼、互爱互助、见义勇为、奉献社会的良好社会风尚。社会组织也是和谐文化建设的重要社会力量。在新疆文化领域活跃着众多专业类、学

术类团体和民办文化服务机构，它们贴近实际、贴近群众，广泛开展群众乐于参与、便于参与的文化活动，在弘扬主旋律，满足人民群众日益增长的精神文化需要方面，发挥着不可忽视的积极作用。

社会组织还是社会主义文化发展、创新的有力推动者。社会组织具有专业人才富集、开展合作与交流便利等多方面优势。通过开展各种形式的交流、研讨活动，挖掘和弘扬传统文化有益价值，吸收借鉴各民族优秀文明成果，推动了社会主义文化理论创新、机制创新、方式创新。

加快推进社会建设和管理，需要社会组织提供更多的服务。加快建设社会主义和谐社会，关键在于注重社会建设，保障和改善民生，扩大公共服务，完善社会管理，促进社会公平正义，需要加快建立健全社会参与机制。当前，对总量庞大的困难群体、弱势群体及时给予救助和帮助，内在要求进一步强化民间慈善事业对于社会保障体系的补充效应。新疆社会事业发展相对不足，公共服务的数量和质量，与人民群众的需求还很不适应，就业难、看病难、上学难、住房难等问题仍比较突出。解决这些关系群众切身利益的问题，不仅需要强化政府责任和财政投入，也迫切要求整合社会资源，鼓励社会力量兴办教育、科技、文化、卫生、体育、社会福利等社会事业。

另外，在党委领导、政府负责、社会协同、公众参与的社会管理新格局中，客观要求加强政府与社会组织之间的协作，形成行政管理与社会自治互联、政府工作与社会工作互补、政府力量与社会资源互动的良性机制。

三、牢牢把握着力点，明确当前和今后社会组织建设与管理的基本思路

经过多年发展，新疆社会组织的建设和管理取得了很大进展，社会组织的大环境也正在发生重大变化。但必须清醒地看到，新疆社会组织总体上仍处在发展的初级阶段，服务社会功能和自律性、诚信度还不足，外部思想观念、体制机制方面的障碍还比较突出，发展空间和环境还不够宽松，作用发挥与新疆经济社会发展形势的要求还有很大差距。突出的是：一是法制建设与依法治国、依法行政的要求不相适应。社会组织法规体系尚不健全，政策环境还不完备。二是对社会组织的认识与形势发展的要求不相适应。一些部门对社会组织的发展规律认识不足，对社会组织在经济社会发展中的地位与作用重视不够，还没有把社会组织真正纳入经济社会

发展总体布局通盘考虑。三是社会组织的发展状况总体上与四位一体的建设要求还有相当差距。还有一定数量的社会组织对组织建设不重视，有章不循，管理混乱。有的组织有牌子，无队伍，长期不开展活动。四是体制机制与社会组织发展的需要不相适应。有些社会组织难以纳入依法登记、依法管理的范围。相当部分社会组织行政色彩严重，政社不分，参与社会建设和管理的能力不足。五是登记管理力量与日益繁重的工作任务不相适应。无力监管或监管不到位的局面，还没有得到根本扭转。我们必须高度重视这些问题，在发展中不断加以解决。

当前和今后一个时期，社会组织建设与管理，要以邓小平理论和“三个代表”重要思想为指导，深入贯彻落实科学发展观，继续解放思想、实事求是，按照健全组织、提升能力、培育扶持、规范管理、发挥作用的基本思路，争取在建立与新疆经济社会发展需要相适应、布局合理、结构优化、功能到位、作用明显的社会组织发展体系方面取得新进展，在构建充满活力、富有效率、有利于社会组织健康发展的体制机制方面取得新突破，在形成党委领导下的政府管理、社会监督和社会组织自律相结合的社会组织管理格局方面迈出新步伐，充分发挥社会组织在经济社会发展中的积极作用。

健全各类社会组织，是社会组织建设与管理的基础。要着力按市场化原则改革和发展行业协会商会，积极培育农村专业经济协会，加大扶持公益慈善类社会组织，鼓励社会力量兴办民办非企业单位，支持发展城乡社区社会组织，引导和规范科、教、文、卫、体等社会组织。要遵循社会组织发展的客观规律，科学调控，合理布局，优化结构，既不宜滞后于经济社会发展的需要，也不能超出经济社会发展的实际水平，要注重发展公益类、扶贫类、经济类社会组织，服务于新疆经济社会发展的需要。

提升社会组织的能力，是社会组织建设与管理的关键环节。要引导社会组织按照宗旨和业务范围积极开展活动，着力提高筹措资金、项目运作、技术交流等方面的能力，加强与政府、企业、事业单位和其他组织的合作，面向会员、面向行业、面向社会提供更多、更新的公共服务和公益支持。要减少社会组织的行政化色彩和倾向，实现自主发展、自主运行、自我管理、自我约束。要提高自律性和诚信度，健全信息披露制度和诚信奖罚机制，不断提高社会公信力。要加强社会组织队伍建设，完善保障和激励机制，调动从业人员的工作积极性和创造性。

社会组织健康发展，发挥作用，需要良好的空间和有利的条件。要把加强社会组织法制建设，完善培育扶持政策，作为当前和今后社会组织建设和管理的重点工作，主动研究、积极协调、大力推进。对诚信守法、自律严格、作用突出、社会认可的社会组织给予褒扬和奖励，树立一批优秀典型。要重点解决影响或制约社会组织发展及其发挥作用的一些体制机制障碍，深入研究关于政府向社会组织转移职能和购买服务的政策体系，着力解决社会组织承接政府职能、承担政府委托任务有关问题，推动各部门、各级政府在公开公平公正的基础上，在更广泛领域与社会组织开展更高层次合作。

规范管理是社会组织建设与管理的重要方面。要健全监管机制，依法管理，针对群众反映强烈的部分组织乱评比、乱授牌、乱收费等问题，健全以规范行为为重心的相关管理制度，提高处置突发事件的能力；要在依法监管的基础上，引入社会监督，充分发挥新闻媒体的舆论监督作用，注重舆论监督的社会效果；要健全社会组织评估体系，加快推进社会组织评估，鼓励先进，鞭策后进，促进社会组织能力建设和诚信建设。对社会组织违法违规活动和非法组织坚决予以查处，体现有法必依、违法必究、执法必严，树立法律权威。

充分发挥社会组织在经济社会发展中的作用，是社会组织建设与管理的出发点和落脚点。要把社会组织是否真正有效地发挥作用，作为社会组织建设与管理成效的实践检验标准。要引导和支持社会组织结合自身业务特点，找准方位，扬长避短，把社会效益摆在首位，开展多种形式的会员服务、行业服务、社会服务活动。要引导社会组织围绕党和自治区工作大局，自觉承担社会责任，以服务社会为已任，以实际行动积极投入全面建设小康社会、加快推进社会主义现代化建设的各项任务中去。

四、切实加强领导，保证新时期社会组织建设与管理各项工作落到实处

新的历史时期，社会组织建设与管理有着更新、更高的要求。我们不仅要认识到位、政策到位，更要工作到位。必须进一步解放思想、转变观念，与时俱进、开拓创新，把各项工作落到实处。

要高度重视。社会组织建设与管理，是一项政治性、政策性很强的工作。各级党委、政府特别是主要领导要重视社会组织管理工作，要有效解决各级登记管理单位机构设置、人员编制、专职干部、工作经费、执法装备等问题。党和政府把这项牵动全局的重要职能赋予民政部门，既是重托，更是信任。各级民政部门要切实增强政治责任感和历史使命感，从民

政工作服从、服务大局，为社会和谐提供基础保证的高度，认识社会组织管理工作，摆到突出位置，真正把它抓实、抓好。要及时了解、掌握工作中的新情况、新动向，定期研究新问题、新思路，着力解决当前社会组织管理工作遇到的各种实际困难。要在自身重视的基础上，积极争取当地党委和政府领导的理解、重视和支持。

要整合力量。社会组织管理和发展工作，涉及方方面面，是一项复杂的社会系统工程。各有关部门一定要转变工作作风，在协调上多下工夫，整合各方面的力量和资源，形成促进社会组织发展和加强社会组织管理的整体合力。登记管理机关和业务主管单位要密切配合，各司其职，共同做好工作。政府和各部门在制订政策以及做出重大决策时，要充分听取社会组织意见，扩大社会参与，发挥专家学者以及社会组织中能人的作用，对一些重大问题组织联合攻关，在推进工作过程中充分整合好、利用好社会资源。

要改革创新。只有坚持改革创新，才能不断地解决前进中遇到的新情况、新问题。要主动顺应新形势，解放思想、转变观念，多谋新思路、多想新办法、多出新举措，积极完善扶持社会组织发展的政策措施。要从新疆经济社会发展状况和社会组织发展实际出发，实事求是，从单纯执行转到主动探索上来，将中央要求和新疆实际有机结合起来，主动研究新疆社会组织建设与管理中遇到的各种问题，把握规律，找到症结，积极推动管理体制、运行机制的创新，不断开创社会组织发展和管理工作的新局面。

要强化自身。民政部门要针对社会组织管理工作涉及面广，知识面宽，理论性、政策性强的特点，选派政治强、素质高、作风正的同志充实岗位。要不断搞好服务窗口建设，完善软硬件设施，推进政务公开，提高服务水平。要把信息化建设作为改进社会组织管理工作的重要手段，扩大电子政务的覆盖范围，积极探索建立统一的社会组织登记管理信息系统，提升办公自动化水平和信息处理能力。

同志们，站在新的历史起点，我们肩负的任务光荣而艰巨。让我们紧密团结在以胡锦涛同志为总书记的党中央周围，以邓小平理论和“三个代表”重要思想为指导，深入贯彻落实科学发展观，促进社会组织在社会主义经济建设、政治建设、文化建设、社会建设中发挥积极作用，为夺取全面建设小康社会新胜利、加快构建和谐社会作出新的更大贡献。

在深圳市社会组织建设与管理工作会议上的讲话

深圳市委常委、常务副市长　李锋

（2008 年 12 月 10 日）

同志们：

今天，我们在这里召开全市社会组织建设与管理工作会议。会议的主要任务是总结深圳市社会组织发展的基本情况和经验，全面部署推进深圳市社会组织发展的各项工作。

深圳特区建立 28 年来，社会组织建设工作扎实推进，成效显著。社会组织门类齐全、覆盖广泛，管理体制不断创新，发展环境不断优化，培育了外商投资企业协会、慈善会、义工联等一批品牌社会组织。社会组织在深圳经济社会发展中也发挥着越来越重要的作用，不仅促进了市场经济体制的完善、精神文明建设与社会和谐，拓宽了社会有序参与民主决策的途径，还日益成为深圳市积极开展国际交流合作的重要载体。这些成绩的取得，离不开各级党委政府的高度重视和积极推动，离不开各职能部门的密切配合，离不开社会各界的广泛参与，更离不开全市广大社会组织工作者的辛劳和汗水。借此机会，我代表市委、市政府，向大家致以诚挚的问候和衷心的感谢！

刚才，市民政局传达了国家、省、市有关社会组织建设与管理的会议和文件精神，全面回顾了深圳市社会组织改革发展的基本情况，下面，我简要谈几点意见：

一、解放思想，更新观念，充分认识加强社会组织建设管理的重要意义

（一）加强社会组织建设管理是党中央的要求

党的十六大以来，党和政府日益重视社会组织的建设工作，尤其是党的十七大，把社会组织建设摆到了更加突出的位置，在党的最高文件中首次把社会组织放到全面推进社会主义经济建设、政治建设、文化建设、社

会建设“四位一体”的高度进行系统阐述，明确指出要“健全党委领导、政府负责、社会协同、公众参与的社会管理格局”，要求重视社会组织建设和管理，发挥社会组织在扩大群众参与、反映群众诉求方面的积极作用，增强社会自治功能，为新时期社会组织建设与管理指明了方向，提出了更新、更高的要求。

（二）加强社会组织建设管理是建设中国特色社会主义示范市的迫切需要

深圳建设中国特色社会主义示范市，要求我们在社会主义“四位一体”建设方面走在全国全省前列。深圳市市场化程度高、政府相对精简高效，政府在部分经济管理领域的合理退出对社会组织自治提出了更高的要求。同时，推进科学发展，构建和谐社会，也需要充分发挥社会组织集中民智、凝聚民心、反映民意的优势，积极探索社会组织在建设中国特色社会主义示范市过程中发挥作用的新路子。

（三）加强社会组织建设管理是深圳学习追赶世界先进城市的重要突破口

发达的社会组织体系是城市综合竞争力的重要组成部分，有利于提高深圳的软实力。综观世界先进城市，社会组织在城市管理及提供专业服务方面都发挥着重要作用，扮演着非常活跃的角色，被称为“第三部门”。这些城市中各类发育充分、功能完备、作用显著的社会组织，为我们进一步转变政府职能、实行政社分开、推进社会建设提供了可资借鉴的宝贵经验。

二、深化改革，完善政策，促进深圳市社会组织实现跨越式发展

近年来，深圳市社会组织稳步发展，整体质量明显提高。但也要清醒地看到，深圳市社会组织仍然存在政策不配套、法规不健全、管理不规范、能力较弱、作用发挥不明显等问题。我们要坚持以科学发展观为统领，按照市委、市政府关于进一步发展和规范我市社会组织意见的精神，坚持培育发展和管理监督并重的方针，以服务经济社会发展为核心，以社会组织能力建设为关键，抓住列入国家社会组织“改革创新综合观察点”的机遇，努力形成覆盖广泛、布局合理、功能健全、作用明显的社会组织体系。

（一）加快公共服务型政府建设步伐，为社会组织提供广阔的发展空间

建设公共服务型政府，就是要从体制机制上理顺政府、市场、社会三者

的关系，解决政府越位、市场错位、社会缺位的问题，培育社会自治能力，强化市场调控功能，优化政府职能。凡是市场和社会组织可以提供高效优质服务的，都应当交由市场和社会组织去承担。不仅要把各部门可由社会组织承担的职能事项移交出去，还要按照转变政府职能和事业单位改革的要求，对于政府分离或新增的社会管理职能与公共服务事项，可以通过政府采购等法定方式，向符合条件的社会组织购买服务。同时根据社会组织提供服务的数量、质量、绩效水平及创新情况，予以相应的奖励和资助。

（二）改革完善社会组织登记管理制度、促进各类社会组织差异化发展

除法律、法规规定必须由有关部门在登记前进行前置审批外，逐步实现工商经济类、社会福利类、公益慈善类社会组织申请人可直接向社会组织登记管理机关申请登记。制定办法，适度放开异地商会的登记管理，并允许同行业中设立不同经营环节、不同利益取向的协会或商会。适应事业单位分类改革的要求，积极探索推进部分事业单位转制为民办非企业单位的登记管理工作。以社区成员需求为导向，以服务社区、满足社区群众需要为目标，适度降低登记门槛，简化登记程序，实行社区社会组织登记和备案“双轨制”。

（三）完善促进社会组织发展的政策法规

尽快出台《深圳市重点领域社会组织培育规范实施方案》《深圳市推进向社会组织购买服务工作的实施方案》等配套文件，努力为社会组织发展营造良好的政策环境。加大对社会组织的经费和人才政策支持，根据社会组织的非营利性质，研究制定鼓励社会捐赠的配套政策。认真研究解决社会组织人才引进培训、职称评定及职业资格认证等问题。要充分利用特区立法权，着手《深圳经济特区非营利组织条例》的立法调研，明确社会组织的法律地位，界定其功能作用。要加快修订出台《深圳经济特区行业协会商会条例》，以立法形式确立深圳市行业协会商会改革创新的成果。对在社会管理和服务领域发挥重要作用、与社会公共利益关系密切的社会组织，要探索通过专项立法的形式明确其法律地位和职能，规范其从事社会管理和服务的行为。

（四）创新活动形式，激发社会组织内在活力

要通过策划开展系列活动，引导广大社会组织积极参与社会管理和服务，进一步激发社会组织的活力。要强化社会组织服务经济的功能，针对行业协会自律、代表、服务、协调的职能，引导和支持社会组织积极参与招商引资、区域经济合作等工作，推动深圳市经济结构优化调整和产业升

级转型。当前，世界范围内的金融海啸给深圳市的实体经济带来空前的压力，各行业协会要发挥自身独特的优势，积极联手互助，用我们的智慧共同抵御金融海啸的冲击，共渡难关。要开展好社会组织服务社区居民的活动，鼓励社区社会组织举办丰富多彩的社区文艺活动，营造浓厚的社区文化氛围，丰富社区居民精神文化生活，鼓励社会组织开展送信息、送技术、扶贫助学、促进就业等服务活动，充分发挥社会组织的公益职能。

（五）强化社会组织自身建设

切实加强社会组织自身建设，是发挥社会组织作用的关键。一是要加强社会组织党的建设工作。在深入调研的基础上，制定关于进一步加强社会组织党建工作的意见，加强社会组织党组织及党员的管理，全面推进社会组织思想、组织、作风和制度建设，充分发挥社会组织中党组织的战斗堡垒作用。二是要促进社会组织依法开展活动。社会组织是独立运作的法人，要建立以组织章程为核心的社会组织法人治理机制，完善内部制衡和约束机制，建立权责明确、协调运转、有效制衡的内部治理结构。要建立社会组织财务风险管理制度、健全信息披露制度、完善服务承诺制度，增强透明度，强化社会组织的社会责任。三是要加快推进社会组织评估工作。要将社会组织的评估工作作为社会组织规范管理和提升能力的重要抓手，吸纳各界人士，汇集各方公信力，制定符合实际的评估指标，形成操作规范、运转协调的评估工作机制。此外，要广泛宣传和充分利用评估结果，与其他管理措施相结合，发挥评估的导向、激励和约束作用。四是要加强社会组织人才队伍建设。重点开展好对社会组织中高层管理人员职业和管理能力的培训，使其成为推动社会组织规范化管理的中坚力量。

三、加强领导，协同配合，促进全市社会组织事业健康发展

社会组织建设管理工作政策性强、任务艰巨。各级政府、市各有关单位要切实加强领导、落实责任、健全机制、形成合力，保证深圳市社会组织的健康有序发展。

（一）建立规范管理的联动机制

市、区各有关部门要按照关于进一步发展和规范深圳市社会组织的意见所作的工作分工，各司其职，紧密配合，依法对社会组织实行监督和指导。民政部门要认真履行登记管理责任，严格把好入口关。同时要完善相关部门间的信息交流、形成监管机制，提高应急反应能力，逐步建立预测预警机制和执法联动机制。各业务主管和指导部门要增强责任意识，切实

履行好对社会组织的监督管理和指导职责，要配合登记管理部门对社会组织涉及的产业发展、行业规范等进行业务指导，强化日常监督，促进社会组织依法、规范、有序地承接和履行政府转移的职能。

（二）大力查处非法组织和违法行为

登记管理机关应当加大执法监督力度，严格控制业务宽泛、不易界定的社会组织，禁止设立违背法律的社会组织，坚决依法查处非法社会组织和社会组织违法违规行为，净化社会组织发展环境，维护社会稳定。对未经登记擅自以社会组织名义进行活动，或者被撤销登记的社会组织继续以社会组织名义进行活动的，要依法取缔。

（三）加强管理队伍建设

人的因素向来是一个事业的关键。社会组织管理工作涉及面广，政策性、理论性强，需要配备政治思想好、政策水平高，创新能力强，既懂法律又懂管理的高素质人才。民政部门要加强学习型机关建设，努力培养和造就一批思想过硬、作风稳健、精通业务、具有创新能力的社会组织管理队伍。

同志们，社会组织建设与管理工作是一个全新的事业。我们要按照全面贯彻落实科学发展观的要求，以更加振奋的精神，更加扎实的工作，全面开创深圳市社会组织建设管理工作的新局面，为促进深圳市经济社会发展、建设中国特色社会主义示范市做出更大贡献。

深圳市委常委、市委组织部部长王穗明谈新形势下社会组织党建工作

深圳商报记者　郑　英

社会组织是以社会公益事业和社会服务事业为主要宗旨的民间非营利组织。近年来，随着构建社会主义和谐社会进程的不断深入，各类社会组织在深圳市经济社会发展中扮演着越来越重要的角色。如何加强党在社会组织这一新兴领域的领导，不断巩固和扩大党的执政基础，成为新时期党建工作的热点和突破点。在今年“七一”党的生日来临之际，本报记者专访了深圳市委常委、市委组织部部长王穗明。

“让党组织在社会组织这一新的领域生根成长、具有强大的生命力”

数据显示：深圳现有社会组织达3034个，从业人员约5万人，涉及经济、教育、科技、文化、劳动、体育等多个领域，初步形成了门类齐全的社会组织体系，基本上覆盖了深圳市社会生活的各个领域和各个层面。王穗明表示，“社会组织领域的从业人员在市场中成长，不在体制内运行，在政府、社会、市场之间起着润滑、沟通、制衡等作用，是引领行业发展、开展社会服务和促进社会和谐的重要力量。”她认为，随着各类社会组织不断发展壮大，我们党必须主动适应形势的变化，积极探索在社会组织中创新党的组织建设、实现党的政治领导的新路子。“我们党作为执政党，在领导建设和谐社会过程中，做好各类社会组织领域党的建设，让党组织在这一领域生根成长、具有强大的生命力，让这一领域随时有党的组织、党的声音、党的工作和党的关怀在，使他们在发展中不脱离党的、国家的发展方略，始终保持健康有序的发展态势和轨迹，充分发挥联系群众、服务社会的积极作用，对于巩固党的执政基础，加强和改进党对整个社会工作的领导，具有重大而深远的现实意义。”王穗明说，近年来，深圳市委在开展社会组织党建工作这一重大政治问题上始终保持清醒的认识，高瞻远瞩，敏锐地把握住了经济社会发展新趋势，把社会组织党建工作摆在了新时期党的建设的突出位置，在充分调研的基础上，制定出台了一系列加强社会组织党建工作的政策文件，使党的路线、方针、政策及时有效地在社会组织中得到宣传贯彻，大大提高了党在这一领域的凝聚力、影响力和引导力。

“把推动科学发展、促进社会和谐作为社会组织党建工作的出发点和落脚点”

王穗明指出，在新的形势下，开展社会组织党建工作，关键是要自觉以科学发展观为指导，把推动科学发展、促进社会和谐作为开展一切工作的出发点和落脚点，努力做到“三要”：一要在推动科学发展、促进社会和谐的大局中来谋划社会组织党建工作。发达的社会组织是城市综合竞争力的重要组成部分。开展社会组织的党建工作，就是要充分发挥社会组织推动发展、服务群众、凝聚人心、促进和谐的作用，使社会组织的发展和作用的发挥与社会组织党建工作融为一体。二要按照以人为本的核心理念指导社会组织党建工作。社会组织的服务对象是人民群众，其中的党组织主体是党员，这就决定了社会组织党建工作必须始终坚持以人为本，必须拓宽党员服务群众渠道，构建党员联系和服务群众的工作体系，使党员真正成为牢记宗旨、心系群众的先进分子。三要按照统筹兼顾、全面协调可持续发展的要求加强和改进社会组织党建工作。从20世纪90年代起至今，深圳市新经济、新社会组织党建工作取得了很大成绩。但是，也存在着发展不平衡、不协调的问题，主要是新经济组织党建工作发展较好较快，新社会组织党建工作相对较为薄弱；在新社会组织党建工作中，又是经济类社会组织党建工作发展较好较快，其他社会组织党建工作相对较为薄弱。对此，我们一定要坚持统筹兼顾、整体推进的原则，把该补的“课”补好，把薄弱的工作环节做实做强。

“努力把行业协会党建打造成社会组织党建工作的一大亮点”

近年来，深圳市各类行业协会发展迅猛，已经成为深圳市社会组织中最具活力和创造力的部分。王穗明谈到，近年来，深圳市行业协会党建工作取得了良好成效。对此，要认真研究总结和推广其中的成功经验。2005年，市委组织部和民营工委根据《深圳市行业协会民间化改革实施方案》，成立了深圳市行业协会联合党委，经过三年的发展，深圳市行业协会党组织管理关系进一步理顺、覆盖面不断扩大，凝聚力进一步增强，党员的先进性和作用进一步得到发挥，有力地促进了行业协会的健康发展。下一步，我们要继续扎实工作，努力把行业协会党建打造成社会组织党建工作的一大亮点和品牌。一是进一步建立健全行业协会的党组织，增加党员的数量，规范党组织的管理。二是大力创新党员教育管理和服务的方式方法，在活动的方式上，注意找准工作的切入点，因地制宜，注重实效；在活动内容上，把行业协会的规范发展和作用发挥与党的建设统一起来，做到“三为”，即为行业协会发展所需要，为会员所欢迎，为行业协会理事会所支持和理解。三是以行业协会等社会组织党组织为载体，积极推进党务公开、党组织领导班子的公推直选，在扩大党内民主上实现新突破。

“坚持改革开放与党的建设‘力度统一’，实现组织覆盖、工作覆盖和作用覆盖的有机融合”

如何加强和改进党在社会组织中的领导？王穗明强调，这就要求我们必须坚持改革开放与党的建设“力度统一”。要把握好组织覆盖、工作覆盖、作用覆盖在社会组织党建中的关系，明确组织全覆盖是基础，工作全覆盖是手段，作用全覆盖是目标。要用科学的理念，进一步完善配套政策、健全组织机构、加大投入的力度，把所有社会组织的党员都纳入管理和服务的范围；要以开放创新的理念，改变传统的组织活动方式，加强对社会组织党员的教育和管理，使党员成为社会组织的骨干，让鲜活的先进典型脱颖而出。要通过扎实有效的工作，让党组织和党员充分发挥引领、凝聚、融合三大作用，使社会组织紧密围绕大局，自觉反哺社会、服务群众，协调各方关系和利益。要针对社会组织特点，坚持“业余、小型、分散，灵活、务实、高效”的原则，做到党建工作和社会组织活动两不误，引导社会组织履行好社会义务与责任。通过有力措施，实现党的组织覆盖、工作覆盖和作用覆盖的有机融合，让社会组织的作用得到充分发挥，活力得到充分涌流，为构建社会主义和谐社会，建设中国特色的社会主义示范市作出新的更大的贡献。

·第三编·

工作综述

全国社会组织建设与管理工作综述

民政部民间组织管理局

一、社会组织建设与管理工作概况

2008年是贯彻十七大关于加强社会组织建设和管理精神，全面落实科学发展观的开局之年，社会组织工作围绕“抓调研、抓创新、抓落实、抓规范”为主要内容的年度工作计划，服从党中央、国务院号召，适时调整工作重心，积极动员和引导社会组织参与抗震救灾，在建设与管理各方面取得了积极的进展，社会组织管理和建设工作迈向一个新台阶。

（一）调查研究取得丰硕成果

社会组织管理工作头绪多，任务重，情况复杂，政治性强，需要在工作中不断根据新情况、新问题，有针对性地制定策略，设计工作侧重点。2008年社会组织管理工作被确定为“调查研究年”，目的是在改革开放30周年之际，全面总结成绩、提炼工作经验、解决存在的问题。围绕这一主题，主要做了四项工作。

一是组织专题调研。上半年，组织力量围绕社会组织改革发展中的一系列热点难点问题，分别到上海、广东、江苏、山东等12个省市开展调研，起草了8份专题调查报告，对一些长期困扰社会组织建设的双重管理体制、境外社会组织管理、行业协会改革等问题进行了深入的探讨和分析，部分报告得到了民政部领导的高度评价。学习实践科学发展观活动开始后，按照民政部党组的统一要求，到四川、湖南、浙江、新疆等省份以及中国钢铁协会、商业联合会等十几家全国性大社团进行调研，围绕改革开放30年来社会组织建设和管理的经验成绩、存在问题和未来发展等问题，深入基层，解剖“麻雀”，掌握了大量第一手资料，为今后工作决策和政策制定打下了坚实的工作基础。

二是设立2个综合性和4个单项的社会组织改革创新观察点。设立了上海和深圳2个社会组织改革创新综合观察点。通过这个平台，可以直接了解当地社会组织改革前沿的动向，挖掘并培育了一批有推广价值的创新经验，为在全国范围内开展制度创新和政策创新奠定了坚实的实践基础。

三是开展课题研究。通过项目合作、购买服务等方式，围绕工作中遇到的一些重大的理论和现实问题，开展了11个课题的研究，为业务工作的顺利开展提供了有力的智力支持，进一步拓展了理论视野，提高了工作的理论水平。

四是向社会公开招标实施了38个调研项目。在民政部人事司的大力支持下，以部级课题的名义，用少量资金，吸引了大批专家参与，形成了一批高质量的研究成果，进一步壮大了社会组织理论研究的队伍，扩大了社会影响。

（二）动员引导社会组织参与抗震救灾

汶川大地震发生后，广大社会组织紧急行动起来，主动配合党和政府开展了规模空前的救援行动，组织了共和国历史上最大规模的社会捐助行动，引起国内外的关注和普遍赞誉。

一是在震后第一时间内向全国38万多家社会组织发出倡议，围绕抗震救灾的具体需要，积极动员和引导广大社会组织向地震灾区捐款捐物，组织开展志愿服务。据统计，全国各类社会组织累计募集款物365亿元，动员志愿者500多万。

二是按照国务院和民政部关于抗震救灾工作的总体部署，民间组织管理局与有关司局紧密配合，出台措施，帮助社会组织落实捐建项目，协调赈灾义演，督促社会组织及时向社会公布接受捐赠款物情况和使用计划，接受社会监督。有效地规范了社会组织的募捐行为，保障了社会组织有序地参与抗震救灾。

三是通过各种渠道收集信息，及时向中央反映社会组织参与抗震救灾的情况。12月5日，胡锦涛总书记在会见慈善大会代表时的讲话中，对长期以来为中国慈善事业发展做出积极贡献的海内外慈善机构、社会团体等给予了充分的肯定。

四是大力宣传社会组织在抗震救灾中的先进事迹。通过新华社、《人民日报》、中央电视台《新闻会客厅》《今日关注》栏目以及央视网络频道，对社会组织参与抗震救灾进行宣传报道和正确引导，对有关政策进行了解读，编辑出版《一支不可忽视的社会力量——中国社会组织汶川赈灾行动》，引起了积极的社会反响。

（三）改革创新取得重大进展

社会组织工作的外部环境在不断地发生变化，必须坚持与时俱进，针对工作中出现的问题不断进行理论创新、制度创新和政策创新，及时研究新情况，形成新思路，制定新政策，解决新问题。

一是跟踪总结了广东省行业协会体制改革的经验。广东在省委省政府领导下，在全国第一个对行业协会体制实行了“五自四无”改革，即实行行业协会“自愿发起、自选会长、自筹经费、自聘人员、自主会务”以及“无行政级别、无行政事业编制、无行政业务主管部门、无现职国家机关工作人员兼职”。民政部在姜力副部长的亲自带领下，和国家发展改革委、国务院法制办共同进行了深入调研和论证，为下一步改革提供了可以借鉴的经验。

二是着力指导、总结、推进一些省市的工作改革。主要是：总结宣传了上海、海口等地社会组织综合改革的做法；总结推广了深圳、上海建立政府购买社会组织服务机制的做法；总结宣传了宁夏等地在登记管理机关成立社会组织党的机构的做法；总结宣传了青岛等地社区社会组织体制机制改革的做法等。

三是对社区社会组织的备案管理体制做了探索。在总结湖北、天津经验的基础上，着手研究基层社团备案管理的办法，准备适时出台有关政策，把基层社会组织纳入依法管理的范围。

四是跟踪推进了科技类社团的创新发展。民政部与全国科协一起对38个科技类社团创新发展试点进行了中期检查，对试点社团在机构建设、民主办会和承接政府职能等方面的经验进行梳理总结，创新试点工作取得了阶段性成果。

（四）配套政策不断拓展

针对社会组织培育发展中面临的一些问题，2008年，民政部就有关配套服务政策做了积极的争取协调工作，取得了重大突破。

一是和劳动和社会保障部联合下发了《关于社会组织专职工作人员参加养老保险有关问题的通知》（劳社部发［2008］11号），解决了社会组织专职工作人员的后顾之忧。

二是积极协调财政部、税务总局，推动建立公益组织捐赠税前扣除资格的认定和监管机制，于12月31日印发了《关于公益性捐赠税前扣除有关问题的通知》（财税［2008］160号），把公益组织的范围从基金会扩大到公益性社团，把公益组织的资格认定和申报程序确定为由民政、财政、税务三家共同操作，并把认定结果和年检、评估结果挂钩，实现了登记机关监管手段的重大突破。

三是牵头起草了《关于支持鼓励社会力量兴办民办非企业单位，促进民办社会事业健康发展的若干意见》，并已被列入我国2008年经济领域体制改革的工作要点，目前正在进一步修改，争取以国务院办公厅文件下发。

（五）管理水平稳步提升

对社会组织进行规范管理，是登记管理机关的基本职责，2008年针对工作实际，做了以下几个方面的工作。

一是召开了全国社会组织执法监察会议，总结交流了近年来执法监察工作的经验，对执法监察工作进行了广泛动员和全面部署，统一思想，提高认识，明确了今后一段时期的工作任务。

二是研究制定了《社会组织登记管理机关行政处罚程序规定》，为今后执法工作提供了制度保障。2008年，民政部对38个年检不合格或不参检社团进行了处罚，进一步树立了登记机关的权威。

三是积极配合财政部修订了《民间非营利组织会计制度》，有关补充规定即将发文。此次补充规定进一步细化和修订了会计科目，使之更符合社会组织的实际状况，增强了社会组织财务信息透明度，有利于制度的推广和登记机关对社会组织的监督。

四是参与了国务院纠风办“清理规范各类职业资格活动”和“行业协会市场中介组织服务和收费行为专项治理工作”，对加强社团收费管理，规范服务行为起到了积极的作用。

五是积极与劳动、公安、外交及业务主管单位沟通，理顺了境外基金会代表机构聘用外籍工作人员办理签证通知函和就业许可等问题的工作程序，顺利启动了境外基金会代表机构外籍工作人员的就业申请工作。印发《涉外基金会登记管理内部工作程序》，进一步规范了涉外基金会登记管理的工作流程。

（六）能力建设成效明显

公信力、诚信度是社会组织的生命力。围绕社会组织能力建设，做了五项工作：

一是开展社会组织评估。4月，民政部在人民大会堂向62个基金会颁发了评估等级证书和牌匾。在此基础上，下半年又启动了对行业协会商会的评估，补充完善了行业协会商会评估标准，使评估指标更加具体化、标准化。在评估中还首次引入了动态管理，为下一步制定社会组织评估等级动态管理机制奠定了基础。

二是与国家行政学院、清华大学联合举办第一届中国社会组织论坛。

围绕全球金融危机下社会组织的作用和责任这一主题，深入开展对社会组织有关问题的研讨，开展了2008年社会组织十件大事评选活动，突出宣传了社会组织事业的成就，提高社会各界对社会组织的认识，打造了政府部门、科研机构、社会组织、新闻媒体之间的高层次、高水平的对话平台，推动了全国社会组织的健康发展。

三是拓展社会组织培训。加大培训工作力度，全年共举办各类培训班11期，累计培训1027人次，培训班次和参训人数都达到了历史新高。有30％的参训人员来自于省、市、县三级登记管理机关和社会组织，提高了培训对象的参与度。学员对培训工作的满意度达90％以上，培训的知名度不断提高。

四是继续联合国务院扶贫办、世界银行主办了第二届“中国发展市场”活动，筹集资金800多万，资助了50多个项目，推动社会组织通过项目合作的方式参与扶贫活动，提升了社会组织影响力和公信力，“中国发展市场”的模式正为国内的一些机构逐步效仿。

五是成立了中国社会组织促进会，为推进社会组织的自律与诚信，搭建了一个全国性的重要平台。

二、社会组织建设与管理专项工作进展

（一）社会组织积极参与抗震救灾

四川汶川大地震以来，全国人民在党中央、国务院的坚强领导下，万众一心、众志成城，展开了一场气壮山河、艰苦卓绝的抗震救灾斗争，取得了重大阶段性胜利。在这场抗震救灾斗争中，民政部积极动员和引导我国社会组织参与抗震救灾，全国社会团体、基金会、民办非企业单位等各类社会组织积极响应党和政府的号召，紧急行动起来，在抗震抢险、赈灾募捐、志愿服务、灾民救助等工作中发挥了巨大的作用，成为抗震救灾和灾后重建的一支生力军，在社会上引起热烈反响和广泛好评。

——深入开展慈善赈灾活动。灾情发生后，以中华慈善总会、中国红十字会、中国社会组织促进会、中国扶贫基金会、中国扶贫开发协会、中国社会工作者协会为代表的全国性慈善和公益组织率先通过电视、网络、报刊、广播等新闻媒体向全社会发出抗灾慈善捐助倡议，动员社会力量筹集救灾物资及资金，及时向地震灾区提供紧急援助。广大社会组织积极响应捐赠倡议，积极踊跃地为地震灾区捐款捐物。短短几天，中国青少年发展基金会及其分会总共收到5100万余元的捐款，中国教育发展基金会已募集到6000多万元，中国儿童少年基会紧急拨款200万元，中国人保慈善基

金会向灾区捐款1000万元，李连杰壹基金共募集善款2405万元，证券业协会会员单位捐款捐物合计金额超过1亿元，华民慈善基金会捐款3000万元。据统计，全国各类社会组织累计募集款物365亿元，为灾区人民战胜灾害、重建家园提供了强有力的物资帮助。

——积极参与紧急救援行动。广大社会组织充分发挥自身优势，利用各自专长，全力配合政府投入抗震救灾，以多种形式参与紧急救援行动。以南都公益基金会、中国扶贫基金会等57家社会组织发表中国民间组织抗震救灾行动联合声明。四川、广东、湖北、湖南、山东、辽宁、上海、重庆、深圳等多个省市向社会组织发出抗震救灾号召，动员社会力量，为受灾群众提供力所能及的经济和物质援助。广东省民间组织总会动员全省2万多家民间组织、100多万个单位会员和个人会员帮助灾区人民渡过难关。国资委、中国科协等业务主管单位倡议各协会积极发挥作用，动员行业力量、集中行业资源，倡导会员企业积极参与、支持抗震救灾活动。中国商业联合会、中国机械工业联合会、中国轻工业联合会、中国烹饪协会等协会紧急行动起来，开展抗震救灾工作。中国羽绒工业协会号召并组织会员提供羽绒被、睡袋、帐篷等参与抗震救灾。

——充分发挥志愿组织作用。震情发生后，在四川灾区，在全国各地，到处都有抗震救灾志愿者的身影，到处就有志愿组织在行动。各地志愿组织积极响应政府号召，紧急行动起来，组织会员或公众，围绕抗震救灾的具体需要，结合自身职能和专长，参加抗震救灾各项工作。上海、辽宁等地志愿者组织根据灾情需要，及时招募组建多支具有一定专业水准和抗震救灾经验的、以青年医疗卫生志愿者为主体的抗震救灾服务队赶赴灾区。山西、湖南、贵州省等青年志愿者协会纷纷开展抗震减灾“黄丝带行动”，面向社会公开招募献血、医护、救援志愿者，参与抗震减灾。5月21日，中国社会工作协会开通“抗震救灾志愿者热线”，根据灾区实际情况，组织志愿者分批前往灾区开展志愿服务工作。全国各地志愿者协会、志愿者成立各种形式的抗震救灾援助服务队，广泛开展心理危机干预、灾区避难知识及卫生防疫普及、震灾致残人士辅导与帮助、灾区支教志愿接力计划、灾区重建一对一计划等项目，提供多种技术支持和人力帮助，协助政府部门做好抢险救灾的互助自救工作。据统计，全国共动员志愿者500多万，成为抗震救灾的生力军。

——大力协助灾后自救重建。各地社会组织动员各方的力量和资源，组织社会各界伸出援手，给灾区群众送上关爱，增强抗灾自救能力。广大的社会团体、民办非企业单位，积极宣传发动会员及单位员工在力所能及地向灾区捐款；众多的基金会、公益性社会团体，及时调整工作重点，结合自身业务，开展向灾区、灾民捐赠资助活动。目前，灾区恢复重建工作正在紧张地进行着，作为慈善救助的民间力量，广大社会组织在配合政府实施紧急救助的同时，还承担着协助开展灾后重建的长期任务。社会组织继续配合协助政府有关部门，围绕灾区群众的基本需求，深入开展扶贫济困、科技服务、医疗救助、心理安抚等各种形式的支援活动。广大社会组织充分发挥特有的人才、资源、信息优势，不断帮助灾区千方百计筹措资金，不断拓宽救助渠道，因地制宜地开展抗灾技术技能指导，尽力帮助更多灾民更快更好地恢复生产生活。

（二）成立中国社会组织促进会

2008年1月8日，民政部批复同意了中国民间组织促进会更名为中国社会组织促进会（民函［2008］11号），由民政部主管。1月13日，中国社会组织促进会成立大会暨第一届会员代表大会在人民大会堂举行。大会审议通过了《中国社会组织促进会章程》（草案）、《中国社会组织促进会会员管理办法》（草案）、《中国社会组织促进会会费管理办法》（草案），选举产生了新一届理事会和会长、副会长、秘书长。成思危、罗豪才担任中国社会组织促进会名誉会长，陈虹当选为中国社会组织促进会会长。在成立大会上，中国社会组织促进会向全国各类社会组织发出“强化社会责任、共筑和谐社会”的倡议。促进会将设立社会组织发展奖励专项基金，建立对社会组织的资助和奖励机制，对社会公益性强、社会形象好的社会组织予以表彰，为社会组织健康发展提供良好的条件。

（三）社会组织专职工作人员参加养老保险

为进一步完善社会保障体系，扩大养老保险覆盖面，促进社会组织的健康发展，维护劳动者的合法权益，3月18日，民政部会同劳动和社会保障部联合印发了《关于社会组织专职工作人员参加养老保险有关问题的通知》（劳社部发［2008］11号，以下简称《通知》），就社会组织专职工作人员参加养老保险的有关问题作出规定。

《通知》规定，凡依法在各级民政部门登记的社会团体（包括社会团体分支机构和代表机构）、基金会（包括基金会分支行机构和代表机构）、民办非企业单位、境外非政府组织驻华代表机构及其签订聘用合同或劳动合同的专职工作人员（不包括兼职人员、劳务派遣人员、返聘的离退休人员和纳入行政事业编制的人员），按属地管理原则，参加当地企业职工基本养老保险。尚未参加企业职工基本养老保险的社会组织，应在当地规定的时间内，持社会组织登记证书及参保所需的文件材料，到住所所在地社会保险经办机构办理社会保险登记手续，参加企业职工基本养老保险。

《通知》明确，社会组织及其专职工作人员应按规定缴纳基本养老保险费，其中社会组织的缴费基数为全部参保专职工作人员个人缴费工资之和。社会组织及其专职工作人员在本通知下发前签订聘用合同或劳动合同的，可按当地有关规定补缴基本养老保险费。社会组织专职工作人员曾在机关事业单位工作的，其符合国家规定的工作年限视同为基本养老保险缴费年限；曾在企业或以个人身份参保的，要按有关规定做好养老保险关系的接续工作。《通知》有力解决了社会组织专职工作人员的后顾之忧。

（四）中国社会组织论坛（2008）

12月19日，由民政部与国家行政学院、清华大学共同举办的首届中国社会组织论坛（2008）在人民大会堂召开。民政部副部长姜力出席论坛并致辞，来自民政部部机关有关司局负责人，有关部委相关部门负责人，有关科研机构、高等院校相关部门负责人、有关社会组织负责人及有关专家学者与代表170余人参加了此次论坛。此次论坛主题为“全球金融危机下社会组织的作用与责任”，旨在通过打造政府部门、科研机构、社会组织、新闻媒体之间高层次、高水平的对话平台，深入探讨中国社会组织如何在全球金融危机背景下，充分发挥作用，勇于担当责任。论坛还首度向社会发布了2008年中国社会组织十大事件，并向2008年度民政部部级课题“社会组织建设与管理”优秀论文获得者颁发了证书，向基金会评估3A以上单位进行了授牌。与会代表还围绕“社会组织与经济平稳较快增长”及“社会组织在重大公共事件与社会活动中的作用”进行了专题研讨。

论坛认为，改革开放30年来，在党中央的重视和社会各界共同努力下，我国社会组织事业逐步发展壮大，实力不断增强，作用影响日益显现，已成为我国社会建设的生力军，成为构建和谐社会的重要力量。一是社会组织建设制度环境逐渐完善。二是社会组织规模、种类、数量迅速增长。三是社会组织管理体制机制不断创新。四是社会组织整体影响力日益增强。可以说，我国社会组织正在以崭新、醒目的形象进入我国政府和公众的视野，社会组织作为社会建设的一支有生力量越来越受到重视，社会各界对社会组织在各个领域发挥作用的期待也与日俱增。

（五）2008年社会组织十件大事

2008年是中国社会组织建设取得重大进展的一年，也是社会组织经受考验和受到空前关注的一年，为更好地总结盘点2008年工作，国家民间组织管理局、清华大学NGO研究所、国家行政学院政治学教研部、北京大学非营利组织法研究中心、中国人民大学非营利组织研究所、北京师范大学社会公益研究中心、《中国社会报》、《公益时报》、中国社会组织促进会、社团管理研究杂志10家单位联合开展了社会组织十件大事评选活动。经机构推荐、专家评议、媒体公示，按照“突出重要性、注重导向性、兼顾全面性”原则，选出2008年社会组织十件大事，并由论坛首度向社会发布，这十件大事分别是：1. 胡锦涛总书记对慈善组织充分肯定并提出殷切希望。2. 社会组织积极投入汶川特大地震救援和灾后重建。3. 北京市志愿者协会荣获“联合国卓越志愿服务组织奖”。4. 国家对公益性捐赠税前扣除比例大幅提高。5. 首次基金会评估结果揭晓。6. 首届社会工作师职业水平考试举行。7. 第十八万三千个民办非企业单位在上海登记成立。8. 广东按照“五自”“四无”要求推进行业协会商会改革。9. 南京备案社区社会组织突破8000个。10. 中国红十字基金会“5·12灾后重建项目”公开招标。

（六）公益性捐赠税收优惠

为贯彻落实《中华人民共和国企业所得税法》（以下简称《企业所得税法》）和《中华人民共和国个人所得税法》（以下简称《个人所得税法》），12月31日，民政部和财政部、国家税务总局联合下发了《关于公益性捐赠税前扣除有关问题的通知》（财税［2008］160号，以下简称《通知》），对公益性捐赠所得税税前扣除有关问题进行了明确，从2008年1月1日起执行。《通知》规定，对符合条件的纳税人向公益事业的捐赠，在年度利润总额12%以内的部分，准予在计算所得税应纳税所得额时扣除，同时还对公益捐赠事业范围、公益性社会团体捐赠税前扣除资格以及捐赠税前扣除资格的认定权限和程序等问题进行了明确。《通知》再次重申了新企业所得税法中对公益捐赠税前扣除的规定，同时，明确了个人所得税法有关公益捐赠税前扣除的规定及经国务院批准的个人所得税全额扣除的政策继续有效。

（七）执法监察工作

2008年，民政部不断加强监督管理的力度，出台和完善监管措施，调节和规范社会组织行为，及时奖优惩劣，对社会组织的监管能力进一步增强。

一是组织召开了全国社会组织管理暨执法监察工作会议。此次会议是自社会组织归口民政部门登记管理20年以来，民政部首次召开的研究部署社会组织执法监察工作的全国性会议，也是在全国范围内全面推进社会组织执法监察工作的动员会。会议总结交流了近年来执法监察工作实践的经验，统一了思想，提高了认识，部署了今后一段时期的工作任务，是社会组织执法监察工作一次里程碑的会议。

二是狠抓执法工作规范化、法制化建设，有效推进全国执法监察工作全面开展。制定了《社会组织登记管理机关行政处罚程序规定》并获部务会原则通过；召开了社会组织行政处罚法律适用问题研讨会、社会组织规范化建设问题研讨会，加强社会组织执法能力建设论坛，与法院、高校、律师事务所的专家学者以及地方登记管理机关代表，深入研究解决执法工作中普遍存在的难点、热点问题；基本完成《社会组织行政执法案例研究汇编》初稿，用以指导地方开展执法工作。

三是落实科学发展观，深入开展调研活动。赴湖南等地调查了解社会组织执法工作现状、主要做法、存在困难和问题，提出了工作建议，形成了《湖南省社会组织执法工作调研报告》。

四是完成国家预防腐败局交办的社会组织预防腐败调研课题，形成了《深化社会组织管理制度改革 完善社会组织预防腐败机制》的民政部专题调研报告，获得了国家预防腐败局的好评。

五是加大执法监察力度，提高了社会组织登记管理机关的执法权威。民政部首次对年检不合格或不参检社团进行了批量处罚，共处罚 38 起（其中警告 17 起，停止活动 10 家，撤销登记 11 家），开创了对全国性社会组织批量处罚的先河。各大主流媒体对此纷纷进行了宣传报道，这也是历年来新闻联播首次报道对社会组织的处罚新闻，引起社会各界的广泛关注，有力地提高了社会组织登记管理机关执法工作的社会影响力，树立了民政部门的执法权威。对社会和媒体强烈关注的中国性学会为企业进行产品认证、电视推广、违反规定收取协作费等违法行为作出了停止活动 6 个月的行政处罚，该案反应及时、处罚准确，迅速制止了违法行为，对社会组织起到了警示和威慑作用。

六是配合部法制办完成了对中国地区开发促进会撤销登记一案的应诉工作。该案经北京市中院、高院两次审理，市高院最后作出二审终审判决，确认我部对该会作出的行政处罚事实清楚，适用法规正确，驳回该会的上诉，维持一审判决。市高院二审开庭时，中央党校、国家行政学院 200 多位领导干部参加旁听，这个案件的应诉过程，锻炼了民政部干部，检验了民政部依法执政的水平，扩大了社会组织执法工作的社会影响。

（八）社会组织评估

按照民政部《全国性民间组织评估实施办法》（民函［2007］232号）和《关于开展基金会评估工作的通知》（民函［2007］288号）的要求，民政部于2007年10月启动了在民政部登记注册的基金会的评估工作，共有69家基金会符合此次评估条件。截至2008年1月12日，共有62家符合参评条件的基金会按要求报送了评估材料。此次评估由政府有关部门、研究机构、律师事务所、会计师事务所和基金会负责人组成的基金会评估专家小组和评估委员会，依照基金会评估指标和评估工作程序，对基金会的基础条件、内部治理、工作绩效、社会评价四个方面进行了综合评判，先后经历基金会自评、专家组实地考察、评估委员会终审、媒体公示四个阶段工作，整个基金会评估工作历时4个月，参与专家51人，实地考察近400人次，先后对62家报送材料的基金会进行了评估，最终形成了基金会评估等级。这是我国自开始民间组织管理以来，首次由政府主导对基金会情况进行的全方位评估。

4月29日，民政部在人民大会堂召开"基金会评估工作总结暨授牌大会"，宣布了基金会评估等级结果。中国青少年发展基金会、中国扶贫基金会、中国残疾人福利基金会、中国儿童少年基金会、中华慈善总会、中国红十字基金会6家基金会获得5A级等级，中国教育发展基金会等13家基金会获得4A级等级，中国癌症基金会等19家基金会获得3A级等级，14家基金会获得2A级等级，10家基金会获得1A级等级。

民政部副部长姜力出席会议并讲话，指出近年来我国基金会呈现出快速增长的势头，同时强调，当前和今后一个时期，基金会建设与管理的总体要求是：坚持培育发展与管理监督并重，积极扶持，完善政策，分类指导，提升能力，推进体制机制创新，使基金会全面协调可持续发展，充分发挥其在推进现代化建设、关注民生、构建和谐社会中的重要作用。应着重从以下几个方面做好工作：一是要进一步为基金会的发展营造良好空间。二是基金会要加强自身能力建设，努力建立现代社会组织制度。三是全社会要提高公益慈善意识，培养积极向上的公益慈善风尚。

此次基金会评估是我国首次按照政府主导、社会参与、独立运作的方式对社会组织进行的全方位评估，迈出了社会组织分类评估的第一步。行业协会商会、学术性社团、公益性社团、民办非企业单位等评估工作也于2008年下半年陆续展开。社会组织评估机制的建立，是社会组织管理方式的创新，有利于增强社会组织的自律性和诚信度，促进社会组织监督机制的完善。

（九）社会组织专项治理

为贯彻落实第十七届中央纪委第二次全会提出的“规范行业协会、市场中介组织服务和收费行为”的专项治理工作任务，按照2008年国务院第一次廉政工作会议和全国纠风工作会议的部署，根据中央纪委《关于中央和国家机关贯彻落实2008年反腐倡廉工作任务的分工意见》（中纪发［2008］5号）的要求，8月29日，民政部会同国家发展改革委、国务院纠风办、工商总局、中编办、人民银行、国资委、法制办、财政部印发了《关于印发规范行业协会、市场中介组织服务和收费行为专项治理工作的实施意见的通知》（发改产业［2008］2351号，以下简称《通知》），分三个阶段展开专项治理活动。

此次专项治理工作的总体目标是：用一年左右时间，解决行业协会和市场中介组织服务和收费行为不规范、损害企业和群众利益等突出问题，使服务质量明显提高，会员满意度和社会公信力明显增强；用两到三年的时间，理顺政府与行业协会和市场中介组织关系，政策法规比较健全、监管体制比较完善、自律机制得到加强，行业协会和市场中介组织规范发展长效机制基本建立。范围包括在民政部门登记的行业协会（包括：商会、同业公会、联合会等社团组织）；在工商等部门注册的经济鉴证类社会中介机构等与群众利益密切相关的市场中介组织。

此次专项治理工作将集中整治行业协会和市场中介组织存在的四类问题：一是行业协会违法违规强制入会、摊派会费、强行服务等；二是行业协会违反有关规定，依靠代行行政管理职能或凭借垄断地位擅自设立收费项目；三是经济鉴证类社会中介机构违法出具认定报告或出具虚假认定报告，借机谋取不正当利益的；四是社会中介机构在依法或接受委托授权实施认证、检验、鉴定以及举办资格考试等，不执行国家收费政策规定的。

《通知》强调，坚决纠正将特定行业协会和市场中介组织的服务作为行政许可的前置条件，进行指定服务，以及纠正干预行业协会和市场中介组织依法自主开展活动等行为。严肃查处政府部门把行业协会和市场中介组织作为自己的“小金库”。《通知》要求，健全行业协会和市场中介组织法人治理结构，完善内部管理制度；加快推进政府与行业协会、市场中介组织分开；加强和改进行业协会和市场中介组织登记管理工作，简化和规范管理内容和方式，加强日常监管，严厉打击非法组织。

规范行业协会、市场中介组织服务和收费行为专项治理工作分为三个阶段：第一阶段为2008年9月底前，调查研究，制定集中整治和长效机制建设工作方案。第二阶段为2008年10月至12月，自查自纠、集中整治。

第三阶段是自2009年1月起，建章立制、规范管理。在推进集中整治的同时，加快组织制订行业协会和市场中介组织方面的政策制度和法规，推动行业协会和市场中介组织规范发展。

（十）全国社会组织管理暨执法监察工作会议

2008年10月10日至12日，民政部在山东青岛召开了全国社会组织管理暨执法监察工作会议，会议全面总结了全国社会组织管理和执法监察工作的实践经验，社会组织执法监察工作克服人员少、任务重、力量薄弱的不利因素，在推进工作、充实力量、完善制度、健全机制、依法查处等诸多方面，取得新进展。一是社会组织保持了较快发展的良好态势。二是社会组织自身建设不断加强。三是社会组织服务社会能力有很大提高。四是社会组织整体影响力日益增强。社会组织在促进经济发展、繁荣社会事业、参与公共管理、开展公益活动和扩大对外交往等方面都显示出越来越重要的作用。在汶川特大地震、北京奥运会中，社会组织和志愿服务发挥了积极作用，受到了广泛关注。

会议分析了社会组织管理创新面临的新形势，经历30年的改革开放，我国已经进入经济、政治、文化和社会等各领域深入改革、发展的新阶段。在新的形势下，有序发展社会组织，发挥其在经济、政治、文化、社会和对外开放等方面，提供服务、反映诉求、规范行为的积极作用，成为经济社会协调发展的重要任务。

民政部副部长姜力出席会议并讲话，指出新时期社会组织管理创新的基本任务是：完善社会组织法规政策体系；解放思想，创新管理体制机制；推进社会组织与政府部门合作互动；提高登记管理和服务效能。强调当前和今后一个时期，各级民政部门要重点抓好六项工作：一是进一步深化分类管理；二是加快完善政府支持政策；三是推进管理体制改革；四是加强社会组织自身建设；五是加强执法监察工作；六是加强登记机关自身建设。

各省、自治区、直辖市、计划单列市及新疆生产建设兵团民政厅、局主管社会组织管理的负责同志、部分社会组织研究机构的专家学者参加了会议。会上，青岛、上海等8省市介绍了执法监察工作经验。

（十一）社会组织登记管理

2008年，社会组织登记管理按照培育发展和监督管理并重的原则，努力把好登记关，进一步夯实基础，社会组织管理和服务水平进一步提高。

一是建设了涵盖整个社会组织登记管理的信息系统。目前已通过了专家评审和财政部的验收。系统实现了对社会组织的登记、年度检查、日常管理以及执法监察，全部依托网络进行，并可以进行任意的数据提取和分析，彻底改变了以往粗放型的手工管理模式，实现了社会组织管理的规范化、科学化和精细化，得到了专家们的一致好评。

二是加强了对地方信息化建设的指导。指导地方开发登记管理系统软件。在对全国民间组织管理信息化工作调查的基础上，启动了《社会组织基础信息标准》的制定工作，同时组织力量对近20年的社会组织登记管理资料，进行数据库信息处理，为今后全国社会组织基础信息的交换、汇总、共享以及国家“法人库”工程的建设打下了基础。

三是登记服务工作取得新进展。新租用办公用房240平方米，进一步改善了登记窗口的办公条件。更新了社会团体、基金会、民办非企业单位办事指南，使登记服务大厅工作更加规范。民间组织服务中心还通过座谈会、调查问卷等方式，征询社会组织对登记服务工作的意见，切实改进了工作作风。

四是年检工作制度化、规范化水平进一步提高。进一步修订了各类社会组织年检的格式文本，使年检内容重点更突出、涵盖更全面、标准更一致，实现了年检工作的自动化和快捷化。截至目前，共完成了1686个全国性社团的年检工作，分别做出年检结论，下发整改文书284份，形成4份近6万字的社团年检数据分析报告。完成了101个民政部登记的基金会年检工作，首次开展对境外基金会代表机构的年度检查，启用民办非企业单位网上年检软件，年检工作不断完善。

北京市社会组织建设与管理工作综述

北京市社会团体管理办公室

一、社会组织登记注册

2008年，北京市和区县社会组织登记管理机关严格按照条例规定标准对所管辖的三类社会组织依法予以审批，共批准登记社会组织467个，其中市级66个，区县及以下级401个。北京市社会团体、民办非企业单位和基金会三类组织新登记数量分别为139个、311个和17个。全市社会组织办理注销登记101个，办理变更事项1648项。到2008年底，全市共登记社会组织6544个（市级1464，区县及以下级5080），其中社会团体3105个，民办非企业单位3337个，基金会102个。全年共完成行政许可事项34项。其中社会团体受理441项，许可441项；民办非企业单位受理45项，许可37项；基金会受理34项，许可34项。

二、社会组织培育发展

北京市民政局配合市委社会工委和社会建设办完成《关于加快推进我市社会组织改革与发展的意见》有关修改工作，对于意见中涉及的和登记审批程序有关的内容提出了四次修改意见。为加强对行业协会的研究，对行业协会基本情况进行了统计，分析行业协会改革发展存在的问题，并提出了行业协会发展管理的建议和意见，调整了行业协会业务审批程序，保障了全市行业协会改革工作顺利衔接。

各区县民政局社团办、相关社会组织和高科技企业，深入实地对农村专业经济协会进行调研，开通"两村工程"信息平台，为全市12个区县212个农村专业经济协会免费设立了网站，提高农产品知名度。市社团办召开"北京市农村专业经济协会座谈培训会"。会上农经协会负责人作了典型发言，为培训合格的农经协会负责人颁发岗位培训证书，提高了协会负责人的专业管理素质，为农村专业经济协会今后的发展打下良好基础。

为推进社区社会组织的发展，广泛征求各方面以及相关委办局和区县政府的意见，进一步修改了《关于加强社区社会组织建设的意见》。目前全市共登记社区社会组织193个，2008年新成立28个，其中社会团体136个，民办非企业单位57个。另外还有不具有法人资格的基层社区社会组织9182个，其中文体活动类组织5350个，专业服务类组织1163个，社区维权类组织648个，义工志愿者组织1427个，其他类型594个，经常参与活动的会员人数达42.6万人。这些具有一定筹资功能、服务功能、监督功能的社区社会组织，以构建和谐社区为宗旨，建立起政府与社区居民、单位进行沟通的平台，整合了社区资源，为满足社区居民和驻区单位日益增长的物质文化需要和各类服务需要发挥了巨大作用。

协调财税部门，落实《财政部国家税务总局关于公益救济性捐赠税前扣除政策及相关管理问题的通知》精神，制订《关于北京市公益救济性捐赠税前扣除管理工作的补充通知》，推进基金会税收优惠政策的落实。

三、社会组织规范化建设

重点以社团年检为手段，全面落实《北京市社会团体规范化建设指导意见》，加强对社团年检报告书的严格审查，及时发现社团规范化建设存在的问题，要求社团按期限改正。在日常管理中，特别加强了对社团换届工作的指导监督、社团章程的审查、党政机关领导干部在社团兼职情况的检查等方面的工作力度，规范了社团行为，加强其自身建设。9月下旬开始，组织工作人员走访200多家社团，实地调查社会团体规范化建设指导意见落实情况，听取社团负责人就社团提高组织建设和制度建设的能力采取的措施报告和对北京市社团发展的建议和意见，推进了社会组织规范化建设工作的开展。

按照条例及贯彻《民政部关于深入开展民办非企业单位信息公开和承诺服务活动工作的意见》基金会信息公布办法的规定进一步推进信息公布工作，推进民办非企业单位和基金会的信息公开、公布工作。

为提高基金会社会公信力，促进基金会健康有序地发展，自8月下旬开始对全市公募基金会开展了评估工作。评估工作做到了公正、合理、公开，受到了被评估单位的好评。经过评估，有2、5、8、2个基金会分别被评为5A、4A、3A、2A级，评估结果在《北京日报》上进行了公告。

按时开展了对社会团体、民办非企业单位和基金会的年检工作，全市应参加年检的社会组织共有5630个，实际参加年检4744个，年检合格3883个，基本合格442个，不合格35个，有384个待撤销注销。

充分发挥社团编制的作用，为获得编制的社团提供完备的人事服务，促进社团的良性发展。截至目前，已对9个申请社团编制的社团进行了审核，核定社团编制91人。根据新劳动法修改《北京市民间组织工作人员聘用合同》(范本)；办理档案接收48人、档案调出13人，人事档案净增加34份；办理社团专职工作人员见习期转正定级手续3人；核定档案工资、社会组织工作人员工资级别、档次39人次；完成社会组织专职工作人员工龄认定及参保视同年限1人。全年共为22家社会组织核定了工资总额，办理了《工资基金管理手册》。

四、社会组织参与服务奥运和抗震救灾

为积极引导鼓励北京市社会组织开展参与支持奥运、服务奥运的活动，市民政局下发了关于全市社会组织积极参与奥运服务活动的通知，全市有近2000家各类社会组织积极响应号召，紧密围绕“人文奥运”与“平

安奥运”两大主题，在场馆建设、志愿者服务、奥运服务者培训、奥运景观设计、相关文化交流等方面发挥自己的能力和优势，为奥运举办做出了突出的贡献。

“5·12”汶川地震发生后，市登记管理机关发出倡议，号召社会组织参与到抗震救灾工作中去。北京市社会组织积极响应党中央、国务院和市委、市政府的号召，发扬中华民族“一方有难，八方支援”的传统美德，踊跃为灾区捐款捐物，为灾区民众奉献爱心，携手人道，救助受到地震影响的民众，支援灾区开展抗震救灾工作。全市1219家社会组织共为灾区筹措款物（含物折款）5.83亿元，参与志愿服务1116人。

五、登记管理机关基础建设

——调研工作。2008年初，对2007年度市和区县民间组织管理机关系统的调研工作进行了总结，对完成的30篇调研报告进行了专家评审并对其中的10篇获奖调研报告进行了表彰。

——网上办公全面实行。三类社会组织的行政审批事项和年检全部在网上进行，社会组织的电子政务水平居全国前列。

——社会组织表彰。按照《北京市民政局北京市人事局关于开展市社团系统先进集体、先进个人评选表彰工作的通知》要求，动员全市社会组织参与表彰活动，最终对100个社会组织和150个社会组织先进工作者进行了表彰。

——规范性文件清理。按照《北京市民政局关于开展行政规范性文件清理工作的通知》要求，对2007年12月31日前制发的行政规范性文件进行再次清理。为此社团办专门拟订详细的清理工作要求，以期清理工作全面、彻底。对清理工作的进展情况和清理工作中遇到的问题及时汇报咨询。在第一阶段，市社团办共清理出各类行政规范性文件22件。

——社会组织改革开放30周年纪念活动。向各社会组织下发《北京市民政局关于开展北京市社会组织改革开放30周年纪念活动的通知》，汇集整理社会组织改革开放30周年征文，印制了《蓬勃发展的北京民间组织三十年》，回顾了历程，展现了风采。

天津市社会组织建设与管理工作综述

天津市社会团体管理局

2008年以来，天津市社会组织管理工作坚持以邓小平理论和“三个代表”重要思想为指导，贯彻落实科学发展观，进一步解放思想、转变观念，不断完善和创新社会组织管理的思路和方法，在服务滨海新区开发开放，提高社会组织管理水平，推动社会组织健康发展等方面取得了显著成效。

一、创新工作思路，积极引导社会组织服务滨海新区开发开放

通过建立沟通渠道、搭建交流平台、创新工作方法，推动天津市社会组织融入滨海新区开发开放的发展大势。一是召开金融系统社会组织工作座谈会，为服务滨海新区金融改革开拓思路。通过听取天津股权投资基金协会等7家金融系统社会组织的工作汇报，全面了解社会组织在服务滨海新区金融改革和创新工作上的需求。积极支持滨海新区部分社团参加了“第二届国际保理全球峰会”，为社会组织服务滨海新区金融改革起到了一定的推动作用。二是深入滨海新区进行调研，大胆实践，创新工作机制。围绕加快滨海新区行业协会、商会发展，同滨海新区有关部门进行了深入研究和沟通，探索形成了新的工作机制。下发了《天津市社会团体成立登记现场审批实施办法》，对涉及招商引资、服务滨海新区的行业协会及相关组织，在咨询论证、筹备登记和成立登记等环节，简化程序，特事特办，采取现场申请，领导现场审批的方式提供一站式服务。2008年相继批准成立了天津东盟经贸合作促进会、天津港保税区蓝盾基金协会及天津市文化产业协会等社会团体，为社会组织参与滨海新区开发开放提供了便利条件。三是积极筹备社会组织滨海论坛。分五次召开了行业协会、商会座谈会，听取了各协会近两年的工作情况以及2008年工作规划，全面了解了天津市社会团体服务滨海新区的整体情况，并选出了自行车行业协会、山西商会、浙江商会等在服务会员、促进区域交流合作等方面成效显著、成

绩突出的社会组织作为发言单位，为论坛的召开做好了充足的准备。四是举办滨海新区开发开放报告会。为使社会组织及时了解滨海新区情况，便于参与滨海新区建设，与滨海新区宣传部联合举办了滨海新区情况报告会，驻津的全国社会组织、分支机构及市属社会团体 160 多家单位到会参加，提高了社会组织参与滨海新区建设的积极性。

二、坚持分类指导、创新培育机制，加快社会组织发展步伐

一是创新工作思路，推动行业协会、商会改革发展步伐。根据国务院和天津市政府关于加强行业协会、商会改革和发展的要求，在行业协会、商会发展中引入适当竞争机制，加大审批力度。协调市发改委和市工商联等部门，将原属市工商联的行业商会纳入社团法人登记管理范围，推动行业协会有序竞争、优胜劣汰。另外，还多次召开行业协会、商会座谈会，探讨相关政府职能向行业协会转移的可行性，并通过向全市 140 余家行业协会下发调查表，全面了解行业协会对相关政府职能的需求和现阶段存在的困难，在广泛调研的基础上深入开展研讨，积极推进此项工作深入开展。

二是总结异地商会管理经验，探索管理新模式，进一步深化异地商会登记管理工作。在 2007 年下发文件规范异地商会登记管理的基础上，认真总结了天津市异地商会的管理经验，联合市经协办召开了部分异地商会座谈会，探讨了区县登记异地商会的可行性，并结合天津实际情况，进一步明确了异地商会登记在市、一市一会的管理原则。有利于整合现有资源，形成凝聚力，促进异地商会发展壮大，充分发挥异地商会在协调区域经济发展上的积极作用。

三是推进“321”示范工程，大力发展农村专业经济协会。各区县在继续巩固农村专业经济协会培育成果的基础上，大力发挥典型示范作用，将重点工作放在选取代表、加大宣传、扩大影响上。如宁河县将重点培育的天祥水产协会、农夫生猪养殖协会的典型经验印发成册进行广泛宣传，发挥了带动作用。宝坻区林亭口养鱼协会与电视台合作，利用媒体宣传产品，打造品牌，农民每亩纯增收 800－1000 元。武清区通过简化程序、放宽条件、拓宽范围鼓励农经协依法登记，并通过典型示范的方法推动种养殖业向规模化发展。目前，全市登记的农经协组织共有会员 13.3 万人，会员平均增收 700 多元。为详细了解“321”工程的进展情况，下半年召开了全市农村专业经济协会培育发展经验交流会。各区县介绍了培育发展经验和问题对策，积极探索农经协与农合社协调发展的前景。

四是在“三级管理，两级备案”长效机制的基础上，城市社区社会组织管理工作稳步推进。鼓励社区居民成立慈善、文体、科普类组织，支持和帮助社会组织进入社会救助、社会福利、社会慈善、社区志愿服务等社会事务管理领域，积极组织社会组织投身和谐社会建设，极大地丰富了社区居民的生活。如河东区通过开展评估表彰工作，树立典型，加强宣传和示范，并通过政府资助和购买服务相结合的方式促进社区社会组织持续发展。河北区对全区社区公益性社会组织实行月报表制度，及时掌握动态，进行跟踪服务，指导各街道开展工作。截至目前，城区社区社会组织已备案 8800 家。

五是进一步培育发展农村社区社会组织。在广泛深入开展登记备案工作的同时，继续加大调研力度，走访涉农区县，基本掌握了涉农区县社区的发展现状和存在的问题，并联合天津市民政局相关部门对其进行分类指导。目前，全市多数区县已建立起农村社区建设联席会议制度，基本形成了政府领导、民政部门指导、村级组织牵头、群众广泛参与的农村社区建设机制。在此基础上，各乡镇加大投入力度，设立农村公共服务和公益事业专项资金，基本建立了农村社区综合服务中心、文化体育广场、老年活动室等基础设施。并广泛建立了包含志愿者、义工的多层次参与机制。目前，农村社区社会组织已备案 3500 家，丰富了农村社区的文化生活，促进了城乡经济社会协调发展。

三、加强规范管理，注重社会组织自身建设，提升社会组织诚信自律水平和社会公信力

一是积极组织开展社会组织自律与诚信建设活动。为进一步加强社会组织和基金会制度建设，提升社会形象，培育公益意识，2008 年天津市先后下发了《关于社会团体开展自律与诚信建设活动的通知》和《关于进一步加强民办非企业单位自律与诚信建设深入开展信息公开和承诺服务活动的通知》，通过加强制度建设，开展各种形式的社会公益活动，引导社会组织建立民主运行机制，更好地服务于经济社会、和谐社会。其一，首次将民办非企业单位信息公开和承诺服务工作与年检挂钩，促进其进一步健全内部规章制度、完善信息披露制、建立服务承诺机制。其二，在北京奥运会召开之前，联合天津市社会科学界联合会、天津市社团发展促进会、天津市体育总会等 12 家有代表性的社团向全市社会团体发出迎奥运倡议书，号召社会团体树立为奥运会服务的主人翁意识，

为社会各界参与奥运会提供人力、物力支持和组织载体。其三，在支援四川抗震救灾过程中，天津市社会组织积极响应，踊跃捐款捐物，宝坻区、津南区部分社会组织通过义卖、献血、祈福等形式支援灾区。据不完全统计，全市各类社会组织累计捐款捐物 560.41 万元，组织动员各会员单位捐款累计近 2.45 亿元。

二是稳步推动社会团体评估试点工作。为推动社会团体的自身建设，促进其管理的科学化和规范化，选择市属行业协会、基金会以及和平、塘沽、开发区的公益性社会团体为评估试点单位。制定了《天津市社会团体、基金会评估暂行办法》，从基础条件、内部治理、工作绩效、社会评价等方面衡量参评单位资质。参加试点的 10 家行业协会、商会中，有 2 家获得 5A 级社会团体称号，7 家获得 4A 级，一家获得 3A 级。

三是开展规范行业协会服务和收费专项治理工作。为规范行业协会收费行为，杜绝强制入会、摊派会费、违规评比等现象，促进行业协会健康发展，与市发改委联合下发了《关于开展行业协会规范服务和收费行为专项治理工作的通知》，对行业协会收费和服务行为作出了明确规范，并要求行业协会对照要求进行自查和整改。

四、加强依法行政，强化监督管理，不断增强执法监察力度

一是完善审批服务功能，加强窗口建设。继续做好行政许可中心的审批工作，坚持服务第一，依法行政。积极探索网上审批途径，加强部门信息化建设，着力加强服务质量和审批效率。同时，塘沽、河东、宁河等区县也克服人手少、工作量大的困难，全心全意为人民服务，在区级行政许可中心获得了多项荣誉。树立了公共服务型政府的良好形象，工作人员的开拓创新能力、干部队伍的整体素质得到进一步提高。

二是年检与培育监管相结合，形成管理合力。依据“提高效率、严格把关、便民高效”的整体思路，采取领导统筹与分组承包相结合的工作方式，在坚持“一站式”服务、联合年检的同时，采取基金会网上年检、上门服务和座谈会等创新形式，将年检与社团评估、诚信建设及执法监察相结合，确保年检工作按时高效完成。

三是清查驻津全国性社会团体及分支机构，加强沟通联系。为全面掌握驻津全国性社会团体和分支机构情况，通过实地走访、查找档案等办法进行逐一查找核实。目前驻津全国性社会团体 12 家和分支机构 187 家的情况基本得到确认。通过走访，加强了了解，拉近了距离，对于今后促进全国性社会团体参与天津经济社会建设创造了有利条件。

四是做好对区县执法监察工作的指导，完善联动机制。为加强对区县执法工作的指导，组织召开了区县工作座谈会，就年检中出现的典型违法案例进行实证讲座，探讨解决方案。以实例做佐证，贯彻依法执法理念，培育执法人员素质。与国家安全部门联合，为区县主管领导和主要业务主管单位负责人举办安全防范知识专题讲座，着重强调在奥运期间提高防范意识，做好社会组织工作，提高处理突发事件的能力。目前，河北、河西等区县已建立起了社会组织管理网络，为加强监督，及时掌握发展动态，跟踪服务提供了便利。

五是防微杜渐，维护稳定，加大日常监管工作力度。为深入落实重大活动备案制度，天津市下发了《关于进一步加强社会团体重大活动事先报告制度的通知》，随时掌控社会组织动态，做到防范在前，执法在后。同时，加大违法案件查处力度，对非法开展活动的社会组织坚决予以取缔。市民政局共接到举报案件5起，并依据不同情况实行分类处理。深入调查研究，以说服教育为方式，以执法为手段，采取多种形式办案。

2008年，全市各级登记管理机关根据围绕一个重点、抓好五个结合、落实四个服务的工作思路，突出创新工作，完善管理机制，各项工作扎实推进，逐渐形成了全方位多层次的管理机制。大力促进社会组织向自主发展、自主运行、自我管理、自我约束的方向转变，为其创造一个和谐发展的管理环境。

河北省社会组织建设与管理工作综述

河北省社会组织管理局

2008年，河北省社会组织建设与管理工作按照民政部和省委、省政府的工作部署，以法制建设为基础，以培育发展和监督管理为重点，以强化自身建设为目标。坚持突出重点，狠抓落实，开拓创新，务求实效，圆满地完成了各项工作任务，为社会经济发展做出了积极贡献。

一、强化法制建设，推进依法行政

推进依法行政是新形势下规范全省社会组织管理工作的重要任务，2008年，加强了对社会组织管理工作的法制建设，一方面坚持做好社会组织登记注册和管理；另一方面坚持抓法规、规章的出台，创新立法，规范管理，强化了社会组织的法制建设，制定出了符合实际的管理办法和措施，有力地保障了河北省社会组织管理工作的顺利开展。

（一）出台省级规范性文件，扎实做好民办非企业单位民事主体资格变更工作

按照《民政部关于民办学校民事主体资格变更有关问题的通知》要求，结合河北省民办非企业单位具体情况，认真对民办学校民事主体资格变更工作进行了安排和落实。一是主动牵头与有关业务主管单位省教育厅、省劳动和社会保障厅进行沟通，及时就办理民办学校民事主体资格的变更、财产移交、列入登记的条件等事项进行研究，对可能出现的问题制定了相应措施。二是与省教育厅、省劳动和社会保障厅三部门会签并下发了《关于转发民政部〈关于民办学校民事主体资格变更有关问题的通知〉的通知》（冀民［2008］83 号）和《关于民办学校民事主体资格变更有关问题的通知》（冀民［2008］84 号），并根据通知要求做出了具体规定。

（二）起草两个管理条例的实施办法，积极促进社会组织管理立法

为推动全省社会组织管理工作法制化建设，河北省民政厅于 12 月 30 日召开了河北省研究制定社团、民非两个条例实施办法工作会议。省民政厅厅长古怀璞出席会议并作了《统一思想、明确任务、努力开创社会组织管理新局面》的重要讲话，副厅长陈先琴对 2009 年的工作提出了具体要求，省政府法制办、省财政厅、省民政厅法规信访处的有关领导以及 11 个设区市、22 个扩权县（市）民政局主管局长社会组织管理局（处、科、股）长、主任以及省属社团代表、管辖社会组织较多的大口业务主管单位共 100 余人参加了会议，社会组织管理局王国欣局长作最后总结发言，会议听取了各设区市、扩权县（市）关于各地 2008 年社会组织管理及机构建设的情况和意见，并要求各设区市、扩权县（市）民政局要认真反复研究、修改、论证，与会代表要尽快拿出修改意见。

经过努力，目前《河北省社会团体登记管理条例》实施办法（草案）已经列入省政府法制办 2009 年立法工作计划，标志着河北省在推进立法方面迈出了坚实的一步，也为推动全省社会组织的健康发展奠定了良好的基础。

二、采取积极措施，认真做好社会组织的管理工作

依据《社会团体登记管理条例》、《民办非企业单位登记管理暂行条

例》、《基金会管理条例》三个条例和《行政许可法》、《行政处罚法》的有关规定，按照河北省政府效能办、省纪检委和民政厅党组对行政许可事项进行审批的要求，对涉及社会组织管理局的12项行政许可和行政处罚权力运行程序情况进行了认真整改，对登记管理工作的程序进行了规范和梳理，依法完善和健全了工作制度和严格的行政审批管理办法。

（一）规范社会组织注册登记程序

一是优化行政审批流程，提高行政许可办事效率，从当事人申请办理时的"一次性告之"——通知当事人补正材料——申报材料齐全完成行政许可审批，尽量压缩行政审批时限，为当事人提供方便。二是注重提高服务质量，对每位上门办事的同志认真听其要求，认真解答政策咨询，实行局长现场办公责任制。三是按照推进政府信息公开、政务公开和行政权力公开透明运行"三公开"要求在"河北社会组织网"上公布社会组织从受理、审核到审批各个环节的责任、标准、时限和要求，使所有日常登记管理工作公开透明。四是将注册登记、变更登记和年检结果以及撤注销的情况在河北省效能网、河北省社会组织网上进行公布，加大社会监督的力度，得到了省政府效能办的赞同。

截至2008年底，全省各级民政部门注册登记社会组织17422个，其中社会团体9639个、民办非企业单位7762个、基金会21个，省本级注册登记全省性社会组织933个、社会团体742个、民办非企业单位170个、基金会21个。

省本级2008年办理新成立社会团体31个、民办非企业单位12个、基金会5个，办理社会团体分支机构36个、社会团体变更登记139个、民办非企业单位变更登记12个。严格的规范审批登记程序，为全省的社会组织确立了法律地位，同时进一步营造了良好的发展环境。

（二）以科学发展观为指导，不断探索社会组织管理工作新领域

2008年，河北省民政厅深入学习实践科学发展观教育活动，用科学发展观指导社会组织管理工作，不断探索社会组织工作的新领域，对新形势下不断发展变化的民办非企业管理中出现的问题，在熟悉和掌握政策的基础上，勇于创新，大胆开拓，开创了社会组织管理工作新局面。

对于民办学校的合并与注册登记工作在河北省尚属首次。河北省教育厅曾对省属石家庄白求恩医学专修学院（合伙）、河北冀联医科专修学院（合伙）、河北新华医科专修学院（个体）三个民办医学类院校合并为"石家庄医科高等专科学校"，下发了批复，实施学历教育，颁发了《中华人民共和国民办学校办学许可证》，但历时三年，未做注册登记实现法律意

义上的实质合并。为做好新形势下社会组织登记管理工作，依照国家有关法律法规和相关政策规定，在深入调研的基础上，2月至6月间，省社会组织管理局黄冬贤副局长、刘远同志三次到该校宣讲相关法律法规和政策规定，并拟定了“石家庄医学高等专科学校三校合并实施方案”，在征求了省教育厅同意的基础上，指导该校顺利完成了原三校的注销登记和新学校的注册登记，实现了平稳过渡，使该校7月份高校招生工作如期进行，达到了民办学校的办学投资方、业务主管单位和登记管理机关三满意，产生了良好的社会影响。

（三）以年检为契机，着实抓好社会组织执法监察工作

2008年，河北省的社会组织管理工作，坚持“培育发展和监督管理并重”的方针，加大了监管力度，利用年检工作时机，切实抓好社会组织执法监察工作。一是周密部署年检工作，2月上旬制订了切实可行的年检工作方案，并采用寄发文件和网上通知的方式，对年检工作进行详尽的讲解。二是制订详细的年检工作流程，实施了对省属社会组织的年检工作。即：社会组织递交年检材料→会计师审核财务报表→管理人员审核全部年检材料→做出年检结论。三是公布年检结果，6月23日在“河北省社会组织网”和《河北日报》以“河北省民政厅公告”形式公布了年检结果。此次年检，重点检查了社会组织遵守法律、法规和国家政策情况、按照章程开展活动情况、财务与固定资产管理及票据使用和收费情况、变更事项和分支机构、代表机构登记情况。

通过年检，确定为合格的社会团体为667个，不合格社会团体56个，合格民办非企业单位130个，不合格民办非企业单位20个，合格基金会11个，不合格基金会5个。注销社会组织8个，撤销社会组织14个，对未按规定参加年检的18个社会团体、13个民办非企业单位、3个基金会做出了处罚决定。

（四）严肃查处非法、违法社会组织

认真贯彻党中央、国务院关于“培育发展和管理监督并重”的方针，针对河北省社会组织面广、情况复杂的实际，在人手、经费、执法设备都十分欠缺的条件下，抽出力量对群众举报的非法、违法社会组织，依照法律法规做出了严肃处理，全年共查处违法违规社会组织20个。

（五）打造平台、创新载体，努力扩大信息宣传工作

社会组织管理工作进一步加大宣传力度，充分利用《中国社会组织周刊》、中国社会组织网和河北省社会组织网等信息宣传平台，扩大信息宣

传工作。一是在全省各级登记管理机关和社会组织中建立信息宣传联络员；二是加大投入，动员各级社会组织和各级主管领导亲自抓社会组织重大活动的宣传报道，其中石家庄、张家口两市投入经费建起了社会组织信息网（页），有了独立的宣传阵地，沧州、唐山两市主动与当地新闻媒体联系，在本地报纸上开辟专栏，宣传社会组织在构建和谐社会中的作用和社会组织有关法规政策。通过宣传信息，提升了社会组织的社会形象，产生了良好反响。

参与了编写《河北民政工作30年年鉴》工作，省社会组织管理局黄正权、黄冬贤同志分别撰写了其中的“社团管理”“民非管理”“基金会管理”篇章，达4万余字，被省地名档案馆收录和发表。

三、抗震救灾，情系灾区，心系灾民

（一）积极组织全省各级社会组织投入抗震救灾活动

2008年5月12日，汶川发生大地震后，第二天社会组织管理局立即召开局务会议，在河北省社会组织网上发出了《河北省社会组织管理局致全省性社会组织抗震救灾倡议书》，组织动员全省社会组织响应党中央、国务院号召，以高度的社会责任感积极参加抗震救灾行动，发扬“一方有难、八方支援”的精神，积极踊跃向灾区捐款捐物。据统计，在抗震救灾期间，组织全省接收捐款共计3358万元，接收捐赠物资折价348万元，向灾区拨款数或转交其他机构捐款2812万元，其中向四川灾区拨款143万元，转交到民政救灾捐赠中心或省红十字会等其他机构捐款数3810万元，采购物资所用捐款4055万元，参与志愿服务人数达180余万人。

（二）各市积极响应号召，投入抗震救灾活动

石家庄市属社会团体在汶川发生特大地震后，积极响应党和国家号召，迅速行动起来，纷纷向会员发出倡议，开展形式多样的“送温暖、献爱心”募捐、义演活动，充分发挥了社会团体的作用。据统计，全市共为灾区捐款3673万元，捐赠物资1454万元。廊坊市社会组织响应市委、市政府号召，发扬了“一方有难、八方支援”精神，迅速开展抗震救灾捐赠活动，三天时间就组织社会组织捐款23767.5元。迁安市民政局在地震发生后也立即发出公开信，倡议社会组织积极为灾区群众捐款捐物，广大社会组织积极响应，纷纷踊跃捐款。迁安市慈善协会、迁安市私营个体经济协会、迁安市红十字会、迁安市埠外商会等20多家社会组织共向灾区捐赠人民币共计320多万元。

四、加强自身建设，增强执政能力

（一）加大业务培训力度，努力提高工作能力

一是加强对干部的培训力度，从提高业务管理水平和执法监察两方面，提高社会组织干部队伍的业务知识和工作素质，组织了对全省11个设区市和22个扩权县（市）的社会组织管理干部进行业务培训学习活动，通过参加学习活动，提高了依法办事能力和执法监督管理能力。二是组织全省范围内的社会组织会计人员进行了国家非营利组织会计培训，聘请会计师事务所人员进行了专题讲解。三是强化业务主管单位职能，12月份出台了专题文件，并组织召开了全省性社会组织业务主管单位座谈会。

（二）认真履行职责，树立良好的服务窗口

以学习实践科学发展观为契机，深入开展全省社会组织管理干部自律和诚信建设，认真履行岗位职责，努力树立良好的形象。一是树立文明的服务窗口，提高行政许可大厅工作效率和办事效率，礼貌待客，热情服务；二是在干部的廉洁自律方面，努力提高干部的自身素质，杜绝办事拖拉和扯皮事件的发生；三是履行岗位职责，落实现场办公制度，使全省社会组织管理工作的服务水平、办事效率不断得到提高。

（三）积极争取机构编制和行政专项经费

一是积极争取河北省社会组织管理局的编制，2008年7月，向省政府递交了《河北省民政厅关于社会组织登记管理工作的情况报告》和《河北省民政厅关于加强社会组织管理局机构编制的请示》，在省委、省政府主要领导的批示和省民政厅人事处的帮助支持下，省民政厅又先后向省编办递交了《河北省民政厅关于申请社会组织管理局机构编制的函》及《河北省民政厅关于全省各级社会组织登记管理机构现状调查和有关建议的函》，省编办已同意将增加编制的情况纳入明年政府机构改革通盘考虑中。二是积极争取省财政的经费支持，根据省社会组织管理工作的工作任务，向省民政厅计财处和省财政厅反映了工作情况，递交了关于申请行政许可专项经费的请示，得到省财政厅的理解和支持，增加了行政许可的专项经费，保证了社会组织管理工作正常开展。

山西省社会组织建设与管理工作综述

山西省民间组织管理局

2008年，山西省社会组织建设与管理工作积极贯彻落实全国社会组织建设与管理工作经验交流会议精神，以发展为前提，以建设为核心，以培育和监管为基本手段，以充分发挥社会组织的积极作用为根本目的，创新社会组织登记管理、服务工作，突出重点，狠抓落实，从规范管理、优化结构、发挥作用上下工夫、求实效。在社会组织培育发展、监督管理和自身建设等方面取得了较好的成效。社会组织布局和结构进一步优化，质量有所提高，各类社会组织在提供公共服务、反映社会诉求、促进社会发展方面发挥了越来越重要的作用。

一、加快培育发展社会组织工作

重点加大了对行业协会、商会、农村专业经济协会等社团组织，科技、教育、环境等领域的民办非企业单位和基金会的培育力度，使社会组织的发展明显加快。随着经济的快速发展，公民依法结社、创办民办非企业单位和基金会的意识迅速提高。

一是加快推进行业协会改革与发展步伐，贯彻《国务院办公厅关于加快推进行业协会商会改革与发展的若干意见》精神，通过走访、座谈等方式，与有关社会组织及其业务主管单位落实《山西省促进行业协会发展规定》，促进政府将部分职能移交给行业协会。省本级2008年新登记社会团体37个。

二是培育发展教育、科学、文化、体育、卫生、环保、社会福利等领域的民办非企业单位，这些社会组织通过开展丰富多样的活动，在促进山西省经济发展、活跃社区文化生活、提高人民群众的公益意识、缓解政府公共服务功能不足等方面，发挥了积极作用。这类社会组织2008年新登记了45个。

三是抓好基金会等公益性组织的培育发展，积极鼓励个人和企业以自有资产从事慈善事业。慈善事业能否健康发展，很大程度上取决于慈善组织自身建设如何，取决于慈善组织是否具有社会公信力。因此，我们一方面大力发展各类慈善组织，特别是公益性基金会。公益性基金会近几年发展很快，山西省已登记 22 家。另一方面，大力加强慈善组织的自身建设，实行阳光运作，管好用好捐赠款物，切实提高慈善组织的社会公信力。2008 年 2 月，山西省民政厅专门下发基金会信息公布工作的通知，对基金会向社会公布的信息的内容、格式及相关要求进行了规范，并明确规定不合格的基金会、慈善组织不得接受社会捐赠，评估中不够等级的不得享受公益性捐赠税前扣除资格。从而进一步规范慈善组织的运行程序，夯实慈善事业发展的基础。基金会 2008 年新登记了 2 个。

截至 2008 年年末，在山西省民政厅注册登记的社会组织共计 1234 个，其中社团 847 个，民办非企业单位 366 个，基金会 21 个。

二、依法行政，规范行政审批

根据山西省行政审批制度改革工作领导组办公室《关于推行网上行政审批建立电子监察系统的通知》（晋审改办发［2008］1 号）精神，切实做好社会组织登记管理工作。我们按照通知要求，对 14 项行政许可和 1 项非行政许可做了进一步的梳理和优化，制定出 14 项行政许可的流程图，以方便群众办事。流程图的制作均按照有关规定，力求细致、实际、准确、完善。办事流程图全部在“山西民政网”上予以公布，并提供相关审批事项表格下载。此外，我们加强行政服务窗口规范化建设，严格履行向社会公开作出的承诺，严格接待日制度，每周二、四日上午政务大厅接待来访人员，方便了申请人办理社会组织登记事项。山西省民间组织管理局印制了有关社会组织行政许可规范的格式文本，包括行政许可项目受理、告知、交接、许可、不予许可等审批文书，以严格行政许可操作，规范行政许可行为，提高大厅运行基础水平。严格许可文书的使用，坚持按行政许可法的有关规定办事，完善档案制度。

三、加强对社会组织的监管

1. 加大了对社会组织的年检力度，密切与质监、税务、银行部门的合作，使得年检工作有效开展。一是确保在规定的时间年检。在规定的时间内对社会组织实施检查，关键是社会组织应在规定的时间内接受检查。山西省目前采取的是在社会组织登记证书的副本上打印了“每年 3 月 1 日至 5 月 31 日年检，未检无效”的文字，社会组织在拿到登记证书的那天起对年检就有了记忆。二是逐项检查年检事项。重点检查其基本事项与登记证书的登记事项是否一致；财务、经济状况一定要有财务人员、财务负责人签字和财务专用章；业务主管单位必须签署意见并加盖公章；变更登记事项是否按程序办理变更登记手续；重大活动是否报告等。三是对在年检过程中检查出来的问题督促整改。对不合格的发出限期整改通知书，通知其实施整改。被要求整改的社会组织都必须按照要求进行整改。

2. 落实《民政部关于进一步做好民办高校登记管理工作的通知》精神，与有关部门联系，共同做好民办高校的登记工作。在民办高校登记过程中，在严格审查其法人资质和章程后进一步简化登记手续，缩短办理时限，提高登记效率，受到了广泛赞誉。

3. 积极开展了规范行业协会、市场中介组织服务和收费行为的专项治理工作。认真贯彻落实山西省监委等 6 部门《关于规范社团、行业和社会中介组织工作的通知》和省发改委等 10 部门《关于印发〈山西省行业协会、市场中介组织服务和收费行为集中整治和长效机制建设工作方案〉的通知》文件精神。以“规范社团、行业和社会中介组织工作协调会议”为平台，加强与有关业务主管单位的沟通，加大了对这类社会组织的监管力度。着力解决行业协会和市场中介组织服务和收费行为不规范、损害企业和群众利益等突出问题，充分发挥行业协会在经济、社会建设中的重要作用，理顺政府与行业协会和市场中介组织关系，赋予行业协会相对的独立性。努力建立健全管理制度，做到有规可依，有章可循，将行业协会纳入规范化、制度化管理轨道，逐步建立起行业协会和市场中介组织规范发展长效机制。

四、号召、动员全省社会组织积极投身到抗震救灾的斗争中去

山西省民政厅在汶川地震后，贯彻落实民政部和省委、省政府号召，及时向省直社会组织发出《关于动员社会组织向地震灾区募捐的通知》（晋民字［2008］61 号），动员所有社会组织开展募捐、救助和力所能及的工作。省直各社会组织号召或组织向灾区捐赠款物折合人民币近亿元，其中有关公益性组织累计接受社会捐赠达到 2000 多万元，基金会募捐款额超过 800 万元。

五、对各市社会组织管理工作机构作了调查

通过问卷调查、走访调查等多种形式，初步掌握了市、县两级社会组织管理机构设置、人员情况、近 3 年经费保障等情况。调查结果显示，各市除朔州外，均建立有社会组织管理机构；11 个市共有社会组织管理人员编制 25 名，实有人员 27 人；只有 3 个市在近三年落实了专项工作经费。

县一级，只有8个县（市、区）建立有专门机构或配备了专职工作人员。

六、加强信息化建设

在山西省民政厅领导的大力支持下，完成了社会组织网上审批系统的开发工作，方便了社会组织网上申报。鼓励社会组织通过网上审批系统提交行政审批材料，民间组织管理局还按照有关要求，正在积极做好网上行政审批与省监委电子监察系统的联网。

总的来说，2008年是山西省社会组织建设与管理工作与时俱进、开拓创新、深入发展、成果丰硕的一年。全省各级社会组织登记管理机关开拓进取，求真务实，重点工作有新进展，基础工作有新成效，整体水平有新提高，全省社会组织建设与管理工作上了一个新台阶。但也有一些问题不容忽视。一是落实《山西省促进行业协会发展规定》不够。规定中赋予行业协会的十项职能，在一些行业中难以得到有效落实。二是双重负责的管理体制落实不够。一些业务主管单位对这项工作重视不足，既没有指定的具体机构，也没有指派专人负责，业务主管单位的职责难以履行。双重管理体制能否贯彻落实，直接影响着社会组织管理的质量、效能，关系到社会组织的健康发展。三是社会组织执法检查工作力度较弱。社会组织数量与日俱增的同时，违法行为也逐渐增多，不经登记擅自开展活动的非法社会组织也时有出现，但民政部门现有的力量、手段不足以有效查处违法行为和非法组织。这些问题需要在今后的工作中着力解决。

内蒙古自治区社会组织建设与管理工作综述

内蒙古自治区民间组织管理局

2008年，在内蒙古自治区民政厅党组的正确领导下，社会组织管理工作认真贯彻党的十七大关于加强社会组织建设与管理的重要精神，继续解放思想，实事求是，一手抓培育，一手抓管理，着力调查研究，探索推进体制机制创新，按照健全组织、提升能力、培育扶持、规范管理、发挥作用的基本思路，使全区社会组织随着自治区经济社会的发展得到了快速、健康发展。

一、开展了2007年度社团、基金会和民办非企业单位年检工作。全区应参加年检的社会团体5190家，其中年检合格5073家，注（撤）销117家，全年新登记注册社团719家，社团数量比上年增长14.2%。全区各类社团从业人员达86610人，注册资产总额14294.4万元，资产总额达11810.45万元，年收入达2175.67万元。

全区应参加年检的民办非企业单位2232家，年检合格2136家，年检撤销96家，全年新注册320家，民办非企业单位年末数量比上年度纯增14.98%。全区民办非企业单位从业人数达到38448人，注册资产49577万元，总资产达84110.1万元，年收入达12222.26万元，交纳税收841.68万元。

全区应参加年检的各类基金会46家，年检撤销4家，合格42家，其中公募性28家，非公募性14家，全年新注册基金会11家，基金会总数比上年纯增26%。据统计，全区42家基金会资产总和2.0568亿元，净资产1.75亿元，每个基金会平均为428万元。全年基金会总支出4216.8万元，其中公益事业支出3906万元，占总支出的92.6%，工资行政支出310.31万元，占总支出7.36%。全年基金会总收入为9914.87万元，其中捐赠收入6608万元，提供服务收入1495.25万元，商品销售收入7.2万元，政府补助1657.5万元，投资收益146.7万元。

由于各级民政部门领导的重视，加强了工作力度，社会组织保持了较快的发展态势，在经济社会发展中发挥着不可替代的作用。据统计，呼伦贝尔市社会组织比2002年增加了2.4倍，年均增长46%。海拉尔各类社会组织比2002年增加了5.9倍，年增幅高达102%。随着全区经济形势的好转，与经济发展相关的社会组织的发展迎来了新的契机，特别是新农村、牧区建设及和谐社会建设的推进，为基层社会组织的快速发展创造了空间，使农村牧区专业经济协会和社区社会组织有了快速健康的发展。

二、2008年上半年，分别在包头和通辽市召开了由民政局分管局长、民管科（局）长参加的全区社会组织管理工作座谈会，传达贯彻了2007年在南京召开的全国社会工作经验交流会议精神，安排部署了全区今后的社会组织管理工作。

三、根据内蒙古自治区纪委关于开展社会组织预防腐败调研工作的通知要求，组织有关人员先后在呼市、包头、通辽等地深入到教育、建设、民政、文化、卫生、国资、文联、科协等部门所属的社会组织，对如何进一步做好新形势下社会组织预防腐败工作进行专题调研并撰写了《社会组织预防腐败的调研报告》。

四、按照内蒙古自治区党委组织部的要求，为进一步落实和改进社会组织党建工作，及时了解社会组织的党组织、党员状况，确定了社会组织实行党建工作“年检登记”制度，并与自治区党委组织部联合下发了关于社会组织党建工作实行“年检登记”制度通知。据统计，全区社会组织中拥有党员数量111116人，已成立党的基层组织的480家，应建党组织而未建立的2878家，仅有个别党员的2274家，没有党员的172家，加强和改进社会组织党建工作任务繁重，需要进一步加大工作力度。

五、加强了执法工作力度，对两起社会组织违法违纪案件和非法活动情况进行了查实，并和有关部门配合，对一些社会组织的违法行为进行了查处。

六、按照全区第二次经济普查领导小组要求，对民政部门登记的各类组织基本数据进行了汇总，并建立了数据库。根据领导小组安排，对呼伦贝尔市经济普查工作进行了督查。

七、与中国民促会共同举办了“内蒙古和谐社会发展与民间组织能力建设项目研讨会”，邀请清华大学NGO研究所及中国民促会专家教授进行了专题讲座。十二个盟市民管科（局）长及部分社会组织代表共计120人参加了研讨会。此次活动将推动自治区社会组织管理和服务上一个新台阶，为社会组织之间的合作、社会组织与政府间的交流提供了一个长期的渠道和平台。

八、四川汶川地震发生后，内蒙古自治区民间组织管理局及时在民管网上发布“倡议书”，号召各级社会组织开展向灾区送温暖献爱心活动。倡议得到了广大社会组织的积极响应，据不完全统计，全区各级社会组织共向灾区捐款2500多万元。

辽宁省社会组织建设与管理工作综述

辽宁省民间组织管理局

2008年，辽宁省民间组织管理局认真贯彻党的十七大精神，主动适应新时期社会主义现代化建设和振兴老工业基地的需要，进一步开创社会组织建设与管理工作新局面，大力推进辽宁省社会组织健康发展。截至2008年末，全省社会组织发展呈稳步上升趋势，社会组织数量达到18051个，比上年增长了5.4%。其中社会团体9738个，比上年增长5.9%；民办非企业单位8287个，比上年增长4.7%；基金会26个，比上年增长23%。省本级社会组织836个，其中社会团体632个，民办非企业单位178个，基金会26个。

一、适应形势，建章立制，政策法规建设取得新进展

为适应经济社会发展的新形势，顺应社会组织快速发展和发挥更大作用的新要求，辽宁省民间组织管理局起草、修订和出台了一系列扶持培育和规范管理社会组织的新政策，为实现社会组织健康有序的发展提供了制度保障。在辽宁省民政厅领导的关心下，经过与省人事厅、省劳动和社会保障厅的多次协调，联合下发了《关于印发辽宁省社会组织人事管理办法的通知》（辽民发［2008］17号）；与省监察厅、省财政厅、省地税局、省物价局和省纠风办等单位联合下发了《关于社会组织税务登记和收费管理有关问题的通知》（辽民发［2008］39号）。这些政策基本形成了社会组织人事、工资福利和税务等方面的一揽子解决方案，填补了国内相关领域的空白。此外，与省社科联联合下发了《辽宁省民办社科研究机构登记管理暂行办法》（辽民发［2008］11号）；与省教育厅、省劳动和社会保障厅联合下发了《关于印发辽宁省民办学校章程示范文本（试行）的通知》（辽民函［2008］66号），完善了民办非企业单位的登记与管理政策。

二、分类指导，突出重点，社会组织培育发展推出新举措

辽宁省民间组织管理局结合本地实际，加强分类指导，有重点地培育发展了行业协会、农村专业经济协会、社区社会组织、公益性社会组织和民办非企业单位，取得了一定的成绩。

一是在促进行业协会改革方面，为认真贯彻十六届三中全会提出的“按照市场化原则规范和发展行业协会、商会等自律性组织”的要求，落实十七大关于“规范发展行业协会和市场中介组织”的部署，根据国务院办公厅下发的《关于加快推进行业协会商会改革和发展的若干意见》（国办发［2007］36号）和《辽宁省人民政府关于促进行业协会发展的若干意见》（辽政发［2004］20号）的有关规定，积极推进了行业协会改革。目前辽宁省共有行业协会2400多个，占全省社团总数的24%左右，在促进经济社会发展中发挥着重要的作用，但与发达地区仍有一定差距，发展还相对滞后。辽宁省民间组织管理局抓住振兴东北老工业基地的契机，迎难而上，不回避矛盾，以提升行业协会能力、发挥行业协会功能为主线，在

去年行业协会试点改革的基础上，对一些不符合产业升级要求和日趋萎缩行业的协会，进行了归并、重组与改造。根据民政部的指示精神，在辽宁省民政厅领导的大力支持下，省民间组织管理局在行业发展成熟、市场竞争充分的茶业行业领域探索了一业两会的形式，通过适当的竞争提高了服务质量。通过优化结构和布局，行业协会质量稳步提高，初步实现了民间化运作，发挥了提供服务、反映诉求、规范行为的作用，推动了地方经济社会发展，也为政府职能转变创造了有利条件。目前，运转协调、行为规范、诚信自律、作用明显、与经济社会发展相适应的行业协会体系正在全省逐步建立。

二是在推进农村专业经济协会发展方面，十七大报告提出要“加大支农惠农政策力度”“以促进农民增收为核心”“提高扶贫开发水平”。在辽宁省委省政府和民政厅党组的大力支持下，抓住农业、农村和农民这个事关全面建设小康社会的大局，结合自身职能，继续推进了农经协扶贫帮困活动。在民政部召开的“全国社会组织建设与管理工作经验交流会”上，省农经协扶贫帮困作为典型经验进行了发言介绍。2008 年，辽宁省民间组织管理局着手在全省开展了对农经协现状及未来发展情况的专题调研，总结使用福彩公益金通过农经协进行扶贫的经验，探索更为有效的扶贫方式。从调研结果看，无息借款给全省 21 个农经协的 200 万福彩公益金，帮扶困难群众 683 户，被帮扶对象共脱贫 336 户，脱贫率为 49.19%，致富 71 户，致富率 10.39%。被帮扶对象总收入 870.5 万元（户均总收入 12745.24 元，人均总收入 4248 元），其中增收 366.2 万元（户均增收 5360 元，人均增收 1786 元）。农经协扶贫在巩固传统扶贫模式的基础上，合理配置、整合了有效资源，发挥了农业的基础性作用，促进了农民共同富裕，有力地推进了社会主义新农村建设。

三是在培育社区社会组织方面，把培育社区社会组织，建设和谐社区作为构建和谐社会的切入点，积极探索社区社会组织发展和规范的办法。根据社区社会组织特点，要求简化登记手续，探索备案管理，并逐步扩大社区社会组织登记和备案试点。沈阳市、铁岭市等地已经制定了社区社会组织登记管理办法，正逐步推广经验，待条件成熟后，将制定全省社区社会组织登记管理办法。此外，辽宁省民间组织管理局领导多次利用节假日，应邀深入沈阳市铁西区等地进行社区社会组织建设与发展的讲座，提高了基层社会组织登记与管理人员的认识，反响良好。上述举措，适应了辽宁省城市化发展的需要，为推进和谐社区建设贡献了力量。

四是在扶持公益性社会组织方面，一方面，从发展慈善事业，构建和谐社会的高度，积极扶持培育基金会和公益性社会组织，鼓励个人和企业以自有资产从事慈善事业。在辽宁省民政厅领导的大力支持下，主动承担了业务主管单位职能，解决了非公募基金会登记难的问题。2008年，成立了4家公募基金会和两家非公募基金会，总注册金超过2000万元，还有一批正在运作之中；另一方面，引导社会组织积极参加公益性活动。汶川大地震后，在辽宁社会组织信息网上发布了倡议书，号召各类社会组织捐款捐物，参加救援行动。省青少年发展基金会组织社会捐赠，购买一台大型流动医疗车；沈阳何氏眼科医院选派医护人员赴四川灾区进行巡回医疗，普及医疗知识；辽宁省浙江商会、辽宁省钢铁流通行业协会等社会组织纷纷捐款，仅辽宁省个体劳动者协会就捐款4000余万元。此外，全省社会组织也进行了书画义买义卖活动，所筹善款将全部用于扶贫，这将有力地推进辽宁省公益慈善事业的发展。

五是在鼓励社会力量兴办民办非企业单位方面，在加强民办非企业单位自律诚信建设的同时，加大了培育发展力度，将民办非企业单位培育作为社会组织管理工作的重点，省本级民办非企业单位登记的数量从2004年初的73个发展到现在的178个，增长了41%。着重培育了民办培训教育机构，共登记146个，满足了从幼儿教育到高等教育不同层次的教育需求。民办非企业单位的培育发展，繁荣了社会事业，满足了群众多样化的物质文化需求。

三、完善自律，改进管理，社会组织规范化迈上新台阶

一年来，辽宁省民间组织管理局在引导社会组织加强自身建设，开展自律诚信活动，探索建立评估机制，加强和改进执法监察方面做了大量工作，取得了较好的效果。

一是在加强软环境建设，促进社会组织科学发展方面，为认真贯彻辽宁省委、省政府软环境建设的工作要求，落实《关于开展全省社会团体清理整顿工作的通知》（辽民函［2007］81号）的文件精神，2008年年初，省民政厅与省监察厅联合召开了全省社会团体清理整顿工作会议，对全省社会团体清理整顿工作做了动员和部署。来自各省级社会团体主管单位负责人、各市监察局、民政局主管局长、业务科（处/局）长等160余人参加了会议。目前，以推进政会分开，规范财务管理，健全换届选举为重点的清理整顿工作已经基本结束。省直632个应参加社会团体清理整顿的已经申报材料454个（通过的有425个，未通过的29个），还有106个社团未申报材料（没申报的56个，业务主管单位拟统一申报的50个），拟注销、

撤销的 72 个。

二是在社会组织自律诚信建设方面，第一，通过加强对社会组织年检的财务审计，逐步更新了财务软件，规范了财务制度，实现了财务制度规范化、电算化和透明化，待财务软件全部更新后，将实现对社会组织财务的即时监督；第二，建立了基金会信息公布制度，在媒体和网络上公布基金会年度工作报告、公益活动情况和财务会计报告；第三，将社会组织列入省政府诚信体系建设试点，采集了全省 18000 多个社会组织的诚信信息，通过网站向社会公示，实现了社会组织信用数据全省共享。

三是在社会组织评估体系建设方面，根据《民政部关于协助开展行业协会商会评估工作的通知》（民函［2008］245 号）的精神，着手起草了辽宁省社会组织评估细则。在各级登记管理机关的共同努力和有关部门的密切配合下，社会组织评估指标体系已初步建成，为下一步全面开展评估工作打下了基础，2009 年将对行业协会、商会的基础条件、内部治理、工作绩效、社会评价等方面进行综合评定。

四是在社会组织队伍建设方面，针对社会组织发展快、政策多、部分社会组织负责人不熟悉业务的问题，强化了对相关人员的培训。2008 年分别举办了三期社会组织秘书长培训班和一期社会组织财务负责人培训班，基本将省本级社会组织负责人轮训一遍。通过培训，明确了社会组织非营利的宗旨，强化了责任意识，初步建立了一支业务熟悉、素质较高的社会组织专职工作队伍。

五是在社会组织执法监察方面，加大了查处非法组织和违法社会组织的力度。对辽宁省饮食文化研究会、辽宁省扑克牌俱乐部等违反条例有关规定的违法、非法的社会组织及时进行了处罚。利用勘验办公场所等机会，主动到社会组织走访检查，对发现的问题予以告诫。2008 年 10 月 29 日，召开了全省社会组织执法监察工作科处长会议，传达了国家社会组织执法监察工作的最新精神，明确了工作任务，理清了工作思路。通过处罚和教育，提高了社会组织的守法意识，树立了社会组织执法工作的权威，保障了经济社会健康发展，维护了社会稳定。

四、把握机遇，争取主动，登记管理机关自身建设有了新突破

当前，辽宁省社会组织快速发展，作用发挥日益显著。党和政府对社会组织工作越来越重视，发展好、管理好社会组织，需要登记管理机关加强自身建设，以顺应新形势，适应新要求，迎接新挑战。

一是在机构建设方面，2008 年，在辽宁省民政厅领导和有关处室的支

持下，在社会组织管理经费、设备等基本建设上取得了重大进展，更新了执法车辆，改善了办公环境。

二是在信息化建设方面，有重点、有步骤地推进了信息化建设，辽宁省社会组织信息网得到进一步完善，受到了有关部门、专家学者和社会组织的好评。目前，社会组织登记、变更、注销等流程及相关资料均在辽宁省人民政府网站、辽宁省民政厅网站、辽宁社会组织信息网上公布，并配有视频讲解，规范了工作程序。辽宁省社会组织网上还公布了局长信箱，建立了疑难问题热线，建立了有效、广泛的信息沟通渠道，为社会组织提供又好又快的服务打下了基础。

三是在宣传方面，建立了通讯员制度，明确了专人负责全省社会组织信息的收集及上报工作，通过辽宁省社会组织信息网向社会公布，同时将各市宣传绩效公布在网上。通过各种方式的大力宣传，树立了社会组织的正面形象，为经济社会发展营造了良好的氛围。

吉林省社会组织建设与管理工作综述

吉林省民间组织管理局

2008 年，吉林省社会组织管理工作坚持“培育发展与监督管理并重”的方针，在开展常规性工作的同时，立足发展，分类指导，大力发展行业性和公益类社会团体，积极培育农村专业经济协会和城市社区社团，深入开展基金会和民办非企业单位规范化建设，取得了显著成绩。截至 2008 年底，全省社会组织已发展到 16569 个，其中：法人社会团体 5094 个、民办非企业单位 3015 个、基金会 24 个、农村专业经济协会 4768 个、社区社团 3668 个。社会组织工作人员总数达到 91392 人。

社会团体按活动地域划分，省级社团有 570 个，市级社团有 1718 个，县级社团有 2806 个；按行业类别划分，科技研究类 216 个、生态环境类 129 个、教育类 229 个、卫生类 189 个、社会服务类 1188 个、文化类 447 个、体育类 198 个、法律类 59 个、工商业服务类 288 个、宗教类 76 个、农村及农业发展类 1059 个、职业及从业者组织 353 个、国际及涉外组织 17 个、其他 646 个。

民办非企业单位按性质划分，法人形式的有 1104 个，合伙形式的有

79个，个体形式的有1832个；按行业类别划分，科技研究类151个、教育类1583个、卫生类103个、社会服务类705个、文化类154个、体育类100个、法律类28个、工商业服务类41个、职业及从业者组织53个、其他97个。这些社会组织遍布城乡，涉及社会生活的各个领域，初步形成了门类齐全、层次不同、覆盖广泛的社会组织体系，成为推动经济发展、促进社会和谐的一支重要力量。

一、行业协会改革工作迈出新步伐

认真落实国办发《关于加快推进行业协会商会改革和发展的若干意见》，在全省范围开展了行业协会改革调研工作，研究吉林省行业协会改革发展的具体操作办法，代省政府起草了关于加快推进行业协会改革发展的实施意见。在全省选取11家行业协会进行了行业协会改革试点。

二、社会组织评估工作稳步推进

按照民政部的部署，结合吉林省实际，制定了基金会评估工作方案，在省本级选取了两家基金会进行了评估试点，总结了工作经验，为下一步在省级社会组织中全面推进评估工作打下了良好的基础。

三、农村专业经济协会培育工作驶向新目标

下发了《关于进一步做好培育发展农村专业经济协会的通知》，通过分析当前制约农村专业经济协会健康发展的问题，提出了发挥政府主导作用，突出地方产业特色，降低登记准入门槛，落实相关扶持政策的工作目标。各地通过学习借鉴榆树市工作经验，强化协会功能，进行合并重组等具体措施，培育了一批组织化程度高、带动能力强、发展基础好、具有地方特色的农村专业经济协会。

四、行政审批工作进一步优化

将省本级社会组织的登记与管理工作分开，重新拟定了登记管理审批程序，将社会组织登记工作全部交由吉林省政务大厅民政厅审批办负责，年检等监督管理工作由省民间组织管理局负责。实现了登记工作与管理工作的相对独立，方便了群众办事，提高了行政效率。

五、社会组织信息化建设再上新台阶

在省本级开发了年检信息系统，在年度检查工作中，进行创新年检方

式的试点，将传统的年检改为网上年检，简化了年检程序，有效地提高了登记管理机关年检工作效率，减轻了社会组织报送年检材料等工作的负担。

六、社会组织调研工作取得新进展

省民政厅与省委政研室联合开展了全省社会组织建设与管理情况调研，形成了《关于加强吉林省社会组织建设与管理的调查报告》。省民政厅还与省社科联联合开展了社会组织管理体制和运行机制研究，为社会组织统筹发展提供了有力的理论支持。

七、社会组织在抗震救灾中发挥了积极作用

四川汶川地区发生特大地震灾害后，全省社会组织迅速响应、积极参与抗震救灾工作。他们通过向相关组织和会员发倡议，发动会员单位和个人捐款捐物，积极协调救灾物资的生产和运输，选派志愿者支援灾区，对口援建抗震希望小学等方式大力支援抗震救灾工作。截至2008年7月15日，全省各类社会组织为地震灾区捐款捐物近8000万元，其中社会组织自身捐赠约500万元，发动会员捐赠近7500万元。

黑龙江省社会组织建设与管理工作综述

黑龙江省民间组织管理局

一、社会团体能力建设有新提升

一是召开了规范行业协会组织行为提醒告诫会。针对市场上擅自哄抬物价的个别现象，1月25日与黑龙江省物价局联合组织召开，并倡导黑龙江省食品工业协会、黑龙江省粮食行业协会等28家行业协会联合发出了《规范稳定市场体制倡议书》，为稳定市场、稳定物价发挥了积极作用。二是规范了社会团体的收费行为。5月份与省物价局、省财政厅、省工商局、省经委、省纠风办联合下发了《规范行业协会和市场中介组织服务和收费行为工作实施方案》，对行业协会提出了明确具体的要求，并认真履行了

牵头单位的职责。三是清理规范了各类职业资格的培训发证行为。与省人事厅、省劳动和社会保障厅、省发改委、省公安厅、省监察厅、省教育厅、省财政厅、省工商局、省物价局联合下发了《关于清理规范各类职业资格相关活动的通知》，明确要求各协会有关自定评审等级的一切活动立即停止，确需保留的项目按国家规定办理。四是推进了政社分离。利用行业协会复查登记和年检的契机，明确要求行业协会与其业务主管单位人员、财务、办公地点三分离，促进了行业协会的民间化。五是下放了异地商会的审批权限，允许市县办理审批异地商会。各地纷纷注册了一批异地商会。全省异地商会如雨后春笋般成长，有力地促进了当地经济的发展。六是启动了省级行业协会评估工作。3月份制定并下发了《黑龙江省社会组织评估工作实施方案》；4月23日召开了省属社会组织业务主管单位工作会议，对评估工作做进一步部署；结合地方实际创立了黑龙江省行业协会评估办法，制定了黑龙江省行业协会评估细则，并对各业务主管单位专门发了函；分别于5月15日、5月27日、6月4日召开了省农委、省经委、省建设厅行业协会启动评估工作会议。7月23日，从省经委所属的省家具协会开始正式启动省级行业协会评估工作。

二、民办非企业单位诚信建设有新推进

一是强化完善了诚信建设制度，制定下发了《关于开展民办非企业单位信息公开和承诺服务活动的意见》。二是组织了诚信办学活动，5月联合省教育厅组织多家民办普通高校在哈尔滨商业大学德强应用技术学院召开诚信招生誓师大会，公开向社会做出诚信办学的承诺。三是上门年检，与省教育厅联合深入省管50多所民办高校和民办助学高校进行上门年检，并就诚信情况进行调研。四是开展了诚信建设情况检查，分别深入到哈尔滨、大庆、双鸭山、佳木斯等地进行检查指导。五是制定了以民办高校为试点的评估方案，创立了民办高校评估指标体系。六是下发了《关于转发民政部〈关于进一步做好民办学校登记管理工作的通知〉的通知》。

三、基金会培育管理有新突破

一是放宽了非公募基金会的准入条件，为登记注册开辟了绿色通道。二是实行了对涉及民政业务的非公募基金会由民政部门直接作业务主管单位的准入制度。三是制定下发了基金会评估工作方案，组建了评估工作委员会。以基金会为先导，开展了省级社会组织评估工作的试点，并于5月

26日正式启动对全省26家基金会全面评估工作。经过自我评估、评估机构评估、评估委员会审定、社会公示四个阶段，最后对基金会确定了等级，以黑民管函［2008］15号文件形式发布了评估结果，并对3A级以上的颁发了牌匾，对2A级以下的颁发了证书。

四、调查研究、信息宣传有新成果

一是拓宽了调研面，结合现状与发展确定了“社会组织与政府之间的关系研究”课题，并成立了由专家学者参与的调研组。该课题被民政部作为2008年中国社会组织理论研究自选课题予以立项，9月份完成的调研报告获得民政部部级课题优良等级。二是召开研讨会。分别在佳木斯市和哈尔滨市道里区组织召开了全省社会组织管理、服务、发展研讨会和推进社会组织发展与构建和谐社会研讨会。三是建立了全省社会组织信息宣传员队伍。省民间组织管理局、各地及省属社会组织都明确了专人负责信息宣传工作。于1月份举办了全省首届社会组织及其管理工作信息宣传员培训班，并邀请知名专家进行了专题讲座。四是总结工作并表彰先进。仅黑龙江省民间组织管理局全年即在各类报刊上共发表文章信息41篇。年底对社会组织信息宣传工作的先进单位和先进个人进行了表彰，颁发了证书。五是以舆论宣传为引导，动员社会组织发挥作用。在四川地震之时和大冬会即将召开之际，及时向全省社会组织发出倡议，号召全省各级社会组织服务民生，奉献社会，彰显作用，得到了积极响应，取得了良好的社会效益。六是树立典型并集中宣传。对大庆市社会组织管理工作进行了专访，并全面总结了经验，以专题报道的形式在《黑龙江日报》专版刊发，社会反响很大。七是于3月份正式开通黑龙江社会组织网站，服务于全省社会组织。

五、整体工作有新进展

一是保质保量地完成了日常审批任务，登记管理工作年初至年底未发生行政复议及应诉案件。全年省级共受理审批各类社会组织66个，办理各种变更和年检等共879项，查非打非4起。二是完成了具有历史意义的综合文字工作，即《黑龙江志——民政志》和《民政30年——黑龙江卷》社会组织篇的编撰工作。三是召开了全省先进社会组织表彰大会和社会组织建设经验交流会，对240家先进社会组织、20个先进登记管理机关和25名先进个人进行了表彰。四是积极配合全国第二次经济普查工作，省民间组织管理局以数据提供准确、及时，被省统计局评为全省先进单位。五是完成了全省社会组织评估在佳木斯的试点工作。六是制定了《社会组织行政审批（审核）行为规范制度》，报送省纪检委并以撰写规范而受到表扬。

上海市社会组织建设与管理工作综述

上海市社会团体管理局

2008 年，在上海市委、市政府的正确领导和国家民间组织管理局的有力指导下，上海市社会组织工作认真贯彻落实党的十七大精神，深入学习实践科学发展观，坚持改革创新，加强分类指导，各项工作都取得了显著成效。

一、完善扶持政策，优化社会组织发展环境

出台发展性政策。上海市人民政府办公厅转发了上海市发展改革委、上海市民政局等三部门《关于本市进一步支持行业协会商会加快改革和发展的实施意见》，为进一步促进行业协会商会发展明确了方向和思路。上海市民政局、上海市社会团体管理局与有关部门协调出台了《关于在上海市社会团体、基金会和民办非企业单位中建立年金制度若干问题的通知》，自 2008 年起在全市社会组织中建立年金制度，切实提高社会组织工作人员的退休待遇，为社会组织留才、引才提供了政策保障。

落实扶持性政策。上海市社会团体管理局下发了《关于取消和停止征收社会团体、民办非企业单位登记费的通知》，从 2009 年起停止征收社会团体、民办非企业单位以及基金会登记费。协同上海市财税部门进一步落实《关于做好本市公益救济性捐赠机构管理工作的通知》，认定了 53 家社会组织享受公益救济性捐赠税前扣除资格。扩大社会组织工资基金管理覆盖范围，全市已有 5469 家社会组织完成了工资基金申报工作。这些政策措施的贯彻落实，有力地支持了社会组织的发展

完善相关政策措施。浦东新区建立了社会组织服务大楼，吸纳公益性社会组织、行业协会等经济社会发展迫切需要的社会组织入驻，并给予相应的财政扶持。静安区出台了《静安区公益性社会组织专项资助经费管理办法（试行）》，下发了《关于社会组织承接政府购买（新增）公共服务项

目资质的规定》，制定了《政府购买社会组织公共服务示范文本》，全年政府购买社会组织服务达2000余万元。闵行区出台了《关于培育扶持闵行区公益性社会组织发展的实施意见》，通过建立政策扶持和政府购买服务运作机制、设立社会组织发展专项资金等方式，重点培育和发展一批贴近群众、类型齐全、各具特色、公信力高的公益性社会组织。徐汇区成立了社会组织促进会，加强对社会组织的研究、指导、服务、管理、协调及咨询，引导和促进社会组织规范运作、健康发展。

二、倡导自律诚信，提升社会组织综合能力

推进社会组织规范化建设评估试点。成立了上海市社会组织规范化建设评估委员会，召开了社会组织规范化建设评估试点工作总结推进会，完成了首批41家试点单位的等级评定工作，第二批试点工作按照计划要求稳步推进。各试点区县高度重视社会组织规范化建设评估试点工作，将其列为年度工作重点，精心组织实施，不断探索和完善社会组织评估体系、评估办法和评估机制，取得了明显成效。

深化社会组织信息公开工作。进一步强化基金会信息公布，搭建基金会信息公布平台，督促各基金会向社会公开年度工作报告、开展公益资助项目等信息。加大民办非企业单位信息公开力度，上海市社会团体管理局印发了《关于做好民办非企业单位信息公开和承诺服务活动工作的通知》，明确了信息公开与承诺服务的主要内容和方式，并提出了相关工作要求。至2008年年底，全市90％以上的基金会和民办非企业单位按照要求进行了信息公开。

推进政社分离改革。工商领域社会组织政社分离工作正在有序稳步推进。闵行区市级条线垂直领导的部门和计生委系统所属社会团体的分离改革工作取得了新进展，全年有98家社会团体按照机构分设、人员分离、财务分开的要求完成了改革任务。浦东新区进一步巩固政社分离改革成果，举办了“政府职能转变与社会组织发展”论坛，积极探索政社合作长效机制。

规范社会组织财务管理。落实民政部等国家六部委《关于规范社会团体收费行为有关问题的通知》，加强对社会团体各类收费的管理。宝山区制发了《宝山区民政局关于进一步规范社会团体服务和收费实施办法》，奉贤区对全区社会团体的收费行为进行了抽查，对旧版票据进行了清理，青浦区委托中介机构积极开展社会组织财务会计信用评估，崇明县围绕规范社会团体服务和收费行为开展了专项行政检查，进一步促进了社会团体

的健康有序发展。

三、探索改革创新，提高社会组织管理工作水平

工作领域不断拓展。一是稳步推进涉外社会组织扩大试点登记，研究和解决国际学校和中外合作办学机构试点登记中的瓶颈问题，试点登记国际学校3家、中外合作办学机构1家。二是探索推进民工子弟学校的民办非企业单位登记管理工作，会同有关部门达成工作共识，形成工作规范，奠定工作基础。三是全面推开社区群众活动团队备案工作。上海市民政局、上海市社会团体管理局印发了《关于开展本市社区群众活动团队备案工作的意见》，制定了备案办法，召开了社区群众活动团队备案工作推进会，引导和促进社区群众活动团队健康发展。目前，全市备案的社区群众活动团队共有1.8万家，参加活动群众46万人。

管理手段不断创新。一是改进登记服务方式。浦东新区设立了“社会组织登记咨询接待窗口”，实现了登记与管理相分离。普陀区转变政府职能，提高行政效率，将更多事务性工作通过政府购买服务委托社会组织承担。二是以信息化为依托，全面推行网上年检。首次实现了社会组织网上填报、业务主管单位网上初审、登记管理机关网上审查的全网上工作流程，便民利民效果显著，社会组织年检参检率和工作实效等较往年有较大提高。三是强化社会监督，对年检不合格及不参加年检的56家市级社会组织及时予以公告，对社会组织的年检信息统一在“上海社会组织”网进行公示。

执法监察不断深入。一是加大对社会组织违法活动和非法社会组织的打击力度。全年共计承办案件113起，较2007年增长了29%。二是开展对名存实亡社会组织的清理处置工作。下发了《关于认真做好名存实亡社会组织清理处置工作的通知》，制定了《名存实亡社会组织公告撤销登记流程图》及相关法律文书样本，对连续两年以上（包括两年）未参加年度检查且已无法取得联系的依法核准登记的社会组织，进行了分类处置。三是做实预警网络。完成了对全市19个区（县）预警网络建设工作考评，对部分区（县）的经验和做法进行了宣传和推广，全年共培训预警网络信息员132批次、1.2万余人。此外，还组织召开了上海市社会组织执法监察工作会议，推进社会组织执法监察工作再上新台阶。

四、夯实工作基础，扩大社会组织影响

宣传工作力度加大。一是加强宣传阵地建设。进一步拓展政务网站功能，新增了“上海社会组织”期刊电子版、视频新闻等专栏，健全了网上

办事大厅功能，丰富了网上互动及便民服务内涵。二是健全信息工作网络。普陀、虹口等区建立了信息宣传长效工作机制。三是加强对社会组织工作的宣传。上海市社会团体管理局召开了长寿路街道民间组织服务中心运作经验交流推广会，浦东、奉贤等区举办了形式多样的社会组织工作主题宣传活动。宣传工作成效显著。据不完全统计，上海市社会团体管理局投稿的数量和质量在全国各省（市）民管局中名列前茅，全年全市共有97条信息和文章被《中国社会报》社会组织周刊登载，被民政部采用的信息达128条；被“中国上海”门户网站录用各类信息758条，在全市42家参评委办局中名列第七。

理论研究持续深入。一是组织理论研讨。普陀区和中央编译局比较政治与经济研究中心联合举办了“第六届中国政府创新论坛暨民间组织与社会管理学术研讨会”，来自全国著名高校、研究机构和政府部门的70余位专家学者共同探寻社会组织改革发展的突破口。二是开展工作调研。完成了国家民管局交办的社会组织预防腐败以及《社团内部治理结构和个案分析研究》等课题。配合国务院法制办、国家民管局开展了《民办非企业单位登记管理暂行条例》立法后评估及有关问题调研。完成了上海市社区公益性社会组织参与民生服务、建立长三角区域性行业协会以及公益信托式慈善捐赠等专题调研。各区县也结合本地实际，有针对性地开展了系列调研，促进了社会组织的健康发展。

机关建设不断加强。一是健全完善机构。上海市社会团体管理局内部增设了政策协调办公室，专门负责全市社会组织地方性法规的研究起草、相关政策措施的协调及专项事务的办理。二是加强培训。编辑了《上海市基金会发展与管理工作材料汇编》，组织了“民间非营利组织会计制度”“社会组织专职管理人员岗位培训”等社会组织专业培训，开展了登记管理机关工作人员信息宣传和执法业务等培训。三是加强学习交流。组织市区两级社会组织登记管理机关工作人员省际学习考察，提高了工作人员的整体素质。

五、勇担社会责任，社会组织作用日益凸显

抗击雨雪冰冻灾害。上海市社会组织充分发挥专业优势，围绕“保交通、保供电、保民生”，努力调动社会资源，积极开展抗雪救灾各项工作。上海市社会工作者协会组织发动20多名社工在旅客滞留集中的上海火车南站开展特色外展活动。普陀区长寿路街道民间组织服务中心为因雪灾而无法还乡的6对外地在沪人员举办了集体婚礼。上海日本商工俱乐部捐款10

万元帮助郊区老人过一个温暖的冬天。

支援四川地震灾区抗震救灾。“5·12”汶川地震发生后，上海市社会团体管理局及时发出了《关于号召全市社会组织向地震灾区募捐的紧急通知》，适时下发了《关于调整向地震灾区捐赠救灾物资结构的通知》，积极动员和组织全市社会组织开展抗震救灾活动。广大社会组织积极响应号召，开展了多方面、多层次的援助活动。据不完全统计，上海市社会组织自身捐赠和发动会员捐款捐物超过 10 亿元。

应对国际金融危机。上海市民政局、上海市社会团体管理局下发了《关于充分发挥行业协会作用积极应对全球金融危机的通知》，对全市社会组织应对金融危机的行动作出了部署。在政府的引导下，各类社会组织积极行动起来，视危机为契机，充分发挥提供服务、反映诉求、规范行为的作用，为促进上海经济平稳较快增长、维护社会和谐稳定做出了积极贡献。在民政部论坛上，上海社会组织应对金融危机的做法和经验，得到了国家有关部委领导和与会专家的好评。

热心社会公益事业。上海市 1100 多家慈善组织在不同领域、不同程度地为慈善事业贡献力量。据不完全统计，全市基金会年度公益支出达 7 亿多元，资助 140 万人次；服务性民办非企业单位提供无偿服务或低偿服务达 200 多万人次，折合资金达 2 亿多元。在首届“上海慈善大会”上，上海市老年基金会等 7 家基金会，上海市癌症康复俱乐部等 4 家社会团体，上海市普陀区长寿路街道民间组织服务中心等 2 家民办非企业单位荣获“上海慈善奖”；上海吴孟超医学科技基金会荣获“抗震救灾捐赠特别奖”。

江苏省社会组织建设与管理工作综述

江苏省民间组织管理局

江苏省民政厅将 2008 年定为“社会组织管理年”，紧扣这一主题，切实加大政策引路、规范管理、宣传发动、典型示范、调查研究的工作力度，扎扎实实地推进了全省社会组织各项管理工作的开展。全省社会组织管理水平显著提高，重点领域社会组织培育发展工作不断深化，社会组织的公益服务作用更加突出。

截至 2008 年底，全省登记在册各类社会组织 31099 个，比上年增加

1843个；其中社会团体17845个，比上年增加621个；民办非企业单位13046个，比上年增加1158个；基金会208个，比上年增加64个。重点领域社会组织进一步发展，全省已登记农村专业经济协会4159个，备案978个；已登记社区社会组织2837个，备案18186个；全省13个省辖市和86个县（市、区）均建立了慈善会，各类慈善超市、爱心超市485个，捐助站点985个。逐步形成了门类繁多、覆盖广泛的社会组织体系。

一、培育与管理并重，提高社会组织发展和管理水平

（一）引导发展，基金会总量全国领先

为了推进基金会的培育发展，江苏省政府办公厅先后转发了江苏省民政厅《关于加强民间组织培育发展和监督管理的意见》和《关于非公募基金会业务主管单位职能委托的意见》。江苏省民政厅专门制定下发了《关于加快培育发展慈善类基金会的意见》，并采取主动承担慈善基金会业务、上门宣传、上门指导、一次告知、现场办公等方式，简化手续，加快审批，大大缩短了基金会筹备、申请和审批时间，受到基金会申请人及业务主管单位的普遍欢迎和好评。截至2008年底，江苏省已登记基金会208家，其中非公募基金会114家，公募基金会94家，基金会原始注册资金总量已超过11亿元，2008年公益支出约为4.5亿元。江苏省基金会总数已由2005年的全国排名第五位跃列全国首位，连续3年的增量和增速都在全国名列第一。在慈善类基金会的培育发展上，江苏省认真贯彻全省慈善类基金会培育发展推进会的精神以及民政部关于“将民政部门主管的慈善协会纳入基金会管理”的要求，突出加大了培育发展力度，设立登记慈善类基金会60家。各地按省民政厅要求加快了公募慈善基金会的筹建和登记进度。公募慈善类基金会已发展至33家，其中28家属于慈善协会发起组建。南通、苏州、淮安及徐州市率先设立了市一级慈善基金会，苏州、南通市走在了全省前列，基本完成了市、县（市、区）慈善基金会的设立登记任务。

通过政策引导和社会宣传，江苏省企业、事业单位、村级集体组织和个人举办基金会的积极性不断提高，非公募基金会发展迅猛。全省基金会在数量快速增长的同时，其业务领域也在不断扩展。2005年底，江苏省基金会只涉及12个业务主管部门，其中公安、教育、民政等领域的基金会占较大比例。经过近4年的发展，基金会领域迅速拓展，基金会业务主管单位已达27家，除公安、教育、民政等领域的基金会稳步发展以外，劳动、文化、环保、司法、残联、卫生、信息等领域的基金会发展也明显加快。

镇江、常州市的市县（市、区）几乎全部设立见义勇为基金会。目前，全省 194 个基金会中，慈善类 60 家、教育类 57 家、见义勇为类 38 家、其他类 39 家。慈善类基金会数量在各类基金会中首次位居第一。

（二）规范管理，加强社会组织能力建设

2008 年为江苏省“民间组织管理年”，全省各级民政部门层层制定了社会组织培育监督管理的目标责任制，建立了季度工作进展情况报告制度。江苏省民政厅每季度召开季度工作分析会，通报全省各地社会组织培育发展和监督管理工作状况，每年分批分类到全省 13 个市进行工作调研，及时加强工作指导和督察，促进了社会组织的快速发展。

为进一步提高基金会培育发展与规范管理水平，2008 年 11 月，江苏省民政厅专题召开了全省基金会能力建设与管理工作大会，民政部民间组织管理局充分肯定了江苏省基金会管理工作成绩。会议对今后一段时间江苏省基金会发展与管理工作进行了部署。

（三）严格执法，提高社会组织管理依法行政水平

作为登记管理机关，江苏省民间组织管理局认真贯彻管理法规，切实加大对社会组织的执法监督力度。鉴于一些社会团体拖延换届时间，两年以上未通过年检，业务工作处于瘫痪或半瘫痪状态，江苏省民间组织管理局果断采取措施，加大执法力度。2008 年 4 月，对 2005—2006 年度未参加年检的 93 个社团发出了整改通知，要求他们在 2008 年 10 月底前完成换届改选和补做年检工作。

为纠正各类行业协会和中介组织利用行政权力和公共资源谋取不正当利益的行为，进一步优化经济发展环境，促进服务业健康发展，自 2008 年 6 月开始，江苏省民间组织管理局配合江苏省纠风办在全省范围内开展了行业协会及市场中介组织的清理整顿工作。在清理整顿工作中，江苏省民间组织管理局根据分工，负责提供省级行业协会的基本情况，认真把好年检关口，对于乱收费，乱摊派，乱评比表彰，违反国家政策和行业管理规定的，一律不予通过年检，并责令其整改。

为了规范民办非企业单位的行为，促进民办非企业单位的健康发展，根据《民办教育促进法》和《民办非企业单位登记管理暂行条例》的有关规定，结合江苏省属民办非企业单位现状，江苏省民政厅与教育部门联手对那些办学不诚信，社会信用缺乏，无固定办公场所，无专职工作人员，无健全组织机构，因生源不足自行停止办学的民办教育机构进行了清理，对 9 家民办非企业单位予以注销登记。省教育部门专门下发文件，终止 8

家民办学校的办学资质，并吊销其民办学校办学许可证。

二、积极抗震救灾，展现社会组织公益形象

“5·12”汶川大地震给灾区同胞造成了巨大的创伤和痛苦，地震发生后，江苏省社会组织各显所长，发动社会捐赠，组织志愿服务，甚至直接参与第一线的抗震抢险和灾后重建任务，充分展现了社会组织立足公益、服务人民、回报社会的良好形象。2008 年 5 月 14 日，为响应江苏省委、省政府向受灾地区献爱心的号召，江苏省印刷行业协会等 7 家社会组织向全省社会组织发出了捐款倡议。全省社会组织积极响应，迅速行动起来，向灾区群众奉献爱心。据不完全统计，105 家江苏省民办非企业单位共向震区灾民捐款 577.7 万元，以实际行动为抗震救灾贡献一份力量。江苏省印刷行业协会累计向地震灾区捐赠 112 万元，江苏省保险行业协会两次向地震灾区捐款共计 221 万元人民币。南京市市属社会组织（不含市慈善总会、市红十字会和区县以下社会组织）共募集善款善物 2336 万元（含物质 35.8 万元）、无锡市市属社会组织为灾区捐款达 7400 余万元、苏州市社会组织为灾区捐款达 4 亿多元。

三、广泛开展调研，提高管理能力和业务水平

为及时解决社会组织发展过程中的突出问题，江苏省民政厅组织了社会组织执法工作调研、《农民经济合作组织法》对农村专业协会发展影响的调研、盐城农民资金互助合作社调研，配合民政部课题组赴南通、无锡等地开展非营利组织购买服务调研，与江苏省经贸委、监察厅等相关部门组成调研组，赴福建考察学习行业协会规范管理工作。结合年度检查和在年检中被限期整改的省属民办非企业单位实地调研，先后对教育类、劳动类、文化类、社科类、其他行业类等 12 家民办非企业单位现场察看，帮助解决问题，完善内部管理制度。

四、做好统计工作，完善社会组织信息系统

根据江苏省服务业发展领导小组办公室和江苏省民政厅对服务业统计工作的要求，江苏省民间组织管理局认真开展了全省社会组织服务业统计相关工作，安排专人每季度采集、上报全省社会组织服务业相关数据，并根据要求，两次对 2008 年全省社会组织服务业统计工作完成情况进行书面总结。配合江苏省信用办建立江苏省有关部门公共信用信息归集和共享工作网络，推进全省公共信用信息系统的加速建设和有效运营。

根据民政部统计工作要求，安排专人每季度上报江苏省社会组织数据信息。认真做好全省社会组织发展情况季度统计工作，建立健全江苏省社会组织发展情况季度统计工作制度，掌握和了解各地社会组织培育发展工作情况。及时更新民政部事业统计数据库，完善了社会组织数据库，为掌握准确、详细的社会组织数据资料提供依据。

浙江省社会组织建设与管理工作综述

浙江省民间组织管理局

2008 年，浙江省的社会组织建设与管理工作，以科学发展观为指导，认真贯彻党的十七大精神，面对不断发展变化的新形势，把社会组织管理工作作为加强社会建设与管理的重要内容，坚持“培育发展与监督管理并重”的工作方针，深化改革创新，加大监管力度，优化工作作风，加强自身建设，进一步促进了社会组织的健康有序发展。

一、认真做好社会组织登记工作

（一）认真履行登记职责

浙江省各地坚持依法行政，改进服务方式，认真履行登记职责。2008 年，省本级办事大厅共接待来人来电咨询约 4000 多人次，热情、专业的服务受到了办事对象的好评。宁波、温州、湖州等地建立了审批社会组织约谈制度、实地走访制度等，增强了工作的指导性和针对性。据统计，2008 年全省各级民政部门新登记社会组织共 1430 家，其中社会团体 687 家，省本级 34 家；民办非企业单位 730 家，省本级 34 家；基金会 11 家。全省撤销注销社会组织共 366 家，其中省本级注销社会组织 7 家。截至 2008 年年底，全省经各级民政部门核准登记的社会组织共计 26290 个，其中社会团体 13770 个、民办非企业单位 12369 个、基金会 151 个。

（二）自觉接受实时监督

继续深化行政审批制度改革，按要求使用电子监察系统，自觉接受实时监督。2008 年 4 月 1 日以来，省本级在办理纸质行政审批的同时，即时录入受理的 273 件社会组织行政审批事项，其中已办结 273 件，全部符合法规规章的规定时限。进一步规范行政审批工作，促进办事过程和办理结果的规范、公开、透明、高效。宁波、台州、绍兴等地按照相关要求，制定行政审批改革方案，清理规范行政许可项目，加强各地窗口单位审批力度，提高了工作效率，缩短了办理时限，有效推进了行政审批制度改革。

二、加大社会组织监管力度

（一）抓好社会组织年检工作

浙江省2008年度社会组织年度检查工作全面完成，约2.5万家社会组织参加了年检，年检参检率为96.52%，合格率为95.17%。为加强年检数据信息的利用，汇总撰写了社会组织年检分析报告。省本级应检社会团体832家，其中年检合格为827家；应检基金会127家，其中合格96家，基本合格30家；应检民办非企业单位126家，其中合格85家，基本合格31家，不合格2家，1家申请注销登记。对于未参加年检的社会组织，依据其情节轻重，分别给予警告或撤销登记的行政处罚。金华开展“一站式”年检服务；宁波、温州等地会同业务主管单位进行联合年检；杭州、绍兴、湖州等地实施上门年检服务；温州洞头县在全省率先实现了社会组织网上年检，极大地提高了工作效率。

（二）加大社会组织执法监察力度

各地日益重视社会组织日常监察，不断加强社会组织执法力度，督促社会组织依法开展活动，有效地查处打击了社会组织的违法行为和非法社会组织，有力地维护了社会组织发展的正常秩序，促进了社会的和谐稳定。2008年全省共查处社会组织违法行为64起，打击非法社会组织3起。湖州、丽水、温州、舟山等地完善了社会组织重大事项报告制度；杭州制定了行政处罚自由裁量权细化标准；宁波、温州及时查处未经核准登记的民办教育培训机构；各地还联合相关部门积极取缔非法社会组织。

（三）启动社会组织评估工作

根据《民政部关于推进民间组织评估工作的指导意见》精神，在学习民政部和先进单位评估经验和总结前几年在杭州、衢州、台州路桥等地开展民办非企业单位诚信评估试点工作情况的基础上，起草了关于开展社会组织评估若干问题的意见。各地也按浙江省民政厅要求，启动了行业协会、民办非企业单位评估工作，温州、嘉兴、湖州等地还根据自身条件，出台了奖励政策，对评估等级较高的社会组织给予经济奖励。据了解，各地已经对253个社会组织开展了评估，已评出 3A 以上等级的社会组织 66 个。

（四）深化行业协会改革

浙江省大力贯彻落实国办《关于加快推进行业协会商会改革与发展的若干意见》和省政府《关于推进行业协会改革与发展的若干意见》精神，全面深化行业协会改革与发展工作。浙江省民政厅联合省发改委设立了公开电话，对全省行业协会脱钩工作结果予以公示，接受社会监督，确保脱钩取得实效，并探索建立行业协会内部运作的科学制度，草拟制定了会员管理制度、会员代表大会制度、理事会制度、法人代表述职制度等。各地在巩固脱钩工作成果的基础上，纷纷进行调研，出台政策，组织培训，为行业协会的健康发展提供有利条件，创造良好环境。

三、完成几项重点工作

（一）开展社会团体会费专项检查

为贯彻落实浙江省委主要领导批示和省委、省政府 2008 年省直单位反腐倡廉建设和作风建设责任分工、民政部等六部委关于规范社会团体收费行为有关问题的通知精神，在全省范围内开展了行业协会等涉企社会团体会费收支专项检查工作。各地登记管理机关认真部署、积极宣传、精心组织，全省 2800 余个社会团体列入检查范围，在社会团体自查自纠的基础上，联合相关部门，通过审核自查表、重点抽查、听取汇报等形式全面完成了检查任务，进一步规范了社会团体财务制度。

（二）研究提出关于规范市县慈善总会管理的意见

在 3 月初首批在省登记的 114 个社会组织取得公益救济性捐赠税前扣除资格后，各市县登记的慈善总会反应强烈。在深入调研、与省财税部门反复协调的基础上，下发了关于规范慈善会有关问题的通知。要求各级慈善会积极创造条件尽快完成慈善基金会设立登记和社会团体注销登记工作，明确了市、县（市、区）登记的慈善总会等，经省民政厅核准备案后，也可申请办理公益救济性捐赠税前扣除资格。到年底，第二批 86 个获准公益救济性捐赠税前扣除资格的社会组织名单已经公布。

（三）组织引导和规范社会组织参与抗震救灾

一是及时组织引导广大社会组织为抗震救灾作贡献。浙江省救济救灾协会、省银行业协会、省爱心事业基金会等 12 个社会组织积极响应，发出了《为四川地震募捐赈灾倡议书》。据不完全统计，由社会组织接受并转交灾区或当地慈善总会、红十字会等慈善机构的社会捐赠逾 1.7 亿元。二是为加强募捐及捐赠物资的管理，下发了《关于加强社会组织在汶川抗震救灾中开展募捐活动等有关问题的通知》，要求凡以救灾名义开展募捐活动的公募基金会，应当补办审批手续，各社会组织应加强捐赠物资接收使用的管理，及时向省民政厅报告和向社会公开。省青少年发展基金会、省人民教育基金会等9个基金会通过审批，获准开展募捐活动，其募集的社会捐赠总数达4977万余元。三是积极开展宣传活动，及时收集有关社会组织的捐赠情况，汇总后向民政部和媒体报送。

（四）组织力量开展专题调研

研究新问题，适应新环境，出台新政策，浙江省各地认真学习科学发展观，加大调研力度，开展专项调研活动，研究社会组织建设与管理工作中遇到的新问题、新情况，并提出相关政策建议。一是完成了民办非企业单位体制机制创新调研，积极探索民办非企业单位发展新思路，开展乡（镇）公益性墓地民办非企业单位登记试点工作，扩大了民办非企业单位的领域范围。二是会同省经济协作办赴温州、义乌等地开展异地商会发展及登记管理现状调研，完成关于规范异地商会登记管理的若干意见（试行）送审稿。三是按照省委领导要求，开展了"加强对各类社会组织的培育和管理"调研。对1200余个社会组织开展了问卷调查，并赴宁波、衢州等地进行深入调研，完成了调研报告。四是根据《浙江省人民政府关于推进行业协会改革与发展的若干意见》要求，配合省发改委作专题调研，形成了《浙江省行业协会发展规划》（2008—2012年）（讨论稿）。

安徽省社会组织建设与管理工作综述

安徽省民间组织管理局

2008年，安徽省社会组织登记管理坚持以加快发展、规范管理、发挥作用为主线，积极探索社会组织管理体制机制创新，不断推进了社会组织建设和管理。

一、积极推进社会组织管理改革创新

（一）党委、政府重视改革发展

各级登记管理机关积极争取党委、政府重视和支持社会组织改革发展。安徽省登记管理机关多次向省委、省政府分管领导，并专题向省委常委会汇报全省社会组织建设和管理情况，提出了推进以行业协会为主的社会组织管理改革发展的意见。合肥、蚌埠、芜湖、池州等地级市和岳西、铜官山等县级登记管理机关主动向当地党委、政府汇报行业协会和基层社会组织改革发展情况，引起了各级党委、政府进一步重视社会组织改革发展。2008年，省委把加强社会组织建设和管理列入《中共安徽省委常委会2008年工作要点》（皖发［2008］2号），要求各级党委、政府和省直各部门认真抓好落实。安徽省政府于5月份转发了省民政厅等部门制定的《关于加快推进全省行业协会改革发展的意见》（皖政办［2008］22号），明确了行业协会改革发展的基本原则和行业协会与政府及其部门在职能、机构、人员、资产和财务上“四脱钩”等主要任务，提出了政府支持规范发展的政策措施。10月份，省委、省政府决定建设合芜蚌自主创新综合配套改革试验区，印发了《关于合芜蚌自主创新综合配套改革试验区的实施意见》（皖发［2008］17号），又提出了深化行业协会等社会组织改革的任务和要求。从而为推动全省社会组织管理改革发展提供了政策和领导保障。

（二）确定改革发展试点

为贯彻落实中央和安徽省委、省政府关于推进社会组织改革发展的要求，省民政厅决定在合肥、芜湖、蚌埠三市开展以行业协会为主的社会组织管理体制改革试点。厅长刘健、分管副厅长王佛生带领合芜蚌三市民政局长和省、市民管局负责人，赴广东、深圳学习考察先进经验，结合本省社会组织现状，制定了以创新行业协会管理体制为核心的15项社会组织改革发展政策措施，先在合肥、芜湖、蚌埠三市试行，取得经验后再向全省推开。目前，省委、省政府已经同意并转发了民政厅的改革试点方案。

（三）典型引导改革创新

认真总结全省社会组织管理改革创新成果，以点促面，先后组织合肥、蚌埠、淮北、岳西等7个市、县在全省民政工作会议和全省社会组织管理工作会上，分别交流了创新行业协会管理，实行登记和备案准入双轨制，发展农村专业经济协会、社区社会组织的经验，引导各地加快推进社会组织管理改革创新。目前，合肥市以政府令形式出台了《合肥市行业协会管理办法》，现有行业协会中有81%基本实现了人员、机构、职能、资产与政府部门相分离，新组建的行业协会实行无主管单位、无现职处级以上干部兼任领导职务，推进了行业协会民间化。蚌埠市以政府规范性文件形式，制定了《蚌埠市行业协会管理办法》。芜湖市研究制定了推进行业协会改革发展的实施意见，拟以市委、市政府名义印发。全省各地按照安徽省有关政策文件精神，学习借鉴典型经验，改革单一的登记准入制，采取登记与备案并举，大力发展基层社会组织。现已登记和备案农村专业经济协会4132个，社区社会组织3952个。

二、积极推动社会组织评估工作

一是制定评估办法。根据国家和安徽省有关文件精神，着眼于安徽社会组织现状，经省政府法制办公室审核，广泛征求意见，制定出台了全省性社会团体、基金会、民办非企业单位评估实施办法和基金会评估实施细则，明确了评估组织领导、基本原则和方法、步骤、程序等，为评估工作提供政策依据。二是建立评估工作组织机构。省民政厅发文聘请有关政府部门负责人和研究机构、社会组织等12名专家、学者，设立了省社会组织评估委员会，委托省民间组织联合会承担评估具体工作，为开展评估工作提供了组织保障。三是组织评估动员和培训。结合社会组织现状，安徽省决定先行试点，分步推进，先进行基金会评估。先后印发了开展基金会评估工作的通知，两次召开基金会评估工作会议，宣传评估工作意义，部署评估工作，进行评估动员，组织基金会理事长、秘书长及其业务主管单位负责人，学习评估工作文件，解读评估细则和各项评估指标，推进了评估工作。目前，基金会评估工作正有序展开。

三、加大对社会组织的年检执法力度

加强年检监察。按照国务院三个条例的要求，针对上年度年检工作中的问题，召开了安徽省登记管理机关、业务主管单位联席会，总结分析了上年年检工作情况，组织省教育厅、建设厅、科协等业务主管单位介绍年检好的做法，宣扬了先进典型，找出了突出问题，提出进一步加强年检工作任务和要求。还召集省登记的民办非企业单位、基金会负责人，讲评上年度年检情况，提出对违规问题的处罚意见。在实行社会团体、民办非企业单位年检工作进省政务服务中心民政窗口统一办理的同时，有重点地开展实地年检执法督查。2008年组织力量，协同省教育主管部门，分五组，采取听汇报、查档案、审财务、问卷访查、现场讲评等方式，对省登记的21所民办高校，进行实地依法年检督查，增强了监管效果，提高了年检质量。创新年检方式，实行基金会网上年检，在有关媒体上披露基金会年度报告摘要等重要信息。2008年社会团体，民办非企业单位、基金会参检率为90.1%。其中合格、基本合格、不合格的分别占年检总数的94.8%、

4.8%、0.5%。

加大监督执法力度。2008年，安徽省认真贯彻民政部青岛会议精神，召开了全省社会组织管理暨执法监察工作会议，传达部、局领导的重要讲话等文件，分析和总结全省执法监察工作，重点部署了规范和加强执法监察工作任务。省和各地坚持把执法监察贯穿登记管理、监督管理、行政处罚全过程。一是讲评和通报年检情况。年检结束后，及时召集业务主管单位有关负责人讲评年检情况，对年检中的问题和违规社会组织提出处理意见，通报公布未参加年检的社会组织。二是查处违规社会组织。省查处违规社会组织34个，拟撤销登记25个，停止活动1个。全省已撤销登记37个。三是专项执法。对关系经济社会发展，关系群众切身利益的社会组织，有重点地开展了专项执法监察。先后对民办高校依法按章办学、社会组织涉外活动等进行了专项执法监察。还根据上级信函、群众信访和监察工作需要等，对27个社会组织进行了执法查处。从而，提升了民政执法权威，促进了社会组织规范健康发展。

四、加强登记管理工作

（一）推动与有关部门协作配合

为发挥登记管理机关和业务主管单位的协调互动作用，安徽省民政厅坚持社会组织管理工作联络员制度，采取走出去、请进来等方式，开展联系活动。年初，分3组走访了12个主管社会组织较多的省直单位，登门征求意见，协商解决登记管理中的具体实际问题，得到了有关部门赞许。3月份和10月份，又两次召集省直70多个部门、单位有关负责人，学习国家关于社会组织建设和管理及执法监察工作文件，交流社会组织管理工作经验，协商确定年度工作任务，使业务主管单位进一步认清了新时期社会组织建设和管理的新形势，了解了新理论，提高了新认识，明确了新任务，增强了工作主动性和责任感。还先后协调安徽省有关部门研究制订了异地商会登记管理办法，就社会组织登记管理工作出现的新问题，新情况，进行了交流与协商，促进了与有关部门的协作配合。

（二）推进社会组织自律与诚信建设

安徽省民政厅结合登记和年检工作，指导社会组织健全内部管理制度，落实民办非企业单位、基金会重要信息披露制度、服务承诺制度。对换届和变更法人代表的社会组织进行财务审计，及时纠正不规范的问题；引导社会组织积极开展主题公益活动。2008年，全省社会组织开展抗震救援行动，除组织发动会员及参加抗震救援活动外，直接向政府有关部门捐款9000多万元。

（三）开展社会组织岗位培训

安徽省民政厅先后3次进行社会团体、基金会秘书长岗位培训，200多名秘书长接受了法律法规等基本知识、能力建设的培训。还输送近百名登记管理工作人员、社会组织负责人参加了民政部组织的岗位培训。

四、加强登记管理机关机构建设

经过努力争取，安徽省登记管理机构建设得到了一定的改善。省编委2008年8月发文改省民政厅民间组织管理局为安徽省民间组织管理局，设局长1名，由民政厅副厅长兼任，正处级副局长3名，加强了领导力量。

五、社会组织不断发展壮大

安徽省社会组织在改革创新中不断发展壮大，功能作用日益显现。一是社会组织保持快速发展态势。全省已登记社会组织12929个，已备案基层社会组织4658个。基金会发展较快，比上年增长36.8%。二是社会组织初成体系。全省社会组织布局趋于合理。现有省级937个，市级4345个，县级7647个，分别占总数的7%、34%、59%。从结构看，在社团中，行业性、专业性的占64%，学术性的占22%，其他占14%；在民办非企业单位中，教育、卫生、劳动、科技类占总数的82%。基金会均以公益性救助为主。由此可见，以直接服务于企业经济组织、直接关联民生为主体的社会组织，初步形成了门类齐全、层次不同、覆盖较广的社会组织体系。三是社会组织渐显服务社会功能。以行业协会为代表的社会团体，在承接部分行业管理、行业自律，推进改革开放、招商引资、交流合作、科技创新等方面的作用引起政府和社会广泛关注。如安徽省服装商会根据服装业发展现状，及时向省政府提出关于加快安徽服装产业发展建议书，协助政府编制了《安徽服装产业发展蓝皮书》和服装业“十一五”发展规划，先后引进58.87亿元，参与合肥市两大服装园区建设，打造了合肥站前路“安徽服饰第一街”、芜湖孙村镇“安徽服饰第一镇”，推动了安徽服装业发展，使安徽服装产量增幅稳居全国前10位。政府和企业资助、奖励该会133万元。全省农村专业经济协会、社区社会组织，在服务“三农”、服务城乡居民中的作用不断提高，有125个农村专业经济协会被省政府评为“安徽省农民合作经济组织示范单位”。淮北市农村专业经济协会服务新农村建设，有20个被市政府授予“农村示范组织”。岳西县245个农村专业经济协会，引领5万多农户，打造了年产值5亿元的“茶、桑、菜”三大产业，中央和省新闻媒体进行了专题报道，得到了县委、县政府的充分肯定。据统计，2008年全省社会组织拥有固定资产71.6亿元，年服务社会费用20亿元以上，吸纳就业人员29.93万。仅省登记的21所民办高校开展公益活动贡献社会3.4亿元，培育大学生2万多人，安置就业1万多人，创税2000多万元。全省基金会利用社会捐款发展公益事业总支出3066万元，其中援建中小学63所，资助困难学生1.5万人次。

福建省社会组织建设与管理工作综述

福建省民间组织管理局

一、社会团体

截至2008年底，福建省各级登记管理机关核准登记的各类社会团体9997个，比上年增加1388个，增长13.9%。按活动区域分，全省性社会团体850个、设区市社会团体2476个、县（市、区）社会团体6671个。按行业分类，科技与研究类929个；生态环境类177个；教育、卫生、体育、文化类2148个；社会服务类1200个；工商业服务类925个；农业及农村发展类1520个；其他3098个。

重点领域社团组织快速发展。全省目前有行业协会1800多个，基本涵盖了国民经济各个门类，在规划行业发展、反映行业诉求、提供行业服务、促进行业自律方面发挥着越来越重要的作用。公益性社团稳步增长，全省已设立慈善协会（总会）43个，募集善款22亿元，对困难群体、弱势群体及时给予救助和帮助。

城乡基层社会组织培育发展步入正轨。福建省民政厅陆续出台了加强农村专业经济协会、社区社会组织培育发展等文件，对省农村专业经济协会和社区社会组织培育发展与登记管理工作提出了明确的指导意见。各级通过降低审批门槛、简化登记手续，加大指导力度等措施，积极培育扶持农村和社区社会组织，在确保质量的基础上增加数量，较好地适应了建设新农村和城市工作重心下移、基层服务不断增长的新要求。

清理规范活动取得成效。在清理和规范社会团体评比达标表彰活动的基础上，福建省民政厅下发了《福建省社团组织开展评比达标表彰活动管理暂行办法》，对社团组织的评比达标表彰活动做出具体规定，社团组织评比达标表彰行为得到进一步规范。开展了行业协会侵害群众和企业利益问题专项治理工作。通过自查自纠、检查验收、查处违法违纪案件等环节，现有行业协会的服务和收费行为得到了规范，会员满意度和社会公信力进一步增强，为建立行业协会规范发展长效机制打下了基础。

社团组织评估工作稳步推进。根据民政部关于推进社会组织评估工作的通知精神，在福建省科协为业务主管单位的学术性社团中开展了社会组织评估试点。经单位自评、专家组实地考评、评估委员会审定、媒体公示等程序，确认3A级以上社会团体89个，其中5A级7个、4A级20个。评估机制的引入，有利于完善社会组织自律机制和外部监督机制，对推动社团组织自身建设，促进管理工作科学化和规范化产生了重要影响。

积极参与支援汶川抗震救灾活动。地震发生后，福建省民政厅下发文件动员社会团体积极广泛参与支援灾区活动。全省社团通过不同形式发动会员向灾区捐赠现金1050万元，还有大量救灾物资。涌现出了泉州市青年志愿者协会、福建省网龙青年创业者基金会、福建省农产品市场协会等一批支援抗震救灾的先进社团。

二、民办非企业单位

民办非企业单位得到稳步发展。本年度福建省民办非企业单位新登记353个。至2008年底，全省共登记民办非企业单位3580个。其中科技与研究189个，生态环境1个，教育2304个，卫生128个，社会服务357个，文化148个，体育158个，法律2个，工商服务63个，职业及从业组织40个，其他190个。按地域分布，省本级237个，市（县、区）3343个。新增加民办非企业单位增长最快的为工商类，年增长35个，增幅达到125%；其次为社会服务类，年增长44个，增幅为14%；第三是教育类，年增长188个，增幅为8.9%。从民非单位分类增长情况分析，教育类民办非企业单位需求呈逐渐饱和状态，增幅较往年明显下降，而工商服务类、社会服务类民办非企业单位的社会需求逐年提高。其原因是全省经济发展迅速，直接或间接服务于企业的民办机构发展很快，预计今后此类机构登记数量将持续增长。社会服务类民办非企业单位主要从事社会福利事业，民办养老、助残、扶助孤儿等机构是社会力量协助政府解决民生问题的重要补充，福建省社会服务类民办非企业单位的发展趋势符合国家政策导向，其发展空间广阔。

为贯彻落实国务院《关于加强民办高校规范管理，引导民办高校等教育健康发展的通知》精神，在2007年福建省民政厅和省教育厅联合调研的基础上，省教育厅从本年度开始实施对民办高校年度检查制度。着重从办学方向、党团组织建设、组织机构设置和内部管理制度、师资队伍、规范办学、落实法人财产权和财务管理等方面进行检查。步骤分自查、审核、抽查、结论四个阶段。有鉴于此，经与省教育厅沟通，登记机关实施的常规年检内容侧重于对民办高校财产管理和年度审计报告的分析，将分析情况综合后通报省教育厅，两厅协商共同作出年检结论，在年检手续办理上则予以简化。为便于开展工作，目前正在探讨两厅联合年检办法。

三、基金会

2008年，福建省基金会持续快速发展，全年新成立登记20个，年增28.19%。截至年底，在省民政厅登记的基金会共有91个，其中公募基金会19个、非公募基金会72个。按类别分，教育类44个、扶贫慈善类12个、老年儿童事业类7个，社会公益类17个，科技文化卫生体育事业类6个、农林事业发展类2个、其他公益类3个。全省基金会资产总数达13亿元、净资产总数达11亿元。

2008年是实施国务院《基金会管理条例》以来登记数量最多的年份。从类型结构上，非公募型19个，公募型仅1个，符合国家政策导向。从地域分布上，宁德、龙岩等闽西、闽东北边远地区首次登记了4个基金会，出现了基金会向全省均衡发展的良好势头。本年度登记的基金会，全部为省内企业家发起捐赠，充分表明随着福建省经济的快速发展，民间资金的实力日益雄厚，基金会内地资金正在逐步取代传统的海外资金。省内企业家对发展社会公益事业的责任感越来越强烈，这些都将为本省大力发展基金会，进一步发挥基金会在社会公益事业中的积极作用奠定良好基础。为加强基金会的管理，福建省民政厅严格按照国务院文件规定进行监管，通过年检严格检查公益性支出的比例，对达不到要求的基金会责令依规整改。同时，实施基金会年检结果和审计报告网上公布，强化社会监督，促进了基金会规范运作。本年度公益事业支出已达3亿多元，公益支出比例趋于合理。这些基金会对于改善民生、安老扶弱、助残养孤、扶危济困、救助赈灾、缓解当前社会福利事业资金投入不足，推动社会力量参与公益事业、促进构建社会主义和谐社会，发挥了不可忽视的作用。

江西省社会组织建设与管理工作综述

江西省民间组织管理局

一、概况

截至2008年底，江西省登记注册的社会组织10512个，其中，社会团体6152个，民办非企业单位4346个，基金会14个。社会组织按行业分类，包括科技研究710个、生态环境217个、教育2751个、卫生1293个、社会服务1480个、文化639个、体育571个、法律144个、工商业服务592个、宗教138个、农业及农村发展785个、职业及从业者组织360个、其他832个。

二、圆满完成了省属社会组织的登记、年检等事项

2008年共完成省属社会组织的设立、变更、注销等事项96件。其中新注册登记社会团体36个，民办非企业单位20个，基金会2个。审核办理社会组织的住所、名称、法定代表人、注册资金等变更事项38件。完成2007年年度检查573件，其中接受年检的社会团体455个，占应检的80%，合格的323个，基本合格的118个，不合格的14个；民办非企业单位107个，占应检的61%，合格的72个，基本合格的30个，不合格的5个；基金会11个，参检100%，合格的10个，基本合格的1个。对不合格的社会组织，下达整改通知书19份；对两年以上未参加年检的社会组织，下达撤销听证通知书81份，最终撤销社会团体22个，民办非企业单位31个。

三、进一步规范了社会团体的服务和收费行为

一是开展了“以提高一个能力建设为核心、以完善三项制度为抓手、以强化五种意识为途径、以发挥七个方面作用为重点”的强化社团组织自身建设的活动。活动要求江西省各社会组织要充分认识开展加强自身建设活动的重要性，统一思想、加强领导、狠抓落实、注重实效。二是协调省

发改委、省监察厅、省财政厅、省国税局、省地税局、省政府纠风办等单位，转发了《民政部关于规范社会团体收费行为有关问题的通知》，明确了社会团体要严格按照国家有关规定，依法开展相关业务，规范各类收费，建立健全财务制度，自觉接受有关部门的监督检查。同时还明确了所有会费票据的领取必须在民政部门办理，为市县登记机关加强会费票据管理提供了依据。三是配合省人事厅出台了《关于开展清理规范各类职业资格相关活动有关事项的通知》，对各类行业协会、学会等社会团体面向社会设置或组织实施的职业资格等相关活动，进行清理规范。四是与省政府纠风办联合制定了《关于进一步加强行业协会管理规范服务行为的实施意见》，重点内容是加强行业协会的行业自律职能、健全法人治理结构、加快推进政会分开、规范收费行为、健全财务制度等。并且在各单位自查的基础上，对部分行业协会进行了实地检查。

四、深化了民办非企业单位的监督与管理

一是深入开展了民办非企业单位的信息公开和承诺服务活动，要求各民办非企业单位要将有关信息和承诺服务的内容向社会公布，公开接受服务对象、政府部门和社会公众的监督。同时把开展信息公开和承诺服务活动的情况纳入了年度检查工作的范围，把是否开展这一工作以及工作效果等作为2007年年度检查的重要内容，并与年度检查结论结合起来，以此确定年检结论。信息公开与承诺服务情况在“江西社会组织网”上向社会公开。二是实施了民办非企业单位的财务专项审计，下发了《关于加强省属民办非企业单位财务监督检查的通知》，组织专门力量，用了4个月的时间，对31个省属民办非企业单位进行上门财务检查。通过检查，掌握了不少情况，发现了不少问题，为今后进一步加强民办非企业单位的管理提供了依据。

五、首次开展了基金会评估工作

根据民政部的要求，结合江西省的实际情况，首次对符合条件的9家基金会开展了评估工作。评估的内容包括基金会的基础条件、内部治理、工作绩效、社会评价四个部分。评估的方法主要包括听取情况汇报、查阅档案资料、调查询问、现场察看、按照评估标准逐项打分等环节。在前期准备阶段，成立了基金会评估委员会，组建了实地评估小组，设计了评估标准和调查表格，召开基金会负责人评估动员会议。经过实地评估、综合汇总、评估委员会评定，最终有1家基金会获评5A等级，1家获评4A等

级，3家获评3A等级。10月，在南昌召开了基金会评估工作总结暨授牌会议，江西省民政厅副厅长钟起茂到会作重要讲话，为获得3A以上等级的5家基金会发证、授牌。

六、出台培育发展社会组织扶持政策

一是与劳动、人事、财政4家联文，出台了关于事业单位、民间非营利组织工作人员参加工伤保险有关问题的通知，明确民间非营利组织工作人员应参加统筹地区的工伤保险，因工作遭受事故伤害或患职业病的，依法享受工伤保险待遇。二是与财政、国税、地税4家联文下发了《江西省非营利公益性社会团体和基金会捐赠税前扣除资格认定管理办法》（试行），为社会组织提供了有利的税收支持，对公益性社会组织快速发展将产生积极的影响。依照此办法，2008年江西有6家社会组织（其中基金会4家，公益性社会团体2家）获得了税前减免资格。

七、强化了社会组织管理机关自身建设

一是建立了江西社会组织网，初步推出了网上咨询、网上申请、网上审核以及网上年检等网上办公系统。二是加大了社会组织的宣传，继续办好《江西民间组织》杂志，在《中国社会报》《中国社会组织周刊》《江西日报》、江西民政网等多家媒体发表文章48篇，宣传江西社会组织的地位和作用，扩大社会组织的影响，提升社会组织登记管理工作的地位。三是制定了社会组织统计制度，对社会组织统计使用的软件，上报台账数据的时效、质量等进行了明确规定，确保了统计数据的及时、准确。四是建立了执法工作定期报告制度，要求各地按月将本辖区执法情况用书面的形式报送上来。定期报告制度的建立，便于及时掌握各地执法情况，促使各地执法程序更加公开，执法操作更加规范。五是开展了社会组织调查研究，包括社会组织建设与管理工作的调研和社会组织管理特色工作调研，调研论文《从创新机制体制入手，进一步加强社会组织的监督管理》，获得民政厅调研报告评比3等奖。10月，全省社会组织建设与管理经验交流会召开，会上对近年来社会组织管理工作进行了总结，对11个设区市的调研文章进行了交流，对今后社会组织的建设与管理，特别是自身建设的问题，提出了明确的要求。

八、积极支援四川汶川地震

“5·12”汶川地震发生后，5月14日就通过网络向省属社会组织发出

捐款的紧急倡议书，号召大家奉献爱心，以捐款方式给予四川灾区困难群众最真挚、最直接的关怀和援助，为灾区重建贡献全省社会组织最大的力量。倡议书发出后，得到了省属社会组织的纷纷响应。据不完全统计，全省各类社会组织（不包括省慈善总会），如江西省青少年发展基金会、省浙江总商会、省福建总商会、省江苏商会、省保险行业协会等，以各种方式为地震灾区捐款达5000多万元。

山东省社会组织建设与管理工作综述

山东省民间组织管理局

2008年，山东省民间组织管理局认真贯彻落实党的方针政策和国家的法律法规，以科学发展观为指导，坚持培育发展与监督管理并重的方针，深化改革，锐意创新，积极开展了各项社会组织管理工作，促进了全省社会组织科学健康发展。截至2008年底，全省已登记各级各类社会组织4.9万多个，其中社会团体近1.7万个，民办非企业单位3.2万多个，基金会42个；其中省管社会组织1300多个，市管社会组织6000多个，县（市、区）负责管理的近4万个。全年社会组织建设与管理主要工作如下：

一、积极培育发展行业协会和农村经济协会，行业协会改革在省内全面展开

认真贯彻落实《国务院关于加快推进行业协会商会改革和发展的若干意见》，坚持把培育发展行业协会作为推进政府机构改革、加快政府职能转变的重要内容来抓。与山东省发改委等部门认真开展行业协会调研活动，以省政府名义出台了关于加快推进行业协会改革与发展的意见，行业协会改革正逐步在全省全面开展，行业协会进一步规范，质量进一步提高。进一步加强农村经济协会的规范管理，着力抓好农村经济协会的人员培训、制度建设和表彰先进等工作，全省农村经济协会的注册资金已达700多万元，协会自身年收入达30多亿元，入会农户的年收入平均增长30%以上。

二、加强社区社会组织的发展管理，社区社会组织普查登记取得阶段性成果

深入贯彻落实党的十六届六中全会关于加强社区社会组织建设发展的精神，大力抓好社区社会组织的培育发展工作。2008 年全省发展社区社会组织现场会议召开之后，各地认真传达贯彻会议精神，全面开展了社区社会组织普查登记和备案工作。据统计，11 个市、50 多个县市召开了社区社会组织发展工作会议，确定了社区社会组织试点单位 186 个，出台发展社区社会组织的文件 34 个，登记社区社会组织 2946 个，备案 8043 个，全省发展社区社会组织已取得阶段性成果，有效弥补政府基层管理力量的不足，加强了社区建设。

三、逐步改变重登记轻管理的状况，社会组织管理执法监察工作取得新进展

协助民政部在青岛市召开了全国社会组织管理暨执法监察工作会议，青岛、淄博市在会上介绍了经验。为贯彻落实全国会议精神，召开了全省社会组织管理执法监察工作会议，这是自社会组织归口民政部门登记管理 20 年以来，山东省首次召开的研究部署社会组织管理执法监察工作的全省性会议，总结交流了近年来山东省社会组织管理执法监察工作实践经验。近几年，全省各地共取缔非法社会组织 364 个，给予警告行政处罚的社会组织 1968 个，限期整改的 2188 个，撤销登记的 2449 个，发放年检整改通知书 3620 份。重登记、轻管理的状况逐渐改变，全省社会组织管理执法监察工作取得新进展。研究提出了“抓住机遇，夯实基础，积极稳妥地推进社会组织管理执法监察工作”的思路，要求将执法查处作为监督管理的重要手段认真加以落实，彻底改变“重登记，轻管理”和“只登记，不管理”的状况。

四、进一步加强社会组织自身建设

认真贯彻国家关于开展对社会组织乱收费进行清理的文件精神，协调山东省发改委等 8 部门下发了关于规范社会团体收费行为有关问题的通知，对全省此项工作进行了检查和规范；与省纠风办一同组织开展对社会组织乱评比、乱表彰的清理工作，规范了全省社会组织的评比表彰行为；开展了对社会组织技术资质评定的清理工作，明确要求未经主管部门批准，社会组织一律不许开展技术资质评审活动；配合有关部门开展反洗钱活动，

有效地预防了在社会组织中洗钱行为的发生。认真贯彻省委组织部、省民政厅关于加强社会团体领导班子建设做好换届选举工作的通知，坚持参加社会团体和基金会的成立（换届）大会，重点监督社团、基金会是否按照其章程和有关政策规定的要求履行内部程序，引导社团、基金会建立民主选举、民主决策、民主管理、民主监督的运行机制，逐步建立了社团、基金会法人治理结构，促进了社会组织的规范化建设。

五、突出监管重点，切实搞好社会组织年检工作

坚持把年检作为加强社会组织监管的重点工作着力抓好落实。2008 年 1 月份下发了关于做好 2007 年度民间组织年检工作的通知，制定了搞好年检的一系列措施。突出重点，把制度建设、结构调整、执行民间非营利组织会计制度等情况作为年检的主要内容，改进年检方式，提高年检质量。坚持标准，严格执法，对存在的问题限期整改，对问题严重的，年检确定为不合格，对有连续两年年检不合格等严重问题的撤销登记。截至 2008 年底，共完成社团年检 825 个，占总数 96.3%；民办非企业单位年检 309 个，占总数 80%；基金会年检 32 个，占总数 100%。通过年检，进一步提高了社会组织的整体质量。

六、规范登记审批，认真做好社会组织日常登记管理

按照“三个有利于”和“三个代表”的要求，严把社会组织的注册审批关，进一步提高了登记审批质量。适时组织各级审批人员进行了专项培训，提高业务水平和能力，逐步做到审批承办人持证上岗。各级登记管理机关基本做到以科学发展观为统领，审批各类社会组织，做到科学规划，合理布局，有序发展。继续落实“承办人、复核人、核准人”三审一会制度；落实严格、严肃、严谨的审批规则；落实申请立项、材料核实、现场调查、会议研究、审批公示、审核批准、归档立卷等审批程序，把好成立登记、变更登记、注销登记以及章程、人员编制等审批关口，规范登记审批程序，提高审批质量，做到结社审批万无一失。2008 年，共新批省管社团及分支（代表）机构 96 个，注销社团 2 个；新批省管民办非企业单位 60 个，注销登记 8 个；办理省管社团和民非变更登记、变更备案 2596 件；办理基金会设立和变更登记等 25 件。

七、加大培育发展力度，促进基金会全面健康发展

认真落实中央关于“发展和规范各类基金会，促进公益事业发展”的要

求，从实际出发，多措并举做好基金会培育发展工作，推动全省基金会快速发展。一是搞好宣传发动。二是搞好服务。三是拓展公益事业的范围。通过采取各种措施，全省基金会的发展进度明显加快，2008年底全省基金会的数量达到46个，比条例施行前增加了一倍多。在做好培育发展的同时，注重加强基金会法规制度建设，确保基金会的质量。为严格把好登记审批关，确保基金会的质量，依据有关法律法规的精神，制定了更加具体、更具可操作性的登记规定。一是制定基金会申请登记补充条件，对拟成立基金会的设立主体、资金来源、公益目的等条件做出更加明确的规定。针对基金会管理条例比较原则，对以谋利为目的举办基金会的情况不容易控制的问题，规定申请设立基金会应出具资金来源单位或个人的《捐资证明》，写明出资金额及用途。这就从法律上进一步保证捐赠资金不被用于个人目的，确保了基金会的公益性质，使基金会的登记审批更加科学合理。二是制定《山东省分支（代表）机构登记暂行办法》。针对近期省内基金会申请设立分支（代表）机构日趋增多，而国家又没有基金会分支（代表）机构登记办法的实际，2008年来，在抓好试点的基础上，制定完善了《山东省分支（代表）机构登记暂行办法》，使分支（代表）机构的登记管理做到有章可循，有序发展，进一步做好基金会的延伸登记管理工作。

八、服务党的中心任务，积极做好抗震救灾中的基金会管理工作

"5·12"汶川大地震发生后，山东省各基金会积极响应中央的号召，主动开展支援灾区的活动。省民政厅及时掌握和总结基金会抗震救灾的情况和典型做法，在《中国社会报》等新闻媒体上予以宣传报道，指导基金会抗震救灾活动的开展。为规范基金会抗震救灾募捐工作，根据民政部的有关要求，下发了关于基金会开展抗震救灾募捐活动等有关问题的通知，对基金会救灾募捐活动和接收救灾捐赠款物转交等事项做出了具体规定，要求认真做好抗震救灾中的基金会管理工作。按照国家的规定，对部分没有救灾宗旨的公募基金会开展救灾募捐活动补办了审批手续，并协助有关部门，加强对募捐资金规范管理，保证了基金会救援灾区工作的有序开展，为抗震救灾作出了积极贡献。

九、创新基金会管理方式，深入开展基金会社会评估

山东省作为全国社会组织评估工作试点省份，在全国率先开展这项工

作，并重点抓了基金会的社会评估。继2006年、2007年在基金会中进行评估试点的基础上，2008年继续在基金会中开展社会评估。在试点中积极探索，大胆实践，勇于创新，初步形成了利用社会力量，结合年检进行评估的工作思路和做法，并取得了良好成效。通过评估，增强了基金会管理工作的全面性和客观性，提高了基金会组织的透明度和公信力，促进了全省基金会的健康发展。2008年7月，在全国基金会评估工作会议上作了典型发言。

河南省社会组织建设与管理工作综述

河南省民间组织管理局

2008年，河南省各级社会组织管理机关在同级党委、政府和省民政厅党组的正确领导下，深入贯彻落实科学发展观，坚持培育发展与监督管理并重的方针，按照年初工作安排，统筹兼顾，狠抓落实，较好地完成了各项任务。

一、认真抓好社会组织的日常登记工作

全省登记管理机关按照《行政许可法》和行政审批改革的要求，依据《社会团体登记管理条例》、《民办非企业单位登记管理暂行条例》和《基金会管理条例》等规定，认真做好所有社会组织的筹备、成立、变更、注销、撤销、备案、年检等行政审批项目，为社会组织提供方便快捷的优质服务，共办理社会组织各种登记手续2608件，其中批准筹备社会团体642个，批准成立登记社会团体591个，批准民办非企业单位成立登记276个，批准基金会设立登记9个；登记社会团体分支（代表）机构784个，登记基金会分支（代表）机构6个；批准社会团体及其分支（代表）机构变更登记143个。截至2008年底，河南省共有各类社会组织17467个，其中社会团体9844个，民办非企业单位7588个，基金会35个。

二、加大执法监察力度、加强监督管理工作

一是加强和改进了社会组织年度检查工作。依据民政部有关社会团体、民办非企业单位、基金会年检工作规定，从强化监督、注重服务的角度出发，完善了有关年检材料，做到对无明显问题的社会组织当场予以通

过，提高办事效率。全省共年检社会组织10068个，其中社会团体5342个，民办非企业单位4710个、基金会16个。通过年检，并征求相关业务主管单位同意，经报厅（局长）办公会研究决定，对171个连续三年未参加年检的社会组织予以撤销登记，对87个连续两年未参加年检的社会组织予以停止活动六个月的行政处罚。二是认真学习贯彻民政部“全国社会组织执法监察工作会议”精神，通过加强与各业务主管单位及公安、税务、财政、监察和纠风办等相关职能部门的联系和合作，依法严厉查处各类非法违法社会组织，明显改变了过去社会组织登记管理工作中存在的“重登记、轻管理”现象，逐步由重入口登记向兼重准入和加强日常管理的转变。全省全年共依法取缔非法社会组织15个，查处违法违规社会组织363个，有效保护了其他社会组织的合法权益，促进了河南省的社会稳定。

三、进一步加强社会组织规范化建设

一是深入开展了民办非企业单位信息公开和承诺服务活动，及时转发了民政部《关于深入开展民办非企业单位信息公开和承诺服务活动工作的意见》，督促、指导部分省辖市制定了不同行业民办非企业单位信息公开内容和承诺服务标准，建立了民办非企业单位诚信档案。通过积极推行信息公开和承诺服务，规范了民办非企业单位的活动行为，提高了服务质量，增强了社会诚信度，促进了民办非企业单位自律和诚信长效机制的建设。二是启动了基金会评估工作。根据《民政部关于推进民间组织评估工作的指导意见》，结合省内实际情况，初步研究制定了《河南省基金会评估指标》。三是进一步规范了社会团体收费行为。省民政厅与省直机关的六部门联合转发了民政部、国家发改委、监察部、财政部、国家税务总局、国务院纠风办关于规范社会团体收费行为有关问题的通知，并结合省内实际提出了具体要求。2008年9月16日至9月26日，省民政厅、省发改委、省纠风办联合对省煤炭工业管理局、省建设厅、省地税局、省质检局、省国土资源厅等部门所属部分社会团体和郑州市医学会等进行了抽查，未发现明显违规现象。且多数社会团体积极开展业务活动，自觉规范收费行为，坚持照章纳税，仅省直所属社会团体，全年纳税额就将近1500万元，成为直属税务分局纳税大户，为河南省经济发展作出了应有贡献。

四、积极推进社会组织的分类指导和发展

一是根据国务院办公厅《关于加快推进行业协会商会改革和发展的若干意见》精神，由河南省民政厅在和省发改委牵头，反复征求相关部门、

专家学者、行业代表的意见，起草了《河南省关于加快推进行业协会商会改革与发展的实施意见》，报省人民政府同意后，以省政府办公厅豫政办[2008] 99号文件下发全省贯彻执行，为推动行业协会商会改革发展提供了政策和机制保障。二是认真贯彻民政部“全国社会组织建设与管理工作经验交流会”精神，召开了全省社会组织工作会议，交流和通报了全省社会组织建设与管理工作的情况，下发了《关于加强社会组织建设与管理工作的实施意见》，重点安排部署了加快推进行业协会改革与发展和大力推进民办非企业单位快速发展等工作。三是依据国务院《社会团体登记管理条例》和《河南省人民政府关于授权河南省科协为全省自然科学类社会团体业务主管单位的通知》精神，结合科技类学术团体特点，在近年来省内科技类学术团体建设与管理工作成果的基础上，出台了《河南省科技类学术团体登记审查与管理暂行办法》，省民政厅、省科协又联合召开了由省直科技类学术团体、各省辖市科协、社会组织登记管理机关参加的会议，安排部署了相关贯彻落实工作，为河南省科技类学术团体的发展提供了新的良好的政策环境。

五、着力培育发展公益慈善类和城乡基层社会组织

全省登记管理机关在继续抓好农村专业经济协会培育发展工作的同时，研究制定了各级机关发展公益慈善类和城乡社区社会组织的规划，积极探索和制定培育发展扶持措施，认真落实国家有关税收优惠政策，支持和引导公益慈善类和城乡基层社会组织在服务“三农”、社区建设、助残养孤、扶弱济困、救助赈灾等方面开展活动、提供服务。“5·12”汶川大地震后，河南省民政厅及时下发了《关于社会组织向地震灾区捐赠有关问题的通知》，号召全省广大社会组织积极参与灾区抗震救灾和恢复重建工作，广泛动员社会力量向地震灾区捐赠物。据不完全统计，全省社会组织通过自身或组织成员单位共为灾区捐赠资金达1.7亿多元，其中省光彩事业基金会募集捐款达1000多万元，平顶山市人民教育基金会募集捐款110多万元，充分展现了河南省社会组织热爱祖国、情系灾区的一片爱心和参加经济社会建设的巨大潜力。

六、加强政治理论学习和业务调研活动

2008年，全省登记管理机关根据中共中央和河南省委的要求，按照省民政厅（市、县民政局）党组统一部署安排，一是认真组织开展了“三新”（新解放、新跨越、新崛起）大讨论活动，进一步解放了思想，拓宽

了工作思路，明确了工作的努力方向。二是认真组织开展了学习实践科学发展观活动，在提高认识、统一思想的基础上，深入了解社会组织登记管理工作中存在的问题，提出了改进和加强社会组织登记管理工作的思路和措施。省民政厅民管局按照厅党组关于学习实践科学发展观调研活动的安排，深入相关市（县、区）登记管理机关和基层社会组织进行调查研究，撰写了《河南省社会组织执法与监察工作现状和对策》《河南省基层社区社会组织建设与管理工作》两个调研报告，经过集中讨论和学习，推动了社会组织登记管理工作的进一步开展。

湖北省社会组织建设与管理工作总结

湖北省民间组织管理局

2008 年，湖北省民间组织管理局坚持以科学发展观为指导，本着争创一流的精神，扎实工作，锐意创新，圆满完成了各项目标工作任务和年初工作计划，具体情况如下：

一、主要职能目标完成情况

1. 依法做好社会组织登记和年检工作。全年共受理社会组织行政许可申请事项 437 项，其中社会团体申请 345 项、民办非企业单位申请 64 项、基金会申请 15 项；办理社会组织筹备及成立登记 130 起，其中社会团体 94 起、民办非企业单位 23 起、基金会 13 起；办理变更登记 296 项，其中社会团体 241 项、民办非企业单位 40 项、基金会 15 项；办理注销登记 11 起。登记合格率 100%。为提高工作效率，加快信息化建设步伐，自主开发了社团和民办非企业单位网上年检系统（基金会年检在民政部“中国社会组织信息网”上进行），全省性社团、民办非企业单位、基金会网上年检工作目前已全部完成。

2. 积极培育发展社会组织。一是积极推进行业协会管理体制改革。为了贯彻落实国务院办公厅《关于加快推进行业协会商会改革和发展的若干意见》精神，多次与省发改委共同商讨行业协会管理体制改革问题，对省发改委起草的《关于行业协会管理体制改革建议方案》提出了修改意见。建议省政府将行业协会（商会）管理体制改革纳入武汉城市圈综合改革试验区重点项目的范畴，已被纳入《武汉城市圈综合配套改革试验三年行动计划（2008－2010年）》之中，必将对全省行业协会的改革与发展起到催化剂作用。二是满腔热忱地为慈善公益组织服务。主动与省直有关单位联系，反复沟通，终于出台《关于明确湖北省具备公益救济捐赠税前扣除资格的公益性社团和基金会名单的通知》，为省青少年发展基金会等一批公益慈善组织争得享受税收优惠政策的资格。同时，省民政厅还开通基金会登记“绿色通道”，为两个找不到业务主管单位的非公募基金会担当业务主管单位，扩大了省公益性组织的阵容。三是开展了社会组织及管理工作先进单位和先进个人评比表彰工作。省民政厅联合省人事厅于4月9日在武汉隆重召开了全省社会组织及管理工作表彰大会，受表彰的100个先进单位和100个先进工作者及全省各市、州、县（市、区）民政局分管局长、民间组织管理局长400多人参加了表彰大会。省人大副主任周洪宇，省政协副主席郑楚光等领导同志出席大会并为受表彰的先进代表颁奖、授牌。四是开展了行业性社团评估工作。对33家全省性行业社团进行了评估，评出5A级行业协会1家，4A级行业协会12家，3A级行业协会19家，2A级行业协会1家，11月17日召开了行业协会评估工作总结会。通过评估，促进了协会的自身建设，扩大了协会的社会影响力，达到了预期的目的。

3. 加强社会组织监督管理。一是核准章程。为101个新成立或发生变更的社团、基金会核准了章程；二是加强社团会费标准备案管理。全年共办理会费标准备案62件；三是规范社团换届活动。2008年1—11月，共指导、监管131个社团完成了换届；四是加强了社会组织开展评比表彰活动的审批工作。全年共受理社团评比表彰比赛活动申请37起，审批同意25起，8起因不符合规定未予批准。五是及时查处社会组织违法活动。对年检和日常管理工作中发现存在问题的15个社团进行了财务检查和限期整改，对25个社团予以罚款的行政处罚，对14个社团予以撤销登记。对于群众举报的三个未经登记、擅自以社团活动的非法组织进行了调查核实，并在《湖北日报》上发布声明，避免社会大众受骗上当。

二、调研、立法、培训及行业指导工作情况

1. 认真调查研究民非登记管理工作面临的新情况、新问题。国务院颁布《民办非企业单位登记管理暂行条例》已十年，无法指导和规范新时期新阶段的民非登记管理工作。在这种情况下，从全省民办非企业单位登记管理和发展的实际出发做了大量工作。9月25日在恩施召开了全省民办非企业单位登记管理工作会议，对《湖北省民办非企业单位登记管理暂行办

法》立法调研工作进行了部署，争取该立法工作在2009年完成。

2. 组织、引导异地商会为湖北经济建设服务。2008年7月和11月，民间组织管理局组织异地商会负责人到葛店开发区和天门市进行投资环境考察，鼓励和引导异地商会发挥中介、纽带作用，引荐更多的投资企业外来推动本地经济的发展。

3. 在全省开展文明窗口建设活动。为深入贯彻党的十七大关于建设服务型政府的精神，不断提高各级社会组织登记管理服务窗口工作人员的素质，4月份下发了《关于开展全省社会组织登记管理文明窗口创建活动的通知》，要求全省各级登记管理机关规范登记管理程序、完善登记管理制度、美化登记管理环境、提高登记管理效率，为促进社会组织科学发展服务。目前全省各级民政部门正在按照统一的标准，积极开展创建工作。

4. 组织开展了多种形式的业务培训活动。一是举办了社会组织管理干部培训班。对全省17个市、州和102个县市区民政局分管局长、民间组织管理科（处、股）长238人进行了培训。二是召开社会组织负责人和业务主管单位联络员培训会议，对102个省直厅局的社团管理联络员进行了业务知识培训。三是进行了民办非企业单位网上年检操作培训会议，培训人员202人。四是与省会计学会联合对社会组织财务人员进行了“民间非营利会计制度”学习培训，参训人员近600人。五是分五批组织民管干部及部分社会组织负责人赴外省市学习考察。

三、取得的荣誉

1.9月上旬，中国社会报社和国家民间组织管理局在宁夏召开了全国社会组织管理信息宣传工作会议。会上，湖北省民间组织管理局就加强社会组织管理信息化建设和宣传工作作了经验介绍，被授予“全国民间组织管理信息宣传先进单位”称号。

2.11月下旬，湖北省精神文明建设委员会办公室下发了关于公布调整充实后的全省文明行业创建示范点的通知（鄂文明办文［2008］23号），公布省民政厅民管处社团登记岗为全省文明行业创建示范点。

3.12月上旬，湖北省维护办“关于表彰2008年度全省维护社会稳定情报信息工作先进单位、先进个人的通报”将省民政厅民间组织管理局评为情报信息工作先进单位。

湖南省社会组织建设与管理工作综述

湖南省民间组织管理局

2008年，湖南省社会组织登记管理工作在民政部的指导和市（州）民政局的共同努力下，认真贯彻党的十七大精神，深入学习实践科学发展观，坚持培育发展和监督管理并举，扎实工作，务实创新，社会组织建设与管理工作取得了较好的成绩，实现了全省社会组织的新发展。

一、加强依法登记工作

1. 优化服务，认真履行登记职责。各级登记管理机关按照三个条例和行政许可法要求，依规定、按程序严把登记审批关。为了防止虚假注册，株洲、娄底等地深入实地考察、审核验证，确保了审批质量。长沙、湘潭等地自加压力，缩短行政审批工作日，提高了行政效能。益阳、邵阳等地积极完善服务措施，编制法规手册，印发办事指南，加强了登记政策的宣传。这些工作的开展，极大地方便了社会组织，社会各方反映良好，登记工作取得了较好的成效。2008年，省本级新登记社会组织69个，其中社会团体29个，基金会15个，民办非企业单位25个；市县社会团体新增795个（市级169个，县级626个），民办非企业单位新增592个（市级124个，县级468个）。至2008年12月31日，全省共有各级各类社会组织14717个（其中社会团体9923个，基金会87个，民办非企业单位4707个），在2007年的基础上增加了1422个，保持了10%的净增长率，基金会增长率达21%，是历年增长幅度最大的一年。初步探索建立了社会组织退出机制，对长期不活动、没有完成宗旨任务或者存在严重违法违规问题的社会组织，依法进行注销，省民政厅2008年共注销、撤销社会组织16个。

2. 研究新问题，探索改进登记政策。随着经济社会的发展，人们自主结社的愿望日益增强，面对新情况新问题，湖南省民间组织管理局加强思考和调研，积极创新登记政策。一是积极探索异地商会登记工作。近几年随着湖南省投资环境的改善和经济发展的需要，外省企业家来省内投资呈逐年上升趋势，他们申请成立异地商会的愿望越来越强烈，有的市（州）

按照当地党委政府的要求，先后批准登记了一些异地商会。二是适当放宽了校友会登记条件。现有的校友会登记管理文件是20世纪90年代初出台的，与当前形势不相适应，通过召开部分高校座谈会，听取意见，确定了主体在湖南、历史悠久、有一定社会影响的本科高等院校可以成立校友会的登记原则，促进了全省校友会的发展。三是针对湘潭提出的新社会阶层专业人士发起成立社会团体，株洲提出的网络性社会组织登记等具体问题，湖南省民政厅及时请示民政部，民政部逐一以文件的形式予以明确答复，省民政厅进行了转发。这些新情况、新问题的思考和解答，对全省乃至全国社会组织登记工作都具有一定的政策指导意义。

二、加强监督管理工作

1. 日常管理有序进行。各地积极出台措施，突出工作特色，做好社会组织管理工作。长沙制定了《民办非企业单位登记管理暂行办法》，完善法制建设。衡阳向60多个社会团体下达了换届通知书，并在会员（代表）大会上进行法规政策宣传，督促社会团体加强以章程为核心的内部建设。益阳、常德等地在全市开展社会组织评先创优活动，有力推动了社会组织健康发展。

2. 年检效力大大提高。各地社会组织年检工作扎实进行，参检率和合格率较大提高，并在当地媒体公告了年检结论，撰写了年检分析报告。衡阳加大整改力度，对基本合格的社会团体，在年检时一并整改到位；对不合格的社会团体，则提出整改意见，明确整改要求和时限，纳入清理整顿范围，确保了年检效果。

3. 专项治理成效显著。各级登记管理机关和纠风办、物价等部门一道，开展了规范服务和收费行为专项治理活动。通过制定实施方案、召开联席会议、扩大新闻宣传、实地检查督促等工作，专项治理工作取得初步效果，在社会组织行为规范建设方面取得了新的进展。长沙“以清理促规范，以规范促发展”，全面开展行业协会清理整顿工作，行业协会民间化程度大大提高。

4. 引导发挥作用明显。在2008年抗冰救灾和抗震救灾中，迅速向全省社会组织发出倡议，动员并组织各级各类社会组织开展捐赠活动和救援行动。汶川特大地震灾害发生后，岳阳在第一时间通过《岳阳晚报》、岳阳电视台向社会组织发布倡议书，产生了良好的社会效果。据不完全统计，全省社会组织共向四川地震灾区捐款1.1亿元。

三、加强执法监察工作

2008 年，全省打击非法社会组织和查处社会组织违法行为 98 起，依法对 151 个社会组织给予了撤销登记的行政处罚。益阳一市两区开展了大规模的联合执法，集中清理整顿中心城区非法社会组织和社会组织非法活动。湘西土家族苗族自治州连续多年将民政部颁发的取缔非法民间组织暂行办法和举报电话刊登在《团结报》上，通过广泛宣传，及时发现和查处非法组织。湘潭依法查处了“中国社会调查所湖南分所”案，郴州依法查处了“肖氏宗族企业联谊会”案。各地依法取缔了一批侵害群众利益、危害社会稳定的非法组织，有效维护了法律的权威性，为确保社会稳定做出了较大的贡献。

四、加强沟通协调工作

各级登记管理机关与业务主管部门密切联系，切实落实好双重管理体制。常德建立健全了全市社会组织协调领导小组会议制度、业务主管单位联席会议制度及政府职能部门会商制度。衡阳调整市社会组织管理工作领导小组成员，以市委、市政府两办的名义出台了关于进一步加强社会团体管理的通知。湖南省民政厅每年组织业务主管单位召开座谈会，2008 年与省劳动和社会保障厅联合下发了关于社会组织专职工作人员参加养老保险有关问题的通知，与省财政厅联合下发了关于进一步规范社会团体收入及票据管理有关问题的通知，通过加强协调配合，全省上下初步形成了促进社会组织发展和加强社会组织管理的整体合力。

五、加强基础建设工作

各市州积极配合完成了湖南省民政厅的调研工作，长沙、常德等地还自主组织了调研，形成了一批有较高价值的调研成果。株洲等地免费举办了社会组织法律政策、财务管理培训班，提升了社会组织的素质。岳阳、张家界等地克服困难，组织得力，相关报纸杂志征订任务完成得很好。永州、湘西自治州等地积极利用一报一刊二网，对外宣传力度大。邵阳、怀化等地统计工作细致准确，数据上报及时。各级登记管理机关通过做好基础工作，加强自身建设，提高了社会组织管理水平，营造了全省社会组织的良好发展局面。

过去的一年，湖南省社会组织建设与管理工作取得了一定的成绩，但也存在着不足之处。主要表现在：一是业务培训不够，理论研究不够，创新意识不够。二是争取领导重视不够，协调部门支持不够，社会资源整合不够。三是社会组织的规模、功能、作用总体上与湖南省经济、政治、文化、社会四位一体的建设要求还有相当差距。在以后的工作中必须高度重视这些问题，在发展中不断加以解决。

广东省社会组织建设与管理工作综述

广东省民间组织管理局

2008年，广东省各级登记管理机关认真贯彻落实党中央、国务院和民政部、省委省政府的部署，以科学发展观为指导，突出重点，注重创新，整体推进，社会组织的建设与管理工作取得了明显成效。

一、法规政策创新取得重大突破

广东省编办牵头调研、起草、协调、论证，省民政厅、省工商局等有关部门积极配合，经省委、省政府同意，2008年9月《中共广东省委办公厅、广东省人民政府办公厅关于发展和规范我省社会组织的意见》（以下简称《意见》）正式颁布实施。《意见》从深入贯彻科学发展观和构建社会主义和谐社会的高度，把发展和规范社会组织作为一项重大和长期的任务，提出了着力转变政府职能、调整优化布局结构、建立政府购买服务制度、加大资金扶持力度、完善各项扶持政策、创新党建工作、加强监督管理等一系列政策措施，并明确由省民政厅牵头组织实施。《意见》是当前乃至今后一段时期广东省社会组织改革创新的指导性文件，是又一个推动社会组织改革和发展的重大举措。各市也出台了一批扶持社会组织发展的政策措施。广州市出台了关于行业协会商会承接政府有关职能促进其改革发展的试点方案和关于落实促进行业协会商会改革发展财政扶持措施的意见，启动有关市级行业协会商会承接政府职能的改革，市建筑等6家行业协会、商会成为首批行业协会商会承接政府有关职能的试点单位。深圳市出台了关于进一步发展和规范社会组织的意见，在政府扶持、体制改革、监督管理以及在政协增加社会组织的功能界别等方面有许多重大创新举措。汕头、佛山、韶关、惠州等市也分别出台政策，降低民办非企业单位和城乡基层社会组织登记门槛，简化登记程序。

二、社会组织党建管理体制创新率先取得突破

2009年3月，广东省委组织部正式批准成立中共广东省社会组织工作委员会。3月26日，隆重举行了中共广东省社会组织工作委员会成立揭牌仪式。这是广东省进一步落实党的十七大提出的全面推进党的建设新的伟大工程的重要举措，也是广东先行先试、创新社会组织党建工作管理体制、争当全国社会组织党建工作排头兵的实际行动。广东省社会组织党工委的主要职能是领导全省性行业协会及无业务主管单位的社会组织的党建工作，指导、协调归属各级地方民政部门管理的社会组织和归属省直单位业务对口管理的社会组织的党建工作。党工委的日常工作由省民政厅党组领导，办公室设在广东省民间组织管理局。广东省社会组织党工委的成立，标志着全省社会组织党建工作取得新突破，进入新阶段。

三、行业协会成为广东省社会组织品牌

经过三年的努力，广东省行业协会已全面实现政会分开和民间化。100%的行业协会业务主管单位改为业务指导单位，行业协会筹备、成立直接向民政部门提出申请，管理体制改革顺利完成；100%的现职国家机关工作人员退出行业协会职务，全省共退出现职国家机关工作人员1547名；100%的行业协会实现"自愿发起、自选会长、自筹经费、自聘人员、自主会务"；60%的行业协会加强自身建设，改善办公条件，完善内部治理机制，职业化、年轻化的专职工作人员队伍逐步形成。省民政厅、中山市、江门市分别召开行业协会工作会议，巩固整改成果。广东省行业协会的改革与发展已成为社会组织的品牌，国家有关部委给予高度重视和充分肯定，民政部多次在会议和文件中推广本省行业协会改革和发展的经验，兄弟省市纷纷进行了考察学习。

四、社会组织保持良好的发展态势

截至2008年底，广东省内经各级民政部门依法登记注册的社会组织共计24573家，比2007年底增加了1516家，增长率为6.6%。按类别分，社会团体11555家，民非办企业单位12856家，基金会162家，分别比2007年底增长7.2%、6.1%、6.8%；按布局分，全省性社会组织1326家，市一级社会组织9042家，县、区级社会组织14205家，初步形成了门类齐全、覆盖广泛、结构优化、布局合理的社会组织体系。全省各类社会组织吸纳就业人员291116人，比2007年度增长7.4%。社会组织的法人

治理机制初步建立，领导班子建设日渐加强，从业人员年龄知识结构不断优化，自律意识和诚信观念不断加强，逐步涌现出一批制约机制健全、管理运行科学、服务功能突出、社会公信力和影响力高的社会组织。社会组织在促进经济发展、推动粤港澳经济合作、应对国际金融危机、繁荣社会事业、促进文化发展、开展公益活动和扩大对外交往等方面显示出越来越重要的作用。

五、管理制度创新效果明显

一是初步建立社会组织等级评估制度。经省政府法制办审查同意，《广东省民政厅关于社会组织评估管理的暂行办法》正式出台。办法明确了社会组织的评估对象、评估程序、管理职责、等级设置、评估结果管理和法律责任。社会组织评估的专门机构——广东省社会组织评估中心挂牌成立，行业协会、基金会评估的指标体系、评分细则基本形成。深圳、汕头、中山等市初步建立了社会组织评估制度。二是大力推进信息公开制度。省厅实行基金会重大活动和年度工作报告的信息公布制度，特别是在2008年汶川特大地震救灾中，督促接受赈灾捐赠的公益基金会，及时向社会公布接受捐赠款物情况和使用情况。在全省民办非企业单位开展信息公开和承诺服务活动，目前全省民办非企业单位已全面健全相关制度，相关信息和承诺服务内容均向社会公布。社会团体信息公开也逐步开展。信息公开制度的施行，提高了社会组织运作的透明度，推进了社会监督和舆论监督。三是建立健全社会组织自律的长效机制。2008年，省民政厅会同有关部门，下发了关于清理规范各类职业资格相关活动的通知、关于规范社会团体收费行为有关问题的通知、《2008年广东省社团组织行业协会和市场中介组织开展自律工作实施意见》，开展了社会组织预防腐败调研，从政策上引导、制度上规范了社团组织行业协会的自律行为。目前，全省社会组织已初步建立了规范运作、诚信执业、公平竞争、信息公开、奖励惩戒、自律保障等六项机制，行业自律工作成为广东省纠风工作的品牌。四是初步建立年检分析制度。各地及时修订社会团体年度工作报告书格式文本，使年检的内容突出重点、涵盖全面，年检的形式更加方便、快捷，实现了年检制度化。积极开发和利用全省性行业协会年检信息，为政府和相关部门制定行业协会发展和规范的政策提供参考。五是积极改进登记服务方式。按照依法行政的要求，省民政厅重新制定了各类社会组织行政许可流程图，进一步规范登记工作程序，完善办事指南，理顺内部审批流程；实行基金会年检网上申报，加强社会组织信息化建设。深圳、珠海等12个市启动了民政统一软件，实行社会组织登记网上申报；湛江市压缩行政许可项目的审批时限，提高了工作效率，方便了社会组织。

六、八个改革创新观察点初见成效

为鼓励各地开展社会组织管理改革创新，省民政厅参照民政部的做法，设立广州、深圳、珠海、汕头、佛山、东莞、中山、肇庆8市为广东省社会组织“改革创新观察点”，目前已初见成效。如深圳市着力推动“社会组织孵化基地”项目筹建工作，将由政府出资建设，民政部门管理，统一为社会组织提供工作、活动场所和信息服务。广州、珠海两市分别制定了社会组织改革发展的思路和方案。汕头市确定了行业协会改革创新的内容，并选取7个重点行业协会为全市“行业协会改革创新观察点”。佛山市制定了《佛山市社区社会组织培育发展工作方案》，进一步促进社区社会组织的发展。

七、执法监察工作得到加强

各地加大行政执法力度，社会组织执法监察工作成效明显。据统计，2008年全省查处非法社会组织和社会组织违法违纪行为共566起，比2007年度增加174起；其中撤销社会组织368家，限期停止活动5家，罚款2.2万元，责令撤换直接负责人20人次，责令改正143家，警告47家，取缔非法社会组织3家。省民政厅、广州、珠海、佛山、河源、东莞、江门、潮州等市分别对不按照规定接受年度检查的社会组织，视情况分别给予警告、限期停止活动或撤销登记的处罚，其中东莞市对130家社会组织作出撤销登记的行政处罚，并在各大媒体刊登撤销公告。深圳市、佛山市依法查处了几个危害大、影响恶劣的非法网络组织。省民政厅、中山市、肇庆市果断取缔了一批损害群众利益、危害社会稳定的非法组织。通过加强执法工作，有效地维护了国家安全，维护了政治稳定、社会稳定，维护了人民群众的利益。

八、发动社会组织抗震救灾成绩突出

汶川特大地震灾害发生后，广东省民政厅立即组织广东省民间组织总会等21家社会组织，在《南方日报》刊登了抗震救灾倡议，并在广州市天河正佳广场隆重举行倡议活动启动仪式，得到了全省社会组织的积极响应。广大社会组织迅速行动，发动会员捐款捐物，组织志愿服务，开展社会工作，甚至直接参与第一线的抗震抢险和灾后重建任务。据统计，截至

2008年6月15日，全省各社会组织及其会员企业累计发出倡议2751次，召开会议2013次，举办捐赠活动3015次，参与志愿服务人数18168人，捐款和捐物折款合计38.93亿元（其中捐款25.45亿元、捐物折款13.48亿元），佛山市陶瓷协会和东莞市台商投资企业协会捐款分别高达1000万元和500万元，为支援四川灾区抗震救灾作出了重要贡献，彰显了广东社会组织的大爱精神，得到了社会各界的广泛赞赏。

广西壮族自治区社会组织建设与管理工作综述

广西壮族自治区民间组织管理局

2008年，广西社会组织管理工作坚持培育发展和规范管理并重的方针，继续推进行业协会改革，不断规范异地商会管理，积极引导社会组织参与公益慈善事业，大力开展社会组织登记管理人员培训等，社会组织建设和管理工作呈现出了良好的发展态势。

2008年，广西社会组织总数比2007年增长10.6%。截至12月31日，广西累计有社会组织12872个，其中：社会团体8963个，民办非企业单位3894个，基金会15个。全年新登记的社会组织1370个，其中：社会团体1007个，民办非企业单位362个，基金会1个。全区社会组织固定资产规模达652亿元，年总收入327亿元，总支出285亿元，吸纳就业36万多人。

一、突出重点，抓好社会组织的培育发展

一是着力推进行业协会改革和发展。为了充分发挥行业协会的作用，广西民政厅积极推进行业协会和中介组织与政府部门脱钩，据统计，2007年以来广西有1083家行业协会完全与政府职能部门脱钩，占应脱钩数的85%。1402名公职人员完全从协会中脱离出来，其中自治区党政机关公职人员脱离出来404人，包括省级干部2人，厅级干部42人，处级以下干部360人。脱钩的行业协会逐步成为“自我管理、自筹经费、自选会长、自聘人员、自主会务”的法人团体。与此同时，广西各级民政部门与有关业务主管部门密切配合，认真抓好行业协会的培育发展，全年新增行业协会

126个，比上年增加1.3%。如玉林市以企业为依托，新成立了玉柴供应商联合会、北流三环陶瓷商会、富英制革科技人员协会等21个行业协会；南宁市新成立了燃气行业协会、烟花爆竹流通行业协会等6个行业协会；钦州市新成立了泥兴陶行业协会、汽车流通协会等4个行业协会。这些行业协会在行业协调、行业自律、招商引资、维护行业利益、提供信息服务等方面发挥了积极作用。

二是积极扶持农村专业经济协会发展。广西各级民政部门按照民政部关于加强农村专业经济协会培育发展和登记管理工作的指导意见精神，大力扶持农村专业经济协会发展，全年新登记成立农村专业经济协会454个。同时，积极引导、推动各类农村专业经济协会发挥其独特的优势和作用，为促进农民增收、农业增效、农村发展做好服务。玉林市果蔬协会成立后，发展蔬菜基地6个共2000多亩，种植30个蔬菜品种，设立了38个蔬菜配送点，为该市提供了大量新鲜蔬菜；桂林市注册登记的各类农村专业经济协会822家，会员总数达60万多人，辐射带动30多万农户进入市场，会员年人均增收500元。

三是大力培育发展公益性社会组织。广西各级民政部门认真贯彻民政部关于促进慈善类社会组织发展的通知精神，积极引导和培育发展慈善公益服务性的社会组织。2008年，自治区本级成立了广西桂嘉汇青少年儿童救助基金会等公益性社会组织14家。全区共有各类公益慈善性社会组织336家，这些社会组织广泛吸纳社会资金，积极参与公益事业活动，弥补了政府公共投入的不足，有力地促进了社会公益事业的发展。玉林市有慈善公益性社会组织29家，为群众办实事、做好事356件，投入资金超过千万元。如北流市奖学助学协会筹措助学资金384万元，资助家庭贫困的大中小学生6973人，发挥了显著的社会效益。

四是加快服务性民办非企业单位发展。2008年，广西新登记成立的民办非企业单位327家，比上一年增长了5%，这些民办非企业单位主要分布于教育、卫生、科技、体育、社会福利等领域，它们贴近百姓，贴近生活，深受广大人民群众的欢迎，延伸和扩展了社会组织的社会服务功能。如玉林市民政部门在巩固和规范教育、文化类民办非企业单位的基础上，重点培育发展体育、劳动、科技类的民办非企业单位，仅2008年就新成立了玉林运美职业培训学校等50多家民办非企业单位，每年为当地经济社会发展提供各种实用人才和安置就业超过10万人。

五是基层社会组织培育发展取得新突破。顺应城乡社区建设深入发展的新形势，广西各地通过降低门槛，简化手续，登记或备案等方式，积极培育和扶持社区社会组织发展。2008年，各地新登记成立基层社会组织385个、备案463个。如南宁市、桂林市积极探索对城市社区社会组织实行备案制度，既满足了城市社区群众“自行结社、自我服务、自我发展”的物质文化需求，又引导和规范了社区社会组织的有序发展。百色市大力发展“村民理事会”，把这一基层社会组织打造成新时期为群众办事的平台，对推动社会主义新农村建设起到了重要的作用。

二、规范管理，确保社会组织健康发展

一是进一步规范社会组织登记工作。广西各级民政部门在对社会组织进行登记管理的工作中，坚持政务公开、依法行政、限时办结。根据自治区关于转变干部作风加强机关行政效能建设的要求，自治区本级社会组织登记管理的各项审批事项率先进入了自治区办证大厅统一受理，大多数市县社会组织登记管理的审批事项，也陆续进入了本级的政务大厅，并开设了专门窗口，设置了电子显示屏和登记指南，使社会组织登记服务成为各级政府公共服务的重要内容。2008年，广西各级民政部门共接待社会组织登记咨询2.56万人次，比上年增长22%，其中自治区本级受理社会组织登记咨询730人次，受理筹备登记社团20个，新登记社团18个，民办非企业单位登记14个，基金会1个；受理变更登记社团109个，民办非企业单位变更登记11个。

二是加强异地商会登记管理工作。为加快广西异地商会培育发展，2008年6月，广西民政厅与广西招商促进局联合下发了关于进一加强异地商会登记管理的实施意见，对异地商会的组建原则、成立条件、申报程序以及内部治理结构等作出了明确的规定，打破了以往异地商会“登记在省”“一省一会”的限制，并开展了地级市登记管理异地商会试点工作。目前，已登记成立了南宁绍兴商会、南宁温州商会、南宁泉州商会、桂林温州商会、桂林南京商会、柳州温州商会、玉林长沙商会、玉林福州商会等8家异地商会，这些异地商会对开展省际经济交流与合作，加强异地来桂投资企业和经商人员的管理，促进广西招商引资，推动地方经济社会发展发挥了重要的作用。

三是认真做好社会组织年检工作。广西各地从2007年年底开始，陆续通过召开会议和公告等形式，一次性告之年检单位参加年检的时间、内容、程序、应交材料和具体要求等，做到了早部署、早安排。针对近年来社会组织登记管理干部队伍变动大，新成立的社会组织不熟悉年检工作的情况，南宁市、柳州市、钦州市、百色市、河池市、崇左市等及时开展对

年检工作人员和部分社会组织的秘书长进行年检知识培训，并把年检放到本级政务大厅办理，使时效性得到了大幅度的提升，办结时间普遍缩短了50％。为了确保年检质量，各地严格把握审核尺度，对一些不合格的社会团体及时予以注销。据统计，在年检过程中，广西对82家无活动经费的社会团体进行了注销，对106家不按要求开展活动的社会团体，发出了《整改通知书》，限期进行整改。由于坚持依法行政，全区应参加年检的社会组织8952家，实际参加年检8191家，参检率达91.4％，合格率为97％。

三、积极引导，鼓励社会组织参与公益慈善活动

2008年，广西经历了历史上罕见的低温雨雪冰冻灾害、汶川特大地震、黑格尔热带风暴和国际金融危机的考验。在“5·12”汶川大地震抗震救灾、抗击雨雪冰冻灾害和抵御黑格尔热带风暴中，广西各级社会组织站在抗灾救灾第一线，或筹措巨额善款，或奉献公益服务，发挥了巨大的作用，引起了社会的广泛关注。据不完全统计，广西各类社会组织及其会员捐款捐物折款合人民币达1.29亿元，其中捐款1.16亿元，捐物折款0.13亿元。仅柳州、玉林、崇左等三市的社会组织及其会员企业捐赠款物就超过4000万元，为支援灾区人民恢复生产、重建家园做出了积极的贡献。

四、加大执法力度，规范社会组织活动行为

2008年，广西各地按照“培育发展与监督管理”并重的方针，认真抓好社会组织活动行为的规范，依法查处了少数社会组织违法违纪的行为，采取严厉的手段，取缔了一批非法组织。钦州市在开展查非打非的执法活动中，成立了由市分管领导任组长、市民政局、公安局、教育局、科协等部门领导组成的执法领导机构，明确查处时间、范围、内容和方法等，严肃查处了19个违法的社会组织，取缔了8个非法社会组织。南宁市青秀区对70所未经登记成立就招生的民办小学、幼儿园进行了专项查处，对基本符合办学条件的，督促其整改，补办登记手续，对2所不具备办学条件的依法取缔。桂林市发现市癌症康复协会有乱收费的行为，委托会计师事务所对其近年的财务账目进行了审计，查清问题后，责令整改，收到了良好的效果。

五、加强培训工作，不断提高社会组织管理人员业务水平

为进一步提高社会组织管理人员的综合素质和业务能力，2008年12

月，广西民政厅举办了一期全区社会组织登记管理干部培训班，各市县民政局社会组织管理科长、股长共 140 人参加了培训。2008 年 7 月，广西民政厅、财政厅在南宁联合举办了一期民间非营利组织会计制度培训班，对自治区本级新成立的社会组织财务人员共 90 多人进行了培训。据统计，2008 年，广西各级民政部门开展各类业务培训 16 期，参加培训人员 1463 人。通过培训有效地提高了社会组织管理人员和从业人员的思想业务水平，促进了社会组织建设和管理工作健康发展。

海南省社会组织建设与管理工作综述

海南省民间组织管理局

2008 年，在海南省委、省政府和国家民间组织管理局的正确领导下，海南省各级民政部门认真学习和贯彻全国社会组织建设与管理工作经验交流会议精神，贯彻落实实践科学发展观，遵照培育发展与监督管理并重的工作方针，一方面积极培育和发展与经济社会发展相适应的各类社会组织，一方面通过制定各项管理制度加强对社会组织的管理。全省全年新增加登记各类社会组织 198 个，比 2007 年底增长 9.62%，其中社会团体 124 个，民办非企业单位 71 个，基金会 3 个，截至 10 月份，全省共登记各类社会组织 2255 个，其中社会团体 1320 个，民办非企业单位 920 个，基金会 15 个。

一、召开全省工作会议，传达贯彻全国会议精神

为传达贯彻全国社会组织建设与管理工作经验交流会精神，加强全省社会组织建设与管理工作，3 月 5 日在海口召开了全省社会组织建设与管理工作会议。会议传达了全国社会组织建设与管理工作经验交流会议精神。总结了海南省近年来社会组织建设与管理工作经验，分析存在的问题，进一步明确了 2008 年海南省社会组织建设与管理工作任务。同时，讨论了《海南省加强社区社会组织发展与管理指导意见》（征求意见稿）。参加会议的有各市、县（区）民政局分管民间组织工作的副局长、科股长，省级社会组织业务主管单位分管社会组织工作的领导和部分省级社会组织的领导。会上廖玉巩局长传达了全国社会组织建设与管理工作经验交流会

议精神，黄栋国副厅长做了《总结经验明确任务促进海南省社会组织建设与管理工作上新台阶》的工作报告，苗建中厅长做了重要讲话。这次会议，增强了信心，鼓舞了省民政厅做好社会组织工作的决心。

二、开展社区社会组织发展试点工作

为推动海南社区社会组织发展，起草了《海南省培育发展与规范管理社区社会组织的指导意见》，并在海口市的龙华区和美兰区开展社区社会组织发展与管理试点工作，通过试点，总结经验，推动全省社区社会组织发展。试点工作取得了良好的效果，海口市政府对试点工作极为重视，给试点工作拨了专项经费，试点结束时还特别组织了全市分管民政工作的区长、街道办主任和居委会主任参加观摩和推广。分管民政工作的副市长在推进会上介绍了试点工作经验。试点工作打开了全省社区社会组织登记工作的局面，开创了省内社区社会组织登记管理工作的先河。

三、加强社会组织的票据管理，进一步规范社会组织收费行为

根据民政部等六部委《关于规范社会团体收费行为有关问题的通知》（民发［2007］167号）（以下简称通知）精神，会同海南省发改厅、省监察厅、省财政厅、省地税局、省纠风办转发了《通知》，并结合本省实际，提出了贯彻意见。同时，针对有的社会组织乱收费、乱开票据的行为，积极与省财政厅协商，接管了社会团体的会费票据和接受捐赠票据。同时争取了财政厅同意，对以上两种票据不收工本费，免费提供。这样进一步规范了本省社会组织的收费行为，不但掌握了社会组织使用票据的情况，也便于及时发现在使用票据中存在的问题，纠正违规现象，规范了社会组织使用会费票据和接受捐赠票据的行为。

四、大胆尝试，为社会组织发展创造宽松环境

为了给全省社会组织发展创造宽松环境，结合海南省委、省政府关于下放相关权限的精神，组织召开了异地商会负责人座谈会，理顺异地商会登记管理问题，大胆尝试登记管理创新机制，将异地商会的登记权下放给海口市和三亚市，促进了异地商会的发展。同时，为了便于市、县成立基金会，决定将市、县成立的基金会的业务主管单位下放到市、县中与所成立的基金会业务相关的职能部门担任。从而解决了市、县基金会难以找到业务主管单位的问题，促进了基金会的发展，为社会组织发展创造了宽松的环境。

五、行政许可审批事项进入省政府服务中心

根据《中华人民共和国行政许可法》关于实施行政许可应当遵循公开、公平、公正和便民的原则，海南省政府决定将34个单位的776项行政许可和行政审批事项集中在省政府服务中心办理。经省编办批准，在民间组织管理局加挂"海南省民政厅行政审批办公室"的牌子，增加1名副局级领导编制。厅党组对民间局进入中心工作十分重视，苗建中厅长多次过问，亲自签署授权书，并于中心运行前与分管副厅长黄栋国到"窗口"检查工作。自7月1日进入政务中心后，共受理社会组织办件117件，办结97件，当场办结10件，节省天数390天，提前办结87件，节省天数3060天，提前办结率100%，透明、便捷、高效的服务，受到了服务对象的好评，维护了民政厅良好的对外窗口形象。

六、规范社会组织的收费行为和评比达标行为

落实了省委《关于贯彻落实建立健全惩治和预防腐败体系2008—2012年工作规划的实施办法》，起草了《海南省社会中介组织、社会团体监督管理办法》（征求意见稿），从制度上规范了全省社会组织的收费行为和评比达标行为。

七、规范登记名称，依法开展社会组织年度检查

2008年年初，为了避免新成立的社会组织与原有的社会组织名称重复、业务主管单位审批的社会组织名称与登记管理机关按照规定要求的名称不相适应的矛盾，减少申办人的申办时间，提高办事效率，下发了《海南省民政厅关于对成立社会组织的名称实行事先核准的通知》，进一步规范了全省社会组织登记申报的名称。同时，加强年度检查工作，对应列入年检范围的社团、民办非企业单位和基金会实施2007年度检查。年检中着重进行了年度财务审计报告的检查，规范社会组织的年检，完成了年度检查工作任务。其中：社会团体参加年检350个，合格率99%。民办非企业单位参加年检120家，年检合格率100%。基金会参加年检7家，年检合格率100%。通过对社会组织的年检，对其报送材料进行综合分析，找出存在问题，指出整改建议，提高了社会组织负责人的法治意识，为社会组织规范化建设创造了条件。同时，对不按时参加年检、不接受监督的25家社团、12家民办非企业单位做出撤销登记的行政处罚，维护了政策法规的严肃性。

重庆市社会组织建设与管理工作综述

重庆市民间组织管理局

2008年度，重庆市社会组织建设管理工作在市委、市政府的正确领导和民政部的具体指导下，认真贯彻落实科学发展观，紧紧围绕重庆市经济社会发展大局和年度工作目标，坚持培育发展与监督管理并重的方针，突出重点、依法登记、分类规范、强化服务指导与监督管理，社会组织建设管理的各项工作都取得了新的进展和新的成绩，社会组织在促进全市经济社会发展和构建和谐重庆中发挥了积极作用。

一、社会组织培育发展取得新进展

一是召开了全市社会组织建设与管理工作会议，传达贯彻全国会议精神，进一步明确了当前和今后一个时期重庆市社会组织建设管理工作的指导思想、工作目标、主要任务和工作措施。通过以会代训的形式，对全市登记管理人员进行了业务培训。二是依法登记，严把入口关。全市各级登记管理机关严格按照行政许可法和社会组织登记管理法规、程序，依法登记。2008年全市新登记成立社会组织760个，截至2008年底，全市社会组织已达7470个，其中社会团体4237个，民办非企业单位3216个，基金会17个，比上年增长11.3%，登记合格率100%。三是突出重点，分类指导。积极指导各地结合实际，因地制宜，突出培育重点。2008年全市新培育教育、科技、文化、体育、卫生和社会福利等公益领域的民办非企业单位399个，同比增长14.2%；新培育农村专业经济协会203个，同比增长33.1%；新备案城乡基层社会组织772个；新登记乡镇（街道）稻草援助中心177个，同比增长90.8%。

二、监督管理工作得到加强

一是加强了年检，强化了年检手段，拓展了年检内容，社会组织参检率达85%以上，对年检中发现的问题及时依法进行了处理。二是根据市委市政府的要求，制发了关于在奥运期间加强民间组织管理的意见，会同相关部门加强了对社会组织的监管，维护了社会政治稳定。三是按照渝府发

［2008］113 号通告精神，在社会组织中开展了机动车非法营运专项清理工作。四是开展清理规范社会团体设置或组织的职业资格考试、发证活动；根据国家发改委等 9 部委的要求，启动了行业协会服务和收费行为的专项治理工作。五是开展了行政执法调研，向民政部报送《重庆市社会组织管理行政执法工作情况报告》。六是加强了对公募活动的管理，制定下发了《关于加强公募基金会抗震救灾捐赠款物管理使用的通知》并开展了清理，及时为没有救灾职能的公募基金会补办手续。探索推进社会组织评估制度，在调研的基础上，拟定了《重庆市基金会评估工作方案》和《重庆市基金会评估标准》。

三、全面完成了政社分离改革任务

按照重庆市委、市政府办公厅关于加强和改进社会团体管理工作意见的要求，积极会同相关部门，经过一年的努力，全面完成了全市 2655 个社团的政社分离改革任务，共清除 1543 名县处级及以上领导干部担任的社团领导职务；清理出社团占用的国有资产 847.33 万元，已收回国有资产 561.47 万元；经批准由社团继续管理和使用的国有资产 285.86 万元；清理并已收回机关占用社团自有资产 16.5 万元；共分离 142 个社团与机关的办公场所；共分离出社团账户 124 个、账务 107 个。清理出 17 个社团行使的行政管理职能。市民间组织管理局会同市委组织部、市财政局、市监察局联合向市委、市政府报送了《关于重庆市党政机关与社会团体政社分离改革工作情况的报告》。市委、市政府领导对社团政社分离改革工作，给予了充分的肯定。

四、政策法规建设取得新进展

2008 年，进一步加强了社会组织政策法规建设，加大与相关部门的协调力度，会同重庆市发改委代拟并经市政府办公厅下发了《关于加快推进行业协会改革与发展的意见》（渝府办发［2008］316 号）；会同市劳动和社会保障局制定下发了《关于社会组织专职工作人员参加基本养老保险有关问题的通知》；会同市发改委、监察局、物价局、财政局、税务局、市政府纠风办制定了《关于规范社会团体收费行为有关问题的通知》；参与制定了《关于进一步加强新社会组织党的建设工作的意见》；向市政府法制办报送了《重庆市促进农村专业经济协会发展实施办法》。

五、做好社会组织参与抗震救灾的管理服务工作

认真贯彻民政部地震灾区社会组织服务和管理工作会议精神，积极为社会组织参与抗震救灾工作提供服务，及时向民政部报送重庆市社会组织参与抗震救灾的动态信息，在调查统计的基础上，向民政部推荐了4个参与抗震救灾的先进社会组织；向市政府报送了《重庆市社会组织参与抗震救灾工作情况的报告》；2008年全市广大社会组织积极参与“5·12”抗震救灾和灾后重建工作，除动员组织捐款外，一些社会组织还组织力量到灾区一线参与救灾和提供各种服务。据统计，全市社会组织共捐款物累计达3.92亿元，占全市社会捐赠总额的36%。为激励先进，制定下发了《重庆市民政局关于表彰抗震救灾工作先进市级社会组织的通报》，对52个市级参与抗震救灾工作的先进社会组织进行了表彰。

六、深入开展学习实践科学发展观活动

按照重庆市委和民政局党组的要求，认真开展了“解放思想、扩大开放”大讨论活动和深入学习实践科学发展观活动，通过学习讨论，调研考察，征求意见等方式，认真查找了存在的突出问题，提出了改进意见和工作措施。通过开展扶贫帮困活动，进一步牢记了“以人为本、为民服务、为民解困”的民政宗旨。通过清理，进一步规范了工作流程和接待服务，简化了手续，提高了办事效率和质量；活动期间，积极参加重庆广播电台“阳光重庆”节目制作，广泛宣传社会组织的法规、政策以及社会组织在社会建设管理和公共服务中的积极作用，自觉接受公众咨询，为广大群众解惑，为民办实事。通过深入的调查研究，形成了《重庆市社会组织建设管理调研报告》，进一步理清了工作思路，明确了努力的方向。

四川省社会组织建设与管理工作综述

四川省民间组织管理局

2008年，四川省社会组织管理工作在民政厅党组的直接领导下，在分管厅领导的关心和具体指导下，认真学习领会党的十七届三中全会精神，积极贯彻落实科学发展观。按照民政部部长李学举提出的“发展是前提，

建设是核心，培育与监管是基本手段，发挥社会组织的积极作用是根本目的”的民管工作根本要求，围绕全省民政系统的中心工作和民管系统的重点目标要求，坚持解放思想、与时俱进，坚持大胆创新、服务大局，坚持统筹兼顾、分类指导，坚持依法行政、规范管理，积极探索社会组织管理新机制，创新社会组织管理手段，加快社会组织建设进程。工作中，全处同志克服了工作任务重、时间紧、难度大的困难，在四川省民政厅党组的指挥下积极参与“5·12”抗震救灾工作，拼搏进取、负重自强，圆满完成了2008年的各项目标任务。

一、规范管理、加强服务，社会组织日常管理工作取得新突破

四川省内各级登记管理机关顺应社会组织快速发展的新形势，圆满完成了各项登记管理任务，对社会组织的培育发展工作有了新进展，初步形成了有利于社会组织规范有序发展的新格局。

1. 严把登记关效果明显。根据行政许可法和四川省本级集中行政审批制度的要求，在省政府政务服务中心窗口统一受理社会组织的成立、变更、注销、备案、年检等行政审批项目，依照条例和程序在规定时间内完成审批手续。全年共审批登记新成立社会团体27个，社会团体分支（代表）机构13个，办理社会团体变更登记56项次，办理社会团体注销登记6个；审批登记新成立的民办非企业单位36个，民办非企业单位（代表）机构15个，办理民办非企业单位变更登记27项次，办理民办非企业单位注销登记4个；审批登记新成立的基金会5个，基金会分支（代表）机构12个。办结率100%，错误率为零，投诉率为零。同时，根据国家法律、法规和政策规定，对于业务宽泛、不易界定的社会组织做到了从严控制。

2008年，全省共依法登记社会组织2345个，注销、撤销2118个，变更登记1718项次，社会组织总保有量为27960个，占全国社会组织总数38.7万个的7.2%，位居全国第二。其中社会团体15821个，民办非企业单位12084万个，基金会55个，全省社会组织发展体系初步形成。

2. 窗口服务着力加强。根据提升行政效能，改进服务质量的要求，努力做好“一条龙”服务，推行了“首问责任制”和“限时审批制”。确立政务中心窗口代表为首问责任人，还将承诺办结时限在法定时限的基础上平均提高11天以上。各市州民管部门也依托所在地行政审批科，不断加强窗口建设，改进了登记管理机关服务水平，提高了工作效率，促进了政风行风建设，树立了服务型政府形象。

3. 社会组织优化培育发展加快。结合四川省实际，因地制宜，优先发

展公益性社会组织、社区社会组织和农村社会组织，充分发挥他们构建社区建设、助残养孤、扶危济困等方面的特殊作用。全年共登记或备案社区社会组织150个，登记农村专业经济协会398个。通过加强调研，总结经验，创新发展手段，加大政策扶持力度，在广安、南充等地区探索建立政府资金支持的农村资金互助社新型机制。另一方面，加大对满足社会需要，与人民生活密切相关的文化、科教、卫生、体育、劳动保护等方面的社会组织的扶持发展力度，着力解决这类社会组织发展中的瓶颈问题。

二、解放思想、开拓创新，社会组织管理体制改革再推新举措

一年来，在推进行业协会、商会改革和发展，规范社会组织行为，开展“社会组织行为失信惩戒制度”试点活动和探索建立基金会评估机制方面做了大量工作，取得了较好的效果。

1. 行业协会、商会改革和发展工作稳步推进。积极配合四川省发改委，抓住省委、省政府《关于加强机关行政效能建设的决定》（川委发［2008］11号）的有利时机，将行业协会改革纳入机关行政效能建设的范畴。为了做好脱钩工作，摸清情况，下发了《四川省行业协会和中介组织与行政职能部门脱钩工作调查统计表》，并在此基础上配合起草了《四川省行业协会和中介组织与行政职能部门脱钩工作方案》，此方案目前已报送省政府常务会议审议。

2. “社会组织行为失信惩戒制度”试点工作圆满完成。根据中纪委关于预防腐败试点工作的要求，按照省纪委的统一部署，在四川省民政厅党组领导下，与民政厅办公室、监察室共同开展了《四川省民间组织行为失信惩戒制度》试点工作。厅领导多次带队到绵阳市、自贡市调研，指导自贡、绵阳两市开展社会组织失信惩戒制度试点工作，审查通过了试点市的试点工作方案。3月，绵阳、自贡在广泛征求各部门和社会组织意见的基础上，分别完成了《绵阳市社会组织行为失信惩戒制度》和《自贡市社会组织行为失信惩戒制度》的草拟工作。4月8日，省民政厅建立社会组织行为失信惩戒制度试点工作领导小组在绵阳安县召开了部分市、州和省级社会组织参加的全省社会领域预防腐败研讨会，对草拟的制度认真进行了分析研讨。两市根据会议精神，重新对制度进行了修订，于4月中旬对试行制度进行了批转执行并报省试点办备案。10—11月，两市由市级试点工作领导小组、市法制办、市民政部门、专家学者等组成的评估团队分别对当地的社会组织失信惩戒制度试点项目进行了综合评估，两市试点项目均顺利通过了评估审议。11月，民政部民间组织管理局局长孙伟林到绵阳对

试点工作进行了实地考察，并给予了高度评价。

作为“四川省社会组织行为失信惩戒制度”试点工作的配套工作，自贡、绵阳、达州三市分别在民办非企业单位、行业协会等领域就开展评估工作进行了大量的探索性的准备工作，为下一步开展此项工作打下了良好的基础。

3. 社会组织自律与诚信建设全面推开。为促进四川省社会组织健康发展，依据《国务院办公厅关于社会信用体系建设的若干意见》的指示精神，在前期成功开展民办非企业单位自律与诚信建设活动的基础上，制定并下发了《关于开展全省社会组织自律与诚信建设活动的通知》，在全省社会组织中深入开展自律与诚信建设活动。将社会组织自律与诚信建设工作作为一项长效机制进行建设，规范社会组织行为，树立社会公信力，全面提高社会组织的各方面素质，建立社会组织自我约束、自我管理、自我教育、自我服务的自律机制，树立以诚信为本，诚实守信，有诺必践，倡导诚信的理念。

4. 基金会评估试点前期准备工作就绪。按照《民政部关于推进民间组织评估工作的指导意见》（民发［2007］127 号）要求，收集民政部及各兄弟省市基金会评估方面的信息，结合四川省实际，制定了《四川省基金会评估试点工作方案》和《四川省基金会评估评分细则》（草案）。并于 4 月 15 日向全省 50 家基金会发函征求了意见。评估标准方面，根据在上海召开的 2008 年全国基金会暨社会组织评估工作座谈会精神，结合民政部基金会评估指标，进一步完善了全省基金会评估指标体系。舆论准备方面，在《华西都市报》刊登了《四川省社会组织将试行星级管理》一文，大力宣传社会组织评估工作的重要意义，使大众和社会组织广泛了解社会组织评估工作。财政保障方面，积极向省财政争取经费，保证社会组织评估体系的长效运行。分别向省财政厅报送了《四川省基金会评估专项经费明细表》和《关于申请追加社会组织评估工作预算的函》，为评估工作的顺利开展争取到了预算经费。

5. 社会团体收费行为得到规范。针对社会上存在的一些社会团体乱收费现象，根据民政部、国家发改委、监察部、财政部、国家税务总局和国务院纠风办联合出台的《关于规范社会团体收费行为有关问题的通知》（民发［2007］167 号）文件精神，与省发展改革委、省物价局、省监察厅、省财政厅、省国税局、省地税局和省纠风办联合出台《四川省关于规范社会团体收费有关问题的通知》，进一步规范全省社会团体收费行为。目前，通知已草拟完成，正处于联合会签阶段。通知明确了对社会团体各类收费行为及举办评比达标表彰活动进行了规范，以利于促进社会团体健康有序的发展。

三、依法行政、强化监督，社会组织执法监察工作有新进展

当前，随着全省社会组织快速发展，作用发挥日益显著，出现的问题也在逐渐增多。为监督好、管理好社会组织，加强了对社会组织行为的执法监察力度，2008 年共对 77 家违法违纪的社会组织进行了依法查处，查处率为 100%。

1. 年检违法查处力度提升。把社会组织的年检作为加强社会组织管理的切入点和突破口，加大了查处力度。2007 年度应参加年检的省级社会组织 1382 个，实际参加年检的社会组织 1315 个，年检率达到 95.15%。对未及时参加年检的社会组织责令停止活动并限期整改、通报批评或通知补办年检手续。对 160 个因地震原因未及时参加年检的社会组织进行了通报批评，并责令限期整改、补办年检手续，另外对 44 个连续两年不参加年检的社会组织按程序进行撤销登记处罚，查处率达 100%。

2. 从严查处违法违纪社会组织。在打击非法社会组织的活动和及时查处社会组织的违法违纪行为工作中，严格按照党中央、国务院的要求和法律法规的规定，对 2003 年四项清理工作注销社团中遗留的 33 个社会团体实施了撤销登记处罚。同时，对管理混乱、工作停顿，拒不接受监督检查的四川省山西商会依法给予了限期停止活动 90 天的处罚。

3. 对涉外非政府组织的协调监管机制进一步完善。按照四川省委、省政府的统一部署，建立了由省外办牵头，省统战部、省民政厅、省公安厅、省国安厅、省宗教局、省民委等单位共同参与的涉外非政府组织联席监管工作机制。抽调工作人员与省外办、省统战部、省国安厅、省民委等相关部门人员分别于 9 月和 10 月赴地震灾区和甘孜、阿坝两州对境外非政府组织的活动情况进行摸底调查。调查初步摸清了境外非政府组织在全省地震灾区和少数民族地区的活动基本情况，形成调研报告 3 篇，为领导决策提供了可靠依据。

四、转变职能、改进作风，其他各项工作迈出新步伐

除了搞好社会组织管理工作外，四川省民政厅民管处还承担了大量的领导交办工作，全处同志以饱满的热情、昂扬的斗志、严谨的作风圆满完成了抗震救灾、宣传调研、企业减负等一系列工作。

1. 积极参与抗震救灾工作。“5·12”汶川特大地震发生后，民管处全

体同志按照四川省民政厅党组的统一部署，奔赴不同的救灾岗位。克服了各种个人和家庭困难，为夺取抗震救灾阶段性胜利做出了应有的贡献。全处一人荣立二等功，七人分获“抗震救灾先进个人”“优秀共产党员”等荣誉称号。

同时，作为社会组织的登记管理机关，在震后向全省社会组织紧急发出了关于号召全省社会组织向地震灾区提供捐赠和援助的紧急通知，动员全省社会组织充分调动资源，发动会员捐款捐物，或在当地救援部门的统一指挥下，组织会员直接投入救灾行动中去。全省社会组织积极响应号召，300多个社会组织在第一时间组织突击队深入灾区抢救伤员17万人，救助灾民30万人，设置灾民转移安置点32个，转移灾民13万人，向灾区紧急运送价值17万元的食品、水、棉衣被等救灾物资。全省社会组织赈灾期间共向灾区捐赠现金26.2亿元，捐赠物资折合人民币16.6亿元，2456个社会组织组织志愿者15万人，赴抗震救灾一线直接参加救援工作。11月5日，召开了四川省“5·12”抗震救灾先进社会组织表彰会，455家在抗震救灾中表现突出的社会组织受到了表彰。张作哈副省长和民政部民管局孙伟林局长在会上高度肯定了四川省社会组织的突出贡献和四川省积极主动的社会组织管理工作。

2. 理论宣传工作扎实推进。从增进社会关注、促进全局工作的高度认识宣传工作，加强对社会组织管理工作及社会组织相关活动的宣传力度。全年共撰写各类新闻信息22篇，在国家级报刊登载18篇，省级报刊登载1篇，四川民政网采用3篇。在抗震救灾期间，向《中国社会报·民间组织周刊》《社团管理研究》等全国性报纸杂志报送省社会组织参与抗震救灾信息8条，全部被采用，其中《社会组织——抗震救灾的生力军》刊登在6月8日《中国社会报·民间组织周刊》的头版。通过宣传报道，使更多的人了解了社会组织和社会组织管理工作，树立了良好形象。

围绕社会组织重大理论与实践问题，深入调研，加强与其他部门的合作，圆满完成了《中国社会组织年鉴》（四川部分）和《民政30年》四川分卷中的《社会组织管理篇》的编纂工作。形成和起草了《关于充分发挥社会组织在抗震救灾中的重要作用的报告》《四川省社会组织参与处置突发公共事件应急预案》等一批有创新、有分量的调研和理论成果，指导了工作实践。

3. 协助配合企业减负、扫黄打非和第二次全国经济普查工作进展顺利。结合行业协会改革，从规范社会组织行为方面配合省减负办搞好减轻企业负担工作。2008年初，专门制定了协调工作计划，并抽调专职人员承办此项工作。在10月召开的四川省企业治乱减负工作会上，作为省减负领导小组成员单位，作了“关于四川省民政厅前三季度工作情况报告”的发言。并于11月参与完成了对绵阳、广元两市2008年企业治乱减负工作的目标督促检查，报送了全年工作总结。

作为扫黄打非联席单位之一，大力协助配合扫黄打非领导小组办公室的各项工作。除了出席扫黄打非日常联席会议外，还于4月份在八一家具城参加了销毁各类盗版出版物的公开行动，高质量地完成了此项工作。

围绕国务院开展的第二次全国经济普查工作，按照四川省政府经济普查领导小组的统一要求，积极配合做好经济普查准备阶段的相关工作，按要求将全省社会组织名录数据进行清理组卷报送省经济普查领导小组，圆满完成了此项任务。

贵州省社会组织建设与管理工作综述

贵州省民间组织管理局

2008年贵州省民间组织管理局在省民政厅的领导下，以党的十七大精神和“三个代表”重要思想为指导，认真贯彻落实科学发展观，坚持培育发展和监督管理并重的方针，迎难而上，突出重点，扎实工作，整体推进，较为顺利地完成了当年的各项工作任务。

一、积极推进行业协会商会改革发展

2008年，贵州省社会组织登记管理机关，认真贯彻落实国务院关于推进行业协会商会改革发展的精神，积极推进社会组织改革发展工作。

一是开展了全省性行业协会基本情况的调研和甄别工作。为了全面落实国办发［2007］36号文件精神，2008年年初，贵州省民政厅积极配合省发改委开展行业协会改革发展工作调研，到上海、浙江、江苏等地考察学习。全省各地组织专门力量，深入行业协会商会，对其基本情况进行摸底调查，征求业务主管单位意见，了解行业协会的实际情况。黔南州民政局配合州纪委、监察部门联合调研，为下一步工作打下基础。安顺市民政局与工商及特邀监察员一起到行业协会调研。省民政厅把与改革发展工作较成功的贵州省保险行业协会作为推进行业协会商会改革发展试点，多次到协会指导工作，听取协会在工作开展中遇到的问题和困难，协调业务主管单位省保监局对协会给予支持和帮助。贵州省保险行业协会经过各方面的大力支持和帮助，基本建设成为现代社会组织。目前，贵州省保险行业协会会长、秘书长实行专职，并有专门工作人员10多名，办公用房、账户等实行独立设置，并承担政府转移的部分职能，为推动全省行业的改革和发展探索出一条可行的路子。为此，省民政厅将把贵州省保险行业协会的经验向全省进行推广。

在调查摸底的基础上，全省对社会团体进行详细分类和定义，基本摸清了全省行业协会的基本现况。据2008年统计，贵州省行业协会共有1126家。其中：省级行业协会商会108家，地级548家，县级470家，其业务范围基本覆盖了全省社会经济发展的各个领域。

二是制定政策，推动行业协会商会改革发展。2008年4月，贵州省省长办公会议审议《贵州省人民政府关于加快行业协会商会改革发展的意见》（草案），征求各相关部门的意见。经过省政府三次会议讨论研究，2008年5月，出台了《贵州省人民政府关于加强推进行业协会商会改革和发展的意见》。同时，根据全省行业协会商会的实际情况，按照省行业协会商会改革发展联席会议工作安排，省监察厅、省发改委、省民政厅、省人事厅、省财政厅和省编委等部门联合下发了《关于贵州省行业协会商会与行政机关实行政会分离的实施意见》，对下一步开展行业协会商会与行政机关实行政会分离提出具体指导意见。2008年11月25日，省民政厅组织召开全省推进行业协会商会改革发展工作会议，对全省各地的政会分离工作进行安排部署，按照省政府的要求要在2009年全面完成。会后，全省各地根据本地的实际，制定出台了相关的实施意见。目前，全省行业协会商会的改革工作正在稳步推进。

二、积极探索社会组织监督管理方式，强化管理手段

2008年，贵州省社会组织发展到6130个。其中：社团4512个、民办非企业单位1609个、基金会9个。为加强对社会组织的日常管理，年度检查是重要的管理手段。全省各级登记管理机关做到了加强领导、统一部署、严格把关、全面考核。采取有力措施，对不合格社会组织依法处理。把年检过程与查处社会组织非法活动结合起来，发现问题，及时指出，限期整顿，对未参加年检的社会组织进行电话通知，提高了参检率。对不按规定和要求年检的社会组织，在给业务主管部门发送催办通知后，仍然不改进的，依照法定程序给予相应的行政处罚。2008年，应参加年检的社会

组织5737家，合格率达85%，对不合格的社会组织，分别提出整改措施或撤销登记的处理。一年来，全省对年检中不合格的72家社会组织给予撤销或注销，对进行违法活动的社会组织给予及时查处。

随着年检手段的逐步加强，社会组织越来越重视行为规范、管理规范、活动规范。黔南州民政局通过强化年检手段，使年检合格率达100%，也使登记管理机关的监督管理顺利开展。

三、努力推进社会组织评估试点工作

按照民政部要求，2008年贵州省将社会组织开展评估工作作为一项重要工作积极进行试点。根据民政部《关于推进民间组织评估工作的指导意见》（民发［2007］127号）精神，从2008年正式启动全省性社会团体评估试点工作，在学习借鉴和参考有关资料后，结合本省实际，在深入调查研究的基础上，制定了《贵州省民政厅关于组织开展社会组织评估的实施意见》、行业性社会团体评估指标、学术性社会团体评估指标等文件，确立了评估工作的指导思想、基本原则、主要框架、运作模式和政策措施。

评估工作作为加强社会组织培育和管理、促进社会组织健康发展的重要举措，得到了贵州省民政厅领导的重视和支持。在试点工作中坚持三项基本原则：一是客观公正的原则。评估的内容、指标、程序、方法等都要做到符合社会组织的实际情况，符合社会组织管理的要求，体现评估的科学性、客观性、公正性、公开性。二是自我评估和专家评估相结合的原则。自我评估是一个自我改进、自我完善的过程，专家评估是一个不断修正、不断促进的过程。两方面的有机结合，内因和外因的相互作用，能更好地达到评估的实效。三是鼓励引导、自愿参评的原则。

但是由于受到经费、人员、专家学者等因素的制约，全省社会组织评估工作目前还处于比较初级的阶段，主要由登记管理机关根据社会组织工作情况进行评估，这项工作在下一步中还需要得到相关部门和社会组织的理解和支持，省民管局也要认真总结经验，加强宣传，积极推进社会组织评估工作开展。

四、推动社会组织的社会责任与公益活动，形成社会和谐的强大有生力量

2008年，对全党全国来说是一次严峻的考验，而对全省社会组织来说也是一次情感与责任的检验。贵州省年初就遭受了严重的雪凝灾害，各级

社会组织纷纷行动起来，帮助灾区人民渡过难关。全省社会组织在自己都面临灾害的同时，积极向灾区献出自己的爱心。当全省的凝冻灾害的灾后重建工作还没有结束的时候，“5·12”大地震发生了，面对重叠的灾难和困难，全省社会组织行动迅速，根据自己的特点和实际，募集款物，赶赴灾区，形成了前所未有的斗志和激情。贵州省起点户外俱乐部于5月13日就赶到四川灾区，是全国救援队伍到达最早的救援队伍之一。俱乐部的队员们利用自身野外训练的特长和技术装备，在10天时间里就为灾区救治灾民6000余人。灾后，他们又对部分灾区儿童进行了拓展能力训练，以提高他们的抗灾自救能力。贵阳市民营医疗机构协会组织全市47家会员单位组建医疗队伍，在灾区救治病人2368例。在抗震救灾中，全省社会组织仅民政部门收集的社会组织捐赠款就达3251.9万元，并涌现出许多可歌可泣的故事。两次灾害，全省的社会组织做出了突出的贡献，充分体现了贵州省社会组织的风采，推动了贵州整个社会的和谐发展。

五、充分发挥农村专业经济协会在新农村建设中的积极作用

贵州省农村专业经济协会经过几年的努力，保持了良好的发展势头。到2008年，全省农村专业经济协会达1300多家，其经济领域涉及本地经济发展的各个产业，许多地区农村专业经济协会越来越规范和壮大，为本地农村经济的发展起到了带动作用。铜仁地区把农专协会的发展放在了党委政府的议事日程，按照“不同类型、点上培育、面上推广”的发展思路进行培育和发展，在2008年就新增登记33个，备案20个。黔南州政府特别重视农村专业经济协会的登记管理工作，把农村专业经济协会的发展列入了全州“十一五”规划，要求全州每个乡镇必须发展登记一个以上的农村专业经济协会。到2008年，全州农村专业经济协会发展到了298个，占全省农村专业经济协会总数的22%，成为振兴农村经济的生力军。

六、推动社会组织的发展，提高服务职能

社会组织的建设与管理，是政府行政服务的职责之一。这项工作做好了能为各级党委、政府提供决策依据，能为社会组织发展提供政策咨询，也是登记管理机关行政能力的具体体现。2008年，是全国人民面对大事、难事、喜事的一年，也是社会政治、经济发展中非常关键的一年。随着社会各界越来越关注民生问题，对社会组织也提出了新的更高的要求，在人大、政府、政协的提案比往年增多的情况下，做好提案答复，是社会组织管理的一项重要工作。“两会”中涉及社会组织方面的提案越来越多，贵

州省社会组织在答复前先与提案单位或个人进行沟通，了解他们的要求以及行业产业发展的状况，根据社会组织管理的规定，做到有针对性的答复。2008 年回复省人大、省政协提案 6 件，其内容涉及农民工职业技能培训、农民工子女义务教育、行业协会改革和发展等方面，为政府决策、社会稳定、经济发展提供了依据。

不断提高为社会组织提供服务的质量水平，是登记管理机关自身建设的重要内容。2008 年，贵州省民间组织管理局接待社会组织筹备成立的咨询 1200 余人。同时，为了让社会组织的发展和管理不断规范，全省社会组织登记管理机关对各级社会组织进行了业务培训，2008 年，全省各级登记管理机关共培训社会组织人员达 2770 人，逐步推进了社会组织的规范化建设。

云南省社会组织建设与管理工作综述

云南省民间组织管理局

2008 年云南省按照《社会团体登记管理条例》、《基金会登记管理条例》和《民办非企业单位登记管理暂行条例》要求，坚持培育发展与监督管理并重的方针，积极培育扶持与本省经济社会发展相适应的各类社会组织，引导其不断加强自身能力建设，增强服务功能和服务意识，充分发挥他们在促进全省经济社会发展中的积极作用。2008 年开展的工作主要有以下几方面：

一、围绕省委、省政府的中心工作，积极引导，严格审批，重点培育发展行业协会、公益性社会组织

大力支持在云南特色产业领域成立的云南省茧丝绸协会、云南省咖啡行业协会、云南省石产业促进会、云南省替代种植行业协会、云南核桃行业协会等行业协会和云南绿色环境发展基金会、普洱教育基金会等公益性社会组织。重点支持在教育、科技、卫生、文化和社会福利领域的民办非企业单位。截至 2008 年底，全省新登记社会团体 824 个，其中省级新登记 43 个，州市新登记 119 个，县级新登记 662 个；全省新登记民办非企业单

位307个，其中省级新登记21个，州市新登记78个，县级新登记208个；新登记基金会2个；注销撤销社团体79个、民办非企业单位97个；在2007年的基础上增长了9.6%。全省社会组织总数达10889个，其中，社会团体8292个，民办非企业单位2572个，基金会25个；省属社会团体717个，民办非企业单位97个。

二、积极探索管理新办法、新措施，进一步加大监管力度

一是按照三类社会组织年检办法的要求，坚持"公平、公正、公开"原则，严把提交资料审核的报告内容关、业务范围关、财务管用关、绩效关、业务主管单位初审意见关和章程核准关。通过采取会同社会组织数量较多的业务主管单位联合检审、发出限期年检通知等方式，有效地督促社会组织参检工作，并对2007年年检情况在《云南日报》上予以公告，起到了惩前毖后的作用。对本省社会组织参加国际活动情况等进行全面收集汇总和分析，对重点组织通过年检和日常管理加强监控，为下一步加强管理奠定基础。为更好地适应社会组织不断发展壮大对管理工作提出的要求，以及经济社会发展对社会组织功能提升的迫切需要，坚持培育发展与监督管理并重的方针，通过上门走访、电话联系、参加会议、督促重大事项报告等方式，不断提高管理能力和水平，有力地推动了社会组织健康发展。二是积极开展执法工作。根据社会组织在年检和日常管理中发现的违规违章行为，区别采取教育帮助、责令整改、行政处罚等不同性质的处理和处罚。对"世界华人体育舞蹈协会云南工作委员会""云南山地遗产基金会"和"昆明韩国人商会"进行调查了解，并联合相关部门进行了妥善处理。

三、认真履行自身职责，涉外管理工作有序开展

按照云南省加强非政府组织协调管理领导小组和省加强境外非政府组织在滇活动管理工作联席会议的有关要求，认真履行民政部门在两个机制中的职责，修改完善了云南省境外非政府组织活动管理的有关规定。认真完成了民政部安排的"对境外非政府组织活动管理观察点"相关工作，积极探索管理新途径，及时反馈有关信息，协助国家民管局完成国际狮子会支援盐津地震灾区恢复重建的相关工作。为加强监管，制定下发了文件，对进一步加强和规范全省民政领域与境外非政府组织合作的监管提出相关要求。

四、积极开展调查研究工作

一是以学习实践科学发展观为契机，深入贯彻云南省委解放思想大讨论活动要求，创新管理模式，开展了省内外的调研，形成《对云南省社区社会组织建设的思考》专题调研成果。二是在广泛调研的基础上，结合云南省实际制定下发了规范性文件《关于促进社区社会组织建设与管理的指导意见》，通过“降低门槛、简化程序、简便手续”的方式，实行登记与备案相结合的管理模式，对社区组织不实行年检，解决了长期以来基层社区组织登记难的问题。据了解，全省大约有4万多个这样的基层社会组织，指导意见的出台和登记备案制度的实施，将逐步解决这些组织的“身份”问题。达到登记条件的给予登记，使他们的身份合法化；达不到登记条件又确需存在的实行备案制，确保能开展合法活动。三是对社会组织存在的腐败问题及成因、治理状况、应采取的预防措施等进行了调研，形成《云南省社会组织预防腐败调研情况报告》上报民政部、省纪委。四是开展了异地商会的调研工作，形成了《云南省异地商会的登记暂行办法（草案)》。五是对省级老干部社会团体情况进行调研，形成了《省属老干部社团建设情况调研报告》，并从加强管理、完善服务、发挥业务主管部门作用等方面提出了建议。六是加强社会组织参加自然灾害救援情况的分析研究。为进一步发挥社会组织在重特大自然灾害中的积极作用，提升社会组织社会公信力和知名度，促进社会组织健康发展，对社会组织参加四川汶川特大自然灾害救援情况进行认真分析研究，提出了具体的意见建议，省领导对上报材料作了批示，并由省政府办公厅上报国务院办公厅。

为进一步抓好全省社会组织信息宣传工作，提升社会组织形象，为全省社会组织创造良好的舆论氛围，促进社会组织健康发展，举办了全省社会组织信息宣传通讯员培训班，建立信息宣传通讯员队伍，加强了全省社会组织宣传工作。针对社会组织财会人员变化快、业务不熟悉的特点，举办了民间非营利组织会计制度培训班，进一步加强了社会组织财务管理。

一年来，云南省民间组织管理局始终坚持深入学习实践科学发展观，按照省委、省政府和民政部的部署，立足本省实际，坚持培育发展与监督管理并重的方针，为社会组织发展创造了一个更加宽松的社会氛围和良好的政策环境，有效地促进了全省社会组织又好又快发展。

西藏自治区社会组织建设与管理工作综述

西藏自治区民政厅民间组织管理局

2008年，西藏自治区社会组织管理工作以党的十七大和十六届六中全会精神为指导，以深入学习科学发展观为契机，以落实在南京召开的全国社会组织建设与管理工作经验交流精神为目标，以建设和管理中国特色、西藏特点的社会组织为己任，在自治区民政厅的领导下，紧紧围绕民政厅的中心工作，克服“3·14”事件对工作带来的影响，积极参加“反对分裂、维护稳定、促进发展”主题教育活动和深入学习实践科学发展观活动，努力工作，较好地完成了年初确定的各项工作任务。

一、民间组织管理部门积极投入反对分裂、维护稳定、促进发展活动，为夺取反分裂斗争的胜利发挥作用

2008年3月14日，在拉萨发生由达赖集团极力筹划、组织、煽动的打砸抢烧暴力事件，给社会组织的正常工作带来了较大影响。事件发生后，民间组织管理局同志在西藏自治区党委、民政厅党组的统一领导下，深入开展了揭批达赖集团和敌对势力罪恶行径的活动，一致表示，要在党中央和自治区党委的坚强领导下，把夺取这场反分裂斗争胜利作为当前压倒一切的政治任务，切实把思想和行动统一到中央关于西藏反分裂斗争的一系列重要指示精神上来，统一到自治区党委、政府的决策部署上来，在政治上、思想上、行动上同党中央、区党委保持高度一致，坚决听从区党委的指示和部署，旗帜鲜明、立场坚定地同一切分裂破坏分子和分裂破坏活动作坚决的斗争。同时，为了防止分裂主义分子渗透社会组织领域，在各社会组织换届、召开各种会议、组织各种活动时都派厅主管领导和局领导全程参加监督和指导工作，以自己的实际行动来粉碎达赖集团的政治图谋，为维护祖国统一和民族团结、维护西藏自治区的社会局势稳定作出了民间组织管理部门应有的贡献。

二、登记管理工作依法进行

截至2008年年底，全区在各级民政部门登记的各类社会团体、民办非企业单位、基金会306家，其中：自治区本级社会组织171家（社会团体159家、民办非企业单位3家、基金会9家）；各地（市）社会组织137家，其中：拉萨市社团33家、民办非企业单位6家，日喀则地区42家、山南地区15家、林芝地区11家、昌都地区7家、那曲地区16家、阿里地区7家。各类社会组织已遍布全区各地，涉及社会生活的各个方面。

2008年，共依法登记西藏自治区证券业协会等自治区本级社会组织8家，批准筹备西藏自治区篮球协会等自治区本级社会组织6家。

实施了2007年年度检查。本次应参加年检的社会组织162家，实际参加年检的157家，未参加年检的5家，未参加年检的占应参加年检的3.0%。年检合格的社会组织157家，占应参加年检的96.9%，合格率达到98%以上。对因各种原因未及时参加年检的60家社会组织予以了通报，并责令其限期进行补检。对连续两年未参加年检和补检，长期不开展活动，名存实亡，不能有效发挥应有作用的2家社会组织依法进行了注销登记。

2008年度共办理自治区本级社会组织换证、变更事项23件，《社会团体法人登记证书》遗失补办和旧证换新证23件，法人变更19件。

2008年，共接待前来咨询社会组织筹备登记等各项政策、法规的人员30余人次。对前来咨询的人员均予以了热情接待，并针对所咨询问题，依据相关政策、法规进行了耐心细致的解答。与此同时，认真做好自治区社会组织的信息宣传工作和社会组织信息采编工作。

选派人员参加了10月中旬民政部在山东省青岛市召开的全国社会组织管理暨执法监察工作会议；参加了民政部民间组织管理局在北京、石家庄、杭州举办的三期社会组织管理业务培训班；自治区涉外项目协调领导小组组织的调研组，赴北京、上海、新疆调研考察境外非政府组织及其项目人员管理的经验和做法；向民政厅编报了要求解决人员编制、增设机构、追加工作经费的报告。

三、制度建设取得新进展，社会团体收费行为进一步规范

根据《国务院办公厅关于加快推进行业协会商会改革和发展的若干意见》精神和要求，自治区民政厅在充分借鉴内地省区经验的基础上，结合本区实际，向自治区人民政府呈报了《西藏自治区人民政府办公厅关于积

极推进行业协会商会改革和发展的实施意见》（藏民发［2007］161号）。经自治区人民政府审议，以西藏自治区人民政府办公厅的名义向全区下发了《关于加快推进行业协会商会改革和发展的实施意见》（藏政办发［2008］2号）。该实施意见的下发执行，对于促进本区行业协会商会的改革与发展具有十分重要的意义。

为进一步规范社会团体收费行为，及时转发了国家9部委办关于规范社会团体收费行为有关问题的通知。制定了关于规范西藏自治区行业协会、市场中介组织服务和收费行为专项治理工作的实施方案（藏民发［2008］217号），进一步明确了对社会团体收费的各项规定，使社会团体的收费行为进一步规范。要求各社会组织严格按照实施意见和实施方案的要求，结合各自承担的任务全面进行自查和调研，针对存在的问题提出整改意见。

四、切实做好了社会组织管理工作中的行风建设和纠风工作

1. 依法贯彻落实行政审批制度。按照行政许可法的规定和“公开、限期、便民”的原则要求，对社会组织登记管理工作中涉及的相关法律依据进行了清理，明确了实施主体，规范了操作规程，使社会组织登记、变更等行政审批事项进一步规范、明确和透明。

印制了《社会组织登记管理办事指南》，利用法制宣传一条街等形式，对社会组织登记的依据、条件和程序等进行了公开宣传，使广大群众有了较为详细的了解，同时也极大地方便了群众办事，提高了办事效率。

在行政审批的时限方面，对于程序合法、材料齐全、手续完备的申请事项，均严格按照《社会团体登记管理条例》、《基金会管理条例》和《民办非企业单位登记暂行办法》规定的审批时限进行审批，同时尽可能做到提前完成，以方便当事人。

在对行政许可权的监督制约方面，牢固树立“权责一致，随时接受人民群众的监督”的思想，坚持“谁许可，谁负责”的原则，严格内、外部监督制度。建立了承办人、负责人、主管领导分别监督把关的监督管理机制，有效杜绝了各种违法、违规现象的发生。

2. 关于行业协会利用行政权力强制入会、摊派会费、搭车收费、指定服务、擅自制定收费项目和标准、违规收费等问题，自治区各类社会组织都能够严格按照民政部、财政部关于调整社会团体会费政策等有关问题的通知和关于进一步明确社会团体会费政策的通知的要求制定和修改会费标准，建立会费标准备案制度，严格执行会费收取和使用管理制度。

3. 积极引导社会组织建立健全自律机制，规范自身行为。为加强社会组织管理，提高社会组织的制度化建设，积极推进文明诚信建设，在严格审核登记、依法开展年度检查的同时，积极引导社会组织建立健全自律机制，规范自身行为。要求每个社会组织都要建立理事会制度、会员代表大会制度、财务管理制度、人事制度等内部管理制度，确保各项工作的公开、公正、公平，提高工作透明度，以保证社会组织的健康有序发展，提高政府与公众对社会组织的信任。

五、开展了全区农村专业经济协会情况调研

为摸清底数，详细掌握西藏自治区农村专业经济协会的登记管理工作情况以及工作开展情况，为今后全区农村专业经济协会的健康有序发展提供依据和积累经验。下发了《关于开展农村专业经济协会情况调查的通知》（藏民发［2008］46 号），对全区农村专业经济协会情况进行详细调查。

六、开展了社会组织评估工作

根据全国性民间组织评估实施办法和《民政部关于推进民间组织评估工作的指导意见》（民发［2007］127 号）的规定，2008 年 6 月 16—22 日民政部决定对援助西藏发展基金会进行评估。西藏自治区民间组织管理局积极协助民政部民间组织管理局对援助西藏发展基金会自成立以来的工作进行了全面的评估。

七、为可持续发展，征集环保、扶贫、教育等领域的小型项目

为进一步推动西藏自治区的可持续发展，宣传自治区在构建和谐社会、可持续发展领域所作的努力，并在国际舞台上展示西藏所取得的成就。根据全国友协关于征集可持续发展项目事函，通过自治区人民对外友好协会征集社会组织促进可持续发展、环保、扶贫、教育等领域的小型项目，自治区民政厅通过全国友协向国外机构推介小型项目 7 个。

八、社会组织的作用较为显著

通过各类社会组织积极为南方的冰冻雨雪灾害、汶川地震、当雄、仲巴地震捐款捐物。大力支援西藏扶贫、支教、医疗康复、环境保护等方面的筹集善款工作，有效缓解了政府部门的压力。

陕西省社会组织建设与管理工作综述

陕西省民间组织管理局

2008年，陕西省民间组织管理局在民政厅党组的正确领导下，在分管领导的正确指导下，以促进和谐社会为主题，以社会组织健康有序发展为主线，加强对社会组织的管理，拓宽政府与社会各界沟通的渠道。认真做好社会组织年度检查工作，参检率达80%以上，年底前将检查结果向社会公布；继续做好农村专业经济协会的培育发展工作，全省全年登记备案农村专业经济协会力争达到500个；积极培育发展社区社会组织，西安市2008年年内完成社区社会组织备案的试点工作。

一、2008年主要工作任务完成情况

1. 省、市两级全面开展了社会组织的年度检查工作。社会组织的参检率达到86%，年检结果通过媒体向社会公布，积极推行基金会信息公开制度，实行基金会年度工作信息在有关媒体披露，接受社会监督。

2. 各地加大培育发展的力度，全年登记农村专业经济协会939个，超额87.8%完成了全年下达的任务，其中，安康市登记农村专业经济协会500个，占全省新增登记的53%。全省登记农村专业经济协会3654个，比上年增长34.6%。

3. 指导西安市完成了社区社会组织的备案试点工作。试点工作于2008年初启动，到11月中旬结束，全市13个区县588个社区共备案社区社会组织1661个，试点结束后，召开了总结表彰会，并颁发了备案证书。

4. 出台了一批规范社会组织管理的政策文件。2008年以来，针对社会组织在自我管理和参与社会公共服务活动中存在的一些问题，出台了一系列的政策文件加以规范：针对社会团体登记管理不规范的问题，出台了《陕西省民政厅关于加强社会团体登记管理有关问题的通知》和关于同意西安市民政局登记异地商会的批复；针对社会团体收费不规范的问题，会同有关部门出台了关于规范社会团体收费行为有关问题的通知、规范行业协会、市场中介组织服务和收费行为专项治理工作的实施意见；在抗震救灾中，为确保捐赠款物有效用于受灾群众生活安置和灾后恢复重建工作，

出台了关于规范基金会救灾捐赠款物管理的通知。这一系列规范性文件的出台，对规范社会组织的管理起到了积极的作用。社会组织有法不依、有章不循的问题正在扭转，对新型社会组织的管理认真研究、积极试点、各项管理工作稳步推进。

5. 开展了一系列的调查研究工作。2008 年以来，针对社会组织管理中出现的新情况、新问题以及制约社会组织管理和发展的有关问题，开展了一系列调查研究。针对近年来出现的异地商会，进行了调查研究，在加强省级登记试点的基础上，扩大到市一级的登记试点，对这类新型的社会组织制定有针对性的管理措施和政策。在“5·12”汶川特大地震发生后，为掌握全省社会组织参与抗震救灾工作的情况，开展了社会组织参与抗震救灾工作的调查，通过到灾区走访，召开座谈会，发放问卷等方式，基本摸清了本省社会组织参与抗震救灾的活动情况。据不完全统计，全省有 1600 余家社会组织积极参与了抗震救灾和灾后重建，组织捐款约 1.7 亿元，组织和参与志愿服务约 88 万人，参与实施抗震救灾项目约 940 项次。同时，也发现了一些值得注意的问题，形成了调查报告，并在民政部召开的地震灾区社会组织服务和管理工作座谈会上作了专题汇报。在学习实践科学发展观活动中，针对本省社会组织登记管理机构建设与社会组织发展和管理不相适应的问题，展开了调查研究，形成了调研报告，提出了解决措施。

6. 办理了各类社会组织登记事项。全年共办理本级登记事项 275 件，其中成立登记 151 件，变更登记 115 件，注销登记 9 件，均按有关法规，在法定时限内办结。同时，还办理了人大代表、政协委员提案 3 件，先后抽调了 7 名同志参与抗震救灾和宣讲十七届三中全会精神工作。

二、2009 年工作思路

2009 年，社会组织管理工作的指导思想是：以邓小平理论和“三个代表”重要思想为指导，深入学习实践科学发展观，坚持培育发展与监督管理并重，更新观念，创新机制，改进方式，提高效能，将改革创新贯穿社会组织管理各个环节，将发展、监督、执法、服务有机统一，不断推进社会组织管理体制机制创新，促进社会组织健康、有序、可持续发展。

1. 继续探索完善城乡基层社会组织备案制度。进一步完善农村专业经济协会的登记备案办法，积极推进备案管理的规范化、制度化。认真总结西安市社区社会组织备案试点工作经验，适时在全省推行。

2. 积极关注研究各类新型组织。对当前出现的新型社会组织，如异地商会、跨区域联合组织、公益信托组织、草根志愿者服务组织等，要立足实际，加强调查了解和研究，制定有针对性的管理措施。指导市级异地商会登记管理试点工作，加强省级异地商会的管理力度，促进异地商会的规范健康发展。

3. 加强社会组织的自身建设。继续抓好信息公开制度的落实，逐步扩大信息公开的范围。探索自律诚信建设长效机制，推进制度建设和机制规范。配合有关部门，认真开展专项治理活动。改进和加强年度检查工作，提高规范化和制度化水平。积极进行社会组织综合评估的准备工作，适时开展评估试点。

4. 认真贯彻全国社会组织管理暨执法监察工作会议精神，积极推动全省社会组织执法监察工作的开展，为社会组织的建设和发展创造良好的社会环境。

5. 加强社会组织的登记管理。根据国务院和省政府有关文件精神，做好新增社会组织业务主管单位的相关工作；依据省政府机构改革方案，做好有关社会组织业务主管单位的重新认定和社会组织业务主管单位的变更登记工作。

6. 认真贯彻财政部、国家税务总局和民政部《关于公益性捐助税前扣除有关问题的通知》（财税［2008］160号）精神，做好基金会、公益性社会团体接受捐赠税前扣除的认定审查工作。

甘肃省社会组织建设与管理工作综述

甘肃省民间组织管理局

2008年，甘肃省民间组织管理局在民政部民间组织管理局和省民政厅党组的正确领导下，以科学发展观为统领，坚持培育发展、监督管理的方针，全力支持抗震救灾工作，狠抓社会组织的发展和登记管理工作，坚持分类指导，积极推动社会组织的有序发展。

一、全力以赴支持抗震救灾工作

“5·12”地震发生后，甘肃省民间局共有7人被抽调参加抗震救灾工作，参与了全省抗震救灾物资的调运和大型赈灾义演募捐等项工作。一是及时动员、组织社会组织投入到抗震救灾工作中。在灾情发生后的第三天，发出了抗震救灾捐赠倡议书，动员全省各级社会组织积极响应党中央、国务院和甘肃省委、省政府的号召，动员全省的社会组织以各种方式支援灾区抗震救灾。据不完全统计，全省各级社会组织捐赠的抗震救灾款物达2000多万元，各社会组织会员单位捐赠达数千万元，有力地支持了抗震救灾工作。二是指定专人收集全省社会组织抗震救灾的事迹，及时报送《中国社会报·民间组织周刊》，并编发了甘肃省《民间组织》救灾专刊。三是对在抗震救灾表现突出的社会组织和社会组织中的个人进行了表彰。8月6日，召开了全省社会组织抗震救灾表彰大会，对84个社会组织和44名社会组织的个人进行了表彰。在表彰大会上，副省长张晓兰到会并做了重要讲话，省市的新闻媒体进行了采访报道，树立了社会组织的良好形象。

二、积极抓好社会组织培育发展和登记工作

坚持培育发展与监督管理并重，以行业协会、农村专业经济协会和公益慈善类、社区社会组织为发展重点，统筹安排，积极培育，只要有利于甘肃经济发展、政治稳定的社会组织，都给予积极扶持、优先发展、及时登记，提升发展总量。截至10月底，全省各类社会组织已发展到9045个，其中：社会团体5816个，民办非企业单位3208个，基金会21个。仅省本级全年共办理全省性社会组织登记、变更事项144件，其中：办理登记注册社会团体17件、民办非企业单位11件、基金会2件，共计30件；办理社会组织名称、办公地址、法定代表人等变更事项114件；接待办事、来访人员700余人次。

三、狠抓社会组织的监督管理工作

一是坚持继续推行社会组织登记前的名称核准制度。凡申请成立社会团体、民办非企业单位、基金会，必须事先通过登记管理机关核准名称，并对在条例颁布前成立的名称不规范的社会组织，加大规范力度，达到名称规范要求。二是坚持对新成立的全省性社会组织实施法人谈话制度。在社会组织登记成立前，和其拟任法人或负责人进行谈话，强调登记管理机关对社会组织监督管理的职责和要求。三是坚持现场核查制度。凡提交局务会研究的社会组织，必须事先进行实地察看。四是完善社会组织的法人治理结构，坚持参加社会组织成立、换届监督力度。凡是社会组织成立、换届登记管理机关派员到会全程监督其通过章程、选举产生理事及领导成

员，进一步明确其权利和义务。五是推行社会组织联络员制度。通过联络员的工作，保持社会组织与登记管理机关的经常性联系，有针对性地加强管理监督。六是下发了关于进一步规范社会团体会费政策等有关问题的通知和《甘肃省民政厅关于进一步规范社会团体登记管理有关问题的通知》。

四、认真开展社会组织年检工作

年初，对2008年度全省社会组织年检工作作了统一部署，下发了关于对全省性各类社会组织进行2008年年度检查的通知，在《甘肃日报》上刊登了《甘肃省民政厅关于对全省性各类社会组织进行年检的通告》。在年检工作中，按照法规赋予登记管理机关的职责，重点对社会组织遵守法规、建章立制、按照章程开展活动、自律与诚信建设等情况进行了检查。全省性社会组织共有758家，其中社团533家，民办非企业单位206家，基金会19家，按规定应参加年检的社会组织731家，实际参加582家，年检合格率达到90%以上。

五、起草下发了关于加强社区社会组织登记备案管理工作的指导意见讨论稿

为引导和促进社区社会组织的健康发展，充分发挥社区社会组织在推进城市化进程，深化社区建设中的积极作用，对全省的社区社会组织登记管理情况进行了调查摸底。在此基础上，起草下发了关于加强社区社会组织登记备案管理工作的指导意见讨论稿，并到部分市州征求意见。

六、加大了社会组织的宣传工作

2008年上半年，按照民政部民管局要求，编写了《甘肃省2007年社会组织建设与管理工作综述》和2篇社会组织发挥作用的具体案例，修改上报了5篇社会组织工作的优秀论文；按照民政部民管局2008年10月在青岛召开的全国社会组织管理暨执法监察工作会议精神，全省认真开展社会组织执法监督工作，在执法检查中，对于67个超出章程业务范围和到期不换届的社会组织进行了限期整改，取缔和打击了6个非法社会组织，并及时在省社会组织刊物和相关媒体上进行报道宣传，全面推进了本省社会组织行政执法工作，引起了有关部门和社会的重视。

七、完成其他工作

2008年，按照甘肃省发改委关于对全省经济体制改革情况进行调研

的通知的要求，针对省行业协会和社区社会组织实际情况进行了认真的调研，在此基础上，起草了行业协会登记管理工作汇报和社区社会组织登记管理工作汇报；并与省农牧厅、省财政厅、省林业厅和省工商行政管理局共同下发了关于印发农民专业合作经济组织建设实施方案的通知；向省维护稳定工作领导小组办公室汇报了奥运期间全省社会组织维稳工作情况，协助省外办协调处理境外非政府组织在甘肃的活动管理工作，并根据国家和甘肃省现行法律法规，研究制订并向省外办报送了境外非政府组织在甘肃活动和省内社会组织参与境外非政府组织活动的管理意见。

青海省社会组织建设与管理工作综述

青海省民间组织管理局

2008年，青海省社会组织建设与管理工作在省委、省政府的高度重视和民政部的指导以及社会各界的关注支持下，得到了快速发展，社会组织在社会建设和发展中的积极作用进一步显现，已成为全省经济发展和构建社会主义和谐社会的重要力量，为全省的改革和发展提供了良好的社会基础。

一、培育与发展并举，促进全省社会组织工作上台阶

2008年以来，青海省各级登记管理部门认真贯彻落实《社会团体登记管理条例》、《民办非企业单位登记管理暂行条例》、《基金会管理条例》以及党和国家有关社会组织管理工作的方针政策，紧紧围绕全省的中心工作，遵循民政部提出的培育与发展并举的原则，积极协调有关部门，不断优化社会组织的布局和结构，重点推进行业协会、农村专业经济协会、慈善公益类社团和社区社会组织建设。截至2008年底，全省共有各类社会组织2358个。在做好培育发展的同时，认真指导各类社会组织的成立与换届工作，尤其是行业性社团都建立了以章程为核心的管理制度，完善了法人治理机制，基本形成了自我管理、自我约束、自我发展的良好局面。与此同时，省电力行业协会、银行业协会、烹饪协会、饭店业协会、汽车流通协会等50多家行业协会制定了行业自律公约。省保险行业协会颁布了《青

海省保险行业服务标准（试行）》，行业协会正在有序发挥着自律、服务和协调作用。进一步促进了本省行业协会在提供服务、反映诉求、规范行为作用的积极性，不断提升了行业协会的知名度和影响力，进一步促进了全省行业协会整体素质的提高与管理。

二、大力扶持农村牧区专业经济协会的发展

青海省属经济欠发达的多民族地区，经济发展水平较低，市场机制发育缓慢，经济总量小，人口数量少，加之地域辽阔，居住分散，故而农村牧区专业经济协会发展速度比较慢，层次比较低，与东部经济发达地区相比，有许多差异。为大力扶持农村牧区专业经济协会的发展，依据省政府2004年10月5日下发的关于加强农村牧区专业经济协会登记管理和培育发展工作的指导意见，从2008年3月份开始，对海东地区、西宁市和海南自治州部分县、区的农村牧区专业经济协会进行调研。目前，全省农村牧区专业经济协会共427个，仅2008年一年在登记机关申请注册的就达88个，走出了一条切合青海省实际的农牧民群众自我管理、自我服务、自我保护、自我发展的道路。但在调研中也发现，一些想成立但由于条件所限被“拒之门外”的现象依然存在。省民间局从省情出发，开始实施了一系列扶持性政策。首先，放宽了登记条件。有20个以上的个人会员或者有10人以上单位会员，个人会员、单位会员混合组成的，会员总数不少于20个。县（市、区）、乡（镇）、村各级协会的注册资金降至2000元。其次，简化登记手续。农村牧区专业经济协会成立条件具备，并经业务主管部门批准后，即可直接向登记管理机关申请注册登记，其成立登记、变更登记可免予公告，以民政部门批复文件的形式通知相关部门，减少了申请筹备登记和公告两项程序。最后，灵活设置了备案制度。对发展前景看好，但暂不具备登记条件的，可先在登记机关备案，将其纳入培育发展的范围，待条件成熟后再注册登记。这一规定为农村牧区专业经济协会的发展预留了空间，创造了宽松的环境。这些扶持政策的实施，保证了注册登记工作稳定、健康、快速、有序进展。

三、社会组织评估机制试点工作初具成效

根据《民政部关于推进社会组织评估工作的指导意见》，按照政府指导、社会参与、独立运作的总体要求，在全省性社会组织中开展了社会组织评估试点工作。9月份，省民间局下发了《青海省社会组织评估试点工作的暂行办法》，对23个省级社会组织进行了评估，评定出了3个上报民

政部审批的4A级社会组织，20个省级审批的3A级社会组织。通过此次评估试点的开展，基本建立了政府指导、群众监督、社会评估机构操作、评审委员会论证的评估机制，为2009年更好地推进全省社会组织评估工作探索出了一条新路。

四、各社会组织开展纪念改革开放30周年活动，成效显著

为隆重纪念改革开放30周年，反映青海省社会组织在经济社会发展中所发挥的桥梁、纽带作用，歌颂改革开放以来全省社会组织发生的巨大变化和取得的辉煌成就，大力宣传科学发展观和社会主义荣辱观，丰富和活跃行业文化生活，促进行业精神文明建设，各社会组织积极开展了各种活动纪念改革开放30周年。青海摄影家协会在八月份举办了“大美青海”庆改革开放30周年摄影展。省民政厅、省社会组织发展促进会举办了纪念改革开放30周年“金桥之声”文艺汇演，展现了当代青海省社会组织朝气蓬勃的精神风貌，社会反响良好。

五、依法加大社会组织执法力度，维护全省社会组织健康有序发展

青海省民间局没有专门的社会组织监察大队机构，但依然把查处非法社会组织作为一项重要工作职责。2008年向全社会公布了举报电话，发动群众进行监督，针对个别行业协会存在的问题，及时进行了查处。一是根据部分工商户反映，部分县（区）个体私营经济协会存在“利用工作职权强行会员入会、收取会费”等问题。对此，省民间局立即与省工商局领导和“青海省个体私营经济协会”负责人进行了磋商，要求纠正存在的问题。目前存在上述问题的协会已按规定进行了纠正，在省个体私营经济协会章程中增加了“入会自愿、退会自由”的条款，同时制定了会费收取办法，将原来的会费标准“1200元/年”降低为“800元/年”。二是根据举报，“青海省酒类行业协会服务中心”强制经销商在销售酒类时必须粘贴该中心指定的标签，从中收取费用，经调查发现，该中心存在乱收费现象，决定立即收缴“青海省酒类行业协会服务中心”的公章进行封存，并责令其马上停止上述违法行为。目前该中心的公章已被封存，该中心已经停止上述乱收费行为。三是针对“民和县三川发展促进会”超出业务范围开展活动的违法行为，派干部多次赴民和县，就此协会的违法行为和当地党委、政府进行协商，督促民和县民政局对该协会的违法行为进行查处。

六、社区社会组织备案试点工作全面展开

2008年，青海省在西宁地区开展了社区社会组织备案试点工作，下发了《关于加强社区社会组织建设与管理的指导意见》，采取备案与登记并举的办法，在西宁市的城中区和城东区开展了社区公益性社会组织发展的试点工作。通过此项试点工作的开展，为积极探索本省社区社会组织分级、分类管理创出了新路子，总结经验、完善管理、逐步健全管理体制，不断扩大本省社区社会组织建设的覆盖面。

七、积极配合有关部门，加强青海省境外非政府组织活动管理工作

根据中央关于加强境外非政府组织在华活动管理工作的指示精神，积极配合省安全厅、省公安厅、省外事办，共同对本省境外非政府组织进行了为期六个月的调研，积极宣传相关的政策规定，协调解决有关问题，并积极配合外事办出台了《青海省境外非政府组织实施项目管理暂行办法》，受到省委、省政府的肯定。

八、转变工作作风，树立登记管理机关的窗口意识

抓好登记管理机关的窗口建设，建立一支优质服务、素质过硬的管理队伍。是2008年年初制定的工作计划，结合厅机关开展的“抓作风建设、促工作落实”主题实践活动，按照行政许可法的要求，依法行政，依法审批，依法登记，尽量简化程序，简化手续，制度上墙，办事承诺，现已在西宁市设立办证大厅，方便了各社会组织，方便了办事人员。要求工作人员以微笑服务为先，全年全省民政部门共接待各类办事人员2、4万人次。向社会发放社会组织刊物四期4000本，青海社会组织信息网站，仅2008年网站的点击率就达1、5万余次，为广大群众打开了一扇了解青海社会组织的窗口。

2008年，青海省民间局虽然取得了一定的成绩，但与许多兄弟省份仍然有很大的差距。2009年将继续坚持培育发展与监督管理并重的方针，进一步健全管理规范、布局合理、结构优化、功能到位、作用明显的社会组织发展格局，切实增强社会组织服务社会的功能，发挥社会组织在促进本省和谐社会中的积极作用。

宁夏回族自治区社会组织建设与管理工作综述

宁夏回族自治区民政厅民间组织管理局

2008年，宁夏回族自治区社会组织建设和管理工作在民政部民间组织管理局的关心支持下，在自治区党委、政府的高度重视下，以党的十七大精神为指导，以促进经济发展和社会和谐为目标，紧紧围绕宁夏民政的中心工作，狠抓工作落实，使宁夏社会组织登记管理工作稳步推进，社会组织得到健康快速发展。截至2008年底，宁夏共有社会组织14751个，其中：社会团体3753个，民办非企业单位739个，基金会17个，城乡社区社会组织和农村专业经济协会10242个。初步形成了门类齐全、层次有致、覆盖广泛的社会组织体系。成为宁夏社会经济建设的一支重要力量。

社会团体保持了稳定、健康发展的势头。2008年，3753个社会团体中，政府办897个，社会力量办2856个，专职人员1793人，会员近21万人。行业协会快速发展，2008年达585个，比2007年增长10.3%，基本涵盖了国民经济各个门类，在规划行业发展、反映行业诉求、提供行业服务、促进行业自律方面发挥着越来越重要的作用。活跃在自然科学和社会科学等领域的400多个学术团体，聚集了宁夏上万专家学者，广泛开展学术交流和理论研究，促进了科技创新和文化繁荣。民办非企业单位基本涵盖了教育培训、医疗卫生、劳动就业、社会福利、文化体育等公共服务，促进了社会事业的发展。基层服务性、群众性社会组织快速发展，经民政部门登记或备案的农村专业经济协会、城乡社区社会组织10242个，适应了建设新农村和城市工作重心下移、基层服务不断增长的新要求。

一、大力培育发展农村专业经济协会，促进新农村建设和区域经济的发展

2008年，各地采取降低门槛、简化登记程序等措施，围绕促进设施农业发展和农民增收的要求，培育发展了独具地方特色的农村专业经济协

会，大大提高了农民的收入，改善了农民的生活质量。银川市凭借资源优势，依托农村专业经济协会发展“一村一品”“一乡一业”优势特色产业，形成了银川市以蔬菜、奶产业为主，贺兰县以水产业、灵武市以长枣业、永宁县以经果林、设施农业为主的现代农业新格局。石嘴山市农民专业合作经济组织社员达到1.19万户，户均年收入比非会员户增收596元。畜禽产业协会共有会员151人，带动1200多户养殖户和176户下岗职工家庭从事生猪、家禽养殖，年收购加工家禽100万只，生猪5.5万头，会员年平均纯收入达到2万元以上。吴忠高闸桑蚕协会、万盛优质米协会、油粮桥牛奶养殖协会为会员购买种子、种畜，引进和推广专业技术、农产品加工和销售，隆德县中药材协会以“公司＋农户”的形式积极引导农民发展中药材种植，带动农户1.5万户，每年推广中药材种植面积2万余亩，组织销售各种中药材2000多吨，中药材饮片200多吨，会员户均增收2000多元，协会收入10多万元。

二、大力培育发展城乡社区社会组织，促进全民创业的发展

宁夏社会组织管理工作按照“分类指导”“一手抓管理、一手抓培育发展”的原则，把培育发展的重点放在适应宁夏经济发展和人民群众需要的社会组织上来，主要在培育发展城乡社区社会组织上，并把2008年定为城乡社区社会组织的培育发展年。自治区民政厅召开了动员大会，制定下发了关于进一步加快培育发展城乡社区社会组织的意见和关于城乡社区社会组织登记备案有关问题的通知。各地根据自治区的安排，精心组织，周密安排，制定方案，采取降低门槛、放宽准入条件和典型引路等方式，积极探索出适合宁夏实际情况的有效方法：实行登记、备案双轨制，实行“三不”和“六允许”。其中，“不收费、不验资、不年检”，这在全国是首家。这些做法不仅受到了社区群众的欢迎，也得到了国家民政部民间组织管理局领导的认可。同时，在政策扶持上得到自治区党委、政府的高度重视和大力支持。自治区每年从本级社会福利金中拿出一定数量资金，扶持城乡社区社会组织的发展。截至2008年底，各地共培育发展城乡各类社区社会组织10242个。这些组织在扩大社会服务覆盖面、拓宽社区就业渠道，化解社会矛盾，维护社会稳定起到了积极的作用。

三、制定政策，为促进社会组织的健康发展营造良好的环境

2008年，自治区党委、政府先后出台了关于加强新社会组织党建工作的意见、关于加快社会中介组织发展的意见和关于加快推进行业协会商会

改革和发展的实施意见。这些指导性文件的出台，对宁夏社会组织发展方向和重点作出了明确的规定，初步搭建起了宁夏社会组织发展管理的政策框架，为社会组织建设与管理工作创造了良好政策环境，从而推动了宁夏社会组织的健康有序发展。

四、加强协调，使双重管理体制得到进一步落实

为与业务主管单位共同做好对社团组织的监督管理，真正履行各自的职责，建立长效的依法管理工作机制。自治区政府专门成立了宁夏社会中介组织发展领导小组。领导小组的各成员单位由各业务主管单位和登记管理机关组成，领导小组办公室设在自治区民政厅，领导小组组长由政府分管民政的副主席担任。制定了社会组织联席会议制度，进一步明确了登记管理机关和各业务主管单位的职责，每年通过定期不定期召开联席会议或座谈会的形式，加强了与业务主管单位间的交流，及时了解社团组织的发展情况、存在的问题，并能对其存在的问题进行研究，制定对策，为社会组织的健康发展营造良好的环境。

五、加大监管力度，促进政治稳定和社会安定

2008 年，由自治区民政厅牵头，成立由自治区纪委、民政厅、纠风办等 19 个部门组成的规范行业协会、市场中介组织服务和收费协调小组。并联合自治区纪检委、纠风办制定下发了关于印发自治区规范行业协会商会市场中介组织服务和收费行为工作实施方案的通知。通过完善政策措施，依法加大了对宁夏行业协会商会和市场中介组织的服务和收费行为的监管力度，规范其行为。同时，采取了抽检和集中年检的办法，加强了对社会组织的年检力度，使 2008 年的年检率比往年有所提高，对长期不参加年检的 15 个社会组织进行了撤销。通过年检工作，促使各社会组织进一步完善以章程为核心的各项规章制度，即内部组织建设、规章制度建设和民主决策机制建设。通过规范社会组织行为，查处打击社团的非法活动和非法社团组织，使社会政治环境得以净化，促进了政治稳定和社会安定。

2008 年，是宁夏社会组织蓬勃发展的一年，虽然在培育发展与管理工作取得了一些成绩，但与宁夏社会经济发展速度相比还存在着一定的差距，不能完全满足宁夏经济社会发展的需要，主要是宁夏社会组织总体上仍处在发展的初级阶段，认识不够，发展不足，结构不优，社会组织管理的政策、法规还不健全等问题，严重制约着宁夏社会组织的健康发展。今后，将继续按照培育与发展并重的原则，进一步提高认识，顺应宁夏社会

经济发展要求和人民群众需求，加大宁夏社会组织发展的培育力度，并把社会组织建设与管理工作纳入当地经济社会发展的总体规划中，进一步完善政策，规范行为，优化社会组织发展的环境，充分发挥社会组织在宁夏跨越式发展中的积极作用，使社会组织真正成为宁夏经济建设、政治建设、文化建设和社会建设的主力军。

新疆维吾尔自治区社会组织建设与管理工作综述

新疆维吾尔自治区民政厅

2008年，新疆维吾尔自治区社会组织管理各项工作围绕新时期社会组织建设和发展的总体目标，以求真务实的精神，深入开展调查研究，把分类指导作为工作主题，重点突出“五抓”工作，即：抓调研、抓创新、抓落实、抓政策、抓宣传，推动了各项工作的开展。

一、社会组织登记基本情况

截至2008年底，全区在民政部门登记的社会组织总数为6629个，其中社会团体4559个，民办非企业单位2672个，全区性社会团体562个，民办非企业单位203个，基金会16个；2008年全区登记成立的社会组织共926个，其中社团681个，民办非企业单位244个，基金会1个；撤销民办非企业单位28个，注销118个。在城乡基层，不具备法人登记条件的服务型、群众性社团组织快速发展，有不少已经纳入民政部门备案管理。2008年，自治区确定克拉玛依市为自治区基层社团进社区工作观察点。为此，自治区民政厅加强了对克拉玛依市基层社区社团管理的调研和指导，为促进自治区基层社团规范发展奠定了基础，积累了经验。2008年地县社会团体年检合格率为98%，全区性社团应参加年检的523个，实际参检451个，其中补检70个（6月30日之后）；填报率90%，年检率为86%。民办非企业单位全区共1851个单位参加年检，其中合格和基本合格1630个，年检率为92%。

为进一步规范新疆社会组织管理执法工作，制定了适用于本地区的社会组织管理执法法律文书、社会组织管理执法预案、社会组织监督管理制度、社会组织行政执法程序、社会组织行政执法工作规程、社会组织监督管理工作责任书等相关规定，建立了与公安、安全等部门密切配合、协调互动的联合执法机制，进一步强化了综合行政执法效应，为确保新疆社会稳定和经济社会的又好又快发展创造了良好的环境。

二、党委、政府重视行业协会建设和发展

2008 年，新疆维吾尔自治区民政厅根据区党委、政府和纪检委的要求，进一步推动行业协会的改革和发展。一是贯彻国务院 36 号文件和自治区人民政府有关文件精神，推动行业协会改革和发展。自治区领导高度重视行业协会以及各类社会组织的建设，要求有关单位要加强对社会组织的管理，为此，自治区审计厅把全区性社团列为审计的重点，对自治区 11 个厅局及事业单位所主管的 84 个协（学）会，2007 年度财务收支及管理情况进行了审计。审计情况表明，各个协（学）会在发挥服务、自律、协调、监督职能，加强对外交流等方面做了大量卓有成效的工作。财务管理工作总体情况是好的，基本做到了合理有效使用，保证了协（学）会工作的顺利开展，但也存在一些不容忽视的问题，应该采取有力措施加以纠正和解决。为此，自治区于 10 月 30 日召开了“自治区规范行业协会和社会中介组织服务和收费行为视频会议”，自治区党委副书记、自治区常务副主席杨刚作了重要讲话，大会宣读了自治区发改委等 9 个部门关于规范行业协会和社会中介组织服务和收费行为专项治理工作实施方案，自治区发改委、民政厅、财政厅、审计厅、工商局等五部门作了大会发言。二是加强调研工作，为建立管理长效机制奠定基础。加强和自治区经贸委、建设厅、招商局以及工商联等部门的沟通和合作，就行业协会商会改革发展问题进行调研。探索社团建设和改革的模式，支持从实际出发，探索社团组织建设和促进发展的路子，如新疆保险行业协会和保险学会是组织健全，在开展学术活动、规范行业行为、承担服务职能、推动行业发展中，起到很大作用的行业协会和学术团体。但也存在着活动交叉、重复收取会费、秘书处力量不强等问题。为此，两会在主管部门和登记管理机关的支持下，完成了两会秘书处合并等加强组织建设的改革和换届。三是重视异地商会发展。2008 年，民政部确定新疆为民政部登记“异地商会”的观察点。自治区民政厅为规范对异地商会的登记管理，根据《民政部关于异地商会登记有关问题的意见》（民办函［2003］16 号），异地商会“登记在省，试点先行”的规定，在社团登记中，坚持登记在自治区民政厅统一掌握的基本原则，规范登记，加强管理，促进了异地商会的作用发挥，年内新批准 3 个异地商会，完成了 3 个商会的换届工作，促进了异地商会规范

发展。自治区异地商会的管理思路和经验，得到民政部的肯定，为民政部制定政策提供了依据。

三、发挥社会组织作用，加强自律诚信建设

为落实国务院关于控制不规范涨价行为，2008 年春节前，新疆维吾尔自治区民政厅会同自治区发改委，共同研究规范本地区行业协会行为的措施，自治区发改委和民政厅联合下发了加强行业协会在平抑物价中的作用的通知，要求行业协会严格自律，发挥在平抑市场经营中的积极作用。据统计，仅 2008 年，各异地商会共完成重点投资项目 58 个，落实招商引资到位资金 38.51 亿元。浙江美特镁业集团、福建传人企业集团、湖南鸿运集团等一批知名企业相继落户新疆。企业联合会（商会）积极参与创办园区，为自治区工业园区创新发展注入了活力。

2008 年 7 月，水利部再次在乌鲁木齐召开了“面对贫困人口的农村水利改革项目现场会”，推动农民用水户协会建设。自治区民政厅在会上作了典型发言。截至目前，全疆各灌区已成立农民用水户协会 1809 个，管理灌溉面积 1210.25 万亩，人口 251.12 万人。其中在县级民政局登记的 851 个，由协会管理灌溉面积 760.06 万亩，人口 155.4 万人。经过对各协会用水户跟踪调查，水费农户支出较上年减少 20%—35%，灌溉定额大幅下降约 30%。

为引导社会组织健康发展，新疆维吾尔自治区社会组织在各级登记管理机关的组织下，开展了形式多样，涉及领域广泛的自律与诚信建设活动。为表彰先进，树立典型，推动全区社会组织健康有序发展，5 月 28 日，自治区民政厅召开了自治区社会组织开展自律与诚信建设活动表彰大会。自治区党委常委肖开提·依明，自治区副主席贾帕尔·阿比不拉同志出席了大会，自治区有关部门的负责同志出席了会议，受表彰的先进社会组织和管理机关代表及社会组织 800 多人参加了会议。肖开提·依明常委在大会上作了重要讲话，自治区民政厅副厅长雪合来提·买提尼亚孜同志对过去几年自治区开展自律与诚信建设活动进行了总结。大会向 95 个社会组织、3 个管理机关授予“自治区开展自律与诚信建设先进单位”和“自治区开展自律与诚信建设活动最佳组织奖”的称号，新疆石河子中医医院等三个社会组织代表作了经验交流发言。

四、以服务促管理，以活动促发展

由民政搭台社会组织唱戏，拓展了管理路子，促进了社会组织发展。由

自治区民政厅和自治区文联主办，新疆书法家、美术家、摄影家等20个社会组织协办，2008年1月26—30日在乌鲁木齐举办了《和谐·春天——新疆社团组织跨入奥运之年书画摄影联展》，自治区党委常委肖开提·依明、自治区人大副主任杜秦瑞出席开幕式并参观了展览。在奥运会开幕之前，8月6日，《和谐·春天——新疆社团组织书画摄影集结集》正式出版，肖开提·依明常委亲自为此集作序。这是自治区民政厅代表新疆社会组织向北京奥运献上的一份厚礼。此次大型社会公益活动，得到了社会组织的参与和支持，有近万人次参观了展览。新疆电视台、兵团电视台、乌鲁木齐晚报等媒体予以报道。8月28日，自治区民政厅主办，由新疆民间组织促进会和MBI企业家协会联合举办了新疆第五届企业发展高峰论坛暨第二届社会组织发展论坛，近300人参加，邀请著名学者作主题演讲，达到了开拓思路，沟通信息，提升地位的目的。

五、倡导和组织社会组织奉献爱心

乌鲁木齐德汇国际广场火灾发生后，自治区异地商会积极行动，短期内就捐赠776万元，慰问受损商户，维护了社会稳定。浙江商会对口向于田县捐款112万元，修建一条平安路。四川汶川大地震发生后，新疆各级组织、各机关、各族人民迅速行动起来，为灾区人民送去真切的关怀。广大社会组织反映强烈。自治区民间组织管理局立即向所有社会组织发出积极投入抗震救灾献爱心活动的倡议书。广大社会组织积极响应党中央国务院的号召，按照自治区党委、人民政府的安排，广泛动员，号召会员、企业单位踊跃捐款献爱心，5月14日上午，100多个民非单位集中到民政厅，捐款31万元，15日下午11个“异地商会”秘书处集中捐款46.08万元。据不完全统计，截至5月26日，自治区级民非单位捐款89万多元，捐赠物资折价27万元，全区性社团捐款138万多元，社团组织单位会员捐款1121万多元，其中捐物折价200万元。如新疆广告协会一次捐款60万元，注册税务师协会10万元，福建商会10万元。新疆泰能职业培训学校等单位的8名学生主动参加了抗震救灾志愿服务活动。新疆静怡心理咨询职业技能培训中心等单位坚持开展为贫困地区办学、赈灾、资助失学儿童等公益活动。新疆士杰中医药研究所等单位开发研制的蔬菜种子等科研项目获得国家专利和表彰。

新疆生产建设兵团社会组织建设与管理工作综述

新疆生产建设兵团民间组织管理局

2008年，新疆生产建设兵团（以下简称兵团）各级社会组织登记管理机关以"三个代表"重要思想为指导，全面贯彻落实实践科学发展观以及党的十七大报告中指出的"重视社会组织管理，把社会组织放到全面推进社会主义经济建设、政治建设、文化建设、社会建设'四位一体'的高度"的有关精神。结合兵团的实际，认清形势，理清思路，部署任务。努力做到为人民科学行政，为人民依法行政，为人民文明行政的工作准则。并将依法行政与热情服务贯穿于工作始终，完成了工作任务，达到了预期目的。

截至2008年底，兵团社会组织的登记数量从2007年年底的899个增长到1030个，递增率为16%；其中社会团体790个、民办非企业单位238个，基金会2个。兵团社会组织已遍布全兵团的各行各业，涉及经济、文化、卫生、科技、教育、社会公益等各个领域，成为兵团社会建设与管理不可忽视的重要力量。

一、以科学发展观为指导，认真履行工作职责

按照《社会团体登记管理条例》《民办非企业单位登记管理暂行条例》和《基金会管理条例》的规定，进一步依法规范了社会组织登记工作程序。2008年，完善规范了办事指南，统一印制了登记和备案的表格，理顺了登记流程程序。先后制定了社会组织名称核准、社会组织申请受理通知书等制度，为社会组织注册验资和组织筹备提供了规范、方便的工作通道。对不予受理的社会组织申请，针对问题给予政策上的书面答复或口头解释，让服务对象高兴而来，满意而归，既提高了工作效率，又规范了社会组织行为，树立了登记机关的良好形象。2008年共注册兵团、师级社团61个，民非单位12个，社团分支机构219个。

二、规范社会组织行为，认真做好年检工作

坚持年检制度是规范和管理社会组织的重要手段。2008年，新疆生产

建设兵团民间组织管理局下发了兵民发［2008］27号、28号文件，对兵团社会组织年检工作的时间、操作程序、提交材料、年审结论等做了具体地安排。为加大兵团社会组织规范、诚信、自律力度，在年检工作中，实行了社会组织主管单位和登记管理部门负责制，并把社会组织尤其是民非单位提交审计报告列为年检的一项重要内容来抓。经审核，2007年度年检合格的社团724个，年检合格率为94.5%；年检合格的民非单位212个，年检合格率为91。年检结束后，对兵团社会组织年检、换证情况进行了通报、总结和数据分析，并通过兵团民政网和《民政信息专刊》将兵团社会组织年检情况向社会予以公告，及时进行了相关政策的宣传，树立了典型，提高了社会组织在社会上的公信力。

三、广泛开展民非单位信息公开和承诺服务活动

根据民政部的要求，下发了兵民发［2008］33号文件，在兵团范围内广泛开展了民非单位信息公开和承诺服务活动。结合年检，到实地对兵团本级民非单位“五证”（民非登记证、税务登记证、行政许可证、收费登记证、组织机构代码证）上墙等信息公开和承诺服务情况进行了检查，八师、二师组织专门检查小组，对100多个民非单位分组实施检查，提高了民非单位在社会中的公信力，确保了此项工作的深入开展。

四、积极扶持培育“团场专业经济协会”

新疆生产建设兵团是一个以农业为主，农林牧副渔工商全面发展的特殊组织。本着为兵团团场职工“减负增收”，以加快发展兵团经济建设的步伐为工作出发点，积极落实《关于加强兵团团场专业经济协会培育发展和登记管理指导意见》（兵民政字［2005］39号）。兵团组织调研组深入基层调研，认真听取团场领导、民政、协会职工的意见和建议。写出调研报告，认真分析团场专业经济协会存在的优势和弊端。现场指导工作，加大了培育发展团场专业经济协会力度。目前，在各级民政部门注册的各类团场专业经济协会269个。团场专业经济协会的特点：一是农户自愿联合，二是专业性强，三是以服务为宗旨，四是互惠互利，五是民办、民管、民受益。兵团团场专业经济协会专业门类日渐齐全。一是以当地特色产业为优势，逐步形成有地方特色的产业协会，如一师十团红枣协会、二师二十四团辣椒协会等。二是以当地资源为优势逐步形成有特色的技术加工行业协会，如六师一〇二团胡萝卜种植加工协会、101团蔬菜协会，以生产蔬菜为龙头，为乌鲁木齐市提供净菜日产20多吨等。三是以当地传统产业为

优势逐步形成种植养殖协会，二师马鹿养殖协会、二十八团香梨协会等。

兵团团场专业经济协会在市场改革的大形势下，不断尝试，创新出各式符合当地实际情况的组织形式，一是龙头企业（公司）牵头型：即龙头企业（公司）牵头发起，创建“企业（公司）＋协会＋基地＋农户”为合作模式的专业经济协会。二是能人大户牵头型。由团场职工的能人牵头而创建的“能人大户＋协会＋基地＋农户”型的协会，主要依托能人大户的技术、管理经验、资金、销售网点等优势发挥作用。如十团养兔协会、二十四团养猪协会。两个协会的绿色食品已售往全疆各地和内地各省，职工富了、协会的品牌也打出去了。三是团场职工自发型，自发创办“农户＋协会＋基地”模式的专业经济协会，做到资产联结、技术联手，生产联动，起到了协会服务导向的作用。

兵团团场专业经济协会的发展，提高了职工进入市场的组织化程度，推动了农业产业化的发展，促进了农业科技成果的推广和应用，推动了兵团团场社会化服务体系进一步完善。

五、大力培育发展行业协会，积极探索，认真做好异地商会的培育和发展工作

认真贯彻落实《国务院关于加快推进行业协会改革和发展的若干意见》（国办发［2007］36号）精神，积极扶持培育行业协会。一是为了发展行业协会，扩大行业协会在社会的影响，利用报刊、网站等媒体，采取印发简报、设立宣传栏、张贴标语、横幅等不同形式，宣传行业协会在经济建设中的积极作用，向社会反映行业协会建设成就。二是理顺兵团各行政职能部门与社会组织的关系，增强行业协会对市场经济服务的功能。三是登记程序上给予方便。在审批行业性协会时，改变工作做法，深入基层与行业协会发起单位和发起人实地考察，现场办公，服务基层，使他们在登记程序上少走弯路，在短时间内办理好审批手续。四是围绕兵团经济建设和市场需要，以维护规范市场经济秩序的行业协会为出发点，优先审批发展了一批行业协会。目前，全兵团共批准成立的行业协会176个，占社团总数的22％。

坚持“登记在省、试点先行”的原则，积极探索兵团异地商会登记管理的新路子，2008年前后，已登记了两家异地商会——“兵团农八师温州商会”“兵团张家港商会”。异地商会的成立，促进了兵团的经济发展，为兵团与温州市、张家港市之间经济发展、技术合作交流搭建了良好的平台。

六、公益性社会组织发挥积极作用

公益性社会组织是社会公益事业的重要补充力量。特别是在“5·12”汶川大地震发生后，兵团各级各类社会组织积极参与抗震救灾工作。2008年，兵团慈善总会、兵团红十字会、兵团青少年发展基金会、兵团工会、兵团总商会等社会组织接收社会捐款为1856.75万元，接收捐赠物资297万元，向灾区捐款数额达921.34万元。同时，向民政部、兵团、各师宣传报道了许多抗震救灾的先进事迹。农八师慈善总会的感人事迹被收录于民政部民间组织管理局编写的《一支不可忽视的社会力量——中国社会组织汶川赈灾行动》一书中。在“救灾献爱心”活动中，充分树立了社会组织和登记管理机关公益、公信、亲善的正面形象。

七、加强对社会组织的培训力度

2008年，与兵团科协共同举办了“兵团学术性社团座谈会”，共有25家学术性社团参加会议。会上，就社会组织发展形势和社会组织如何健康规范发展进行了座谈和交流，提高了社会组织的法治和责任意识。

7月，部分师局的同志参加了民政部在杭州举办的社会组织法规政策培训班，提高了业务工作能力。根据兵团社区社会组织的发展薄弱点，年底，举办了一期“兵团社区社会组织的培育发展和登记管理”的专题讲座和培训。提出了社区社会组织备案与登记双轨制的工作机制，就兵团社区社会组织如何为居民做好服务、怎样服务提出了具体要求和可操作性的办法。参加培训学习的社区基层负责人数达200余人。通过以上培训学习、互动等形式提高了社区工作人员及社会组织和登记管理人员的素质，规范了行为，达到了学习培训目的。

八、严格执法，认真做好查处非法社会组织工作

2008年，结合年检工作，坚持“社会组织重大活动事先报告制度”。对未参加年检的21个社团和12个民非单位以及个别未按期换届、换届不上报、注册资金不足3万元的社会组织做出了限期整改的处罚。还查处未经注册登记的违法社团一起。

在社会组织执法工作中，全面贯彻落实“全国社会组织执法工作会议”精神，加大了兵团登记管理机关对社会组织的执法力度。按照“持证执法、亮证查处”的要求，于2008年底，经自治区和兵团法制办批准，解决了兵团、师社会组织登记管理机关的执法证、监督证的问题。

深圳市社会组织建设与管理工作综述

深圳市民间组织管理局

2008年，在深圳市社会组织建设和管理历程上，是值得铭记的一年。深圳市民间组织管理局在市民政局党组的正确领导下，围绕市委、市政府的重点工作，以“社会组织建设年”为工作主线，以发展为落脚点，抢抓民政部、广东省民政厅确定深圳市为社会组织“改革创新综合观察点”的有利机遇，坚持科学发展，在扩大总量、优化结构、提升质量、增强能力等方面推动工作，取得了较好的工作成效。

一、战略谋划社会组织的科学发展

举全局之力，就促进社会组织发展，发挥社会组织作用的问题进行了大规模的调研，并列入深圳市委2008年重大调研课题之一。2008年9月，以市委办公厅和市政府办公厅的名义出台了关于进一步发展和规范深圳市社会组织的意见，明确要从体制机制上规范政府、市场、社会三者的关系；明确近期发展的重点领域为工商经济类、社会福利类、公益慈善类、社区社会组织；并在政府扶持、登记管理、社会监督、政府部门监管等体制上有所创新。意见的出台，在深圳市社会组织的发展历程上具有里程碑意义，得到了民政部的高度重视和充分肯定。意见出台后，召开了全市社会组织建设和管理工作会议，全面总结近年来深圳市社会组织建设和管理工作的情况，并根据意见要求，对下一阶段的工作进行部署。

二、社会组织保持健康的发展态势，结构进一步优化

截至2008年底，深圳市依法登记注册的社会组织3343家，其中社团1381家，民办非企业单位1962家。不断完善社会组织结构，重点培育发展人民群众急切需要的公益慈善类、社会福利类社会组织。开拓社会组织登记的新领域，授权共青团深圳市委等五个群团组织作为全市性民办非企业单位的业务主管单位。

三、探索社会组织管理体制机制改革

一是继续推动登记管理体制改革。探索在工商经济类、社会福利类、公益慈善类等社会组织实行直接登记的管理体制。对社区社会组织探索实行登记和备案双轨制。二是探索政府向社会组织购买服务制度。2008 年，经深圳市政府同意，在年度公益金计划安排中新设立“向社会组织和企业购买服务及机动专项经费”，以此项工作为切入点，积极探索建立向社会组织购买服务的机制。三是积极推进行业协会改革。完成《深圳市行业协会商会条例》（征求意见稿）起草、报送、征求意见等工作。完成了《深圳市行业协会法人治理指引》印发工作，有效地推动了行业协会的规范化建设。会同市财政局起草了《深圳市行业协会专项经费管理使用办法》。成功举办第三期行业协会商会高级管理人才培训研修班。四是发挥社工在社会组织的作用。积极推动福田区竹林社区邻里互助会引进社工服务的模式。探索公益慈善类社会组织引入社工，向 5 家公益慈善民办非企业单位派驻了 11 名社工。五是推动社会组织党建工作改革。从 2008 年 9 月底开始，由市委组织部牵头，市委组织部和市民管局共同负责，联合多个单位组成联合课题组，对深圳市新社会组织党建工作进行调查研究。

四、不断优化社会组织发展环境

一是完善与社会组织的对话机制。两次举行了深圳市领导与行业协会商会负责人座谈会，出版 6 期“行业协会重要情况专报”，为政府决策提供第一手资料。二是着力推动“社会组织孵化基地”项目筹建工作。三是加大宣传力度。为配合深圳市学习实践科学发展观活动的开展，编印了学习实践科学发展观活动辅助读本之二《你身边有我——社会组织自述》。与人民日报社《大地》杂志社联合编印《深圳行业状况及行业协会·2007》年度报告；全年出版《社会组织视窗》20 多期。

五、社会组织规范监管逐步加强

一是选择行业协会为试点，开展社会组织评估，2008 年共有 48 家行业协会商会参加评估，已经完成了自评和专业评估阶段的工作。二是开展治理社会组织商业贿赂及民办非企业单位信息公开和承诺服务等活动，引导社会组织规范行为。三是联合市教育局下发关于依法规范深圳市民办非学历教育培训机构办学资格的通知，规范民办教育培训机构的管理。四是认真吸取“9·20”火灾事故的教训，配合消防部门对民办福利机构进行了消防安全检查。五是2007年度市级社会组织年检已经基本完成，年检率达到90%。六是强化执法工作。对市金平少年儿童助养中心的违法行为进行了调查取证，下发了整改通知书。对连续2年未进行年检的2家民办非企业单位发出责令改正通知书。对深圳市图书馆培训中心等5家民办非企业单位拟进行撤销登记，已进入行政处罚程序。

六、社会组织党建和管理平台不断拓展

一是行业协会联合党委党建工作不断加强，组织不断壮大。2008年底，行业协会联合党委共有所属党总支部1个，党支部20个，管理党员171名。二是组建了"深圳市社会组织妇女工作委员会"，并积极发挥妇委会的作用，开展了4期"三角梅讲坛"活动。三是调整"深圳市社会组织总会"的内部架构，充实了工作力量，承办了中、日、韩"社会建设创新与发展学术研讨会"等大型活动。

七、社会组织作用发挥日益彰显

社会组织在深圳市的经济、政治、文化、社会的建设上，日益发挥着重要作用。一是2008年10月，由深圳市40多家行业协会商会发起建立深圳市行业协会互助工程，并召开联席会议，共同抵御金融海啸，帮助企业和行业共渡难关。二是在汶川地震及冰雪灾害发生后，市民管局两次向全市社会组织发出《倡议书》，并举行"抗震救灾、众志成城——全市社会组织支援汶川地震灾区捐赠仪式"。社会组织也迅速响应号召，发动工作人员及会员企业为灾区捐赠了数以亿计的款项和救灾物资。三是各社会组织积极配合行业协会治理商业贿赂、民办非企业单位信息公开和承诺服务活动、行业协会评估试点工作，自觉规范内部建设，逐步完善治理结构。

大连市社会组织建设与管理工作综述

大连市民政局民间组织管理处

2008年，大连市社会组织管理工作在各级民政部门的正确领导和支持下，按照党的十七大"重视社会组织建设"的工作要求，着力做好社会组织的培育、服务与管理工作，增强社会组织服务和谐社会建设的能力，大

力提升社会组织的影响力，树立社会组织公信力，提高社会组织的综合竞争力，使全市社会组织出现了又好又快的发展态势。截至2008年底，全市登记备案社会组织5214个，其中社会团体1485个，民办非企业单位3729个，行业协会299家、社区社会组织1604家、农村专业经济协会501家。

一、围绕大局抓大事，认真完成重点工作

1. 积极开展社团清理整顿工作，推进社团健康有序发展。按照辽宁省民政厅、监察厅关于开展全省社会团体清理整顿工作的通知要求，结合大连市社团的实际，开展了全市社团清理整顿工作。一是与市监察局联合下发了关于转发省民政厅、监察厅开展全省社会团体清理整顿工作通知的通知，提出将清理整顿工作与社团2007年度检查相结合，减少社团的重复性审查手续，业务主管单位负责对社团提交的材料进行初步审查，签署初审意见等4点工作要求。二是召开了“各区市县民管工作会议”和“部分社团和业务主管单位负责人会议”两个专题会议，进行了具体部署，“双向”推进清理整顿工作。三是将清理整顿工作分为社团自查、业务主管单位初审、登记机关审核、帮助社团整改、登记管理机关和监察部门共同验收五个步骤。四是明确重点整改环节。着重解决极少部分行业协会存在的政会不分，社团财务管理制度不够健全，会费收取和使用不够规范等问题；解决学术性、专业性、联合性社团换届改选中不按时履行选举程序及召开会员代表大会等问题。目前，大连市社团清理整顿工作全部结束，全市社团共有1485家（含备案55家），已登记社团525家，应参加清理整顿社团445家，已参加428家，占应参加清理整顿的社团的96.2%，完成清理整顿的社团416家，合格率达到应参加清理整顿社团的93%。有17个社团提出延期换届申请，现完成换届14个，办理变更登记87个，169项。有9个社会团体提出注销登记，现完成7个社团、1个分支（代表）机构注销登记。行业协会在职党政机关领导干部兼任社团领导职务比例从10%降到近6%，专业性、学术性、联合性降到11%，现兼任社团领导职务的全部经市委组织部审批。与业务主管单位合署办公的由27%降到近10%。

2. 深化自律诚信建设，探索建立民办非企业单位评估长效机制。根据《民政部关于落实“中国民间组织评估体系”建设工作有关问题的通知》精神，大连市在全省率先开展了科技类、文化类、体育类和社会福利类民办非企业单位自律与诚信评估工作，把建立民办非企业单位自律与诚信评估机制作为落实科学发展观，创新民办非企业单位监督管理机制的重要工作，遵循公开、公平、公正、科学合理的评估原则，构建民办非企业单位

自评、业务主管单位初审、社会组织评估机构综合评价和登记管理机关检查验收的“四位一体”的评估体系，引导民办非企业单位加强自身建设，提高自律性和诚信度，取得了成效。现已完成四大类、73家民办非企业单位的评估工作，对每个参评单位出具了《大连市民办非企业单位自律与诚信评工作情况的综合报告》和自律与诚信评估的调查报告，根据受评单位得分情况，授予与分数相对应的评估等级。评定了5A级3家、4A级11家、3A级18家、2A级10家、1A级9家，未达到A级标准的22家。获3A级（含3A级）以上的民办非企业单位为32家，占参评总数44%。其中，科技类12家、体育类8家、文化类4家，社会福利类8家。同时，印发了《关于大连市民办非企业单位自律与诚信评估等级的决定》文件，对被评为3A级以上的民办非企业单位在市民政局网站、辽宁社会组织信息网站上公布，把民办非企业单位自律与诚信评估的信息及时向社会公示、宣传，使评估的结果得到各方面认可，树立行业的整体诚信度和公信力。召开了由业务主管单位、社会组织评估机构、部分民办非企业单位负责人等150人参加的大连市民非单位自律与诚信评估工作总结暨授匾大会，进行了总结，为获得3A级以上的民非单位授匾。

3. 积极完成新农村建设18件实事提出的工作任务。按照大连市委、市政府落实新农村建设18件实事提出的：“落实扶持政策，继续推进农民专业合作协会、农业行业协会和农村经纪人队伍建设”工作任务，召开专题会议，进行具体部署，通过季度汇报、统计工作，督促各区市县进一步落实，并将落实18件实事采取的措施、进展情况、落实过程中存在的问题及工作安排形成文字总结，报局办公室。

4. 积极做好ISO9000质量管理体系导入工作。按照大连市政府的部署，市民政局机关导入工作的具体安排，根据导入工作的总体要求，以积极的态度，有步骤、有秩序地，切实把导入工作作为加强工作作风、提高行政效能建设的重要工作，较好地完成了ISO9000质量管理体系导入的调查摸底、规范各项制度、制定工作规程及流程图等各项工作，确保ISO9000质量管理体系导入工作取得既定成效。共计制定了5个规程、11个工作流程图，31个常用的文件登记记录等项工作，形成2万多字文字材料。

二、强化服务社会功能，做好培育发展工作

1. 充分发挥农经协积极作用，构筑扶贫新模式。按照辽宁省民政厅关于印发支持农村专业经济协会扶贫实施方案的通知的工作要求，大力推进

农村专业经济协会“造血式”扶贫，重点围绕新农村建设，加大引导农村专业经济协会开展扶贫帮困工作力度，通过使用省福彩扶贫专项资金滚动扶贫试点工作，对本市 2 个试点农经协（瓦房店许屯镇东马屯苹果协会、庄河荷花山镇大骨鸡协会）扶贫情况跟踪调查，进行了剖析总结。目前，大连市利用省福彩扶贫专项资金 20 万元，分别对 54 家贫困户进行了重点扶贫，通过提供生产资料、生产技术、产销信息、种养过程等方法跟踪服务进行扶持，使 42 户贫困户脱贫，占 77.78%，还有 12 家经济状况得到明显改善。

2. 提高社会组织服务功能，彰显社会组织积极作用。“5・12”汶川地震以来，大连市民管处与社团发展联合会共同向部分社会组织发出为地震灾区奉献爱心的倡议，得到全市社会组织热烈响应，以各种形式投身赈灾，指派专人负责协助社会组织捐款人办理手续，审核善款数额。据不完全统计，截至 2008 年 6 月 15 日，132 家社会组织为灾区捐款、捐物，合计 6450 余万元，占全市捐款、捐物总额的 10.2%。

3. 积极组织大连市社团参加省级先进社团评选活动。按照辽宁省民政厅关于在全省开展示范社团、先进社团、先进社团管理工作者和先进社团工作者评比活动的通知精神，开展先进社团评比活动，一是按照辽宁省民政厅制定的评选标准和评选办法规定，结合辽宁省民政厅分配给大连市的名额和本市社团工作的实际情况，将示范社团 11 个、先进社团 32 个、先进社团工作者 6 名、先进社团管理工作者 3 名进行了分配，并精心组织评选；二是审核各级社团报送的 52 份先进社团申请表，起草或修改了共计 10 多万字的事迹材料，汇总上报。大连市被评为省级示范社团 11 家、先进社团 32 家、先进社团工作者 6 人、先进社团管理工作者 3 名。在全省召开的社会团体建设与管理工作经验交流暨表彰会上，大连市作了题为《整合资源，汇聚力量，加快推进社会团体又好又快发展》典型发言，受到了好评。其中以《营造良好氛围，发挥社会组织的作用》为题的经验材料在会上进行了书面交流。

4. 获得市委惩防腐败体制建设表彰。按照《大连市贯彻〈建立健全教育、制度、监督并重的惩治和预防腐败体系实施纲要〉的具体意见》规定的“规范并加强对社团、行业组织管理”要求，系统总结“民办非企业单位自律诚信评估机制”，细化评估机制的特点、作用和程序。诚信评估机制的建立，在惩治和预防腐败体系中发挥了积极作用，受到市纪委的充分肯定，获得大连市第二届“构建惩防体系工作创新奖”。

三、适应发展改革需要，夯实日常基础建设工作

1. 社会组织日常登记管理工作稳步发展。按照“一手抓培育，一手抓监管”的原则，正确引导，积极扶持，规范管理，全市新增社会组织 296 家，其中社团 80 家、民非单位 216 家，为 393 个社团和 65 个民非单位办理变更手续，注销 35 家、撤销 23 家社会组织，为 428 家社团、475 个民非单位办理了年检手续和部分换证工作。为 1220 家社会组织更新了台账，共计 26840 条信息。

2. 重新核定社团编制。由于社团人员调动较为频繁，客观上给社团编制管理工作带来了一定的困难，大连市民管处多次与市劳动局和人事局沟通协商，并一同对全市社团专职人员编制进行重新核定，将原来 536 个编制，重新核定为 419 名，收回了一些多年闲置不用的社团编制，目前全市已参加保险 207 人。

3. 制定了社会组织处罚自由裁量指导标准。按照大连市法制办和民政局法规处的要求，将《社会团体登记管理条例》、《民办非企业单位登记管理暂行条例》中罚则 3 个条款中有关处罚的事项，进行了分级量化 50 个分类，制定了相应处罚自由裁量指导标准 40 项，共 90 条。

4. 切实做好全市第二次全国经济普查工作的资料提供及查找工作。按照《大连市第二次经济普查部门行政登记资料查找、认定工作方案》（大经普办发［2008］40 号）要求，一是积极部署各区市县将 910 个社团、1377 个民办非企业单位登记名录、资料等相关数据报市经济普查办公室。二是将市本级登记的 520 个社团、787 个民办非企业单位登记名录、资料等相关数据报上。三是对没有找到或已经通知但实际没有填表的单位，市本级的社团 200 多个、民办非企业单位 300 多个，各区市县 500 余个社会组织，逐个进行查找落实，并对确实未查找到的注明原因，进行认定，形成书面材料上报。

青岛市社会组织建设与管理工作综述

青岛市民间组织管理局

2008 年，青岛市民管系统积极创新社会组织管理及执法监察工作理

念，努力提高行政管理效能和执法水平，在夯实基础性工作的基础上，大力推动全市社会组织建设和管理各项工作，取得了显著的成效。

一、突出社会组织培育发展重点，抓好“三个推进”

（一）巩固行业协会整顿规范工作成果，着力推进行业协会能力建设

2008 年 1 月召开了全市行业协会整顿规范工作经验交流会，深化全市行业协会的整顿规范工作，进一步落实行业协会管理暂行办法。指导行业协会结构调整，鼓励具有产业、产品和市场优势的行业协会依法重组或组建区域性行业协会，扩大影响力和知名度。指导行业协会在整合资源、规范运行机制、提高自身素质、扩大社会公信度等执业能力、执会能力方面加强建设。以“市场化、专业化、品牌化”为方向，大力发展农村专业经济协会，拓展协会综合服务功能，提高专业化业务能力。崂山区按照区域名牌带动行业立体构建的原则，重点抓了茶叶、旅游、海珍品养殖三大产业的农村专业经济协会调整整合的基础上，下半年利用成功的经验，对花卉和果业行业进行整合，使农村专业经济协会在崂山的特色产业中唱主角，充分发挥社会组织在农村经济发展中的积极作用。

（二）以自律诚信建设为契机，着力推进民办非企业单位发展环境的改善

围绕《青岛市鼓励社会力量兴办民办非企业单位的若干意见》，协调有关部门落实扶持政策，优化发展环境，提高民办非企业单位服务社会的能力。深入抓好民办非企业自律与诚信建设，强化民办非企业单位内部自律机制建设，以加强管理制度建设为重点，引导民办非企业单位坚持做好重大信息向社会披露工作，努力培育一批具有良好社会形象和公信力的典型示范单位，逐步建立健全公开承诺服务的长效机制。2008 年 6 月，与青岛市人事局共同表彰了 80 家先进社会组织，鼓励和支持民办非企业单位开展奉献爱心、回报社会活动，推动“双百爱心接力”活动深入持久地开展下去。

（三）以融入和谐社区建设为重心，着力推进社区社会组织积极发挥作用

积极发挥社区社会组织在管理社会事务、提供公共服务、丰富居民物质文化生活需求和弘扬慈善公益事业等方面的作用，指导各区市推进社区社会组织融入和谐社区建设。2008 年 8 月底前完成了全市社区社会组织普查和备案登记工作，进一步加强对社区社会组织的分级指导和分类管理工作，不断规范社区社会组织的发展。黄岛区积极发展社区卫生服务站、为

民服务代理站、托幼所、托老所、文体活动中心和志愿者服务中心，构建起“6+1”社区社会组织发展框架，积极推进社会组织融入和谐社区建设。2008年，各区市积极争取领导的支持，在政府购买社区社会组织服务上全市共计投入资金2000多万元，与往年相比取得了一定程度突破。同时组织先进社会组织向全市5000余家社会组织发出“当好东道主、办好奥帆赛”倡议，为成功举办一届“有特色、高水平”的奥帆赛贡献力量，扎实推进社会组织建设，提高了社会组织的整体素质和社会公信力。

二、加强工作规范，提高工作效能，社会组织年检工作有了新的突破

为确保社会组织年检工作的顺利开展，在认真总结前两年年检工作经验和存在问题的基础上，结合当前全市社会组织发展实际，针对如何提高年检工作的效率和效果进行了认真研究，在往年年检工作的基础上，制定了《青岛市社会团体年度检查工作流程》《青岛市民办非企业单位年度检查工作流程》。对年检时间、内容、方式、年检等级审定条件、应提交的材料、年检结论及处理意见做了进一步调整与补充。改变过去只在网上和报刊发布信息的做法，采取创新手段，通过通信公司手机信息联发，让被检单位在第一时间内了解年检的时间、要求、程序，使年检率过低和年检时间过长的问题得到了有效解决。在严格依法行政的基础上，对非法的社会组织和社会组织的违法活动进行查处，全年共查处非法社会组织12件，社会组织的违法活动15件。对80家社会组织给予行政撤销的行政处罚决定。通过完善年检标准，认真履行程序，全市民非单位应参检3198家，实际参检2974家，年检率90%。全年注销72家，撤销72家。对52家不按期换届的社团进行了“行政告诫”限期整改。对8家拒不参加年检的社团，给予撤销登记的行政处罚。

三、社会组织观察点建设工作在稳步推进中有所突破

设立社会组织观察点有关工作，是一次壮大、发展、展示青岛市社会组织的一次大好契机。2008年7月中旬，民政部廖鸿巡视员带队，国务院办公厅秘书三局、国家发改委领导到青岛调研指导青岛市社会组织观察点工作，引起了各级领导高度重视，把设立观察点工作作为一项重点工作来抓，根据民政部有关精神和要求，出台了“青岛市关于加快推进基层社会组织改革发展观察点建设的意见”，积极组织人力、物力和财力，开展

"基层社会组织改革发展观察点"设立工作。

一是按照民政部设立"基层社会组织改革发展观察点"的要求，会同相关区市、镇街、村居和社会组织负责人，认真学习吃透青岛市民政局建设社会组织观察点的精神，结合本市社会组织实际，有的放矢地深入15处社会组织进行调研、座谈、论证，征求镇街、村居两级的意见。通过调研、论证，在崂山区、市南区、李沧区、即墨市、莱西市分别开展了"基层社会组织改革发展观察点"试点工作。

二是下发书面通知，要求设观察点试点工作的区市、街镇民政局、办要积极争取领导重视，切实把设立社会组织"基层社会组织改革发展观察点"作为一项重要工作来抓，加强领导，精心组织，务求实效。

三是要求各区市协同镇街、村居围绕观察点建设工作主题，结合实际情况制定工作方案，明确改革创新的目标、任务、措施、责任人和完成时限，指定专人负责，认真组织实施，确保各项工作落到实处。

四、在坚持创新执法监察理念基础上，行政执法工作有了新的突破

（一）做好全国社会组织管理工作暨执法监察工作会议的筹备和会务工作

2008年10月初，民政部在青岛市召开了全国"社会组织管理暨执法监察工作会议"，这次会议是社会组织归口民政部门登记管理20年以来，民政部首次召开的以执法监察工作为主要内容的工作会议，会议总结交流了执法监察工作经验，部署了下一步工作任务，王凯局长代表青岛市民管局做了《创新理念 健全机制 积极推进社会组织执法监察工作》典型发言，受到民政部领导和与会人员的好评。为做好全国会议的各项筹备工作，彰显青岛市社会组织执法工作亮点，向与会领导和全国同行介绍好青岛市行政执法工作的经验、做法，同时推动执法工作再上新台阶，在时间紧、任务重的情况下，按照市民政局党委的总体部署和"细致、严谨、高效、放心"的要求，以高度工作责任感和使命感，积极努力，克服困难，加班加点，以超常的工作速度、认真的工作态度、主动协助的精神和较好的工作质量，圆满完成了会议的筹备工作和有关会务等多项工作，得到了民政部领导和与会代表的充分肯定，得到局领导的好评。市南区金湖路街道作为会议确定的参观点，社区社会组织建设管理工作得到了领导和与会人员的高度肯定。民政部副部长姜力高度评价市南区的社会组织管理工作，认为

市南区的社会组织培育发展和监督管理机制非常现实有效，值得在全国推广。

（二）按照局党委确定的目标任务，抓好重点工作

按照“体系完善、程序规范”的原则，对现有的社会组织登记管理制度、流程和各类受理文书进行梳理，建立健全了较为完整的登记管理制度体系，规范各项工作程序。重新规范了接待群众的八项基本要求，强化三种意识：一是窗口意识。二是服务意识。三是效率意识。简化审批手续，提高审批效率。截至2008年底，办理社会组织成立登记123家、变更登记327家、注销登记60家，接受各类咨询、来访1000余起，全部的登记都合法规范。

（三）积极推行行政指导制度，实现工作制度创新

在构建和谐社会的大背景下，社会组织行政执法工作既要坚持依法行政，又要体现“以人为本”。因此，青岛市民管局自觉更新观念，在方法上变“以刚为主”为“刚柔相济”，在依法运用行政处罚等执法手段的同时，积极地把行政指导引入执法监督工作，实现管理手段的创新，提高行政执法效能。行政指导作为制度与方式的创新，需要稳步推进。为确保工作有效开展，结合实际，大胆尝试，建立推行行政约谈、行政告诫、行政提示三个制度。在总结试点经验的基础上，下发了关于在社会组织管理工作中实施行政指导的意见。一方面，着手建立重大指导项目的审议、效果评估和监督三项制度。另一方面，扩大行政指导的范畴，建立建议制度、调解制度、评估制度、信息披露制度等，形成比较完善的行政指导机制。通过推行行政指导制度，化解了许多可能转化成违法事实的问题，降低了执法成本，增强了监管工作的实效性与亲和力，实现了在服务中实施管理，在管理中体现服务的要求，取得了事半功倍的效果，受到了社会组织的普遍好评。

五、强化措施，完善制度，规范管理，谋求日常工作有新突破

（一）强化培训，提高素质

2008年，先后举办了四期市、区（市）两级民管执法工作人员和登记人员培训班，围绕执法监督网络运行、执法行为规范、执法档案制作等内容，对全市社会组织行政执法人员进行案例和程序培训，提高行政执法人员的水平。同时，与青岛海洋大学法政学院互建研究基地，形成了研究社会组织执法工作的合作伙伴关系，取得了较好的成效。

（二）加强档案室和社会组织网站的规范化建设，完善宣传服务管理功能

按照现代档案管理的要求对档案室进行改造，安装7组档案密集架，极大地提高了档案的存放量，改善了档案室的条件，2008年被山东省档案局评为一级档案管理先进单位。按照现代化、信息化办公的要求，对社会组织网站进行改版，扩大功能，发挥实效，将社会组织的各项规章制度和有关材料进一步在网上公开，方便群众，提高效率，为全面提高规范化建设水平打下了良好的基础。

（三）完善网络体系建设，扩大监督渠道

为进一步推进全市社会组织监督管理工作，通过创新机制、扩大功能、理顺程序、完善制度等措施，进一步构建以行政执法、诚信自律、社会监督为一体的监督管理网络体系，制定出台了关于进一步完善社会组织监督管理网络体系建设的通知，同时与各区（市）签订加强监督管理网络体系建设责任书，各区（市）与街道（镇）、各街道（镇）与居委会（村委会）都层层签订加强监督管理网络体系建设责任书，通过完善、激活监督网络，使社会组织监督管理网络发挥最大效能。目前，网络体系已经覆盖全市所有的行政村和居委会，网络覆盖率达到90%，网络监督员7983名。青岛市的做法在全国、全省推广，被部分省市借鉴运用。

（四）完善制度，编写《行政执法案例选编》和《行政执法手册》

为了便于执法人员学习和掌握社会组织行政执法有关的法律、法规，组织人员编写了《青岛市社会组织行政执法手册》，与市法制办联合编写了《青岛市社会组织执法案例选编》。这两本书的编写，既是对全市社会组织行政执法工作的回顾和总结，也是对行政执法工作的新探索和新实践，通过学习执法案例和行政执法手册使社会组织执法人员能够全面系统地掌握有关的法规和知识，进一步规范执法行为，提高执法水平。执法案例选编和行政执法手册的编印，在全国是一项开创性工作，受到民政部领导的高度赞扬，受到各省市领导和同行的好评。

厦门市社会组织建设与管理工作综述

厦门市民政局

2008年，厦门市民政局社团办遵循“培育发展与监督管理并重”的工作方针，扎实做好社会组织登记管理工作，取得了良好的工作成效。

截至2008年12月，厦门市已登记的社会组织（含备案）共有1995个，其中：社会团体813个（市级486个，区级327个），含行业性151个、学术性192个、专业性113个、联合性289个、社区社会团体68个；市级社会团体分支机构269个。民办非企业单位598个（市级128个，区级470个），含教育类428个、卫生类5个、劳动类45个、体育类26个、文化类17个、科技类42个、民政类27个、其他类8个。备案的社区社会组织286个。基金会20个（省级登记），民办大学9所（省级登记）。

一、日常登记管理工作进展顺利

2008年，社团办共受理接待咨询件206件；同意筹备成立社团25个，批准成立登记社团28个，批准设立社团分支机构21个；办理民办非企业单位名称核准27个，批准成立登记民办非企业单位18个；注销社团4个；办理社团变更登记74件、民非单位变更登记27件。指导67个社团完成换届工作和54场次社团筹备、成立大会；参加162个社团的理事会、年会等重大活动，切实履行了登记机关的管理职责。

二、较好地完成社会组织2007年度检查工作

通过《厦门日报》、厦门市民政局网站、厦门市网上审批服务系统发布厦门市社会组织2007年度检查公告，全面部署年检工作；采取分段分批和集中年检等方法，提高年检工作效能；继续开展社会组织年度检查网上预审，提高了年检质量和效率。2008年应参加年检的市级社会组织526家，已参加年检517家，占应年检数的98.3%。其中：社团440家，已参加年检432家，占应年检数的98.2%；民非86家，已参加年检85家，占应年检数的98.8%。实行网上年检共有126家，其中民非单位39家，社团87家，约占总年检数的24.09%。

三、强化对社会组织的执法监督工作

对年检基本合格、不合格及未按时参加年检的社会组织下发监督检查通知书，限期整改，并组织对2008年度社会组织（含社团分支）成立、变更、注销、年检等情况进行登报公告。同时，对4个境外组织在厦门设立办事机构及其所组织开展活动的情况进行调查取证，并将收集到的有关材料汇总上报。

四、参与清理规范各类职业资格相关活动

社团办根据《厦门市人民政府办公厅关于成立清理规范各类职业资格相关活动工作协调小组的通知》（厦府办［2008］92号）要求，参与在全市范围内开展清理规范各类职业资格相关活动。

五、全面开展行业协会侵害群众和企业利益问题专项整治工作

按照国务院廉政工作会议和全国、省、市纠风工作会议的部署，厦门市反腐败工作领导小组办公室决定由市民政局牵头，市纠风办、市建设局、市工商局、市经发局、市贸发局、市物价局、市农业局等有关单位共同参与，联合开展行业协会侵害群众和企业利益问题专项治理工作。社团办认真组织，及时部署，履行牵头单位的职责。一是起草制定了《厦门市解决行业协会侵害群众和企业利益问题专项整治实施方案》，并召开厦门市解决行业协会侵害群众和企业利益问题协调小组第一次联席会议，提高对开展专项整治工作重要性的认识，研究如何落实解决行业协会侵害群众和企业利益问题实施方案，形成统一的共识。二是召开厦门市各行业协会业务主管单位、各区民政局解决行业协会侵害群众和企业利益问题专项整治动员部署会议。三是编制出《厦门市解决行业协会侵害群众和企业利益问题专项整治工作计划表》，按四个阶段的具体时间、工作内容和要求，细化专项整治工作目标和任务。四是按市级39个业务主管单位直管的102个行业协会登记情况，制定出《厦门市行业协会分布情况表》，为业务主管单位迅速推进专项整治工作提供依据。同时编印《厦门市行业协会专项整治法规政策资料汇编》350册，分发给行业协会和业务主管单位，指导其开展整治工作。

六、积极做好社会组织调研工作

一是根据厦门市委、市政府两办《关于开展维护稳定工作调研活动的

通知》(厦委办〔2008〕45号)，对当前社团管理面临的新情况、新问题，组织市区开展调研分析，并提出对策与措施。二是专门成立调研组，下到各区开展社区社会组织现状调查，总结登记备案工作中好的经验、做法，找出存在的问题，提出解决办法，促进社区社会组织健康有序发展。

七、认真搞好社会组织开展赈灾捐赠活动宣传和接收情况统计工作

根据《民政部民间组织管理局关于开展四川汶川大地震救灾期间社会组织接收捐赠情况统计工作的通知》(民管函〔2008〕37号)，做好市区社会组织积极开展向四川汶川灾区赈灾捐赠活动宣传和捐赠数据统计上报工作。组织推荐社会组织参加抗震救灾先进事迹上报福建省、民政部民管局。

八、加强社会组织宣传报道工作

全年共编辑社会组织工作内刊《厦门民间组织》6期，为政务公开、宣传政策法规、加强调研、弘扬先进、促进社会组织的沟通交流等提供了平台。有关社会组织工作的信息报道和调研论文，被《中国社会报》《社会组织周刊》《社团管理研究》中国社会组织网《福建民政》《厦门民政》等各级报纸、刊物、网站采用81篇次，有效地指导、推动了社会组织工作。社团办还积极配合厦门市社会组织促进会做好《社会组织周刊》的征订工作，加强了社会组织刊物的宣传作用。

九、按时完成其他工作任务

一是会同厦门市监察局完成厦门市十三届人大三次会议第032号关于加强社会组织建设和管理的建议的答复函工作。二是做好有关“厦门市社会组织管理工作领导小组”成员变动调整的征求意见工作。三是组织市、区对《福建省民政厅关于社区社会组织培育发展和登记管理工作的意见》的修改。四是做好2007年度社会组织（社团、民非）的数据（台账）信息录入工作。五是协助市统战部做好第二期厦门市新社会阶层人士培训班授课工作。六是协助厦门市红十字会做好申请设立“厦门市红十字基金会”的上报审批工作。七是协助市委组织部做好新的社会阶层党组织的调查工作（市级社团、民非情况）。八是完成福建省第二次全国经济普查关于共同做好单位行政登记资料提供和查找认定工作（市级社团、民非单位）。

2008年，厦门市社会组织工作虽然取得了较大进展，但仍存在一些问题，主要体现在以下几方面：一是社会组织的违规行为仍然存在，如一些社团、民非单位不按时参加年检。二是缺乏扶持社会组织发展的优惠政策，立法工作滞后。三是社会组织负责人和专职工作人员的业务培训力度不大。四是社会组织执法监察力度不足。五是社会组织建设与管理的先行先试工作有待进一步开拓。

宁波市社会组织建设与管理工作综述

宁波市民间组织管理局

2008年，宁波市社会组织建设与管理工作在市委、市政府的正确领导下，在上级有关部门的精心指导下，紧紧围绕市委、市政府和市民政局的中心工作，按照“总体规划，分类指导，分块运作，分步推进”的方针和“健全组织、提升能力、培育扶持、规范管理、发挥作用”的基本思路，创新理念，强化管理，改进服务，取得了明显的成效。

2008年，宁波市社会组织保持了健康、有序发展的态势，数量稳步增长、结构不断优化、质量显著提高，已基本形成门类齐全、层次有别、覆盖广泛的社会组织体系。截至2008年底，全市经各级民政部门登记备案的社会组织共10120个，其中社会团体1740个，分支（代表）机构642个，民办非企业单位2500个，社区社会组织5238个。这些组织服务于全市经济社会发展大局，广泛开展学术交流、技术攻关、教育培训、经贸洽谈和外事交往等活动；积极参与慈善帮困、拥军优属、再就业和义务咨询服务等重大社会行动，为宁波市的三个文明建设作出了积极贡献。在管理上力求科学发展，注重实际效果。

一、不断完善社会组织行政审批制度和审批服务

按照行政审批制度改革的要求，宁波市民政局专门成立了行政审批处，实行社会组织批管分离，加强了窗口单位审批力度，有效推进了行政审批制度改革；继续拓宽服务渠道、改进服务方式，加强对社会组织登记前的指导服务，建立了社会组织管理行政约谈制度，有重点、有针对性地与社会组织主要负责人或发起人进行约谈。通过约谈，进一步了解和把握

社会组织成立的必要性和合法性，宣传社会组织相关政策和法律法规，确保社会组织依法开展活动；严格把关，依法登记。发现问题社会组织及时进行解释规劝，对成立有争议的社会组织做好协调沟通工作；近年来，宁波市社会组织登记管理工作依法有序进行，2008年市本级共受理办结社会组织登记事项180余件，各类登记件始终保持100％的提前办结率，各类审批事项无行政复议和行政诉讼，审批质量及满意度在市级机关中名列前茅，受到广大服务对象和上级部门的充分肯定。

二、开展社会组织规范化建设评估试点工作

为进一步加强行业协会和民办非企业单位的规范管理，促进社会组织健康有序发展，根据《国务院办公厅关于加快推进行业协会商会改革和发展的若干意见》和《民政部关于推进民间组织评估工作的指导意见》精神，按照政府指导、社会参与、独立运作的原则，本着“因地制宜、先行试点、分步推进、逐步完善”的要求，结合宁波市实际，开展了第一批社会组织规范化建设评估试点工作，共有65家行业协会和14家民办非企业单位参加了此次评估。为全市社会组织开展评估探索经验，并以此强化社会组织的自律管理机制，促进社会组织的自身建设和发展。3月，宁波市民间组织管理工作领导小组设立了评估工作机构，制定了试行评估办法、评估标准与评分细则，并对评估工作实施方案作了具体部署；经单位申报自评、业务主管单位初评、委托第三方宁波大学组成评估专家组进行现场评估、评估办公室审定、经媒体公示等程序，最终公布评估结果。通过评估提高了宁波市社会组织规范化建设，极大地宣传了社会组织，打响了社会组织的品牌效应，提高了社会组织影响力，同时也为登记管理部门积累了评估工作经验。

三、以实际需求为导向，积极推动社区社会组织建设

按照党委领导、依法管理、共建共享、促进融合的原则，依托村、社区组织优势，认真总结，积极培育，大力推进本地居民与外来务工人员共同参与、服务、融合的社区社会组织建设。进一步开展融合组织建设工作调研，重点加强对融合组织的创建指导和督查。截至2008年6月底，经各县（市）区民政部门或当地街道（乡镇）备案的融合组织数达1385个，创建率达到100％。按照年初制定的2008年融合组织教育培训工作计划和示范培训工作方案，开展了融合组织负责人培训工作，提高其组织建设与管理能力。并于11月召开了全市流动务工人员融合性社会组织建设研讨会，

总结交流融合组织建设经验；为贯彻省委“两创”战略和社会主义新农村建设需要，结合联镇带村联系点帮扶工作，对鄞州区姜山镇翻石渡村社会组织建设进行了蹲点调研，研究社会组织在农村社区中的创新实践；进一步推进社区社会组织典型培育和示范效果。2008 年上半年，在各地推荐、综合考察的基础上确立了 11 个社区社会组织互动示范基地，通过典型示范、互动交流等形式，提高全市社区社会组织的建设发展水平。经过两年的创建，10 月份市民政局又确立了首批 34 个“十好百佳”社区社会组织，并在融合组织研讨会上进行了表彰。为进一步加大社区社会组织培育扶持力度，探索性地开展了福彩公益金资助社区社会组织公益性福利项目活动，组织专家对申报项目进行了评审。为确保受助项目符合公益金的资助要求，还将建立跟踪督察制度，对社区社会组织公益项目的开展进行有效监督。

四、创新监管措施，加强社会组织执法监察力度

加强对社会组织的日常监管和重大活动的监督指导，积极贯彻落实民政部等六部委关于规范社会团体收费行为有关问题的通知，加强对社会团体收费行为的监督检查，结合年检重点审查社会团体的会计报表，坚持社会团体换届审计和法定代表人离任的经济责任审计；根据浙江省民政厅、省监察厅、省发改委关于开展行业协会等社会团体会费收支专项检查工作的通知要求，及时转发文件，召开座谈，积极部署，在全市范围内开展了行业协会等社会团体会费收支专项检查工作。宁波市主要采取了协会自查、业务主管初查和重点抽查的方式，结合评估有效推进；不断强化年检措施，采取分类分批和与业务主管单位联合年检的办法，确保年检工作顺利推进；进一步加大执法力度，会同公安、安全等部门开展联合执法，执法工作取得明显成效。10 月份在民政部召开的全国社会组织执法监察工作会议上，宁波市非法民办教育机构的取缔情况作为典型经验在大会上作交流发言，受到民政部领导和兄弟省市的高度赞扬。为深刻吸取温州某民办养老机构火灾事故教训，进一步明确管理职责，切实加强社会组织安全管理工作，宁波市民政局专门下发了关于切实加强社会组织安全管理工作的通知，并召开了全市社会组织安全管理工作会议，要求各地切实做好社会组织安全工作自查，对涉及消防安全、食品卫生等方面存有安全隐患的社会组织及时提出整改要求，并督促做好限期整改工作。

五、加强宣传，提高社会组织能力建设和管理水平

加大信息宣传，扩大社会组织的影响。以《社会组织导刊》为载体，大力宣传社会组织的有关政策法规，介绍宁波市社会组织的先进经验，推动了全市社会组织的信息宣传工作，得到了上级有关领导的肯定和广大社会组织的好评；组织开展“加强社会组织建设，促进社会和谐发展”主题系列有奖征文活动，加强全市社会组织建设理论研究；积极向上级部门报送信息，2008年在《中国社会报·社会组织周刊》、中国社会组织信息网、省社会组织信息网、民政局网站等媒体上刊登信息30余条次，宁波市民政局被中国社会报授予“全国社会组织信息宣传工作先进单位”荣誉称号。此外，由市民政局与宁波工程学院合作研究课题《新社会组织实践与研究》经中国社会出版社正式出版发行。该书以宁波市各类社会组织建设为视角，系统阐述了社会组织建设与管理的科学方法，对于社会组织的理论创新具有积极作用，受到了上级有关部门的高度评价。

六、推动慈善公益组织发展，提升社会组织公益形象

积极探索慈善公益性社会组织扶持发展政策，鼓励支持民生、民安、民乐类社会组织发展。“5·12”汶川大地震次日，宁波市民政局联合9家社会组织发出抗震救灾援助倡议，号召全市社会团体、民办非企业单位和在甬基金会积极投入抗震救灾行列。各社会组织迅速行动起来，通过募捐筹款、慰问帮扶灾区籍务工人员、志愿服务等各种方式，与政府动员协力共进，谱写出一篇激动人心的亮丽篇章。据不完全统计，市级社会组织捐赠款物达1000多万元，受到社会各界的广泛关注和一致好评。宁波市银行业协会紧急行动起来，代表全市银行业通过市民政局捐赠账户向灾区捐款30万元；市蔺业经济联合会想灾区所需，组织发动会员企业捐赠价值100多万元的草席；还有许多社会组织纷纷将捐款送到民政局。抗震救灾社会组织在行动，进一步提升了宁波市社会组织的公益形象。

·第四编·

调研报告

上海市社会组织建设改革创新调研报告

民政部民间组织管理局调研组

为深入贯彻落实民政部领导关于建立民政工作改革创新观察点的指示精神，2008年年初，上海市被确定为社会组织建设改革创新综合观察点。7月6日至8日，民间组织管理局局长孙伟林率调研组一行6人赴上海调研社会组织建设改革创新发展情况。在沪3天，调研组共召开了6次座谈会，实地考察了9家社会组织，分别听取了上海市、静安区、浦东新区、闵行区、普陀区社会组织登记管理机关的工作汇报。通过调研我们感受到，上海市根据经济社会发展需要，发挥区域优势，创新管理理念，营造有利环境，加大扶持力度、强化规范建设，在社会组织建设改革创新方面走出了一条特色鲜明、富有成效的路子，对全国的工作具有启示价值。

一、上海市社会组织发展概况

上海作为我国重要的经济中心、贸易中心、金融中心和东北亚航运中心，经济和社会发展均处在全国前列。从2006年的数据来看，上海市占全国面积的0.06%，人口的1%，完成财政收入占全国的1/8，港口吞吐量占1/10，口岸进出口商品额占1/4；人均生产总值为57695元，是全国人均国内生产总值的3.6倍。与经济和社会发展水平相适应，上海市社会组织在全国具有较高的发展水平，呈现出以下特点：

（一）数量增长较快

近年来，上海市各类社会组织得到了较快发展，数量从2001年的3878家发展到2007年的8366家，增长了1.2倍，年均增长19.3%。2006年，上海市每万人拥有社会组织数量为5.9个，远高于全国每万人拥有2.7个社会组织的整体水平。至2007年底，上海市共有社会团体3234家，其中学术性社会团体772家，行业性社会团体231家，专业性社会团体1493家，联合性社会团体738家；民办非企业单位达到5049家，分布在教育、卫生、劳动、科技、体育、文化、民政等行业，其中数量最多的前五类分别为教育类2493家，民政类971家，劳动类573家，体育类180

家，科技类114家；基金会共有83家，其中公募基金会47家，非公募基金会36家。

（二）综合实力较强

2006年度社会组织年检数据显示：上海市社会组织净资产总额达142.03亿元，年度收入合计达157.73亿元，从业人员总数达12.71万人。其中，社会团体净资产23.88亿元，年度收入合计29.83亿元，工作人员1.8万人，会员473.52万个；民办非企业单位净资产72.05亿元，年度收入合计111.2亿元，从业人员10.87万人；基金会净资产46.1亿元，年度收入合计16.7亿元，工作人员428人，志愿者1.59万人，接收捐赠7.5亿元，其中境内捐赠6.8亿元，境外捐赠0.7亿元。

（三）适应经济和社会发展的需要

与上海市二、三产业特别是先进制造业和现代服务业发达的产业结构相适应，各类行业协会，特别是服务于金融、信息传输、计算机服务与软件业、物流业等优势产业的行业协会迅速发展起来，出现了诸如上海市软件行业协会、上海市电子商务行业协会、上海市会展行业协会、上海市人才服务行业协会等行业组织。同时，随着新兴产业的发展，上海市工业旅游促进中心、上海市创意产业促进中心等一批为新兴经济领域提供专业化服务的民办非企业单位应运而生，依托新兴产业、构建服务平台，成为上海社会组织发展的又一亮点。随着人们生活水平的提高，对教育、文化、艺术、慈善等方面需求的日益增长，上海城市雕塑艺术中心等民办文化艺术机构、上海市慈善基金会等慈善组织以及上海衫达学院等民办教育机构迅速成长起来。2007年，全市有4691家民办非企业单位开展了1050次多种形式的主题公益活动，提供社会公益服务达202.58万人次，折合经济效益达2.2亿元。基金会全年公益支出达4.86亿元，年度资助人数已由2002年度的不足10万人提高到73.83万人，有力地支持了公益慈善事业的发展。

（四）积极谋求区域合作

上海作为长三角经济区的核心，其经济辐射已经覆盖整个长三角地区。长三角区域经济的迅速融合，对该地区社会组织提出了区域合作的要求。上海市各类行业协会积极回应这种要求，主动与周边省、市加强合作，促进整合。比如，上海市工业经济联合会基于区域经济发展的需要，与江苏、浙江等省同类组织在前几年合作发展的基础上，共同筹备组建“长三角经济联合会”，以此全面深化江浙沪合作，发挥上海综合服务功能，更好地服务长三角，推动区域经济联动发展。

（五）重视人才队伍建设

上海作为重要经济中心和国际化大都市，人才荟萃，为社会组织发展提供了优越的人才环境。上海的各级各类社会组织中蕴藏着大量的优秀人才，其中不仅有像静安寺街道老年协会秘书长、全国精神文明先进工作者、上海市十佳杰出志愿者柏万青这样的社会组织领军人物，还有像上海市红木家具研究所所长、全国政协委员、著名雕刻艺术家屠杰这样的知名专家。近年来，上海各类社会组织进一步重视人才的引进和培养，致力于实现社会组织工作人员的专业化、职业化、年轻化和国际化。不少社会组织实行了聘任制，向社会公开招聘人才，吸引高学历复合型人才从事社会组织工作，其中不乏博士及海外留学归国人才。有的社会组织甚至全球招聘高级管理人员，比如，上海市人才服务行业协会面向全球招聘秘书长，取得了很好的效果。这些高素质人才为上海社会组织注入了新鲜血液，带来了崭新观念，为上海社会组织的快速发展奠定了人力资源基础。

二、上海市促进社会组织发展的政策措施

上海市社会组织的快速发展，与当地党委、政府相关政策措施的推动密不可分。近年来，上海市各级党委、政府围绕培育发展和管理监督社会组织采取了一系列新举措：

（一）高度重视，将社会组织建设作为经济社会发展的重要内容

一是上海市委、市政府高度重视社会组织发展及管理工作，提出明确要求。在市委、市政府的支持下，上海市在全国范围内较早成立了社会团体管理局，专职负责社会组织登记管理工作。2007 年，上海市第九次党代表大会要求“重视发挥社会组织在参与社会管理中的重要作用，善于运用社会资源改进社会管理。坚持培育发展与监督管理并重，制定实施有利于社会组织发展的财政支持、人员待遇等扶持政策，促进社会组织健康发展。加强对社会人、社会组织和虚拟社会的管理。”明确了社会组织发展的方针和思路。2008 年上海市又出台了《关于本市进一步支持行业协会商会加快改革和发展的实施意见》，就充分认识行业协会的地位与重要作用，坚持按照市场化原则推进行业协会发展，进一步推进政府职能转变，畅通政府与行业协会的沟通渠道，支持企业按照经济社会发展战略和市场需求自发组建行业协会，打破行业协会与政府的依从关系，引导行业协会发挥重要作用，发挥行业协会党组织的监督保障作用，加强行业协会人才队伍建设，建立科学、规范、有效的行业协会监管体系等内容作出了重要规

定，为进一步促进行业协会商会发展明确了方向和思路。

二是将社会组织纳入经济、文化、政治和社会建设整体布局。《上海市国民经济和社会发展第十一个五年规划纲要》明确提出“推进社会组织健康发展。坚持培育与规范并举，进一步发挥基层自治组织、民间组织、社会中介组织、行业组织的积极作用。”另外，上海市在信息产业、现代物流业、人口和计划生育事业、残疾人事业等行业、事业领域的专项“十一五”规划中均将发挥相关社会组织作用作为实现规划目标的重要保障措施。市、区人大、政协中还设立了社会组织界别，有 4 名同志作为社会组织的代表进入市人大、政协。静安区还在区党校课程里设置了关于社会组织发展和管理的内容，邀请有造诣的社会组织负责人授课，深化了各级党员领导干部对社会组织的认识。

三是在相关具体政策法规中为社会组织发展留有空间。上海市政府出台的《关于完善社区服务促进社区建设的实施意见》提出，要大力培育发展社区民间公益性组织。市政府印发的《关于进一步加强国内合作交流工作若干政策意见》要求，积极推动在高新技术领域和现代服务业领域建立一批区域性行业协会和中介机构，鼓励国内企业、社会团体、其他社会资本以及个人投资上海社会事业与公益事业。市政府办公厅转发的《上海市社会诚信体系建设三年行动计划（2006—2008 年）》，要求各行业协会加强行业自律，促进行业信用制度建设；《上海市服务标准化行动计划（2007—2010 年）》，要求各有关服务业行业协会积极参与服务标准化有关技术层面的工作，等等。

（二）创新理念，积极构建新型政社关系

近年来，上海市以行政管理体制改革为契机，积极推进政社分开，促进政府向社会组织转移职能，搭建政社合作平台，取得了良好的效果。

一是切实推进政社分开。2002 年以来，上海市先后出台了《上海市促进行业协会发展规定》《上海市行业协会暂行办法》《关于本市促进行业协会发展的指导意见》等政策法规，提出坚持市场化原则 和“政会分开、自主办会、有效监管”的改革方向。2008 年出台的《关于上海市进一步支持行业协会商会加快改革和发展的实施意见》要求进一步打破行业协会与政府的依存关系，各有关部门要从职能、机构、人员、财务等方面将行业协会与政府部门、企事业单位彻底分开，不得干涉行业协会依法独立自主开展活动。各区县也积极推进政社分开工作。闵行区从 2006 年起将实施政社分离改革工作作为政府的一项重要工作提上议事日程。2007 年，区委、区政府印发了《关于闵行区社会团体与党政机关逐步分离的试行意见》，成立了分离改革工作领导小组，按照“政府主导、民政牵头、试点先行、分类推进”的工作思路和“先分离、后规范、再保障”的工作原则，稳步推进分离改革。全区 117 家社会团体，除 8 家待注销、11 家因特殊情况暂缓分离外，其余的 98 家于 2008 年 6 月 30 日前全部完成改革任务。分离改革后，社会组织做到了领导人自选、经费自筹、决策自主、运行自由、责任自担，提升了自主运作的能力。

二是积极转移政府职能。政府职能部门积极探索转变职能，将可由社会组织承担的具体社会事务、微观经济调节职能以及专业服务职能归还、转移或委托给具有相应能力的社会组织承担。浦东新区要求各职能部门对承担的社会管理和公共服务职能进行梳理，加大政府职能转移力度，对由社会组织承接的事项实行费随事转。目前，已有 37 个审批事项连同配套资金转移给了社会组织。同时，出台了《浦东新区关于政府购买公共服务的实施意见（试行）》和《关于促进浦东新区民间组织发展的若干意见》，建立了以项目为导向的政府购买服务机制，政府各职能部门将购买社会组织公共服务的资金，列入部门年度预算，实行对委托方和承接方的双向评估，做到合作前有资质审查、合作中有跟踪调查、合作后有绩效评估，逐步实现“购买服务成果契约化、合作方式多元化、依法管理与自律诚信规范化”的目标。静安区出台了《关于静安区社会组织承接政府购买（新增）公共服务项目资质的规定》，具体规定了社会组织承接政府公共服务项目的条件，并规定由静安区社会组织联合会作为政府购买社会组织公共服务的第三方机构，在承接项目前组织有关专家对社会组织的资质、能力、信誉、业绩等进行评估，在项目实施过程中会同有关部门进行全程跟踪和监督，在项目完成后进行绩效评估和资金使用状况的审计。静安区财政局、民政局还制发了政府购买社会组织服务文本，以规范政府购买服务。据不完全统计，上海市政府各部门以及各区县政府每年用于购买社会组织服务的资金从几百万元至数亿元不等。2006 年，仅市、区政法系统购买服务资金就达 6779 万元；杨浦区、黄浦区政府购买服务资金分别达 2776 万元和 2219 万元。2007 年卢湾区街道和有关职能部门用于购买社会组织服务的总资金量超过 1500 万元。浦东新区 2005 年至 2007 年三年间政府购买服务资金累计达 1.24 亿元。

三是搭建新型政社合作平台。为实现政府与社会组织的及时沟通、良性互动，上海市创造出了市民中心、民间组织服务中心和街道社会组织联合会等政府与社会组织合作的新型工作平台。浦东新区政府投资兴建市民中心，由浦东新区社会工作协会运作和管理，免费提供市民和社会组织使用。有关职能部门和社会组织积极利用市民中心开展各种征询意见和服务活动。如发改委、建交委等部门开展了规划征询、政策征询、社会组织购买服务签约等活动；社工协会联合志愿者协会、红十字会、劳动保障学会等社会组织开展了首届浦东社工节、守望相互关爱活动以及对退役士兵择业指导等一系列专业化培训。普陀区以民间组织服务中心为载体，承接区、街道两级政府转移的职能，为基层社会组织服务，对社区群众团体实行备案管理，对志愿者提供管理和服务。这一合作模式为社会组织提供了惠及百姓的服务平台、整合资源的合作平台、购买服务的承载平台，缓解了社区管理成本较高、效率较低以及社区服务难以满足群众需求的问题。静安区在区、街道两级成立社会组织联合会，建立“1＋5＋X”政社合作平台。“1”是指在区层面，“5”是指在5个街道，“X”是指在教育、劳动保障等系统分别成立社会组织联合会。每个联合会都设党支部，将支部建在社会组织上。街道内的社会组织都是社会组织联合会的会员，基层的社情民意通过社会组织传递给政府，政府的方针政策通过社会组织传达到基层群众，很好地发挥了社会组织的桥梁纽带作用。新型政社合作平台的建立为促进政府与社会组织合作、交流，充分发挥社会组织的服务功能，创新公共服务和社会管理模式创造了更为便利的条件。普陀区长寿路街道“社区民间组织管理体制改革”项目因此荣获第四届“中国地方政府创新奖”优胜奖。

（三）采取措施，加大对社会组织的扶持力度

上海市各级政府高度重视社会组织发展中遇到的困难和问题，积极采取措施加大对社会组织的扶持力度。

一是完善社会组织税收和养老保险政策。上海市财税部门出台了《关于做好本市公益救济性捐赠机构管理工作的通知》，首次明确了上海市公益救济性捐赠税前扣除程序，统一了上海市接受公益性救济性捐赠专用票据，为公益救济类社会团体、基金会吸纳更多的社会资金提供了有效的政策支持，同时解决了社会团体和基金会专用捐赠票据的使用以及区县民办救助机构的专用发票问题。为了提高社会组织工作人员社会保障水平，帮助社会组织吸引人才和稳定工作人员队伍，2008年1月，上海市民政局、市劳动和社会保障局、市社团局联合下发了《关于在本市社会团体、基金会和民办非企业单位中建立年金制度若干问题的通知》，从2008年起在全市社会组织中建立年金制度，作为基本养老的补充。凡经上海各级民政部门登记的社会组织，已经依法参加上海市城镇基本养老保险，并按时足额缴纳基本养老保险费的，均可自主建立本单位年金制度，提高工作人员退

休后的保障水平。

二是加大财政支持力度。在积极推进政府职能转移、采取费随事转和购买社会组织服务的同时，上海市加大了对社会组织的财政支持力度，市政府有关部门以及区财政部门直接拨付资金资助社会组织发展。市民政局决定从2007年开始，每年从上年度本级福利彩票公益金中支出总额约7000万元的资金，对上海市慈善基金会等7家社会组织实施福利彩票公益金项目资助。2006年，市财政仅拨付上海文化发展基金会的资金就达到1.5亿元。闵行区在原有财政扶持力度不变的前提下，设立扶持社会团体发展专项资金，每年拨出1000万元，资助社会团体从事社会管理和公共服务。

三是建立公益"孵化器"，培育新兴社会组织。浦东新区在政府主管部门支持下成立了民办非企业单位性质的上海浦东非营利组织发展中心。2007年，在中心内建立了"公益孵化器"，采取"政府支持，民间力量兴办、专业团队管理、政府和公众监督、民间公益组织受益"的模式，为初创阶段的公益组织提供场地设备、能力建设、注册协助和小额补贴等资源，扶助这些公益组织逐渐成长。中心在选择扶持对象时依据申报对象的社会影响、运作模式、组织架构以及与应孵化对象契合程度四个方面的指标进行评估，符合要求的组织可以接受孵化。整个孵化过程包括接受申请、模式评估、入壳、提供扶持、表现评估、出壳、跟踪辅助等流程。孵化期一般为一年，期满后根据需要还可延长半年。目前，第一批接受孵化的5家公益组织已经可以出壳，又有2家公益组织入驻"孵化器"，另有3家正在接受评估，如果符合条件，将很快入驻，接受孵化。浦东的社会组织"孵化器"模式已经受到河南、湖南、广东、四川等省政府及相关机构的重视，有望在其他地方推广。

（四）完善制度，促进社会组织规范化建设

上海市在创新政府与社会组织合作模式，加大培育扶持社会组织力度的同时，创新监督内容和手段，加强了社会组织规范化建设。

一是拓展登记管理工作内容。探索开展涉外社会组织登记试点工作，解决了上海模帝施化妆技术培训学校等四家有涉外因素的民办非企业单位注册登记问题。努力将更多符合登记条件的涉外社会组织纳入登记管理范畴，促进其规范发展。为了解决基层群众活动团队有序发展的问题，上海市探索建立备案制度。2002年上海市委、市政府办公厅颁布的《关于进一步推进本市民间组织参与社区建设和管理的意见》，提出积极探索社区群众活动团队的备案制度。2007年，上海市政府颁布《关于完善社区服务促进社区建设实施意见》，明确提出对社区群众活动团队实行备案管理，加强指导，给予经费、场地等支持，并提供活动便利。闵行、虹口、金山等区作为第一批试点区县开展了备案工作。目前，试点工作顺利，静安、长宁等区也开始了这项工作。备案工作使得大量活跃于社区、为基层百姓所需要但又不符合登记条件基层群众活动团队纳入社会组织建设和管理整体范畴，提高了这类组织的规范化程度。

二是创新管理手段，开展社会组织规范化建设评估。作为全国社会组织评估体系试点城市，上海市在行业协会、社会福利和教育领域的基金会、部分领域和区县的民办非企业单位中开展规范化建设评估试点。评估针对部分社会组织存在的组织机构不健全、内部治理不完善、组织行为不规范、社会公信力不高等问题，设置相应的评估指标，制定公开、公平、公正的评估制度，建立组织健全、程序完备、操作规范、运转协调的评估工作机制，引导各类社会组织加强自身建设，提高自律性和诚信度。政府有关部门将社会组织规范化评估的结果作为社会组织是否可以承接政府职能的一个重要依据，将规范管理和培育扶持有机地联系了起来。经过一年的试点，全市有 41 家社会组织获得了评估等级，其中 5A 级 7 家，4A 级 25 家，3A 级 9 家。通过评估改进了监管方式，提高了社会组织规范化水平，同时也培育了社会组织的优秀品牌，扩大了社会组织的宣传，在社会上产生了很好的反响。

三是全面推广工资基金管理制度，规范社会组织用工和工资管理。社会组织工资基金长期以来缺乏管理制度，不仅给少数人利用工资管理漏洞虚报工资数额，违规分配、占有社会组织财产提供了便利，也使得社会组织工资税收优惠政策难以落实。为此，上海市民政局、市社团局和中国人民银行上海分行联合下发了《关于在本市社会组织中实施工资基金管理工作的通知》，制定了《关于民间组织工资基金管理核准工作的操作办法》和《民间组织工资基金管理手册》，并就新老工资基金管理手册的衔接替换提出了具体处理办法。这项制度规范了社会组织用工和工资管理，也使得社会组织工资税前扣除的额度从以往的参照中小企业转变为参照事业单位，提高了工资税前扣除额度，减轻了社会组织的税收负担。截至 2007 年底，杨浦、普陀、闵行、松江、奉贤、闸北、宝山、金山等 14 个区县圆满完成了年度社会组织工资基金管理任务，全市已有 5512 家社会组织完成了工资手册申领工作。

三、上海市社会组织发展的启示

如何构建与市场经济体制及和谐社会格局相适应的社会组织体系，进一步发挥社会组织提供服务、反映诉求、规范行为的功能，上海市的做法具有一定的启示意义：

（一）创新思想观念是促进社会组织发展的前提

要深刻领会十七大报告关于加强社会组织建设的精神，从贯彻落实科学发展观和构建社会主义和谐社会的高度认识社会组织发展的必然性。要充分认识社会组织的积极作用，消除对社会组织的误解，正确对待社会组织发展中存在的问题和不足，纠正对社会组织的片面认识，真正将社会组织作为社会主义现代化建设的重要生力军来看待。要认真分析新形势，主动研究新问题，解放思想、转变观念，多谋新思路、多想新办法、多出新举措，将社会组织建设工作放到改革开放新阶段的新背景下加以研究和推进。

（二）转变政府职能是促进社会组织发展的关键

现代社会发展的客观规律要求政府将工作重心从微观经济调节和具体社会事务转向宏观经济调整、市场监管、社会管理和公共服务，由社会组织弥补政府退出的空白，发挥提供服务、反映诉求、规范行为的作用。因此，切实转变政府职能，将适合社会组织承担的职能转移给社会组织，从而构建新型政社关系，成为促进社会组织发展的关键。

（三）完善扶持政策是促进社会组织发展的推力

社会组织是发挥社会志愿力量从事非营利性公共服务的组织，其组织目标的公共性和组织原则的非营利性决定了其与政府治理目标的一致性。加之我国社会组织尚处于发展的初级阶段，各种外部环境还有待改善，组织能力还有待提高。因此，社会组织需要政府给予大力扶持，提供适合的政策环境，给予资金、物资、信息、人才、机会等方面的帮助。

（四）加强规范管理是促进社会组织发展的保障

无规矩不成方圆，我国社会组织发展还处在初级阶段，存在着不少问题，自律能力还有待提高。少数社会组织的违法违规行为会破坏社会组织的整体形象和声誉，造成人们对于社会组织的误解，不利于社会组织发展环境的改善。因此，必须加大规范力度，创新管理手段，引导社会组织诚信自律，以规范促自律，以自律促发展，保证社会组织持续健康发展。

促进社会组织人才成长和发挥作用研究报告

中央统战部、民政部联合课题组

根据《全国人才队伍建设中长期规划纲要编制工作方案》和《全国人才队伍建设中长期规划纲要战略专题研究实施方案》的有关要求，按照中央统战部和民政部领导的有关指示，中央统战部六局和民政部民间组织管理局组成联合课题组，共同承担了“促进社会组织人才成长和发挥作用的政策机制和有效措施”子课题的研究任务。鉴于社会组织人才队伍建设是一个全新的课题，课题组确立了解放思想、探索规律、正视问题、注重实效的研究思路，在研究和探索国际、国内社会组织和人才发展规律的基础上，以解决现实问题为重点，加强研究的针对性，注重政策建议的可操作性。从2008年5月开始，课题组广泛收集整理有关文献资料，先后赴北京、广东、河北、辽宁、上海、浙江等地开展调研，召开有统战、民政、人力资源与社会保障等部门和社会组织负责人、专家学者参加的座谈会10多场，走访了富有特色的各种类型社会组织10余家。课题组还编制了社会组织人才资源统计指标体系，在一些全国性社会组织和北京、辽宁、上海、广东、湖北、云南六省市开展了社会组织人才状况的抽样调查，并委托新的社会阶层人士统战工作联系会议7家有一定规模和代表性的行业协会开展社会中介组织人才状况的调查研究和统计分析工作。在上述工作的基础上，经过认真讨论、反复论证、广泛征求意见，形成了课题研究报告。

一、我国社会组织人才队伍的现状及其发展趋势

所谓“社会组织”是指既不同于政府也不同于企业的组织，国际社会一般称为非营利组织、非政府组织等。这类组织一般具有民间性、非营利性等特征，在我国主要包括在民政部门登记的社会团体、民办非企业单位和基金会。同时，考虑到在我国改革开放中产生和发展的社会中介组织的运作机制既不同于政府又不同于企业，具有社会组织的许多特征，在人才工作方面面临着共同问题，又是党建工作和统战工作新的重要领域，本报

告也将其作为社会组织的组成部分。因此，本研究报告所称的社会组织包括社会团体、民办非企业单位、基金会和社会中介组织。

社会组织在世界范围内兴起，始于20世纪六七十年代，80年代以后加速发展，逐渐成为与政府、市场并行的第三种力量。美国霍布金斯大学2004年对36国比较研究表明，社会组织是一支相当强的经济力量，其活动规模相当于一个1.3万亿美元的产业，支出相当于36国GDP的5.4%，如果作为独立的经济体的话，其支出规模可排在世界第七位。联合国前秘书长安南把社会组织的发展与全球政治经济格局重组、世界经济的全球化、信息技术革命、生态环境保护一起列为影响未来全球发展的五大因素。许多重要的国际组织开始在重大国际事务和国际规则的制定上，重视与社会组织开展合作。如被联合国经社理事会授予咨商地位的社会组织已有3000多个，在联合国一些重要事务的处理方面享有很大的话语权。社会组织在世界范围内的兴起，代表着人类社会重大的组织制度创新，在政府和企业作用的空间内外发挥着不可替代的协调、辅助和补充功能。

我国社会组织的迅速发展壮大与改革开放相伴随，与世界范围社会组织的勃兴相同步。新中国成立初期，全国性社团只有44个，到1965年，全国性社团有100个，地方性社团有6000个。作为一种重要的法人组织形式，1988年，登记注册的社会组织为4446个。截至2007年底，登记注册的社会组织已超过38.7万个，其中社会团体21.16万个，民办非企业单位17.39万个，基金会1340个，比1988年增长了87倍。近年来，始终保持着每年10%—15%的发展速度。另外据估算，社会中介组织达到10多万个。社会组织已遍布全国城乡，涉及经济、政治、文化和社会发展等各个领域，基本形成了门类齐全、层次不同、覆盖广泛的社会体系。这是中国特色社会主义事业蓬勃发展的显著标志，其社会作用亦日益显著，已成为党和政府联系人民群众的桥梁和纽带，成为完善社会主义市场经济体制、促进经济发展，扩大公民有序参与、发展社会主义民主政治，繁荣中华文化、提高国家软实力，保障和改善民生、加快推进社会建设，维护社会稳定、构建社会主义和谐社会，扩大对外开放、拓展国际交流的重要力量。

（一）我国社会组织人才队伍的构成

社会组织人才是指社会组织中具有一定知识和技能，能够进行创造性劳动，为社会主义经济建设、政治建设、文化建设和社会建设做出积极贡献的人员。社会组织人才队伍包括社会组织专职工作人员、社会组织成员（会员、理事）和志愿者。考虑到部分社会组织（特别是社团、基金会）的绝大多数成员和志愿者都有自己的工作单位，属于党和政府的人才政策覆盖范围，因此，本报告的重点研究对象确定为两个方面：一是社会组织中没有纳入行政事业编制的专职工作人员（即人事隶属关系在某社会组织，且由该组织负担全部薪酬的工作人员），二是社会组织中没有完全纳入党和政府人才工作范围的社会组织成员。具体而言，社会组织人才包括两类：社会组织管理人才和专业技术人才。在不同类型的社会组织中，这两类人才涵盖的范围有所不同（见下表）。

社会组织人才矩阵

	管理人才	专业技术人才
社会团体	负责人（理事长、副理事长、秘书长） 理事会成员（常务理事、理事）； 部门管理人员	会员管理与服务人才 项目管理人才 志愿者开发管理人才 其他专业技术人才
民办非企业单位	负责人（理事长、副理事长、秘书长） 理事会成员（常务理事、理事）； 部门管理人员	服务领域专业人才 社会工作者 社会服务管理人才 其他专业技术人才
基金会	负责人（理事长、副理事长、秘书长） 理事会成员（常务理事、理事）； 部门管理人员	基金运营管理人才 公益项目管理人才 公益筹资募款人才 其他专业技术人才
社会中介组织	单位副职以上的负责人 部门管理人员	律师、注册会计师、资产评估师、注册税务师等

（二）我国社会组织人才队伍的现状

改革开放以来，党和政府高度重视社会组织人才工作。2003 年《中共中央、国务院关于进一步加强人才工作的决定》指出，社会组织中汇集着越来越多的人才，是我国人才队伍的重要组成部分，要重视社会组织人才工作，把各类人才纳入党和政府的工作范围，并对做好社会组织人才工作提出了明确要求。一些地方也出台了政策性文件，采取了一些加强社会组织人才队伍建设的举措。越来越多的人才集聚到社会组织当中，社会组织在人才队伍建设中的作用日益显现，一支初步适应我国经济社会发展和社会组织现有发育程度需要的社会组织人才队伍已经形成，成为建设中国特色社会主义事业的有生力量。

1. 我国社会组织人才的总量特征

据不完全统计，截至2007年底，我国社会团体、基金会和民办非企业单位专职从业人员达456.9万人，比上年增长7.4%。其中，社会团体从业人员288.5万人，副秘书长以上的社团负责人39万人，占13.5%；民办非企业单位从业人员166.4万人，副职以上负责人25.9万人，占15.6%；基金会从业人员1.8万人，副职以上负责人3113人，占17%。社会中介组织从业人员估计达200多万人。注册的志愿者达2511万人。

从人才所属的组织类型看，社会团体专职人员达288.5万人，在社会组织专职人员总数中所占比重最高，达到63.2%，平均每个社会团体有专职人员13.6人。其次是民办非企业单位，专职人员达166.5万人，占总数的36.4%，平均每个民办非企业单位有专职人员9.6人。基金会因数量少，从业人员相对较少，有1.8万人，平均每个基金会有13.6人。与发达国家相比，社会组织从业人员比重相对偏低。

从人才的年龄结构看，呈现为“两头大、中间小”的哑铃型，普遍年龄结构老化，离退休人员和35岁以下的年轻人居多，缺乏中青年骨干。这个特征在社会团体、民办非企业单位及基金会的人才队伍中表现得比较明显。

从人才的学历构成看，近年来，随着我国社会组织的不断发展，社会组织吸纳各类人才的比重也在上升，社会组织专职工作人员中大专以上学历所占比重逐步提高。2008年7月六省市社会组织人才状况抽样调查显示，大专以上学历占76.5%，本科以上学历占57.3%。2006年上海市行业协会工作人员调查显示，大专以上学历占87.7%，本科以上学历占43.2%。北京市工业经济联合会下有70多家行业协会，专兼职工作人员共1199人，本科以上学历占62%，有各种高级职称的占51.1%。据全国律协统计，律师中博士、硕士（含双学士）学历以上的20227人、本科学历86416人，两项共占律师总数的70%。

从人才的区域结构看，呈现为“东强西弱”的不平衡格局。截至2007年底，社会团体、民办非企业单位和基金会分布在东部地区的共有20.3万个，从业人员217.7万人，分别占三类社会组织总数及从业人员总数的52.4%和47.7%，分布在西部地区的共有7.9万个，从业人员124.4万人，分别占总数的20.4%和27.2%。社会中介组织的情况也如此。据全国律师协会统计，全国共有律师14.4万人，但广东、北京、江苏、上海和浙江5省市就占了大约1/3，业务收入占了全国律师业务收入的2/3，而西部12省区市律师总数不过2.4万人，还有206个县没有律师；注册会计师行业排名前一百家的事务所中有62家集中于北京、上海、广东等经济发达地区。

2. 我国社会组织人才队伍存在的问题

从总体上看，我国社会组织尚处于发展的初级阶段，人才队伍整体实力不强，作用发挥不充分，人才队伍建设面临不少困难和问题，与我国协调推进社会主义经济建设、政治建设、文化建设和社会建设的整体要求还存在一定差距，呈现出一些阶段性特征。

第一，职业化、专业化水平低。长期以来，社会组织特别是社团、基金会的专职工作人员少，负责人、管理人员主要来源于离退休返聘和从企事业单位借用，具备专业知识背景、懂管理、会经营、善协调的专业化人才和职业化人才极为匮乏。根据民政部民间组织服务中心与中国国际民间组织合作促进会在2003年进行的一项调查显示，社会团体秘书长来自政府部门和事业单位的人员占被调查机构的57%。兼职秘书长约占1/3，离退休返聘的约占23%，而且约2/3的秘书长都具有行政级别。由于我国学位教育缺乏相应的专业设置，社会组织现有人员也缺乏相应的专业培训，尽管社会组织人才的学历较高，也有一些大学生进入社会组织，但并未形成一支专业化、职业化的人才队伍。

第二，职业归属感弱。相对于机关、企事业单位，社会公众对社会组织工作的职业认同度低，不把社会组织（特别是社会团体、民办非企业单位）工作当作一种职业。社会组织从业人员普遍感到缺乏职业保障，待遇偏低，发展前景不明朗，工作不安心，“老人”有近忧，“新人”有远虑，往往把社会组织作为临时过渡的跳板，缺乏长期的职业规划。即使一些高校设置了相关专业，仍面临着招生难和毕业生不愿意到社会组织就业的问题。

第三，流失态势明显。在激烈的人才竞争中，社会组织缺乏竞争力，难以招聘到所需管理人才与专业技术人才。社会组织人才引进难、留住难，一些经过实践锻炼、自身素质和业务能力得到提高的骨干人才极易流失。调研中发现，民办院校竞争不过公办院校，哪怕是排名倒数的公办院校，就可以把民办院校多年培养的人才挖走；即使是高层次人才较为集中的律师行业、注册会计师行业等也面临着人才市场竞争激烈的压力，人才往往会流向外资所、外资企业、上市公司、国有垄断企业、银行等。

第四，工作和执业环境有待改善。社会组织的工作人员，特别是社会中介组织的律师、注册会计师、评估师等的执业环境存在很大缺陷，其执业行为常常受到公权力的干扰，如律师面临着会见难、阅卷难、立案难、执行难等问题，注册会计师、评估师行业面临着多头管理、条块分割、业务交叉、过度竞争问题，资格考试多、年检多，处于“上半年查别人，下半年被人查”境地，权利有时得不到保障，从业人员身心压力很大。

第五，政治参与渠道不畅。社会组织党建工作比较薄弱。据民政部统计，截至2007年底，社会团体中应建党组织的为6.7万家，建立党组织的为2.8万家，占39%。民办非企业单位中应建党组织的为3.4万家，建立党组织的为1.6万家，占44.4%。基金会的情况比较好，应建党组织的为350家，建立党组织的272家，占77.7%。社会中介组织的党建工作也比较薄弱。这使社会组织中的优秀分子无法被及时培养吸收。社会组织中的一些党员找不到党组织，无法过正常的组织生活。同时，社会组织人才普遍缺乏与党政部门进行沟通和对话的渠道，缺乏为行业发展和为自身发展建言献策的渠道，缺乏畅通有效的政治参与、社会参与的渠道，利益表达和政治诉求不能得到满足。

3. 社会组织人才队伍所存在问题的原因分析

第一，对社会组织及其人才的地位和作用缺乏认识。我国社会组织发展时间较短、发育不够成熟、作用不够明显，不少地方和部门对新形势下社会组织发展的重大意义、发展的客观趋势以及发挥的重要作用认识不到位，还没有把社会组织真正纳入经济社会发展总体布局，对社会组织人才的地位和作用也重视不够，没有把社会组织人才完全纳入党和政府的工作范围，有的甚至有顾虑。

第二，社会组织的立法层次较低，法律地位不明确。在我国现行法律体系中，社会组织的一般性法律和专门性法律尚未制定，党的方针政策和政府行政法规事实上构成了社会组织制度环境的主体内容。1986年颁布的《民法通则》仅明确了社会团体的法人地位，对随着我国基本经济制度的确立、在经济社会发展中成长壮大的民办非企业单位、基金会性质和地位尚缺乏法律认定。目前，仍主要靠《社会团体登记管理条例》《民办非企业单位登记管理暂行条例》和《基金会管理条例》等行政法规明确社会组织的登记程序，缺乏对社会组织地位的实体性规定。在社会中介组织中，法制建设也有待加强和加快，迫切需要制定“评估法”等法律，以适应行业发展和社会主义市场经济的发展。

第三，人事政策不完善，激励和保障机制不健全。这一问题在各地、各类社会组织中不同程度存在。社会组织常被排斥在相关法规政策之外，社会组织人才政策有效供给不足。在现有的社会组织人事政策中，原则性规定多，操作性规定少，许多具体人事问题尚缺乏解决的渠道。比如，民政部、人事部在2000年就已经下发文件，规定全国性社会团体专职工作人员的人事管理工作，参照事业单位的有关规定执行。《社会团体登记管理条例》对此也有明确规定。但由于难以制定实施细则，许多政策落实不到位，社会组织人才在户口迁移、社会保障、档案管理、职称评定、教育培训、岗位流动、表彰奖励等许多方面存在着困难，不具备健全人才引进、培养、使用、激励、约束等机制的政策条件。六省市社会组织人才状况抽样调查显示，有53.3%的社会组织不能为其工作人员解决所在地的户口，50.3%的社会组织无法为其工作人员申报专业技术职称。

第四，社会组织内部治理不规范，人事管理制度不完备。离退休人员和党政领导干部在社会组织中担任或兼任负责人的现象非常普遍。据统计，有30%的全国性社团负责人存在超龄问题，有近40%的全国性社团存在党政领导干部兼职问题。他们对其专职工作人员的人事问题关注不够，对人才培养和使用缺乏长远规划。许多社会组织人事管理制度不完善，社会组织内部的人才引进、培养、考核、激励、晋升制度不健全。还存在同一社会组织中工作人员身份不同的情况，公务员编制、事业编制、社团编制和合同制并存，在薪酬待遇、社会保障和职业发展上存在较大差距，同工不同酬，不仅内部激励不足，而且还影响了一些从业人员积极性。

第五，政府职能转移不到位，购买服务进程缓慢。长期以来，我国属于"大政府，小社会"的格局，政府习惯于包办社会管理和公共服务。虽然中央已就转变政府职能提出明确要求，但是目前政府职能转变尚处于发展过程中，政府购买服务还处于起步阶段，社会组织在承接政府职能、提供公共服务方面缺乏制度性支持，社会组织人才缺乏成长和发挥作用的平台和空间。

（三）我国社会组织人才队伍的发展趋势

未来12年是我国全面建设小康社会、贯彻落实科学发展观、构建社会主义和谐社会的关键时期，社会组织将获得更广阔的发展空间、承担更重要的社会责任。实现经济又好又快发展，客观需要规范发展行业组织，发挥其提供服务、反映诉求、规范行为的功能，促进社会主义市场经济体制的完善；发展社会主义民主政治，内在要求发挥社会组织扩大群众参与、反映群众诉求方面的积极作用，增强社会自治功能；推动中华文化大发展大繁荣，必须重视社会组织在传承传统文化、建设和谐文化、弘扬先进文化中的生力军作用；加快推进以改善民生为重点的社会建设，需要更大程度地依托社会组织，广泛动员社会力量，整合社会资源，扩大公共服务。

2003年全国人才工作会议召开和《中共中央、国务院关于进一步加强人才工作决定》颁布以来，社会组织人才逐渐被纳入党和政府工作范围。目前，社会组织人才工作越来越受到重视，许多地方和部门都在研究制定有关配套政策法规，影响和制约社会组织人才成长和发挥作用的体制和政策障碍将逐步消除。

在上述背景下，我国社会组织及其人才的发展将进入一个前所未有的历史机遇期，社会组织人才队伍也将呈现以下发展趋势。

第一，人才总量将不断增加。国际比较研究显示，社会组织吸纳的就业人口一般占本国就业人口的4.4%。目前，我国社会组织提供就业岗位约457万个，仅占全国城乡就业人口7.6亿的0.56%，还有很大发展空间。假设我国社会组织吸纳就业达到国际平均水平，将能提供3344万个就业岗位。

第二，人才专业化职业化进程加快。在国际上，社会组织管理工作已成为有着较高社会地位和公众认可度的职业，社会组织中的许多从业人员都具有较高的专业水平。我国也已经建立与社会组织相关的研究与教育培训机构，提供学位教育和专业培训，为社会组织培养专业化人才。并且，秘书长聘任制和持证上岗制度的推行也将加快社会组织人才的职业化进程。

第三，人才结构将趋向合理。随着社会组织整体实力的不断提升和人才政策的逐步完善，社会组织对各类人才的吸引力将逐渐增强，人才的年龄、性别、知识和能力结构将趋向合理，一支适应社会组织自身发展需要、适应人民群众对公共服务多样化的需求、适应国家经济社会发展总体布局的社会组织人才队伍将逐步形成。

二、促进社会组织人才成长和发挥作用的总体思路、战略重点和主要任务

（一）总体思路

要以中国特色社会主义理论体系为指导，按照实施人才强国战略的总要求，贯彻落实党的十七大和全国人才工作会议精神，坚持“尊重劳动、尊重知识、尊重人才、尊重创造”的重大方针，着力体制、机制和政策创新，坚持以人为本、公平公正、分类指导的原则，以社会组织建设为基础，以人才队伍建设为核心，以人才作用发挥为主线，建设一支政治合格、业务精通、结构合理、数量充足的社会组织人才队伍，形成一个辐射宽广的人才资源网络，更好地服务于社会主义经济建设、政治建设、文化建设和社会建设。

（二）战略重点

第一，提升社会组织的地位。社会组织是社会组织人才成长和发挥作

用的依托。要在准确把握社会组织未来发展趋势的基础上，致力于提升社会组织的地位，通过加快立法进程、提高立法层次、健全法规体系来明确社会组织的法律地位，通过拓宽利益表达渠道、实现有序政治参与来提高社会组织的政治地位，通过承接政府职能、参与社会建设和管理来增强社会组织的社会地位，通过加强社会宣传、促进诚信建设提高公众对社会组织的认知度和认同度，为社会组织人才成长和发挥作用奠定基础。

第二，加强社会组织人才队伍建设。必须把社会组织的人才培养摆在重要位置，采取切实有效的措施，加大培养力度。坚持党管人才原则，党的相关职能部门、登记管理机关、业务主管单位和有关政府部门要履行好职能，充分发挥社会组织自身功能和优势，整合各类人才培养资源，建立和完善培养机制。把人才资源能力建设作为人才培养的核心，把专职工作人员作为人才培养的重点，统筹兼顾对社会组织成员和志愿者的培养，不断提高社会组织人才的思想道德素质、科学文化素质、业务技术素质，努力培养造就具有创新精神和创造能力的社会组织人才队伍。要在社会组织中加强党组织建设，贯彻党的路线方针政策，发挥党员先锋模范作用。

第三，引导社会组织在人才工作中发挥作用。要引导社会组织充分认识人才培养对于自身建设和国家发展的重要意义，把社会组织建设成培养人才的基本途径、专业人才评价的重要平台、执业资格国际互认的有效载体，发挥储备和吸纳优秀人才的功能，为了解和掌握一流人才提供便利。要引导社会组织积极协助党委和政府做好人才工作，在培养人才、吸引人才、用好人才三方面当好助手。

（三）主要任务

第一，深入开展对社会组织人才问题的相关研究。社会组织是我国改革开放以来产生的新事物，社会组织人才工作是一个新课题，因此，要深入开展相关的理论研究、现状趋势研究、实践研究和政策研究，为厘清和统一认识服务，为了解和掌握情况服务，为制定和完善政策服务。要对我国社会组织的性质定位、职能作用等进行分析，比较我国社会组织与国外非政府组织的异同，研究我国社会组织对人才的需求；开展我国社会组织人才的现状趋势研究，研究影响社会组织人才发展变化的多种因素，对社会组织人才队伍发展变化作出预测；开展社会组织人才工作实践的研究，了解各部门、各地方、各单位开展工作的情况，探索社会组织人才工作规律和人才资源开发规律，加强对社会组织人才资源开发的理论指导和战略规划。

第二，制定和完善社会组织的人才配套政策。根据中央对加强社会组织人才工作的精神，按照全国人才工作会议部署，制定和完善相关的配套政策和举措。可以由党政有关部门共同研究制定加强社会组织人才队伍建设的专项文件，明确社会组织人才工作的指导思想、方针政策、任务要求、工作重点等，特别是在社会组织人才的收入分配、社会保障、教育培训、表彰奖励、职称评定、人才流动、档案管理、职业建设、税费征收等方面作出规定。在制定和完善政策的过程中，既要考虑社会组织各类人才的愿望和要求，又要考虑国家推进劳动人事制度改革的总体目标和要求，还要考虑政府的保障能力和社会的接受程度。

第三，提升社会组织各类人才的能力。在我国社会组织中，专职工作人员是社会组织职能的承担者，是社会组织赖以发挥桥梁与纽带作用的骨干力量，会员、理事等成员是社会组织的组成者、是社会组织赖以发挥作用的中坚力量，志愿者是社会组织活动的参与者、是社会组织赖以发挥作用的重要力量。要加强社会组织专职工作人员队伍的专业化、职业化、年轻化建设，着力增强社会组织专职工作人员的学习能力、实践能力和创新能力，特别是要提高社会组织管理人才的政治把握能力、科学决策能力和组织协调能力；发挥社会组织在人才培养方面的功能，增强社会组织广大成员（会员和理事）的专业素质和业务能力；开展对社会组织志愿者的培训，强化服务意识、提高服务水平、增强服务能力。

第四，发挥社会组织各类人才的作用。把社会组织中的各类人才纳入党和政府人才工作和人才政策覆盖范围，改善社会组织人才成长与发挥作用的环境。将社会组织人才有序纳入政治架构中来，发挥他们参政议政、建言献策作用。调动社会组织各类人才的工作积极性，引导其围绕党和国家工作大局，自觉承担社会责任，为社会组织发挥作用提供人才保障。要适应我国扩大对外开放、拓展国际交流合作的新形势，特别重视社会组织涉外人才的培养和使用，努力为其参与国际经贸往来和民间外交创造条件，使我国社会组织在国际社会事务中发挥重要作用。

三、促进社会组织人才成长和发挥作用的政策机制和有效措施

促进社会组织人才成长和发挥作用是当前人才工作面临的一个新课题，是一项系统工程。当前，我国社会组织正处于快速成长期，也是塑造党和政府与社会组织良好关系的关键时期。促进社会组织人才成长，必须解放思想，更新观念，从加强社会建设和实施人才强国战略的高度思考和谋划。

1. 提高思想认识，切实加强党对社会组织人才工作的领导。各级党委、政府要充分认识社会组织我国经济社会协调发展中的重要地位和作用，充分认识社会组织人才在我国人才强国战略中的重要地位，充分认识

社会组织人才是党领导经济社会发展的可靠力量和长期执政的重要基础。要将社会组织的建设和管理工作摆在突出位置，及时了解掌握社会组织的新情况、新动向，着力解决当前社会组织工作遇到的各种实际困难。要把社会组织人才工作纳入党和政府的工作范围，努力形成适应时代要求的人才观念和人才创业机制。

2. 完善法律法规，为社会组织人才工作提供法律保障。建议研究制定全面规范社会组织发展与管理的“社会组织促进法”，明确社会组织的性质和地位，规定设立条件、运行机制、行为规范、政府职责、社会参与等，提升社会组织法律主体地位。集中力量做好《社会团体登记管理条例》《民办非企业单位登记管理暂行条例》等法规的修订工作，充实实体性规定，加强对社会组织的财务、捐赠、人事、项目管理等环节的规范性监管，使社会组织人才自觉遵守职业道德、职业操守和职业规范，树立法制意识、诚信意识和自律意识。各地也要加快地方规章制度建设，及时出台相关实施办法或细则。

3. 完善政策机制，为社会组织人才工作提供制度保障。在社会组织人才工作中，有法规政策缺失的问题，但更直接的是政策不衔接、不配套和操作性不强等问题。建议协调有关政府部门，制定和完善社会组织人才引进、流动、职称、户籍、薪酬、保险、培养、激励等一系列政策，为社会组织人才成长提供制度保障，提高社会组织专职人员的职业归属感，增进社会组织在人力资源市场的竞争力。具体来讲：在人才引进方面，要广泛采用公开招聘方式吸纳各类人才，推行秘书长聘任制和持证上岗制度，探索建立吸引志愿者服务于社会组织的各项优惠政策；在人才流动方面，要完善各类人才在不同所有制单位之间的流动机制，结合事业需要使社会组织人才有更多元化的流通渠道；在职称评定方面，将社会组织人才纳入专业技术职称经常化评审范围，对做出突出贡献的人员，可破格晋升专业技术职称；在户籍管理方面，打破身份、所有制限制，放宽户籍准入政策，推广以引进社会组织高级人才为主导的“工作居住证”制度；在收入分配方面，不同类型的社会组织应根据自己的情况建立合理的薪酬制度，建立健全收入分配机制；在社会保障方面，扩大保障覆盖面，提高保障水平，按国家有关规定和属地管理原则，将社会组织人才纳入“养老、失业、工伤、医疗、生育保险和住房公积金”保障体系之中；在人才培养方面，将社会组织人才纳入人才培养的总体规划，依托各类党校、行政学院、社会主义学院、高等院校等开展对社会组织人才的培训，实行政府对社会组织人才培养的投入；在表彰奖励方面，探索建立专门针对社会组织人才的表彰奖励制度，将社会组织各类人才纳入政府奖励范围，在授予“五一”劳动奖章、劳动模范、优秀党员、优秀建设者等各种荣誉称号时，给予社会组织人才相应的名额和比例。

4. 积极改善环境，为社会组织人才工作营造良好的社会氛围。切实落实全国人才工作会议提出的要求，营造有利的支持社会组织人才成长和发挥作用的环境。一是营造平等的政策环境。在人才政策上统一安排，对于政府奖励、职称评定、工资福利、社会保障等要统筹合理安排；在公共资源运用上平等开放，面向社会的资助、基金、教育培训、人才信息库等要考虑到社会组织各类人才；在发挥作用上平等使用，支持和鼓励社会组织人才参与项目申请、课题招标、成果申报、政府购买服务项目。二是强化积极的服务环境。建立完善人才服务体系，培育若干专门的社会组织人才代理 服务机构，提升其服务人才发展的能力和水平。坚持专业化、信息化、产业化的方向，从社会组织和人才的需求出发，积极为社会组织提供信息咨询、人事代理、人才招聘、智力合作、柔性流动等服务。三是营造良好的发展环境。政府要进一步加快职能转变，支持和鼓励社会组织人才参与项目申请、课题招标、成果申报项目，加大政府购买服务的力度，使社会组织有钱做事，以事兴业，以业育人。四是营造良好的舆论环境。充分发挥各类媒体的舆论导向作用，广泛宣传加强社会组织人才工作的重要意义，宣传社会组织人才在促进经济社会发展和人才强国战略中的地位和作用，宣传社会组织优秀人才的先进事迹和各地社会组织人才工作的先进经验，让全社会都能够关注社会组织人才的发展。

5. 坚持一视同仁，为社会组织人才政治参与创造条件。要重视社会组织党建工作。针对许多社会组织没有建立党组织、发展党员工作滞后、党组织活动开展困难的情况，按照组织部门的要求和党章有关规定，大力加强党组织建设，探索在社会组织中加强党的领导、开展党的工作的方式方法。要在全覆盖原则的基础上理顺党组织隶属关系，建议在社会中介组织建立行业党委，发挥党组织的政治核心作用，加强对党员的教育培养，鼓励党员发挥先锋模范作用。要大力推进社会组织统战工作，充分发挥统战部门、民政部门以及业务主管单位的优势，进一步明确分工，加强沟通协调，探索建立齐抓共管、相互配合、协调一致的统战工作机制；发挥统一战线作用，畅通社会组织人才的利益表达渠道，逐步增加社会组织人才担任各级人大代表、政协委员的人数，为他们有序参与政治架构创造条件；加强社会组织人才特别是管理人才和专业技术人才的政治培训，有针对性地做好思想政治工作，促进社会组织健康发展。

6. 建立健全社会组织人才资源的统计分析机制。为了实现人才队伍建设的长远发展，完善各项政策措施，必须摸清底数，加强统计和分析工作。建议国家加大对社会组织人才统计工作的支持力度，国家统计部门或政府职能部门依据目前已经完成的社会组织人才资源统计指标体系，将社会组织人才纳入总体统计工作之中，建立社会组织人才资源跟踪监测体系，掌握社会组织人才的基本数据，做好人才需求预测工作。

完善社会组织预防腐败机制调研报告

民政部民间组织管理局课题组

社会团体、基金会和民办非企业单位等社会组织是当前我国社会领域的重要组织形式，是推动经济和社会发展的重要力量。经过多年的实践与探索，我国社会组织基本确立了有中国特色的发展道路，按照培育发展与监督管理并重的工作方针，初步形成了覆盖广泛、门类齐全、层次有别、与经济社会协调发展的组织体系；形成了党委领导、政府负责、依法监管的管理格局和分级登记、双重管理的管理体制；制定了以《社会团体登记管理条例》《基金会管理条例》和《民办非企业单位登记管理暂行条例》为基础、相关政策文件组成的政策法规体系。社会组织在反映公众诉求、激发社会活力、推进公益事业、促进社会公平、疏缓就业压力、化解社会矛盾、解决贸易纠纷和促进经济发展等方面起到了不可替代的作用，巩固了党的执政基础，促进了社会和谐，已经成为党和政府联系人民群众的桥梁和纽带，成为推进经济发展和社会进步不可缺少的重要力量。

目前，全国共有依法登记的社会组织 38.7 万个，其中，社会团体 21.2 万个，民办非企业单位 17.4 万个，基金会 1340 个，社会组织的数量正在以每年 10％的速度递增。近年来，社会组织在加强自身建设、积极发挥作用的同时，在规范管理和预防腐败的工作中也取得了较大成效，措施得力，廉洁状况总体上是好的，得到社会各界的认可。在问卷调查中，被调查对象在评价近年来社会组织预防腐败工作成效时，满意的占 38％，较满意的占 45％，两者的总比例达到 83％。

尽管我国社会组织及其管理工作取得了显著的成绩，但总体上仍处于发展的起步阶段，社会组织建设与管理的任务依然十分艰巨，存在着一些亟待解决的问题和困难。部分社会组织还存在着政社不分、行为不规范、超范围活动，不按规定收取费用，强制、搭车收费，以及负责人超龄、超届和兼职现象突出等问题，为腐败行为的滋生提供了土壤。尽管存在问题的社会组织数量很少，但在一定程度上影响了政府部门和社会组织的形象，损害了社会组织的公信力。因此，对社会组织的腐败问题进行深入调研，探究腐败的成因，尽快完善社会组织的预防腐败机制，对于全面提高社会组织的整体素质，更好地承接政府转移的职能，发挥其促进经济和社会协调发展的积极作用，具有重要的现实意义和深远的历史意义。

一、社会组织腐败现象的表现形式

腐败的本质是以公权谋私利，由于社会组织具有民间性和非营利性的特征，绝大多数社会组织并不掌握公共权力和公共资源，因此，从总体上看，社会组织中的腐败现象并不突出，但在部分社会组织中也确实存在着一些违规或腐败现象，主要表现在以下几个方面：

（一）政社分工不明确、职能混淆

目前，很多社会组织由于发展阶段的局限性，行政化色彩较浓，带有官办的性质，政府与社会组织在职能、办公地点、人员、财务等方面存在一定的交叉现象。从调查问卷所反映的情况和日常监管工作中发现的问题来看，政社不分已成为社会组织最为主要的腐败隐患，70%的被调查对象将政社不分列为当前社会组织首要的违规问题。具体表现形式主要有：

一是成立时政社不分、体制不顺。一些社会组织由党政部门发起成立，党政部门的领导人在社会组织中兼任主要负责人，并习惯于用行政管理的方法运作社会组织，社会组织的内部治理机制不能正常运行。以全国性社会团体为例，2006 年，共有 685 个社团存在由党政机关领导干部兼任负责人，较上年度增加 17.7%，兼职多达 4812 人（次），较上年度增长 31.5%；类似现象在有些地方性社会组织中也存在，很容易让腐败分子钻空子，如东莞市政府办公室文教科主任科员余某某，在兼任东莞市教育基金会办公室副主任期间，利用职务之便，一人独揽基金贷款的发放和催收工作，多次挪用公款从事营利活动或供个人使用，后被依法判刑。

二是日常运作中政社合一、职能混淆。业务主管单位对社会组织的事务干预较多，社会组织长期以来依附行政主管部门（或业务主管单位）开展业务活动，政社职能混淆。有些社会组织从重大活动安排、组织机构设置到负责人和工作人员配备等大小事项，全部由主管部门说了算。

（二）收费不合理、不规范

非营利性的社会组织有别于市场经济主体，应以公益活动为宗旨。但在市场经济的影响下，一些社会组织出现了超越业务范围或违背宗旨收取费用，以及费用支出不规范的现象。表现形式主要有：

一是有的社会组织在开展活动时，借助主管部门的行政权力、以“为会员服务”为由收取不合理费用。社会组织本应是为全体会员服务的“娘家”，有时却成了为少数人、个别企业服务的工具，或只收取会费不提供服务，有些知名企业成为多类型多层次社团的单位会员，其会费及赞助费不堪重负。

二是有的社会组织借评比、达标、表彰等活动之机，向参与的企业或组织收取费用。这些收费标准大多无法纳入物价部门的核定范围，存在很大随意性。如福建省商业联合会于2006年开展了“福建省诚信经商企业”“福建省诚信经商企业家”的评比、授牌活动，收费标准900元至6000元，只要交纳费用便可以被授予牌匾，共发出牌匾1077个，收取费用119.5万元，福建省商业联合会从中收取了“管理费”17.5万元，造成了不良的社会影响，受到民政部门及有关部门的处罚。

三是有的社会组织违规变相开展营利性经营活动，通过签订合同，约定收费返还比例，将服务性收费委托给营利性机构办理，获取非法收入。如中国地区开发促进会以营利为目的，将下设5个分支机构及2个内设机构交与企业承办运营，每年向每个企业收取2万－10万元不等的管理费用，完全背离了社会团体非营利性的宗旨，被民政部依法撤销登记。少数社会组织在利益驱动之下开展的这些活动，既制约了社会组织的健康发展，也损害了社会组织的公信力和凝聚力。

（三）内部管理制度不完善，自律机制不健全

社会组织能否更好地发挥作用、实现宗旨，主要取决于自身所建立的科学、民主的管理制度和自律机制。但是，目前一些社会组织内部管理制度不健全，财务制度不完善，违规使用票据和经费，财务报告流于形式，审计不严格，透明度不高。表现形式主要有：有的社会组织未能以章程为核心，建立健全各项管理制度和运作机制，财务管理制度、印章管理制度及章程履行制度等不尽完善。如上海炒货行业协会财务管理混乱，没有经费使用报销制度，协会负责人陈某对自己使用的协会经费自审自报，牟取私利，受到民政部门处罚，并将负责人陈某移送公安机关处理；中国企业文化促进会违反国家有关会费收取的规定，违规使用北京市行政事业性统

一银钱收据收取会费，并违规向所属分支机构收取会费，被民政部处以停止活动 3 个月的行政处罚；有的社会团体会员代表大会、理事会“走过场”，按领导人意图进行选举。以全国性社团为例，2006 年年检发现的 869 件违规问题中，有 656 件属未按章程规定召开会员大会、理事会，占违规问题总数的 75%，民主制度不健全、治理机制不完善、组织行为不规范的问题较为突出；有的社会组织自我约束意识不强，自我治理只是停留在口头上，未能真正建立起自律机制；有的社会组织虽有较为健全的管理制度和机制，但由于主要负责人民主意识淡薄、专职工作人员少、能力有限等原因不能很好落实。各项管理制度的不完善和自律机制的欠缺，既影响了社会组织的健康规范发展，也给腐败行为以可乘之机。

（四）权力过分集中，监管措施不力

缺乏监督制约的权力必然导致腐败。如果在社会组织内部，权力过于集中，就可能产生违规行为、滋生腐败现象，个别社会组织甚至成为少数人牟取私利的工具。主要表现为：

一是个别社会组织负责人，家长制作风突出，搞一言堂。特别是一些政府部门或退居二线的领导兼任社会组织主要负责人，不完全适应社会组织的民主议事机制，重大事项不经会员代表大会表决，独断专行。

二是部分社会组织负责人超龄、超届问题严重。如 2006 年全国性社会团体中有 410 个社团的 883 名负责人超龄，存在超龄现象的社团占全国性社团总数的比例高达 24.9%；在退休或在职的党政领导兼任社团负责人的组织中，有的社团负责人任期届满或超过两届任职后，不按章程规定及时进行换届选举，擅自决定继续留任，甚至也不向登记管理机关申请延期换届，致使社团无法正常运作和开展活动，如中国性学会 8 名负责人中有 5 名年龄均超过 70 岁，人员结构老化、管理不力，造成该会因违规行为受到停止活动 6 个月的行政处罚。

二、社会组织存在问题的成因分析

社会组织存在的问题与其发展阶段有密切关系。我国社会组织的发展尚处在起步阶段，相关制度、机制、体制都在逐步完善的过程中，难免出现一些违法违规现象。我国的经济体制处在转型时期，尚未完全建立起适应市场经济体制的行政管理体制，计划经济体制所产生的惯性，在社会组织领域中也有所体现。同时，社会组织存在固有的缺陷，政府与社会组织始终处在信息不对称的状态。社会组织提供的是非市场化产品，缺乏直接交易性，服务效果滞后；为社会组织提供资金的捐助者、接收社会组织服务的受益人，无力或不愿监督社会组织使用资金的行为，容易出现监管漏洞。

（一）法律法规体系不健全、制度不完善

目前，缺乏一部有效调整和规范管理社会组织行为的基本法，现有的行政法规和规章落后于社会组织发展的现实需要。我国社会组织的法律体系还处于逐步完善的过程中，现在只有国务院颁布的《社会团体登记管理条例》《基金会管理条例》和《民办非企业单位登记管理暂行条例》等行政法规以及民政部等部门下发的规范性文件。这些法规与规范性文件法律层次不高，内容不全面，某些法规、文件之间还存在冲突，没有形成系统的法律体系。

国家对社会组织的扶持政策和措施不配套。有些政府部门对社会组织的重要性认识不够，还未建立起向社会组织购买服务的机制。有些部门甚至不加区别地依照企业等营利组织的模式对社会组织征税，税收减免政策难以落实。同时，社会组织的法人地位没有得到社会的充分认同，目前，社会组织专职从业人员没有被纳入国家职业序列，国家对社会组织专职工作人员的工资标准、福利待遇、职称评定、晋职晋级等未有明确的保障政策。社会组织面临一定的困难，出现了为了维持基本生存而发生违规或腐败的现象。

（二）内部自律机制和外部监督机制不完善

社会组织的内部自律机制不完善。首先，一些社会组织规章制度不完善，组织机构不健全。一些社会组织自身的民主决策、内部议事、财务管理、章程履行等制度不完善，领导成员之间、会员与会员之间、会员与领导之间都缺乏有效的监督，“以人治会”的现象较突出，个人权力过分集中，缺乏有效的自律机制，从而引发腐败现象。其次，社会组织的工作人员抵制违规行为的意识和能力不强。现有专职工作人员数量少，年龄和知识结构不尽合理，老龄化、非专业化现象严重；很多工作人员对相关法律法规和政策缺乏了解，法制意识不强，难以抵制违法违规行为的发生。

外部监督机制尚未有效发挥作用。首先，社会组织公开、透明度不高，无法获得外部监督。“阳光是最好的防腐剂”，公开而透明的制度能够使社会组织最大限度地接受社会监督。但是，我国法律对于社会组织的信息、财务公开制度等方面尚无明确规定，社会组织自身也缺乏自觉接受社会监督的意识，社会组织的重大活动情况和财务状况社会知晓度较低，难以发挥社会的监督作用。其次，登记管理机关难以实施有效的监督和查处。我国登记管理机关的监管机构不健全、编制不足、经费匮乏、执法设备和手段落后，力量较为薄弱，许多地方出现了“重登记、轻管理、无力监管或监管不到位”的现象。以福建省为例，目前全省登记的社会组织已达 11000 多个，但管理人员只有 115 人，其中专职管理人员仅 30 人；地级以下社会组织管理的工作人员更少，县级登记管理机关大多无专门机构、无专职人员、无专项经费，极大地影响了监管工作。

（三）利益驱动是引发违规收费行为的直接动因

在市场经济的大环境下，由于经费来源渠道狭窄，社会组织容易引发追求自身利益的需求；加之政府购买服务不到位、社会捐赠不足等原因，致使一些社会组织为求生存而实施了不合理的收费行为。

大部分社会组织经费严重不足。社会组织一般是靠民间自发捐资组建起来的，大多没有政府拨款和资助，仅仅靠会费和微薄的服务性收入，难以维持社会组织的日常开支。如中国康复器具协会的经费来源主要是会费收入和专业培训、咨询服务收入。2007 年该会会费收入 35 万元，而用于房租、水电和办公车辆的费用就达 30 多万元，人员工资和日常办公经费、差旅费等只能通过每年一届的行业博览会所收取的微薄费用勉强维系。这种状况在社会组织中具有相当的普遍性，有些社会组织甚至难以维系正常的工作开支。

规范社会组织收费行为的规章制度滞后，无章可循。目前，国家既没有专门的收费政策、依据和标准，也没有对违规收费行为进行处罚的依据，同时缺乏行之有效的收费管理和财务监督制度，直接影响到社会组织的健康发展，这也是造成违规收费的重要原因。

三、社会组织预防腐败的对策建议

加强社会组织预防腐败工作要做到未雨绸缪、注重源头治理、做到关口前移，要以改革为统揽，以制度建设为重点，建立有效的监管机制，防范社会组织腐败现象的产生。具体对策建议如下：

（一）健全法律政策体系，消除制度漏洞

完善的法律制度、完备的配套政策，对于治理违规、预防腐败，至关重要。当前应当加紧做好以下两项工作：

一是建立健全社会组织法律法规和政策体系。加紧《社会组织促进法》的立法研究，在条件成熟时出台，用法律形式明确社会组织的性质、地位、作用、职能、权利义务及监督管理的体制、机制和组织结构等，理顺政府与社会组织的关系，并以此为基础，制定配套的政策法规，形成系统完善的社会组织法律政策体系。要从预防、约束、评估、监督到惩治的综合角度，制定有关社会组织预防腐败和社会监督举报等方面的法规，出台实体性、操作性强的法规和文件，解决基本法缺位、相关法规冲突、操作性不强等问题。同时，政府应就社会组织的收费行为建章立制，明确社会组织正当收费的项目和收费标准，规范社会组织的收费行为和收费用途。

二是制定配套扶持政策，进一步优化社会组织的生存环境。在税收优惠方面，对于公益性社会组织，应会商财政、税务部门，对其所取得的业务收入、社会资助和捐赠、政府购买服务资金，享受减免营业税和所得税的优惠政策；在减免费用方面，社会组织在土地使用、办公用房、公共事业收费等方面，应享有与同类公办非营利机构的同等待遇，免收管理类、登记类和证照类的所有各项行政事业性收费；在人事制度、职称评定、福利、保险待遇等方面，制定有利于社会组织发展的相关配套政策。

（二）加快行政体制改革，理顺职能关系

腐败多与公权力有关，要从根本上消除腐败，就要大力推行政社分开，理顺管理体制。

一是要引导和规范社会组织与政府部门在主体、机构、职能、人员、资产、住所等方面完全脱钩，达到无行政隶属关系，无人事派遣关系，无资产关系的“三无”标准，并采取切实措施清理解决社会组织中党政干部兼职以及负责人超龄、超届问题。建议中纪委、监察部和国家预防腐败局联合中组部、民政部等有关部门尽快研究出台相关政策和文件，就党政机关工作人员兼职等问题开展一次专项的清查清理活动，从而彻底扭转长期存在的党政领导兼职和负责人超龄、超届现象，减少腐败行为的发生。

二是要明确界定政府应当转移给社会组织的职能。建议结合此次国务院机构改革，合理设置各部门职能，推动各级政府及其部门的职能分解，科学划分政府与社会组织的职能与分工。在“三定方案”中明确划定转移给社会组织承担的职能，当前，重点应加快推进社会公共管理的事务性工作向社会团体转移，主要包括：行业管理领域的行规行约制定、行业标准制定、行业准入审查、行业统计与调查、资质资格考核、展览展销、行业自律、价格协调和行业谈判、反倾销应诉和调查等职能；学术研究领域的技术标准制定、成果鉴定、咨询服务、项目评审、研究规划、课题设置、研究经费发放、专业人员培训、学术评价等职能；专业职业建设领域的职业道德规范、职业培训和继续教育、制定从业标准、组织从业资格考试、专业技术职务职称评审、惩戒不良从业者等职能；社会建设和管理领域的法律服务、宣传培训、社区事务、公益服务等职能；同时，建立健全社会组织参与政府公共决策的机制，要求各级政府及其部门制定社会公共事务政策时，充分听取社会组织的意见，并作为法定程序予以规范。动员社会各界力量，培育发展以社会需求为导向的社会组织，从源头上保证社会组织自身发展能力，逐步形成“政府扶持，社会组织自主活动”的局面。

（三）建立政府购买服务制度，拓展资金来源渠道

目前，社会组织为解决经费问题出现了一些乱收费的现象，要治理此种违规腐败现象，必须从根源上消除其行为动因。要通过加大政府向社会组织购买服务力度，建立购买服务工作机制，提高社会组织的经济实力，使社会组织的活动经费在会费、有偿服务收入、社会赞助等收入的基础上，进一步拓展资金来源渠道，促进社会组织健康发展。当前应做好以下几项工作：

一是建立健全政府购买服务的操作机制。要将政府购买服务项目纳入公共财政框架，纳入政府采购范畴，所需资金列入年度预算。要坚持一事一费、费随事转的原则，统一规定政府购买服务的项目、资金来源、运作方式、成效评估以及资金拨付等一系列操作规则。

二是设立政府购买服务的评估机制。要实行服务项目的成本核算，在成本中纳入人力资源的费用，使政府购买服务的操作程序和机制更合理、更公开、更透明、更便于操作。要通过公开招投标，科学评估来选择实施单位，并监督项目进展，定期向社会公布。各类社会组织通过公平竞争，获取项目资金，政府择优录取。

三是设立社会组织发展专项基金。要通过各级财政每年安排一定的预算资金、接受社会捐赠等多种途径筹集资金，专门用于扶持政府倡导成立的社会组织的培育发展。

（四）加大外部监管力度，实现防控结合

我国社会组织的自律机制尚不完善，必须强化登记管理机关、社会公众和新闻媒体的监督力度，引入外部力量，规范社会组织的行为。当前应着重做好以下几项工作：

一是加强执法监督机构建设。要健全中央和地方各级登记管理机构，建立统一协调、力量充实、专业权威、信息畅通的全国社会组织登记管理机构体系，有效解决登记管理机构设置、人员编制、专职干部、工作经费、执法装备等方面存在的问题；各级登记管理机关要建立规范的执法监察队伍，加强社会组织日常管理和执法监察工作；要依托登记管理机关，设立党的社会组织工作委员会，加强社会组织党建工作，确保社会组织健康发展。

二是要通过每年的社会组织年检工作，及时掌握、发现和处理社会组

织业务和财务活动中存在的问题。要围绕社会和群众关注的热点、难点问题，有针对性地开展专项检查，深入社会组织调查指导，切实转变“重登记、轻管理”的倾向；要认真落实社会组织的重大事项报告制度，抓好对社会组织的日常检查和监管，加大执法监察工作力度，健全执法监督制度，以适应社会组织发展和监督管理工作的需要。

三是推进社会组织的评估工作。要对社会组织进行评估、划分等级，并向社会各界公布评估结果，使那些不接受监督管理、内部管理混乱、不按章程开展活动及无办公场所、无专职人员、无活动经费的社会组织没有生存空间，真正做到优胜劣汰。

四是强化信息化管理，推行信息公开制度，增强社会组织的透明度。要把信息化建设作为改进社会组织管理工作的重要手段，扩大电子政务的覆盖范围，积极探索建立全国统一的社会组织登记管理和执法信息系统，形成高效的快速反应机制；要以推行信息公开和服务承诺为抓手，将重要信息和重大事项向社会公示，提高社会组织的透明度，使社会组织处于政府和社会的多重监督管理之下，引导社会组织规范行为，增强社会责任感和社会公益意识，提高服务质量，增强社会公信度，逐步建立自律和诚信的长效机制。

五是健全监督举报机制，发挥社会监督作用。要充分利用各类电视、广播、报刊等媒体，加强宣传教育力度，使社会各界和社会组织及其工作人员都能认识到腐败现象的危害性和严重后果，建立社会组织腐败行为的群众举报监督机制，建立电话举报和网络举报信息系统，防治腐败现象的发生。同时，借鉴上海、青岛建立社会组织监督网络的做法，构建集“服务、协调、管理、预警”功能于一体的监督网络，形成查处社会组织违法违规行为和预防腐败的预警网络，及时有效地预防、消除社会组织的腐败现象。

（五）加强自身制度和队伍建设，提高自律能力

社会组织的规章制度和政策措施能否落实，关键取决于社会组织及其工作人员的执行能力和水平。能否减少违法违规行为、预防腐败发生，社会组织及其工作人员的自身能力建设，尤为重要。当前，应做好以下几项工作：

一是要加强社会组织的内部制度建设，规范社会组织活动行为。首先，要完善社会组织《章程》内容，研究增加预防腐败的相应条款，规范社会组织的经济财务活动，使之适应新形势下社会组织预防腐败工作的要求，并严格维护章程的权威性，非经法定程序不得变更。同时，针对重要岗位和关键环节，制定符合实际又有利于预防腐败的相关制度，包括人事、财务、印章管理、会费收取及使用管理等方面的制度；健全民主选举、民主决策、民主

管理、民主监督的运行机制，充分发挥会员大会、理事会、监事会的作用，以民主协商、公开公正的方式处理内部事务；鼓励成员参与决策并进行监督，重大决策应召开会员大会或会员代表大会，由理事会（或常务理事会）决定，避免少数人说了算，遏制违法违规行为的发生。

二是推进社会组织工作队伍专业化和职业化建设。首先，要加快社会组织工作人员专业化步伐。要加强社会组织专职工作人员的学历教育、职业教育、岗位培训，并出台配套政策，解决其人事争议、养老保障、工资福利、职称评定等问题。党校、行政学院、高等院校等要积极面向社会组织开展专项培训，推进社会组织工作队伍的人才和志愿者队伍建设，为社会组织发展提供人才支撑。其次，要推进社会组织工作队伍职业化步伐。要将在社会组织中专职从事管理和服务的工作岗位纳入正规的职业范围，设立明确的职业准入条件和任职资格，建立正规的职业评聘制度和职级体系，逐步解决一些社会组织存在的离退休人员多以及超龄、超届和兼职现象，吸引更多高素质人才投身于社会组织。最后，要加强社会组织工作队伍道德建设。要制定社会组织工作人员的行为准则和职业道德规范，特别要制定主要负责人行为规范，强化责任意识，做到激励与约束相结合，使其自觉遵纪守法，自觉代表整体利益，充分发挥好“领头雁”作用，引导社会组织规范、健康发展。

积极培育，规范发展，切实发挥中西部社会组织在构建社会主义和谐社会中的积极作用

——四川省社会组织建设和管理情况的调研报告

民政部民间组织管理局调研组

为贯彻落实民政部党组关于深入学习实践科学发展观活动的有关要求，进一步加强对基层民政工作的调查了解，2008 年 11 月 6—9 日，民政部民间组织管理局调研组到四川省就社会组织建设和管理情况进行了为期 4 天的调研。调研组以乐山市和绵阳市为重点，实地走访考察了峨眉山市食用菌行业协会、峨眉山市旅游学校、峨眉山市老年人协会、绵阳市市场信息协会等社会组织，先后召开了由民政、农业、教育部门和有关社会组

织参加的工作座谈会，比较全面地掌握了基层民政部门和业务主管部门在培育和发展社会组织方面的工作现状、实际成效以及社会组织发展中存在的一些难点问题。通过调研我们感到，积极稳妥地发挥各类社会组织在全面构建社会主义和谐社会的作用，需要我们在实际工作中，切实贯彻落实科学发展观，进一步解放思想、改革体制机制，加强和改进对社会组织的培育发展和监督管理。作为西部省份的代表地区，绵阳、乐山两地社会组织的发展现状、基本经验和存在的问题，对于中西部地区立足实际，深化改革，推进社会组织的科学发展，具有重要的借鉴意义。现将有关情况和思考报告如下：

一、两地社会组织建设和管理的基本情况

近年来，在四川省民政厅和有关部门的指导和帮助下，绵阳市和乐山市一手抓量的扩张，一手抓质的提升，通过完善政策，规范服务，有力地促进了各类社会组织的发展，社会组织数量不断增长，服务社会功能初步形成。

（一）两地社会组织发展的基本情况

截至目前，乐山市共登记 871 个社会组织，其中，社会团体 620 个（市级 181 个），有会员 60 余万个，民非 251 个（市级 62 个），拥有从业人员 5635 人，总资产 3.2 亿元。绵阳市已登记各类社会组织 1547 家，其中，社会团体 1031 家（市级 297 家），民办非企业单位 516 家（市级 107 家），总资产 2.037 亿元。总的来看，两地社会组织的发展呈现以下三大特点：

——覆盖范围广泛。两地已登记的社会组织广泛分布在农业、科研、教育、卫生、文化、体育、社会服务、工商业服务、法律等行业，类型多样，正日益成为社会生活中不可缺少的组织机构，发挥着政府、市场不可替代的作用。以峨眉山市为例，在登记的社会团体中，行业性团体 33 家，学术性团体 5 家，专业性 27 家；在登记的民办非企业单位中，教育类 6 家、劳动和社保类 5 家、民政类 5 家、其他类 3 家。调查发现，这些社会组织，分布面较广、服务种类灵活、带动辐射人数较多。特别是各类农村专业经济协会，已活跃于农村生产经营的各个领域，带动作用日益突出，如乐山市共有各类农专协 116 家，占全市社会组织总数的 20%。这些农村专业经济协会采取“一品一会”“一业一会”“一技一会”等多种组织形式，已广泛分布于种植、养殖、林果、加工、技术信息服务、销售经营等农村经济各个领域，涉及农、牧、副、渔等产业，会员总数达到 26.5 万人，占全市农民总数的 11%，覆盖了全市近 90 个乡镇，影响十分广泛。

——结构重心下移。在两市登记的社会组织中，县级社会组织占到绝大

多数，在县级登记的社会组织中，又以活动于镇村层面的居多。如绵阳市登记的198个农村专业经济协会，镇村一级的135个，占总数的70%，这反映出近年来社会组织在发展中呈现出整体下移的趋势。除此之外，随着近年来城市化的不断推进和社区建设的蓬勃发展，当地普遍出现了群众自发成立、自我服务和自我管理的社区社会组织，主要包括在城乡社区大量存在的社区服务中心、卫生服务站、志愿者协会、老年协会、计生协会、红白喜事协会、戏曲协会以及其他文体活动团队等群众性组织，按其主要功能可大致分为社区服务类、公益慈善类、文化体育类、维护权益类四大类别。它们以调解居民关系、服务居民生活、帮助困难群体、丰富居民文体活动为主，为社区居民提供医疗、家政、体育、文化、社区公益等多方面服务，在加强城市基层管理、促进社区居民服务、融合社会阶层、活跃社区文化、协调解决矛盾、维护社会稳定等方面都发挥了很好的作用。但受现行登记体制条件较高的影响，正式登记注册的较少，总体数量不详。

——发挥作用日益凸显。调查发现，两地社会组织依托自身优势，在整合资源、提供服务、增加就业、实现社会稳定等方面均发挥着十分重要的作用。乐山市在探索“企业+协会+农户”等新模式的基础上，涌现了一批在全市乃至全省知名的农村专业经济协会，2007年农专协会会员年纯收入高于当地农民人均纯收入800—2000元，有力地推动和促进了农民增收、农业增效和农村社会积极发展。绵阳市涪城区关帝土鸡协会，以生产发展为先导，使土鸡养殖遍及全区各乡镇农户，并逐步加大规模向周边县市区发展，2007年度全年共创产值6160万元，实现利润462万元，吸收农村剩余劳动力150人，带动了全区经济发展，受到群众和社会各界的好评。峨眉山市老年人协会成立以来，各乡镇都相应成立老年人协会，积极组织宣传敬老活动，参与调解赡养纠纷，开展老年人文体活动，为维护一方的社会稳定，发挥了积极的作用。特别是在“5·12”汶川地震发生后，四川省社会组织积极发挥救灾助手作用，以实际行动重塑灾区信心，为灾后恢复重建、夺取抗震救灾的阶段性胜利做出了巨大贡献。据初步统计，四川省有6000多个社会组织直接或间接参与抗震救灾工作，向灾区捐赠的现金及物资共计42.8亿元，共帮助抢救伤员17万余人，救助灾民30万余人，帮助设置灾民转移安置点32个，帮助转移灾民12万余人，向灾区紧急运送价值16.6亿元的食品、水、棉衣被等救灾物资。其中，峨眉山市佛教协会为地震灾区捐款109万元，彰显出宗教类社团在公益慈善领域的巨大影响力。

（二）两地培育发展社会组织的主要做法

——创新政策，加强引导。如乐山市通过对全市社区社会组织现实资源和潜在资源的调查摸底，因地制宜，因势利导，重点扶持发展了一批具有一定规模和影响的，以老年人、妇女、儿童、残疾人、优抚对象和低保对象等特殊群体为服务对象的社区社会组织，充分发挥其社区建设主力军的作用。同时降低门槛，对于符合条件的组织进行登记，对于不符合法定登记条件，试行备案管理，边规范、边发展，有力地促进了社区社会组织的发展。

——典型示范，扩大宣传。典型示范是一种重要的工作方法。乐山市民政局在工作中，坚持分类管理，无论是社区社会组织还是农村专业经济协会或是行业协会，非常注意培育各自的典型和亮点，借以推动面上的工作。为充分发挥行业协会在区域经济发展中的积极作用，乐山市以全国先进社会组织“乐山市电力行业协会”为重点，突出宣传，加强指导和服务，使协会真正成为服务企业、推动地方经济建设的战略主体。峨眉山市在总结杨柳社区、白龙社区社会组织工作经验的基础上，成立社区服务活动中心，整合社区资源，逐渐完善面向社区居民的各类服务，并以此为典型在全市进行宣传推广，受到居民群众的好评。

——完善制度，规范监管。峨眉山市根据条例规定和有关政策，进一步制定和完善了社会组织年度检查制度、重大活动报告制度、登记须知和办理流程图，使社会组织的登记和管理工作有章可循，有法可依，充分体现了管理出权威，管理出效益。绵阳市以开展自律与诚信建设活动为契机，发布《社会组织行为失信惩戒制度（试行）》，推动建立健全社会组织的各项内部制度，诚信服务社会的信息公开和披露制度。严格执法程序，加大了行政执法力度，对社会组织实施更有效的管理，促进了社会组织健康发展。

——转移职能，购买服务。随着社会组织作用的日益突出，社会地位的不断提高，政府相关部门也逐渐改变了以往包揽一切的做法，开始尝试向社会组织购买服务。如峨眉山市农业局，每年拨出一定经费委托市种子协会开展水稻、玉米良种试验，并委托市食用菌行业协会开展相关生产培训工作，既减轻了政府的工作负担，又有利于工作的专业化、规范化，取得了良好的社会效应。

乐山、绵阳两地培育发展社会组织的主要做法各有特点，都取得了比较好的效果。从中我们可以总结出一些基本的经验：

1. 提高认识，勇于创新，是培育发展社会组织的关键。培育发展社会组织的工作能否做好，关键一点是要解放思想，勇于创新。乐山、绵阳的经验表明，正是由于这些年民政部门对基层群众首创精神的高度尊重，适度调整农村专业经济协会的登记管理政策，才真正促进了农村专业经济协会在数量、质量、布局、实力上的健康有序发展。正是有了对社区社会组织在社区建设中重要作用的高度重视，降低门槛，试行备案管理，才促进了社区社会组织的蓬勃发展。

2. 加强规划，整体推进，是促进社会组织功能发挥作用的重要途径。两地的经验表明，在对社会组织培育管理过程中，只有加强宏观调控，使社会组织的数量、种类、结构、布局等方面适应当地经济和社会发展的要求，才能发挥出社会组织的整体优势，促进经济社会健康有序发展。因此，不仅要发展促进经济建设、农民增收致富的农村专业合作组织，也应注重发展促进社会稳定、增进社会和谐的公益性社会组织；除了优先发展自主协调、自律管理的行业社团，还要积极培育各类配合政府改革，承担政府职能的具有中介性质的协会，这样，才能全方位地满足社会的需要，促进社会自治功能的完善。

3. 政策引导，资金扶持是培育发展社会组织的重要保证。从两地社会组织总体布局来看，市县一级社会组织数量是个大头，但是我国尤其是中西部地区市县一级经济社会发展的基本现实，决定了社会组织自我发展力量不足、发展空间有限的困难境地。在社会组织的培育上，需要政府从发展规划、制度创设、服务体系等方面给予引导和指导，需要各方面给予必要的政策、资金和服务支持，从而搭建起社会组织走上健康有序发展的轨道，创造良好的自我发展环境。

4. 规范管理，强化执法是社会组织健康有序发展的基本前提。放手培育发展和依法实施监督是“一个硬币的两面”。绵阳市开展社会组织失信惩戒制度的实践表明，坚持依法管理，加强执法监察，引导、督促各类社会组织建立规范的内部管理制度和健全的法人治理结构，是促进社会组织规范运作和健康发展的重要方面，也是登记管理机关创新管理思路，拓展管理手段的必然要求。

二、社会组织进一步发展面临的主要问题

通过调研感到，两地社会组织发展虽达到一定水平，但总体上仍处于发展的初级阶段，社会组织的代表性不够，公众对社会组织的认同感、归属感不足，社会组织发展的法律和政策环境也有待进一步完善，社会组织在发展过程中仍面临许多问题和困难：

（一）社会组织自身存在的主要问题

——发展不够平衡。两地社会组织在发展上均呈现明显的不均衡状况，据当地民政部门介绍，登记社会组织中，活动频繁、作用突出的大约占到全部登记数量的1/5，其中以行业协会和农村专业经济协会为主，经

济类多，公益类少。民办非企业单位则主要集中于教育和劳动两大领域，文化、科技、体育、法律服务类民办非企业单位数量偏少。

——官办色彩浓厚。据了解，乐山市有近百名党政领导干部和国家工作人员担任社团的法人或主要负责人，这些社会组织的运作网络、资金来源都依赖于政府，实质上是作为政府的附属机构在发挥作用。全市 156 个行业协会，有一部分由政府各经济职能部门发起组建，负责人一般由本系统主要负责人担任，工作人员也是所属机关的干部职工，行政干扰大，在人财物上都没有独立权，不能独立地开展活动。还有一些社会组织把自己等同于政府的附属机构，对行业内的事务采取行政手段进行管理，行政色彩较浓。过多的行政化色彩，限制了社会组织日常活动的开展，使得社会组织的社会代表性不强。

——经费严重短缺。当前，社会组织的资金来源主要有会费、政府资助、社会捐赠、服务收费等途径。但从两地情况看，资金来源较单一，会费收入是大多数社会团体的主要资金来源，而数量众多的民办非企业单位（以教育类为主）最主要资金来源是学费收入。因此，筹集经费能力不足，资金困难成为所有社会组织普遍感受到的最大问题。据统计，乐山市 620 个社会团体中，能靠自身收取的会费和提供服务取得收入维持组织正常运转的不足 160 个，80%的社团年收入不足 2 万元且无专职工作人员，一些组织由于经费太少和无基本工作人员，没有开展任何实质意义的活动，已经到了难以为继的地步。乐山全市 251 个民非单位中，注册资金和资产过百万元的仅 6 个，资产总额 8500 万元，占总资产的 28%，其余大多是平均资产规模不足 10 万元的人员少、规模小的单位。经费的不足，成为制约社会组织的发展和作用发挥的瓶颈。

——内部管理混乱。一些社会组织表面上虽然制定了较为完善的规章制度，但没有得到有效的执行，民主决策程序不完善，领导成员缺乏有效监督，行规行约对会员没有约束力。部分社会组织财务会计制度执行不认真，信息披露不及时，缺乏应有的社会公信力。

（二）法规政策不健全的问题

调查过程中，两地民政部门的同志都提出现行社会组织法规体系亟待完善的问题。从大的方面看，当前，在社会组织管理领域主要依据的是《社会团体登记管理条例》《民办非企业单位暂行管理条例》和《基金会管理条例》三个条例，总体上法规层次不高，操作性不强，部分内容滞后，由于还没有统一制定关于社会组织管理的法律，社会组织的权利、地位等缺乏有力的法律保障。除此之外，我们在调研中感到有三个方面的突出问题，需要引起重视：

一是政府职能转变不到位限制了社会组织的发展空间。社会组织的发展和发挥作用，需要建立在“小政府、大社会”的现代社会治理格局上。现实的情况是，一方面政府包揽了过多的社会事务，真正面向市场、面向社会的社会组织举步维艰，社会组织的发展空间、环境和改革创新受限。据峨眉山市旅游学校负责人介绍，国家对民办教育机构不投入，涉及用地、税收、用人等问题要靠举办者自己去协调解决，困难较大。另一方面政府有关部门未形成规范的购买社会组织服务的制度，政府购买服务的资金大多是预算外资金，或采取变通方式解决，随意性、临时性较强，而且资金额度小，与社会组织的实际需要相比，无异于杯水车薪。

二是税收优惠和相关配套政策有待落实。目前国家的税收政策仅从行业领域或项目发展的角度制定税收优惠待遇，对社会组织为实现公益目的开展的服务收入，与企业一视同仁，没有根据特点和需要制定和落实税收优惠政策。尤其是票据政策不健全，票据使用和管理混乱，极大地限制了社会组织的活动空间。从我们掌握的情况看，两地社会组织相关票据申领和使用尚无统一规定，而且只有社团的会费票据，导致对社会组织的税收优惠政策事实上无法全部实现。

三是社会组织专职工作人员的福利待遇没有形成独立体系，相关的社会保障制度没有得到有效的落实，与事业单位、企业工作人员的差距悬殊，严重影响队伍素质建设。使一些社会组织的队伍不稳，人员和知识结构老化，缺少应有的活力与作用。

（三）体制机制存在的问题

调研中我们感到，两地社会组织发展遇到的问题和困难，在中西部地区乃至全国并不是个别现象。造成这种情况的原因，除了一些基层政府对社会组织建设和管理中的重要性认识不够、指导不力之外，长期以来存在的体制机制问题是制约社会组织发展的另一深刻原因。主要表现在：

——登记管理机关建设严重滞后。具体表现为人员编制少，经费短缺，区县登记管理机关人力尤为薄弱。乐山市11个区、市、县都没有单独设立民间组织管理机构，工作人员除了从事民间组织管理工作之外，还要从事其他的民政工作，大多只有半个人甚至三分之一个人在干这项工作，导致省、市级登记管理机关布置任务难以全面、完整地落实，不能适应新形式下社会组织管理工作的要求。绵阳市涪城区共170个登记的社会组织，民政局从事社会组织管理的只有2名工作人员，仅办理登记、年检就占去日常工作的绝大部分，登记后的管理工作未能有效开展，所谓的培育发展更无从谈起。

——业务主管单位职责不明确。调查发现，由于两地业务主管部门都没有专职的社会组织管理人员，造成现行的双重管理体制落实不到位。一些业务主管单位对社会组织工作不重视，或者放任自流，很难落实管理责任，工作中和登记管理机关相互推诿扯皮；另一方面，极易造成部分业务主管单位“管得过死”，社会组织的一切活动都由业务主管单位决定，甚至以监管为名，决定社团负责人的人选，对社团的财务实行统管，妨碍了社会组织的自主发展。

——协调机制有待改进。社会组织的管理是一项系统工程，需要各级党委、政府的高度重视和有关部门的密切配合。调研发现，两地民政部门和业务主管单位还没有紧密的沟通协调机制，基本上是民政部门单枪匹马，不利于形成工作的合力。绵阳市涪城区民政局同志还反映，在部门利益驱动下，当地甚至出现过工商部门查处民政部门登记的民办非企业单位的现象。

三、关于下一步基层（市县）社会组织工作的政策建议

加强社会组织建设和管理，是党的十七大提出的重大历史任务。2008年中央《关于深化行政管理体制改革的意见》和《关于加强市县政府依法行政的决定》明确提出，要加强对社会组织的培育、规范和管理；十七届三中全会通过的《中共中央关于推进农村改革发展若干重大问题的决定》进一步提出，要“大力发展培育农村服务性、公益性、互助性社会组织，完善社会自治功能”。中央的要求，为社会组织工作尤其是基层社会组织工作指明了方向，提供了机遇。但是从乐山、绵阳两地调查的情况看，作为我国西部地区的资源大省、人口大省和经济大省，近年来四川省社会组织的发展相较于经济的进步，仍然处于相对滞后状态，市县一级社会组织管理工作基础还比较薄弱。这种情况在我国中西部地区有一定的代表性。随着我国进入改革发展的新阶段，社会加速转型，各种社会现象、社会利益关系、社会矛盾和问题纷繁出现，客观上使得社会组织建设和管理工作面临更加复杂的局面。这要求我们在今后的工作中，坚持以科学发展观为指导，进一步解放思想、理清思路，创新措施，充分发挥其在经济社会发展中的积极作用，推动中西部地区社会组织又好又快的发展。

（一）指导思想

以邓小平理论和“三个代表”重要思想为指导，深入学习实践科学发展观，坚持培育发展与监督管理并举，更新观念，创新机制，改进方式，提高效能，把改革创新贯穿社会组织管理各个环节，将发展、监督、执

法、服务有机统一，不断推进社会组织管理体制机制创新，促进社会组织健康、有序、可持续发展。

（二）工作思路

按照当前学习实践科学发展观的各项要求，以社会组织的发展为目标，按照分类指导、有序发展、突出重点的原则，大力发展培育农村服务性、公益性、互助性社会组织，广泛培育发展社区社会组织，建立与经济社会发展水平相适应，布局合理、结构优化、功能到位、作用明显的社会组织体系。以社会组织需求为导向，系统制定实施政府培育扶持社会团体的政策措施。加大力度完善服务于社会组织的财政税收及其从业人员职业资格、社会保障等配套政策；加快推进政府职能转变，拓展政府与社会组织合作方式，引导社会组织有序参与社会管理和公共服务；推广建立现代社会组织制度，加强社会组织内部管理和自律机制建设，引导社会组织提高其社会信誉。进一步改进和完善社会组织管理体制；加强登记管理机关和业务主管单位的工作协调，探索建立政府各部门各司其职、齐抓共管、共同负责的综合监管机制。

（三）具体措施

——完善法规。加强社会组织立法调研，适时修订《社会团体登记管理条例》和《民办非企业单位登记管理暂行条例》，完善社会组织法规建设。研究制定基层社会组织备案管理政策，将更多的农村民间组织纳入合法活动和依法管理的轨道上来。在当前全国性民间组织立法条件和时机尚不成熟的情况下，鼓励地方开展民间组织立法。

——政策扶持。一是不断扩大政府公共服务购买范围、加大政府采购和财政补贴对社会组织的扶持力度，通过分配或者竞标方式给予社会组织一定的公共服务项目支持，建立以项目制为主导的政府购买服务机制。二是规范政府购买公共服务行为，探索形成政府承担、定向委托、合同管理、评估兑现的新型政府购买服务方式。

——机构建设。适应基层社会组织发展的形势，将登记管理工作重心下移，加强基层登记管理力量，着力解决县级登记管理机关人员编制、技术装备、工作经费不足的问题。充实登记管理机关执法力量，加强培训，提高工作人员的依法行政能力。

——规范管理。推动年度检查与评估工作有效开展；引导社会组织完善以章程为核心的内部治理结构，建立健全民主参与、民主管理、民主监督制度，推动社会组织的自律建设和信息披露制度，提高组织运作透明度；引导社会组织加强自身能力建设，开展从业人员培训，着力提高民间组织在发展规划、服务提供、资源筹集、人力资源开发、制度建设、项目管理等方面的能力。

——加强协调。进一步改革和完善双重管理体制，鼓励各地建立健全政府统一领导、民政部门、业务主管部门和有关职能部门各负其责的管理制度和工作协调机制，形成推进社会组织管理工作的整体合力。

创新管理体制，推动行业协会规范发展

——河北省行业协会改革与发展调研报告

王　文　刘晓贵

2008 年 7 月初，我们赴河北省就经济类行业协会管理体制改革情况进行调研，先后听取了河北省民政厅、河北省工业经济联合会（经济类行业协会业务主管单位）关于行业协会管理与扶持相关情况汇报，实地考察了河北省工业经济联合会，并与省食品工业协会、信息产业与信息化协会、省农业产业协会、省服装行业协会等 11 家经济类行业协会进行了座谈。深刻体会到，在河北省委、省政府的高度重视下，河北省经济类行业协会管理体制的改革有效地推动了河北省行业协会的规范发展。现将有关调研情况汇报如下：

一、河北省经济类行业协会管理体制改革的背景情况

针对目前《社会团体登记管理条例》规定的对社会团体采取的业务主管单位和登记管理机关“双重管理体制”，河北省政府进行了认真分析，认为该体制在强化行政管理方面发挥了重要作用的同时也带来了行业协会登记难、政府干预过多、行业协会行政依附性强等弊端。考虑到，由分散的政府部门作为行业协会的业务主管单位，缺乏对行业协会的统一组织指导和监督管理，难以真正实现政会分开，个别部门受利益驱动或工作繁忙，对行业协会不是管得过严，就是放任自流。这必然严重影响行业协会按照市场化和自主办会的原则健康发展，从而成为行业协会迅速发展的瓶颈和束缚。

为了从源头上解决上述问题，河北省委、省政府于 2005 年 1 月发布了《河北省人民政府关于印发河北省行业协会发展指导意见及其实施意见的通知》（冀政［2005］1 号），按照“自主设立、自我管理、自律运行、自我发

展”的原则，对全省性行业协会采取了新型管理体制：一是明确省发展改革委统筹负责全省行业协会发展规划、布局调整、相关政策制定和协调管理等，省工经联由省发展改革委联系和指导，并受省发展改革委委托，对行业协会进行“组织、协调、指导”。二是明确省政府授权省工经联为全省性经济类行业协会的业务主管单位，履行《社会团体登记管理条例》规定的业务主管单位有关职责。三是进一步明确省民政厅依据《社会团体登记管理条例》，负责对行业协会的成立登记、变更登记和注销登记，对行业协会实施年度检查和依法监督管理等，严厉查处违法违纪的行业协会。四是省政府有关部门要对涉及产业发展、行业规范等有关问题进行业务指导和监督。

在省委、省政府高度重视和大力支持下，两年来，河北省行业协会管理体制改革顺利推进，截至2007年底，经济类行业协会业务主管单位变更工作基本完成，由河北省工经联（省经团联）作为业务主管单位的全省性经济类行业协会达到187家，为后续行业协会改革的推进奠定了基础。

二、河北省经济类行业协会管理体制改革取得的成效

应该说，河北省对行业协会管理体制进行的创新，解决了过去对行业协会分散管理，缺乏系统指导等问题，实现了对行业协会的统一组织、协调和指导，对于推动行业协会结构布局的优化，使行业协会的发展更加符合市场经济的需要，促进政府部门尽快向行业协会转移职能，加快行业协会民间化进程，起到了积极的助推作用。

（一）行业协会结构布局得到优化

在变更经济类行业协会业务主管单位的过程中，河北省民政厅民管局与工经联携手在对全省性经济类行业协会的现状进行调查研究、摸清底数的基础上，按照优先发展钢铁、医药、石油化工、装备制造、建筑建材、食品（含农产品）、纺织、信息技术、现代物流、旅游等产业的布局，能合并的合并、该注销的注销，由原来的200多家精简调整为170多家。同时，根据当地产业经济布局和行业发展的要求，采取重点培育和企业自发相结合等形式，在新兴和优势产业培育和组建了44家行业协会。经过这一系列的调整和优化，有效地解决了过去在行政格局下设立行业协会，条块分割、重复设置、职能交叉、作用不突出等现象。使行业协会的发展打破了部门、所有制界限，实现了行业协会真正意义上的跨部门、跨地区、跨行业和跨所有制，建立起了与经济发展水平和产业结构布局相适应，分类科学、分布合理的行业协会组织体系。

（二）行业协会规范建设有效推进

为了推进行业协会的规范化建设，河北省工经联积极行使业务主管单位职责，及时出台了一系列文件，以制度的方式确保行业协会规范化建设能够持续长效推进。

1. 强化行业协会运行机制建设。针对许多行业协会还未建立规范有序、民主高效的运行机制，致使执行制度不严格、组织程序不规范、监督机制不完善、工作随意性大等问题。河北省工经联研究制定了《关于全省性经济类行业协会建立健全运行机制的指导意见》，指导行业协会建立健全规章制度，完善法人治理结构，推进行业协会内部有机体系和功能相互作用、进行有序有效运转。目前河北省已有110余家行业协会制定出与章程相配套、能充分发挥协会组织和工作机构作用的运行机制规则，促进行业协会坚持依照登记章程开展活动，充分发挥社团法人作用，做到科学决策、民主办会。

2. 促进行业协会自律、制定和实施行规行约。为充分发挥行业协会的自律职能，河北省工经联研究制定了《关于进一步开展制定和实施行规行约的工作安排》，明确了制定行规行约应体现的主要内容、基本要求和行规行约的执行与监督等。目前，河北省已有90余家行业协会制定并实施了行规行约，有效地推进了行业自律机制建设，规范了行业与企业行为，维护了市场秩序，保护了行业、企业和消费者的合法权益，提高了行业协会的地位和公信力。

3. 规范行业协会财务行为。为加强对财务的监管，河北省工经联研究制定了《全省性经济类行业协会内部财务管理办法》，明确了对行业协会财务收入、财务支出、货币资金、财产物资、政府资助及购买资金、财务监督管理等方面的15项要求，有效地加强了对行业协会的财务监督与管理。

4. 规范行业协会换届工作。河北省工经联研究制定了《关于全省性经济类行业协会换届工作的指导意见》，指导行业协会提高思想认识，增强换届工作的主动性；强化组织制度，规范换届工作程序；优化组织体系，提升整体功能；维护章程权威，严格变更程序；保障会员权益，实行民主选举。通过规范换届工作，河北省经济类行业协会进一步健全了组织机构和运行机制，优化了领导班子和工作队伍，强化了民主制度和民主意识，融洽了与会员的关系，整体素质与服务水平都得到了提升，为行业协会持续健康发展打下了基础。

5. 加强行业协会自身建设。河北省工经联制定了《关于进一步加强全省性经济类行业协会自身建设的指导意见》，指导行业协会加强组织建设，提高科学决策与行为能力；加强职能建设，选准主流业务与工作重点；加强秘书处建设，建立精干高效的工作团队；加强制度建设，建立规范有序的运行机制；加强信用建设，建立完善的自律与诚信体系；加强文化建设，增强持续发展的动力与支撑；加强自养能力建设，增强造血功能和持续发展能力。

（三）行业协会发展环境持续完善

行业协会政策体系建设逐步完善。在省委、省政府的高度重视和大力支持下，2005 年以来，针对行业协会的改革和扶持，河北省连续出台了 8 个系列配套的政策性文件，对行业协会的管理体制、整体发展、职能转移、购买服务、税收减免、社会保障等都做出了明确的政策性规定，并逐一落实，极大优化了行业协会发展的政策环境。

建立政府资助和购买行业协会服务机制。针对当前行业协会因工作经费困难而制约作用发挥，以及行业协会为政府服务多数是无偿的，还未建立起公正平等的市场化购买服务关系等问题，2005 年，河北省政府印发的《河北省行业协会发展指导意见及其实施意见》（冀政［2005］1 号），提出了要通过多种形式给予行业协会资助。2007 年 9 月 29 日，河北省政府又印发了《河北省人民政府关于进一步加强全省行业协会建设的若干意见》（冀政［2007］108 号），正式建立起了政府资助和购买行业协会服务机制。2006—2007 年度省政府扶持行业协会专项经费 950 万元，已拨付有关行业协会。2008 年起，河北省政府资助重点行业协会所需资金纳入财政预算管理，对行业协会受政府委托开展业务活动或提供的服务，按照等价交换的市场经济规则支付相应的费用，所需资金纳入财政预算管理，实现了政府向行业协会购买服务的重大突破。2008 年省政府资助重点行业协会发展和购买固定性及临时性服务的财政预算资金达到 1500 万元。

应该说，河北省政府资助和购买行业协会服务机制的建立和落实是其推动行业协会发展的重要举措和亮点，有利于促进政府部门“政事分开”，做到“养事不养人”，把工作重心转移到制定发展规划、进行宏观调控、加强监督管理等方面来。既可以使政府从社会管理和社会服务的第一线解脱出来，降低行政成本，又可以为行业协会拓宽发挥作用的空间，促进了社会资源的合理配置和社会管理多元化、社会服务专业化的发展。同时也充分体现了政府对行业协会建设与发展的大力扶持，破解了长期围绕行业协会生存与发展的难题，使行业协会树立了等价交换和多劳多得的市场化意识。

政会分开工作顺利完成。河北省通过调整、变更业务主管单位，实现经济类行业协会的统一管理，实现了行业协会与政府部门在人员、经费、财物等彻底分开，改变了过去政府部门把行业协会作为附属物或“二级机构”而政会不分的现象。使政府部门把精力放在宏观调控、公共服务和社会管理上，把对行业协会的直接管理变为行业指导。克服了过去行业协会依赖政府部门生存、围着政府部门办事、在政府部门约束下工作等现象。使行业协会淡化了“官办”色彩，增强了“企业办会，服务立会”的宗旨和理念，提高了活力和能力，由行政化走向民间化，加快了与市场的对接。改变了过去行业协会依部门或处室建会及一名行政官员在多个协会兼职的现象。排除和减少了政府部门不必要的行政干涉，切割了政府部门与行业协会彼此之间在人事和利益等方面的关系，使行业协会真正按照独立自主办会的原则自我发展。

行业协会职能逐步得到落实。针对目前政府在行业管理、协调和服务上缺少抓手，在行业整合、整顿市场秩序等方面没有一个合适的角色来统筹，政府与企业的信息沟通不畅和缺乏反映企业呼声和行业利益的代言人的问题，河北省政府又出台了《关于进一步加强全省行业协会建设的若干意见》，明确了行业协会自身应具备的12项职能，规定了政府及有关部门将行业统计等8项职能委托授权或划转给行业协会，并明确要求政府及有关部门在履行暂时还不能委托或授权行业协会的职能过程中，应当听取行业协会意见。为做好省政府文件的贯彻落实工作，2008年5月6日河北省发改委与省统计局又联合印发了《关于授予有关行业协会行业统计职能并委托有关工作的通知》（冀发改产业［2008］548号）文件，授权省机械、石化、食品等10家行业协会在本行业内依法开展统计调查工作，向省委省政府及省政府有关部门提出行业运行分析、预测预警报告。

（四）行业协会能力建设不断加强

近年来，河北省行业协会能力建设不断增强，作用发挥日益明显。比如河北省行业协会围绕全省和行业的热点与难点问题，深入调研，共撰写有数据、有情况、有分析、有建议的专题调研报告200余篇，为政府及有关部门决策提供了参考或依据。目前有47家行业协会完成了2006、2007年度《河北省行业（产业）发展报告》，完成了《河北省工业行业发展通鉴》（第一部），第二、第三部已进入文案工作阶段，可望2008年7月出版。对政府部门、企业了解相关行业（产业）发展现状和信息，促进行业发展具有较强的针对性、实用性和参考价值。同时，为协助政府及有关部门搞好行业管理，河北省还建立了以省冶金、石化等17家协会为主体的行业统计、行业分析、行业预警体系，并坚持每季度举行一次行业信息发布会，所发布信息关注行业热点、求解发展难点、科学分析行业发展走势，对未来行业发展态势进行前瞻性预测，得到了河北省领导和社会的高度关注。

三、河北省经济类行业协会管理体制改革存在的问题

从整体来看，河北省经济类行业协会管理体制改革的创新实现了对行业协会的统一组织、协调和指导，有利于促进政府部门尽快回归到社会管理与公共服务上来，把属于行业协会的职能交给协会；有利于促进行业协会尽快从依托政府部门向独立的市场中介组织转变；有利于行业协会突破部门界限，充分发挥跨部门、跨地区、跨行业、跨所有制的优势，按市场化和自主办会原则健康发展。但是，这一新的管理体制在具体实施过程中还存在不少问题，其可持续性发展还有待检验。

1. 河北省工经联作为业务主管单位的可持续性将受到挑战。当前，在河北省委、省政府高度重视及一些利好政策的鼓励下，大部分经济类行业协会业务主管单位已发生变更。但从长远来看，河北省工经联作为群众团体来承担经济类行业协会业务主管单位的行政职能，其本身的权威性并不够，而且也不能对行业协会起到真正的业务指导作用。随着行业协会管理体制改革的推进，可能要考虑重新定位和进一步明确职能的问题。

2. 行业协会的管理没有统筹考虑业务主管单位变更后导致业务指导缺失的问题。目前，河北省有行业协会 200 多家，省工经联联系了 180 多家，有些行业协会依然散落在相关部门，甚至在同行业中有的归政府职能部门管理，有的归工经联管理。这种情况对行业协会优化布局，按照市场需求统筹规划就可能会有影响，同时，对行业协会的相关政策规范，管理也不完全统一，出现同样是行业协会没有执行同一政策或享受同样待遇的问题。

3. 现行管理体制存在与政府部门职能交叉的问题。河北省经济类行业协会业务主单位的变更一方面与传统行业协会业务主单位职能发生冲突，另一方面与登记管理机关职能存在交叉和重叠。由于河北省工经联并不能对行业协会起到真正的业务指导的作用，其所承担的培育发展和监督管理的职能，从原有管理体制来看，完全可以通过壮大登记机关力量的办法来解决。只是由于河北省民间组织登记管理机关现在力量相对较弱，难以从整体上承担培育发展行业协会的职责，这一职能冲突在河北省表现并不明显和剧烈。但伴随着登记管理机关力量建设的日益增强和河北省工经联自身职能的逐步扩张，二者之间的矛盾和冲突是可以预见的。

四、对推动全国行业协会改革与发展的思考和建议

河北省行业协会管理体制的创新与当地的发展现状是相适应的，但从长远来看，其可持续性又将受到行业协会管理体制改革的严峻挑战。但我们觉得河北省目前的做法可以作为一个过渡性管理制度，对其继续观察和跟踪。应该说河北省的改革对于推动行业协会的发展还是有着积极、重要的意义，对全国行业协会改革和发展也能提供启发。由此有以下几点思考：

1. 推进行业协会法制化建设，明确行业协会的职能和地位。行业协会管理体制的改革可以说是从根本上推动行业协会改革发展的关键点和突破口。近年来，地方很多省市在这方面作了许多尝试和创新，如广东、深圳、上海、河北等省市，有些改革基本是成功的，有些改革还需进一步完善，但总的来说行业协会的改革是地方推着我们往前走的。如果有条件能否考虑抓紧制定《行业协会管理条例》，对行业协会的法律地位、组织机构、内部治理专门作出规范。如果时机不成熟，建议加快修订出台《社会团体登记管理条例》，增加行业协会改革内容，在管理体制上有所突破。尽快解决行业协会法律法规不健全、政策措施不配套、管理体制不完善的问题。

2. 落实国办 36 号文件精神，采取有力措施，推进行业协会的改革和发展。从高层次明确专门部门或设立专门协调工作委员会，负责统一规划、协调行业协会的整体发展。制订计划，明确职能，落实部门，争取各级领导的支持，逐步解决政府尽快转移职能和购买服务及税收、社保、人才等问题。

3. 做好行业协会改革的后续工作。推进行业协会管理体制改革，必然伴随着原有业务主管单位部分管理职能的重新分工和明确，可以考虑一是增设新的负责部门统一管理和协调行业协会的有关事宜；二是加强现有登记管理机关的力量，由现有的登记管理机关统一接收转移出来的职能。这一办法从长远来看，符合行业协会管理体制改革的发展趋势，也能体现精简、高效的政府机构改革精神。但是，长期以来，全国绝大多数市、县民政部门没有负责社会组织管理的专门机构，许多地方没有专职人员，甚至没有工作经费。登记管理机关存在机构不强、层次不高、力量不足的问题。这个问题不解决，民政部门将无力承担日益繁重的社会组织登记和管理任务。因此建议，尽快加强登记管理机关的能力建设，通过对现有社会组织管理力量进行整合，增加人员，提高规格，增强管理体制改革的保障能力。

青岛市民办非企业单位发展情况的调研报告

廖　鸿　卜志勇　郝福庆　赵　泳　李露寒

2008年7月23日至26日，国务院办公厅秘书三局、国家发改委社会发展司和民政部民间组织管理局组成的调研组一行5人，到山东省青岛就民办非企业单位的培育发展问题，进行了专题调研。通过座谈、走访等方式，就该市民办非企业单位发展情况、遇到的困难和问题、采取的扶持鼓励措施等情况进行了调研，并听取了各方的意见和建议。

一、青岛市民办非企业单位发展的基本情况

民办非企业单位是指企事业单位、社会团体、公民个人和其他社会力量，利用非国有资产举办的从事非营利性社会服务活动的社会组织，如民办的学校、医院、研究所、养老机构等。它与社会团体、基金会等一样，是社会组织的一种基本类型。近年来，在经济发展和社会进步的大环境中，青岛市民办非企业单位发展迅速，在民政部门登记的民办非企业单位，从2002年的300多家，增加到了2007年底的3293家，占全市社会组织总数的68.3%，形成了以教育、劳动、卫生、劳动、文化、科技、民政7个行业为主的布局体系。从业人员约5万人，实行年收入超过10亿元，成为青岛市社会服务的新增长点，在社会领域发挥了积极的作用：一是承接了大量原由政府承担的公共服务，为政府转变职能创造了条件。如崂山区政府没有出资建流浪乞讨人员救助站，而是委托一家民办养老机构留出20多个流浪乞讨人员救助专用床位，政府按床位和实际救助人数每年约付30万元，而如果由政府建救助站，就要养人养机构，每年需支出约50万元。二是民办教育成为教育领域的重要力量。全市民办学校共1410家，占各类学校总数的55.57%，其中学历教育学校103所，非学历教育学校1302所。共有教职工2.1万人，现有在校生21万人。三是民办服务机构成为社会化养老的主力军。目前，青岛市民办养老机构共有床位8818张，占各类养老机构床位总数的80%以上，从根本上缓解了当地社会化养老供求矛盾。四是科技类民办非企业单位在科技助农、富农方面作用明显。全

市231家科技类民办非企业单位涉及海洋、农业、水产、医疗、医药、信息、生物、纺织、净化、消毒等多个行业，填补了多项科研项目空白。青岛市的民办非企业单位以灵活的运行方式，在动员社会资源、提供多样化公共服务、促进政府职能转变、创造就业机会、维护社会和谐等方面，发挥了政府与市场都难以取代的积极作用。

二、存在的问题和面临的困难

由于民办非企业单位处于发展初期，其发育和成长过程中也存在一些问题，面临不少困难，制约着它们的生存发展。

（一）数量不多，规模偏小，经济总量比较小

与发达国家相比，我国民办非企业单位数量偏少，多数规模尚小，基础薄弱，资金有限，生存困难。青岛也是这样。如文化类民办非企业单位共71个，只占全市文化机构总数的15.7%；卫生类民办非企业单位656个，占全市卫生机构总数的23%，但基本是规模较小的诊所。2007年，民办非企业单位的总收入只占当年青岛市当年GDP的0.26%，与发达国家非政府组织收入占GDP4.5%的平均水平相差17倍。这一情况在全国有一定的代表性。总体上，民办非企业单位还处于发展的初期，尚未真正成为与政府、企业合作的不可忽视的“第三部门”。

（二）民办非企业单位主要集中于教育等少数领域

青岛不同类型民办非企业单位占登记总数的比例如下：教育类42.8%，劳动类8.5%，体育类7.2%，科技类7%，民政类6.9%，其他类9%。这种教育类一枝独秀的局面，与国际上文化娱乐、卫生保健、教育、社会服务四类民办非企业单位均衡发展的格局形成反差，也不适应经济社会长远发展的客观要求。

（三）现代组织制度不健全

一是民办非企业单位组织机构不健全，董（理）事会制度作用发挥不足，有的未设监事会；二是财务管理比较混乱，票据使用不规范，收支不合理，有的民办非企业单位甚至行营利之实；三是法律意识不强，有的不按章程规定开展活动；四是组织行为不规范，缺乏自律与诚信，有的甚至有欺诈行为。2006年年度检查时，青岛市民政局在市直856家民办非企业单位中，查出有各种问题的224家，占总数的26%。这些问题的存在，影响了民办非企业单位的整体形象和社会公信力。

（四）相关法律建设滞后

目前，规范民办非企业单位的主要法律法规是《民办非企业单位登记

管理暂行条例》《民办教育促进法》与部分部门规章，存在立法层次倒置、不配套、针对性不强等问题。此外，目前对民办非企业单位实行的登记管理机关和业务主管单位双重负责的管理体制。由于许多部门不愿承担业务主管的职责，使得不少民办非企业单位无法到民政部门申请登记，取得合法的法律地位，亦因之游离于有关部门的监管之外。座谈中，许多人反映，社会上很多人不知“民办非企业单位”为何种类型的组织，其知名度反不如民办学校、民办医院等这些具体的民办非企业单位。

（五）优惠扶持政策少

与国外相比，我国对民办非企业单位的优惠和扶持政策，明显偏少。政府向民办非企业单位购买服务的做法还局限在很小的领域，多数民办非企业单位难以获得资金和基础设施方面的支持。青岛市除民办学校、医院、养老机构可享受税收减免的优惠外，其他类型的民办非企业单位很难享受税收优惠政策，与服务型企业一样缴纳营业税、所得税。在信贷、用电、用地、用水、职工社会保险费缴纳、科研项目申请、专业技术职称评定、评奖等方面，也不能享受与公办事业单位的同等政策待遇。青岛思达中狮国际心肺血管医院反映，该院在医疗设施、设备方面投入了巨资，并与许多著名医院和专家合作，但由于不是新农合定点医院，许多病人望而却步，医院在亏损中经营，举步维艰。黄海职业学院反映，该校的学生不能享受助学贷款政策，使得许多家境不好的学生，求学艰辛。

三、采取的监管措施与鼓励政策

对以上问题和困难，青岛市委、市政府予以高度重视。一方面，采取了一系列加强管理的措施：成立了由市委副书记任组长、分管副市长为副组长、相关部门负责人参加的青岛市社会组织管理工作领导小组；近年来，出台相关政策文件100多份，初步形成了比较完整的民办非企业单位政策体系；着力改变“重登记、轻管理”，更加注重对民办非企业单位的日常监督管理，建立了以行政告诫、行政约谈为内容的行政指导制度；积极引导民办非企业单位诚信体系建设，组织开展了诚信建设活动。另一方面，着眼于加强社会建设，培育鼓励民办非企业单位发展。为贯彻党的十六届六中全会关于“鼓励社会力量在教育、科技、文化、卫生、体育、社会福利等领域兴办民办非企业单位”的精神，2007年11月，青岛市政府印发了《青岛市鼓励社会力量举办民办非企业单位的若干意见》，这在全国是第一份，也是截至目前唯一的一份鼓励和支持民办非企业单位发展的规范性文件，旨在营造有利于民办非企业单位参与和谐社会建设的良好环境，着力解决其发展中遇到的突出问题，保护民办非企业单位和从业人员的合法权益，逐步建立起布局合理、结构优化、功能完善、自律规范、作用明显的民办非企业单位发展体系。

《青岛市鼓励社会力量举办民办非企业单位的若干意见》的主要内容是：(1) 支持社会力量在法律法规准予进入的行业和领域举办民办非企业单位，在申请立项、税收信贷、土地使用等诸多领域实行与公办事业单位同等的政策待遇。(2) 加大对教育、科技、文化、卫生、体育、社会福利类民办非企业单位的支持力度，明确了扶持的内容和方法。(3) 鼓励社会力量积极承担公共服务职能，政府以购买服务的形式给予扶持。(4) 建立统一的民办非企业单位税收优惠政策和各类保险制度。(5) 建立民办非企业单位社会化服务体系，简化登记、变更、年检手续等。

在座谈与走访中，民办非企业单位普遍反映，《若干意见》的出台，让他们看到了政府积极支持的态度，预示着民办非企业单位发展的“春天”来到了。经过半年多的实践，《若干意见》的落实工作，初见成效。一是青岛市出台了部分扶持措施，如从福利彩票公益金中，提取部分资金，对民办养老机构按每个床位每年1000元进行补助，同时按照居民收费标准收取用电、用水费用。二是社会对民办非企业单位的认知度有所提高，社会力量出资举办民办非企业单位的步伐加快，2008年以来新成立的数量同比增长了10%。

但是，青岛市民间组织管理局反映，上述所列困难依然存在，尚未取得明显改观。其原因主要有两个：一是落实《若干意见》的各项要求，必然要与相关部门进行大量沟通、协调，需要一个相对较长的过程；二是许多优惠扶持政策需要上位法和国家政策的支持，如税收优惠政策依法应由法律法规作出，地方无权自行决定，因而很难单方推进。

四、相关启示及建议

(一) 当前扶持和培育民办非企业单位发展十分必要

国际经验表明，人均GDP超过3000美元的阶段，是民办非企业单位发展的快速时期，而我国东南沿海大部分地区已进入这一发展阶段。在发达国家，民办非企业单位的数量，大大超过基金会和社会团体，而目前我国的民办非企业单位占社会组织总数的44.9%。鼓励扶持民办非企业单位发展，使其成为与政府、企业共同承担公共服务供给的重要力量，有效解决政府和市场都难以解决的问题，是发达国家社会建设成功的普遍经验，也是满足当前公众对公共服务多元化需求的必然要求，有利于政府降低社会管理和公共服务成本，有利于改善民生、扶助弱势群体。

（二）尽快出台国家层面的鼓励和扶持民办非企业单位发展的政策

青岛的同志认为，从当地实践看，在涉及民办非企业单位发展的政策方面，地方受权力所限，很难在税收优惠等方面有所突破，急需国家层面出台富有可操作性的指导意见，作为有条件的地方改革和创新的动力和依据。从青岛的实践看，民政部和其他政府相关部门共同起草有关政策文件时，应当注意以下几个方面。一是要实行评定待遇，加大以财税支持、政府购买服务为重点的政策支持力度，为民办非企业单位的生存和发展创造一个良好的政策环境；二是要加强民办非企业单位的自身建设，完善治理结构、建立完善劳动人事制度、财会制度等现代组织制度，确保民办非企业单位的非营利性；三是要改进对民办非企业单位的管理方式，加强对民办非企业单位发展的指导，改进登记管理方式，加大舆论宣传，营造有利于民办非企业单位发展的良好的社会环境。

（三）建立健全相关法律法规政策体系

当前，主要是抓紧修订完善《民办非企业单位登记管理暂行条例》。一是要确定科学、规范、为社会广泛认可的名称，如将民办非企业单位改为“民办事业单位”或“民办社会服务机构”等；二是适当放宽准入“门槛”。与基金会、社会团体不同，民办非企业单位的实体性更强，且主要服务于社会公共领域，因此可考虑对一些法律法规规定不需要前置审批的民办非企业单位进行直接登记，不再实行双重管理；三是要在认真调研的基础上，清理有关的部门规章。对民政部自己的规章，该修改的修改，该废止的废止；四是要认真总结、提炼地方创造的先进经验，在时机和条件成熟时，可以把它们上升为规范性文件，或写入新修订的有关法律法规。

探索有中国特色的社会组织发展之路

——纪念改革开放30周年社会组织创新与发展报告

孙伟林

中国实行改革开放以来，社会组织建设取得了很大的成绩，社会组织发展迅速，布局得到调整，结构不断优化，质量逐步提高，服务社会的作用得到进一步发挥，群众有序参与、有效覆盖城乡、门类齐全的社会组织体系基本形成。截至 2007 年底，依法登记的社会组织已经超过 38.69 万个，其中社会团体 21.16 万个，民办非企业单位 17.39 万个，基金会 1340 个，较之 1988 年增长了 87 倍。目前，仍以每年 10%—15%的速度在发展。同时，在城乡基层，不具备法人条件的服务型、群众性社会组织快速发展，经民政部门备案的农村专业经济协会有 4 万多个，城市社区社会组织有 10 万多个。我国社会组织固定资产规模已达到约 682 亿元，总收入 1343.6 亿元，总支出约 900.2 亿元，吸纳就业 457 万人，同时还有数量巨大的志愿者、社会工作者和义工，仅注册志愿者已达到 2511 万人。经过正确引导和依法管理，我国社会组织的发展总体上是健康的，大多数组织在经济、政治、文化、社会、教育、科技等各个领域发挥着积极的作用，成为沟通党和政府与人民群众的桥梁和纽带，成为我国经济社会发展中一支重要力量。

2008 年是我国改革开放 30 周年，在这样一个重要历史时刻，我们有必要对社会组织的建设和管理工作进行系统的回顾总结。把社会组织的改革发展进程和宝贵经验总结出来，深化和提升社会组织的基本经验、发展思路和改革方向，进一步提高全社会对社会组织工作的认识和关注，充分发挥社会组织的积极作用，共同促进和谐社会建设，开创有中国特色的社会组织的发展之路，是十分重要的。

一、培育扶持，规范管理，我国社会组织已步入健康发展的轨道

改革开放以来，伴随着我国社会主义市场经济体制的不断完善，改革开放步伐的不断加快，以及政府职能的进一步转变，我国社会组织由小到大，由弱变强，队伍发展壮大，实力不断增强，从社会参与到社会管理，从社会责任到公共服务，作用影响日益显现。目前广大社会组织已成为我国社会建设的有生力量，已成为构建和谐社会的有机组成部分。

30 年的发展历程，社会组织经历了从初步规范、结构调整到现在的法制化、多元化的发展阶段。从中央到地方，从农村专业经济协会到各类行业协会，从公私募基金会到各类民办非企业单位，各层次、各行业的社会组织呈现出多元化发展的良好态势。社会组织在数量增长的同时，类型日益多样化，涉及的领域也不断拓宽，一些新型社会组织不断涌现。目前全国各类社会组织现已遍布城乡，涉及社会生活的方方面面，分布在行业中介、教育、科技、文化、卫生、劳动、民政、体育、环保、社区、农村专

业经济等诸多领域，呈现出层次不同、区域有别的社会组织发展格局，初步形成了门类齐全、覆盖广泛的社会组织体系。

30年的发展历程，有关社会组织登记管理的一系列法律法规相继出台，目前已初步形成《社会团体登记管理条例》《基金会管理条例》和《民办非企业单位登记管理暂行条例》三个条例、若干规章和规范性文件构建为架构的登记管理制度。民政部先后颁布《基金会年度检查办法》《基金会信息公布办法》《民办非企业单位年度检查办法》等一批新规章。国务院又将《社会团体登记管理条例》《民办非企业单位登记管理条例》等条例的修订纳入立法计划。目前我国社会组织立法工作正在不断加强，法制化进程正在不断加快。

30年的发展历程，社会组织管理体制机制改革不断取得进展，已初步建立了一个相对完善的社会组织行政管理体系。在改革创新的时代背景下，我国的社会组织管理能力在历练中不断增强，水平不断提高，本领不断增大，视野不断开阔，这为社会组织管理纳入法制化、规范化轨道奠定了坚实的基础。从各地近年改革探索的实践看，行业协会改革发展不断取得新突破，新型政社关系实践不断取得新进展，转制民办非企业单位登记管理工作不断进行新探索，城乡基层社会组织培育发展不断推出新举措，基金会的管理方式和监督机制不断完善，社会组织依法监管不断改进，社会组织评估体系建设不断取得进展，登记机关自身建设不断加强，社会组织发展呈现平稳健康的良好态势。这些可圈可点的改革与创新，从根本上保证了社会组织整体功能的有效发挥，实现了我国社会组织的持续健康有序发展。

30年的风雨历程，30年的探索努力，我国社会组织的发展进程不断加快，发展空间不断增大，社会影响力也日渐提高。实践证明，社会组织对促进经济发展、推进社会进步、维护社会稳定、建立和谐社会起着积极的促进作用。社会组织的作用影响无可替代，社会组织的发展前景无比光明。

30年的改革发展创新实践，总结印证了一条符合国情、具有中国特色的社会组织创新发展的基本经验，那就是：必须加大改革力度，创新发展模式，健全管理体制，完善运行机制，这是社会组织建设和管理工作的客观要求；必须发挥服务群众、服务社会，推动政治、经济、社会、文化发展的积极作用，这是社会组织建设与管理工作的根本目的；必须注重体制机制创新，这是社会组织建设与管理工作的不竭动力；必须形成科学、合理、优化的发展体系，这是社会组织建设与管理工作的重要手段；必须把社会组织工作全面纳入法制化、规范化轨道，这是社会组织建设与管理工作的基本保障。

二、立足国情，认清形势，把握社会组织发展面临的机遇和挑战

30年的发展历程，我国社会组织的建设和管理取得了很大进展，社会组织的大环境也正在发生重大变化，社会组织正面临着难得的发展机遇。目前，我国社会组织总体上仍处在发展的初级阶段，在看到机遇的同时，也要对当前所面临的实际问题和挑战有一个清醒的认识。

当前，随着我国改革进入攻坚阶段，现代化建设和社会利益格局的变化凸显了社会组织的功能作用，无论是促进经济发展和改革开放，还是推进社会进步、构建和谐社会和促进人的全面发展，社会组织在经济社会中都将扮演更加重要的角色，发挥更大的作用，都对社会组织的改革发展提出了现实而紧迫的社会需求。

实践充分证明，发挥社会组织的积极作用，提高社会管理水平、扩大公共服务供给，参与公共事务和公益事业，符合实现人民群众最根本利益的需要；规范发展行业协会，发挥其提供服务、反映诉求、规范行为的功能，符合促进完善市场经济的需要；发挥社会组织扩大群众参与、反映群众诉求方面的积极作用，就能够增强社会自治功能，符合推动社会主义民主政治建设的需要；发挥社会组织在传承传统文化、建设和谐文化、弘扬先进文化中的生力军作用，符合推动中华文化的大发展大繁荣的需要；依托社会组织，广泛动员社会力量，整合社会资源，扩大公共服务，符合更大限度地加快推进以改善民生为重点的社会建设的需要。这些客观需求将使社会组织获得更重要的地位和更广阔的发展空间，同时也对社会组织建设与管理提出了更高更新的时代要求。

因此，社会组织建设与管理，必须要顺应和适应经济社会发展的客观要求，审时度势，才能有所作为，把握主动性，发挥创造性，把社会组织工作做实做好。

同时，面对新的形势和要求，社会组织建设与管理工作还存在不少困难和问题。总体上看，社会组织的服务社会功能和自律性、诚信度还不足，外部思想观念、体制机制方面的障碍还比较突出，发展空间和环境还不够宽松，作用发挥与我国经济社会发展形势的要求还有很大差距。

主要表现在：一些地方和部门对社会组织的发展规律认识不足，对社会组织在经济社会发展中的地位与作用重视不够，还没有把社会组织真正纳入经济社会发展总体布局。从社会组织自身情况看，主要是行为不规范，组织结构不健全，作用发挥不明显。社会组织的数量、质量、功能、

作用，总体上还不能满足人民群众日益增长的物质文化需求，与我国四位一体的建设要求还有相当差距。从外部情况看，主要是管理体制不完善，政策不配套，法制不健全。社会组织法规体系尚不健全，立法层次较低，社会组织的法律地位不高，政策环境还不完备。大量社会组织难以纳入依法登记、依法管理的轨道，相当部分社会组织行政色彩严重，政社不分，参与社会建设和管理的能力不足。重登记、轻管理，无力监管或监管不到位的局面还没有得到根本扭转。

冰冻三尺，非一日之寒。我们要对形势作出客观全面的分析判断，既要深刻理解和把握前所未有的大好发展机遇，又要充分估计解决问题的改革难度和发展阻力，要充分做好打持久战的思想行动准备。只有运筹于帷幄之中，方能决胜在千里之外。

三、把握关键，明确任务，坚定不移地走中国特色的创新发展之路

目前，我国社会组织发展正在实现一次历史性的跨越，职责光荣而任务繁重。社会组织30年的发展历程启示我们，必须根据世情、国情、党情的发展变化，坚持以改革创新精神推进社会组织的建设与管理工作。

党中央、国务院十分重视社会组织建设与管理工作，党的十七大报告把社会组织摆到了更加突出的位置，进行了多方面的论述，提出了一系列新思想、新观点、新论断。这些论断集中体现了我们党在新世纪新阶段对社会组织理论创新和实践探索的最新成果，也标志着我国社会组织理论和实践价值认识的升华达到了一个新境界。

2007年南京工作会议确定了社会组织工作的指导思想和总体要求，明确了今后一个时期社会组织工作的大政方针和主要任务，概括起来就是：发展是前提，建设是核心，培育与监管是基本手段，发挥社会组织的积极作用是根本目的。

当前和今后一个时期，社会组织建设与管理，要以邓小平理论和“三个代表”重要思想为指导，深入贯彻落实科学发展观，继续解放思想、实事求是，按照健全组织、提升能力、培育扶持、规范管理、发挥作用的基本思路，争取在建立与我国经济社会发展需要相适应、布局合理、结构优化、功能到位、作用明显的社会组织发展体系方面取得新进展，在构建充满活力、富有效率、有利于社会组织健康发展的体制机制方面取得新突破，在形成党委领导下的政府管理、社会监督和社会组织自律相结合的社

会组织管理格局方面迈出新步伐，充分发挥社会组织在经济社会发展中的积极作用。把握了这个主题，就把握了当前社会组织建设与管理的正确方向。

形势越好越要有忧患意识。时刻保持清醒头脑，就要从实际出发，立足国情，尤其要增强社会组织工作的紧迫感和责任感。着力转变不适应社会组织建设发展的思想观念，着力解决影响和制约社会组织作用发挥的突出问题，真正把社会组织的积极性引导到服务社会建设上来，把社会组织的作用发挥到和谐社会建设的各个方面，主动适应新时期社会主义现代化建设的需要。

社会组织建设与管理是一项长期的系统工程，不可能一帆风顺，也不可能一蹴而就。要用面向未来的创新眼光来认识社会组织工作，用服务全局的发展眼光来谋划社会组织工作，用科学管理的时代眼光来推进社会组织工作。在这里我着重讲以下几点意见，与大家共同探讨。

一是加快组织发展。就是要大力推动我国各类社会组织全面协调发展，加快形成门类齐全、覆盖城乡、涉及社会生活各个领域的社会组织体系。要着力按市场化原则改革和发展行业协会商会，积极培育农村专业经济协会，加大扶持公益慈善类社会组织，鼓励社会力量兴办民办非企业单位，支持发展城乡社区社会组织，引导和规范科、教、文、卫、体等社会组织以及随着人民生活水平提高而逐渐涌现的新型组织。

二是加强能力建设。就是要加快推进行业协会改革与发展步伐，优化行业协会的布局和结构，切实推进政会分开，抓好改革试点。要培育大量综合能力强、全面素质高的社会组织，引导社会组织按照宗旨和业务范围积极开展活动。要健全信息披露制度和诚信奖罚机制，引导社会组织增强社会责任和公益意识，不断提高社会公信力。要推动人才队伍专业化、职业化、年轻化，完善保障和激励机制，加强社会组织队伍建设。

三是完善政策配套。要抓紧修订社会团体、民办非企业单位两个条例，推动行业协会等单项立法，开展社会组织立法研究，不断提升社会组织的法律地位。要重点解决影响或制约社会组织发展及其发挥作用的一些体制机制障碍，营造社会组织发展的良好环境。要推动和落实非营利组织尤其是公益慈善类组织的税收优惠政策，探索设立社会组织发展基金，推动建立公共财政对社会组织的资助和奖励机制，为社会组织的发展提供良好的政策保障。

四是注重制度规范。就是要健全以规范行为为重心的相关管理制度，提高处置突发事件的能力。要改进监管方式，引入社会监督，注重舆论监督的社会效果；健全社会组织评估体系，加快推进社会组织评估，促进社会组织能力建设和诚信建设。要切实规范社会组织行政执法，完善执法程序，依法维护社会组织合法权益，不断提高行政效率和依法行政水平。

五是发挥组织作用。就是要引导和支持社会组织结合自身业务特点，找准方位，扬长避短，把社会效益摆在首位，开展多种形式的会员服务、行业服务、社会服务活动。要建立社会组织参与发展、发挥作用的长效机制。要引导社会组织围绕党和国家工作大局，自觉承担社会责任，以人民利益为重，以服务社会为己任，用实际行动积极投入到全面建设小康社会、加快推进社会主义现代化建设的各项任务中去。

六是加强基础建设。就是要推进社会组织信息基础数据库建设，加快建立全国社会组织信息共享机制；建立社会组织统计体系，加强对统计数据的分析和利用，为科学决策提供有利参考；建立健全社会组织监督处罚机制，加强管理力量、增强管理手段，切实解决管理薄弱的现状。

站在新的历史起点上，我们要抓住历史机遇，找准发展方位，创造新的业绩。要在科学发展观的指导下，总结经验，把握形势，统一认识，理清思路，真正做到认识到位，服务到位，工作到位，真正做到在社会组织创新发展上下工夫，在社会组织创新管理上下工夫，在社会组织创新服务上下工夫，使社会组织工作向更高水平、更高标准、更高要求的目标迈进。

对土耳其、埃及非政府组织发展与管理的考察报告

民政部赴土耳其、埃及考察团

2008年1月15—26日，以民政部民间组织管理局副局长李勇为团长的民政部考察团一行10人，赴土耳其、埃及进行了非政府组织发展与管理考察。其间，考察团访问了埃及社会团结部，走访了土耳其—中国经济匹配中心（TUCEM）、土耳其—中国商业促进友好协会、土耳其职业中文导游协会等组织，与两国有关政府官员、社会组织负责人进行了交流、讨论，重点了解了两国非政府组织的发展情况、法律制度和在社会发展中的地位作用等。

一、土耳其非政府组织发展与管理

（一）发展状况

非政府组织在土耳其的发展，经历了一个疑虑到接受再到支持发展的过程。1923 年土耳其人取得民族解放战争胜利，摆脱英、法、德等国的半殖民地统治后，建立了“民族、民主、政教分离和实行法制”的共和国。共和国成立之初，由于境外侵略势力不甘心失败，利用土耳其的一些协会（如英国友好协会、库尔德人协会、伊斯兰教协会等），发掘、挑拨土耳其民族矛盾。因此土耳其政府和人民对于非政府组织的认识不是很好，相对采取控制、抵制的态度。但 1950 年加入北约之后，土耳其政府对于非政府组织的控制开始松动。近年来，为积极谋求加入欧盟，土耳其进一步加大了司法改革，效仿欧洲模式完善各种法律法规，进一步放松了对包括非政府组织在内的“民间事务”的政府管制，非政府组织快速发展。据了解，目前，土耳其登记注册的非政府组织接近 20 万家。

（二）法律制度

为了达到欧盟制定的民主化改革的标准，土耳其政府近年来较大幅度调整了非政府组织监管制度。2002 年 8 月，对《结社法》进行了修订，取消了社团接受外国捐赠、与外国组织建立合作或举办活动需事先报请批准的规定；社团举行大会，不再需要向当地政府报告会期和地点，不再需要邀请当地政府官员出席社团大会；审计官对社团进行审计须提前 24 小时通知，且只能做随机审计；安全官员没有法院命令不得进入社团的场所等，从而放宽了政府对非政府组织事务的监管。

根据现行相关法律，土耳其人成立或设立非政府组织，可以向省政府有关部门提出登记申请。社团的成立没有注册资金的要求，但发起人不得少于 7 人。申请后 6 个月内达到法律规定的会员数（最少 24 个成员），就可以成立。

与此同时，土耳其相关法律对社团的内部治理作了较为细致的规定。如社团的管理层（理事会）要定期召开会议（最长不超过 60 天），集体研究、讨论和决定社团重要事务。再如社团理事会会议需形成纪要，理事会成员每个人签字并经公证，在政府管理部门备案。法律还规定社团必须 3 年进行一次换届选举，重新确定领导层及负责人，而且换届选举的结果须在一个月内报政府监管部门，否则将对主要负责人处以罚款。据土耳其职业中文导游协会卡德尔秘书长介绍，该会上次换届后新的领导人员名单在会议召开32天后才报送政府主管部门，会长被罚款600新里拉。此外，土耳其法律还对社团不得从事商业活动、会员收费、举行活动等作了相应的规定，要求所有社团或基金会必须于每年12月份向省政府提交报告，报告该组织一年来所从事的主要活动及财政收支情况。如省政府认为存在问题，向内政部报告，由内政部派专家组进行核查。

事实上，为了保障国家统一、安全和社会稳定，防止某些非政府组织利用特殊身份进行敌对活动，土耳其政府对于非政府组织的监管相对其他欧洲国家，还是比较严格的。一方面，通过法律规定，禁止那些违反土耳其宪法的社团注册登记。《结社法》规定，社团活动不得危害国家完整，不得损害宪法规定的基本权利和自由；不得以阶级、种族、语言、宗教等危害或损害宪法规定的土耳其的存在；不得从事违反法律、危害国家主权、公共秩序、普遍和平和道德标准的活动等。事实上，对于国内有关库尔德人的人权组织，土政府长期以来是实行严格的监管措施。另一方面，对于国外非政府组织设立代表处、开展活动，通过《民法典》《刑法典》《结社法》和《基金会法》等法律进行严格规范。首先，严格准入制度。土法规定，国外NGO在境内设立分支机构须向土内政部提出书面申请，并提交其章程、创建人名单等有关资料，由内政部与外交部协商同意后报土部长理事会（内阁）审批。其次，规范行为准则。《结社法》和《基金会法》禁止社团和基金会从事其章程规定的目的以外的活动。包括外国组织在内的捐助人士向土社团进行货币捐助，必须通过银行转账；政府持法院命令，有权对社团的活动进行检查，并对其财务情况进行审计。最后，加强事后管理。若非政府组织从事了违反土法的活动，省政府可向国家总检察长报告，由检察官向法院提起公诉，法院可判决罚款或取缔该组织。

（三）管理机构

在土耳其政府，非政府组织管理由专门机构负责。根据1956年颁布实行的《国家基金会管理总局组织机构法》，土耳其政府设有国家基金会管理总局，并统一归口管理基金会，对基金会的各项活动负责。社团的登记及监管，由内政部负责，并在省一级政府设立相应的协会管理局。

（四）作用发挥

随着经济社会的发展，土耳其非政府组织的作用也日益明显。以考察的土耳其—中国商业促进友好协会为例，该会已经成为土中政府之外最为活动的组织，积极搭建土中两国企业间信息、贸易沟通的桥梁，推动土中两国文化、经济的交流与合作。比如，该中心近年每年组团参加我国乌鲁木齐、厦门、深圳等地组织的贸易洽谈会，与我国贸促会、中国中小企业促进会等部门、单位合作签订了“土中中小企业合作协议”，建立了“土中中小企业业务平台”，成为中国出版的电影、英文杂志和书籍的土耳其总代理。他们还积极向土耳其有关大学的图书馆提供介绍中国的相关书籍，并策划了2008年在土耳其开展“中国孔子年”活动，在伊斯坦布尔市中心建立中国文化中心。

二、埃及社会组织发展与管理

（一）发展状况

埃及非政府组织随着全球非政府组织的发展而发展。目前埃及共有各类非政府组织2万个左右，包括全国性非政府组织（NGOs registered at the Central Department）、地方性非政府组织（NGOs registered at the Governorates）、基金会（Foundations）、联合会（Federations），涉及经济、卫生、教育、文化、家庭、妇女、人道主义援助等多个领域。其中有外国非政府组织在埃分支机构50多家，绝大多数来自西方，其余来自其他穆斯林国家。近年来，埃及非政府组织发展的步伐明显加快：一是数量增加较快，近几年每年新增约2000个。二是作用呈上升趋势，特别是对政府行政管理部门无暇顾及的方面发挥越来越明显的补充作用，如人员培训、弱势群体保护等。三是部分NGO具有伊斯兰色彩，积极致力于穆斯林的互助与救援，成为有别于非穆斯林国家的特色。

（二）管理措施

20世纪60年代开始，埃及就先后颁布法律对行业协会、各类机构进行规范。90年代后期，埃及进一步完善了对非政府组织的管理法规，形成了“积极鼓励、有效管理、善加诱导、合理利用”的基本方针。

1964年埃及颁布实施了《民间协会和机构法》，并于1999年和2002年两次修订。该法规定，10个以上自然人或法人，不以营利为目的，可书面申请成立某个协会或组织。协会或组织章程，需规定其名称、类别、活动目的和范围、资金来源等。协会或组织每年要向主管部门提交年度报告，说明本协会或组织的活动和财务等情况。

该法还规定，在主管部门协调下，分别以活动性质和地域为界限成立各类协会联合会。比如，全国各地的保护妇女儿童协会组成保护妇女儿童协会联合会。再如，所有在开罗地区的各类协会，无论其性质如何，组成开罗协会联合会。这样，某个协会，就既是其所从事活动领域联合会的成员，也是其所在地联合会的成员。在此基础上组成全国总联合会。总联合会会长由总统任命，理事会由30名成员组成，其中总统任命的有10个，其余的经选举产生。通过这种协会管协会的办法，政府当局可将管理触角伸向每一个协会。

虽然埃及对非政府组织总体持积极态度，但也对违反法律、危害社会稳定和国家安全的非政府组织及其行为保持了高度警惕。《民间协会和机构法》规定，不能成立秘密组织，一经发现立即取缔。该会还明确规定了非政府组织不得有的主要违法行为，包括：将经费用于非当初成立的目的；在未征得政府主管部门允许的情况下，接受国外捐赠或向国外转移资金；在未经政府主管部门同意，加入或并入总部设在国外的任何其他组织；证实该组织的真正目的是从事政治、军事、种族歧视等危害国家安全以及相应法律所禁止的活动；违反法律规定，擅自募集捐款等有损国家利益的活动。

随着非政府组织的发展壮大，埃及政府对其管理也逐渐加强。《民间协会和机构法》赋予相关主管部门对违法的非政府组织可以采取警告、罚款乃至勒令解散等惩罚措施。对于国外非政府组织，虽然埃及政府没有拒绝过其设立分支机构的申请，但为维护自身政权稳定，埃及政府实际上对其实施着一系列较为严格的监管措施。首先，国外非政府组织经批准方可在境内活动，而相关登记注册的审批程序严格。该组织首先要向外交部NGO司提出申请，并说明所从事的活动是依据何项条约或协议、活动的内容、范围、时间以及担保方和资金来源等。外交部在同意之前，须将上述材料送社会团结部，共同研复。如申请被接纳，则自递交申请之日起60日，外交部与该组织签署协议或互致换文，予以确认。其后，外交部或该组织应将协议副本送社会团结部备案，该部自收到协议副本15日内发布活动许可证。其次，埃及对这些国外非政府组织的资金来源及去向、活动内容和总部所在地等基本信息进行掌控，判定该组织的主要活动是否危害国家利益。而国内组织接受境外组织的捐赠或合作开展活动，需事先经社会团结部的审批。目前，在埃及开展活动或者提供资助、捐赠的国外组织，主要来自于加拿大、瑞士、日本等国。

（三）管理机构

在埃及，社会团结部（Ministry of Social Solidarity，原保险和社会事务部）负责非政府组织的设立和归口管理，设有民间协会和机构司（the Central department of NGOs and Federations），在其他部门如外交、经济、教育、文化、青年、体育等也设相关机构，协助社会团结部统一管理。如外交部设有NGO司，负责协调社会团结部对在埃国外非政府组织进行管理，审查、批准国外非政府组织在埃设立分支机构，及埃各类非政府组织与国外相关组织的联系、沟通、合作等事宜。

此外，一些重要组织，如全国人权委员会、全国妇女委员会等，实为“半官方”组织，活动范围广，影响大，其对外协调管理权不在社会团结部，而直属内阁总理甚至总统。而各类行业工会，则由其所在行业的行政管理机构负责协调管理。

（四）作用发挥

埃及政府认为，非政府组织是协助政府实现社会发展与关护计划的重要机构，应该为各种非政府组织在国家战略下提供各种各样的扶持和规范政策、措施。他们把民间协会和基金会作为达致草根参与和增进民主的两大主要发展点，着力引导志愿工作致力于社会福利和发展领域，希望通过公众努力满足公共需要和解决社会问题。政府依法成立了“援助民间协会和机构基金”，由社会团结部部长出任会长，理事会成员由各类协会推荐其代表担任。资金部分来自政府拨款，主要是接受捐赠款。同时，在报告活动情况的前提下，埃及政府也鼓励本国非政府组织参与国际非政府组织活动。政府也经常通过本国非政府与国外有关组织周旋、协调，在一定程度上消除某些外国非政府组织带来的消极影响。

三、土耳其、埃及非政府组织发展与管理的启示

（一）依靠法律手段规范社会组织管理

土耳其、埃及两国虽然国情差异较大，但其共同点在于积极推进法制，在较大程度上依靠法律来规范、引导非政府组织的活动。不仅非政府组织的成立（设立）、注册登记有明确法律规定，而且对于非政府组织的活动方式、范围等，甚至内部治理，都有法可依。这就为政府实施有效的社会组织依法监管，提供了坚实的法律支持，也保证了社会组织在发展过程中能够兴利除弊、扬长避短，保持较好的自律性和诚信度。

（二）鼓励和培育经济社会发展需要的社会组织

社会组织作为政府之外的群众性自组织，既不能将其妖魔化，简单视之为政府的对立面，也不宜将其理想化，仅仅关注其理论意义上的公益性和公信度。最可取的办法是，积极发展和支持符合经济社会发展需要、满足政府需要的各类社会组织，通过其规模的壮大、积极作用的强化和社会效应的扩大，来协助政府推进经济发展和社会进步，来挤压不安定因素或害群之马对正常经济社会生活的干扰，来促进各类人群相对平等地享受经济社会发展的成果。在土耳其，政府对于公益性组织给予了比较优惠的税

收支持政策。在埃及，政府专门成立扶持基金，支持非政府从事改善社会福利和发展的公益活动；政府主导成立各类联合会，实现协会联系协会、民间管理民间事务。这些做法值得我们借鉴。

（三）重视和支持我国社会组织“走出去”

在国际经济社会领域，非政府组织已经成为交流与合作的重要一极。土耳其一中国商业促进友好协会的实践表明，在政府外交、经贸交流之外，非政府组织可以在扩大对外开放、增进不同国家人民之间的感情与友谊方面，完全可以发挥着政府难以做、做不好或者不便做的积极作用。重视和支持我国社会组织“走出去”，应当成为我国政府思考全方位外交、谋划国际关系的重要方面。一是要鼓励我国社会组织带领、团结和协调我国企业积极“走出去”，在国际经济竞争中发出我国企业和国内市场的共同声音，斡旋国际贸易争端，减少企业参与竞争的交易成本。二是要鼓励我国社会组织与国外特别是第三世界国家的非政府组织建立交流与合作的良性关系，加深了解，增进友谊，传播中国求和平、谋发展、促合作的理念，使之成为我国推进中非（拉）关系、中亚关系、中欧关系，以至中美关系的重要推动力。三是要支持我国社会组织参与到相关重要国际组织中去，在国际非政府组织活动中发挥更大作用和影响力。

关于天津市行业协会承担政府相关职能情况的调查报告

天津市社会团体管理局调研组

依据天津市政府办公厅《印发关于支持天津市行业协会商会加快改革和发展若干意见的通知》（津政办发［2007］72号）文件，为进一步推动相关政府职能向行业协会转移工作顺利开展打好基础。天津市社团局通过座谈会、问卷调查、走访及电话沟通等形式对全市现有152个行业协会中部分具有代表性的行业协会，在围绕行业地方标准制定、行业统计、行业调查、行业发展规划、价格协调、新产品新技术鉴定、技能自治考核、行业职能培训等方面承担政府职能基本情况开展调查摸底工作。

一、部分行业协会调查统计情况

目前天津市现有行业协会152家，参与调查有78家，占总数的51.3%。在参加调查的行业协会中经政府部门授权承担部分政府职能的行业协会34家，约占参加调查的43.8%，有31家行业协会未经政府授权，但由政府临时委托或依照本协会章程承担了部分政府职能工作，约占参加调查的39.6%。未发挥任何职能的行业协会有13家，约占参加调查的16.6%。

二、行业协会在承担政府职能方面取得的成效

天津市行业协会从2002年11月1日，市政府发布实施《天津市社会团体登记管理规定》，2005年8月1日出台的《天津市行业协会管理办法》(天津市人民政府令第90号)，从对行业协会的地位作用、登记管理体制、运行机制、承担职能等方面作出明确规定，到理顺关系、优化结构，改进监管、强化自律，完善政策、加强建设，充分发挥行业协会在经济建设和社会发展中的重要作用为目标，通过几年的调整基本建立起了与经济发展水平和产业结构布局相适应，分类科学、分布合理的行业协会组织体系。2007年8月13日天津市政府办公厅《印发关于支持我市行业协会商会加快改革和发展若干意见的通知》(津政办发［2007］72号)，明确了行业协会自身应具备的12项职能，规定了政府及有关部门将行业统计等8项职能委托授权或划转给行业协会。政府及有关部门以科学发展观为指导，积极探索政府职能转移的方法与途径；各行业协会也认真学习72号文件精神，探讨在承担政府职能的工作中如何加强自身建设，规划行业发展。

一是政府有关部门认真落实72号文件精神，继续加大对行业协会扶植力度。如天津市建委、民政局、水利局等单位都分别以文件的形式将部分适应行业协会发展的政府职能转移给行业协会承担。市城镇供水协会、市建设工程质量检测试验行业协会、市殡葬协会、市凿井行业协会，经部门授权承担9项以上政府职能。

二是行业协会认真履行职能在行业自律、行业代表、行业服务和行业协调上发挥积极作用。如天津市典当行业协会，针对国家主管部门的部级管理规章中出现不利于行业发展、脱离实践的条款，业内反映强烈的情况下，协会本着对行业负责的态度，积极与有关部门及领导反映行业呼声，及时矫正了一些规定，使全行业均受益，从而也扩大了协会的影响力。市律师协会在司法局重新核定了律师协会与律师管理部门的职责和权限的基

础上，将律协“服务、规范、提高”作为工作重心，切实履行行业管理的各项职责，以服务能力为检验行业协会工作的尺度，不断提高自身实力，并相继成立了民商、刑事、金融等 9 个业务委员会和惩戒、维权、财务监督等 10 个管理委员会。

三是加强自身建设做大做强行业协会，争取政府的支持。一些行业协会虽然未得到相关政府部门的职能转移授权许可，但应坚持自主办会、加强自律、创新发展的思路，认真履行行业章程的宗旨，充分发挥行业职能，从而得到政府部门的支持和本行业的认可。如自行车行业协会围绕“行业服务、行业自律、行业代表、行业协调”的基本方针办会，以加强行业理念的宣传引导；推进产业创新规划；加强产品科技交流和技术创新，帮助企业提高技术研发和产品创新能力；加强市场建设，努力提高展会水平，做大展会规模。进而巩固了天津市自行车产业保持国内最大生产基地，并且也带动相邻省市地区产业的发展，协会的工作也得到了市有关领导的赞许。市汽车流通行业协会，以为会员服务、为行业服务、为社会服务、为政府服务坚持“自养、自立、自治、自强”的工作方针。一是发挥协会服务行业的作用，为汽车行业搭建服务平台；二是整合优势资源，形成优势互补，创建汽车行业共享平台；三是建立行业信息共享平台。充分体现出协会以企业为主体、对企业负责任、由企业当家做主的民间化治理体制、办会机制。

三、行业协会当前存在的问题

行业协会的市场化是对行业协会运作机制改革提出的基本要求。在转型时期，许多行业协会是伴随政府改革和政府职能转变自上而下发展起来的，这类协会往往缺乏市场经验，在运作管理和开展活动上习惯于行政性方法，有的还拥有某种形式的垄断权力。在机制、体制、制度、能力等诸多方面，都带有鲜明的时代局限。随着经济社会快速发展，天津市的行业协会在结构、体制、机制等方面还存在着一些不足，仍处于发展的初级阶段，还不能完全适应滨海新区开发开放和全市经济社会加快发展的需要，由于自身的原因无法承担政府职能。一是有的行业协会自我发展、自我约束、自我管理的能力还不强，还未建立完善的内部管理体制。二是部分行业协会缺乏在市场经济中的创新发展思路，无法承担起社会管理和行业管理职能。三是人员结构老化，一些政府人员退休后到行业协会任职，行政观念没有转变，造成没有相应的权力和责任，也就无法发挥作用。四是有些政府部门存在只注重成立行业协会，而不注重培育发展，政府职能转移不到位，对行业协会的扶持力度不够，行业协会的税收优惠及其人员的工资待遇、社会保险等问题尚未彻底解决。这些情况都严重阻碍了行业协会的发展。

四、对行业协会承担政府职能的思考与建议

行业协会是一种重要的市场机制和社会组织，所以在大力发展社会主义市场经济、进一步深入推动改革开放、全面构建社会主义和谐社会的今天，推进行业协会的改革与发展，加快政府职能的转移具有重大的意义。下面就天津市的行业协会改革和发展，加快政府职能的转移提出几点思考与建议：

1. 以政府的名义加快制定法规规章，进一步明确和界定协会的职能，把原由政府部门承担且适宜于协会行使的职能转交或委托给行业协会，让行业协会在围绕行业地方标准制定、行业统计、行业调查、行业发展规划、价格协调、新产品新技术鉴定、技能自治考核、行业技能培训等方面发挥积极作用。

2. 建议成立天津市行业协会发展协调委员会，有一名副市长牵头、各有关政府职能部门的分管领导参加，主要是协调解决行业协会在发展中存在的问题，并制定解决的办法督导各政府职能部门落实72号文件精神，推动天津市行业协会健康快速发展。

3. 推进行业协会自身建设，全面启动行业协会等级评估工作。通过评估强化行业协会运行机制建设，指导行业协会建立健全规章制度，完善法人治理结构，使行业协会内部有机体系和功能相互作用、进行有序有效运转。适时制定行业协会建立健全运行机制指导意见，提升行业协会自身能力完善行业自律约束机制，规范会员行为，协调会员关系。

4. 积极创造有利于行业协会发展的外部条件。加强对行业协会工作的宣传，提高全社会对行业协会作用的认识。健全行业协会工作人员的薪酬和社会保障制度，完善协会工作人员档案户籍管理，吸引优秀人才从事协会工作。建立政府购买行业协会服务的制度，对行业协会受政府委托开展业务活动或提供的服务，应视完成效果支付相应的费用，所需资金纳入预算管理。

5. 加强对行业协会运行的指导和监管。支持行业协会在遵纪守法的前提下开源节流，通过帮助会员企业研发设计、市场拓展、信息咨询等赢得收入，逐步提高协会的综合实力。加强对行业协会财务收支的监管，制止乱收费、乱花费行为，采取抽查的办法，适时对行业协会的财务进行审

查。健全协会重大事项的报告、通报制度，建立行业协会综合评价体系，对社会反响好、企业支持率高的协会要给予一定的表彰。

总之，行业协会作为一种特殊的市场机制和社会组织，有其区别于企业、区别于政府，也区别于其他非营利组织的许多特殊的规定性和条件。在我国，由于社会转型的背景，行业协会无论在机制、体制、制度、能力等诸多方面，都带有鲜明的时代局限和中国特色，改革与发展我国的行业协会，需要从运作机制、管理体制、治理结构、能力建设等方面推进行业协会的市场化、民间化、专业化、社会化和非营利化，为此不仅要大力推进政社分开，加大体制改革的力度，努力探索制度创新，而且要加快行业协会立法的进度，努力推动行业协会专项立法、行政法规和配套政策的制定和出台，推动行业协会走上法制化的轨道。

社会主义新农村建设的民心工程

——辽宁省农村专业经济协会扶贫帮困情况报告

辽宁省民政厅

2002年，辽宁省民政厅提出发挥农村专业经济协会（以下简称农经协）作用，开展农经协扶贫帮困的设想，得到辽宁省委、省政府的高度重视，辽宁省农经协扶贫帮困活动在摸索中前进。

2006年8月，辽宁省政府在朝阳市召开了“全省农经协扶贫帮困经验交流暨表彰大会”，会议总结经验，表彰先进，全面推广农经协扶贫工作。这是全国第一次以省政府的名义召开的农经协扶贫专项工作会议。

2006年10月，民政部在北京召开的全国民间组织登记管理培训会议，各省交流了经验，民政部赞扬辽宁省农经协扶贫帮困工作，称之为“辽宁经验”。

2007年4月3日，辽宁省委、省政府在辽宁省人民会堂召开了农经协扶贫成果新闻发布会。会议就辽宁省农经协扶贫阶段、做法、意义及深入发展等情况向社会公布。这是全国首次以省级政府新闻发布会的形式向社会公布农经协扶贫专项工作。

2007年6月，中央宣传部将辽宁省农经协扶贫事迹作为社会主义新农村建设的典型事例，通知《人民日报》、《光明日报》、《农民日报》、中央电视台等七家主要新闻媒体宣传报道。

2007 年 5 月，辽宁省民政厅与辽宁省财政厅联合下发了《关于印发支持农村专业经济协会扶贫实施方案的通知》，建立福彩扶贫专项资金，用于农经协扶贫，拓宽了农经协扶贫资金渠道。

一、基本情况

农村专业经济协会（以下简称农经协）是农民自愿发起的新型互助合作组织，是由从事同一类生产的农户、企业等按市场规律自愿组成的社会团体。它有效地提高了农民进入市场的组织化程度，对于促进农村产业结构调整，发展现代农业，繁荣农村经济，增加农民收入，起到了积极作用。据 2006 年末统计，辽宁全省在民政部门注册登记的各类农经协达到 1781 个、备案登记 665 个，发展会员 96 万人，辐射农户 76 万户，涉及农业、林业、畜牧业、水产业、蔬菜、果品及加工业、流通运输业、信息服务业等诸多领域。

但是，农经协是农村中优势群体的组合，贫困群众无缘加入协会，尚未从中受益。在大量调查研究的基础上，辽宁省民政厅提出了发挥农经协作用，开展农经协扶贫帮困活动的设想，得到了辽宁省委、省政府的高度重视，使辽宁省利用农经协扶贫帮困的工作走出了一条具有辽宁特色扶贫新途径。目前，辽宁省农经协用于扶贫帮困的资金达到 3744.7 万元，其中协会自筹资金 2954.81 万元，占总投入的 78.9%，共扶持贫困户 2.5 万户、7.5 万多人，其中有 9 千户、2.06 万多人当年脱贫，33 %户致富，扶贫帮困对象总收入 8881.45 万元，增收 3639.82 万元，取得了明显成效。

二、主要做法

（一）政府引导，指标考核，增强农经协扶贫帮困工作的自觉性

首先，各级党委和政府利用农经协会员与农村贫困户具有血缘、地缘和业缘等千丝万缕的关系，适时提出“吃水不忘打井人”“富裕不忘父老乡亲”等号召，引导农经协扶贫帮困以回报社会、回报乡亲。如辽中县大光绿色农业技术协会会长姜大光，自己富裕了不忘穷乡亲，为农民写书、办报、出农业技术光盘、建信息网站，无偿为贫困户服务。乡里乡亲的感谢提高了协会的威望和声誉，增强了自豪感，激发了扶贫的热情和自觉性。

此外，各级民政部门还出台了降低登记门槛、资金扶持、购买服务等诸多优惠政策支持农经协扶贫。如辽阳市民政局规定，吸收农村贫困户入

会的农经协将享受政府的优惠政策；凌源市民政局采取以补代奖的方式拿出16万元用于对协会扶贫的补助等。

同时，省、市民政部门将引导农经协开展扶贫帮困写进民政工作目标考核中。如朝阳市双塔区将培育发展农经协工作、协会扶持贫困户工作列入民政部门对各乡镇民政工作的年度工作考核内容。农经协扶贫帮困使更多的贫困群众从中受益，同时也实现了协会自身进一步发展壮大，这是一个“双赢”的过程。因此，全省农经协 掀起了一场扶贫帮困的高潮。

（二）订单服务，明确责任，确保扶贫帮困工作不留死角

一是建立扶贫合同。多数农经协采用合同形式确定扶贫对象，在合同中明确了扶持困难户的具体项目，可利用的土地等资源情况、投入的资金和各种农业生产资料情况以及扶持的方式和方法等项内容，成本扣除后利益全部交给农户。二是确定扶贫责任人。大部分农经协明确了各扶贫环节的责任人，使整个扶贫过程有人抓、有人管。如铁岭市各乡镇实行了重点工作项目化、项目工作目标化、目标任务责任化，对农经协扶贫帮困建立科学的考核体系，不但考核数量，而且考核扶贫质量，使每个协会的扶贫帮困工作做到位，有成效。三是量力而行，重视脱贫率。各市农经协坚持从实际出发，分清轻重缓急，从当前办得到的事情做起，量力而行，尽力而为，重视脱贫率，在所帮扶范围内，基本上都做到了扶持一户就脱贫一户，帮助一户就成功一户，不留死角。如丹东采取救济扶持相结合的扶贫帮困方式，在具体帮扶中采取一带一、几帮一的方式，确保帮扶成果真实有效。

（三）广开渠道，多方筹资，挖掘社会可利用资源

一是协会筹资。利用协会中的龙头企业或养殖种植大户、生产加工基地的优势，有的直接为贫困户出资开展项目扶贫，有的则为贫困户无偿提供种子、农药、化肥、种畜和饲料等必要的生产资料扶持贫困户。如西丰县平岗永得利蔬菜产业协会先后拿出了200万元资金无息扶持了500户困难农民发展蔬菜大棚产业；东港市食用菌协会为贫困户赊菌种50多万元，累计带动200多户困难农民脱贫。二是利用政府扶持资金。近几年一些地方政府列出专项资金支持农经协扶贫帮困。如丹东市有7个农经协共计得到140万元的政府资金扶持，协会用这笔资金带动了800多户农民脱贫致富。2008年5月，辽宁省民政厅与省财政厅联合下发了《关于印发支持农村专业经济协会扶贫实施方案的通知》，建立了福彩扶贫专项资金，200万元彩票公益金无息贷款给20个农经协用于扶

贫，提高了协会扶贫的热情，推动了扶贫活动深入开展。三是民政等部门投入。一些市将滚动扶贫金、救济金以及有关部门可利用的资金用于扶贫。如辽阳县除拿出部分扶贫救济金外，还争取县经管办、县联社等部门和单位拿出100多万元扶贫资金用于协会扶贫；朝阳市、县两级将滚动扶贫资金拿出35万元用于农经协扶贫。四是担保小额贷款。部分协会采取了为贫困户开展小额担保贷款的方式解决扶贫资金问题，例如，本溪县养猪协会为贫困户累计贷款达420万元。

三、几点启示

（一）农经协扶贫帮困与党的中心工作相结合才具有强大的生命力

为民解困是民政工作的主题，是党和政府重点关注、感情所系，也是民政工作职责所在、使命所系。第12次全国民政会议上提出要“重点解决困难群众的基本生活问题”。民政部领导多次提出“协会还要抓扶贫济困，帮助困难农户发家致富，促进农村的共同富裕”的要求。在2006年初，辽宁省政府召开的全省民政工作会议上，省领导也明确提出了开展农经协扶贫工作的要求。

（二）农经协扶贫帮困是传统扶贫方式的必要补充，是切实可行的

传统扶贫主要采取政府直接拨付现金、物资等变相直接补贴贫困农民的方式，属一次性消耗行为。主要承担保障救济功能，不具有连续性和循环性，只能使贫困状况在一段时间内得以缓解，是一种“输血”式扶贫模式，具有局限性。而农经协扶贫是群众首创的扶贫经验，它在巩固现有扶贫模式的基础上，合理配置了农村有效资源，促进了农村共同富裕。具有周期短、见效快、不返贫的特点，是一种“造血”扶贫模式，辽宁省2007年农经协扶贫的脱贫率为65%，致富率为33%。主要原因在于农经协根植于农村，协会很多富裕会员曾经就是贫困户，最了解贫困农民在想什么，需要什么，困难是什么，潜力是什么，协会扶贫是亲戚邻里手把手地教致富方法，具有不可比拟的针对性、有效性，更能激发贫困农民自身的积极性、主动性和创造性。目前，辽宁省农经协扶贫帮困活动已健康、有序地展开，逐步走上一条产业化、规模化、系统化的可持续发展之路。

（三）资金支持协会扶贫帮困可取得事半功倍的效果

农经协扶贫帮困的“瓶颈”所在是资金问题。目前辽宁省各地农经协多数采取了自主融资，无偿提供生产资料，担保贷款等方法解决扶贫资金，政府投入仅占农经协扶贫资金总投入的21.1%，部分市政府几乎没有

投入，这极大地影响了扶贫的效果。因此，如果改革政府支农投资管理方式，整合支农投资，就会提高资金使用率，使扶贫帮困取得显著成效。如2006年朝阳市政府和协会共投入250多万元资金，以农经协为载体，通过协会致富能手的传帮带等多种形式进行扶贫，几乎是扶持一户就能脱贫一户，且能长期保证被扶持户有稳定的脱贫致富项目。仅2006年，朝阳市农经协带动2126户贫困户、7000多人脱贫致富，辐射农户1.8万户，其中有98%的农户当年实现脱贫，有25.4%当年致富，扶贫对象年总收入达到1242万元，其中增收594万元。政府和协会投入的资金当年便可收回，次年再投入扶持其他贫困户，周而复始，使扶贫面越来越大。

辽宁省民政厅围绕党的中心工作，抓住民政工作“为民解困”这个主题，深入开展农经协扶贫帮困活动，得到了全省各级党委和政府的高度重视，有关部门的密切配合，社会力量的广泛参与。实践证明，农经协扶贫帮困服从和服务于党和国家中心工作与发展大局，紧紧围绕全面建设小康社会的宏伟目标，紧密结合构建社会主义和谐社会的重大发展战略，相信农民，依靠农民，为了农民，始终站在为农村困难群众服务的立场上，实现他们的愿望、满足他们的需要、维护他们的利益，顺民意、谋民利、得民心，是一项利民利国，造福后代，具有旺盛生命力的“民心工程”。

四、工作建议

总体上看，虽然辽宁省农经协在农村经济和社会发展、扶贫帮困等方面发挥了重要的作用，但也应该看到还存在一些困难和问题：一是资金匮乏，尤其缺少政府资金的支持，不利于扶贫成果的扩大和工作的可持续发展；二是扶贫工作发展不平衡，部门协作有待进一步加强，个别市县和部门对农经协开展扶贫活动没有足够重视，存有顾虑和畏难情绪；三是管理机制不健全，一些县区登记管理机关还没有专门工作人员、经费严重不足，扶贫工作指导不到位。

党的十六届六中全会提出“加大扶贫力度，完善扶贫机制，加快改善贫苦农民的生产生活条件”要求，民政部也提出了民间组织要服务于社会主义新农村建设的号召。从农村经济和社会发展的形势和需要看，加快农经协的培育和发展，广泛开展农经协扶贫帮困活动已显得十分紧迫和必要。因此我们建议：

第一，开源节流，多角度解决扶贫资金。在继续巩固和完善农经协持续投资扶贫帮困的同时，一是彩票福利金用于协会扶贫。发行福利彩票的宗旨是扶老助残、救孤济困。目前辽宁省销售的彩票有三分之一是农民购买的，农村困难群众理应享受福彩基金的救助。二是专项资金用于协会扶贫。建议将扶贫专项资金用于农经协扶贫，最好设立农经协扶贫帮困专项基金，以使农经协扶贫工作做到位，形成长效机制。三是捐赠款用于协会扶贫。四是对口帮扶资金用于协会扶贫。多年以来，各单位和部门都确定了对口帮扶乡镇、村屯或困难户，是否考虑将这部分资金通过协会开展项目扶贫上来，改"输血"为"造血"，发挥资金的最大效益。

第二，协调配合，建立农经协扶贫帮困的长效机制。农经协扶贫帮困是一项综合性的工作，须整合资源，完善机制，形成合力，共同推进。应强化各级政府对农经协扶贫帮困的政策支持和资金投入；增强协调有关部门力度，形成多部门配合的工作格局；制定完善相关政策，逐步建立社会力量参与农经协扶贫帮困的动员机制和参与机制。最终形成政府支持，民政牵头，部门协作，以农经协为载体，社会广泛参与的扶贫帮困工作长效机制。

第三，充实力量，加强对农经协扶贫帮困的登记管理和培育指导。登记管理机关人员少，力量严重不足，不利于及时发现问题，解决问题。建议充实各级登记管理机关人员力量，以解决农经协扶贫帮困成果逐步扩大和登记管理机关工作人员严重不足的矛盾。

关于加强吉林省社会组织建设与管理的调查报告

吉林省委政研室、省民政厅

党的十七大报告指出："要重视社会组织建设和管理""发挥社会组织在扩大群众参与、反映群众诉求方面的积极作用，增强社会自治功能"。为贯彻落实十七大精神，推进吉林省社会组织健康发展，省委政研室与省民政厅一起就加强社会组织建设与管理问题进行了调研。

一、社会组织的兴起是社会发展进步的必然趋势

社会组织的兴起是社会发展到一定阶段的必然结果，是社会文明进步的重要标志。20 世纪中叶，随着工业社会向后工业社会的转型，欧美一些国家面对众多新的社会矛盾与问题，掀起了一场广泛的"第三部门"运

动，政府与社会组织之间形成了一种合作互动机制，政府退出了许多传统微观领域，大量的社会公共服务转由社会组织来提供，社会组织由此迅速发展。目前，发达国家社会组织的开支已相当于国内生产总值的10%左右，国家对外援助资金的40%是由社会组织支配的。在西方国家，社会组织与政府、企业一起，构成了“三位一体”的社会组织制度和治理结构。

在我国，社会组织的迅速发展与改革开放密切相关。随着经济体制的深刻变革，市场主体日益活跃，客观需要以组织化形式集聚力量，提供有序参与的渠道，由此推动了社会组织的快速发展。据民政部统计，截至2007年底，已登记的全国各类社会组织为38.7万个，其中社会团体21.2万个，民办非企业单位17.4万个，基金会1369个，涉及教育、科技、文化、体育、卫生、环保、慈善等领域。从各地的情况看，山东的社会组织数量最多，达到50038个；其次是江苏和四川。广东的基金会居首，江苏的社会团体最多，山东的民办非企业排名第一。由此看出，越是经济社会发达的地区，社会组织越活跃，它们在完善市场经济体制、促进产业升级、扩大公民有序参与、提高文化软实力、构建和谐社会等方面发挥出积极作用，成为促进经济社会又好又快发展的“催化剂”和“助推器”。

我们应当正确认识社会组织迅速发展这一趋势，因势利导，顺势而为，积极推动和引领社会组织的培育与发展，为实现广大人民群众“有序政治参与”筑路修渠，为完善社会管理体制，构建和谐吉林添砖加瓦。

二、吉林省社会组织培育与管理工作的基本情况

近年来，在吉林省委、省政府的正确领导和各级党委政府的重视、支持下，吉林省社会组织培育发展工作取得了较大进展，社会组织数量稳步增长，质量得到提高。截至2007年底，全省社会组织总量达到20125个，其中，社会团体4661个、民办非企业单位2883个、基金会22个、农村专业经济协会5756个、社区社团6803个，其中省本级社会团体553个、民办非企业单位143个、基金会22个。各类社会组织工作人员总数达到54260人。

（一）坚持培育和监管两手抓，着力提高整体服务水平

一是大力扶持和引导行业协会、商会的发展。2002年省政府制定下发了《关于加强行业协会发展的指导意见》，2004年又制定实施了《吉林省示范性行业协会标准》，并在全省开展了建设示范性行业协会活动，行业协会的作用得到发挥。比如，吉林省洗染行业协会通过制定行业标准、行规行约和行业规划把企业组织起来，加强行业自律，联合开拓市场，有力

地促进了洗染行业的健康发展。目前，全省有1437个行业协会，其中省本级110个，覆盖了60多个大小行业，它们在为企业提供政策咨询，规范同业竞争，反映合理诉求，促进行业信用建设和行业守信自律，防范和打击假冒伪劣等不正当行为，遏制和消除市场无序、混乱，形成公平合法、竞争有序的市场环境等方面，发挥了积极和重要的促进作用。二是积极培育城市社区群众性社会团体。2003年吉林省在全国率先出台了《关于培育发展城市社区群众性社会团体的意见》。2005年，召开了全省社区社团工作四平现场会，进一步明确了工作目标、任务和措施，促进了社区社团的快速发展。目前，全省社区社团在市辖区社区实现了全覆盖，县级市社区达到了80%。各社区普遍设立了志愿者协会、文化体育协会、居民互助协会等10类社区社团，组织和功能日臻完善，已经成为广大群众丰富精神文化生活，参与社区建设的新载体。我们调查的长春市南湖街道湖东社区社团活动十分活跃，2004年，胡锦涛总书记视察时给予高度称赞。三是鼓励和引导社会力量参与民办非企业单位建设。吉林省民办非企业单位发展较快，分布在教育、科技、文化、卫生、体育、民政、劳动等领域，从业人员达到3.5万人，其公益作用日益突出，为社会弱势群体提供就业培训、子女教育、医疗诊治等无偿服务48000多人次。涌现出像孙进技校、心脏病医院、E诺眼科医院这样备受社会赞誉的民办非企业单位。特别是在这次汶川地震救灾工作中，吉林省社会组织发挥了前所未有的作用，省慈善总会、省红十字会、省青少年发展基金会、省佛教协会等组织社会各界捐款捐物7亿多元，有力支持了灾区恢复生产和重建家园。

（二）围绕服务“三农”，着力推动农村专业经济协会发展壮大

一是明确思路，加快发展。2002年，吉林省在全国最早出台了《关于培育发展农村专业经济协会的指导意见》，提出“先上车，后买票；先发展，后规范”的新思路，促进了全省农村专业经济协会的蓬勃发展，一批农村专业经济协会已成为吉林省农村经济社会发展的主力军。延吉市小营镇元葱协会，2000年成立以来，采取“一分三统”的合作模式，即“分散生产、统一品种、统一技术、统一销售”，提高了农民进入市场的组织化程度。2007年实现产值2500多万元，90%产品销往俄罗斯、日本等国家。目前，农村专业经济协会覆盖了全省61.8%的村屯，带动了120多万农户，农民会员总数达60万人。二是政策扶持，协同推进。2003年，省民政厅会同省农委、财政、工商、税务、银行等部门，联合制定下发了《关于推进农村经济组织创新工作的意见》，2006年，省民政厅联合省财政厅、省农委等7部门又出台了《关于培育发展农村专业经济协会的意见》，加大

政策激励的力度，为农村专业经济协会提供了良好的政策保障。三是典型示范，带动一片。全省各地通过试点探索、典型引导，培育了一批有实力、有活力、有影响力的示范协会。一批专业户、专业村、专业生产基地脱颖而出，创造出“三青山”系列马铃薯粉条、“二马泡”大米、北五味子药材等40多种品牌产品，年销售额达5亿多元。

（三）强化服务、改善监管，为社会组织发展创造良好环境

一是简化审批流程，提高登记效率。将审批登记工作纳入政务大厅，缩减了行政审批程序。实行网上年检，方便办事人办事，提高了工作效率。二是加强制度建设，规范各项活动。在社会组织中建立了重大活动报告制度、财务审计制度、负责人培训制度和党建工作制度，推动了社会组织管理工作的规范化。三是严格执法检查，加大处罚力度。自2000年以来，省本级共注销和撤销社会团体83个，民办非企业单位19个，行政执法工作日趋完善。

三、吉林省社会组织培育与管理工作中遇到的问题

尽管吉林省在培育发展社会组织方面做了大量工作，但由于受经济社会发展条件的制约，整体水平还不高，许多方面还不能适应新形势的要求。主要表现为：一是社会组织发展布局不尽合理。从结构上看，学会多，协会少；从性质上看，官办多，民间少；从功能上看，事务性多，公益性少；从产业上看，零星产业多，支柱产业少。例如，省级汽车、石化、电子等重点行业还没有行业协会，不利于发挥支柱产业的主导作用。二是政社不分问题比较严重。目前，吉林省4661个社会团体中有1600多个负责人为现职国家公务员兼职，占34%，22个基金会中有11位秘书长为兼职，占50%。长春市社科联所属64家协会中，80%以上为官办协会。延边州223个行业协会中，有156个协会的法人代表由政府官员担任，占70%左右。这些社会组织行政色彩浓厚，自主性、独立性不强，长期过分依赖挂靠单位，法人地位严重缺失。三是缺乏有力度的政策扶持。到目前为止，吉林省还没有在税收、资金、场地等方面形成比较完备、操作性强的政策扶持体系，虽然出台过一些政策规定，但落实起来很难。比如，在资金信贷、场地使用、职称评定、医疗保险、养老保险等方面没有相配套的法规与政策，制约了社会组织的健康发展。四是自律机制不健全。有的社会组织规章制度不完善，内部管理机制不健全，多数社会组织负责人（包括会长、理事长、秘书长等）由主管单位提名，民主选举只是走走形式，或虽有制度（比如会员代表大会、理事会制度等），也不能有效落实。

一些社会组织"等、靠、要"思想严重，自主治理只停留在口号上。五是登记管理力量薄弱。全省各级登记管理机关，尤其是县（市、区）级，工作人员普遍不足，工作经费和设备严重缺乏，重登记、轻管理，无力监管或监管不到位的现象时有发生。省本级仅有社会组织管理工作人员 8 人；全省 60 个县（市、区）60%没有设立专门机构，专职工作人员仅有 33 人，基本上都是一人身兼多职，执法力度明显不够，形不成打击非法社团和社团非法活动的能力和声势。

四、促进吉林省社会组织健康发展的对策建议

针对吉林省社会组织建设与管理工作面临的新问题，我们必须深入贯彻落实科学发展观，大胆解放思想，坚持培育发展与管理监督并重的方针，健全组织，完善政策，分类指导，提升能力，使社会组织建设与管理工作再上新台阶。

（一）提高认识，加强领导，大力推进社会组织健康发展

首先，要高度重视。把社会组织纳入国民经济和社会发展整体规划，根据吉林省产业特点和经济社会发展需要，建立起布局合理、覆盖广泛、功能完备的社会组织结构体系和与国际接轨的管理体制和运行机制，切实发挥社会组织在促进吉林省经济社会发展中的重要作用。其次，要注重培育。优化社会组织发展布局，在文化、科技、教育、卫生、环境等重点领域和汽车、石化、电子、医药等重点行业组建龙头社会组织，占领经济和文化阵地，使社会组织成为促进经济发展和社会管理有序、服务完善、文明祥和的社会生活共同体的重要力量。第三，要合力推进。社会组织培育发展工作是一项复杂的社会系统工程，要集聚力量，整合资源，建立以民政部门登记管理为主导，相关部门密切配合的长效工作机制，形成各部门通力协作、齐抓共管的良好局面。

（二）创新思路，大胆突破，创造社会组织健康发展的良好环境

一是要在行业协会改革方面求突破。广东省委、省政府于 2006 年出台了《关于发挥行业协会商会作用的决定》，在推进行业协会改革方面采取了突破性措施，主要是大力推进政社分开，现职国家公务员一律不在行业协会中兼职；改变"双重管理"方式，变业务主管单位为业务指导单位，实施登记机关"一元化"管理；打破地域限制，引入竞争机制等，在全国开了先河。吉林省应积极借鉴广东等先进省份的成功经验，结合省情和各地实际，在行业协会改革方面大胆创新。要加快推进政社分开，搞好行业

协会改革试点，明确社会组织应当承担的职能。规定现职公务员不得在行业协会中兼职，已经兼职的要在届满后退出，确保行业协会民间性和独立法人地位。改革行业协会管理体制，强化登记机关的监管职能，淡化业务主管单位的行政干预。要完善行业协会运行机制。按照“自主设立、自选会长、自筹经费、自聘人员、自律运行、自我发展”的原则，改善行业协会内部治理结构。要优化行业协会发展布局。根据吉林省实际，在重点经济领域培育一批按市场化运作、与国际接轨的重点行业协会，填补吉林省一些支柱产业没有行业协会的空白。二是要在政策扶持力度上求突破。根据社会组织民间性、自治性、公益性等特点，制定鼓励和支持社会组织发展的税收优惠政策，建立社会组织培育发展的资金扶持体系，结合吉林省实际，围绕促进行业协会、商会和农村专业经济协会的发展，出台一系列有效的扶持政策。三是在推进政府职能转变上求突破。贯彻落实“费随事转”的原则，扭转对社会组织只给任务不给钱的行政摊派做法。建立和完善政府承担、定向委托、合同管理、评估兑现的运行机制，将一些事务性、服务性工作交给社会组织承担。通过政府购买社会组织服务形式，促进社会组织发展和政府职能转变，更好地发挥社会组织在社会公共事务管理中的作用。

（三）加强监督，强化自律，加大依法管理社会组织的力度

一是要完善相关法律、法规。进一步健全培育和推进行业协会、农村专业经济协会、社区和公益性民间组织发展的指导性意见，抓紧制定并出台《吉林省关于加快行业协会商会改革发展的实施意见》，结合吉林省新农村建设实际，研究制定进一步促进农村专业经济协会发展的具体办法。榆村市委市政府2003年下发了《关于推进农村经济组织创新工作的实施意见》，推动了全市农村各类专业经济协会的快速发展，提高了农民进入市场的组织化水平，推进了千家万户的小生产与千变万化的大市场的链接，他们的做法值得借鉴和推广。二是要坚持依法监管。对公益类、慈善类社会组织，应大力培育发展；对不符合国家法律法规的社会组织，依法禁止设立；对超宗旨、超范围活动的社会组织，要依法严格管理；对像群众活动团体这样事实上的社会组织，则可采取备案管理的方式；对于获准登记或备案的社会组织，要依法规范管理，使之真正发挥应有的作用。三是要加强行业自律。围绕规范市场秩序，健全自律性管理制度，制定并组织实施行业职业道德准则，大力推进行业诚信建设，建立完善行业自律性管理约束机制，规范会员行为，协调会员关系，维护公平竞争的市场环境。

（四）夯实基础，提升能力，不断加强社会组织管理队伍自身建设

国务院颁布的《社会团体登记管理条例》在法律上赋予了民政部门的执法权限和执法地位，吉林省政府“三定”方案明确了民政部门承担社会组织的登记管理职能，为切实发挥好民政部门的职能作用，一是要着力解决登记管理机构问题。北京、上海、天津仅市一级社会组织管理专职工作人员就分别达到170人、80人和57人。吉林省对社会组织管理队伍建设曾有过明确意见，省委、省政府相关领导同志在省民政厅呈报的《关于加强吉林省民间组织管理局机构和编制配备的意见》上有过批示，相关部门也给予了一定支持，但仍不能满足工作需要。应着重加强省级登记管理机关力量，尽快组建专门执法队伍，至少配备20名专职工作人员，重点打击非法民间组织和境外非政府组织的非法活动，扭转登记机关无力监管的被动局面。县以上政府要杜绝无机构、无专职工作人员的现象，有条件的市(州)、县可试点进行机构升格管理。二是要切实提高工作人员的执法监管能力。选派政治和业务素质高、作风过硬的同志充实到管理岗位，搞好现职工作人员的培训，不断提高政治和业务素质，提高做好登记管理工作的能力。三是要不断加强登记管理基础建设。将社会组织培育发展所需资金纳入各级财政预算，保证经费支出。同时，搞好服务窗口建设，完善软硬件设施，推进政务公开，提高服务水平。

南京市社区社会组织管理工作的五个创新

赵　军　符信新

近年来，南京市坚持培育发展和监督管理并重的方针，紧紧围绕居民的物质文化需要，优先发展服务类、重点扶持慈善类、逐步壮大维权类、规范引导活动类，充分发挥社区民间组织在推进社区体制创新、提高社区自治水平、服务居民群众、承接政府职能、构建和谐社区等方面的积极作用，大力推进社区民间组织建设，促进了社区民间组织快速健康发展。截至目前，全市共有社区民间组织8427个（登记438个，备案7989个），约占全省社区民间组织总数的40%，数量位居全省第一、同类城市前列，年均增速达到30%以上，每个社区均有10个以上社区民

间组织，初步形成了门类齐全、层次有别、覆盖广泛、作用明显的社区民间组织网络体系。

一、狠抓理论研究创新，总体谋划引领发展

与整个社会组织一样，社区民间组织也是一个理论研究空间很大、实践拓展领域很广的一个领域，既具有所有民间组织共性的一面，也具有其独特的草根性、基层性和直接性的一面。它的出现与发展，从本质上讲，反映了基层社会组织在推进社会与政治良性互动，推进基层社会传统、文化、伦理规则与社会治理关系重构，尤其是通过组织化的形式回应自身和基层问题方面的重要意义和作用。我们认为这是社区民间组织的核心价值所在。所以我们感到，社区民间组织的发展壮大是可喜的、是必然的，也是非常值得探索的一个课题。在实践探索的过程中，我们不断加大理论探索的力度。可以说，对社区民间组织方方面面的问题都进行过系统而又深入的研究，集中体现在四个方面：一是社区民间组织回应的问题及回应问题的视角。对具有中国特色的社区民间组织概念进行全新定义和界定，提出社区民间组织是实现社区自治的载体和途径，是构建和谐社区的重要力量，是社会文明、进步的标志。二是社区民间组织成长及行动方式多元化。详尽地分析了社区民间组织的特点、分类标准和方法，提出要全面培育、重在发挥作用。三是守约诚信与公信力。从登记管理的角度，明确哪些社区民间组织需要注册登记，哪些社区民间组织需要备案管理，提出要依托社区、规范管理。四是居民参与和社会认同。研究了居民参与社区民间组织的逻辑与路径，提出要努力使每一个居民都能在本社区找到自己感兴趣的能参与的社区民间组织，使每一个要进社区的工作都能找到与之相对应的社区民间组织。基于这些研究和认识，我们进一步廓清了社区民间组织工作的四个辩证把握。概括起来，就是“四先、四不”，即：发展先行，不放任，管理逐步跟上；引导先行，不强迫，条件逐步创造；服务先行，不局限，功能逐步健全；规划先行，不限制，结构逐步完善。从而使全市每年新增社区民间组织都在1000个以上。

二、狠抓登记制度创新，全面实行登记备案制度

我们对社区民间组织创新登记制度，在降低门槛的基础上，全面实行登记备案制度，建立了登记、备案的双轨制，加强了规范管理力度。在社区民间组织登记方面，概括起来就是“三简、四免、五宽、六许”。

“三简”就是简化程序、简化材料、简化公示。

“四免”就是免收登记费、免收公告费、免独立场所使用权证明、免本社区户籍的发起人和拟任负责人身份证明。

“五宽”就是资金放宽——社区社团有1000元活动资金即可登记，社区民非有5000元活动资金即可登记；会员数量放宽——有30个以上的个人会员或者10个以上的单位会员即可登记为社区社团；办公场所放宽——只要有活动场所就行，不限面积；业务主管单位放宽——业务主管单位可以由县（市、区）的相关部门担任，也可委托所属镇政府或作为政府派出机构的街道办事处担任；验资放宽——只要业务主管单位出具活动资金证明即可，不需要会计师事务所的验资报告。

“六许”就是允许设立地域性分支机构；允许民非办民非；允许基层群众自治组织举办民非，同时接受政府委托；允许非本社区居民在本社区举办社区民间组织；允许多个社区民间组织合署办公；允许同一街道办事处辖内跨社区申请设立社区民间组织。

在社区民间组织备案方面，出台了《南京市基层民间组织备案管理暂行办法》，全面推行社区民间组织备案制度，在全国首创“两级登记、两级备案”的管理体制。授权社区居委会或其他具备条件的组织作为社区民间组织的业务主管单位，在街道备案，并由街道负责日常管理工作。区县民政部门负责本辖区内社区民间组织的综合协调、指导和管理工作。市民政局负责全市社区民间组织的统筹规划、监督管理和指导协调工作。我们感到，这种体制，既降低了社区民间组织备案门槛，促进了社区民间组织的发展，同时也强化了街道和居委会的管理责任，加强了对社区民间组织的监督管理，更为有效地引导社区民间组织更好地服务于和谐社区建设。

三、狠抓政府主导创新，建立扶持资助政策

我们采取“政府搭台、社区民间组织唱戏”的模式，积极营造社区民间组织培育发展的良好氛围，出台了10多个关于社区民间组织建设的文件（其中有多个是以市委、市政府名义出台的），落实了多项扶持资助政策。积极开展形式多样的自律诚信活动，为社区民间组织提供自我展示的平台，广泛宣传社区民间组织的地位和作用，争取各个部门的理解和大力支持。对社区民间组织的资金、场地、税收等方面提供了一系列的扶持资助，并建立相应的考核评估机制，实现了扶持资助的制度化、经常化，提高了扶持资助效益：一是资金支持。如市慈善总会对新成立的慈善超市给予3万元开办资金；建邺区建立“社区建设发展基金”，对

爱倍加等社区民间组织每年提供5000元活动资金；计生、残联、劳动等部分业务主管部门采取购买服务的形式为条口上的社区民间组织每年提供数额不等的资助。二是设施支持。各个街道、社区在房屋租赁、场地使用、设施配备等方面给社区民间组织以支持。三是推行政府购买服务，新建社会福利机构按城区、郊区、县每个床位一次性分别给予4000元、3000元、2000元的资助，每收住一名本户籍老人，给予每月60元的补贴。四是税收优惠，对社会力量兴办老年服务机构，免征企业所得税、营业税、城市维护建设税、教育附加税、房产税、车辆税、城镇土地使用税等各类税种。五是制定和谐社区千分制评价细则，把社区民间组织登记备案率、居民参与率、服务有效率等作为构建和谐社区的重要评价内容，占了100多分。这些优惠的扶持政策，较好地解决了以往社区民间组织的活动经费不足、缺乏活动场地等问题，极大地推动了社区民间组织发展，仅去年以来全市就登记敬老院、慈善超市等社区民间组织200多家，备案社区民间组织则达2000多家。

四、狠抓资源整合创新，完善培育监管机制

在工作中，我们注重整合区县、街道、居委会等各个条口、各部门的资源，同时注重发挥社区民间组织自我管理的作用，走出了一条“上下一心、齐抓共管、合力推进、自主发展”的新路子。

在培育发展方面，我们积极完善政府购买服务、部门对口培育、社区牵头组织、居民广泛参与的培育发展机制，注重整合各方面的资源，发挥各方面的力量，协同推进这项工作。政府各有关部门在每个社区分别成立了相对应的社区民间组织，如老龄、综合治理、计生协会等；各区县也采取了多种方式培育发展社区民间组织。形成了各具特色的系列品牌，并产生了良好的品牌效应。如白下区的爱心家园、爱心超市、爱心门铃、爱心银发网、爱心家庭报等爱心系列品牌；玄武区各个社区建立了以“邻里一家亲、社区总关情”为主题、居民之间互帮互助的“一家亲”“万家帮”“金拐杖”等系列社区互助社品牌。鼓楼区建立“一居一站”的品牌，即在社区设立“社区社会事务服务站”，采取政府购买服务的形式，由社区社会事务服务站承接原由居委会承担的计划生育、劳动就业、残疾人康复等行政性工作，推动了政府职能转移，从根本上解决了居委会负担过重、行政色彩太浓的问题，创新了社区治理模式。

在监督管理方面，我们着重发挥上级主管部门、业务主管单位、区县民政局、社区居民四条监管防线的积极作用：一是依靠妇联、残联、

老龄、综治、计生等主管部门监管其条口上的社区民间组织；二是依靠担任业务主管单位的居委会对社区民间组织的成立审查、档案管理、活动安排等进行监管，对备案类社区民间组织实行两年一次的审核（由市民政局在深入调研的基础上，制定审核办法和审核表格，全市统一进行），各个社区民间组织的基本情况也由居委会负责传送到“南京社区网”，实施网上动态监管；三是每年年初给下达各区县社区民间组织工作的考核指标，把社区民间组织作为和谐社区考核的重要内容，实行一票否决制，引起区县对社区民间组织工作的重视；四是在市、区、街、居分别设立举报信箱、举报电话，及时受理社区居民举报，依法查处违法违纪的社区民间组织。

五、狠抓社区服务创新，逐步健全功能结构

针对南京市社区民间组织存在文体活动类的多、慈善公益类的少、服务类的覆盖面窄等现象，我们坚持以服务社区居民为宗旨，通过制定各种扶持政策，大力发展慈善超市、慈善协会、老年服务机构等一大批慈善公益类社区民间组织，慈善公益类社区民间组织不断增加；通过公办民营、民办公助、混合资助等方式，使大量社区民间组织由“官办”向“民办”转化，民办社区民间组织成为主流；通过鼓励社区民间组织积极开展社区服务，拓展公共服务领域，增强社区服务功能，逐步完善了“三大服务”，即：面向特殊群体的公益和福利服务、面向社区全体居民的便民利民服务、面向困难群众的社会保障服务，较好地缓解了社区服务存在的“三大矛盾”，即：居民需求的多元化与供给机制单一化的矛盾、居民日益增长的服务需求与社区服务供给不足的矛盾、社区需求的多元化与政府供给同一化的矛盾。通过这些措施的落实，分布在全市的8000多个社区民间组织已成为伸向社区各个角落的“千手观音”，建立了方便居民的15分钟服务圈，形成了功能健全、结构合理、布局优化的服务网络体系，提高了社区服务水平，降低了社区服务成本，满足了居民日益增长的个性化、多样化的物质文化需求，推动了基层社会治理体制机制的深刻变革，促进了和谐社区的构建及和谐社会的形成。

不断顺应经济社会发展
积极发挥行业协会作用

——苏州市行业协会的现状调研及思考

苏州市民政局社会组织管理处

在长三角地区社会主义市场经济形成中，产生了最具代表性、影响力的经济发展模式——“苏南模式”。作为“苏南模式”领头羊的苏州，顺应当地经济和社会发展的要求，按照“政府主导、部门协作、社会参与”的运行机制，培育发展了适合本地经济和社会发展特点的行业协会（以下简称“行协”），政府和行协之间也已经逐渐形成了具有自身特点的相互关系及其互动模式。

一、苏州市行业协会的发展现状

（一）行协的产生和发展顺应了苏州经济和社会发展潮流

目前，苏州市的行协已遍及各行各业，在促进经济社会的发展过程中发挥了其他组织不可替代的作用，已成为当今“苏州之路”的一个重要组成部分、苏州经济和社会发展的一支重要力量。截至2007年底，全市民政部门正式登记的行协有534家，工业经济类、商贸流通类、农业经济类和服务类基本上是“四分天下”（如表1）。

表1. 行协在市本级及市（区）分类情况表 （单位：个）

	全市登记社团总数	其中行协总数	分类						商联批准的行业商会同业公会
			工业类	商贸类	农业类	服务类	其他	异地商会	
市本级	497	143	35	24	30	34	17	3	21
市（区）级	1266	391	94	86	98	87	23	2	118
合计	1763	534	129	128	110	121	40	5	139

苏州市的行协，随着“苏南模式”的产生、发展而产生、发展，大体经历了三个阶段（如图 1.）：

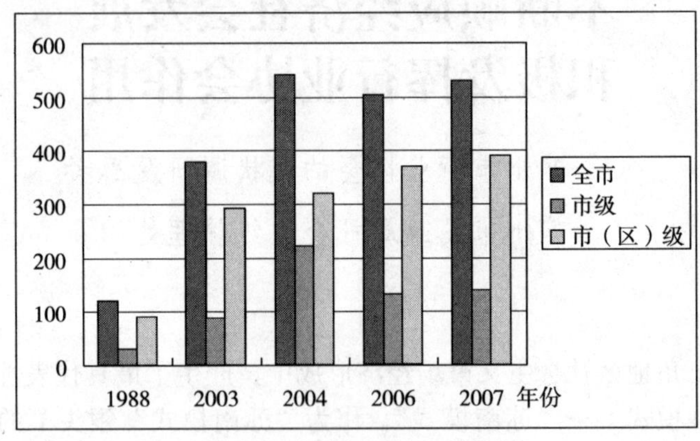

图 1. 苏州市行协发展走势图（单位：家）

产生和形成阶段。从 1983 年到 1988 年，依托“苏南模式”的崛起，随着乡镇工业发展如火如荼，一批小规模、区域性的以“一镇一品”“一街一业”为标志的行协陆续成立，首家现代行协——苏州电镀行业协会诞生于 1985 年 10 月。

培育发展和规范整顿的转型阶段。从 1988 年（特别是党的十三届四中全会）到党的十六大，苏州市围绕基本现代化目标，不失时机地抓住浦东和沿江开发机遇，实施外向带动、科教兴市和可持续发展战略，向开放型经济转型进而迈向科学、和谐发展的“苏州之路”，大规模的政府机构改革逐步展开。随之，行协进入了规范整顿的新时期，逐步朝着政社分离的方向转变。按照《苏州市关于推进政府改革加快职能转变的意见》，政府部分职能转移给了各类行协。2004 年 4 月，进行了主要针对由政府部门发起或依附在政府部门的行协的清理整顿，实行了“人员、场所、经费”与主管部门“三脱钩”，部分不适应市场经济发展规律和要求的行协被重组、整合或注销、撤销，促进行协朝更加专业化、社会化方向发展。

快速发展阶段。党的十六大以来，苏州市紧紧围绕富民强市、“两个率先”的目标，大力实施科教兴市、经济国际化、可持续发展和城市化战略，全力打造体制、产业和人才“三大平台”，全面构建开放型经济、具有自主知识产权的规模经济和民营经济“三足鼎立”发展格局，做大做强中心城市和五个县级市各具特色、相得益彰的“六大经济板块”，行协也进入了快速发展阶段，表现为数量不断刷新、涉及的行业不断扩大、会员的覆盖面不断增加，行协的权威性、代表性不断提高，其作用得到了深刻的体现，尤其是产生了一批服务业、新兴产业行协和覆盖面、影响力都较大的行协，为全市的行协发展注入了活力。

（二）行协在发展过程中形成了适合苏州经济社会的特色

长期以来，苏州市委、市政府高度重视行协的培育和发展，在积极探索的基础上，形成了一套适合苏州经济社会特色的“政府主导、部门协作、社会参与”的运行机制，政府和行协逐渐形成了具有自身特点的互动模式。

1. 政府主导，工业类行协由“配角”变成“主角”。随着改革开放的不断发展，政府部门机构改革的逐步深化，政府部分职能转移给行协承担，工业类行协率先实现了从“配角”到“主角”的转变。在承接政府职能上有了良好的起步，在服务企业中发挥着明显的作用。多年前，市经贸委、人事局、文广局、环保局联合发文将有关职能正式委托、转移给行协，内容上已涉及专题调研、行业基本情况调查、行业统计、行业规划、职称评定、节能减排、清洁生产、培训办证、安全检查等多个方面。以苏州市工经联为首的工业协会通过调研在指导企业和行业进行结构调整、改组改制、建立现代企业制度、扭亏脱困、技改创新等重大问题上，向政府和经济管理部门建言献策，受到政府部门的高度重视和评价。纺织服装业是常熟市的重要经济命脉，该市市委、市政府已正式委托市纺织服装行协就纺织服装业现状进行调研，提出行业发展规划建议。据统计，自2005年起已有工业气体、家具、工艺美术、模具、电镀、电器，电子信息、自行车电动车、日用化工、塑胶、压铸技术、纺织等12个行协，接受市人事局委托开展了专业技术职称评定的前期工作，已有375名技术人员获得国家职称和地方职称。吴江市彩钢板行协在今年的抗震救灾中表现出色，从任务分派、原料组织、规格要求、生产实施、质量监督和成品发运等环节，做了大量的组织、协调和沟通工作，为保质保量如期完成省下达的彩钢板生产任务立下了“汗马功劳”。在服务企业中，行协积极为企业引进人才穿针引线，苏州模具协会为改变模具行业人才后继乏人的被动局面，与上海交通大学联合创办了“苏州市模具技术培训学校”，至今已有14名学员拿到了国家模具工程CAD研究中心发放的合格证。苏州热处理协会为会员单位累计培训初、中级工90多名。不少行协利用专家、学者、专业技术人才和社会联系广泛的优势，建立专业委员会或技术咨询部，为广大会员企业提供技术咨询，开展技术交流，并通过创办《会刊》《行业信息》等刊物，编辑出版行业技术资料手册和工具书发给会员使用。工业行协积极参与“科技兴企”活动，邀请专家、学者深入企业进行技术攻关。苏州发电供热协会连续三年通过召开现场技术交流会，较好地解决了“热电联产锅炉除尘脱硫”“锅炉节能损耗燃烧优化”等难题。苏州市铸造行协、昆山香料香精化妆品行协在政府行业改造政策实施过程中，在大量调查研究、掌握第一手资料的基础上，积极反映企业诉求，认真提出合理化建议，得到了政府有关部门的重视和积极回应。

2. 政府引导，农村专业经济协会独具苏州特色。围绕着苏州在全国率先基本实现现代化、实现城市和乡村的和谐发展的奋斗目标，在各村、镇根据自身实际组建适合本地的农村专业经济协会的基础上，结合“苏南经济”模式实际，政府农业管理部门从农业领域的整体出发，摆脱了地缘的限制，将本市范围内同类农（水）产品和家禽（畜）的种（养）植（殖）户、产品流通与加工企业（经纪人）和农业技术服务机构分类组织起来，分别组建覆盖全市各农业领域的专业经济协会，成立了苏州市阳澄湖大闸蟹行协、水产行协、奶业协会、生猪产业协会、花卉苗木行协、果品行协、大米行协、蔬菜行协、食用菌行协、农业机械行协等十大行协，后来又先后成立了粮油行协、茶叶行协、西瓜行协和农产品经纪人协会等，从而整合了市场力量，加强了行业管理，扩大了惠及面，使整个农业领域共同致力于提高产业化经营水平和竞争力，让会员享受现代经济组织的全范围的服务。目前，24 家市属农村专业经济协会拥有单位会员 200 多家、个人会员 2000 多个。农业类行协积极向养殖（经营）者提供市场信息、先进实用技术及其他服务，组织参与国际国内市场的竞争，维护其合法权益。在 2006 年的输港、台大闸蟹风波中，苏州市阳澄湖大闸蟹行协在政府的支持下，准确收集信息、快速反应、积极应对，妥善地化解了风波。苏州市茶叶行协将从事茶叶生产、加工、储藏、销售、技术推广、科研等业务的企业、单位和农户自愿组织起来，积极开展技术交流，推进茶叶产业化，组织生产者进行标准化生产，提供市场经济信息、技术开发等咨询，普及科学技术知识，推广新品种、新农艺、新肥药和“碧螺春”原产地保护等服务。

3. 政府倡导，行业商会稳步发展。行业商会（指参加工商联的商会和同业公会）一般不具有独立的社团法人资格，长期得不到与行协平等的社会地位，影响了应有功能的发挥。为妥善解决这一问题，经市委、市政府同意，赋予苏州市工商联作为部分行协的业务主管单位的职责，通过大力支持体制外行协的发展来带动体制内行协的转型。目前，全市工商联系统批准的行业商会已达 139 家（其中市属 21 家），覆盖了 40 多个行业，会员总数达1.5万多个。行业商会的组建形式不拘一格，或以产业集群，或以品牌领军，在作用发挥上具有较强的地域性、专业性、灵活性和民间性。吴江盛泽镇商会会同60多家企业组成联合采购团，与日本纺织设备供应商谈判，利用数量优势获得了价格、服务、质量的“三赢”，节省资金1亿多元。这次采购被世界纺织机械界称为“世界织造机械采购史上第一买单”。张家港市色织协会、太仓市服装协会用大企业接单、小企业加工的方式，实现资源共享。

4. 政府指导，异地商会悄然兴起。苏州市的行会性组织历史悠久，早在明清时期，就成为与京、津、沪等地齐名的八大商会城市之一，会馆遍布城区各处。近年来，苏州的政府部门按照“亲商理念”和“亲商、安商、富商”精神，着力抓好投资环境建设。不同行业、不同所有制的在苏投资企业，在两地政府和相关部门的积极支持下，纷纷以地域为缘筹建异地商会，分布在全市各地，积极活跃在苏州经济和社会的各个层面。但因政策原因而无法注册登记，始终游离在政府的监管之外。为了促进苏州与外地的经贸合作和人才交流，推动苏州经济社会和谐发展，依据“登记在省，试点先行”的规定，苏州市民政局经省厅授权开展了异地商会的登记试点工作。目前，苏州市温州商会、重庆商会、湖南商会等先后成立，一批异地商会也在积极筹备。

（三）行协在与政府良性互动中发挥着积极作用

行协的发展与苏州的经济模式一样，在政府的支持中、在与政府的良性互动中发挥着积极的作用。

1. 政府制定政策，推动行协顺应经济社会的发展。2005年，苏州市政府出台了《关于促进苏州市行协改革与发展的指导意见》，转发了市经贸委、民政局《苏州市工业行协培育与发展意见》，围绕本地的主导产业，集中培育和发展一批规模较大、辐射带动力强、市场竞争力强、对当地经济发展产生积极影响的行协组织，以带动当地经济和特色产业的发展。2004年起，市经贸委会同市工经联，根据苏州电子信息产业发展迅猛，并已成为支柱产业的特点，重点推动组建了“苏州电子信息行协”，接着又重点推动了电力、医药、橡塑化工、石油、水泥等行业组建新兴行协，今年以来又帮助筹建了军工、新型墙体材料、轨道产业、中小企业、汽车工业等一批行协。张家港市政府支持本市塑料机械行业的龙头企业—江苏维达机械有限公司，联合40多家塑料机械企业，组建了张家港市塑料机械饮料机械行协，经过几年打拼，打出了塑料机械生产品牌，终于在张家港形成了70亿元规模的江苏省塑料机械饮料机械出口基地。

2. 政府转变职能，为行协参与经济社会建设提供空间。苏州市政府不断加大推进政府职能向行协转移的力度，相关业务主管部门积极参与，主动理顺相应关系，首先将行业统计、行业培训、行业协调、行业评比等政府职能转交给协会。市经贸委、人事局先后分别向市电镀行协、水泥行协、家具行协、工业气体行协尝试转移发展规划的前期编制、专业技术培训、技术职称评定等多项职能。水泥行协接受市经贸委委托根据国家及省宏观调控政策及苏州市实际情况编制了《苏州市水泥行业“十一五”发展规划纲要》；工业气体行协配合市安监局组织专家组人员到40多家企业在高温期间进行安全检查，消除事故隐患；市工艺美术协会受市文广局委托，组织刺绣、缂丝、桃花坞木刻年画、红木明式家具、剧装戏具等有关单位（机构）积极申报“国家非物质文化遗产”和开展申报省级、国家级工艺大师等工作。市工业经济联合会受托开展了审核、推荐劳动模范的工作。苏州市保险行协，积极组织保险企业参与苏州的经济和社会建设，协调各方面的关系，认真开展诚信建设和行业自律活动，实际上已经承担了保监委的大部分职能。具有11个分会的苏州市健康促进会接受政府委托，在行业健康标准制定、定期卫生状况检查、健康单位评估等方面积极动作，多年来为全市的健康城市创建活动发挥了不可替代的作用。苏州市电力行协在政府有关部门的委托下，开展了热电企业节能降耗专题调研，并制定行业标准。

3. 政府以奖代补，提升行协的凝聚力和活力。针对行协总体上规模偏小、覆盖面不广的现状，苏州市政府安排了一定资金给予资助，以奖代补，刺激其增强凝聚力和活力。从2004年起，市财政每年安排100万元专款，扶持和激励全市10大农业经济专业协会发展；每年拨款100万元，由经贸委、民政局组织工业类“十佳行协”评比表彰活动。还有，不少行协在筹建、成立和日常活动中，在场所、设施和经费等方面，都得到相关政府部门的支持和帮助。

二、行业协会在深入发展中遇到了一些制约问题

苏州市的行协，在深入发展过程中也存在着与经济和社会发展不相适应的地方，在开展培育发展和登记管理工作中还存在着一些矛盾和困难，行协在发挥作用中也遇到了一些制约问题。

——法规政策方面。一是国家的相关法规及其配套的政策不完善或滞后。国家没有关于行协的专门法规，对涉及港、澳、台商会和异地商会也是无法可依。二是苏州市没有完整的地方政府规章作相应规范。对于行协

的地位、功能，政府与行协的关系，政府及其部门如何转变职能，政府如何发挥行协的作用，政府向行协购买服务的程序和途径，政府职能部门如何与行协脱钩，行协业务主管单位的职能、任务及其与行协的关系，党政领导干部和政府人员在行协中的兼职及其报酬，等等，在地方政府规章的层面上，都没有很好地予以明确和规定。现实的问题是：在行业发展规划和行业性政策酝酿、制定和实施过程中，行协的参与度低，政府部门主动或事先听取行业的诉求还不够；一些行协存在着体量不够大、覆盖面不足、活动不经常、作用不明显等问题；“政会不分”的现象还存在，党政领导干部在行协中的兼职情况有“回潮”的苗头；政府转变职能和向行协购买服务方面尚不完善，政府的哪些职能可以或应该转变、如何购买服务、业务主管单位管些什么等都不十分明确、完善；一些涉及港、澳、台商会和市（县）级异地商会事实上已经存在，而且活动活跃，囿于没有法规规定和政策依据，既不能合法登记，又难以有效管理。

——管理体制方面。目前，我国对行协实行双重管理体制。从业务主管单位来看，苏州市的行协（商会）分属两大系统：大部分纯经济类的行协分别属于政府各职能部门管理，行业商会则由于历史的原因和传统的因素属于工商联管理。首先，由此出现了两种情况：一是违反了“一业一会”的规定。有的同一行业内出现两个行协，有的一个行协有两块不同名称的行协（商会）牌子。二是行业商会不能合法登记。因工商联不能充当行协的业务主管单位，以会员单位身份加入工商联的行业商会也就无法正式登记为社会团体，影响了业内资源的整合和行业整体竞争力的提高。同时，政府职能部门作为业务主管单位在对行协实施管理时，也因职责不明，缺少激励、培育和监督约束机制，随意性较大。还有，作为行使行协登记管理职能的民政部门，由于既无健全的执法机构，又无专业的督察队伍，更无专项的监管经费，只能侧重于注册登记和业务性管理，在一定程度上影响了行协的健康成长和积极作用的更好发挥。苏州市从事社会组织（包括 529 家行协和 1200 多家社会团体、1200 多民办非企业单位和 4000 多家社区社会组织）登记管理工作的人员仅有 16 人，且人员绝大部分是兼职，有的甚至兼了好几职。

——社会氛围方面。有利于行协更好发挥作用、培育行协健康发展的良好的社会氛围还没有真正形成。表现在：一是舆论宣传还不够。从党政领导到机关干部、从企事业单位职工到平民百姓，积极培育发展行协还没有达成社会共识，社会对于行协及其作用了解不够甚至不了解。二是调查研究还不够。政府及其有关部门对于行协的历史、现状、作用和问题等重大情况了解不多、分析不深、掌握不透。三是理论探讨还不够。表现为理论严重滞后于实践。没有强有力的社会力量支撑，行协的健康发展和作用的发挥就难免会出现盲目性、单薄性和随意性。

三、进一步推进行业协会发展和发挥作用的思考

当前，全国各地都在认真落实科学发展观。行协要取得进一步的发展，要更好地发挥作用，必须紧贴苏州的实际，再一次融入经济和社会大发展的热潮；政府及其有关部门，也应抓住机遇，根据行协发展的规律，在发扬苏州的传统做法的基础上，创新思维、积极推进。

1. 纳入规划，稳步推进。党委和政府要将积极培育和发展行协、更好地发挥行协的作用，列入当地经济和社会发展的总体规划，并按照“整合传统类，发展新兴类，扩大农经类”的精神稳步推进。同时，要通过各种形式，大力宣传行协的地位及其社会作用，努力营造积极培育发展行协、确保行协健康发展的社会氛围。

2. 完善法规，规范运作。要通过地方立法等形式，来规范政府扶持和推进行协发展的行为。要明确行协的法律地位和社会地位；政府制定行业发展规划和决定行业的重大事项，要在法定程序上坚持决策之前征询行协、实施过程由行协参与推动、实施结果听取行协的反馈；按照“小政府、大社会”的精神，政府及其有关部门每年都要做好向行协购买服务的规划，并事先公布具体项目及其要求，公开具体的操作过程；政府有关部门要将所需经费列入年度财政预算。

3. 引导活动，行业自律。在良好的法规和社会氛围中，政府及其职能部门要引导行协积极参与当地的经济和社会建设，认真履行社会职责，经常组织开展各项活动，通过为会员提供服务、为社会提供服务、为政府提供服务来体现自身的价值。各类行协要注重完善内部管理机制，搞好行业自律，强化诚信建设。积极创造条件，设立以体量较大的行协为“龙头”的行协的“协会”、设立“行协服务中心”，通过社会组织的力量及其形式，开展引导、协调、沟通和自律，向政府反映行协及其企业的诉求，为行协及其企业提供必要的服务，开展有关行协的调查研究和理论研讨。

4. 健全机制，强化监管。要使行协更好地发挥作用，很大程度上应该强化监管，而健全机制又是强化监管的关键。要继续肯定和推行双重管理体制。一是继续强调由政府有关职能部门充当的行协业务主管单位的地位和作用。既要积极培育和发展行协，引导和管理行协并给以必要的支持和帮助；又要认真克服“政社不分”的老毛病，切实解决在职领导在行协兼

职现象“回潮”问题。二是要加强政府登记管理部门的监管力量。应健全行协专职登记管理机构，配备专职行政执法队、核定专门的监管经费、落实专业监管条件。

5. 创新理念，突破“瓶颈”。为了解决部分行业商会活动活跃但不具备独立法人资格、工商联态度积极但不能当行协的业务主管单位的矛盾，应该创新理念，突破长期束缚着的“瓶颈”。我们认为，各级工商联，除了政治地位外，其行政地位和社会地位相当于科协、文联和供销合作社，政府应该且可以授权，委托其为各类商会和新兴的难以归属于某个政府行业职能部门的行协的业务主管单位。同时，适时扩大和深化异地商会的市级登记管理试点。从而，从根本上改变目前市（县）级的异地商会在不合法地活动，且游离于政府监管之外的不正常状况。

浙江省民间组织培育与管理调查报告

浙江省民间组织培育与管理调查课题组

为摸清全省民间组织的基本情况及特点、存在的主要问题及原因，并提出民间组织培育与管理的有关建议，浙江省民间组织管理局开展了民间组织调查研究活动。本次调研活动共召开民间组织、业务主管单位负责人参加的座谈会 5 次，代表 50 人；向民间组织随机发放调查问卷 3000 份，共收回有效问卷 1674 份，占发放问卷的 55.8%；实地考察民间组织 14 个。通过调查，基本掌握了较为系统、翔实的第一手材料，为明确今后浙江省民间组织培育与管理的方向及举措提供了可靠的依据。

一、民间组织的基本情况及特点

（一）民间组织基本情况

民间组织是指自然人、法人或者其他组织等社会力量发起，为实现特定目标，依照规定程序而组建的非营利性组织。本文民间组织特指社会团体、民办非企业单位和基金会三类社会组织。这三类社会组织均具有非营利性、社会性、独立性、志愿性等共同特征，但在组织结构、服务特点、服务方式上各不相同，都有着独特的功能。国际上，对民间组织有多种称谓，如“非营利组织”“非政府组织”“第三部门”“公民社会”“志愿组织”等。

我国实行改革开放后，经济快速发展，公民结社意识逐渐增强，浙江省又具有传统的慈善意识和深厚的人文底蕴，这些为浙江省民间组织的产生和发展奠定了物质、文化基础。近些年来，在各级党委和政府的重视下，在各级民政部门和有关部门的推动下以及社会各界的积极参与，浙江省民间组织得到了较快的发展，成为推动社会建设与管理的一支重要力量。截至2007年底，经全省各级民政部门核准登记的民间组织24345个，其中社会团体12915个，民办非企业单位11290个，基金会140个；每万人拥有5.16个。

在加快推进城乡社区建设和新农村建设中，浙江省又不断出现城乡基层文体组织、慈善组织、社保组织、科技组织、专业经济组织等，为活跃社区文化、繁荣农村经济、促进农民增收等起到了重要作用。浙江省结合实际，2003年开始探索社区民间组织、农村专业经济协会培育与管理，对城乡基层民间组织实行备案管理。截至2007年底，全省各级民政部门予以备案的基层民间组织8374个，其中老年协会2609个，计生协会2220个，文体组织1057个，专业经济协会479个，卫生服务站473个，和谐促进会51个，慈善组织等1485个。

浙江省民间组织不仅数量较多，而且整体实力也有一定的规模。截至2007年底，全省民间组织固定资产原价80.48亿元，当年总收入71.84亿元，总支出61.12亿元，专职工作人员26.87万人。从数量和规模来看，浙江省是全国民间组织发展较快的省份之一。

（二）民间组织发展特点

1. 民间组织稳步发展，其中基金会增长相对较快。浙江省民间组织保持稳步增长。从2002年社会团体9736个，到2007年12915个，平均年增长率5.81%。2002年民办非企业单位8192个，到2007年11290个，平均年增长率6.63%。2004年6月1日我国《基金会管理条例》施行后，基金会进入较快发展时期。2000年基金会67个，到2004年5月31日基金会82个，到2007年底基金会又迅速发展到140个，前一阶段基金会仅新增15个，年增长率5.18%；后一阶段基金会新增58个，占基金会总量41.43%，平均年增长率19.52%。主要原因是新条例有力地调动了企业、个人等社会力量参与公益事业的热情和积极性。基金会分为公募基金会和非公募基金会，并在登记条件上作了不同的规定，公募基金会原始基金为400万元以上，而非公募基金的原始基金则放宽到200万元以上；同时对非公募基金会允许可以自然人、法人或其他组织的名称作为基金会的字号，以资精神鼓励。

2. 民间组织门类齐全、涉及领域广泛。浙江省民间组织分布广泛，全面涉及了国际对民间组织通行分列的科技与研究、生态环境、教育、卫生、社会服务、文化、体育、法律、工商业服务、宗教、农业及农村发展、职业及从业组织、国际及涉外组织 13 个领域。其中教育类民间组织数量最多，截至 2007 年底共有 8883 个，约占民间组织总数的 36.49％；其中民办教育机构 7866 个，占民办非企业单位总数的 69.67％，教育基金会 77 个，占基金会总数的 53.1％，另有教育类社会团体 940 个。这主要得益于浙江省历来重视教育事业的发展，在全国较早实行了教育体制改革，支持社会力量兴办民办教育机构，鼓励向社会募集教育资金。1980 年起浙江省开始出现民办教育机构、教育基金会。民间组织涉及领域较多的还有社会服务、职业及从业组织、科技与研究等，涉及领域较少的是生态环境、法律、宗教和国际及涉外组织。

3. 民间组织层级不同，区域特征明显。民间组织发展与经济发展水平有着密切联系，区域之间发展不均衡。浙江省经济发展较快的杭州、宁波、温州等地区民间组织数量较多，2007 年底杭州、宁波、温州民间组织，分别占全省 17.8％、16.25％和 15.81％，而经济发展相对落后的舟山、衢州民间组织仅分别占 2.89％、2.85％。

具体分析社会团体、民办非企业单位、基金会三类组织与地缘政治、经济的依存度关系，社会团体分布偏重政治、经济较发达的地区，省本级社会团体占全省 6.57％，市级占 27.54％，县级占 65.89％。民办非企业单位由于直接面向公众服务，在基层活动比较频繁，分布偏重于基层。省本级民办非企业单位仅占 1.21％，比社会团体减少 5.36％；市级占 10.67％，比社会团体减少 16.87％；县级占 88.11％，比社会团体增加 23.22％。基金会分布更集中于经济发达地区。

4. 管理制度不断完善，基本纳入规范发展轨道。浙江省高度重视民间组织政策法规建设。2000 年省政府发布《浙江省社会团体管理办法》，成为全国较早出台社会团体管理政府规章的省份之一。2004 年省政府发布《浙江省民办非企业单位管理暂行办法》，是全国第一个民办非企业单位管理的政府规章。这些规章在成立条件、登记程序、组织规范、活动规则、财务管理、退出机制等方面予以细化，增强了可操作性。2003 年省民间组织管理工作领导小组下发《关于社区民间组织培育与管理的意见》（浙民管［2003］1 号），在全省推行基层民间组织备案制度。2006 年省政府下发《关于推进行业协会改革与发展的若干意见》（浙政发［2006］57 号），推进行业协会与行政机关脱钩。同年中共浙江省委办公厅、省政府办公厅下发《关于加强民办社科研究机构管理工作的通知》，明确规定全省民办社科研究机构统一归口省社会科学联合会作业务主管单位和省民政厅登记管理。2000年以来，省民政厅相继出台社会团体、民办非企业单位的年度检查办法，制定《浙江省社会团体登记业务规程》《浙江省社会团体组织活动规则》，分别与科技厅、卫生厅、文化厅、省教育厅、体育局等部门联合制定各类民办非企业单位登记审查与管理等系列配套政策，目前浙江省民间组织已经逐步纳入规范化、法制化发展轨道。

5. 民间组织作用明显增强，社会影响越来越大。浙江省民间组织活跃程度不断提高，服务功能不断增强。慈善会、基金会等积极从事救灾救助、扶贫济困、安老抚孤、助学助医等活动，全省各级慈善会成立10多年来，共募集善款40多亿元，救助困难群众超过200多万人次。2007年全省基金会投入各项公益事业12.76亿元。民办非企业单位为公共服务起到了重要补充作用，减轻了国家的财政负担，创造了就业机会，又满足了社会多样化的需求。行业协会成为政府职能转移的重要载体，为规范市场经济行为、完善市场经济体制，应对国际贸易摩擦发挥了不可替代的作用。科技类民间组织聚集各类专家、学者，推动学术研究和交流，促进科技创新发展。社区民间组织开展丰富多样的文体活动，帮助居民解决生活困难，增强社区自治，成为社区建设的重要力量。农村专业经济协会提高农民生产组织化，增加了农民收入，为新农村建设贡献一份力量。民间组织扩大民主权利，引导群众有序参与，协调利益矛盾，维护社会和谐稳定。

二、民间组织发展中存在的主要问题及原因

（一）存在的主要问题

1. 民间组织总体规模较小、服务能力偏弱，对经济社会贡献率较低。浙江省民间组织仍处于发展的初期阶段，民间组织总体规模和服务能力，远远不能适应社会经济发展的需要。目前全省每万人拥有民间组织5.16个，与发达国家，甚至发展中国家相比，存在着较大的差距。如法国每万人110个，美国每万人52个；而发展中国家一般每万人拥有数量超过10个，如阿根廷每万人25个，新加坡每万人14.5个，巴西每万人13个，印度每万人10.2个。根据美国霍普金斯大学萨拉蒙教授等人对36个发达国家和发展中国家比较研究表明，民间组织大约吸纳4550万全职就业人口，占经济活动人口的4.4%，经济活动规模相当于一个1.3万亿美元的产业，

支出占 36 个国家 GDP 的 5.4%。而浙江省 2007 年民间组织吸纳就业人口 26.87 万人，仅占全省年末从业人员 3250 万人的 0.83%，活动支出 61.12 亿元，占浙江省 GDP 的 0.33%。由此可见浙江省民间组织的经济规模仍然很小。分析民间组织提供公共服务的比重情况，以美国为例，医疗行业中 50%以上的病床设在民间组织，50%左右的高等院校、60%的社会福利机构都属于民间组织，民间组织提供的公共服务占到全社会服务的一半以上，形成了公办、民办共同发展的格局。而浙江省医疗、教育、社会福利等事业，主要依靠国有事业单位提供，民间组织提供的公共服务占全社会服务的比重严重失衡，民间组织还有着很大的发展潜力。

2. 民间组织公信力不足，影响了民间组织的发展基础。公信力不足表现在：一是社会团体的独立性不强。据问卷调查，还有 38.13%的社会团体存在现职政府工作人员兼职的情况，有 20.45%的社会团体与政府部门合署办公，官方色彩较浓，有时被戏称为“二政府”。二是部分社会团体为会员服务不到位，缺少凝聚力，有的热衷开展评比表彰活动，收取较高的参评费；有的借行业主管部门授权的资格认证、评审等职权，强制企业、个人入会。行业协会企业会员覆盖面不大，大部分行业协会仅覆盖本行业的 20%－30%，缺乏代表性和权威性。三是民办非企业单位普遍存在营利化倾向，特别是部分民办中小学和职业技能培训机构，收费过高，受到较广泛的质疑，甚至被斥为“贵族学校”和“暴利单位”。四是有的基金会开展社会募捐活动，接受的捐赠数额、款物使用方向等，没有及时向社会公开，挫伤了捐赠企业、个人的主动性和积极性。

3. 民间组织违法违规行为及非法组织仍然存在。近些年来，浙江省许多地方出现以“非营利组织”名义进行经济诈骗活动。随着民间组织的逐步活跃，违法违规行为也不断发生。有的擅邀激进分子开办论坛、讲座；有的乱收费、乱支出，财务管理混乱，引起会员的不满；有的通过高工资、高津贴等办法，变相利润分配；有的不按规定设立分支机构、代表机构，不接受监督检查等。各级民政部门不时收到举报信、接到举报电话和接待上访人员，深感执法压力加大。从 2004 年到 2008 年，全省共注销、撤销社会组织 3000 多个。

（二）主要问题的成因分析

1. 民间组织管理法规不完善

民间组织管理现行三部行政法规程序性内容多，实体性内容规定少，对民间组织违法违规行为的处罚依据不足，实际操作难度大。社会团体和民办非企业单位的行政法规出台已近十年，较严重滞后于社会经济发展，两者均未涉及境外组织在华活动和境外人士在华成立民间组织有关规定，民办非企业单位不得设立分支机构，严重制约了民间组织的规模发展；基金会法定代表人不得担任其他组织的法定代表人，挫伤了实力雄厚的企业设立非公募基金会的积极性。三部行政法规回避了基层民间组织的登记问题，在法规层面上没有确立基层民间组织的法律地位，基层民间组织尚未纳入管理范围。

2. 民间组织培育发展的措施不力

主要表现在：一是我国税收政策仅从行业或项目发展角度制定优惠待遇，未整体考虑民间组织普惠制度。社会团体和基金会开展服务收入仍要征收企业所得税和流转税，对民办非企业单位更视同企业一样征收各类税费。社会团体会费收入虽然免税，但财政部门仍征收20%的管理费，反倒高于税赋。二是民间组织专职工作人员的基本养老保险、基本医疗保险等没有形成独立体系，与事业单位从业人员的待遇差距较大。据问卷调查，而且还有33.75%专职工作人员没有参加基本养老保险，45.86%专职工作人员没有参加基本医疗保险，严重影响了民间组织工作人员队伍建设。三是没有建立正常的民间组织资助机制、购买服务制度及特殊扶持政策。据问卷调查，仅有32.26%的民间组织接受了政府资助、承接委托的项目或购买服务。政府有关部门缺少降低民间组织用地、用水、用电等服务成本的优惠政策。据问卷调查，仅有20.91%的民间组织对政府的扶持政策满意。

3. 民间组织发展能力脆弱

民间组织的活动经费短缺，是限制民间组织发展的突出问题。据问卷调查，52.62%民间组织认为资金问题影响到了民间组织的生存与发展。社会团体收入主要来源于会费收入，但一般会员单位的年会费为1000元至2000元。民办非企业单位收入主要依靠服务收入，但民办非企业单位起点较低、技术力量不强，自我积累能力较弱。据问卷调查，53.97%民办非企业单位感到生存困难。基金会收入主要来源于社会捐赠，因募捐市场的竞争越来越激烈，公募基金会的发展也越来越困难，非公募基金会因依托于企业的发展，受企业的经济状况影响较大。目前93.02%非公募基金会原始基金仅200万元，而且基金的保值增值能力不强，据问卷调查，67.86%基金会把收取银行利息作为基金增值保值的唯一途径。

民间组织引进人才难、留住人才难，也是影响民间组织发展的关键问题。主要原因在于：36.39%民间组织认为专职工作人员的工资福利待遇较低，12.65%认为社会保障程度差，25.39%认为由于编制和职称的影响，25.58%认为是受社会就业心态的影响。

4. 民间组织管理力量不足

登记管理机关不仅要负责宏观管理，还要承担直接审批登记、制定政策、监督管理、查处违法违规及打击非法组织职责。从省级部门看，省厅登记管理2.4万多个民间组织，工作量大，任务繁重，但工作人员行政编制仅6人，事业编制5人，满负荷地应付着日常工作。市级登记管理机构一般负责2000至4000个民间组织，除杭州、宁波、温州外，其他市工作人员编制2至3名，还有半数以上县（市）没有建立登记管理机构，没有专职工作人员，没有专项业务经费，监管难以落实。

业务主管单位的民间组织管理力量也没有配备到位。省本级民间组织涉及84个业务主管单位，除省科协、社联、文联外，其他部门都没有设立专门管理机构，而且绝大多数单位没有配备专职工作人员，无法承担相应的职责，疏于对民间组织的业务指导和监督管理。

安徽合芜蚌综合改革试验区社会组织改革发展状况调研

王佛生

为深入贯彻学习实践科学发展观，进一步推进合芜蚌综合改革试验区社会组织改革与创新工作，2008年11月，安徽省民政厅民间组织管理局有关同志，赴合肥、芜湖、蚌埠三市，对三市社会组织改革与创新工作进行了专题调研。

一、三市社会组织发展概况

截至目前，合肥市已注册登记社会团体为565家，其中市级251家，县区级314家；民办非企业单位838家，其中市级401家，县区级437家。各县区登记农村专业经济协会180家，实行备案的社区社会组织有322家。合肥市登记备案的社会组织总数为1925家，社会团体会员总数为69.4万个，行业协会总数为185个，占社团总数的32.7%。

芜湖市已注册登记的社会团体为415家，其中市级218家，县区级197家；民办非企业单位219家，其中市级79家，县区级140个。各县区登记备案农村专业经济协会88家，实行备案的社区社会组织有56家。芜湖市登记备案的社会组织总数为878家，社会团体会员总数为19.1万个，行业协会总数为75个，占社团总数的18%。

蚌埠市已注册登记社会团体为488家，其中市级261家，县区级227家；民办非企业单位160家，其中市级94家，县区级66家。各县区登记备案农村专业经济协会928家，实行备案的社区社会组织有1480家。蚌埠市登记备案的社会组织总数为3056家，社会团体会员总数为60万个，行业协会总数为134个，占社团总数的27.5%。

三市已登记或备案的社会组织总数为5859个，其中社会团体1468个（行业协会394个）；民办非企业1217个；登记或备案的农村专业经济协会1196个；社区社会组织1858个。从统计的情况来看，合肥市行业协会发展较快，占社团比例的32.7%，蚌埠市基层社会组织发展的较为充分，总数为2408个，由于基层社会组织覆盖面大，蚌埠市社会组织会员总数约为60万个，按全市340万人口计，社团会员覆盖率已达总人口的17.6%。

二、三市社会组织改革与创新工作的主要举措

（一）积极推进行业协会体制改革和民间化进程

行业协会直接服务于地方经济发展，历来受到各级政府的高度重视。自2003年民政部及省提出促进行业协会发展的意见以来，三市为推进行业协会、商会的改革发展，加快了行业协会民间化进程。蚌埠市政府出台了相关文件，对新兴的民间行业协会、商会给予一定的资金扶持。合肥市对行业协会改革创新的力度最大。为解决行业协会体制不顺、政会不分、职能不清、代表性不强等问题，从2006年起，着手对行业协会进行改革探索，2007年制定出台了政府规章《合肥市行业协会管理办法》。这是安徽省制定的第一个行业协会改革发展的政府规章，对行业协会运作模式和管理方式进行了的重大突破。创新了行业协会双重管理体制，形成了新的行业协会管理模式。改革后，民政部门是行业协会的登记管理机关，政府有关部门在各自职责范围内依法对行业协会进行业务指导。政府各部门支持行业协会自主办会，不直接参与或干预协会内部运作，保障其依法独立开展活动，由控制型管理转向服务型管理。目前，全市66家行业协会中，已有48家在机构、人员、财务三个方面与政府主管部门完全脱钩。合肥市苗木花卉协会作为民间化改革的试点，明晰了协会职能，修改了协会章程，改选了领导班子，增加了龙头企业代表比例，突出了企业在行业协会的主导地位，逐步引入了市场机制。协会协助政府举办的每年一届“中国合肥苗木花卉交易大会”已成为安徽省三大会展之一。

（二）培育扶持农村专业经济协会服务地方经济

近几年来，围绕社会主义新农村建设，安徽省各级登记管理机关加大了对农村专业经济协会的培育发展力度。2003 年省民间组织管理工作领导小组印发了《安徽省农村专业经济协会管理办法（试行）》（皖民管字［2003］5 号）。降低登记门槛，开启了农村专业经济协会备案制度。目前合、芜、蚌三市已登记或备案农村专业经济协会 1338 家。合肥市的肥西县，芜湖市的芜湖县，蚌埠市的怀远县、五河县、固镇县等县区，政府重视程度高，政策支持力度大，把培育发展农村专业经济协会作为发展县域经济，帮助农民发家致富的重要工作来抓。芜湖县委、县政府在 2003 年先后出台了《关于加快发展农村专业技术协会的意见》（芜发［2002］9 号）和《关于发展农村专业经济协会的指导意见》（芜发［2003］3 号），每年安排 120 万元的扶持资金，还为农村专业经济协会建立信贷抗风险准备金，协调县信用社给予协会 10 万元以内的联户贷款。7 年来全县共有 1.2 万农户参加组建农村专业经济技术协会 48 个，兴办经济实体 19 个，走出了“协会＋基地＋农户”“协会＋公司＋市场”的生产经营之道，年经营额达 7900 多万元，为推动当地经济发展发挥了重要作用。

（三）试点探索社区社会组织建设工作

社区社会组织是社区建设的重要力量，在加强基层民主建设，构建和谐社区，提供便民服务等方面作用显著。但由于社区社会组织大都规模小，组织松散，一直游离于登记管理之外。为推进安徽省社区社会组织的培育与发展，2003 年出台了《安徽省社区民间组织培育发展与管理的意见》（皖民管字［2003］6 号）。各市社区社会组织的登记与备案工作逐步展开，目前合、芜、蚌三市已登记和备案的社区社会组织共 1308 家。其中蚌埠市社区社会组织的培育与发展工作起步早，效果好。2005 年 7 月，在全省民间组织管理现场会上，组织各市对蚌埠市社区社会组织管理经验进行了观摩学习。蚌埠市龙子湖区在市民政部门的指导下，大胆探索，勇于实践，通过对社区社会组织的规范整合，创造性地在各社区居委会成立了“心之桥”系列组织，全区 36 个居委会设“心之桥”维权站、俱乐部、服务社 108 个，下统社区文体协会、服务站等各类社区社会组织 476 个。这些社区社会组织充分利用联系群众广泛的优势，以服务国家、服务社会、服务民生为己任，在融洽社区邻里关系、丰富群众文化生活、倡导文明生活方式、维护群众合法权益、完善公共事务管理、美化社区环境方面发挥了积极的作用。

（四）尝试放开异地商会的登记管理工作

随着省内外经济交流的加强，异地商会问题日渐突出。由于异地商会人员组成的特殊性，为商会的登记管理工作带来了新课题。合、芜、蚌三市本着改革创新，试点先行的指导思想，尝试开展了异地商会的登记管理工作。目前合肥市已登记注册外省籍异地商会三家，省内异地商会7家；芜湖市登记注册异地商会4家；蚌埠市登记注册异地商会3家，均为外省籍异地商会。这些异地商会在投身当地经济建设的同时，积极为当地与外省的经济合作牵线搭桥。充分利用省内省外两个市场、两种资源，协助政府引进安徽省经济社会发展所需的各类优秀人才、高端技术和生产要素资源。向政府及其有关部门及时提供省际合作交流信息，广泛开展与各地的经济合作交流，为安徽企业“走出去”和把省外企业“请进来”拓展空间、提供服务。为繁荣当地经济作出了一定的贡献。

三、制约社会组织发展的主要问题

（一）外部发展环境问题

由于行政体制改革的相对滞后，政府及其附属部门占据了大量社会资源，社会组织发展空间有限，发展环境亟待改善。一是政府职能转移步伐太慢。管了大量不该管也管不了的事，社会组织对这一问题反映强烈。希望政府部门真正按照十七大提出的建设公共服务型政府的要求，加快职能转移，切实转变观念和工作方式，充分发挥社会组织参与社会自治和管理的作用。二是社会组织与政府之间沟通渠道不畅。行业协会等社会组织掌握的重要信息无法及时传递，与一些部门决策不一致的意见不能送达政府，而政府的有关政策也不能及时传达给有关社会组织，这种情况不仅制约了社会组织作用的发挥，也使政府的管理成本增加，管理效率下降。三是政府缺乏购买服务的理念和规则。对于有社会需求的事务性、服务性工作，政府既无力提供也没有委托社会组织承办的习惯；社会组织向政府部门提供的研究意见、调查资料、数据分析等耗费了人力物力，还有大量无形知识产权，政府部门往往无偿占有。为改善社会组织发展环境，应尽快完善对社会组织所提供服务的政府采购制度。

（二）法律法规建设问题

法律法规建设的严重滞后，已成为制约安徽省社会组织进一步发展的短板。首先，《社会团体登记管理条例》和《民办非企业单位登记管理条例》偏重程序性的规定，缺乏对法人实体、权利和义务的法律规定。使得两类社会组织不仅法律地位不明确，且缺乏足够的运行规范，已不适应社会组织充分发展、健康成长的需要。其次，两个《条例》所涉及的社会组织种类繁多，例如，行业协会与学术性团体和专业性团体在组织机构、功能作用上有明显的区别，仅依据《社团登记管理条例》不仅难以规范行业协会的行为，也限制了协会服务功能的发挥，使社会组织的分类管理缺乏足够的依据。三是国家对非营利性社会组织取得的有偿服务收入，采取了不合理的税收政策。以办展、培训为例，协会会员交付的参展费、培训费，均需按营业收入缴付营业税，其余部分在支付各项开支后再上缴所得税，完全被作为经营性组织对待。据估算，某些协会上缴的税赋相当于协会收入的10%－15%。十分不利于非营利组织的培育和发展。

（三）内部治理机制问题

社会组织没有形成良好的法人治理机制，自身能力弱，运作不规范，难以承担重任，也是制约社会组织健康发展的重要因素之一。一是三市仍有相当数量的社会组织，特别是行业协会具有浓烈的行政化色彩，政会不分，不仅不能维护会员合法权益，甚至损害会员利益。某市房地产行业协会收取企业高额会费用于办公人员福利及交通费，会员企业却敢怒不敢言。二是有些行业协会挂靠在企业或事业单位，人事、住所、财务、活动内容等依附于挂靠单位，企会不分，协会客观上成为挂靠单位的某个组成部门，缺乏独立性，不能够公正地代表行业企业的根本利益，也不利于协会自身的发展。三是行业协会的民主自治制度和依据章程规范运作的要求没有得到应有的尊重和执行。有的在召开理事会、常务理事会、会员代表大会或对重大问题进行表决时，看似履行了民主程序，实际履行程序有很多不规范的地方，甚至成了“走过场”的形式。民主自治是社会组织法人治理机制的基本原则，是各类社会组织的灵魂所在，违背这一原则，不能成为真正的社会组织，也无法承担社会组织所应承担的重任。

（四）管理机构建设问题

近年来安徽省各类社会组织发展迅速，各级政府在高度重视的同时，对社会组织的发展与管理也提出了新的、更高的要求。而与此不相适应的是，安徽省社会组织的管理力量却异常薄弱。合、芜、蚌三市登记管理机关从事社会组织管理工作的专职人员仅6人，其中合肥市3人，芜湖市1人，蚌埠市2人。芜湖市民政局尚未设置专门的社会组织管理机构。三市各县区均无专门机构，大部分县区既无编制，也无专职工作人员，仅由兼职工作人员应付日常登记工作，严重影响了社会组织管理工作的正常开展。再者，登记管理机关信息化建设也严重滞后，管理工作效率不高，缺乏现代化管理手段，这些都为三市社会组织改革与创新工作的展开，带来了不小的困难。

四、推进社会组织改革与创新的具体措施

（一）实现社会组织管理体制的新突破

社会组织改革与创新工作，首先应实现管理体制上的四个突破：

一是突破对行业协会双重管理体制的限制。取消行业性社团的前置审批，实行单一登记体制，有利于行业协会民间化改革。凡在试验区市、县申请成立的行业协会、商会，按照分级登记管理原则，分别由市和县级民政部门直接受理登记，并履行管理职能。市和县级人民政府的其他有关部门是行业协会、商会的业务指导单位，在各自职能范围内依法进行相关的业务指导。

二是适度突破对行业协会一业一会登记许可的限制。企业有突破一业一会的需求，往往因为现有行业协会代表性不足。适度竞争有利于行业协会能力的培养，破除少数企业垄断行业协会资源的弊端。若业内申请设立类似行业协会的企业达到一定的比例，应予许可。

三是突破非公募性基金会登记在省的限制。为鼓励和支持地方公益事业的发展，试验区内市级人民政府民政部门可直接受理本行政区域内非公募基金会的申请登记，并履行登记管理职责，同时报省人民政府民政部门备案。

四是突破异地商会登记权限的限制。鉴于异地商会在当地经济交流中的积极作用，应适度突破关于异地商会“登记在省，试点先行”的限制。异地商会经同级业务主管单位同意设立后，可由市级人民政府的民政部门受理登记并履行监管职能。市民政部门还可委托县民政部门受理登记在县域活动的异地商会，并报市民政部门备案。

（二）探索社会组织培育发展的新举措

为进一步推进安徽省社会组织的培育与发展，试验区的民政部门应率先开展四个探索：

一是探索社会组织党建工作新机制。按照中央关于加强新经济组织和新社会组织党建工作的要求，试验区社会组织登记管理机关应协同党委组织部门积极探索行业协会等社会组织的党建工作新途径，成立社会组织党的建设工作委员会，实现业务工作与党建工作一起抓，充分发挥党对社会组织的政治领导和监督保证作用。

二是探索社会组织参政议政新途径。社会组织作为我国四类法人组织之一，涉及领域、阶层广泛，具有很强的代表性。合肥、芜湖、蚌埠三市应积极探索研究，将社会组织作为社会的一个界别，科学确定比例，参加各级党的代表大会代表、人大代表、政协委员选举，发挥社会组织参政议

政的积极作用，增强社会组织的政治责任感和服务社会的热忱。

三是探索政府转移职能和购买服务机制。实验区要利用当前深化行政管理体制改革的有利时机，加大政策理论研究，积极提出措施建议，推动市县政府制定操作办法，明确政府职能转变的领域，分类实施，重点突破，落实政府职能向社会组织的依法转移。同时应会同有关部门认真研究、探索制定政府购买服务的范围、标准、运作机制及监管制度。民政部门应注意统筹民政资源，带头将社区管理、安老扶危、扶贫济困等方面的具体事务，以公开招标、合同管理的方式，交给社会组织去做。推动政府、各部门在公开公平公正的基础上，在更广泛领域与社会组织开展更高层次的合作，逐步建立公共财政向社会组织购买服务的运行机制。

四是探索对社会组织的培育扶持和税收优惠政策。合芜蚌三市要积极探索不同形式、不同层次的“孵化器”建设，为社会组织提供综合性培育和服务基地，缓解社会组织参与社会管理和公共服务过程中遇到的资金、场所等困难。省和试验区内民政部门每年可以从福彩公益金中安排部分资金，资助基层社会组织助老助残等服务活动。在税收政策方面，要与财政、税务部门加强联系，认真研究，探索解决社会组织发展中遇到的税收优惠，票据管理等方面的突出问题，并将《公益捐赠法》《企业所得税法》和《财政部、国家税务总局关于公益救济性捐赠税前扣除政策及相关管理问题的通知》等法律政策中规定的捐赠所得税优惠政策落到实处。

（三）推进行业协会民间化进程和法人治理机制建设

民间化改革是行业协会等社会组织改革发展的方向。三市要从入口把关，进一步引导和规范各类社会组织在职能、机构、人员、财务等方面，与政府部门和企事业单位脱钩，大力推进政会分开、政企分开。同时要重点关注社会组织的自身建设，建立现代社会组织的法人治理机制。要在法律法规的基础上，研究探索、率先制定行业协会的法人治理原则，强化章程对社会组织的权威性和约束力，引导行业协会健全民主选举、民主决策、民主管理、民主监督的运行机制，增强自主办会、独立运作的能力。要以规范行为、增强社会责任感为着力点，积极探索行业协会信息公开制度。以加强行业协会的自律建设，推动行业协会真正成为自我管理、自我服务、自我监督的现代社会组织法人主体。

（四）加强社会组织管理机构建设

加强登记管理机关自身建设，建立一支政治合格、纪律严明、业务精通、作风过硬的社会组织管理队伍，是推进社会组织管理改革与创新工作的前提和保障，合、芜、蚌三市要健全和加强各级登记管理机构建设，充实登记管理力量，建立统一协调，上下联动、运作灵敏的社会组织行政管理体系，保证登记管理执法力量与工作任务、社会组织数量相适应，要切实解决县（区）无机构和无专职人员问题。要尽快加强登记管理机关的信息化建设，建立社会组织基本数据库和试验区电子政务平台，依据信息平台，探索信息公开、跟踪服务、动态监管、绩效考核、社会评估等信息化、现代化、社会化管理体制。逐步推进试验区乃至全省统一互联的社会组织管理信息平台建设。同时，要积极探索建立监控预警体系，配备必要的执法设备，为社会组织管理改革创新提供支持。

关于河南省基层社区社会组织发展与管理工作情况的调研报告

李怀建

一、河南省基层社区社会组织发展与管理工作的现状

（一）基层社区社会组织发展现状

近几年来，随着我国经济社会发展和社区服务工作的不断加强和改进，河南省各类基层社区社会组织同全国一样得到了较快发展。据初步统计，截至目前，全省共有各类基层社区社会组织16480多个，其中经县级民政部门或乡镇（街道办事处）登记或备案4540多个，约占总数的27%；未登记备案11940多个，约占总数的73%。

从类型分布上看，在全省16480个基层社区社会组织中，活动类社区社会组织9650多个，约占总数的58%；服务类社区社会组织5480多个，约占总数的33%；福利类社区社会组织760多个，约占总数的5%；维权类社区社会组织590多个，约占总数的4%。

从区域发展格局上看，城镇社区社会组织数量较多，有14000多个，约占总数的85%；而农村社区社会组织数量较少，只有2480多个，约占总数的15%。经济发达或人口较多地市的基层社区社会组织数量较多，如南阳市1939个、郑州市1076个；而经济欠发达或人口较少地市的基层社

区社会组织数量较少，如许昌市170个、济源市77个。

从制度建设情况看，建立章程（制度）的3290多个，约占总数的20%；未建立的13190多个，约占总数的80%。

从经费来源上看，由主管单位（办事处或社区所属单位）拨付的1280多个，约占总数的7%；经费自筹的15200多个，约占总数的93%。

（二）基层社区社会组织管理工作现状

近年来，为贯彻落实国务院《关于加强和改进社区服务工作的意见》精神，根据民政部和河南省民政厅的有关工作要求，多数省辖市先后安排部署了培育发展和规范管理基层社区社会组织工作，并取得了一定成效。一是开展了相关调查研究。一些省辖市民政局积极会同文化、教育、体育、劳动、卫生等部门，通过深入乡镇、街道办事处实地走访有关村委会、居委会，对基层社区社会组织发展情况进行了调查摸底，了解掌握了本辖区社区社会组织发展状况、存在问题，研究提出了工作意见。二是安排部署了有关工作。部分省辖市民政局通过积极争取当地政府及有关部门的支持与配合，下发文件，出台办法，召开会议，安排部署了加强社区社会组织培育与管理工作。如新乡市于2006年出台了《新乡市人民政府办公室关于加强社区民间组织培育与管理的意见》和《新乡市民政局关于印发新乡市社区民间组织培育管理工作方案的通知》，三门峡市于2007年下发了《三门峡市民政局关于积极培育民间组织参与和谐社区和新农村建设若干意见的通知》。三是督促指导县区开展了登记备案和管理工作。一些省辖市民政局在先行试点、取得经验的基础上，通过加强督促指导，推动了所属县区基层社区社会组织登记备案和管理工作。据初步了解，在全省159个县区中，已有86个县区启动开展了基层社区社会组织登记备案与管理工作。

但是，由于目前法规政策不到位，尤其是缺乏规范性、权威性的登记管理依据，对于全省已开展基层社区社会组织登记管理工作的县区，总体上还处于探索和起步阶段，有的县区甚至启动后又停止了这项工作。

二、基层社区社会组织在推进和谐社区建设中的地位与作用

由于社区社会组织具有社区性、群众性、非营利性和志愿性等特征，从而使其与一般意义上的社会组织相比，在加强社区管理、推进社区自治、拓展社区服务、培育社区意识、化解社区矛盾、整合社区资源、凝聚社区力量、活跃社区文化、推进社区公益事业等方面日益显现出其独特的优势，是构建和谐社区的不可或缺的重要力量。

（一）社区社会组织是促进社区精神文明建设的重要力量

社区精神文明建设是群众性的社会实践与创造活动，是推进精神文明建设整体战略的基础工程。而社区社会组织，以无偿或低偿服务他人、热心公益、扶贫帮困、团结互助、平等友爱、回报社会为目的，通过开展各种社区公益活动，传授先进文化和科学知识，倡导健康、文明、科学的生活方式，不仅有利于良好社会风尚的形成，而且是培养公共意识、促进社区人际关系和谐、弘扬中华民族传统美德和家庭伦理道德的必要途径。社区志愿者协会等组织开展的活动，拓宽了人们奉献社会的渠道，并在回报社会的过程中体现了自身的价值，提高了公益意识，形成了健康向上的道德风尚；社区文化体育团体开展的文娱活动，在满足居民的自娱自乐、体育健身需求的同时，强化了居民之间的团结合作精神，融洽了社区居民的邻里关系，促进了和谐社区建设。

（二）社区社会组织是吸引社区居民融入社区、增强社区凝聚力的重要途径

社区建设启动以来，由于社区成员与社区没有明确的、紧密的利益关系，加之参与渠道不畅通等因素的影响，致使如何提高社区居民对社区的认同感和归属感，增强社区的凝聚力一直是人们十分关注的问题。经验表明，利益是参与的重要驱动力，当社区成员感到社区与其利益息息相关，又有渠道参与、参与后又能有效维护其利益时，自然就会积极参与社区事务。由于社区社会组织的成员来源于社区居民，社区社会组织是最接近社区居民的群众组织，其触角可以延伸到每一类人群，社区社会组织提供的服务可以覆盖到每一个成员的利益，社区社会组织可以吸纳每一位对该组织感兴趣的成员，这样，就能真正调动社区成员参与的积极性，有效拓展社区成员参与的广度和深度。

（三）社区社会组织是提高社区居民组织化程度和促进社区居民参与基层民主的有效组织形式

随着我国社会经济成分、社会组织形式、就业形式、利益关系和分配方式的日益多样化，越来越多的人从“单位人”转化为“社会人”，特别是大量的退休人员、下岗失业人员进入社区，成为“社会人”后，失去了组织性，希望有新的社会组织把他们重新组织起来，满足他们结社的愿望，以实现自身价值。解决这方面的问题，关键在于把“社会人”转换成“社区人”。如何转换，就是要通过成立各类社区社会组织，把他们有效地组织起来，使之在社区社会组织的框架内活动，从而提高社区居民的组织化程度。

实现基层社会民主，是一个政府政治文明的价值取向，也是构建和谐社区的重要环节。社区社会组织是社区居民参与基层民主的一种组织形式，自愿、自治、民主、合作是社区社会组织存在的重要原则。同时，由于社区社会组织自下而上的生成途径决定了它的民主自愿性，它的存在和发展本身就是基层民主建设的产物，是社会主义政治文明在社区基层的具体体现。

（四）社区社会组织是加强和改进社区服务、推进公共服务体系建设方面的重要承担者

随着社会主义市场经济的发展和城镇化进程的加快，城市社区在经济社会发展中的地位越来越重要，社区居民对社区服务的需求越来越多，要求越来越高。加强和改进社区服务工作具有迫切性。国务院《关于加强和改进社区服务工作的意见》，强调要大力推进公共服务体系建设，使政府公共服务覆盖到社区。同时，将社会组织纳入社区服务兴办主体之一，要求“大力培育社区生活服务类社会组织，支持和鼓励其积极开展社区服务活动”。从调查情况看，河南省广大社区社会组织着眼于当前社会群众反映强烈的“教育难、医疗难、养老难、文化活动难、娱乐健身难”等问题，通过面向社区居民，开展多元化服务，一定程度地缓解了社会群众反映的困难和问题，为加强和改进社区服务、推进公共服务体系建设发挥了积极作用。

（五）社区社会组织是整合利用社区资源、促进社区就业的有效驱动器

城乡社区聚集了民间丰富的人力、智力、物力、财力等方面的资源。社区社会组织通过团体和组织的形式，可以合理整合和有效利用社区的各种资源，协调人才和聚集社区中的闲散资产，扩大社区建设资金来源，弥补政府投入的局限与不足。在提供就业方面，社区社会组织一方面通过社团和民办非企业单位开发多个就业岗位，吸纳社区各类人员就业，特别是为下岗失业人员、低保对象、残疾人等就业困难人员提供就业再就业援助，促进社区实现充分就业；另一方面可通过社区就业促进会、社区服务中心和民办职业学校、民办职业介绍所等团体和组织，在就业信息搜集、就业培训、就业介绍和就业输出方面提供免费或低偿服务，缓解政府负担和压力。据不完全统计，全省 16480 多个基层社区社会组织有从业人员 16 万多人，已成为河南省社会就业的重要渠道。

（六）社区社会组织是保护社区弱势群体利益、促进社区公益事业发展的生力军

社区社会组织作为非营利性社会组织，倡导的核心价值是社会和谐，贯

穿的是人道主义和志愿精神，追求的是公共利益，塑造的是平等、信任、合作、团结的社会关系，以承担社会责任、履行社会职责为宗旨，通过动员社会力量，筹集社会资金，开展各种社会救助和帮扶活动，在协调社区居民各种利益关系，保护社区弱势群体利益，促进社区公益事业发展等方面发挥着生力军的作用。如郑州市金水区社区服务中心，通过实施政府购买服务，面向辖区多位孤寡老人上门提供生活照料、家务劳动、精神慰藉等免费服务，较好地促进了老龄事业的发展。截至 2007 年底，郑州市金水区政府已投入 170 多万元，依托社区服务中心安排居家养老服务员 355 名，服务孤寡老人 103 人、空巢家庭 426 家 732 人，服务时间达 16 万多小时。

（七）社区社会组织能够承担起政府改革后的部分职能，是政府与居民之间的桥梁和纽带

社区社会组织能够深入基层，了解社会各阶层的不同需求，并将来自民间单个人的资源与能量汇聚起来。一是通过有组织、有目的地进行社会动员，整合和影响组织成员的价值观及利益表达方式，畅通表达渠道，维护社区居民的合法权益，实现社区居民有序的政治参与；二是通过组织的制度化管理，规范和整合其组织成员的行为，凝聚组织成员的意见，实现政府与个体成员的有效沟通；三是通过进行不同群体的利益协调和对话，起到政府和社会成员矛盾缓冲带的作用，有利于维护社会秩序和社会稳定。

三、当前基层社区社会组织发展与管理工作存在的主要问题及其原因

（一）基层社区社会组织发展存在的主要问题及其原因

1. 整体质量不高。主要表现在：一是结构不合理。在全省基层社区社会组织中，活动和服务类社区社会组织占总数的 91%，而福利和维权类社区社会组织仅占总数的 9%，数量偏少，不利于社区公益事业的发展；二是制度不健全。在全省基层社区社会组织中，制定章程和建立有关内部管理制度的仅占总数的 20%，造成了多数社区社会组织活动的不规范；三是活动不正常。在全省基层社区社会组织中，能够正常活动的仅占总数的 30%，大多数组织不能正常开展活动，也不能发挥应有的作用。主要原因：一是由于社区社会组织的发展，缺乏政府及有关部门的支持，尤其是在资金扶持、税收优惠等方面缺少扶持政策，致使多数社区社会组织活动开展举步维艰；二是由于多数社区社会组织无固定场所，无经费保障，加之内部管理不完善，自律机制不健全，社会诚信度低，得不到社会的有效

认可，进而造成难以吸引优秀专业人才，社区服务质量低，社区居民参与少。三是由于缺乏规范登记备案及管理依据，造成一些社区社会组织无法纳入正规管理范围，处于自生自灭状态。

2. 全省发展不平衡。主要表现在：一是省辖市之间、县区之间基层社区社会组织发展数量差距较大。在省辖市之间，社区社会组织较多的达到近2000个，较少的不到80个；在县区之间，社区社会组织较多的达到300多个，较少的不足10个。二是城镇社区与农村社区之间社区社会组织发展数量差距很大。据统计，目前全省现有社区社会组织中，城镇社区社会组织占总数的85%，而农村社区社会组织只占总数的15%，甚至有些农村社区至今没有社会组织，与建设新农村的要求很不适应。主要原因：一是由于全省各地对社区社会组织发展的重视程度不一样，培育发展力度差别大，造成了各地社区社会组织发展的不平衡；二是由于全省各地经济状况、人口数量、文化知识、生活习惯及社区居民社会参与意识的不同，致使各地社区社会组织发展差距较大。

（二）基层社区社会组织管理工作存在的主要问题及其原因

1. 登记不规范。主要表现在：一是设立标准、登记或备案条件不明确，登记或备案情况混乱；二是业务主管单位、备案机关不统一，登记备案管理主体混乱。主要原因是，由于缺乏规范性、权威性的社区社会组织登记管理办法，导致各地难以把握社区社会组织登记备案的范围、条件、行政主体等问题。

2. 管理不到位。主要表现在：一是多数社区社会组织尚未纳入登记备案和管理范围。在全省16480个社区社会组织中，登记备案的只有4540多个，约占总数的27%，而未登记备案的达11940多个，约占总数的73%。二是对已登记或备案的社区社会组织缺乏有效监督管理，对未登记或备案的社区社会组织没有进行必要的查处。主要原因：一是由于缺乏规范、权威的登记管理依据，影响了社区社会组织的规范管理工作；二是由于基层社会组织管理力量薄弱，加之备案管理行政主体的不明确，制约了社区社会组织的管理工作。

3. 工作不平衡。主要表现在于省辖市及其所属县区之间工作进展不一，成效差别较大。有些市县专门下发了文件，召开了会议，全面开展了工作，而有些市县只是作了一般性调查，尚未正式启动工作。主要原因是，由于各地对社区社会组织工作重视程度的不同，加之各地管理力量的差别，致使全省社区社会组织管理工作发展工作平衡。

四、加强和改进基层社区社会组织建设与管理工作的对策、建议

（一）充分认识加强和改进基层社区社会组织建设与管理工作的重要性

加强和改进基层社区社会组织建设与管理工作，不仅有利于规范社区社会组织的管理和推动社区社会组织的健康发展，而且有利于发挥社区社会组织在整合社区资源、化解社区矛盾、发展社区公益、提供社区服务、扩大社区参与、增加社区就业、繁荣社区文化、维护社区稳定等方面的作用。要充分认识加强和改进基层社区社会组织建设与管理工作的重要性，积极争取各级党委、政府及有关部门对这项工作的重视与支持，从构建社会主义和谐社会的高度，将社区社会组织的培育发展纳入社区建设的总体规划中，大力推进社区社会组织的发展。

（二）加强法制建设，为促进基层社区社会组织发展与管理工作提供依据

1. 加快研究制定登记备案管理办法，将基层社区社会组织纳入规范化管理轨道。根据社区社会组织的特点及发展需要，本着“适当降低准入门槛、简化登记或备案程序”的工作原则，抓紧研究制定下发《河南省社区社会组织登记备案管理暂行办法》，明确社区社会组织登记备案的范围、成立标准、登记备案条件、业务主管单位和登记备案行政实施主体及社区社会组织行为规范等内容，为全面深入开展基层社区社会组织登记备案管理工作提供依据。

2. 完善扶持政策，为促进基层社区社会组织加快发展创造条件。一是完善税收优惠政策，对各类社区社会组织面向社区居民开展的低偿服务收入，减免一定的营业税、所得税，特别是对慈善公益性社区社会组织的服务活动收入，免征各项税费。二是积极推进政府购买服务。在养老和其他可以实现契约化管理的服务领域，可由政府相关部门或街道（社区）对委托管理和购买服务的项目，实行公开招标评估，选择具备条件的社区社会组织承担服务任务，政府部门则按契约实施购买服务。三是加大财政支持力度。通过财政或福彩公益金列支，建立各级社区社会组织发展专项基金，用于社区社会组织从事的各项公益慈善事业。四是成立和依托社区社会组织发展基金会，通过动员社会力量，募集社会资金，支持社区社会组织开展公益慈善事业。五是建立健全社会组织人事劳动保障管理办法，解决社区社会组织人事劳动保障管理问题，促进社区社会组织人才队伍建设。

（三）强化培育，优化结构，分类管理，努力提高基层社区社会组织的整体素质

在强化培育方面，除加快完善各项扶持发展政策外，一是采取“先发展、后规范，先备案、后登记”的办法，对符合登记条件的社区社会组织，进行正常登记管理；对达不到登记条件的，可由村（居）委会初审，乡镇（街道办事处）作业务主管单位并审查，报县区民政部门核准备案，积极推进社区社会组织的快速发展。二是发挥民政部门的职能作用，积极协调人事部门，通过大力培养社区社会组织专职社会工作人才，强化社区社会组织队伍建设，提高其社区服务质量。三是通过各种新闻媒体，采取多种宣传方式，广泛宣传社区社会组织在促进经济社会发展中的作用和先进事迹，扩大社会影响，提高社会认知度，为社区社会组织发展营造良好氛围。

在优化结构和分类管理方面，一是针对目前河南省社区社会组织发展结构不合理等问题，按照“推进养老类、做实维权类、完善救助类、繁荣文化类、深化教育类、规范活动类、壮大服务类”的原则，制定工作计划，加强分类指导和管理，重点培育在社会事务管理、社区服务、扶危济困、权益维护等方面能够发挥积极作用的社区社会组织，增强培育发展的针对性。二是针对部分制度不健全、行为不规范、问题较多的社区社会组织，督促指导其完善章程，健全制度，规范行为，增强服务意识、责任意识和社会公益意识，不断提高社会公信力。

（四）强化基层管理力量，保证基层社区社会组织登记管理工作的有效落实

目前，河南省基层社区社会组织登记管理工作滞后的其中一个很重要的原因，就是基层社会组织管理力量十分薄弱。据初步了解，全省社会组织管理工作中达80%以上的县区无机构、无专干、无经费，且大多数兼职人员承担多项民政工作，严重影响了社会组织管理工作的开展。为此，要积极争取党委、政府及有关部门对社会组织管理工作的重视与支持，设立机构，增加编制，充实人员，核拨经费，切实增强县区一级社会组织管理的力量，确保社会组织管理各项工作的落实。同时，要抓好管理工作人员的政治理论和业务学习，不断提高其政治思想和业务素质，强化大局意识、服务意识和责任意识，积极推进社区社会组织登记管理工作的深入开展。

关于武汉城市圈民间组织服务“两型社会”建设状况的调查与思考

文增显 李 晴 王斐遒 罗 念 村 夫

2008年11月3日至5日和11月13日至14日，调研组由湖北省民政厅副厅长文增显带队，先后赴武汉城市圈中的天门市、潜江市、武汉市及黄陂、新洲等地就其民间组织服务“两型社会”建设状况进行调研，分别召开了三市和黄陂、新州两区民政部门以及26位民间组织负责同志座谈会，走访了有关民间组织，听取、征求大家对民间组织如何服务经济社会发展、服务“两型社会”建设的意见和建议。有关情况如下：

一、发展特点

从调查的情况看，近年来，三市两区党委和政府对民间组织的培育发展较为重视，为民间组织发展提供相应政策支持。各级民政部门认真贯彻落实党中央、国务院和省委、省政府关于加强民间组织建设的有关精神，积极面对不断发展变化的新形势，坚持政府主导，坚持培育引领，坚持科学发展，着力营造有利于民间组织发展的社会氛围。各民间组织较好地发挥了服务会员、服务社会的功能和作用，民间组织发展速度加快，凸显特色，服务“两型社会”的作用日益显现。

1. 民间组织发展步伐明显加快。相关政策出台，促进民间组织快速发展。三市先后出台了“关于大力扶持培育发展农村专业经济协会的奖励政策”，天门市去年安排20万元民间组织扶持奖励基金，潜江市不但对发展农村经济合作组织采取优惠措施，而且对其他公益性民间组织每年都给予资金扶持，如花木盆景协会5000元，老区促进会6万元，慈善会5万元等。有关政策的出台促进了民间组织登记数量稳定增长。2006年武汉市民间组织只有2933个，天门市民间组织只有267个，潜江市民间组织只有241个，至2008年10月，三市民间组织总数分别增加到3558个、313个和289个，分别增长了21%、17%、18%，超过全国近三年15%的增长水平。结构不断优化，质量明显提高。经过近年加强管理，过去大多数民间组织不规范、无制度规章、活动不经常、有名无实得到改善，逐步走上了制度健全、运作比较规范的发展轨道。武汉市近年撤销40个民间组织，受省民政厅委托，突破属地原则，登记了第一家以武汉市城市圈冠名的行业协会（武汉城市圈名优农产品营销协会），有效整合武汉城市圈民间组织综合资源。天门市对10家存在业务交叉、重复的行业协会进行合并。三市平均年检率达到90%以上。门类齐全，覆盖面广。三市两区的民间组织从业人员达到近10万余人，涉及教育、劳动、卫生、文化体育、金融、农林水等各个行业领域，遍布城乡，在协调社会发展、调整经济结构、缓解社会矛盾、满足人民群众公共需求等方面发挥着政府不可代替的作用，已成为促进社会和谐、推动经济社会不断发展、服务“两型社会”建设的一支不可忽视的生力军。

2. 民间组织龙头效应逐步形成。农村经济协会各具特色，社会影响不断增强。武汉市新州区双柳蔬菜协会积极为菜农提供科技培训、技术推广、信息服务，由传统农业向现代化农业发展。今年协会运销蔬菜34.8吨，运销率达到全镇的83.2%，会员人年纯收入为1.6万元，菜农人年均纯收入4810元，带动农户达5852户，解决了双柳镇“卖菜难”问题。天门市农村经济协会13个，服务范围涵盖农业的各个生产领域及加工业、运输流通业等，年产农副产品200多万吨，经营额达20多亿元。如：蜂业协会2005年只有几十个会员，现在会员达到400多个，年产蜂蜜1000多吨，年产值近8000万元。潜江市以发展生态农业为重点，积极引导龙虾协会发展，通过龙虾协会带领农民发家致富，两年内龙虾协会由130个会员，发展到现在的2970个会员，覆盖了潜江、监利、洪湖、仙桃、荆州等地区，成为全国最大的产虾基地，美国、德国、法国等10多个国家先后前来参观学习，今年龙虾销量高达10500吨，总产值14700万元，虾农人均增收8200元，形成了生产、深加工、销售、运输等一条龙的产业链，新增就业岗位2000余个。这些特色突出、社会作用明显、培育发展逐步规范的农村经济协会、行业协会，已成为民间组织发展的“领头雁”，不仅改善了城乡居民的生活状况、解决了城乡富余劳动力的就业，而且在促进新农村建设，促进武汉城市圈民间组织良性互动、共同发展方面发挥越来越重要的作用。

3. 民间组织作用发挥日益显现。一是公益性民间组织在建设环境友好型社会中发挥作用。潜江市利用“水乡园林”和丰富文化底蕴的地域优势，积极支持鼓励协会、学会发展。市花木盆景协会倡导环境绿化美化，从村野园林到城市绿化，花卉盆景进入千家万户。诗词楹联学会以“发展先进文化、提升城市品位”为目标，广泛吸纳高水平诗词创作人才，创《笔架山诗刊》，用诗歌谱写时代潮流，用诗词打造企业文化内涵，潜江诗人的身影活跃在全国各地，2007年被中华诗词学会授予“中华诗词之市”称号。天门市物业协会，在小区没有建立社区居委会之前，建立了小区管理相关制度，配合相关部门做好协调工作，较好地维护了居民的权益。2008年雪灾，三市共有百余家各类民间组织参与“热心公益，共创和谐”的公益活动。汶川地震，民间组织纷纷慷慨解囊，据不完全统计，武汉市市级民间组织向灾区捐款2000余万元，捐物2100余万元，天门市各类民间组织捐赠善款近600万元，减轻了政府的负担。二是行业协会在建设资源节约型社会中发挥作用。武汉市餐饮业协会、节约综合利用协会积极开展节能减排活动，餐饮业协会开展了“打包有奖”活动，节约综合协会开展了“家庭节电”和“依法节能全民行动——‘两型社会’建设社区行”等活动。潜江市墙材革新与建设节能协会，以“节能减排”为宗旨，积极倡导绿色新型建设材料，截至2008年10月，协会带领会员单位生产5亿余块环保砖，相当于节约耕地800亩，节约标准煤3.1万吨，减少二氧化硫排放量0.06万吨。三是武汉城市圈民间组织为经济社会和“两型社会”服务已崭露头角。武汉企业联合会组织48家企业赴武汉城市圈中的咸宁市洽谈对接，促成武汉市元田、世诚、爱帝、今晨牙刷、凯迪电力等大中型企业先后在咸宁建立工业园。武汉城市圈名优农业产品营销协会成立仅半年时间，组织“1+8”城市圈的50多家企业农副产品进超市，收购金额达3.8亿元，并组织举办咸宁特色农副产品展销会。今年11月4日，省民间组织管理局牵线搭桥，组织全省异地商会到天门市召开座谈会，考察投资环境，与天门市政府、市民间组织进行座谈交流，为武汉城市圈中的民间组织服务“两型社会”建设搭建平台，民间组织从社会历史发展的幕后正在走向社会经济发展的前台。

二、存在不足

调查中，三市两区民政部门和民间组织座谈代表普遍反映：虽然目前民间组织发展态势较好，在“两型社会”建设中发挥了较好作用，但是，要做到规范、健康、可持续发展，民政部门压力大，困难多，部分民间组织自身建设和行为规范存在诸多问题。主要表现为“四个不适应”：

1. 民间组织登记管理机关机构建设、人员编制、专项经费等与管理任务不适应。武汉市共有民间组织3558个（市级798个），市局机关设置了民间组织管理处（对外称局），现有公务员3名。全市所辖13个区只有桥口、蔡甸、江夏等6个区设有民管科，且只有公务员1人，其他7个区局未设民管科，民间组织登记和监管只有一名兼职工作人员。天门市、潜江市共有社会组织602家，民间组织登记管理工作人员只有4人（其中公务员编制只有1人）。在人员极少的情况下，除负责每年一度的年检工作外，还要承担大量的咨询、登记、变更、查处等日常事务性工作，任务相当繁重。而全省民间组织共21308家，且逐年增加，设有专门机构和专职工作人员的单位不到30%，大多数市县区无机构、无专职工作人员，或由一个人同时兼任几项工作，无专项工作经费，日常管理难以维持，培育发展无暇顾及，监察执法更是无能为力，这种状况，全省各级民政部门反映都十分强烈。

2. 民间组织行政色彩浓、党政干部兼职多与民间组织政社分开的要求不相适应。民间组织的领导由业务主管部门任命、工作人员是公务员身份不在少数，导致民间组织的官办色彩浓重。如，武汉市市级社团490家，党政干部兼职的达270家，占45%。天门市，112个社团组织中，党政机关领导干部兼职比例达到30%，这还是前几年省里大抓了行业协会整顿规范以后的情况。领导干部身兼多职，无法全身心投入民间组织建设，使得部分民间组织不能正常开展工作，导致组织机构不健全。不少业务主管单位把民间组织看作内设下属单位看待，使民间组织失去独立发展的条件，导致其运作不规范。

3. 社会认知度、政策支持力度与新形势下民间组织所需承担的作用不相适应。各级领导对发展民间组织虽已有认识，但总的来说，还是重管理，轻培育，把工作要求停留在“不出事”的层面上，对民间组织的积极作用认识不足，培育支持的动力不够。民间组织持续发展不仅需要良好的社会环境，也需要政府在各方面给予具体指导和支持。虽然各级政府和民政部门对民间组织制定了一些优惠政策，但手段较少，力度也不够，执行困难，存有许多政策盲点，例如，缺乏公益慈善类民间组织发展的优惠政策，公益慈善事业发育不良。目前武汉市1613个社团组织中，公益慈善类的民间组织仅有十几家。民办非企业单位在类别上主要集中于教育类和劳动类两大领域，占总数的55%，而文化、科技、体育等其他类别的民非数量偏少，远远不能满足人民群众多元化的文化需求。

4. 民间组织自身建设与社会公众的期盼和经济社会发展不相适应。一是未建立起良好的自律运行机制，如理事会制度、财务公示制度等，活动不经常、决策不民主、财务不公开、内部纠纷时有发生、缺乏持续发展的动力。二是缺乏有效的社会监督机制。调查走访的三市两区都没有建立和形成增强民间组织社会责任感的监督机制和体系。三是民间组织中党建不完善，民间组织缺乏凝聚力和向心力。

三、建议措施

在我国区域协调发展和中部崛起战略推进的大背景下，2008 年 9 月武汉城市圈“两型社会”综合配套改革试验区总体方案获国务院批准，武汉城市圈社会经济发展迎来了战略性机遇，也为民间组织服务武汉城市圈“两型社会”建设提供了舞台。为了进一步促进民间组织在服务武汉城市圈“两型社会”建设中发挥应有的功能和作用，我们认为必须坚持十七大精神为指导，深入学习实践科学发展观，坚持培育发展和管理监督并重原则，推动民间组织健康可持续发展，主要从以下四个方面着手：

1. 广泛宣传，进一步营造民间组织发展的良好社会氛围。加强与新闻媒体的合作，通过广播电视、报刊、报纸、电子网络等新闻单位对民间组织进行多层面、多角度的宣传报道，褒扬先进，曝光违规，广泛宣传民间组织服务“两型社会”，促进社会稳定的重要作用，宣扬民间组织先进典型。省民间组织管理局准备明年与省委研究室、省政府发展研究中心和省发改委等部门联合，开展武汉城市圈民间组织服务“两型社会”的政策导向和服务体系专题调研。在平常工作中注意及时发现先进典型，组织一次武汉城市圈民间组织服务“两型社会”建设的经验交流会，树立民间组织先进典型，着力打造全社会关心、支持民间组织发展的社会环境。

2. 争取扶持，进一步强化党委、政府的主导作用。民间组织是构建和谐社会的重要载体，在整合社会资源、化解社会矛盾、发展社会公益、提供社会服务、扩大社会参与、增加就业、繁荣文化、维护稳定、承担政府职能转移等方面起着十分重要的作用，是推动经济社会快速发展的重要力量。各级党委、政府应高度重视民间组织的培育发展，出台税收优惠、资金扶持等相关政策，保护民间组织服务“两型社会”建设的积极性。建议武汉城市圈的各级党委、政府出台鼓励促进“两型社会”建设的民间组织扶持具体措施和奖励办法，大力培育发展资源节约和环境友好的各类民间组织，加快“两型社会”建设的步伐。民间组织涉及面广，部门众多，建议省政府建立民间组织管理联席会议制度，从“两型社会”建设的总体规划出发，研究制定武汉城市圈民间组织发展规划及实施方案，决定武汉城市圈民间组织培育发展和规范管理的重大决策，协调武汉城市圈社会组织发展的重大事项，统一领导全省和武汉城市圈民间组织管理工作。

3. 深化改革，进一步完善社会组织登记管理机构建设。当前，湖北省各级民间组织登记管理机关都存在管理力量薄弱、执法监察乏力，与其承担的任务极不适应的问题。2008年上半年，武汉市新洲区发生两起幼儿被校车轧死事故。经调查，两所幼儿园都已经区教育局批准成立，但未到民政部门依法登记。群众认为：政府职能部门在民办幼儿园管理、非法办园整顿等方面缺位。有关部门判定区民政部门“行政不作为”，对民政局民管科科长（民管科只此一人）进行了“廉政诫勉”谈话，并待追究相关责任。党的十七大报告提出：要加强社会组织建设和管理。民政部领导在多次会议上强调，要加强民间组织的培育发展和监督管理工作。最近，姜力副部长在青岛全国民间组织执法监察会议上也明确指出，省级民政部门要设立执法大队，市一级要设立执法科，县区级要有专职执法监察人员（行政执法规定，执法时要具有执法资格人员2人以上）。我们应抓住这些有利契机，积极向省委、省政府汇报，切实加强各级民间组织登记管理机关的基础建设。建议武汉城市圈内的各级民政部门应设立民间组织管理科（局），县（市）、区民管科至少应配备2名公务员，以利于进行行政执法，切实履行民间组织登记管理对民间组织的监督和管理职能。同时，民间组织的党建工作亟待加强，但要扎实抓好这项工作，有待于民政部门管理力量加强后，才能更好地配合组织等有关部门做好民间组织的党建工作。

4. 继续整顿，进一步清理党政干部在民间组织的兼职。全省性行业协会党政干部兼职问题，经过几年整顿规范，呈减少之势。但省以下民间组织党政干部兼职现象仍比较普遍。如，武汉市市级490个社团中，兼职党政干部1248人。党政干部在民间组织中兼职，不利于建立统一、开放、竞争、有序的规范化中介服务，不利于完善公平、公开、公正的市场经济环境。深化行政体制改革，就是要将政企、政社、政资和政事严格分开，使民间组织良性发展，为民间组织更好承担政府职能转移、履行职能、发挥作用做好充分准备。省以下民政部门应加大清理力度，清退党政干部在民间组织兼职，使民间组织的负责人由民间组织自主选举产生，活动由民间组织自主决定，事务由民间组织自主管理。各级政府应该加大改革力度，推进政府职能转移，为民间组织的发展后劲提供原动力。

关于湖南省行业协会发展情况的调查报告

杨明波

为深入学习实践科学发展观，我同民间组织管理处的同志对湖南省行业协会的发展情况进行了调研。在怀化、湘潭、长沙、常德等地召开了9个座谈会，直接听取了106个行业协会的工作情况汇报及意见建议，对11个行业协会进行了现场考察。同时，向省市县186个行业协会发放了《湖南省行业协会作用发挥情况调查问卷表》，对其基本情况、发挥作用情况及存在的问题和建议进行了调查。通过调研，我们深刻地认识到，行业协会在经济社会建设中发挥了十分重要而又独特的作用，要进一步完善和落实支持行业协会发展的政策措施，加快行业协会发展，促进行业协会更加充分地发挥作用。

一、行业协会在促进富民强省中发挥了积极而独特的作用

湖南省现有行业协会3100个，占全省11174个社团的27.74％，其中，全省性行业协会199个，市州行业协会954个，县（市、区）行业协会1947个（其中农村专业经济协会1569个）。调查中我们感到，湖南省行业协会突出在以下六个方面发挥了重要作用。

——政府职能转变的重要载体。伴随市场经济的建立和政府机构改革的推进，湖南省一些行业协会承接了政府转移的部分职能，促进了政府部门行政效率的提高和“大社会、小政府”的建设。长沙市交通行业协会根据长沙市交通局委托承担了长沙市交通发展“十一五”规划的编制工作。省房地产业协会、省收藏协会等协会还设立了司法鉴定中心，具有房屋、文物等方面的鉴定职能。据统计，参与问卷的186个行业协会有41家承担了政府委托或法律授权的职能，其中根据授权进行行业统计的协会38个，参与行业资质认证、新技术和新产品鉴定及推广、事故认定等相关工作共29项。

——服务行业的有效组织形式。行业协会从促进行业发展出发，加强对会员的培训指导，组织会展招商，提供咨询服务，并规范会员行为，协

调会员关系，建立完善行业自律性管理约束机制，规范了市场秩序，维护了公平竞争的市场环境。我们所调研的这些行业协会 2007 年收集、发布行业信息 6405 条，开展法律、技术、市场等咨询服务 3265 次，组织技术、管理等培训 1167 次，举办交易会、展览会等 61 次，开展国内外经济技术交流与合作活动 141 次，组织会员联合行动开拓国外市场 162 次，指导、规范和监督会员企业的对外交往活动 162 次。健全各项自律性管理制度 581 个，制定并组织实施行业职业道德准则 243 个，开展行业诚信建设 83 次，协调会员之间的关系达 2631 次。省汽车用品行业商会在成立后即起草行业标准《汽车用品服务企业星级评定准则》并获得省质监局评审通过，成为全国汽车用品行业第一个地方标准，促使汽车用品这个“微细”行业朝着企业规范化、市场竞争有序化方向发展。

——反映诉求的畅通渠道。行业协会发挥熟悉行业情况、了解会员诉求等方面的优势，及时向党委政府和有关部门报告行业信息、提供咨询意见、提出政策立法建议等，不仅反映了行业与会员的呼声，而且为党委政府提供了准确的一手决策信息，发挥了智囊团、思想库的作用。省民办教育协会在实地调查 129 所民办学校的基础上撰写了《湖南省民办教育综合调研报告》，成为省政府制定《湖南省关于促进民办教育发展的意见》的主要依据。据统计，参与问卷的 186 个行业协会 2007 年全省开展行业调查研究 889 次，向政府及其部门反映行业、会员诉求 1214 次，提出行业发展和立法等方面的意见和建议 411 次，参与政策、行业标准的研究、制定 231 次。

——联系群众的桥梁纽带。架起了会员与会员、本行业与相关行业、本地与外地、会员与社会之间的桥梁。行业协会还积极组织企业参与公益活动，据不完全统计，在 2008 年抗震救灾中，全省行业协会捐款一亿多元。大多数行业协会以举办内部刊物、网站及与电视、报刊开辟专栏的方式，向社会宣传行业，争取社会支持行业发展。据统计，参与问卷的 186 个行业协会创办各种刊物 85 个、网站 27 个。

——新农村建设的有力助手。湖南省农产品行业协会和农村专业经济协会，以直接服务“三农”为目的，已经成为建设现代农业、推进农村改革发展的一支重要力量。湘潭县养猪协会为了使会员所养生猪达到外贸出口的要求，举办科学养猪讲座，建立农户质量联保机制，获得了国家出入境商品检验检疫证。怀化市麻阳柑橘协会注册“麻阳柑橘”证明商标供农户使用，提高了农户柑橘的市场价格。

——维护社会稳定的重要力量。行业协会是其会员的利益代言人和维护人。湖南省行业协会的维权意识显著增强，面对企业遭遇的各种纠纷，积极出面斡旋、谈判，甚至参与诉讼仲裁，使问题得到合理解决，起到了止纷息争的作用。一些行业协会设立投诉站接受消费者的投诉，已成为化解消费纠纷的新渠道。如湖南省电力行业协会投诉咨询站及市州分站2007年共受理投诉704例，咨询78007例；湖南省旅游协会投诉站去年共受理旅游投诉96件，协调各类旅游纠纷422起。这次参与问卷的186个行业协会2007年共参与应对纠纷162起，其中参与协调对外贸易争议28次。

二、当前制约湖南省行业协会发挥作用的主要因素

尽管湖南省行业协会在全省经济社会发展中发挥了重要作用，但是，从总体上看，全省行业协会还处在初级发展阶段，功能作用发挥十分有限，与湖南省坚持科学发展、加快富民强省的要求还有较大差距。其中，突出地表现在三个方面：一是作用发挥得很好的行业协会少。参与问卷的186个行业协会，认为自己作用发挥得较好的只有44个，仅占23.7%；一般的有124个，占66.7%；还有18个基本处于瘫痪状态，几乎没有发挥什么作用。二是即使活动开展经常、发挥作用较好的行业协会，因受多种因素的制约，其作用也没有得到充分发挥。三是还有个别行业协会发挥的不是积极作用，存在强制入会、强制收费、乱评比乱表彰等方面的消极影响。根据调研，政府职能转移不到位、政策歧视、协会自身素质不高和日常管理服务机制不健全四个方面的原因是影响湖南省行业协会作用发挥的主要因素。

（一）政府职能转移不到位，缺乏宽广发展舞台

参加座谈会的百余个协会和被问卷调查的186个协会，普遍认为政府的职能转变不到位，影响协会职能的确定，致使协会难以发挥应有的作用。

1. 有些政府部门没有认识到行业协会的作用。有的政府部门领导认识不到行业协会在促进经济社会发展中所能起的重要作用。认为行业协会作用不大，可有可无，达不到沿海地区行业协会那样高的素质，担不了优质高效地为行业、为会员、为政府服务的重任，一旦赋予行业协会一些职能，就会导致管理失控。因此，对行业协会采取不信任、不放手的态度，不愿创造条件促其发展。

2. 有些政府部门因自身利益不愿转移职能给行业协会。因利益原因，有的政府部门舍不得将本应转移给行业协会的职能放下去，领导干部退出兼职的，更不愿意放权于协会。政府部门把许多应该或可以由行业协会承

担的工作仍作为政府部门的工作，使协会感到无事可做。个别厅局甚至把国务院、省政府早已明令取消的资质审批权、已经转移给行业协会行使的职能，又重新抓到手里。

3. 有些已经转移的职能仍然直接受制于政府部门。即使有些形式上已经转移的职能，仍然受政府部门干预制约较多，或者由政府部门现任领导或离任领导兼职，或者在资金政策上受到其控制，很多部门自觉或不自觉地把行业协会作为自己的附属机构。

4. 政府与行业协会伙伴关系的合作行政模式尚未形成。政府部门对企业、对群众个体服务与管理的传统思维定式未改变，没有形成与行业协会协调互助的工作方式方法，也导致政府应该向行业协会转移的职能不到位。

（二）扶持政策不落实，缺乏良好发展环境

目前，行业协会发展的整体政策状况是，承担了企业、政府机构的有关义务，但没有享受应有的权益，很多政策甚至对协会具有明显的歧视性，影响了协会的发展和作用的发挥。

1. 税收政策不合理。行业协会作为非营利性组织，资金来源十分有限，其开展的咨询、培训等有偿服务收入，主要是为了维持协会的正常运转，应当享受与以营利为目的的企业不同的税收政策。但是，目前除会费收入可以不缴税外，税务部门对行业协会执行的是与企业一样的政策。

2. 资助行为不规范。行业协会做的许多事情，在某种程度上是在代政府履行发展经济、服务企业的责任，政府给予行业协会资金支持，是国外的普遍做法，也是外省许多地方的做法。湖南省至今没有建立扶持协会发展的专门资金。虽然湖南省一些行业协会获得了政府的一些资助，但都是协会费九牛二虎之力找领导、找关系批条子获得的，很不规范。

3. 项目政策不公平。行业协会熟悉行业情况，承担相关行业的项目很有优势。但是，湖南省农业产业化、新型工业化等方面的项目，很难交给协会承担。特别是在农业项目方面，虽然农村专业经济协会和农民专业合作社同为农民专业合作组织，但目前各级给予的政策待遇却截然不同，对农村专业经济协会存在明显歧视。据今年曾受到温家宝总理接见的某协会会长反映，其在向省某部门申报项目时，省某部门提出以协会名义提出的项目申请不予受理，要求改为合作社才可以申报项目，后来会长凭借自己的个人影响找部门主要领导才申报项目成功。

4. 人事政策不完善。在人员的社会保障政策方面，行业协会工作人员参加失业保险、基本医疗保险、生育保险和缴纳住房公积金都没有具体的政策规定。在人员的职称评定方面，行业协会工作人员有何职称、如何参评没有政策规定，甚至财会人员一旦离开机关事业单位或者企业来到行业协会工作，也存在通过什么渠道申报职称评定的问题。在出国访问、党团关系等政策方面，也存在业务主管单位不愿负责其出国手续的审批和管理党团关系的现象。

5. 沟通渠道不畅通。行业协会一个重要作用是政府与企业之间的桥梁。但目前一些协会向政府反映意见或与政府有关部门沟通的渠道不畅通，协会掌握的行业重要信息无法及时送有关部门和领导，与一些部门决策不一致的意见不能送达政府，有时不得不由原行政级别较高的会长以个人名义上报。除此以外，还有一些协会反映，政府有关部门在向协会布置任务、索要信息资料时也要规范，克服“随意性”“随时性”。

（三）协会自身力量不强，缺乏内在发展动力

1. 缺乏稳定的资金来源。部分行业协会资金来源渠道都没有可靠的保障：政府资助是随意的，在产业发展资金上也没有对扶持行业协会有专门规定，对刚刚兴起的行业协会没有优惠政策支持；除了少数协会有会员企业捐赠外，几乎没有社会捐赠。一些协会为了生存，只好采取以会养会、收取培训、咨询费等办法来维持生存，又被有关部门严格监督和不定期开展清理整顿。因此，部分行业协会普遍处于资金紧张的状态。由于资金缺乏，行业协会工作开展不起来，作用无法体现，形成无资金——无作为——无吸引力的恶性循环。

2. 缺乏稳定的专业人才队伍。一是行业协会中人员老化，协会成了离退休官员发挥余热的场所，这些人员对协会的宗旨、运作及如何搞好服务都有个转变认识、重新学习的过程，服务意识不强。二是党政兼职人员过多，不少兼职人员“脚踏两只船”，不能对行业协会工作形成长远的打算。三是专职人员偏少，素质也较低，一些专职人员由于没有相应的保障，也不愿把行业协会工作当作自己的理想职业，只是暂时干干。人才缺乏，必然使行业协会工作开展不起来，没有作为。

3. 缺乏良好的内部治理结构。目前不少行业协会还没有健全以章程为核心的自律和内部管理制度，缺乏符合现代法人治理结构要求的管理机制、自律机制和监管机制。有的协会成为少数人的利益载体，背离了协会的宗旨，会员覆盖率普遍较低，行业代表性、影响力和号召力不强，为公众服务的质量和水平不高，社会声誉、社会公信力也有待提高。许多行业协会存在“三怕”的思想，怕离开行政机关就无法生存，怕与行政事业单位脱钩就无事可做，怕独立运行就无威信等，导致行业协会功能作用难以

有效地发挥。

（四）管理体制机制不健全，缺乏有力发展支撑

1. 政府没有明确的行业协会发展规划。一方面，省直有关行业管理部门和各市县，都缺乏行业协会发展规划和发展协调机制，行业协会的发展具有随意性、盲目性。由于缺乏统一协调组织，各行业协会管理部门对协会的管理也大都是从部门利益出发各自为政，没有形成管理合力。另一方面，与行业协会相关的行政管理部门，对待行业协会的指导思想不是发展扶持，而是监督管理。很多行业协会反映，尽管湖南省行业协会真正发现问题的很少，但几乎每年都要面临有关部门的清理整顿，将行业协会作为一个“老虎”来打，而宣传舆论关注的也是协会的负面报道。

2. 登记管理机关缺乏管理力量。受人员编制和经费的制约，湖南省民政部门要加强对行业协会的培训、指导等服务工作显得力不从心。全省约50%的县（市、区）民政部门没有建立民间组织登记管理机构，没有专职工作人员。各级登记管理机构对日常登记工作都在忙于应付，因此很少有时间、精力和经费用来加强对行业协会的服务。参与问卷的186个协会，有119个协会认为应当加强登记管理机关对其的指导。由于指导不到位，行业协会的工作一直处于自我探索阶段，没有大的提升，影响了其作用的发挥。

3. 业务主管单位缺乏管理制度。湖南省对行业协会还是实行双重管理的体制，但业务主管单位应当履行哪些职责，缺乏具体的制度规定。各业务主管单位自己也很少建立相关制度，致使业务主管单位的自由裁量权过大，想管就管，不想管就没有管。凡是强势行政管理职能部门组建的行业协会，人、财、物都把持在政府机关。反之，没有“油水”的协会则谁都不愿管，该管的也不管。参与问卷的186个行业协会，有的认为业务主管单位对于其发挥作用没有帮助，甚至障碍了其作用的发挥。

三、加快湖南省行业协会发展的思考和建议

根据以上调研情况，我们认为，行业协会在经济社会建设中的作用不可或缺，湖南省学习实践科学发展观，要将促进行业协会发展作为重要内容，努力化解制约行业协会发展的各种因素，提升行业协会的服务功能，更好地发挥行业协会在富民强省和构建和谐湖南中的积极作用。

（一）进一步提高对行业协会作用的认识，把行业协会培育成为富民强省的重要力量

与沿海许多省份相比，湖南省的行业协会发展步伐不快，改革力度不

大，省政府2006年出台的《湖南省行业协会管理办法》没有得到较好的落实，湖南省大多数行业协会还处在党政领导兼职多、行政依赖性强、缺乏自主独立性的传统阶段。这将直接影响到湖南省经济的发展，影响到即将开展的政府机构改革能否成功推进。我们要进一步解放思想，转变观念，正确认识行业协会的积极作用，高度重视行业协会的发展。要充分借鉴国内外行业协会发展的有效经验，结合湖南省经济社会发展的实际，制定行业协会发展专项规划，把行业协会发展纳入国民经济和社会发展规划，并与政府机构改革、发展服务业及经济结构战略性调整相结合。要引导支持行业协会有效回应企业需求，承担更为广泛的服务企业和行业自律职能，填补政府管理的真空，以满足湖南省企业发展过程中日益丰富的服务需求，使之成为推进湖南实现富民强省的积极力量。

（二）进一步加大政府职能向行业协会转移力度，建立与市场经济相适应的政府与行业协会的新型合作关系

要明确政府职能，科学划分政府与行业协会的分工。要加强政府职能转变，注重发挥行业协会作用。要建立政府购买服务制度，规范政府职能部门与行业协会的合作关系。要切实抓好政会分离，推进行业协会的民间化。要发挥行业协会参谋作用，建立协会与政府的制度化沟通渠道。建议省委、省政府在全省即将开始的机构改革和深化行政管理体制改革过程中，要求各职能部门都要对各自职能全面梳理和分解，在“三定”规定中明确划定转移给行业协会承担的职能，提出完成的时限要求，并明确今后新增对经济领域的管理服务项目，凡是行业协会能够承担的，一般应由行业协会承担，原则上不再增设政府职能或者新设事业单位。

（三）进一步完善和落实培育发展行业协会的扶持政策，营造行业协会发展的良好环境

一是政策导向要从过去单纯注重监督管理转到监督管理与积极扶持发展上来。要主动研究解决行业协会发展中遇到的新情况、新问题，探索促进行业协会健康发展的新途径。开展多种形式的宣传表彰活动，为行业协会的发展创造良好的社会舆论环境。二是要确定扶持的重点领域。以服务“一化三基”为重点扶持行业协会加快发展。加快扶持一批适应湖南省经济发展需要的行业协会，必要时可登记业务范围相同或者类似的行业协会，为行业协会发展注入新的活力。三是设立行业协会发展基金。各级财政设立行业协会发展基金专用账户，由同级民政系统社会组织管理部门统一管理和调配，用于资助政府重点培育发展的行业协会开展活动。四是调整行业协会税收政策。加强对湖南省行业协会税收政策的研究，尽快出台

实施地方性的税收优惠政策，进一步扩大对行业协会的税收优惠范围。五是加强行业协会人才队伍建设。完善行业协会专职工作人员的资格认证、工资福利待遇、职称晋升、档案管理、合同管理和社工招聘等政策措施，优化行业协会人才发展环境，稳定和壮大行业协会人才队伍。加强行业协会负责人能力建设，着重提升他们的职业声望和业务素养。按照行业协会的发育状况给行业协会分配一定比例的党代表、人大代表、政协委员名额，充分发挥行业协会在参政议政中的重要作用。

（四）进一步加快行业协会管理体制改革，努力健全行业协会发展的管理服务机制

一是要探索开展业务主管单位的改革。借鉴广东行业协会取消业务主管单位的做法，在条件具备时改变行业协会的“双重管理体制”为单一登记制。行业协会的成立，依照法规规定的条件和程序，直接向登记管理机关提出申请，其中部分特定专业领域的协会，依照法律规定由有关部门在登记前进行资质认证、前置审批和行业准入。二是加强登记管理机关的管理服务职能。要健全各级登记管理机构，充实力量，加大投入，建立统一、专业、协调、权威的登记管理机构体系。登记管理机关在做好登记、年检、执法等工作的同时，切实加强对行业协会的调研、交流、培训、指导和政策制定等方面的工作。三是健全行业协会综合管理服务协调机制。行业协会的业务行为和活动，由有关行业职能部门按业务范围，依政策法规进行规范和指导。其资产运营、财务运作、人员管理、社会保险、涉外活动等，由发展改革、财政、人力资源、税收等部门依法监管。应形成公开透明的社会监督机制，强化行业协会公开运作的强制性规制，建立行业协会信息披露制度、重大事项报告制度、公众投诉制度，健全行业协会评估机制和信用制度，提高行业协会活动的透明度，促进社会各界对行业协会有效舆论监督、社会监督。推进行业协会党组织建设，充分发挥党组织在行业协会中的战斗堡垒作用，使行业协会在党的领导下持续健康发展。

借鉴香港社会组织管理的先进经验 深化改革广东省社会组织管理的体制和机制

广东省民间组织管理局

近年来，广东省社会组织管理工作以邓小平理论和“三个代表”重要思想为指导，全面贯彻和落实科学发展观，以争当全国社会组织管理工作排头兵为目标，开拓进取，求真务实，重点工作有新突破，基础工作有新发展，整体水平有新提高，全省社会组织在数量和质量取得长足发展。截至2007年底，经广东省各级民政部门登记注册的社会组织共计22079家，其中社会团体9982家、民办非企业单位11945家、基金会152家。经过多年努力，广东省社会组织管理工作位居全国前列，多项重点工作在全国率先走出新路子：率先出台《中共广东省委、广东省人民政府关于发挥行业协会商会作用的决定》（以下简称《决定》）和《广东省行业协会条例》（以下简称《条例》）；率先开展和完成民办非企业单位复查登记工作；率先开展基金会等级评估工作；率先建立省级社会组织管理政府网站——广东省社会组织网；率先启用省级社会组织登记服务大厅。广东省社会组织在构建和谐广东中发挥了重要作用，但社会组织管理工作总体上仍处于初级阶段，与香港先进的社会组织管理模式相比，还存在不少差距，需要借鉴香港的先进经验，加强粤港在社会组织管理方面的合作，取长补短，探索创新，继续深化改革社会组织管理体制、机制。

一、香港社会组织管理可供广东省借鉴的经验

香港实行的是资本主义的经济制度，社会组织在香港一般称为“非营利组织”“非政府组织”，有许多不同的表现形式和存在形态，并已渗透香港经济、政治、文化、宗教、社会以及居民生活的各个方面，成为支撑香港经济和社会事业发展的重要力量。据统计，香港现有社会组织17000多家，其中行业商会850多家，社会福利服务组织900多家，慈善机构4000多家，其他社会组织11000多家，平均407人拥有一家社会组织。香港社会组织发展和管理状况有以下几个特点：

（一）社会地位高

社会组织在香港拥有较高的社会地位和政治地位。建立咨询系统是香港政府社会和经济管理体制的一个特色，香港政府在各个部门均设有咨询机构，在几百个咨询委员会里，有关工商专业的委员会组织，商会都有代表被委任，政府在决定工商业方面的重大政策之前，都注意以各种不同的方式征询商会组织的意见。香港商会还通过功能组别或参与公共机构，与政府沟通，向社会反映工商界的意见。如香港中华总商会、香港工业总会等都是香港立法局选举中按社会功能划分的选民组别，可直接推行代表在立法会中担任议员。香港有许多社会组织负责人担任了立法议员，另有不少负责人被香港政府委任为太平绅士。

（二）准入门槛低

《基本法》保障香港居民参与社会组织活动的自由，但是，香港没有一套完整而专门的社会组织法，法律和政府没有对社会组织的设立原则、宗旨、组织和行为作限制性的规定，社会组织注册手续简便，并有社团、有限公司、合作社、职工会、注册受托人社团、法定团体、业主立案法团、互助会等多种方式选择。如设立商会组织，工商企业主可以依据《公司条例》以有限公司形式，或按照《社团条例》以社团形式自愿设立。香港政府还设立登记处为行业商会的注册登记服务，除审查行业商会申办章程外，无须核定有多少注册资金、设置多少二级机构，更不需要对其领导组织机构及领导人进行审批或把关。特区政府除进行登记和税务监管外，不再设业务主管部门，任由行业商会自由、自主发展。

（三）完全民间化

香港政府的管制特色是行政主导的政治行政系统，奉行积极支持、不干预方针。这在香港政府与社会组织的关系上得到充分体现，香港官员一律不在社会组织中兼职，社会组织自愿发起，并有着充分的自主权。由于政府管制宽松，香港社会各个领域都有大量的社会组织存在，开展各种与其宗旨相符的各种会务、商务活动，只要不违背法律，政府一般不对社会组织的活动有较多干涉，任何组织和个人也不能干预商会的运作。这种社会环境为香港社会组织的生存、发展和施展抱负，提供了广阔的平台。

（四）人才队伍职业化

香港社会组织工作实行政府主导、专业发展的模式。1997年《社会工作者注册条例》获立法局通过，香港正式实行社会工作者注册制度。1998年香港成立了社会工作者注册局，并制定颁布了《注册社会工作者工作守则》《纪律程序》《评核准则及认可学历》等政策法规。目前在香港社工已经成为一种职业，香港社会福利署和非政府机构均开设社会工作岗位。截至2007年3月，在香港注册的社工人数已达13025人，约占香港700万总人口的1/530，即每500人中约有一名专业社工，其中20%在香港社会福利署，80%在非政府机构或学院。

（五）政府扶持力度大

一是政府职能转变力度大。香港政府早在20世纪70年代就发表社会服务白皮书，提出建立政府与非政府机构的“伙伴”关系，明确了社会服务政府与非政府机构共同负责的模式。除法定的核心服务由政府直接提供外，绝大部分社会服务由社会组织提供。二是政府购买社会组织服务完全推开。如政府对社会福利事业实行项目管理，往往通过招标的方式向社会组织购买服务。政府每年都会从社会福利经费中拨出一定款项用于购买民间的社会服务。据了解，2007年4月至2008年3月期间，仅香港特区政府社会福利署向175家社会组织营办的约2530家服务单位，就提供68.24亿港币的拨款。三是政府建立了较为完备的政府对社会组织的经费支持制度。2007年，香港政府向东华三院提供的经费支持高达35亿港币。

（六）社会支持力度大

一是除了政府拨款以外，香港还大力倡导社会捐助，筹集民间资源。许多基金会，如香港公益金、赛马会等社会组织每年都拿出大量资金资助开展社会服务工作。仅2003年香港赛马会慈善信托基金就向社会捐款达10.1亿港币，共有124个非营利机构获得资助。二是税务局有权基于税务理由“认可”一个机构为慈善团体。根据《税务条例》，如果任何机构的利润是纯粹作慈善用途，且其中大部分在香港使用的话，该机构可申请入息税项豁免。截至2004年6月30日，已有4000多家非营利机构及受托人法团获得税项豁免资格。三是政府规定的一些社区配套设施，也为社会组织的活动提供了重要条件。目前香港有42所社区会堂，35所社区中心供社会组织举办社区文娱康体活动时租用。

二、广东省社会组织管理存在的主要问题

（一）社会组织应有的政治地位和社会地位不够

国际通常把社会组织列为与政府、企业并列的社会第三部门，但对比香港，目前广东省社会组织及其专职人员应有的政治地位和社会地位远远不足。主要表现：一是各级党代会、人代会、政协会议的代表（委员）和

劳动模范、英模代表名额分配中，各行各业都有一定名额，社会组织却没有作为一个界别纳入分配；二是政府制定的涉及行业利益的政策规定、各类听证会、组织著名商标、名牌产品的评选及其他涉及企业产品的评估等，并未充分征求相关社会组织的意见。社会组织参政议政渠道不畅。

（二）政府职能转变和购买服务进展缓慢

2006 年广东省施行的《决定》和《条例》提出了要将政府不该管、管不好、管不了的一些事务性职能转移给行业协会，但因权力和利益关系，进展缓慢。据调查的 158 家全省性行业协会中，仅有 36.7%的行业协会承担了政府转移、委托的部分职能。此外，广东省在政府购买社会组织服务方面起步较晚，目前仅有广州、深圳、中山等市在购买社区社会组织服务方面取得初步进展。

（三）社会组织的准入程序复杂烦琐

社会组织准入门槛较高。广东省除行业协会外，凡登记成立社会组织，均需取得业务主管单位同意后，方能到民政部门申请注册登记；其宗旨、业务范围、设立条件、程序等也都有明文规定，准入程序复杂烦琐。如非公募基金会，大多是由民营企业或民营企业家出资筹备成立，但不少因政府相关部门不同意担任业务主管单位而不能成立。2006 年广东省施行的《广东省行业协会条例》，其中最大的突破之一是将行业协会的业务主管单位改为业务指导单位，由民政部门直接登记成立，成立后接受业务指导单位指导。从近两年的实践情况看效果很好，在全国影响也较大。

（四）民间化程度不高

一是政策法规均明文规定现职国家机关工作人员不得兼任社会团体、基金会、民办非企业单位职务，但仍有不少现职国家机关工作人员热衷于社会组织领导职务。据统计，仅副厅级以上领导干部在全省性社会团体兼职的便有 164 名。二是社会组织人、财、物的独立性较差，有的社会组织仍在业务主管单位提供的场所办公。三是少数业务主管单位滥用机关工作方式管理社会组织，社会组织独立开展工作受到干扰。“官办”使社会组织角色错位，公信度不高，作用不大，变成部分政府部门的附属机构，而且难以监督；加之“把会者”大多不懂行业规则，使得广东省社会组织在与国外社会组织的对垒中处于劣势。

（五）登记管理机关力量经费装备严重不足

全省地级市中尚有清远市无独立社会组织管理机构，全省 121 个县（市、区），无独立机构的 49 个；全省各级社会组织管理机构在岗人员 286

人，管理2万多家社会组织，平均每人管理100家社会组织；2005年度全省各级社会组织管理机构财政拨款（不含人员工资）628万元，仅及北京市本级社会组织登记管理机关年度经费的一半，相当于上海市本级社会组织登记管理机关年度经费。全省社会组织登记管理机关，仅有深圳、东莞两市配备了执法车辆。此外，有的登记管理机关为事业编制，行政执法主体欠合法化。管理人员、经费、装备的严重不足，严重制约着对在册登记2万多家社会组织的日常管理，对社会组织的违法违纪行为以及日益增多的非法社会组织的查处也面临极大的困难。

三、改善广东省社会组织管理工作的建议

香港社会组织的性质特点、功能作用以及香港政府管理方式的经验和做法，为广东省社会组织管理工作提供了有益的借鉴。为此，我们建议：

（一）设立“社会组织界别”参政议政，提高社会组织的政治地位和社会地位

建议增加“社会组织界别”，将社会组织作为一个界别参加各级党代会、人代会和政协会议，分配一定比例的党代表、人大代表、政协委员名额给社会组织；并由登记管理机关按照代表（委员）名额和条件，将社会组织中的精英人物作为候选人，组织民主推荐，报同级党委相关部门审批，以发挥社会组织在参政议政中的重要作用，以此提高社会组织应有的政治地位和社会地位。这是省的层面可以定的，建议由省委组织部会同有关部门出台具体文件。

（二）加快政府职能转变和购买服务的步伐，充分发挥社会组织的积极作用

各级政府必须根据新的职能定位，改变政府管理方式，把一些不该管、管不了、管不好的社会服务性和事务性工作委托社会组织承担。这是省的层面可以解决的，建议由省编办牵头，会同省发改委、经贸委、财政厅、民政厅等部门出台文件，明确规定政府部门职能转变的范围、事项、时限和要求，推动有关部门将行业统计、行业规划、行业规范、资格认证前置审查、专题调研和专项工作等职能尽快委托给社会组织，并建立健全政府购买服务的机制，向社会组织购买优质的社会公共服务。

（三）进一步深化社会组织管理体制改革，减少社会组织的准入程序

建议参照广东省行业协会管理体制改革，试行将非公募基金会的业务主管单位改为业务指导单位，变事前审查制为事后监督制，取消其对非公

募基金会成立、变更、注销的前置性审批以及人、财、物等直接、具体的管理，强化业务指导单位对非公募基金会的业务指导和事后监督功能，加快非公募基金会的培育发展步伐，也进一步推进社会组织的民间化。这是省的层面可以解决的，建议由省人大牵头，会同省法制办、民政部门出台政策性文件或立法。

（四）出台扶持社会组织发展的政策文件，促进社会组织发展壮大

一是制定社会组织专职工作人员入户、工资福利待遇、晋升职称、档案管理和社工招聘等配套措施，促进社会组织人才队伍的职业化、专业化。这是省的层面可以解决的，建议由省人事厅牵头，会同公安、劳动保障、民政等部门制定相应制度。二是给予社会组织更多的税收优惠，并建议国家税务总局对社会组织税收减免做出明确规定。三是设立社会组织发展基金，用于扶持社会组织的发展和奖励有突出贡献的社会组织及其专职工作人员。建议社会组织发展基金设在广东省民间组织总会，由省财政厅每年拨出专项资金，并接受社会各界捐赠。

（五）在各级登记管理机关设立社会组织党工委，加强党对社会组织的领导

社会组织也是一种政治力量，香港在社会组织管理中也有反面教训，如社会组织在香港民主选举等方面也有许多消极作用。因此有必要加强党对社会组织的领导，保证社会组织健康发展方向。建议在各级登记管理机关设立社会组织党工委，接受同级组织部门的领导。社会组织党工委书记由登记管理机关负责人兼任，并配备专职副书记和专职工作人员若干名，统一管理本级、指导下级社会组织党建工作，实行登记管理与党建工作一起抓。这是省的层面可以解决的，建议由省委组织部牵头，会同民政部门出台相应文件。

（六）切实加强社会组织登记管理机关的建设，以适应社会组织高速发展的需要

一是建议对应党的十七大对“社会组织”的称呼，将县（区）以上的民间组织登记管理机关统一称为“社会组织管理局”，作为同级民政部门的二级局或领导高配；统一公务员行政编制，县（区）一级至少按《行政许可法》要求配备两名以上专职工作人员。二是建议拨付足够的经费和配备必要的执法车辆。省级社会组织管理机关的经费、执法车辆至少应与北京、上海持平，各市、县（区）也应按其注册登记的社会组织数量核定经费和执法车辆；并建议在各级社会组织管理局加挂“社会组织执法监察局”或“社会组织执法监察队”的牌子，彻底解决各级社会组织登记管理

机关长期以来人员不够、经费不足、缺乏执法力度等问题，为维护各地社会稳定，构建和谐社会，确保国家安全，巩固党的执政基础提供有力的保障。这是省的层面可以解决的，建议：解决机构、编制的问题由省编办统一发文；解决经费、执法装备问题由省财政厅会省民政厅发文。

加强广东省社会组织党建工作调研报告

广东省民政厅调研组

按照广东省民政厅的统一部署，开展深入学习实践科学发展观活动深化调研第二调研组在叶秀仁副厅长的组织策划下，于2008年11月中旬到珠海、中山两市进行了“如何加强社会组织党建工作”专题调研。调研组听取了两市民政局、两新组织党工委的汇报，召开了民政部门、业务主管单位和社会组织负责人座谈会4场，并对调研情况进行了综合分析。现将专题调研情况报告如下：

一、两市社会组织党建的主要成绩

目前珠海、中山两市民政部门依法登记注册的社会组织共计2122家，其中社会团体693家，民非办企业单位1429家，从业人员20917人，其中党员1578人。应建党组织的社会组织131家，已建立党组织的85家，占应建党组织的65％，应建未建党组织的主要是近两年登记成立的社会组织。两市社会组织党组织覆盖率高于全省社会组织应建已建党组织占36％的比例。

（一）领导体制：两新组织党工委统筹领导社会组织党建工作

珠海、中山市委、市政府从贯彻落实科学发展观、构建和谐社会的角度出发，高度重视社会组织在经济社会发展中的地位作用，把加强社会组织党建工作作为基层组织党建工作的重点来抓。两市分别于2002年和2007年成立了新经济组织和新社会组织党工委（简称两新组织党工委），作为市委派出的正处级单位，配备专职工作人员，统一领导全市两新组织党建工作，并建立了由两新组织相关业务主管（指导）单位组成的全市两新组织党建工作联席会议制度，着力构建责任明晰、运转协调的工作机制。其中珠海市两新组织党工委为独立法人，行政编制8名；各区设立的非公有制经济组织党工委均挂靠于其他部门。中山市两新组织党工委设在市委组织部，书记由市委组织部副部长担任，行政编制7名；各镇区设立两新组织党建工作办公室和流动党员服务管理中心，配备72名专职工作人员。

（二）管理模式：条块结合、形式多样

两市在社会组织党组织的组建上，按照“有利于提高管理效能、有利于发挥党组织和党员作用、有利于加强对基层服务”的原则，坚持“支部建在行业”与“支部建在协会”“支部建在社区”相结合，采取“属地”（即隶属于地方党委和街道、社区党组织，如珠海市慈安护老中心）、“属条”（即隶属于上级主管部门党组织，如华南师范大学中山附属中学）、“属资”（即以资产为纽带，由投资、主办新社会组织的单位党组织主管这些组织的党建工作，如中山市阳光花地幼儿园）、“属业”（即由社会团体党组织主管本行业内的党建工作，如中山市律师协会、珠海市注册会计师协会）等多种方法，以“建、联、挂、派”的形式，形成了“条块结合、形式多样”的管理模式。目前两市社会组织成立党委的2家，党总支2家，独立党支部65个，联合党支部11个。

（三）工作机制：党建活动与行业特征紧密结合

为充分发挥党组织和党员的先锋模范作用，增强党组织的凝聚力和战斗力，两市社会组织重点将党建活动和行业特点紧密结合。如珠海市律师协会在评选文明律师时，将党建工作开展成效列为评选条件之一；优先推荐党员律师担任市、区政协委员、人大代表、政府部门法律顾问。目前全市符合条件的律师事务所除2家正办理申报手续外，均已全部建立党组织，实现了行业党建工作全覆盖。珠海市华昌小学设立党员岗位津贴，奖励优秀党员老师。中山市广东博文学校优先由党员干部担任中、小学德育处主任，并结合民办学校实际，制定发展党员的计划和目标，开展“党员示范岗”活动，今年该校共发展党员21名，其中学生党员17名，学校党支部也被评为2007年中山市先进党支部。

（四）保障机制：给予一定的人员和经费支持

两市“两新”组织党工委都通过抽调或聘用党建指导员，深入到社会组织一线，督察、指导和帮助社会组织组建党组织、发展党员、开展组织活动。如珠海市两新组织党工委向社会公开招聘10名党建指导员，轮流到有需要的社会组织指导党务工作。中山市则在各镇区抽调380名干部担任专职或兼职党建指导员。两地都对社会组织党建工作给予一定的经费支持。珠海市两新组织党工委2008年财政划拨200万元左右。中山市则将工作经费纳入市财政预算，2007年划拨523.38万元，2008年划拨552万元；各镇区配套经费729.91万元。珠海市对社会组织每组建一个党支部给予3000元的经费支持，而珠海市律师协会对符合条件建立党支部、党支部活动开展正常的律师事务所，给予更多的经费扶持。中山市制定了《中山市两新组织党组织党务工作专项经费使用管理办法》，对社会组织党务工作也给予一定的经费扶持。因有较充足的人员和经费保障，中山市两新组织党工委工作成效突出，目前全市应建党组织的48家社会组织中，已有41家建立党支部，占应建立的85.4%。其中，建立党总支1个，独立党支部31个，联合党支部9个。

（五）作用发挥：保证社会组织健康发展

两市社会组织党组织通过开展不同类型活动，积极参与所在单位的管理，献计献策，充分发挥党组织的政治保证和党员的先锋模范作用，有效地将党的工作与政治建设、文化建设、诚信建设和精神文明建设融为一体，使党组织的活动为社会组织所需要，为经营管理者所信任，为党员所欢迎，为会员所拥护。两市已建立党组织的社会组织，都能依法办会，规范运作，健康发展，并在履行社会责任等方面发挥积极作用。如中山市律师协会党总支组织党员律师积极参与义务普法、“送法下乡”、维护社会稳定等公益活动，近三年来义务举办法制讲座100多场、提供法律援助案件近1000件、义务法律咨询1万多人次、捐款30多万元。在四川汶川地震发生后，中山市各社会组织党组织迅速开展各项抗震救灾工作，积极引导所属两新组织的党员、会员和从业人员向灾区捐钱捐物4386万元，在社会各界产生了强烈反响。

二、两市社会组织党建工作存在的主要问题

由于社会组织党建工作还处于探索阶段，目前两市社会组织党建工作还存在五个主要问题：

（一）部分业务主管单位对社会组织党建工作指导不够

根据中共中央组织部《关于印发〈关于加强社会团体党的建设工作的意见〉的通知》（中组发［2000］10号）的要求，业务主管单位党组织应对社会组织党建工作负主要责任。虽然珠海、中山两市成立了两新组织党工委，但目前党建工作主要仍由业务主管单位负责。由于社会组织党建工

作并未纳入业务主管单位责任制或年度考核评价的内容，且上级部门督促检查力度不足，社会组织党建工作难以被纳入业务主管单位的重点工作之中，缺乏专门的人员和机构给予指导。部分新登记成立的社会组织，虽有意识组建党组织，也因得不到业务主管单位指导而难以组建。

（二）部分社会组织对党建工作认识不足

不少民办非企业单位的出资者不是党员，普遍对民办非企业单位组建党组织不予理解和支持。尤其是境外出资者对组建党组织特别敏感，党务工作者要花上很多时间用于解释沟通。多数社会组织的党员是在进入该社会组织前入党，真正在社会组织培养、发展的党员较少。此外，部分党员的价值取向与党章的要求出现差距，理想信念产生动摇。不少党员忙于业务，放松对自身的政治要求，长期不过组织生活，有的甚至不交纳党费，长期游离于组织之外。

（三）社会组织从业队伍流动党员组织关系不稳定

一是广东作为改革开放前沿阵地，社会组织从业人员中外来流动人口多，多数人事关系、党组织关系基本上仍在户籍所在地；二是由于社会组织自身生存变化大，从业人员换岗频繁，部分从业人员是国家机关、国有企业离退休人员，人事关系、组织关系依然在原从业单位，并在原单位过组织生活，加大了社会组织组建党组织难度；三是由于社会组织特有的非营利性特征，且工资福利待遇普遍比同城其他行业低，部分党员不愿意亮出自己的党员身份，流动党员、口袋党员较多，如中山市广东博文学校登记在册的党员 49 名，但实际还存在 10 多名流动党员。

（四）管理体制隶属关系还不顺

珠海、中山两市的党建管理都体现了“党政共抓、条块结合、分层领导、综合管理”的思路，对社会组织党建工作起到了一定的促进作用。但目前两市社会组织党建工作业务管理涉及市委组织部、市两新组织党工委、业务主管（指导）单位党组织、所在地街道、镇（区）党（工）委等多个部门，社会组织党组织或设在业务主管（指导）单位，或设在投资者所属党组织，或设在所在地党（工）委，或设在社会团体党组织，存在地方与部门之间的多头管理，容易造成谁都不管。社会组织党建管理体制和隶属关系亟待创新理顺。

（五）社会组织党建工作经费不足

社会组织党组织自身没有收入来源，从社会团体会费中开支，会员不同意；从民办非企业单位资金中开支，投资者不同意，开展党建活动缺乏经费保障。虽然珠海、中山两市“两新”组织党工委都有一定党建工作经费，对社会组织党支部开展活动给予一定支持，但未能适应社会组织党建工作的实际需要。

三、加强社会组织党建工作的意见和建议

党的十七大把全面推进新社会组织基层党组织建设，作为全面推进党的建设、全面建设小康社会的重要目标和必要条件。根据广东省委办公厅、省府办公厅《关于发展和规范我省社会组织的意见》精神和珠海、中山两市的调研情况，结合全省社会组织工作实际，我们建议：

（一）出台加强广东省社会组织党建工作的政策文件

建议以省委组织部名义，或以省委组织部和省民政厅名义，出台《关于进一步加强和创新社会组织党建工作的意见》，对广东省社会组织党建工作的指导思想、目标要求、管理体制、职责定位、工作机制、制度建设、经费保障等作出具体规定，全面推进广东省社会组织党建工作迈上新台阶，争当全国同行排头兵。

（二）成立广东省社会组织党工委

建议党工委设在广东省民间组织管理局，受省委组织部和省民政厅党组领导，直接领导全省性行业协会党建工作；协助业务主管单位指导其他全省性社会组织党建工作；指导市、县社会组织党工委工作；负责推荐社会组织优秀人士作为党代表、人大代表、政协委员、劳动模范等社会组织和荣誉职务的候选人，以及其他政治思想工作；承办省委组织部和省民政厅交给的其他任务。此项工作正在与省委组织部协商中。

（三）理顺社会组织党建管理体制

建议建立“党委政府领导、社会组织党工委统筹、业务主管单位参与、条块结合、以块为主、职责分明”的社会组织党建管理体制。具体做法是：在省、市、县（区）各级民政部门成立社会组织党工委，在同级组织部门和民政部门党组领导下，直接领导同级行业协会党建工作，指导同级其他社会组织党建工作，指导下级社会组织党工委工作；各业务主管部门负责所主管的社会组织党建工作，接受同级社会组织党工委的指导，并将党建工作列入考核指标；在同类社会组织中设立党总支，在应建党组织的社会组织中建立党支部。

（四）壮大社会组织党员队伍

社会组织专职工作人员中，属于离退休人员的，工资福利待遇仍在原

单位，组织关系可转到所在社会组织；外地流动党员，签订合同一年以上的，组织关系可转到所在社会组织；社会组织党组织可在聘任的专职工作人员中发展党员。

（五）建立以工作经费为重点的保障机制

建议将社会组织党务工作经费列入同级财政预算，并按照社会组织党员的数量、党组织的数量，由财政部门划拨党务工作经费，对党务工作开展成效突出的社会组织，可给予更多的经费倾斜，专款专用，并建议建立制度化、长效化的投入保障机制，以解决社会组织党务工作开展难的问题。

（六）创新以参政议政为重点的激励机制

建议将热心党建工作的社会组织优秀人士作为推荐党代会代表、人大代表、政协委员、劳动模范等各项社会职务和荣誉称号的重要依据，引导他们参政议政。不断完善考核激励机制，建议每年由社会组织党工委对社会组织中的先进党组织、优秀党务工作者、优秀共产党员进行表彰，充分调动社会组织中坚力量参与党建工作的积极性。同时，加大对社会组织党务工作者的教育培训力度，切实提高基层党务工作者的实践能力和综合素质。

四川省加强社会组织建设与管理调研报告

四川省民间组织管理局

随着我国社会管理模式的逐步转变和“小政府、大社会”的逐步形成，四川省社会组织得到了迅速发展，初步形成了门类齐全、层次不同、覆盖广泛、布局合理、结构优化、功能到位、作用明显的社会组织体系。逐步形成了优胜劣汰、进退有序的市场化运作模式。但是，四川省社会组织建设与管理工作与落实科学发展观的要求还有较大的距离，社会组织建设与管理的法律法规滞后，支持政策不配套、不到位，管理手段落后，管理体制还需要进一步创新等制约着四川省社会组织的发展。落实科学发展观，就是要解决制约四川省社会组织发展的因素，为社会组织的发展创造一个良好的外部政策环境，促进各种社会组织在社会的各个方面发挥更加积极的作用。

一、四川省社会组织发展的基本情况

四川省社会组织发展迅速，截至2007年底，全省登记注册各级各类社会组织26088个，其中社会团体14399个，民办非企业单位11639个，基金会50个，从业人员92376人。四川省社会组织数量在全国排名第二，仅次于山东，占全国社会组织总数367000个的7.1%，居西部第一名。四川省社会组织在政治、经济、文化、教育、卫生、科技、体育和社会保障等各个领域发挥积极作用，成为维护社会政治稳定和推动经济发展的重要力量。

（一）行业协会已成为政府管理经济的参谋和助手

目前，全省经登记注册的各级各类行业协会已达4711个，涉及农、林、畜牧、机械、金融、保险、电力、医疗等行业，随着政府机构改革的深入和政府职能的转变，行业协会越来越成为政府管理经济的参谋和助手，具体体现在：第一，维护企业的合法权益、沟通政府与企业的关系，参与政府的决策过程。第二，维护企业之间公平的市场竞争关系，创造良好的市场竞争秩序。第三，降低企业交易的活动经费，提高交易效率和企业经营管理的水平。第四，保障和发挥市场机制在资源配置中的基础作用。第五，在市场中起着连接政府和企业的纽带作用，连接和沟通经济管理层和社会投资者的导向作用。第六，加强企业的自律和企业间的横向联系。

（二）四川省农村专业经济协会取得可喜成效

在党委和政府的推动下，农村专业经济协会如雨后春笋般快速涌现。据不完全统计，目前四川省农村专业经济协会已达两万多个（经社会组织登记管理机关登记注册的有3000个）。农村专业经济协会在实现农业向商品化、专业化、现代化转变等方面进行积极探索和大胆实践，促进农业科技的推广和进步，推动农业产业化经营，增加农民收入，促进了农村三个文明建设，同时壮大了自身实力。

（三）民办非企业单位的作用日益突出

目前全省经登记注册的民办非企业单位11639个。民办非企业单位在配合政府机构改革、事业单位改革、国有企业改革、社会结构调整等方面起到了重要的作用：一是承担政府的部分社会职能，减轻政府负担，推动社会事业改革。二是打破政府独立承担社会管理和社会服务的局面，推动社会事务管理社会化进程。三是培养各类人才，促进全民素质的提高。四是解决部分下岗人员再就业，缓解社会矛盾，维护社会稳定。五是整合各种社会资源，实现产业结构重组。

（四）社区组织发挥积极作用

四川省现有社区社会组织 17618 个，社区社会组织对深化社区建设工作，促进城市管理新架构的形成也有着积极的意义：一是协助政府贯彻落实国家的社区建设政策、规定，促进各种社区服务活动的蓬勃开展，调动社区群众热爱关心社区的积极性，营造健康向上的社区环境。二是积极组织开展内容健康、形式多样、丰富多彩的社区活动，丰富社区群众的精神文化生活，倡导科学健康的生活方式。三是开展社区服务，提高社区群众的生活质量，协调社会力量，向社区群众提供生产、生活等服务。

二、制约四川省社会组织发展的因素

四川省社会组织发展迅速，在数量上排全国第二名。社会组织发展和社会组织工作还有许多迫切需要解决的问题。

（一）社会组织登记管理的法律法规滞后

社会组织登记管理的法律法规，除了《社会团体登记管理条例》《民办非企业单位登记管理暂行条例》《基金会管理条例》《社会团体分支机构、代表机构登记办法》《取缔非法社会组织暂行办法》等原则性的法规规章外，没有相应的司法解释和具体的实施细则，对非法社会组织和社会组织的违法违纪行为的查处，只有宏观原则，而无操作细则，特别是对不予成立的特定群体、宗族类等社会组织仅有文件限制，没有明确的法律条文。现有法律法规原则性强，可操作性不够。

（二）社会组织扶持政策不配套、不到位

社会组织的非营利性优惠待遇没有落到实处。民政部、财政部颁发的《社会非营利组织会计制度》已于 2005 年 1 月 1 日实施，但没有相关的票据、税收等配套扶持政策。国家对社会组织的税收优惠散落在文件中，不系统，不配套。经费短缺，经费筹集渠道少已成为社会组织生存和发展的“瓶颈”。

（三）各级党委政府领导对社会组织工作的认识还不高

由于我国长时间实行的是计划经济，计划经济的旧观念在政府部门和社会上还未彻底转变过来，尽管上下都在呼吁加快培育发展社会组织，党

政领导也热衷于在社会组织中任职，但各级党委政府领导对社会组织在市场经济中的地位、功能和作用认识不到位、重视不够、支持不力，没有把社会组织建设列入议事日程，缺乏长远目标和近期措施。

（四）从业人员素质不高，个别社会组织内部运作不规范

四川省没有关于社会组织从业人员的人事、社会保障等扶持政策，社会组织从业人员的总体素质不高。个别社会组织处理内部事务缺乏民主协商，自律机制不够健全，各种财务、人事、保险等规章制度没有建立，存在过分依赖于政府和行政化倾向。部分社会组织无视法律、法规，重大活动不向业务主管单位汇报；没有建立党的组织；换届不及时办理变更等。更有部分社会组织，不遵守国家法律规定，擅自非法设立并开展活动，扰乱了经济秩序和社会秩序，严重影响了社会组织的健康发展。

（五）业务主管单位难以切实履行职责

大多数作为业务主管单位的部门无专门处室和人员负责所属社会组织的管理，难以切实履行业务主管单位职责。

一是个别部门把所属社会团体当成自己的一个部门或下属单位来管理，使其失去社会团体独立法人地位，不利于社会团体开展工作和发挥应有作用；二是个别部门向所属社会团体收取管理费，加重社会团体的经济负担；三是个别部门有意规避风险，不愿意承担责任，在成立社会团体时，不能从经济建设的大局出发，主要看是否对自身有利，如果有利就支持，反之就不支持。

（六）大量非法社会组织存在，给社会组织管理带来不便

一是应该登记不按规定进行登记的社会组织。除免于登记的社会团体外，省和市、州、县一些配备事业编制、财政拨款的官办社会团体自认为是政府的直属机构，不属于社会团体登记范畴，拒不到民政部门登记。二是各级工商联未经登记管理机关同意，擅自批准成立社会商会。据不完全统计，全省各级工商联批准成立的行业协会、商会、同业公会等4000多个。

三、落实科学发展观，加强社会组织建设与管理的根本方法

科学发展观的第一要义是发展，核心是以人为本，就是要以实现人的全面发展为目标，从人民群众的根本利益出发谋发展、促发展。落实科学发展观，就是要解决制约四川省社会组织发展的因素，为社会组织的发展创造一个良好的外部政策环境，促进各种社会组织在社会的各个方面发挥

更加积极的作用，切实加强社会组织的建设与管理。

（一）各级党政领导应高度重视社会组织的建设与管理工作

近几年来，四川省社会组织健康发展，在经济和社会发展中，发挥着越来越大的作用。社会组织作为与政府、企业并列的第三部门，作为基本社会组织的重要形式之一。各级党政机关应将社会组织的发展列入重要议事日程，制订专门的发展规划，为社会组织的健康发展创造良好的外部政策环境。

（二）健全社会组织法律法规体系

建立健全社会组织法律、法规体系，是促进社会组织蓬勃发展的重要保障，也是有效管理社会组织、使其健康发展的有力措施。首先，应把制定“社会组织法”纳入议事日程，解决社会组织管理法规层次低的问题；其次要完善现有的社会组织管理法律、法规体系。尽快出台新的《社会团体登记管理条例》，修改《民办非企业单位登记管理暂行条例》，对社会组织管理的各种法规、规章中相互冲突的规章及条款予以修订或废止，解决好不完善、不协调的地方。出台《条例》的实施细则及配套政策，使登记管理工作具体化，增加可操作性。

（三）制定扶持社会组织发展的配套政策

一是发展社会组织要遵守公平、公正、公开的原则。建立社会组织人事和社会保障制度，解决档案代管、工资福利和社会保障等实际问题，制定优惠政策，鼓励国家工作人员和社会组织工作人员之间相互流动。二是建立一整套完善的税收优惠政策体系。分别采取适当的税收优惠政策，起到扶持和调节的作用。三是政府部门应授权赋予职能。各级政府部门要尽快提出部门职能转移的具体方案，着手解决政府和社会组织职能错位的问题。四是建立起切实可行的政府“购买服务”和“委托付费”的政策。五是适当放宽部分社会组织成立条件。对找不到业务主管单位而无法成立的主要从事慈善活动的非公募基金会，民政部门应当担任其业务主管单位；对达不到成立条件的社区社会组织和农村专业经济协会实行备案制；对民办非企业单位允许其成立分支机构。

（四）推进行业协会改革

推进行业协会改革是解决政会不分、职能错位、作用发挥不明显的根本方法。一是要实现政社彻底分离。党政领导干部和国家工作人员不能在行业协会任职，行业协会不能与政府部门合署办公，行业协会要在人、财、物上与政府及其企事业单位彻底分离。二是要明确赋予行业协会职能。通过立法的形式对行业协会赋予相应的职能。

（五）创新社会组织管理体制

一要理顺管理体制。我国当前对社会组织管理实行的是“分级登记，双重管理”体制。可参照广东社会团体管理模式，对行业性社会团体组织的管理体制实行一元化管理。二要分类指导。我国社会组织的发展还处于起步阶段，质量普遍不高，迫切需要针对性很强的指导。三类社会组织组织形式不同，运作机制也不同。对各类社会组织要实行分类指导，以加强指导的针对性。

（六）进一步规范社会组织行为

一是加强社会组织的制度建设。完善社会组织《章程》，建立和完善社会组织内部管理制度，会议制度、人事制度、财务管理制度等，使社会团体领域的各项工作有法可依、有章可循。二是建立社会组织自律诚信机制。形成自我服务、自我约束、自我管理、民主选举、民主决策、民主监督的运行机制。三是建立行为失信惩戒制度。要对社会组织的行为规范标准作出界定，对违反规范的要求如何处理作出明确的规定，特别是建立失信行为的信息披露制度。在自贡、绵阳两市开展“中介机构行为失信惩戒制度试点”的基础上，进一步总结完善，形成全省“社会组织行为失信惩戒制度”，并在全省推行，将为促进四川乃至全国社会团体领域反腐倡廉水平跨上一个新台阶。四是开展社会组织的评估工作。按照《民政部关于推进社会组织评估工作的指导意见》要求，对现有社会组织进行评估。根据评估结果进行分级管理、分类指导。

贵州省行业协会商会发展状况调研报告

贵州省民间组织管理局

行业协会是市场经济关系深化发展和社会分工在市场领域细化的必然产物，是市场体系的一个重要组成部分，它的完善与否是市场体系成熟与否的一个重要标志。为了掌握研究贵州省行业协会的现状，明确今后发展方向与重点，根据国务院办公厅《关于加快推进行业协会商会改革和发展的若干意见》（国办发［2007］36号）和省人民政府《省人民政府关于加快推进行业协会商会改革发展的意见》（黔府发［2008］15号）文件要求，就贵州省行业协会的发展状况进行了调研，现将调研情况报告如下：

一、贵州省行业协会商会的基本情况

行业协会指的是由同业经济组织、相关单位和执业人员自愿组成，按照《社会团体登记管理条例》在民政部门登记的行业自律性社团法人。从本质上来说，行业协会与行业商会的结构和功能都很类似，而其最大的区别在于生成机制，即行业协会依据相关法规在民政部门注册登记，拥有独立的社团法人地位，而大部分行业商会则只能作为工商联的内部组织进行活动。目前在贵州省基本上以行业协会命名，只有少数几家商会如贵州省国际机械流通商会等。

据统计，截至2008年12月底，在全省各级民政部门注册登记的行业协会共1126家。其中，省级108家，占省级社团19.25%，地县级共1018家。涉及农业、林业、畜牧业、金融业、建筑业、房地产业、商业、出版业、体育文化娱乐业，交通运输业等。基本覆盖贵州省各个经济领域。

从调研的情况看，贵州省行业协会呈现以下特点：

（一）行业协会稳步发展，覆盖面不断扩大

经过多年的培育和发展，贵州省的行业协会数量和质量有了明显的提高，特别是近几年，伴随着贵州省经济社会的快速发展而加快发展。数量上从2002年的40家发展到现在的1126家，行业协会涉及工业、农业、旅游、饮食、广告、汽修、煤炭、美容美发等多个领域和行业。

（二）行业协会规模较小，还处于培育发展阶段

以省级行业协会为例，2006年总收入为31425618.17元。其中会费收入16734369.1元、捐赠收入830749.8元、服务性收入10838222.9元、政府拨款738239.4元、其他收入2448557.4元，分别占总收入的53.32%、2.64%、34.49%、2.35%、7.79%。办事机构与政府部门合署办公的20家，在职厅级干部兼职49人，在职处级干部兼职80人。

（三）行业协会工作人员兼职多，专职人员少

省级108家行业协会中，只有少数设立专职的工作人员，大部分都是兼职，其中在职厅级干部兼职49人，在职处级干部兼职80人。

（四）行业协会财务制度执行情况较好

大多数行业协会都聘请了专兼职财会人员，单独建账，财务情况定期

向会员大会公开；经费来源主要是会费收入，其次是政府拨款和捐赠赞助收入，没有发现经非法渠道大肆敛财的现象。

二、行业协会职能履行情况

贵州省的行业协会绝大多数能够正常运转，根据行业协会的章程规定，遵循“自我管理、自我服务、自我协调、自我约束、自求发展”的方针，积极履行行业指导、服务、规范、协调等功能，在政府与社会、企业与市场间架起了一条沟通的桥梁。

（一）开展行业自律，促进诚信建设成效明显

开展行业自律是行业协会的主要职能，许多协会在这方面进行了有益的探索。如贵州省特种设备行业协会配合技术监督部门开展特种设备安全的专项整治，强化对企业的监督管理，从源头上确保特种设备的使用和生产安全。

（二）开展各种服务，提高行业内从业人员的素质和行业的信誉

贵州省各行业协会充分发挥人才荟萃、信息灵通、交流广泛的优势，举办各类培训班，提高企业负责人和从业人员的素质。据不完全统计，2007年，各行业协会共举办培训班、讲座、现场会等形式的培训教育活动600多次，上万余名负责人、技术人员、养殖人员得到了培训。如贵州省保险行业协会，到2008年，共举办保险代理员培训班共10期，电子化考试1205场，考试人员达51426人，通过培训和考核，使保险从业人员掌握了大量保险的基本知识，提高了他们的从业水平，为贵州省保险行业的快速健康发展打下了坚实的基础。

（三）开展行业评比活动，提高会员在行业内的影响力，推动行业健康发展

贵州建设业协会开展“安全生产文明样板工地”检查评比活动，提高了企业安全生产、文明施工意识；对全省建筑企业进行了“诚信行业评价”工作，提高了企业在社会中的信誉度；协会还开展了“优秀施工企业”“优秀项目经理”“优质工程”评选活动，促进了企业健康有序的发展。贵州省银行业协会每年评选十大“银行之星”活动，积极促进银行业服务水平。

三、行业协会改革与发展存在的问题

（一）过分依赖于政府部门，自主性不强，有行政化倾向

长期以来，贵州省行业协会大多数是在政府部门的牵头下成立的，自

发成立的很少，行业协会的这种出生条件造成了协会开展活动过多地依赖于政府部门，看政府的脸色办事，独立自主意识不强。在职能定位上，过多地考虑了政府工作的需要，协助政府管理行业企业，有的行业协会纯粹就是政府职能部门的一个处室，从社团领导人、经费到工作人员，以及业务活动的包办和干涉，代替政府行使行政管理的职能，行业协会应有的主动性、灵活性、市场性丧失殆尽。

（二）服务能力欠缺，无力维护行业整体利益，制约着会员参与的积极性

贵州省大多数行业协会强调了行业管理（自律），忽视了服务功能，行业协会不能满足会员的需求，不能有效地保护会员单位的利益，这样，必然失去会员的信任。造成会员对参与协会活动的兴趣不大，认为入会就是白交钱，享受不到应有的服务。有的行业协会的规模小、活动少，不能形成规模化、专业化配套服务，不能为企业、为会员提供必要的帮助，逼着企业只好走“有事找政府的老路子”，对行业协会没有认同感和归属感。

（三）待遇过低，难以吸引人才

从调研中发现，行业协会工作的好坏与协会主要负责人的热情程度、有无专职工作人员和业务主管部门的重视程度有很大关系，协会主要负责人热心、主管部门重视和有专职工作人员的行业协会，工作成绩显著，反之则工作成绩平平，甚至未能正常运作。根据《社会团体登记管理条例》规定：“社会团体专职工作人员的工资、福利待遇参照国家对事业单位的规定执行。”目前，贵州省行业协会真正落实的不多，由于工资、福利待遇、医疗、养老保险等问题长期得不到落实，致使专职人员工作积极性受挫，影响和严重制约了行业协会的发展。

（四）机制不完善，行业协会发展后劲不足

目前，多数行业协会尚未真正形成符合市场经济要求的自主办会、民主办会的运行机制。从行业协会制度体系看，缺少健全的制度体系，多数行业协会没有明确、完整的规章制度，工作缺少制度保证。从行业协会的工作队伍看，缺少年轻化、知识化、专业化的工作人员，尤其是缺少优秀的行业协会工作带头人。

四、推进行业协会改革与发展的几点建议

（一）加大宣传，提高认识，努力营造理解支持的社会舆论环境

要充分利用报纸、电台、电视台等大众媒体来广泛宣传行业协会的性

质、地位、作用，宣传行业协会有关法规政策，使人们认识到行业协会是同行业之间为了避免不正当竞争，维护共同利益，进行自我协调、自我约束、自我管理，以自愿形式组成的非营利性社会团体，其主要职能是行业自律、代表、协调、服务。培育和发展行业协会是企业自身生存和发展的客观需要。通过宣传，在全社会逐步树立起“有事找协会，而不是有事找政府”的意识，把尚处于萌芽状态的行业协会逐步培育发展完善起来，为行业协会的发展营造良好的社会舆论环境。

（二）加大工作力度，努力营造宽松和谐的管理工作环境

行业协会的改革与发展是一项系统工程，涉及各行各业，情况复杂，任务繁重，单靠民政部门是无法完成任务的，建议政府部门要加强组织领导，加大工作力度，努力营造良好的行业协会改革发展环境。

1. 加快政府职能转变，鼓励和支持行业协会发挥作用。行业主管部门要积极清理不适应行业协会发展的政策法规，结合行政审批制度改革，对原有职能进行认真研究，该收的收、该放的放，要逐步把属于行业协会或可以由行业协会承担的行业统计、信息发布、行业调查、行业发展规划制订，产品标准、服务标准、技术规范制定和技能资质考核，产品展览推销、合作交流、招商推介，价格协调、公信证明、行业评估论证等职能转移或委托给行业协会承担。在制定涉及行业利益的法规、规章、政策性文件和行业规划、技术标准时，要听取行业协会的意见。

2. 分类指导，稳步推进政会公开。现有行业协会要在人员、资产和财务等方面与政府部门逐步脱钩。凡在行业协会兼任实职性职务的国家公务员和参照国家公务员管理的人员，要号召辞去行业协会职务，大力加强专职人员队伍建设。各行业协会要积极吸引优秀人才，充实行业协会专职工作人员队伍，加大专职人员培训力度，努力提高专职人员素质，激发他们的工作热情，为他们创造良好的工作环境；凡行业协会与政府部门实行会计合账或财务集中管理的，要尽快完成单独建账，配备财会人员，实现财务独立，政府部门不得平调行业协会资产等。

3. 加大对行业协会的引导、扶持和治理工作。根据全省行业分布状况，制订全省行业协会发展的总体规划，推动组建一批代表贵州省重点产业和新兴产业的行业协会。进一步从思想观念、体制机制、配套政策、法制建设以及人员素质等方面规范贵州省行业协会的建设和发展，使之更好地发挥提供服务、反映诉求、规范行为的作用。对行业特点明确、符合市场经济要求的行业协会应予以保留、充实和提高；对名称相近相似、业务交叉重复的行业协会，进行归并、重组；对行业特点不明确的行业协会，

进行分立、细化；对缺乏行业代表性、不能为企业提供服务、长期不开展活动、内部管理混乱的行业协会，依法注销或撤销登记。

（三）加强行业协会的自身建设，努力营造民主平等的健康发展环境

1. 明确行业协会工作定位。在市场经济体制中，行业协会应当是一种行业群体利益的代言人角色，是解决内部利益主体之间纠纷的协商调解者，是沟通政府与企业的桥梁纽带，属于民间自治团体，它基于行业共同利益和共同愿望而产生、存续和发展，行业协会的根本宗旨是为企业提供全方位的服务，而不是政府部门的附属品，应遵循"自愿入会、自选领导、自聘人员、自筹经费、自理会务"的独立办会原则自主运行，积极发挥作用。

2. 建立和完善各项管理制度。行业协会要建立健全以《协会章程》为核心的民主选举制度、民主决策制度、财务管理制度、考核奖励制度、重大事项报告制度等，形成行业协会自我约束、自我管理、自我教育、自我服务的内部运行机制，来规范自身行为。要加强行业诚信建设，赢得社会公众的信任，为行业协会的自我发展营造良好环境。

3. 加强工作人员队伍建设。要根据《社会团体登记管理条例》规定的"社会团体专职工作人员的工资、福利待遇参照国家对事业单位的规定执行"，积极创造条件，落实待遇，吸引人才。培养一支知识化、专业化、职业化、年轻化的专职工作人员队伍，以适应新形势的需要。

对云南省社区社会组织建设的思考

云南省民间组织管理局

随着城乡社区建设的全面推进，一种新型的社会组织——社区社会组织正在兴起，并伴随着社区建设的进程而发育、壮大。社区社会组织与传统的社会组织既有相同点，又有不同的地方，它既传承于传统的社会组织，又有自身的不同点。所以我们的调研既有对传统社会组织的重视和回顾，借鉴以往的经验，也有重点观察现有社会组织的细微特征，分析它的未来走向和发展趋势。云南的社区社会组织是与全国其他地方一同出现的，但发展稍晚一点，近期这类新型组织的发育和发展有加速的趋势。调研人员在昆明、临沧、德宏、大理等地进行了调研，还利用参加民政部的

会议，在广东进行了考察，分析比较了云南与先进地区的不同和差距，加之对现有资料的分析和我们的判断、思考，形成了以下文字。

一、基本状况

20 世纪 90 年代以来，云南省一些中心城市进行大规模的改造，在城区周围的城郊接合部出现了人口集中居住的“小区”，住在其中的主要是城中心搬迁出去的居民和从州市移居来的人群，他们初期彼此不熟悉，但作为邻居要发生交往。在交往中，一部分人对某一事物产生了共有的兴趣，由这些兴趣牵线，形成了某种兴趣性质的朝聚晚散的不稳定“联合体”，由此逐步发展为一种组织形式，或以队，或以会，或以社的名义出现。这就是最早的社区社会组织，当时被称为社区民间组织。国外把这种植根在基层的组织称为“草根组织”，意思是它处在社会底层，像小草一样有很强生命力，它与民众的联系就像草根之间一样密切。2007 年 8 月，省民管局进行了一次基本情况调查，因种种原因未能全部统计清楚，不完全的数据是，全省有这类组织 17115 个。但据我们到一些地方调研的情况看，全省的数量应该是比较大的，如在临沧市，仅新农村建设理事会就有 5000 多个，昆明市城市社区社会组织有 3000 多个，楚雄市有 800 多个。调研组初步分析全省城乡有类似组织 4 万至 5 万个。

云南省社区社会组织调查统计表（2008 年 4 月）　　单位：个

州市	总数	已登记数	社区社会组织分类					未登记原因				
			公益类	慈善类	服务类	文体类	其他类	注册资金不够	会员数不够	无固定办公场所	无业务主管单位	其他原因
昆明	3106	55	114	7	467	1928	590	2682	56	244	39	45
曲靖	449		210	2	75	86	76	163	32	126	105	23
保山	2683	70	127	202	1658	219	477	966	164	579	108	796
丽江	245		65		95	46	39					
临沧	6423		5498			925						
红河	2940	45	40	30	2740	50	80	2685		210		
文山	198	60	42	1	48	82	25	119	70	93	85	2
德宏	154	10	4		105	17		135	29	16	39	5
版纳	38		4	4	13	17		38				

续 表

州市	总数	已登记数	社区社会组织分类					未登记原因				
			公益类	慈善类	服务类	文体类	其他类	注册资金不够	会员数不够	无固定办公场所	无业务主管单位	其他原因
楚雄	808	195	134	8	397	113	156	301	13	56	10	233
怒江	28	5				28		16		8	4	
迪庆	43	43			15	1	27					
合计	17115	483	6238	254	5613	3512	1470	7105	364	1332	390	1104

（缺：大理、昭通、思茅、玉溪）

（一）分类

从几个地方的调研情况来看，云南省目前社区社会组织的种类较多，从形式上分有社团、民办非企业单位，从性质上分有公益性的、文体性的、服务性的，从地域上分有城市组织、农村组织，从人员参与上分有志愿者协会、老年人协会等。考虑到工作需要，我们选择按一种综合的方式来划分云南省社区社会组织形式。

1. 公益类。义务工作者协会、志愿者协会、困难群众互助帮扶协会等。

2. 慈善类。慈善总会、慈善超市、献爱心组织等。

3. 服务类。社区医疗服务中心、民办幼儿园、老年人服务中心、法律服务所等。

4. 文体类。社区文化服务中心、艺术团、表演队、体育组织等。

5. 参与类。老年协会、计划生育协会、新农村建设理事会、红白理事会等。

有些组织可能还未罗列出来。但我们认为特殊利益群体由于其敏感性、小区业主委员会等由其他法律进行规范，这些组织不宜列入社区社会组织。

（二）特征

社区社会组织也同样具备了社会组织的一般属性，即民间性、非营利性、社会性、自愿性和服务性，也是由人群组成的，主要从事社区服务工作。它与传统意义的社会组织的不同点在于：规模小，参与人员多则几十人，少则十来人，很少较大规模的；松散性，比一般社会组织更为松散，没有稳定的组织形式，人员聚散无常；地域性，主要以社区为属地组成，地域观较强；兴趣性，以同一兴趣作为联系纽带，是典型的人以群分、物以类聚现象。

（三）积极作用

社区社会组织一出现，就具有强大的生命力，受到社区居民的欢迎。它之所以能受到群众的接纳和肯定，就在于它做了很多好事和实事，得到社会的认可，发挥了社会组织特有的作用。

1. 适应由“单位人”向“社会人”转变。随着国家用工制度的改革，职工的吃喝住行不再完全依赖所服务的场所——单位，“单位制”逐步解体，单位不是职工赖以依附的庇护所，作为“单位人”的职工回到家庭的所在地——居委会，而成为“社会人”。社会人在8小时以外，需要交往、交友、交谊，要与社区内乃至社会上其他人群发生联系，就要借助社会组织来完成这些活动。社区社会组织满足了这些需求，成为社会人在社区活动中的桥梁和纽带，成为社区群众的大家庭，大家其乐融融，享受到生活带来的乐趣。在昆明市盘龙区江岸社区就居住很多这样的人，他们上班时由单位管，是单位员工，下班回到家里由社区管，成为社区的一分子，角色在单位与社区之间进行转换，人的身份随着上下班而转变。

2. 丰富社区建设和社区服务。很多社区社会组织响应政府号召，参与到社区建设和社区服务中来，它们协助村（居）委会进行民主选举，帮助有困难的群众完成投票，维护自身民主权益，组织和动员群众管理基层公共事务，服务村（居）民的合法权益。它们还支持村（居）委会的工作，参与建立民主管理制度，反映诉求，在协调群众利益、化解基层矛盾、排忧解难等方面发挥了积极作用。有的组织利用自身优势，服务社区居民，方便群众生活，尤其是在卫生、科技、教育、文化、法律、劳动等领域发挥独特作用，与其他服务机构一道构成了社区公共服务体系，满足了社区居民不同需求。如昆明市西山区鱼翅路社区老年协会、老年学校为老年群体提供了丰富多彩的服务内容，活跃了老年人文化生活，使社区老年人感到生活的充实。

3. 弥补村、居两委会职能的不足。村委会、居委会是我国基层社区群众自治组织，承担着组织村（居）民开展社区事务和公共活动，长期以来这个层次的管理人员极少，管理力量从来都是捉襟见肘，社区管理颇为头痛。社区社会组织的出现，使“两委”有了得力帮手，一些社会公益事务、群众自身事项可以交给社区社会组织去做，让群众组织起来，做自己的事，自己管理自己。“两委”与社会组织是一个相互弥补、相辅相成的关系，“两委”指导社会组织开展工作，社会组织弥补“两委”的不足，协助做好社区事务。比如，临沧市的几千个新农村建设理事会，在自然村、组这个层次上，开展村容村貌改造、订立村规村约、整治道路、调解矛盾等，在基层解决了大量的问题，减轻了村、组干部的工作量，成为基层组织的有力助手。

4. 弘扬传统美德。社区社会组织广泛联系着社会百姓，一些自愿者组织动员义工，帮助社区内五保户、下岗职工、残疾人等困难群众解决生活问题，他们扶老助残，救困济贫，开展上门服务，或者与困难群众结成对子，一帮一，群帮一，给这些弱势群体送去温暖，帮助他们树立生活的信心。如云南省爱因森职业教育学院设在盘龙区江岸社区内的电脑培训中心，免费为下岗工人、进城务工农民、军嫂、残疾人进行培训，让他们掌握一技之长，几年来无偿为困难群体培训3000多人次。

5. 活跃社区文体活动。这是最为突出的作用，也最受社区居民欢迎。在云南省很多社区和村子，一些居民自发组织文体社团，利用一技之长，开展文体活动，吸引人们参加，通过这些活动来联谊、锻炼身体、扩大交往、学习技能，丰富了自己的生活，陶冶了情操，使他们在新环境中安居乐业，享受生活情趣。文体社团的出现，成为居民们维系交往的纽带和桥梁，拉近了邻里之间的感情，满足了大家各方面的需求，是社区一支促进和谐的队伍。一些和睦稳定的社区，成功的经验就是文体活动丰富多彩，居民参与度较高，社区沉浸在祥和、宁静的气氛中。

云南省社区社会组织登记情况

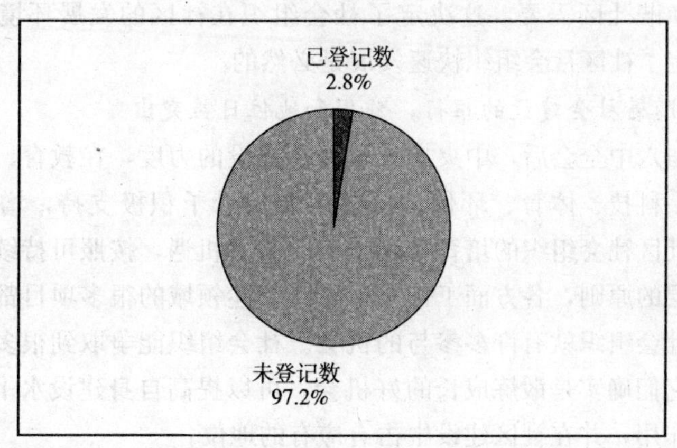

存在的问题和不足。一是发展不平衡，在城市社区，社区建设推进程度较大，社会组织发育较好，数量也较多；在边远地区，社会发展步伐较慢，社会组织相对较少，作用也有限，群众认可度低。二是组织化的程度较低，组织松散，成员不稳定，存在“一阵子”、“图热闹”的现象，前紧后松。三是合法化严重滞后，大多数不具备登记合法的条件，挂个牌子就算成立，加

之有关方面引导不够，很多组织自生自灭，拉起来快，散伙也快。四是政策优惠不够，各方面对社区社会组织重视程度不够，没有有效的措施来扶持其发展，政府部门在资金投入、政策指导、鼓励引导都有不足之处。

二、发展趋势

过去很长一段时期，社区社会组织没有引起充分的重视，各方面对其作用认识不够，对它在社区建设中的地位认识不足，是我们推进社会组织建设与管理的一个盲区。社会的发展，社区建设的深入推进，社区社会组织将以不可逆转的发展态势推进，它不以人的意志为转移，必定发育、发展、壮大。运用发展的规律来分析，云南省社区社会组织有这样一些趋势。

（一）随着社区建设的深入，数量会日益增多

社区建设催生了社会组织的发育、发展，社区建设是城市、乡村社会综合建设的重要内容，它使社区进步、文明，推动了人与人之间的和谐，也推动了社会组织的出现，是社区社会组织的“催生婆”。云南省推行社区建设最早是2000年，那时社区组织还是一个新鲜事，城镇还不多见，乡村就更少了。仅仅几年时间，云南省社区社会组织就遍布城市和乡村，数量增长很快。这种快速增长的势头还会长期延续。因为社区需要，居民需要，构建和谐社区需要，这决定了社会组织在社区的发展环境和基础地位，也决定了社区社会组织快速发展是必然的。

（二）随着社会建设的推行，作用和地位日益突出

十六届六中全会后，中央加大了社会建设的力度，在教育、卫生、文化、民政、科技、体育、环保、扶贫等领域给予积极支持，增加资金补助。这对社区社会组织的培育发展是一个重要机遇，按照可持续发展、资金下沉基层的原则，各方面工作往下走，上述领域的很多项目都要沉到社区，社区社会组织就有许多参与的机会。社会组织能争取到很多参与的机会，这对它们确实是锻炼成长的好机会，可以提高自身建设水平，从而发挥较大的作用，并在社区建设中占有应有的地位。

（三）随着社会进步加快，群众参与社会组织积极性提高

发达国家的经验说明，社会越进步，文明程度越高，社会组织就越多，民众参与社会组织的积极性也越高。人民群众解决了基本的吃、穿、住、医后，就要追求更高层次的精神享受，获得自己的心理“食粮”。社区居民居有定所，食有保障，医有条件，他们还要营造社会和谐的关系和

丰富多彩的精神世界。成立社会组织是他们的必然选择，只要有人组织，一呼百应，一定会有不少人参加，成为其中积极分子。在这其中，很多人改变了不良的习惯，很多人成为社会组织的组织者、宣传者、发动者和参与者，并像滚雪球一样，不断壮大规模，增加人员，成为社区一支可观的有生力量。

（四）随着政府职能转变，开展活动的空间不断拓展

党的十七届二中全会召开后，我国新一轮政府机构改革和部门职能转变已经开始，这次改革的一个重点是要把政府的一些职责明确转移给社会组织，让社会组织来完成一些社会公共事务。政府的改革，把社会组织推到了社会服务、公共事务的第一线。社区社会组织处在社区服务的前沿，政府的一些事务转移给社会组织，它们有了拓展工作空间的机会，可以更大范围地为居民提供服务，工作能力会大大提高，工作内容会更加丰富。

（五）随着社区社会组织的能力增强，对居（村）委会支持力度加大

社会组织能力提高后，它们承担任务的水平也会提高，会成为居（村）委会的得力助手，帮助社区基层组织开展活动。居（村）委会推行社会事务和公共服务时，由于人手少的缘故，他们会向社区社会组织转移工作，也可能通过购买服务，把具体工作交给社会组织去做。社会组织在承担这些任务时，它有着天然的优势，它们联系群众，对社区情况和居民了熟于心，做起工作来也得心应手，阻碍和困难会少一点。居（村）委会从具体事务中解脱出来，可以集中精力来考虑社区的全局工作，用较少的行政成本完成更多的工作。

（六）引导、管理不善，有可能产生负面影响

目前云南省社区社会组织也存在不少问题和困难，如果不正视它，引起高度重视，采取有效措施予以解决，有可能对正在推行的社区建设及构建和谐社区带来负面的影响。当前问题主要有：（1）自生自灭。出现得快，消亡也快，扶持和重视如果不够，各方关注少，优惠不多，群众积极性下降，参与热情受到挫折，这些组织会很快减少。（2）合法化难。很多组织不具备在民政部门登记的条件，成为不了合法组织，登记的门槛对他们是难以跨越的坎，在心理上、在号召力上、在合法化等方面会给他们开展活动带来不利。（3）干预基层“两委”工作。个别组织会对基层党支部、居（村）委会的工作指手画脚，无端干预基层正常工作，影响基层“两委”工作。（4）形成特定利益群体。因征地、拆迁、欠薪、工伤等原因，一部分人群会自发形成以“维权”为目标的特定利益群体，盲目维

权，违法维权，与地方政府和某些企业、基层政权组织形成对立，影响社会稳定。

三、指导思想和工作任务

推动社区社会组织发展是一个趋势，我们要认真谋划云南省社区组织的发展与建设，确定阶段工作，明确任务目标和工作重点，分阶段、分步骤推动这项工作。

（一）指导思想

以邓小平理论、“三个代表”重要思想为指导，以科学发展观为统领，认真贯彻党的十七大关于“重视社会组织建设与管理”的精神，按照省政府、民政部的要求，全面推行城乡社区社会组织建设，在数量上、质量上、发挥作用上都有明显进步。解放思想，深化改革，创新管理机制和管理模式，放宽条件，降低门槛，简化程序，实行登记与备案相结合的登记管理制度，尽可能让社区社会组织合法化。制定优惠措施，在政策上支持社区社会组织，鼓励人民群众积极参与，支持社区组织开展社区服务，促进社区建设，为社区居民提供多种需求的服务。

（二）基本原则

1. 登记与备案相结合的原则。对符合国家和省规定的登记条件的组织，实行注册登记，纳入民政部门和业务主管单位的管理体制内。对不符合登记的组织或团体实行备案制，经同意备案即允许社会组织开展合法活动，满足不同组织开展活动的要求。

2. 分级管理的原则。省市主要是制定政策，指导基层开展工作。县级负责培育发展，协调有关部门做好管理。县民政部门承担登记、备案工作，指导乡镇、街道办事处开展工作。乡镇政府、街道办事处指导社区居（村）委会工作，社区居（村）委会负责具体联系本辖区社会组织。

3. 分类管理的原则。云南省各地情况不一样，社区规模有大有小，社区建设水平有高有低，社区组织管理要因地制宜，因而要实行对不同类别的组织进行不同的管理。登记、备案在县，民政部门登记、备案社会团体和民办非企业单位。有条件的地方，可以由县民政局委托乡镇政府、街道办事处进行备案，由乡镇政府、街道办事处承担备案工作，可以减少层次，直接对社会组织进行有效管理。

4. 适当放宽条件的原则。对社区社会组织不论是登记和管理，都要实事求是放宽有关条件，不能用现行的一些不合理措施来要求社区社会组织，也不能按部就班、一板一眼来做。要实行特殊的政策，突破条条框框的限制，大胆放开，以解放思想的理念来对待这项创新的工作。在登记的门槛、条件的设置上，在日常管理的措施上，在主管单位的要求上，都要有别于传统社会组织。当然，这种放宽不是无限制的，不是什么都放，放宽是有条件的，是在社会组织正常运转并确保社会稳定的基础上的放宽。

5. 加快发展的原则。云南省社区组织的培育发展和建设都滞后于不少省市区，与全国平均水平相比有较大差距，需要我们迎头赶上。当务之急是要以省委、省政府关于解放思想、转变观念的精神来统领建设与管理，调整思路，确定加快发展的目标和措施，全面部署工作，真抓实干，鼓励各地创新发展。加快发展不是盲目发展、无序发展，这种发展是在科学发展观统领下的快速发展，是超常规的迈步，有较大的速度保障。当然，谁也不能保证发展中不会出问题，即使出点问题也是前进中的问题，不能苛求，更不要指手画脚，横加指责。有了问题，加以纠正就是了，总结经验教训就是了。

（三）目标和任务

1. 三年目标。在三年内，即到 2010 年全省经登记和备案的社区社会组织达到 5 万个，其中登记数为 1 万个，备案数 4 万个。平均每个城市社区中有社会组织 4 至 10 个，农村社区平均有 2 至 5 个。这些组织的大多数基本做到有负责人、有一定成员、有活动场所、有资金支持，活动持续健康。

2. 七年目标。到 2015 年“十二五”结束时，全省城乡普遍建立社区社会组织，组织数量达到 10 万个，登记数大大增多。各种社区组织形成有机的社会组织网络，相辅相成，发挥作用，积极参与解决社区社会问题，成为社区建设与社区服务的有生力量。

3. 工作任务。在政策方面，省级出台支持社区社会组织发展的政策与措施，在资金、政策、规划等都有切实可行的措施保障。在管理方面，建立业务主管单位与民政部门密切配合的管理机制，增加县级登记管理机关即民政部门人员编制，强化街道办事处、乡镇政府管理机制，在有条件的街道和乡镇建立社区社会组织管理服务中心，促进社区居委会建设，为社区社会组织提供一个宽松的社会发展环境，保护发展，保证壮大成长。

四、对策与建议

各级民政部门要认真研究促进社区社会组织建设的措施，有针对性地解决制约社区社会组织建设的机制性障碍，总结推广基层探索性的经验和做法，尽快制定有关政策，及时推进这项工作，早日取得全省性的经验。

（一）推进思想解放，创新管理机制

当前云南省正在开展解放思想、转变观念大讨论，这给推进和创新社区社会组织建设奠定了坚实的理论基础，云南省要乘思想解放的东风，抓住机会，在社会组织建设与管理领域全面解放思想，解决制约社会组织建设与管理方面的问题，消除发展障碍，创新管理理念，在社会组织建设与管理上来一个大的突破。尤其是在社区社会组织方面，要有重大突破，要用全新的理念来指导这项工作，迎头赶上，改变长期滞后的局面。云南省在创新管理机制的具体工作上，要突破现行登记管理方面的不合理限制，建立登记与备案相结合的分类管理制度，尽快出台云南省的《关于促进社区社会组织建设的指导意见》，对符合登记条件的按规定进行注册登记，对不具备登记条件的、群众又有开展合法活动意愿要求的则进行备案管理，通过备案允许开展合法活动。取消年检制，对所有经登记或备案的社区社会组织一律不进行年度检查，而实行报告制，由社会组织在年底向登记或备案部门或组织报告工作，书面报告或口头报告均可。这样可简化管理手续，方便社会组织和减少政府部门工作量。我们不认为这种变通的做法违反了规定的内容，实际上是一种突破，这些突破不是违反法律和法规，而正是登记管理工作贯彻十七大关于"解放思想"的精神，是针对云南省存在问题进行的实事求是的改革。

（二）放宽登记条件，简化申报程序

在进行登记时，要解决两个问题，一个是降低登记条件，在注册资金、会员人数、主管单位和名称上降低要求，不能完全都按规定来套，要针对云南省基层社区的实际来登记，比如大多数在注册资金上，肯定达不到3万元的要求，我们就可以参照农村专业经济协会的做法来登记；在会员上达不到50人以上，可以降到了20人左右。所以在条件要求上必须变通执行，降低门槛，适应基层社区的发展。再一个是要简化程序，不能按原定的程序走筹备、登记的路子，要打破常规，直接登记，减少繁文缛节，减少不必要的麻烦，方便群众办事。这可以提高登记管理机关的工作效率，加快办事速度，进而检验民政部门执行省委、省政府提出的四项制度的水平。

（三）促进购买服务，搭建发展平台

在推动这项工作中，民政部门和其他政府部门要按十七届二中全会的要求，"加快推进政企分开、政资分开、政事分开、政府与市场中介组织分开，把不该由政府管理的事项转移出去""更好地发挥公民和社会组织在社会公共事务管理中的作用，更加有效地提供公共产品”。贯彻二中全会精神，就是各级政府部门要真正转移职能，把那些政府做不了、做不好、不好做的事交给社会组织，实行政府购买服务，把具体的事务交给社会组织去做，发挥它们的优势和积极性。具体表现在，比如社区内的社会公益、社会事务、帮困助难等社会活动，全部交给社会组织，让它们自己组织起来，自己解决自己的问题，自己办自己的事。政府把工作经费和项目资金全部交给社会组织，既交事，也交钱，给任务的同时也给予资金支持，让它们有办事的能力和办事的经费。政府部门在转移职能的重点上是推行购买服务，在项目操作上超脱一点，减少具体事务干预，减轻部门的工作量，把工作精力主要放在监督、验收、审计等宏观事务上，代表公众进行监督和检查。得到政府支持，社会组织在经费上的困难少了，可持续发展有了后劲和财政支撑，生存和发展能力一定会大大提高。

（四）保障经费开支，解决生计问题

作为社区居（村）委会和街道办事处、乡镇政府助手的社会组织，承担了大量社区内的社会公益事务，为社区和政府分担了不少担子。社区组织在活动中最大的困难就是经费，需要社区和政府部门给予资助，帮助他们解决资金困难。县区一级财政部门要把社区社会组织开展社会事务活动的经费列入预算，保障它们的开支，因为社会组织不做这些事，也要政府部门和事业单位去做，也要分摊行政成本，财政仍然要支出资金。社会组织承担这些工作，可以利用其优势，减少行政成本和节省开支。除县区外，街道办事处和乡镇政府也要挤出一部分资金，或者从事业经费中划出一块来资助社会组织。社区也可以运用自己的经费建立资助基金，逐年积累，形成固定资产来帮助社区组织。各级民政部门还应尝试划出一部分福利彩票公益金，向社区社会组织招标，让他们承担扶老、救孤、助残、济困等公益事务，以活动养活动。这方面，上海市开展了探索，在2008年由市民政局拿出7000多万元福利彩票公益金设立市级招标公益项目，向社会组织招标，由社会组织承担公益项目。这种做法，既完成了政府的项目，也支持了社会组织，可谓一举两得。

（五）制定优惠政策，纳入社区规划

要制定社区社会组织发展规划，积极地、有步骤地发展社会需要的社会组织，有重点支持公益类、服务类组织发展，在数量上、质量上都有较大进步，让他们全力发挥优势服务社会，服务社区。还要把社区社会组织发展纳入政府的社区建设规划，民政部门、发改委统一制定措施，在资金、项目、政策等方面给予支持。借鉴省外经验，由县级人民政府制定对社区社会组织的优惠政策，在资金资助、减免费用、服务收费等方面给予政策支持，减少社会组织不必要的开支，节约成本。

（六）重视队伍建设，重点是县乡村

推进社区组织建设，要重点提高管理队伍的素质和素养，加强县乡村各级组织的建设，把人的问题解决好，把基础夯实。县级民政部门是登记和备案的管理、指导部门，但现阶段人少事多，疲于奔命，党委、政府要帮助解决队伍建设的问题，在人员编制、机构设置、经费保障上给予支持，解决民政部门的“老大难”问题。省厅和州市局的领导要利用下乡调研和检查工作之机，做党委政府领导的工作，让县上对民政部门的队伍建设再尽一把力。要利用有关机会，向省领导报告基层民政的苦衷和实情，在省的层面上给予一些支持。要理顺乡镇和街道办事处内部各方面的关系，在有条件的地方成立社区社会组织服务中心，由政府部门委托管理，下放权限，使该中心成为社会组织管理与服务的枢纽，建立起长效的管理和服务机制，成为街道办事处和乡镇政府的得力助手，甚至还可以成为一部分社会组织的业务主管单位。社区和村级也要有负责人管理和指导社会组织工作，经常过问，督促检查，指导和服务好各类社会组织。

社区社会组织的出现，是云南省社区建设发展的必然，是人民群众参与社会事务管理的具体载体，是基层社会进步的表现，人民群众组织起来，办自己的事，办社区的事，为政府和社会分忧，体现了人民群众的觉悟和参与意识。作为政府部门的各级民政机构，要因势利导，适应社会和社区的发展，主动出击，全面掌握社会组织的情况，制定政策，引导社会组织合法化，帮助他们解决登记和备案的困难、问题，营造社区社会组织发展的宽松环境，支持社会组织勇担社会工作，组织群众办好事、办实事、办善事，成为社区建设和社区服务的生力军。

青海省农村专业经济协会发展情况的调查

贾文德

依据《民政部关于加强农村专业经济协会培育发展和登记管理工作的

指导意见》，青海省下发了《青海省人民政府办公厅关于加强农村牧区专业经济协会登记管理和培育发展工作的指导意见》（下文简称《意见》），《意见》对全省农村专业经济协会的培育发展和登记管理的意义、原则、登记程序、培育方法作了明确的阐述和规定。为了将这两个《意见》尽快落实到青海省广大农村牧区，2004 年 10 月，省政府在民和县召开了“农村专业经济协会现场会”。本次调查主要了解的是 2004 年“现场会”后四年中全省农村（不包括牧区）专业经济协会的发展情况。

2008 年 5 月底、6 月初的 10 天时间，我们对海东地区的 6 个县、西宁市的 3 个县和 1 个区的农村专业经济协会进行了调研。调研方式是在所到的每个县（区）先召开由农村专业经济协会秘书长以上负责人参加的座谈会。听取他们开展协会工作的汇报后，我们有重点地选择当地协会工作做得比较好的和一般的农村专业经济协会进行实地考察。同时，也征求一些参加协会的农户会员对当前农村专业经济协会的意见和建议。我们所到之处，协会的业务主管和登记管理部门对调研工作的安排有条不紊；农村专业经济协会一班人放下手中正忙的工作积极配合，家庭农户会员在座谈会和征求意见中开心见诚、有啥说啥，使得这次调研工作了解到了很多情况，取得了调研工作的实效。

一、农村专业经济协会三个方面的新成绩、新发展

第一方面：对建立农村专业经济协会的必要性和重要性的认识进一步提高，农村专业经济协会不断壮大、发展形势喜人。主要认识有三点：一是认识到党对农村专业经济协会采取“培育发展和监督管理并重”的方针，就是要在农村大力扶持和发展农村专业经济协会。二是认识到农村专业经济协会的业务主管单位和登记管理部门要进一步解放思想，要在培育发展方面有新的探索，要创造一些有利于发展和壮大农村专业经济协会的条件，要改变以往“重监督管理，轻培育发展”的做法。三是认识到在广大农村有成立农村专业经济协会条件的地方，要充分调动广大农民的积极性，让他们积极行动起来，建言献策，自己利用优势发起成立农村专业经济协会。由于认识明确，方向正确，大大促进了全省农村专业经济协会的发展，表现在农村专业经济协会不断壮大，发展势头稳中有升。如，现在的农村专业经济协会的数量和会员的数量，超过了 2004 年“现场会”时期全省只有 409 个（包括牧区的）的数量，更为突出的是协会的农户会员数量增加势头很猛，数量很大。例如，平安县沈家牲畜养殖协会，原来近百户农户会员，现在已经发展到 300 多户。养猪数量由原来的百十头上升到

3000 多头。互助县食用菌种植协会发展比较迅速，农户会员也达 300 多个，协会规模不断壮大。

第二方面：广大农民懂得建立和参加农村专业经济协会的意义，能够充分利用协会发展农村经济，扩大农村专业经济协的规模。“现场会”介绍的农村专业经济协会的经验，确实起到了典型引路的作用。在各级业务主管单位和登记管理部门的指导下，绝大部分协会懂得开展好协会工作必须把握三点：一是把握业务主管单位和登记管理部门对协会工作的要求；二是把握协会要围绕章程依法开展工作；三是把握协会的地位与作用，摆正自己的位置，正确处理好和相关部门的关系。这些做法从协会的章程、工作制度、财务管理制度、每年的工作计划和总结中都能体现出来，也能在实际考察中从农户会员的意见中反映出来。所以说，当前全省的农村经济专业协会工作走上了规范化的轨道。大部分协会开展活动方法是走出去，请进来。协会一班人思路开了，办法多了；人才引进了，信息广了；技术水平提高了，农户会员的收入和实惠多了，协会的凝聚力大大增加了。全省的农村专业经济协会发展出现了勃勃生机的新局面。在考察协会具体工作中，我们还了解到农民懂得参加协会的意义和好处，他们对自己所参加的协会章程十分了解，明白自己作为会员的责任、权利和义务，密切了和协会的鱼水关系，为发展协会、巩固协会作出了努力。

第三方面：形成了“农村专业经济协会＝公司＋合作社＋农户”的新模式。会员结构的多面性，给协会工作注入了活力，较好地解决了协会在发展中自身存在的问题，促进了农村专业经济协会的发展上了新台阶。2007 年《农民专业合作社法》颁布实施后，农村经济专业组织出现了三种形式：一种是有些农村专业经济协会被直接改为农民专业合作社；另一种是有的农村专业经济协会的会员直接退出协会组成董事会，以股份制形式成立了农民专业合作社；第三种是在农村专业经济协中成立了农民专业合作社。这三种形式的农村经济组织各自发展一年多后，第一种形式中又恢复了农村专业经济协会；第二种形式中的合作社又加入了协会。现在是结构稳定、具有规模的“协会＝公司＋合作社＋农户”新型模式。根据农村经济发展的需求，这种结构的农村专业经济协会是最有前景的农村经济组织。它的好处有：一是在反映协会诉求时，协会就像设置在一个结实耐用的三角架上的摄像机，既可以集中一个点反映，也可以转换各种角度进行全方位反映。二是协会的诚信与自律也有了保证。作为协会团体会员的公司有《公司法》，合作社有《合作社法》，农户会员有“协会章程”。三个层面结构的会员，都有自己的法律和规章约束，这就保证了协会工作依法办事，违法纠正有根有据。在很大程度上解决了农村专业经济协会松散管理而管不好的问题。从而保证了农村专业经济协会的诚信度、公信力和稳定性。这种新型的协会产生，主要解决了协会自身存在的规模小、资金短缺、人才匮乏、信息不畅、技术水平低、办会条件简陋等方面的问题。同时加大了对协会会员的约束力，使农村专业经济协会增强了自我管理、自我发展的能力，促进了协会的诚信与自律建设，使协会工作健康稳步发展。

我们所到的协会都有一个共识：自律是农村专业经济协会自我发展、自我管理的必备条件，是农村专业经济协会向前发展的重要手段；诚信是促进农村专业经济协会不断壮大和有效生存的有力保证。农村专业经济协会做到了自律与诚信，就能有目的、有计划、有组织的做好协调、维权、服务工作，更有效地发挥农村专业经济组织与政府和市场之间的桥梁作用。

二、农村专业经济协会的壮大带来四个方面的好处

（一）促进了农业科学技术的推广普及。农村专业经济协会中集中了一批科技致富能手，他们的技术和经验，农户会员眼见为实，信得过，学得到。所以，农村科技推广面大，传播速度快。在农村，凡是成立了农村专业经济协会的地方，就有很多数农户入会，这就促进了农村产业进一步由“粗放式经营”向“集约化经营”方向发展，较好地适应了改革开放中不断完善的社会主义市场经济的发展需要。

（二）促进了科研与生产的紧密结合。协会通过多种渠道，联系高等院校、科研机构的专业技术人员，同时组织有关专家传授技术。协会架起了科技人员和农户会员之间的桥梁，推广新品种，发布新科技情报，为广大农户会员提供优质服务，加速了农业新技术的推广和应用。

（三）促进了农村专业化生产和产业结构的调整。农村专业经济协会引进了优良品种，加强了农户会员的生产、加工、销售各个环节的质量监督，加强了农业技术标准化要求，加大了田间地头和温室的管理，进一步扩大了生产规模，提高了农户会员的收入，壮大了当地农村经济。

（四）解决了农户会员中存在的实际问题，促进了农村商品流通，实现了产供销结合，协会带领农户会员走向市场，带动一方村民致富，为新农村建设增加了动力。协会连着公司、农民合作社和农户，随着越来越多的种植、养殖户会员走向国内外市场，协会在维护会员的权益，协调会员的关系，解决会员之间的矛盾冲突，反映会员诉求等方面彰显了其重要作用。如，农户会员和合作社的生产规模小、资金缺乏、贷款难

等都是会员中存在的大问题。协会主动向业务主管部门汇报，积极争取项目，在当地特色养殖和种植产品上下工夫，项目资金的及时到位，有力地保证了会员的生产。我们所到之处的农村专业经济协会，有1/3的协会已经得到了业务主管部门扶持的项目资金。如，乐都县蔬菜种植协会得到了100万元的蔬菜水果恒温库建设资金，目前恒温库已经完工，马上投入使用。青海特色果品协会成立仅仅一年，就得到农业、科技部门的扶持资金35万元，他们建立了科学种植示范基地，农户会员种植的反季节果品油桃春节前上市，每公斤卖到36元，极大地调动了农户会员的积极性，协会工作有声有色。

概括地讲，新型的农村专业经济协会实质性好处在于：一是农村专业经济协会的发展壮大，有利于解决“三农问题”，有利于社会主义新农村建设。二是农村专业经济协会在实现“一乡一业、一村一品”中起着示范作用，真正起到了政府、市场与家庭为会员单位之间的桥梁作用。三是理顺了农村专业经济协会和农民专业合作社的关系，大家一致认为：两种农村经济组织虽然各自的法律地位、作用、活动范围和方式有所不同，但带领农民奔小康的目标是一致的。

三、农村专业经济协会发展中存在的主要问题

（一）很多农村专业经济协会的培训工作严重滞后，会员素质无法提高，协会工作停滞不前。农村专业经济协会，顾名思义就是有专业技术活动的协会。实践证明，协会培训工作做得好的，会员素质就有所提高，生产技术能力和水平就高，产量必然也高，效益自然比较好。相反，协会没有组织培训的，出现了会员有资金的没技术，无法发展自己的问题。再加上有的会员有技术却没资金，造成会员流失很大，导致个别协会形同虚设，或名存实亡的现象发生。

（二）业务主管单位职责不明，协会工作盲目发展。国务院颁布了《社会团体登记管理条例》，规定了社会团体必须有业务主管单位。在青海省，农村的专业经济协会的业务主管单位大多是农业、林业、畜牧业等政府的职能部门。在农村专业协会运作中，成立协会需要业务主管单位审批。起初，有些业务主管单位先是推诿，能不承担业务主管单位的尽量不承担。后来，承担了业务主管单位，对协会只是一批了之，批准成立后再不过问。既不作业务指导，也不去主动管理。出现了协会和业务主管单位“两张皮”的问题，导致了有些协会在运作中走了样，违了规。还有些业务主管单位，对农村专业经济协会的方针政策不太了解，特别是主办人员

的频繁调换，工作手续交接不清，使有些业务主管单位不知道有几个协会要管、要管些什么。由于工作联系不紧密，时间一长，有些协会甚至忘记了谁是自己的业务主管单位，这就失去了业务主管单位存在的意义，也违背了《社会团体登记管理条理》的相关规定。

（三）登记管理门槛过高，协会的培育与发展工作比较缓慢。依法登记，是成立农村专业经济协会的必经程序。但是，目前农村专业经济协会登记的条件过高，尤其是3万元的注册资金、50个以上的规定会员数、填写审批表格等难度大、手续繁杂，很多愿意带头发起成立农村专业经济协会的能人，在这些硬性规定和繁杂手续面前望而却步。

（四）相关规定不适应农村经济专业协会的发展。这一点较为突出的就是协会的年度检查。依法年度检查是监督管理的重要手段。但从年检的程序来看很是复杂，就使用的表格共有50页之多，里面绝大部分不用填写。目前不发统一印制的表格，年度检查时，要求在网上下载。下载打印一份表格，再加复印一份（年检需要一表两份），就需要一个多小时。大家反映多的是：年检报告书长达28页，其中里面近20多页不用填写，这就造成了不必要的浪费。棘手的问题是有些协会目前没有电脑，没有复印机，为一份年检表要花些工夫。

四、解决农村专业经济协会中存在问题的措施

（一）多层次搞好农村专业经济协会的培训工作。会员是协会的重要组成部分，会员的素质直接影响着协会的发展。提高农户会员的产、供、销能力，在于科技知识的推广，因此，协会的培训工作尤其重要。协会应该把会员培训放在第一位，业务主管单位应该把部门培训工作下放到协会，把培训经费拨到协会。协会需要什么就培训什么。这个问题，在协会中反映很大。因为很多协会想搞培训工作，只因缺培训经费而不能如愿。而业务主管单位有这项工作安排，也有专项经费，但其培训只能是集中培训，参加的只是协会的负责人，而真正需要的培训人员却无法得到培训。

（二）明确业务主管单位职责，降低协会登记门槛。业务主管单位必须认真执行《社会团体登记管理条例》，做好主办人员调离后的衔接工作。要知道自己的部门应该成立哪些协会，懂得如何管理。登记部门要参照农民合作社的登记管理办法，不要把农村专业经济协会和官办协会等同起来。针对这个问题，农村绝大部分专业经济协会要求，协会的年检部门最好参照合作社或者企业的年检办法。

（三）进一步理顺协会和合作社之间的关系。《合作社法》颁布后，各级登记管理机构主张把当地所有的农村专业经济协会改为合作社。事实证明：协会和合作社共存并不矛盾。它们虽然各有不同的责任、权利和义务，但发展农村经济，增加农民收入，让农民奔小康，加速社会主义新农村建设的目标是一致的。现在形成的公司＋合作社＋农户的协会模式很受广大农户会员欢迎。各地可以搞两块牌子一套人马的组织机构，这样可以扬长避短，发挥各自的优势，做好发展农村经济的大事情。作为协会和合作社的两个登记管理机构应该协调好，不要各自为政，因为广大农村专业经济协会的要求是：只要能解决“三农”问题，怎样有利就应该怎样办。

宁夏回族自治区社会组织发展状况调研报告

马　玲

一、宁夏社会组织发展的总体情况

到 2008 年底，宁夏共有社会组织 14751 个，其中：社会团体 3753 个，民办非企业单位 739 个，基金会 17 个，城乡社区社会组织和农村专业经济协会 10242 个。年均增长 10％以上，呈现出数量大幅度增加、领域不断拓宽、作用和影响日益扩大，正在向专业化、社会化方向发展等特点。

（一）基金会通过参与公益慈善事业，服务社会特殊群体，弥补了政府力量不足，促进了公益事业发展

宁夏现有的基金会大都是公募性的，涉及教育、科技、医药、卫生、文化、艺术、扶贫、环护、弱势群体保护等 10 多个公益领域。2006 年，全区基金会通过各种渠道争取公益项目 60 多个，如希望工程、母亲水窖、母亲健康快车、保护母亲河、资助贫困学生、奖励见义勇为英模、残疾人白内障手术等，募集资金 6000 多万元，公益支出 4000 多万元，直接受益弱势群体、特殊群众和英模 150 多万人。

（二）社区社团通过为居民提供服务，加强了居民之间的联系与沟通，方便了群众生活，促进了和谐社区建设

宁夏社区社会组织主要有四类。一是文化、体育类。这类组织比较多，如社区读书会、舞蹈队、乒乓球队、健美操队、书画协会、文艺表演队、戏剧票友社等。二是公益、服务类。如托老所、扶困互助会、社区服务中心（站）、环境保护协会等。三是维护权益类。如老年人协会、法律援助中心、妇女儿童保护协会、计划生育协会等。四是志愿者组织类。如护绿队、治安巡逻队、社区志愿者服务协会（队）等。它们在促进社区建设、丰富居民文体娱乐活动和方便群众生活等方面发挥了良好作用。

（三）民办非企业单位通过开展行业服务，行业自律和行业维权等活动，弥补了政府和市场的缺位，促进了市场经济体制完善和政府职能转变

民办非企业单位对于推动政企分开、政事分开，重塑社会主义市场经济条件下的新型社会管理体制，发挥了十分重要的作用。通过开展学术活动，社会调查等，提高了科技创新能力和普及水平，推动了政府决策的科学化、民主化进程。通过筹集社会资金，创办教育、医疗和科技文化等实体，解决了公共资源不足，促进了人力资源开发。通过动员社会力量，开展职业技能培训，实施社会救助，促进了社会再就业，维护了社会稳定。通过民间交往，扩大了对外交流与合作，促进了国际交流和经贸合作。农村专业协会架起生产与市场之间的桥梁，在提高农民组织化程度、调整农业产业结构，形成特色产业、品牌产业、绿色产业和为农户提供服务中作用日益突出。2006 年，全区民办非企业单位共为社区、学校和社会弱势群体提供无偿或低偿服务近 68000 人次，直接社会效益 1541 万余元，成为推进经济发展、社会进步和人的全面发展的重要力量。

二、社会组织发展过程中存在的主要问题

调研表明，尽管宁夏各类社会组织取得了快速发展，但总体上仍处于初级阶段，存在着许多亟待解决的问题。

（一）社会和法律政策环境制约了社会组织快速发展

1. 社会认识存在偏差。一是对社会组织的作用和地位认识不够。相当一部分人对社会组织存在着种种误解，有的把社会组织看成是发起人个人的慈善行为；有的认为社会组织是一些有能力、有闲钱、有充裕时间人的行当；有的认为提供服务、解贫济困是政府和单位的事，这些人是多管闲事、沽名钓誉等，因而对其活动和事业冷漠相待，不热心、不关心。社会公益意识的淡漠，在一定程度上制约了社会组织的发展壮大。二是对社会

组织的非营利性属性认识模糊。社会组织的非营利理念并未被社会广泛理解。一方面，一些群众认为，非营利性就是不收费，只要收费，就是违规，就不应参与和支持。社会组织与企业组织有着不同的组织目标，它不以获取利润为取向，但又同企业一样，必须进行成本核算，追求在既定条件下的产出最大化，要像企业那样尽可能有效地运用资源，不断提高组织的知名度，寻求最优的管理方式等，由此获得经济和社会效益。另一方面，一些社会组织自身也对社会服务活动的非营利性存在认识偏差，认为营利是目的，是保证个人工资福利和组织存在与持续发展的基础，因而在工作的定位与选择上，对营利项目的兴趣强烈、对公益服务不热心。这些看法与做法直接影响了社会对社会组织的理解、信任与支持。

2. 法律政策不完善。一是法律政策不配套，社会组织难以吸引人才。现行的法规没有对社会组织工作人员的工资、职称评定、医疗保险、养老保险等作出统一的规定，因而在宁夏普遍出现人员福利待遇偏低、社会地位不高、吸引和留住优秀专业人才乏力现象。调研发现，宁夏社会组织工作人员离退休人员居多，普遍老化；兼职人员多，多数人还从事其他工作；初高中人员多，能力素质大多较低。二是政策落实不到位，社会组织发展艰难。其一，没有将社会组织与脱胎于政府的同类机构一视同仁，在服务、资金扶持和税收等方面都存在很大差别，导致其竞争能力弱。其二，对社会组织举办的经营实体，工商和民政部门有不同的认定。民政部门依据《民办非企业单位登记管理条例》，对社会组织举办的实体予以税收优惠支持；工商行政部门依据企业工商管理有关规定，对这些实体按照一般企业认定登记，导致优惠政策始终难以落实，公益活动资金来源减少，许多组织只能靠培训、募捐等形式维持生存。

（二）管理和培育不力制约了社会组织稳定发展

1. 缺乏社会组织发展规划。宁夏社会组织发展已经起步，到了合理布局、优化结构，向规模化、专业化和社会化方向发展阶段。但由于发展规划没有及时跟进，引导作用缺失，导致目前各类社会组织无序、雷同发展，结构、布局不合理，层次低、规模小、恶性竞争等问题出现。

2. 行政主导现象依然存在。特别是行业组织，从章程的制定、人事任用、日常决策，到内部运行机制、激励机制、监督机制等方面都缺乏独立性。许多社会组织由政府部门牵头发起，负责人一般由本系统主要领导人担任，工作人员为所属机关的干部，表现为“两个牌子，一套人马”。这种现象的产生有历史的背景，但发展到今天，其弊端日益显露，表现为社会组织依附性强、惰性大、行政干扰多，在人、财、物和工作上失去了自主权，非政府特征属性弱化，导致代表性差，社会认可度低，自律机制不强，职能和作用发挥有限等问题产生。

3. 有效监管机制尚未形成。一是管理体制不顺。现阶段，我国对社会组织实行双重管理体制，民政部门进行审批登记和监督管理，业务主管部门进行日常管理和业务指导。社会组织登记注册，前提条件是必须有一个业务主管单位。《行政许可法》实施后，一些业务主管部门没有了许可权；有许可权的部门又由于不允许收费，对管理和指导社会组织不热心；同时，很多新兴领域也没有一个对口的业务主管单位等，社会组织登记困难。调查发现，宁夏不少社会组织没有登记注册，主要原因就是无业务主管部门、无挂靠单位。没有合法身份，它们就不能开展正常活动、获得社会捐赠，不能合法地享受优惠政策，如税收减免、财政补贴等，也不能接受有效监管。二是管理和培育力量薄弱。自治区社会组织管理局是民政厅的下属部门，是全区社会组织登记管理机关，目前编制只有5人，管理力量薄弱。市县（区）社会组织工作人员大多数是兼职，有的甚至由司机兼任，很难开展经常性工作，导致“重登记，轻管理”现象普遍存在。另外，许多业务主管单位也没有发挥日常管理和指导作用。这些问题也是社会组织的教育培育和交流工作乏力的重要原因。三是问责与绩效评估体系还未形成。社会组织有着大量的来自社会的捐赠、资助，如何使用、如何监督，一直没有得到重视。因此，低效和腐败成为目前日益突出的问题。

（三）自我治理不力制约了社会组织健康发展

1. 缺乏民主管理，会员单位权利得不到保障。宁夏许多社会组织民主意识淡薄，服务意识欠缺，行业协会表现尤为突出。一是缺乏民主管理机制。领导人包括会长、理事长、秘书长等一般由主管单位提名，民主选举只是形式。许多理事形同虚设，既不参与组织日常事务管理，也不参与重大事务的决策。二是家长制现象普遍存在。许多重大事项不召开会员大会或会员代表大会讨论表决，由理事长一人定乾坤。三是没有建立公开制度。有些社会组织活动情况不公开，财务不公开，也不作年度财务审计报告。调研发现，一些社会组织财务制度极其混乱，有的单位白条子一大堆；有的单位会计出纳由司机一人兼任，甚至由领导一人全担，经费使用、审批、报账经办“一支笔”到底。四是接受管理的意识不强。一些单位办公地址搬迁、电话号码发生变化，既不向业务主管单位报告，也不到登记机关作变更登记。

2. 自律意识不强，违规违法事件频繁发生。一些社会组织，不遵守国家法律规定，擅自开展违法违规或违反章程规定的活动，搞非法集资，设

“小金库”，私分财产，牟取暴利。有的甚至借用国家对非营利组织的优惠政策，以给弱势群体服务的名义，为自己或本机构“渔利”。有的社会组织随意抽走注册资金改作他用。这些行为导致机构的宗旨和性质发生了扭曲，扰乱了经济和社会秩序，影响了社会组织整体的信誉和形象。

3. 人才培育意识不强，整体素质不高。许多社会组织不注重员工的专业培训，强调成本多、困难多，考虑长远发展少。对会员的服务方面，形式多、活动多，追求轰动效应，实质性、专业化的服务内容少，导致会员失去对社会组织的兴趣和认同，只好走“有事找政府的老路子”。

三、促进社会组织发展的对策建议

坚持培育发展和监督管理并重，以提高能力建设为重点，建立与宁夏经济社会发展水平相适应，布局合理、结构优化、作用明显的社会组织发展规划体系，以及法制健全、管理规范、分级负责的社会组织管理体系。

（一）突出培育发展重点，构建有利于经济社会协调发展的社会组织体系

要加强对社会组织发展趋势的前瞻性研究，把社会组织发展纳入全区经济和社会发展规划，并制定社会组织发展专项规划。要统筹兼顾，重点支持。一是适应跨越式发展的需要，着力发展和规范行业协会。要加快政府职能转变，改进政府服务方式，推行购买服务，为行业协会发展创造发展空间。二是适应社会管理重心从单位转向社区的要求，着力培育发展社区和公益性社会组织。围绕居民物质文化需求优先发展服务类、重点扶持慈善类、规范引导活动类社会组织的发展。三是适应建设新农村的需要，大力培育发展农村专业经济协会，制定对农村专业经济协会的优惠扶持政策，简化登记办法，规范和完善监督体制，促进协会快速发展。通过扶持重点带动社会组织全面发展，逐步建立布局合理、结构优化、功能到位、作用明显的社会组织体系。

（二）加强法规体系建设，营造良好的社会组织发展环境

按照分类管理原则，制定有利于社会组织发展的法规体系。建立扶持社会组织发展的优惠政策体系和扶持机制。完善社会组织税收及从业人员的人事、工资、福利、职称和医疗、养老等社会保障措施，增强社会组织对优秀人才的吸引力，提高社会组织的可持续发展能力。

（三）增强管理和培育能力，推动社会组织又好又快发展

一是加强管理力量建设。北京、上海、广东、深圳、新疆等省市（区）对社会组织管理机构进行了升格，增加了编制，增设了执法检查大

队。我们应从宁夏实际出发，积极借鉴外省的经验做法，为加强管理和培育社会组织奠定组织基础。二是创新双重管理体制。应采取分类管理的办法，对公益性社会组织由民政部门直接登记和监督管理；对行业协会类由业务主管单位进行监督管理，由民政部门登记备案；对社科类、专业性社会团体和民办学校、医院等行业特点明显的民办非企业单位，则仍沿用双重管理体制。三是完善社会监督和评估体制。建立健全以县社会组织登记管理机构为中心，乡镇（街道）、村（居委会）共同参与的社会组织监督网络，把政府监督、司法监督、审计监督、舆论监督、社会公众监督统合起来，形成整体联动机制，并建立相关监督制度。同时，要建立社会组织评估机制，建立评估指标体系，对社会组织进行责任和绩效评估。

（四）突出能力和诚信建设，提高社会组织的社会公信力

一是把社会组织工作人员纳入社会工作者职业准入制度体系。建立专职工作人员考核和资格认定制度，实行持证上岗，促进社会组织专业化水平提高。二是加强自律诚信建设。引导社会组织以服务国家、社会、群众为己任，建立和完善以章程为核心的内部管理制度，推进民主选举、民主决策、民主管理和民主监督，严格落实财务会计制度，形成自我激励约束机制。建立健全社会组织年度报告、重大事项报告制度，主动接受政府主管机关的审查。三是建立健全社会组织活动信息公开制度。积极推进社会组织信用等级评价制度，推进信用意识、信用文化建设。

（五）加强党的领导，保证社会组织发展的正确方向

在社会组织中建立健全党组织，加强党对社会组织的领导，保证社会组织坚持正确的政治方向，贯彻落实党和国家的各项方针政策和法律法规。

·第五编·

理论研究

中国社会组织发展报告（2008）

中国社会组织发展报告（2008）课题组

一、中国社会组织发展状况

（一）改革开放30年以来社会组织的发展

改革开放以来，社会组织取得了长足的发展，其社会作用亦日益显著，已成为党和政府联系人民群众的桥梁和纽带，成为完善社会主义市场经济体制、促进经济发展，扩大公民有序参与、发展社会主义民主政治，繁荣中华文化、提高国家软实力，保障和改善民生、加快推进社会建设，维护社会稳定、构建社会主义和谐社会，扩大对外开放、拓展国际交流的重要力量。

以其间两次重要的法规制定和修订为标志，社会组织30年发展可以划分为三个阶段。

1. 恢复起步阶段（1978－1989）

我国在新中国成立之初即着手建立社团的法律法规与管理体制。1950年9月，政务院通过并颁布了《社会团体登记暂行办法》，结合社会团体登记过程，进行了清理遗留社团、取缔反动社团。之后较长一段时间内逐步形成了与当时计划经济体制和社会管理模式相匹配的社会团体发展格局。到1964年，我国有全国性社团127家，其中主要是科技团体、职业团体和对外友好协会团体，三类占了总数的89%。“文革”开始之后，除了对外友好协会，其他社会团体基本陷入废止状态。

“文革”结束之后，随着政治、经济和社会生活的逐步正常化，社会团体开始逐渐恢复，并进入了快速发展的起步阶段。率先恢复组织和活动的是人民团体和部分全国性团体。例如，1977年中国科协开始逐步恢复工作，12月召开中国动物学会等五家学会的学术讨论会。1978年4月中国科协书记处和机关正式恢复，地方科协和学会也开始迅速恢复。据不完全统计，1978年恢复成立的学会、研究会及分科学会共78家，1979年达249家。①

---

① 王名主编：《中国民间组织30年——走向公民社会》，北京：社会科学文献出版社，第12页。

社团恢复的浪潮也迅速铺展到了社会经济生活的各个领域。1978 年 4 月，作为人民卫生救护团体的红十字会恢复国内活动。1980 年 1 月，基督教青年会恢复了在 11 个城市的组织与活动。一批新型的行业经济类社团也迅速成立。1980 年成立了中国印刷技术协会、中国包装技术协会、中国种子协会；1981 年下半年开始，又相继成立了中国食品工业协会、全国广告协会、中国交通运输协会、中国奶牛协会、中国设备管理协会等。个体经济发展带动了个体劳动者协会在一些城市出现，家庭联产承包责任制带动了"养兔协会"等农村专业技术协会的产生。20 世纪 80 年代初，公益性基金会的出现也成为我国社会组织发展的一个新标志。从 1981 年开始，先后成立了中国儿童和少年基金会、华侨茶业发展研究基金会、宋庆龄基金会等。据 1987 年 9 月的不完全统计，当时全国共有 214 家基金会，其中全国性基金会 33 家，地方性基金会 181 家。①

在这一阶段，以社会团体为主体的社会组织蓬勃发展对促进改革开放产生了积极影响。但社会团体的管理体制尚未理顺，一直处在多头登记、多头管理当中。由于缺乏统计数据，现在对当时的社团数量、类型和活动领域等基本结构性特征仍缺乏全面了解。

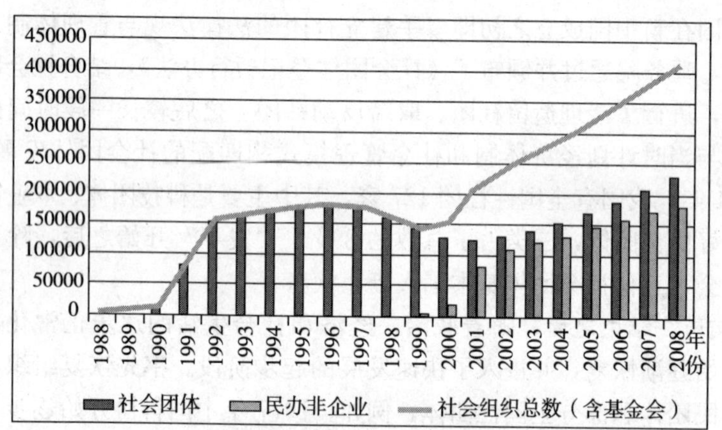

图 1. 改革开放 30 年我国社会组织的数量发展

数据来源：中国民政统计年鉴（1989－2009）。

① 王名主编：《中国民间组织 30 年——走向公民社会》，北京：社会科学文献出版社，第 13～20 页。

2. 发展调整阶段（1989—1998）

经过从 20 世纪 80 年代中期开始的改革探索，1989 年国务院先后颁布了《基金会管理办法》和《社会团体登记管理条例》，这是我国在社团管理体制建设发展进程中迈出的一大步。通过新法规，建立起了分级的统一登记、双重管理的新体制。随后展开对现有社团的清理整顿和登记注册。从图 1 可看出，清理整顿和登记注册持续到 1992 年基本结束。1992 年底，登记注册社团数量接近 15.5 万家。此后几年持续增长，1996 年底时已接近 18.5 万家。

在这一阶段，我国加快建立社会主义市场经济体制，经济发展和体制改革进一步调动了人民结社参与的积极性。政府开始认识到，社会主体缺失阻碍了市场体制改革的完善和行政体制改革的深化。因此，在加强和完善管理体制的同时，也开始推进政社分开。1994 年、1998 年、1999 年中共中央办公厅、国务院办公厅和中共中央组织部都专门下发文件规定党政机关领导干部不得兼任社团领导职务。

这一阶段社团的迅速发展，也形成了一些问题，如一些社团违法违纪，扰乱经济秩序，导致经济犯罪；部分社团内部管理混乱，不具备基本活动条件，侵害会员权益和社会权益的事件时有发生；社团设立过多、过滥，业务交叉重复；非法利用社团名义开展活动的案件增加等。这引起了中央的高度关注，1996 年中共中央政治局常委会曾专门讨论了加强社团管理工作。通过修改完善法规体系和清理整顿，我国社会组织就开始进入了迅速发展阶段。

3. 迅速发展阶段（1998 至今）

1998 年国务院修订和颁布了新的《社会团体登记管理条例》，同时制定颁布了《民办非企业单位登记管理暂行条例》。新法规颁布之后，经过对社团的重新登记和对民非的首次登记，社会组织总量得到适度控制，并开始进入稳步迅速发展阶段。从 2003 年至 2008 年间，社团数量平均年增长率达到 8.3%，民非数量平均年增长率达到 7.4%。

社会组织的管理体制也得到了发展和完善。2004 年制定了颁布了《基金会管理条例》，规范了基金会的分类及登记管理，推动完善了基金会的信息披露制度。同时，进一步推进社会组织的去行政化，建立社会组织评估制度，推动社会组织加强社会公信力建设。

下面将详细分析这一阶段社会组织发展中呈现出来的一些结构性特征。

（二）社会组织的地域分布

社会组织在不同行政层级分布上呈现出越来越接近基层、服务基层的特征，然而社会组织在不同地区的分布却呈现较大的不平衡。

我国社会组织实行根据活动地域分级登记注册。以社团为例，如图 2 所示，县级社团所占比重从 2004 年的 51.9%发展到 2008 年的 61.8%，增长约 10%。

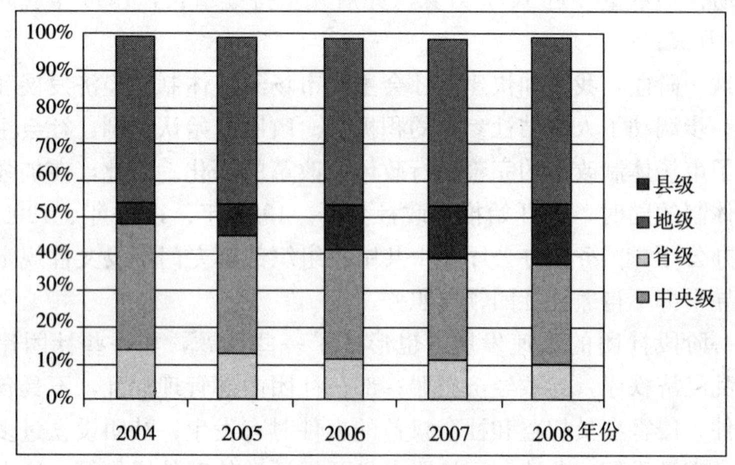

图 2. 社团活动区域的分布

社区社会组织迅速增长。北京、天津、山东、浙江、湖北等地都在积极推进和完善社区社会组织备案制度。据不完全统计，全国这类备案组织已经超过 20 万个，主要形式包括慈善组织、群众性文体组织、科普组织和为老年人、残疾人、困难群众提供生活服务的组织。南京市全市备案社区社会组织已超过 8000 个。社区社会组织迅速发展、备案制度稳步推进，被选为“2008 年全国社会组织十大新闻”，评选评语认为，社区社会组织为社区居民参与各种活动，实现自我服务、自我完善和自我提高提供了活动平台，对提高社区居民生活质量、扩大就业、化解社会矛盾、促进社会和谐发挥了积极作用。

社会组织在地域分布上呈现不均衡状态。社团、民非和基金会数量排名前六的省份其数量分别能占到全国各省总数的 37.4%、51.7%、55.3%（如表 1），后六名的省份却分别只能占到 5.2%、3.2%、4.9%。社会组织数量能排入前六的主要是江苏、山东、广东、浙江这些沿海的经济发达省份；除社团外，其他类型社会组织中数量排在后六位的基本上都是西部省份。

表 1. 数量排名前 6 省份的社会组织数量及其所占比重　　　单位：个

排 序	社团		民办非企业单位		基金会	
	省份	数量	省份	数量	省份	数量
1	江苏省	17678	山东省	32766	江苏省	208
2	山东省	16719	江苏省	12892	广东省	162
3	四川省	15679	广东省	12856	浙江省	151
4	浙江省	13743	四川省	12612	北京市	103
5	广东省	11553	浙江省	12383	上海市	95
6	福建省	9997	湖北省	10847	福建省	91
6 省合计		85369		94356		810
占总数的百分比		37.4%		51.7%		55.3%

（三）社会组织的类型及活动领域

经过 30 年发展，为了适应改革开放的深化以及社会需求的多元化，我国社会组织多样性进一步增加。2008 年底，我国 41.4 万家社会组织当中，社会团体 229681 家，占 55.5%；民办非企业单位 182382 家，占 55.1%；基金会仅 1597 家。每一类社会组织又包含若干不同类型，并分布在众多领域中开展活动。

1. 社团

根据《社会团体登记管理条例》的界定，社团是指“中国公民自愿组成，为实现会员共同意愿，按照其章程开展活动的非营利性社会组织”。社团以会员为组织基础，主要目标和功能是实现会员的共同意愿。因此，对社团的分类也常常以组织目标和功能为依据。比如，我国通常将社团分为专业性社团、行业性社团、学术性社团和联合性社团四类。

图 3 显示了四类社团的基本构成。行业性社团、专业性社团数量最多，且过去几年有迅速增长。这两类社团大多活动在经济领域，与市场经济体制下的行业自我管理、专业化管理密切相关。这样体现出市场经济改革对我国公民的结社活动具有极大的促进作用。

其次是学术性社团。改革开放之初，中央从恢复发展教育和科学体制入手，带动了学术社团的恢复、发展和繁荣。经过 20 多年发展，学术性社团的基本体系已经形成，在过去十年学术性社团数量增速放缓。

最后一类是联合性社团，数量相对较少，过去几年增速也比较快。由于这类社团的界定不太明确，具体构成也相对较为模糊。

过去很长一段时间内，我国在社团管理中一直都沿用了上述分类体系。这种分类方法，最大问题是过于粗略，彼此之间边界模糊，在基层管理中可操作性不强。从这种分类方式中，也很难准确了解社团的活动领域。随着社团多样化程度提高，为了实现更有效的培育与监管，2005 年国家引入了按照活动领域进行分类的新的分类标准。

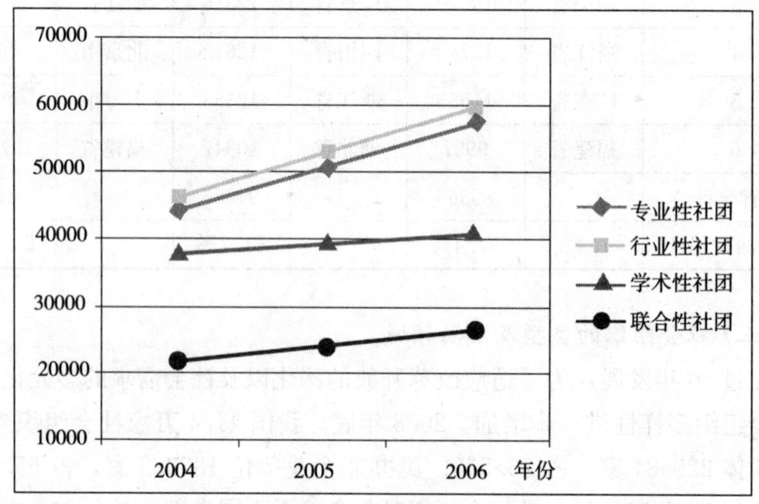

图 3. 社团类型分布

如图 4 所示，社团集中分布在农业及农村发展、社会服务、工商业服务、科技与研究、文化、职业及从业组织、教育等领域。由于新分类体系刚刚实行，各地在管理中对分类的标准存在不同理解，被归入其他类的组织比重也相对较高。

适应改革发展需要，各级政府加大对农村专业技术协会、行业协会和社会服务类社团的培育力度，并取得了明显成效。2008 年这三类组织都实现了以较快速度增长。

2. 民办非企业单位

民办非企业单位是 1996 年之后出现的一个新名词，也是我国改革开放，尤其是 20 世纪 90 年代以后出现的一种新的组织现象。根据 1998 年的《民办非企业单位管理暂行条例》，民办非企业单位是指企业事业单位、社会团体和其他社会力量以及公民个人利用非国有资产举办的，从事非营利性社会服务活动的社会组织。民办非企业单位是社会资源参与提供社会服务的主要途径，对我国社会服务体制的发展、改革和完善有着重要意义。

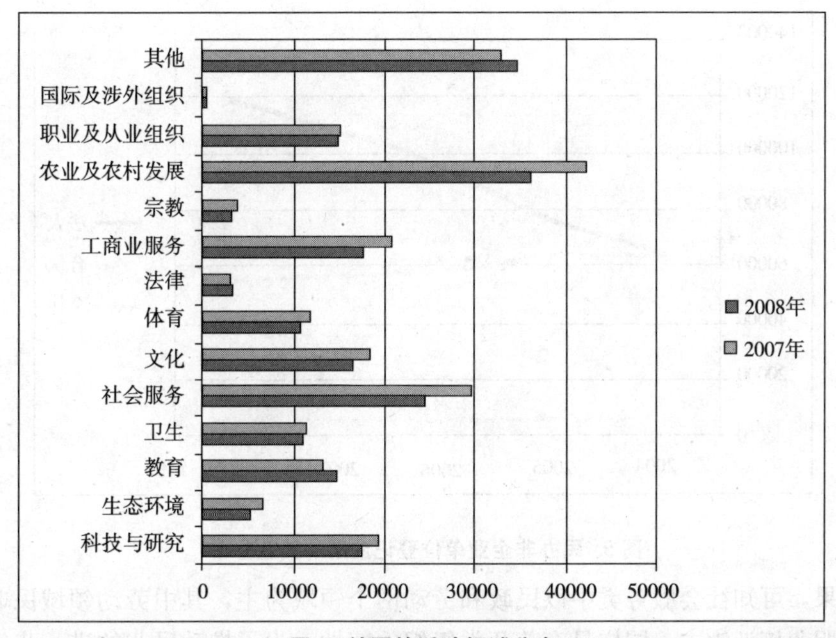

图 4. 社团的活动领域分布

按照《暂行条例》规定，民办非企业单位根据登记注册时依据承担民事责任的不同方式，可分为三类：法人、合伙和个体。从 2004 年开始，登记为法人类型的民办非企业单位数量越来越多，开始超过登记为个体类型的组织数。过去 5 年，新增民办非企业也基本上都是法人类型。个体类型的数量在逐年减少，有的经过发展转为了法人。合伙类型民办非企业单位一直比较少，数量也基本稳定。对于这种分类方法，学术界也多有批评。一般认为，民办非企业单位作为非营利的社会服务机构，不对举办者、股东、理事等利益相关者进行利润分红，这与合伙性质法人的实质是相冲突的；另一方面，从鼓励和保护举办人的角度而言，也不宜由举办人承担无限责任。

从民办非企业单位的活动领域分布来看，教育类民非一直都独占鳌头。这一方面与社会巨大的教育需求有关，单靠政府有限的资源投入已经难以满足，政府对社会力量办学持鼓励态度；另一方面，教育产业的回报率较高，通过收费不但可以支付成本，而且还能有所盈余。这也导致尽管这些组织注册为民非，但不少民办教育机构实际上是营利的，因此对如何认定社会组织的非营利性产生了迫切需求。其他比较多的是卫生类、社会服务类、科技与研究类。这三个领域也是相对而言需求较大，同时又可以通过服务收费获得运营发展资金的领域。对照 2005 年前后两种领域划分的

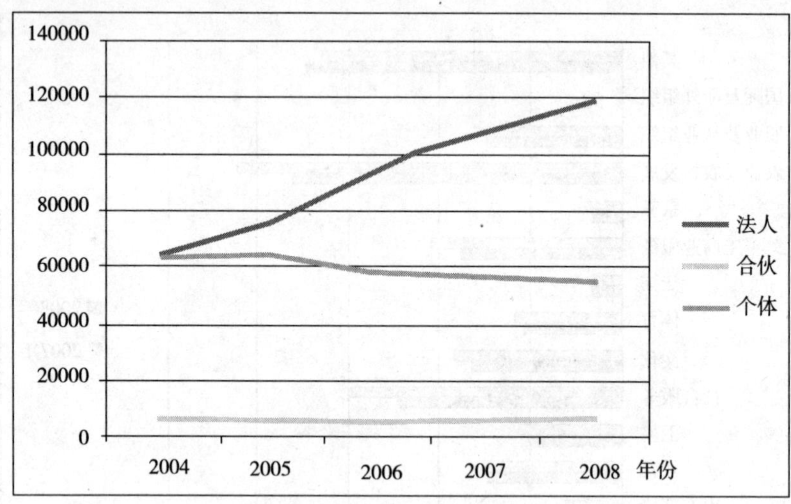

图 5. 民办非企业单位登记注册的类型分布

结果，可知社会服务类中以民政和劳动两个领域为主，其中劳动领域民非以职业培训为主，同样具有前几类组织的特性。为了推动民非的进一步发展，政府财政购买服务体系的建立具有关键性作用。

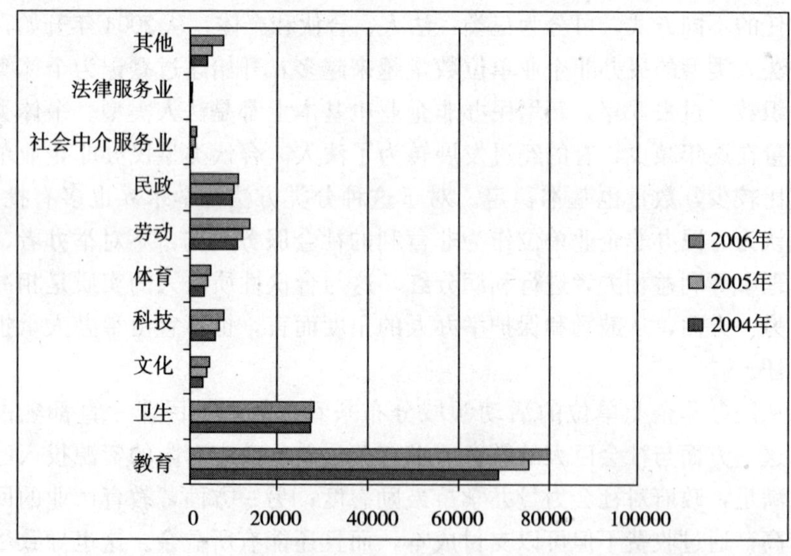

图 6. 民办非企业单位的活动领域（2004—2006）

3. 基金会

2008 年我国已有 1597 家基金会。2004 年颁布实施的《基金会管理条

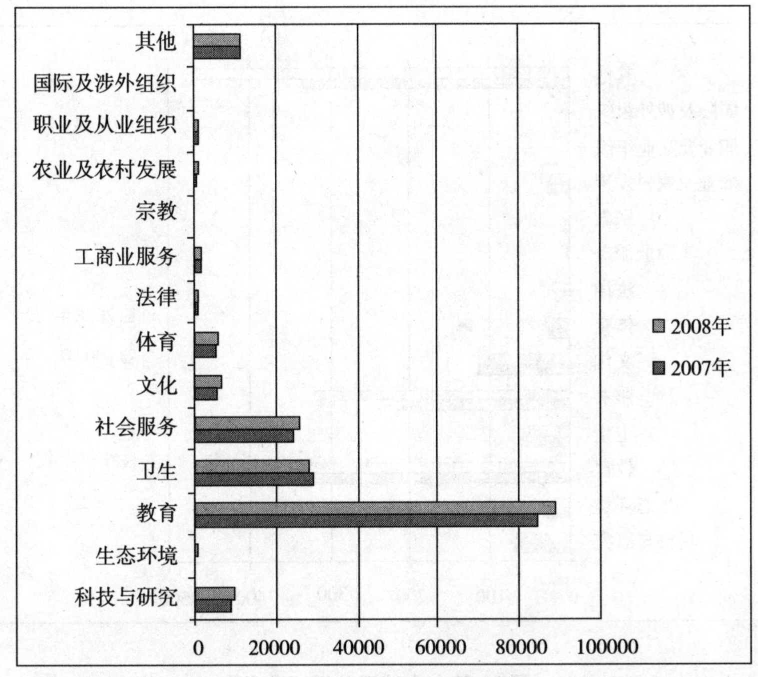

图 7. 民办非企业单位的活动领域（2007—2008）

例》中第一次区分了公募基金会和非公募基金会两种类型。在公募基金会数量稳步增长的同时，非公募基金会开始迅速发展（图 8）。非公募基金会数量由 2005 年占基金会总数的 26％上升到 2008 年的 40.5％。

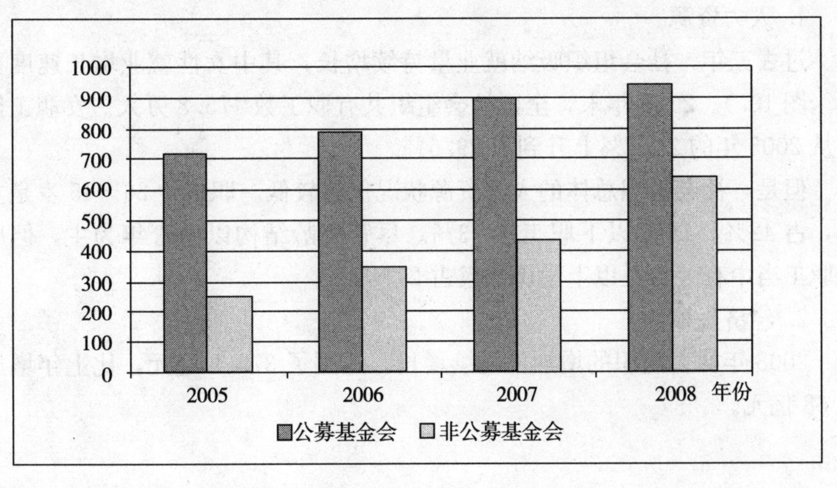

图 8. 基金会的类型

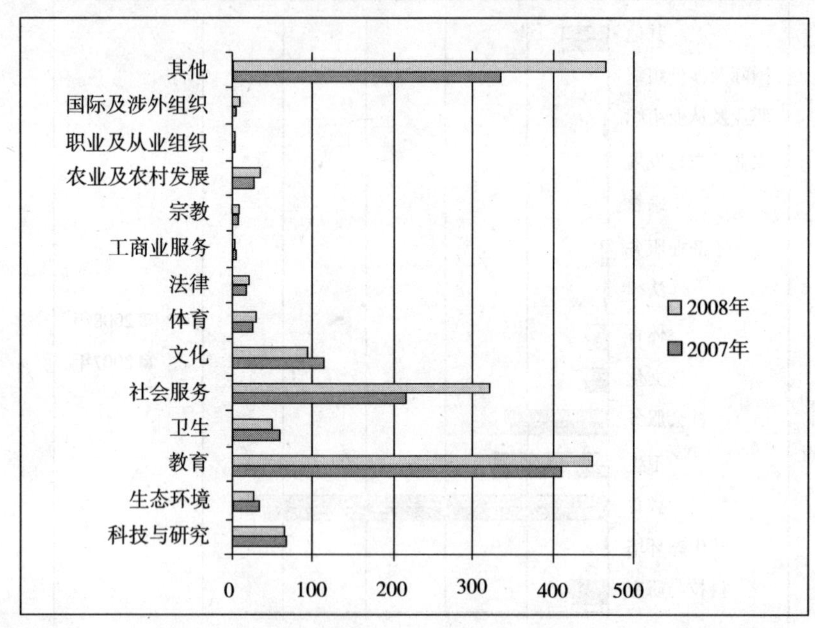

图 9. 基金会的活动领域分布

基金会的活动领域分布呈现出两个特点。第一，教育和社会服务是两个最为集中的领域，并且呈现继续增长趋势，其次是文化、科研、卫生。第二，其他类比重很高，主要是因为越来越多的基金会开展多领域活动。

（四）社会组织的规模

1. 人力资源

过去三年，社会组织吸纳就业量持续增长，其中女性就业增长速度更快（图 10.）。2008 年末，全国社会组织共有职工数 475.8 万人。女职工比重从 2006 年的 24.9%上升到了 29.6%。

但是，社会组织总体的人力资源状况仍然较低。职工中 26—45 岁是主体，占 42%。45 岁以下职工占 73%。尽管年龄结构以中青年为主，但所有职工当中有大专及以上学历的仅占 27%。

2. 经济规模

2008 年社会组织的增加值继续增长，达到了 375.8 亿元，比上年增加了 68 亿元。

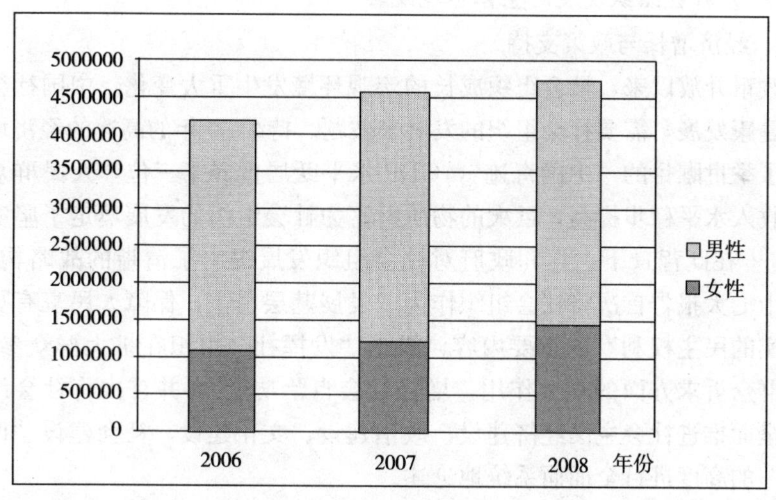

图 10. 社会组织职工数

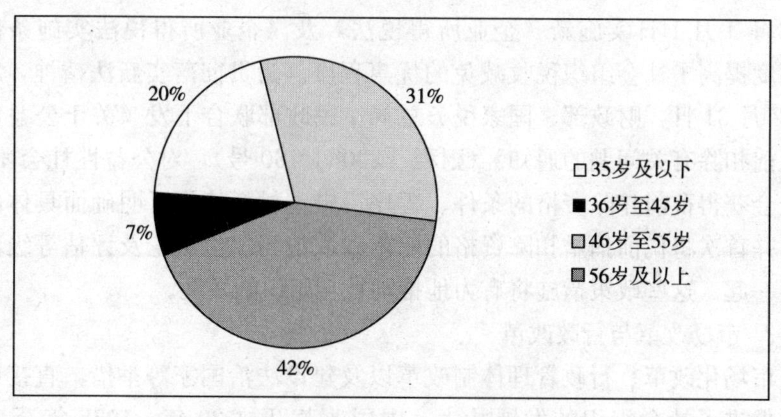

图 11. 社会组织职工的年龄结构

二、社会组织建设与管理

改革开放以来，中国社会组织的发展经历了一个从无到有、曲折发展、成长壮大的历史过程。政府的认可以及众多企业家、专业人士的加入，加上非公募基金会的兴起、社会组织间合作的加强、社会企业的倡导以及志愿者的主流化发展，显现出中国逐渐形成政府、企业与公民社会合力发展的局面。

（一）社会组织发展的整体环境改善

1. 经济增长与政策支持

改革开放以来，社会组织成长的宏观环境发生重大变化。中国社会的持续健康发展，需要社会组织的发展来破题。持续30年的高速的经济增长创造了举世瞩目的“中国奇迹”，GDP水平跃居世界第三位，人民群众可支配收入水平稳步提高，巨大的物质财富为社会组织的发展奠定了坚实的基础。[①] 在此背景下，党和政府对社会组织发展提出了清晰的战略构想。党的十七大报告首次将社会组织作为“发展基层民主，保障人民享有更多更切实的民主权利”的重要内容，提出“发挥社会组织在扩大群众参与、反映群众诉求方面的积极作用，增强社会自治功能”，并首次将社会组织放到全面推进社会主义经济建设、政治建设、文化建设、社会建设“四位一体”的高度进行全面而系统地论述。[②]

在具体政策上，近年来，我国出台了扶持培育公益性社会组织的系列税收优惠政策，为公益性社会组织的迅速发展营造了积极的政策氛围。2008年1月1日实施新《企业所得税法》及《企业所得税法实施条例》，大幅度提高了社会组织税收减免的优惠程度。为贯彻落实新法精神，2008年12月31日，财政部、国家税务总局、民政部联合下发《关于公益性捐赠税前扣除有关问题的通知》（财税［2008］160号），对公益性社会团体、基金会获得税前扣除资格的条件、程序、申请材料等作了明确而具体的规定，并首次将税前捐赠扣除资格的取得和取消与年检结论及评估等级联系到了一起。这些政策措施将有力地推动社会组织的发展。

2. 市场改革与行政改革

市场化改革、行政管理体制改革以及建设法治国家等举措，直接或间接地促进了社会组织的发展壮大。中国改革开放30年，1978年至1984年，市场化改革起步；1984年至1992年，市场化改革初步发展；1992年至2001年，市场化改革全面推进；2001年至今，社会主义市场经济体制逐步完善，市场化改革进一步深化[③]。而市场化改革以及由此引发的行政环境变化，必然形成整体合力，促使政府不断创新，进而实现政府治理模

---

① 王名：《民间组织的发展及通向公民社会的道路》，王名主编：《中国民间组织30年——走向公民社会》，北京：社会科学文献出版社，2008年，第47～48页。

② 李学举：《用十七大精神统一思想 充分发挥社会组织在现代化建设中的重要作用》，载《中国社会报》，2007－11－23。

③ 李晓西：《中国市场化改革三十年》，载《中国教育报》，2008－11－18。

式的根本转型。

市场化改革带来的诸多社会问题，比如贫富差距扩大、发展不平衡、流动人口管理、人口控制与下岗失业、药物滥用、生态环境保护、公共突发事件频发以及人口老龄化与社会保障等问题日趋严重，这些问题更多的是市场失灵的结果而无法通过市场来解决。原有单位制的逐步解体而出现的制度真空，以及公共服务的需求真空，亟须社会组织填补。社会越来越呼唤着社会公平和正义，为致力于社会公益事业、谋求社会公正的各种社会组织发展提供了广阔的发展空间和成长壮大的土壤，在教育、医疗、环保、养老等领域，社会组织已经发挥和必将发挥越来越重要的作用。实践也证明，社会组织在满足弱势群体需求，解决社会问题方面具有独特优势。社会组织以合作的姿态，纳入政府宏观管理框架的同时，又具有合法的独立性。重视社会组织的培育和发展，鼓励社会组织参与，并通过合法的协商、谈判、听证、监督等程序化的活动，反映多元利益诉求，开展社会互助，发展公益事业，分担公共事务管理，发挥疏缓矛盾、缓冲减少压力、融洽人际关系的作用。

在此改革背景下，社会组织的生长空间越来越大。其中，有两个方面需要关注：一是政府购买服务兴起。近些年来，一些地方积极协同有关部门，因势利导，大力推进政府购买服务，通过政府承担、定向委托、合同管理、评估兑现的运作机制，将一大批事务性、服务性工作交由社会组织承担，政府购买服务初具规模。

二是事业单位改革方兴未艾。2009 年 1 月，人力资源和社会保障部正式下发《事业单位养老保险制度改革方案》，山西、上海、浙江、广东、重庆五省市正式开展了事业单位工作人员养老保险制度的改革试点。大部分事业单位工作人员的工资待遇将与市场接轨，这为公益性社会组织尤其是民办非企业单位提供了与其平等竞争的体制平台。长期以来，事业单位在公共服务领域的支配性，在客观上产生了对民办非企业单位的挤出效应，压缩了民办非企业单位成长的市场空间。从机构数量上看，民办非企业单位到 2006 年底超过 16 万个，而事业单位有 100 多万个；从就业人数上看，2006 年底民办非企业单位职工人数为 154 万人，事业单位有 3000 多万人；从规模上看，不少民办非企业单位还是个人和合伙形式，远远不能同事业单位相比。①

① 顾昕：《事业单位的主导性与中国公民社会发展的结构性制约》，高丙中、袁瑞军主编：《中国公民社会发展蓝皮书 2008》，北京：北京大学出版社，2008，第 79～100 页。

3. 公民意识与社会进步

改革开放带来了经济繁荣，中产阶层逐步壮大，思想发生巨大转变，利益需求多样发展，维权意识大大增强，参与公共事务管理的积极性、自主性、多样性越来越强。这表明公民意识觉醒，社会人群开始向公民转型，公民对公共服务的质量提出更多更高的要求，不同的利益需求的表达刺激了各种社会组织的应运而生。持续的公民意识的觉醒成为社会组织发展壮大的一个关键性动力。越来越多的公民开始主动寻求解决问题的办法，通过自助或互助，而不是单纯依赖或埋怨政府。当然，公民参与以及公民社会崛起，并不局限于自身权利的维护，而是秉持责任、参与、协商等精神取向，延伸到民生和社会发展问题的讨论和解决。反之，社会组织在一个社会的健康蓬勃发展，又有助于培育和提升公民意识、公共理性、契约精神、参与意识、宽容与合作理念等公民文化的生成。

“公民意识的普遍觉醒使得民众参与公民社会组织及其集体行动的热情逐渐积累，这种积累在2008年汶川地震的紧急救灾中得到充分展现。”① 2008年“5·12”汶川大地震发生后，来自全国的社会组织积极投入到抗震救灾和灾后重建工作中，成为抗震救灾中不容忽视的重要力量。有学者认为，“‘5·12’大地震发生后，各种社会力量广泛参与救灾、赈灾工作。这曲社会力量的大合唱，昭示着国家与公民社会关系的某种新变化”，“民间力量存在于四面八方，但却能够迅速聚集起来；它们能够想政府之未想，为政府的工作拾遗补缺，提供更灵活更有针对性的服务；它们能够监督政府行为，提高行政效率，促进公共资源的公平分配。”②

（二）中央登记管理部门的政策支持

中央层面的社会组织制度建设主要集中在关于抗震救灾中的社会组织管理、物资监管、公益捐赠税前扣除等相关管理办法和规定方面。同时中央登记管理部门也加强了社会组织管理规范、培育和引导社会组织发展的制度建设，有关社会组织评估的相关规定陆续出台。

1. 完善捐赠制度

汶川特大地震发生后，为规范救灾捐赠活动，加强救灾捐赠款物的管理，保护捐赠人、救灾捐赠受赠人和灾区受益人的合法权益，民政部出台《救灾捐赠管理办法》（4月28日），同时废止了2000年5月12日民政部

---

① 朱健刚：《公民社会建设：机遇和挑战同在》，载《21世纪经济报道》，2008—12—11。

② 郁建兴、周俊：《中国公民社会在参与中成长》，载《学习时报》，2008—7—28。

发布的《救灾捐赠管理暂行办法》。中央纪委、监察部、民政部、财政部、审计署《关于加强对抗震救灾资金物资监管的通知》（5月20日）之后，财政部、国家税务总局发出了《关于认真落实抗震救灾及灾后重建税收政策问题的通知》（财税［2008］62号），要求对外国政府、民间团体、企业、个人等向我国境内受灾地区捐赠的物资，包括食品、生活必需品、药品、抢救工具等，免征进口环节税收。财政部、国家税务总局、民政部联合颁发了《关于公益性捐赠税前扣除有关问题的通知》（12月30日），对社会团体公益性捐赠所得税税前扣除有关问题进行明确：企业通过公益性社会团体或者县级以上人民政府及其部门，用于公益事业的捐赠支出，在年度利润总额12%以内的部分，准予在计算应纳税所得额时扣除。

2.规范组织管理

在社会组织规范管理方面，国家发展改革委联合国务院纠风办、民政部等部门联合发出《关于印发规范行业协会、市场中介组织服务和收费行为专项治理工作的实施意见的通知》（8月29日），计划用一年左右时间，解决行业协会和市场中介组织服务和收费行为不规范、损害企业和群众利益等突出问题，使服务质量明显提高，会员满意度和社会公信力明显增强；用两到三年的时间，理顺政府与行业协会和市场中介组织关系，政策法规比较健全、监管体制比较完善、自律机制得到加强，行业协会和市场中介组织规范发展长效机制基本建立。国家税务总局颁发了《关于外国政府等在我国设立代表机构免税审批程序有关问题的通知》（11月21日），把外国政府、国际组织、非营利机构、各民间团体等在我国设立的代表机构给予免税待遇审批的管理层级已由国家税务总局调整为各省、自治区、直辖市和计划单列市国家税务局。河南省人民政府办公厅印发了《关于行业协会商会改革与发展的实施意见》（2009年1月），确立了行业协会改革与发展的指导思想、总体目标和基本原则以及行业协会改革与发展的主要任务，并对完善法规政策，加强行业协会规范管理，加强对行业协会改革与发展工作的组织领导进行了明确规定。

3.加强制度建设

在参加养老保险方面，劳动和社会保障部和民政部联合下发了《关于社会组织专职工作人员参加养老保险有关问题的通知》（3月18日），要求解决社会组织专职工作人员参加养老保险的有关问题。规定凡依法在各级民政部门登记的社会团体、基金会、民办非企业单位、境外非政府组织驻华代表机构及其签订聘用合同或劳动合同的专职工作人员，按属地管理原则，参加当地企业职工基本养老保险。另外，尚未参加企业职工基本养老保险的社会组织，应在当地规定的时间内，到住所所在地社会保险经办机构办理社会保险登记手续，参加企业职工基本养老保险。

4. 推动组织评估

为贯彻落实《国务院办公厅关于加快推进行业协会商会改革和发展的若干意见》（国办发［2007］36号）的有关精神，规范行业协会商会的组织建设和社会活动，加快推进行业协会商会的改革和发展，充分发挥行业协会商会在经济建设和社会发展中的重要作用，根据《全国性社会组织评估实施办法》的规定，民政部下发了《关于协助开展行业协会商会评估工作的通知》（8月19日），决定开展行业协会商会评估。评估对象主要设定在民政部登记满一年，符合《全国性社会组织评估实施办法》中参评条件的行业协会商会。行业协会商会包括“行业协会”“商会”和“同业公会”。评估的内容主要是根据《行业协会商会评估指标》中确定的评估标准，对行业协会商会的基础条件、内部治理、工作绩效、社会评价四个方面进行综合评判。由民政部组建全国性行业协会商会评估委员会作为评估机构，负责全国性行业协会商会评估的组织和审定工作，日常工作由民政部社会组织服务中心承担。

（三）各地社会组织的管理创新

1. 社会组织管理机构创新举措频出

为鼓励各地探索社会组织管理工作的改革创新，丰富新认识，总结新经验，国家社会组织管理局于2008年设立了上海、深圳2个综合性和广东、云南、新疆、青岛4个单项的社会组织建设和管理改革创新观察点。一年来，上述六省市在社会组织改革发展中取得了突出进展，充分发挥改革创新观察点的试点作用和示范效应，为各地提供了好的样本，也为全国范围内社会组织建设和管理工作进一步创新发展积累了宝贵经验。“改革创新观察点”的设立，为鼓励、支持有条件的地方积极探索，大胆实践，探索社会组织建设与管理的新举措、新办法，创造了一种有效的工作机制。

上海市作为社会组织建设改革创新综合观察点，根据经济社会发展需要，发挥区域优势，创新管理理念，营造有利环境，加大扶持力度、强化规范建设，在社会组织建设改革创新方面走出了一条特色鲜明、富有成效的路子。作为全国社会组织评估体系试点城市，上海市在行业协会、社会福利和教育领域的基金会、部分领域和区县的民办非企业单位中开展规范化建设评估试点，建立了组织健全、程序完备、操作规范、运转协调的评估工作机制，将规范管理和培育扶持有机地联系起来。在工作领域开拓创新上，上海市稳步推进涉外社会组织扩大试点登记，研究和解决国际学校和中外合作办学机构试点登记中的“瓶颈”问题，试点登记国际学校3家、中外合作办学机构1家。探索推进民工子弟学校的民办非企业单位登记管理工作，会同有关部门达成工作共识，形成工作规范，奠定工作基础。全面推开社区群众活动团队备案工作。上海市民政局、上海市社会团体管理局印发了《关于开展本市社区群众活动团队备案工作的意见》，制定了备案办法，召开了社区群众活动团队备案工作推进会，引导和促进社区群众活动团队健康发展。

除市本级外，上海市各区社会组织管理改革创新也取得重要进展。浦东新区建立了社会组织服务大楼，吸纳公益性社会组织、行业协会等经济社会发展迫切需要的社会组织入驻，并给予相应的财政扶持。静安区出台了《静安区公益性社会组织专项资助经费管理办法（试行）》，下发了《关于社会组织承接政府购买（新增）公共服务项目资质的规定》，制定了《政府购买社会组织公共服务示范文本》，全年政府购买社会组织服务达2000余万元。闵行区出台了《关于培育扶持闵行区公益性社会组织发展的实施意见》，通过建立政策扶持和政府购买服务运作机制、设立社会组织发展专项资金等方式，重点培育和发展一批贴近群众、类型齐全、各具特色、公信力高的公益性社会组织。徐汇区成立了社会组织促进会，加强对社会组织的研究、指导、服务、管理、协调及咨询，引导和促进社会组织规范运作、健康发展。

深圳市以“社会组织建设年”为主线，积极推进社会组织管理体制机制的综合改革。一是继续推动登记管理体制改革。探索在工商经济类、社会福利类、公益慈善类等社会组织实行直接登记的管理体制。对社区社会组织探索实行登记和备案双轨制。二是探索政府向社会组织购买服务制度。2008年，经深圳市政府同意，在年度公益金计划安排中新设立“向社会组织和企业购买服务及机动专项经费”，并以此项工作为切入点，积极探索建立向社会组织购买服务的机制。三是发挥社工在社会组织的作用。积极推动福田区竹林社区邻里互助会引进社工服务的模式。探索公益慈善类社会组织引入社工，向5家公益慈善民办非企业单位派驻了11名社工。

广东省为推动社会组织建设与管理的改革创新，分别在广州、深圳、珠海、汕头、佛山、东莞、中山、肇庆设立了涉外登记管理、综合改革、信息化、行业协会、社区社会组织、行政执法、等级评估、农村专业经济协会8个改革创新观察点，承担改革创新试点的各地市，积极探索、大胆实践，不断谋求社会组织建设与管理的新突破，使全省社会组织建设整体推进、健康发展，初见成效。深圳市着力推动“社会组织孵化基地”项目筹建工作，将由政府出资建设，民政部门管理，统一为社会组织提供工作、活动场所和信息服务。广州、珠海两市分别制定了社会组织改革发展的思路和方案。汕头市确定了行业协会改革创新的内容，并选取7个重点行业协会为全市“行业协会改革创新观察点”。佛山市制定了《佛山市社区社会组织培育发展工作方案》，进一步促进社区社会组织的发展。

云南省制定下发了《关于促进社区社会组织建设与管理的指导意见》，通过“降低门槛、简化程序、简便手续”的方式，实行登记与备案相结合的管理模式，对社区组织不实行年检，解决了长期以来基层社区组织登记难的问题。据了解，云南省大约有4万个这样的基层社会组织，指导意见的出台和登记备案制度的实施，将逐步解决这些组织的“身份”问题。达到登记条件的给予登记，使它们的身份合法化；达不到登记条件又确需存在的实行备案制，确保其能开展合法活动。同时，云南省还积极探索涉外社会组织管理新途径，及时反馈有关信息，协助完成了国际狮子会支援盐津地震灾区恢复重建的相关工作。查处了香港施比受协会“勐海仁爱儿童之家”违法违规事件。为吸取教训、加强监管，制定下发了文件，对进一步加强和规范与涉外社会组织合作的管理提出了明确要求。

新疆维吾尔自治区在改革创新观察点建设中，较为重视异地商会发展。新疆民政部门为规范对异地商会的登记管理，根据《民政部关于异地商会登记有关问题的意见》，异地商会“登记在省，试点先行”的规定，在社团登记中，坚持登记在自治区民政厅统一掌握的基本原则，规范登记，加强管理，促进了“异地商会”的作用发挥，年内新批准3个“异地商会”，完成了3个商会的换届工作，促进了异地商会规范发展。

青岛市出台了《关于加快推进基层社会组织改革发展观察点建设的意见》，在崂山区、市南区、李沧区、即墨市、莱西市分别开展了“基层社会组织改革发展观察点”试点工作，要求各区市协同镇街、村居围绕观察点建设工作主题，结合实际情况制定工作方案，明确改革创新的目标、任务、措施、责任人和完成时限，指定专人负责，认真组织实施，确保各项工作落到实处。

2. 社会组织规范化建设

2008年9月，广东省委、省政府出台了《关于发展和规范我省社会组织的意见》，强调了发展和规范社会组织的重要性，明确了指导思想和总体目标，并对社会组织的科学定位和分类、社会组织培育扶持发展措施、社会组织监督管理措施、社会组织能力建设等社会组织规范发展的一系列方面进行改革创新，提出要建立起与经济社会发展相适应的定位准确、功能齐全、作用显著的社会组织发展体系。形成党委领导、政府负责、社会协同、公众参与的社会管理格局和科学、有效、规范的社会组织管理体制和机制。该《意见》作为当前和今后一个时期广东省社会组织改革创新的指导性文件，是推动社会组织改革和发展的重大举措，对全国范围内社会组织建设与管理工作具有广泛的借鉴意义。

深圳市委、市政府出台了《关于进一步发展和规范我市社会组织的意见》，明确要从体制机制上规范政府、市场、社会三者的关系；明确近期发展的重点领域为工商经济类、社会福利类、公益慈善类、社区社会组织；并在政府扶持、登记管理、社会监督、政府部门监管等体制上有所创新。通过一系列创新管理的措施，达到在发展中规范，以规范促发展，充分发挥社会组织在完善市场经济体制、促进民主政治建设、发展先进文化，构建和谐社会中的积极作用。在行业协会治理方面，深圳市印发了《深圳市行业协会法人治理指引》（11 月 19 日）的通知，供市行业协会（包括行业协会、商会、行业联合会、促进会等）建立健全法人治理机制时参考使用，规范和健全深圳市行业协会的组织机构和运行机制，建立和完善行业协会法人治理结构，促进行业协会的健康运行。

北京市重点以社团年检为手段，全面落实《北京市社会团体规范化建设指导意见》，加强对社团年检报告书的严格审查，及时发现社团规范化建设存在的问题，要求社团按期限改正。在日常管理中，特别加强了对社团换届工作的指导监督、社团章程的审查、党政机关领导干部在社团兼职情况的检查等方面的工作力度，规范了社团行为，加强其自身建设。2008年 9 月下旬开始，北京市社团办组织工作人员走访 200 多家社团，实地调查社会团体规范化建设指导意见落实情况，听取社团负责人就社团提高组织建设和制度建设的能力采取的措施报告和对市社团发展的建议和意见，推进了社会组织规范化建设工作的开展。

3. 社会组织党建工作取得新进展

北京市在 2008 年出台的《关于进一步加强和改进社会领域党建工作的意见》中提出加快推进社会组织党组织建立步伐，在市、区（县）民政部门登记注册的社会组织，符合条件的都要建立党组织，力争 3 到 5 年基本实现党组织和党的工作的全覆盖。

宁夏回族自治区党委高度重视社会组织党建工作，专门召开会议决定成立新社会组织党建工作指导小组。要求各市、县（市、区）在民政部门设立新社会组织服务管理局和新社会组织党工委。2008 年 10 月，宁夏回族自治区党委出台了《关于加强新社会组织党建工作的意见》，提出如下工作目标："一年打基础"，即到 2009 年底，全区 50 人以上的新社会组织有党员，100 人以上的新社会组织有党组织；"两年上台阶"，即到 2010 年底，党的组织和党的工作覆盖 60％以上的新社会组织，30％以上的新社会组织党组织达到领导班子好、党员队伍好、工作机制好、发挥作用好、各方反映好的"五好"目标；"三年见成效"，即到 2011 年底，树立一批基础较好、工作规范、影响良好的新社会组织党组织先进典型，全区的新社会组织党建工作整体取得明显成效。

深圳市提出在社会组织中，实现党的组织和工作"两个全覆盖"，依托社会组织登记管理机关，组建社会组织党的领导机构，完善社会组织党建工作归口分级管理体制。通过改革创新，深圳社会组织党建和管理平台不断拓展，截至 2008 年底，行业协会联合党委共有所属党总支部 1 个，党支部 20 个，管理党员 171 名。大连、厦门、宁波等地也相继召开社会组织党建工作会议，探索社会组织党建工作的新管理模式。通过加强社会组织党建工作，保证社会组织发展的正确方向。

4. 行业协会商会改革

广东在省委省政府领导下，在全国第一个对行业协会体制实行了"五自四无"改革，即实行行业协会"自愿发起、自选会长、自筹经费、自聘人员、自主会务"以及"无行政级别、无行政事业编制、无行政业务主管部门、无现职国家机关工作人员兼职"。

上海市 2008 年出台了《关于本市进一步支持行业协会商会加快改革和发展的实施意见》，就充分认识行业协会的地位与重要作用，坚持按照市场化原则推进行业协会发展，进一步推进政府职能转变，畅通政府与行业协会的沟通渠道，支持企业按照经济社会发展战略和市场需求自发组建行业协会，打破行业协会与政府的依从关系，引导行业协会发挥重要作用，发挥行业协会党组织的监督保障作用，加强行业协会人才队伍建设，建立科学、规范、有效的行业协会监管体系等内容作出了重要规定，为进一步促进行业协会商会发展明确了方向和思路。

深圳市则规划建设"社会组织孵化基地"，通过政策、资金、硬件设施的扶持促进协会、商会等社会组织发展。完成了《深圳市行业协会商会条例》起草、报送、征求意见等工作。完成了《深圳市行业协会法人治理指引》印发工作，有效地推动了行业协会的规范化建设。会同市财政局起草了《深圳市行业协会专项经费管理使用办法》。成功举办第三期行业协会商会高级管理人才培训研修班。

山东、福建等省积极探索实行行业协会有偿服务，建立政府购买行业协会服务机制。

5. 社区社会组织备案制探索有新突破

宁夏回族自治区将2008年定为城乡社区社会组织的培育发展年，制定下发了《关于进一步加快培育发展城乡社区社会组织的意见》和《关于城乡社区社会组织登记备案有关问题的通知》，采取降低门槛、放宽准入条件和典型引路等方式，积极探索出适合宁夏实际情况的有效方法：实行登记、备案双轨制。截至2008年底，各地共培育发展城乡各类社区社会组织10242个。

南京市出台了《基层社会组织备案管理暂行办法》，全面推行社区社会组织备案制度，在全国首创"两级登记、两级备案"的管理体制。在降低"门槛"的基础上，全面实行登记备案制度，建立了登记、备案的双轨制，加强了规范管理力度。授权社区居委会或其他具备条件的组织作为社区社会组织的业务主管单位，在街道备案，并由街道负责日常管理工作。区县民政部门负责本辖区内社区社会组织的综合协调、指导和管理工作。市民政局负责全市社区社会组织的统筹规划、监督管理和指导协调工作。2008年南京市备案的社区社会组织已超过8000个，数量位居全国同类城市前列。

据不完全统计，这类备案组织已在北京、天津、山东、浙江、湖北等地推进，全国已超过20万个，主要形式包括慈善组织、群众性文体组织、科普组织和为老年人、残疾人、困难群众提供生活服务的组织。备案制度的创新之举，为社区居民参与各种活动，实现自我服务、自我完善和自我提高提供了活动平台，对提高社区居民生活质量、扩大就业、化解社会矛盾、促进社会和谐发挥了积极作用。

6. 综合改革

北京市委、市政府出台了关于加强社会建设的"1＋4"系列文件，其中《关于加快推进社会组织改革与发展的意见》提出，按照社会化、专业化的要求，加快推进全市各类社会组织与主管行政部门在机构、人员、资产、财务等方面彻底分开，逐步实现自我管理、自主发展。在坚持双重管理体制的同时，逐步把业务主管职能从各个政府部门剥离出来，在此基础上，构建"枢纽型"社会组织工作体系，确认一批"枢纽型"社会组织，根据有关法律、法规，授权其承担业务主管单位职责，对相关社会组织进行日常管理、提供服务；充分发挥其龙头作用，将性质相同、业务相近的社会组织联合起来，进一步形成合力、促进共同发展，从而改变现有政府部门或行政单位作为社会组织主管单位的局面。根据《意见》，除少数有特殊职能的行政部门暂时保留外，大部分行政部门将不再作为社会组织的业务主管单位。改革后，北京将有80％左右的社会组织进行社会化、专业化的自我管理。

在新一轮的机构改革中，上海市按照转变政府职能的要求，为更好地发挥公民和社会组织在社会公共事务管理中的作用，更加有效地提供公共产品，撤销了市社会服务局，将其职责分别划入市相关部门，改革了上海市对行业协会管理"三元模式"所带来的管理多头的缺陷。

海口市委通过了《关于进一步转变政府职能促进社会组织发展的决定》。《决定》突出了转移职能、让渡空间，解决政府、市场、社会相互越位、错位、缺位的问题，让市场更好地发挥作用，让社会更好地自主治理，发挥社会组织的作用。明确了政府职能转移事项的基本原则，规定"除法律法规另有规定外，政府各职能部门要将公民、法人和其他组织能够自主解决，市场机制能够自行调节，社会组织能够通过自律管理的事项转移出去。"另外，对社会组织的财政扶持政策体现在两个方面，一是建立政府购买服务机制。二是建立社会组织发展专项资金，对重点培育和扶持的社会组织给予支持。

三、中国社会组织的作用发挥

近年来，随着社会组织的快速健康发展，社会组织在经济、政治、文化、社会建设方面的作用功能日益显现。总的来看，社会组织在完善市场经济体制，扩大文化教育、卫生医疗、劳动就业、社会福利、生态环保、公益慈善等公共服务，增强城乡社会自治功能，增进国际交流与合作，促进社会事业发展等诸多方面具有较大的社会影响力。

2008年，中国南方低温雨雪冰冻灾害，"5·12"汶川特大地震，北京奥运会和残奥会，这些突发的重大自然灾害和具有重要影响的公共事件，使得社会组织动员社会力量、整合社会资源，在危急和关键时刻，充分发挥了慈善捐助、紧急救援、灾后重建和志愿服务四个方面的重要作用。

（一）慈善捐助

2008年，面对南方雨雪冰冻灾害和四川汶川特大地震，以中华慈善总会、中国红十字会为代表的全国性慈善和公益组织通过电视、网络、报刊、广播等新闻媒体向全社会发出抗灾慈善捐助倡议，各地慈善总会和其他公益类社会组织纷纷响应。两次大灾在国内引发了两场慈善捐助的高潮。

1. 募款主体

目前，中国慈善募捐主体包括各级红十字会、慈善会、各类基金会以及其他慈善组织。统计显示，2008 年由上述募捐主体直接、间接接收款物捐赠共计 955.5 亿元，占全国接收捐赠总额的 89.26%。政府部门和带有官方、半官方色彩的红十字会、慈善会等组织占据了 90%以上的捐赠资源，其他各类公募基金会、学校、社会组织接收捐赠不足 100 亿元。这些慈善组织是推动中国公益慈善事业不断发展的基础性力量。[①]

在抗击南方冰雪灾害中，据统计，2 月份社会各界日捐赠量达到 6000 万元，截至 2008 年 2 月 29 日，全国接收社会各界捐赠款物总计 22.75 亿元，其中捐款 19.84 亿元，捐赠物资折价 2.19 亿元。红十字会、慈善协会等社会组织发挥了积极作用。各级红十字会和各地慈善协会在内的社会组织共接收各界捐赠款物 6.09 亿元，占总捐赠额的 26.8%。[②]

在“5·12”汶川地震救灾中，据“5·12”系统的不完全统计，各级民政接收捐款总额 209.38 亿元，超过全国资金捐赠总额的 31%。中国红十字会总会系统共接收捐赠 164 亿元，其中物资 26 亿元，资金 138 亿元。各地方慈善总会接收捐款共计 87.34 亿元，加上中华慈善总会接收捐款 9.19 亿元（另有物资捐赠 1.56 亿元），慈善会系统至少接收捐款 96.53 亿元。据民政部统计，中央职能部门和人民团体，包括如外交部、商务部、统战部、卫生部、中联办（港，澳）、台办、侨办、全国总工会、全国妇联等机构共接收捐款 44.65 亿元。在民政部备案的 18 家全国性公募基金会募款共计 10.64 亿元（另有 2.42 亿元物资捐赠）。据中民慈善捐赠信息中心研究统计，其他机构包括各级政府职能部门和社会组织接收捐款约为 56 亿元。[③] 受《救灾捐赠管理办法》限制，众多社会组织不具备救灾筹款资格，该部分款项被转赠给民政部门、红十字会、慈善总会及其他有救灾宗旨的慈善组织。据推算，来自上述组织的捐赠达 75.71 亿元。[④] 截至 12 月初，全国接收各界地震捐赠款物 751.97 亿元。

在 2008 年初的冰雪灾害中，来自境外捐赠有 7.34 亿元。“5·12”地震发生后，有 170 多个国家和地区向我国地震灾区捐赠，海外华人华侨和

---

① 2008 年度中国慈善捐助报告。

② 2008 年 3 月 21 日，民政部救灾救济司、民政部慈善事业协调办公室会同中民慈善捐助信息中心发布了《2008 年初严重低温雨雪冰冻灾害全国社会捐赠总体情况》。

③ 2008 年度中国慈善捐助报告。

④ 详见 2008 年 12 月各省民政事业统计数据。

港澳台同胞捐赠数额同样巨大。据不完全统计，全国共接收境外捐款44.36亿元，物资超过1000吨。

从各地社会组织的慈善捐助情况看，在很短时间内，上海市各类社会组织就为地震灾区捐款捐物总计9.84亿元，武汉市757家社会组织为灾区捐款达1000余万元，重庆各社会组织向灾区捐赠1871万元，厦门市社会组织向灾区捐款2600万元，浙江社会组织向灾区捐赠逾1.7亿元，湖南省社会组织共向灾区捐款1.1亿元。以广东省为例，据不完全统计，截至6月15日，全省各社会组织及其会员企业累计发出倡议2751次，召开会议2013次，举办捐赠活动3015次，参与志愿服务人数18168人，捐款和捐物折款合计38.93亿元，其中捐款25.45亿元（包括社会组织自身捐款3.6亿元、社会组织会员捐赠18.01亿元、社会组织接收社会捐赠3.84亿元）；捐物折款13.48亿元（包括社会组织自身捐物折款0.42亿元、社会组织会员捐物折款12.8亿元、社会组织接收社会捐物折款0.26亿元）。广州、深圳、汕头、佛山、东莞、江门、肇庆7市社会组织及其会员企业捐赠款物均超过亿元。同时一大批自发的草根“组织”也多以亲友、同乡、志愿者乃至网络慈善等各种形式募集物质、聚集民间资源。

2. 捐赠方式

在捐赠方式上，除传统的渠道，包括现场捐赠、邮局汇款和银行汇款等常用捐款方式外，网络、短信和购物捐款也为公众捐赠方式的新选择。据中民慈善捐助信息中心“5·12”系统的抽样调查，299亿元捐款中，通过现场捐赠的有134.57亿元，占总额的44.92%；通过邮局的有0.92亿元，占0.31%；通过银行转账的有163.57亿元，占54.77%。在线网络募款超过7590万元。据不完全统计，截至11月20日，7家网络在线平台联合相关慈善组织为灾区募款共7591.5834万元。汶川地震灾害发生后，中国红十字会与中国移动立即联合开展“红十字救援行动”，短信募捐超亿元。

3. 善款使用

据审计署关于汶川地震抗震救灾资金物资审计情况公告（第4号）显示，截至11月底，18个中央部门单位、31个省（自治区、直辖市）和新疆生产建设兵团共接收救灾捐赠款物640.91亿元，其中：18个中央部门单位直接接收救灾捐赠款物127.81亿元，31个省（自治区、直辖市）和新疆生产建设兵团直接接收救灾捐赠款物513.1亿元；支出231.76亿元，主要用于民政救济、物资储备和调运、基础设施抢修等方面；转入灾后恢复重建结存款物409.15亿元（其中资金402.36亿元，物资6.79亿元）。

在接收捐赠的社会团体和各类基金会中，中国红十字会总会及红十字基金会接收46.9亿元，支出19.97亿元，结存26.93亿元；中华慈善总会接收9.2亿元，支出8.37亿元，结存0.83亿元；海峡两岸关系协会接收6.73亿元，支出6.73亿元（含转交民政部）；中国宋庆龄基金会接收0.42亿元，支出0.15亿元，结存0.27亿元；中国扶贫基金会接收1.95亿元，支出0.51亿元，结存1.44亿元；中国教育发展基金会接收1.72亿元，支出1.02亿元，结存0.7亿元；中国光彩事业基金会接收1.89亿元，支出1.52亿元，结存0.37亿元；中国妇女发展基金会接收0.26亿元，支出0.06亿元，结存0.2亿元；中国儿童少年基金会接收1.34亿元，支出0.34亿元，结存1亿元；中国青少年发展基金会接收2.31亿元，支出0.64亿元，结存1.67亿元；中国光华科技基金会接收0.15亿元，支出0.1亿元，结存0.05亿元。

民间捐赠在“5・12”救灾和重建中发挥了巨大作用，捐款的使用也接受了政府的严格审计和社会不同程度的监督。审计结果表明，救灾资金和物资基本做到了筹集合法有序、拨付及时到位、分配公开透明、管理严格规范、使用合规有效、存放安全完整，各类救灾资金和物资账目比较清楚。中国红十字会、慈善总会等接收救灾捐赠款物主要机构，严格对接收救灾捐赠款物的管理，建立了比较完善的内部制约机制，确保了救灾款物筹集及时、管理安全与使用有效。中国红十字会总会、中华慈善总会等社会团体和组织定期公布全国救灾捐赠款物的接收和分配使用情况。地方各有关部门以及红十字会、慈善会等公募基金会也定期向社会公布捐赠款物的接收和分配使用详细情况。种种迹象显示，中国慈善捐赠统计和信息公开制度不断完善，救灾捐赠工作透明度逐步增强。①

（二）紧急救援

1. 冰冻灾害救援

在抗击南方冰雪灾害中，中国红十字基金会等联合发起了“雪灾紧急救援公益行动”，呼吁全国有爱心的企业与个人紧急行动起来，为那些急需救援的民众提供力所能及的帮助。中国煤炭工业协会号召全国煤炭企业在确保安全的前提下，坚决打好保障电煤供应的硬仗。中国钢铁工业协会要求各会员企业对恢复重建需要的钢材品种优先安排生产，优先保证供应，充分满足恢复重建的需要。中国保险行业协会号召各会员单位做好抗灾救灾和理赔服务工作，认真部署和督促落实理赔服务措施。中国轻工行

① 审计署关于汶川地震抗震救灾资金物资审计情况公告（第4号）。

业协会倡议广大企业和职工积极参与各项防灾、抗灾、减灾、赈灾活动。中国日用化工协会紧急支援灾区150万支蜡烛救灾。中国家用纺织品协会组织中国名牌企业向灾区捐被上万条，各级纺织服装协会也积极组织企业和职工迅速投入到抗击灾害的斗争中去，保障生产和市场供应。中国银行业协会倡议银行业金融机构从加强组织领导、合理调配资源、做好信贷支持三方面做好抗灾救灾的服务工作。五大商业银行均已为受灾地区建立了绿色通道，以最快速度将贷款送到抗灾第一线。据不完全统计，五家银行累计发放抗灾救灾贷款近160亿元。中国青少年发展基金会联合全国33家省级青基会共同启动"希望工程紧急救灾劝募行动"，面向雪灾地区，以每人300元的标准，资助1名经济困难的大学生留校过年，以缓解灾情造成的交通压力。同时，各省级青基会会同受助生所在高校，动员组织留校学生，参与当地的救灾互助行动。中国侨商投资企业协会组织的"侨爱工程"得到了来自泰国、新加坡、香港、澳门等十多家侨商投资企业的积极响应。

2. 汶川地震救援

在"5·12"汶川地震救灾中，中国社会组织促进会5月13日率先向全国社会组织发出抗震救灾倡议。以南都公益基金会、中国扶贫基金会等百余家社会组织发表中国社会组织抗震救灾行动联合声明。上海多家公益性社会组织联合发布救灾联合行动声明。四川、湖北、湖南、甘肃、深圳等省市向社会组织发出抗震救灾号召，动员一切力量，为受灾群众提供力所能及的经济和物质援助。6月初北京市、区两级已有1200余家各类社会组织开展了捐款捐物、医疗救助、心理安抚等多种形式的支援活动。四川省300多个社会组织在第一时间组织突击队深入灾区抢救伤员17万人，救助灾民30万人，设置灾民转移安置点32个，转移灾民13万人，向灾区紧急运送价值17万元的食品、水、棉衣被等救灾物资。共向灾区捐赠现金26.2亿元，捐赠物资折合人民币16.6亿元，全省2456个社会组织组织志愿者15万人，赴抗震救灾一线直接参加救援工作。截至6月底，据不完全统计，甘肃全省共有500余个各级各类社会组织参加了抗灾工作，参与抗震救灾总人数达到2.4万人，其中，深入到抗震救灾一线的志愿者900多人。

国资委、中国科协等业务主管单位倡议各协会积极发挥作用，动员行业力量、集中行业资源，倡导会员企业积极参与、支持抗震救灾活动。中国商业联合会、机械工业联合会、轻工业联合会、烹饪协会等协会紧急行动起来，开展抗震救灾工作。中国建筑材料联合会、机床工具工业协会、汽车工业协会、工程机械工业协会等协会主动与地方政府及会员取得联系，询问灾情，了解需求，及时组织会员企业为灾区提供帮助。中国轻工业联合会成立了以饮料、乳品、罐头、焙烤、日化、电池、皮革、羽绒、日用杂品、五金等行业协会领导组成的抗震救灾工作组。中国企业联合会、中国企业家协会向全国广大企业、企业家发出紧急投入抗震救灾倡议。中国包装联合会向全体会员发出全国包装行业抗震救灾倡议书。中国食品工业协会发出向地震灾区捐赠食品紧急倡议。中国羽绒工业协会号召并组织会员提供羽绒被、睡袋、帐篷等参与抗震救灾。中华慈善总会与中国教育学会、中国医师协会共同发起了“1＋1心联行动”，对地震灾区的受难人群特别是青少年提供心理援助。

北京数个社会组织发起了“北京民间公益组织联合行动”。自然之友、绿色和平、绿家园志愿者等在地震次日联合发起“小行动＋许多人＝大不同”的NGO抗震救灾行动。一些社会组织甚至在四川设立了抗震救灾NGO四川协调总处，下设医疗服务、物资分配、前方信息收集、对外宣传、机构联络、志愿者管理、后方信息收集整理分析等小组。一些具有“草根”性质的民间团体从各自的专业、领域为抗震救灾提供服务与支持。

（三）灾后重建

“5·12”汶川地震进入灾后重建阶段，广大社会组织响应政府号召，动员社会各方力量和资源，以多种形式参与灾后重建工作。

1. 参与程度

广大的社会团体、民办非企业单位、基金会及时调整工作重点，结合自身业务专长，以前所未有的广度和深度参与灾后重建。中国社会工作协会5月26日联合国内百家媒体启动“我为重建添块砖·点对点”紧急公益行动，号召海内外人士倾力支持四川灾区重建，并专门开通了“中国社工支援灾区热线”。首都慈善公益组织联合会较早开通了孤儿领养热线。上海市物业管理行业协会等22家行业协会会同有关部门联合发出为灾区重建行动倡议书。

在帮助灾区学生行动上，中国青少年发展基金会、中华思源工程扶贫基金会分别发起了“希望工程紧急救灾劝募行动”和“重返校园”倡议，号召社会各界帮助抢修被毁学校，让受灾师生早日重返校园。中国青少年发展基金会援建“抗震希望小学（学校）”总面积逾18万平方米，能够容纳15万名灾区学生就学。中华环保基金会启动开展灾区“生态卫生项目”。上海静安区社会组织为四川灾区青年学生开展就业援助活动。

在筹集重建项目资金上，中国红十字会总会7月4日承诺5亿元支持甘肃灾区重建项目。中华慈善总会7月11日向陕西省地震灾区捐款5000万元用于灾后重建，分别用于汉中、宝鸡等地震灾区，资助贫困户建房和损毁小学、乡镇卫生院、福利院和敬老院等恢复重建项目。中国红基会8月29日签署援助四川成都灾后重建协议，资助1亿元资金用于灾区学校等项目的建设。中国银行业协会银团贷款与交易专业委员会9月26日在京举行支持地震灾区建设银团贷款项目签约仪式，三个银团贷款项目贷款总额达126亿元。深圳市慈善会紧急启动"汶川地震伤员救治基金"，以定向、长效的慈善基金运作方式，对地震中受伤的灾民和伤亡者提供资金资助。在海市慈善基金会7月初首先拨付灾区1.22亿元资金，用于新建绵阳市综合性社会福利机构、重建江油市精神病（优抚）医院等，同时，还将在北川县、安县、江油市等重灾区新建或重建中小学校和职业学校。海南省红十字会设立基金长期资助四川震灾孤儿。

2. 合作方式

"5·12"地震发生后，一大批民间公益组织和志愿者奋战在抗震救灾第一线，展示了中国民间慈善的巨大力量。同时，由于资金缺乏也限制了专业公益服务机构在灾后重建过程中发挥更大和更加持久的作用。中国红十字基金会、南都公益基金会联合其他公益组织开展"5·12"灾后重建公开招标项目，开创了社会组织横向合作的新模式。

红基会合作模式。6月17日，中国红基会面向全国民间公益组织和专业公益服务机构公开招标"5·12灾后重建项目"。公募基金会以公益项目公开招标的方式，探索与其他民间公益组织和专业公益服务机构的合作模式，共同实施灾后重建项目。红基会从社会募集的善款中拿出2000万元，面向国内民间公益组织和专业服务机构公开招标"5·12灾后重建项目"，对设计申报的公益项目经项目招标评审委员会评估通过后，红基会予以资助并监督实施。8月5日，中国红基会通过了5·12灾后重建项目招标首批资助项目，5个中标项目总计资助金额为683万元。截至2008年10月31日，中国红基会在灾后恢复重建阶段已在川、甘、陕灾区落实重建项目485个（其中重建新村116个计5889户，重建学校106所，重建医院78所，援建村卫生站188所），资助救灾资金7.25亿元。

南都合作模式。5月15日，南都公益基金会紧急安排1000万元专项资金，为社会组织参与救灾和灾后重建提供资金支持。5月19日，南都公益基金会协同上海浦东非营利组织发展中心、北京NPO信息咨询中心，组成"南都公益基金会5·12灾后重建项目办公室"，并在成都设立了联络处。截至2008年11月21日，共批准项目61个，已审核通过的项目资金总额为532万元。已资助项目的领域分布较广，主要集中在家庭重建、社区建设、心理关爱、研究咨询和教育等领域。在这些项目中，由天津市鹤童老年公益基金会负责在灾区招聘农村适龄妇女和青年待业人员，并提供专业培训。“心＋芯”震后心理支持计划，由中国记协、北京成长家文化机构负责实施，通过心理支持与辅导，为赴地震灾区的新闻工作者和从事救援救助工作的NGO工作人员提供专业心理援助。由四川省大邑县养兔协会实施的灾后家庭生产自救计划，在5个重灾村帮助村民组建生产互助小组、制订灾后家庭自救发展计划、提高生产技能、促进社区互助，使其尽快恢复生活和生产秩序，实现受灾农户自救和受灾社区可持续发展。

在灾后重建中，社会组织专业能力更多体现为在资源动员、协调整合、组织管理、项目管理、合作管理能力等。从长期目标看，社会组织重在灾区的社会重建工程，重在心理恢复、文化保护、社区重建等方面。从近期行动看，社会组织要加强与政府沟通，发挥优势，扬长避短，拾遗补缺，成为政府资源的重要补充。社会组织更多要在资金筹集、项目设计、项目运作以及项目后期评估方面，了解服务对象需求，有力、有序、有效地参与灾后重建进程。

（四）志愿服务

雨雪灾害、汶川地震和奥运会引发中国志愿服务高潮。

1.志愿者数量

受北京奥运会、汶川地震等重大事件的需求激发，2008年全国志愿者队伍的规模已近亿人。其中，仅共青团、民政、红十字会三大系统，2008年共增加志愿者1472万人，年增长率达31.8%。据共青团中央统计，截至2008年12月，中国青年志愿者注册志愿者人数达到2946万名。其中，仅参加5.12抗震救灾和灾后重建，团委系统就组织了超过506万名志愿者，北京奥运会参与志愿服务的各类志愿者共170多万名，提供服务2亿小时。据中国红十字会统计，2008年全国共有150多万红十字志愿者。据民政部公布，截至2008年12月4日，全国社区志愿者组织数已达到43万个，参与志愿服务人数达3000多万人。

统计显示，汶川地震发生后，深入灾区的国内外志愿者队伍总量在300万人以上，在后方参与抗震救灾的志愿者人数在1000万人以上，其经济贡献约185亿元。北京奥运会、残奥会的召开，170万名奥运志愿者服务累计超过2亿小时，4名中国志愿者和北京志愿者协会还分别获得“联合国卓越志愿服务奖”及组织奖。①

2. 救灾志愿行动

各地志愿组织积极响应政府号召，协助政府部门做好各项抗灾自救工作。围绕抗雪救灾和抗震救灾的具体需要，紧急行动起来，结合自身职能和专长，参加抗震救灾各项工作。

在抗击冰冻灾害过程中，贵州省有52个受灾县成立了各种类型的“抗凝救灾青年志愿者服务队”，1万多名青年志愿者开展了各类志愿服务活动。湖南省有数万名志愿者在全省14个组成“青年抗冰救灾志愿突击队”、“青年志愿者应急救援队”。江西省组织5000多支青年志愿服务队、20余万名志愿者活跃在抗寒救灾一线。广东省动员了1万多名青年志愿者，为群众提供服务10万人次，服务时数达106万小时。重庆市组建了300多支青年志愿者巡逻队和抢险队伍，先后有5万余名团员承担抗灾救灾工作中的急、难、险、重任务。很多民间志愿者组织，主动开展活动，提供服务，为那些在春运期间返乡的农民工兄弟，为那些孤寡老人、残疾人、困难大学生、城市流浪儿童、农村留守儿童送去了物质和精神上的扶持。

在汶川抗震救灾过程中，上海、辽宁等地志愿者组织招募组建多支具有一定专业水准和抗震救灾经验的、以青年医疗卫生志愿者为主体的抗震救灾服务队赶赴灾区。山西、湖南、贵州等省青年志愿者协会纷纷开展抗震减灾“黄丝带行动”，面向社会公开招募献血、医护、救援志愿者，参与抗震减灾。地震发生后，仅在绵阳市就已经有两万多名志愿者在行动，开展志愿服务达16万人次。5月14日，前往成都团市委报名的学生、医生、护士、教师、退伍人员、公司职员等各界人士已有3万多人登记入册，4000多人参与了志愿服务。山西抗震救灾志愿者人数在短短5天内报名人数就超过1万人。5月19日，在共青团四川省委登记的青年志愿者已达106万人之巨，遍布全国21个省份。5月21日，中国社会工作协会开通“抗震救灾志愿者热线”，根据灾区实际情况，组织志愿者分批前往灾区开展志愿服务工作。5月23日，广西启动“桂川同心助康复”志愿行动，组织全体志愿者通过1支志愿服务队结对1位震区伤员、青年志愿者专家心理康复服务队，切实帮助广西接收的所有灾区伤员全部康复出院。全国各地志愿者协会、志愿者先后成立了各种形式的抗震救灾援助服务队，广泛

① 2008年度中国慈善捐助报告。

开展心理危机干预、灾区避难知识及卫生防疫普及、震灾致残人士辅导与帮助、灾区支教志愿接力计划、灾区重建一对一计划等项目，提供多种技术支持和人力帮助，协助政府部门做好抢险救灾的互助自救工作。据团中央抗震救灾工作联合办公室和中国青年志愿者协会的初步统计，截至6月3日20时，全国共有561.2万人通过各级共青团组织报名参加抗震救灾志愿服务，直接和间接参与了抗震救灾的志愿者各地共有491.4万名。

3. 奥运志愿服务

2008年北京奥运会的志愿者达到创纪录的170万人。10万名赛会志愿者、40万名城市志愿者、百万名社会志愿者，以及20万拉拉队志愿者、近千万人次文明观众服务北京奥运。3万余名赛会志愿者参与残奥会服务，占残奥会赛会志愿者总数的九成。来自98个国家和地区的10万多名赛会志愿者将在竞赛场馆、训练场馆和服务场所提供观众交通、医疗、颁奖礼仪等多种志愿服务。7月1日至10月8日，40万名奥运城市志愿者出现在遍布北京的550个志愿者服务站点，为奥林匹克大家庭成员、国内外媒体记者、观众、游客以及首都广大市民提供信息咨询、应急服务、语言翻译三大志愿服务活动。在提供三大基础服务的同时，这550个站点还结合各自的地域和成员特点，推出各不相同的特色服务。奥运会结束后，这500个城市志愿服务站点作为奥运会的重要遗产长期保留，成为北京公共服务的窗口。此外，北京还通过志愿服务系统、公益项目和志愿学术组织等，长年累月地调动社会中志愿服务的热情。

除了赛会志愿者和城市志愿者外，100万人的社会志愿者已经在北京市社区乡镇开展志愿服务；另外，有上千万人参与的“微笑北京”主题活动，广泛传播志愿精神，营造全民参与和奉献奥运的社会氛围，取得非常好的社会影响。

北京奥运志愿服务最大限度地传播了志愿精神和志愿服务理念，促进了奥林匹克精神和志愿者精神的交融发展。志愿者成为了“奥林匹克精神的传播者”、成为了“志愿服务理念的践行者”和“中国和平发展国家形象的代表者”。外籍专家大卫·布雷特先生说，北京的志愿者组织是目前历届奥运会最好的，北京奥运会的志愿服务将是奥运会志愿服务史上的里程碑。

（五）积极应对金融危机

面对金融危机的影响，党和政府高度重视社会组织在经济危机化解中的角色和作用。为应对危机挑战，发挥社会组织在应对实体经济困难、扩大基层就业、维护社会稳定等方面发挥功能作用，引起社会各界的高度关注。胡锦涛总书记、温家宝总理都先后提出要重视发挥好行业协会的重要作用。在金融危机面前，行业协会以其临近市场的敏锐触角，充分运用自身优势，围绕当前行业发展状况和面临的问题展开广泛的调查研究，及时向政府反映行业现状和企业困境，同时将政府的各项利民政策向企业大力宣传和解读，在政府和企业间起到了桥梁和纽带作用。危难时刻，行业协会挺身而出，通过减免企业会费让企业轻装上阵，通过在销售、融资、定价、培训等方面为企业披荆斩棘，维护了行业整体利益，发挥了积极作用，展现出社会组织的整体战斗力。例如，上海市出台《关于充分发挥行业协会作用积极应对全球金融危机的通知》，鼓励行业协会积极建言献策、主动提供服务、顺势发展壮大、注重反馈信息。中国钢铁工业协会、纺织工业协会、电力企业联合会等众多行业组织，在应对行业困境、维护企业利益等方面担当重任。

为应对危机，不少行业企业间打起了价格大战，一些产品甚至由于白热化的竞争被迫亏本倾销。在此情况下，国内行业协会纷纷发挥企业盟主的影响力，通过订立价格联盟、规范经营行为等手段努力用一个声音说话，帮助行业内企业共渡难关。此外，一些行业协会通过建立常态化的产业信息发布机制，通过协会之间的专业化联合协作，在产业链内部消化一批因出口受阻而产生的过剩产能，继而建立起覆盖上中下游产业链的专业化产业联盟，抓住关键因素、突出重点企业，利用行业整体优势主动出击，迎难而上，提升企业的核心竞争力，以此作为企业安度经济寒冬的制胜武器。在为企业提供切实服务的同时，一些行业协会还鼓励企业积极履行社会责任，为拉动内需，促进就业、维护稳定作出贡献。一些行业性、联合性社团一方面倡导会员单位“减薪也不减员”，得到了一些企业的积极响应；另一方面倡导会员单位积极吸纳社会就业，通过扶持创业和提供职业培训、介绍等方式，间接提供了大量的就业机会。上海等城市尝试在高校毕业生中选聘一定数量的社工，充实到慈善、卫生、教育等诸多领域的社区组织中去，把一批返乡民工充实到从事扶贫、生态、环保等农村服务性、公益性、互助性社会组织中去，广泛参与农村的社会建设，促进城乡基层社会组织规范、健康发展，提高基层的社会管理和服务水平，促进社会和谐和民生改善。

公益创投：促进公益组织发展的新途径

深圳市民间组织管理局　马　宏

在非营利组织[①]发展如火如荼的今天，如何将政府、市场和非营利组织的优势整合叠加，产生倍增效应，是公益事业的真正挑战。由此，公益创投这一新概念走入我们的视野，公益创投产生于什么背景？它的内容、做法和要义是什么？它代表着什么趋势，对公益事业发展方向有何影响？有什么值得注意的问题？本文试图对这些问题进行初步的思考。

一、公益组织的重要性及其发展“瓶颈”

非营利组织的迅速发展，是改革开放30年中国社会发展图景的一个重要侧面。据民政部统计公报，截至2007年底，全国在民政部门注册的非营利组织有38.7万个，其中社团21.2万个，民办非企业单位17.4万个，基金会1340个。此外据学者估计，尚有在工商注册和未注册的各类草根组织总计约300万个，[②] 形成社会治理中的一股重要力量。

按照非营利组织与服务对象或受益对象之间的关系，可将非营利组织分为“公益型”与“互益型”两大类，这里的“公益”是指社会内部特定多数人的利益，或社会全体的利益。“互益”是指某一特定群体内的互助性利益。公益型非营利组织（以下简称公益组织）的服务对象是团体之外的特殊社会群体，它所提供的是公共物品或称为社会物品，它不代表该团体成员自身的利益，而是代表其服务对象的利益；而互益型非营利组织的服务对象仅限于其团体内成员，属于自我服务的性质。

将非营利组织作“公益型”与“互益型”的区分，其现实意义在于我国作为发展中国家，从经济上和社会各层面救助困难弱势群体是目前非营利组织存在和发展的特殊背景。因此，将公益性、慈善性作为非营利组织

① 非营利组织：又称社会组织、第三部门、公民社会、NGO、志愿组织等，为论述方便，本文统称非营利组织。

② 王名：“中国第三部门之路”，载《21世纪经济报道》，2005年12月25日。

的一个重要考察指标，将有利于建立适合这一类组织发展的经济环境、法律环境和社会环境。政府转变职能和剧增的社会服务需求，为非营利组织特别是公益组织发展提供了广阔的空间。但与此同时，公益组织发育却不能适应形势的发展，成为制约公民社会发育成长的重要因素。

总体而言，在非营利组织管理中对互益组织多重视，对公益组织重视较少；在公益组织中，对大规模的、由政府发起、在大城市活动的公益组织重视多，对民间、小型、偏远地区的公益组织往往忽视。随着科学发展观、和谐社会建设及增强社会自治能力命题的提出，经济社会要协调发展，公益组织的作用才凸显出来。政府改革、社会管理创新和公共服务的社会化，需要越来越多的非营利组织参与到社会福利、社区建设如社区综合服务、社区矫正、养老服务、扶贫开发、艾滋病救助、环境保护等公共服务领域中，形成公益组织与政府合作治理的新格局，因此，培育发展覆盖广泛、数量众多、服务方向差异化、服务水平专业化的公益组织显得尤为迫切。

然而，目前公益组织发展面临着诸多“瓶颈”：①缺乏有利的政策环境，慈善的税收减免政策缺位。②缺乏具有公信力的标准来帮助资助方鉴别良莠，极大地限制了社会资源向公益组织的流入。③缺乏管理支持体系，公益组织没有健全的组织运作体系、管理经营能力和治理结构，社会上也罕有提供专业支持的机构。④资源短缺且分配严重不平衡。据统计，2005 年，中国的慈善捐款总数仅占到全国 GDP 的 0.05%，而印度是 0.09%，英国是 0.84%，美国几乎是 2%。政府发起的 NGO 占公益领域的主导，吸收了政府 85%的资源，规模较小的民间组织则难以获得足够资助。⑤缺乏人才。没有足够的费用来招募合适的专业人才，现有人员也缺乏必要的培训，难以持续发展，缺乏足够的力量长期履行自己的使命。上述种种，核心是体制机制障碍及组织能力匮乏。因此，如何有效整合公益组织的供给资源，在目前的政策环境下加长公益组织的“短板”，是公益事业大发展所必须突破的“瓶颈”。

二、公益创投：悄然而生的实践

20 世纪 90 年代后，全球范围内政府、企业和非营利组织都面临着新的挑战。政府削减预算，却又必须提供更多的公共服务，解决社会问题；企业面临在全球化形势下如何应对和生存、并承担社会责任的问题；非营利组织面对资金锐减和运营压力，以及提供更具专业化服务的问题，这些变迁结果与互动，促成了公益创投概念与策略的兴起。

公益创投是政府、企业、非营利组织三部门应对发展与压力的解决策略，最早出现在美国和欧洲。和风险投资基金运作的方式相仿，其关注要点一是项目创意，二是组织团队的能力；其基本模式是不仅提供资金支持，还提供管理和技术支持，通过与被投资人建立长期的、深入参与的合作伙伴关系，达到促进公益组织能力建设和模式创新的目的，帮助其发展成为可复制的高效率的组织机构。

公益创投致力于帮助公益组织达到下列目标：

——明确的使命与策略：在组织内部达成广泛的共识，有清晰一致的发展策略和细致具体的各阶段工作计划；

——精干的管理团队：具有合理规范的理事会架构，可保障组织目标实现的团队和良好的志愿者管理体系，组织领导人拥有丰富的公益组织管理经验和卓越的资源整合能力；

——强有力的执行力：以项目为中心，熟练掌握和运用管理方法，完善的项目监督机制，注重同各利益相关方的有效沟通，保证各相关方对项目的满意度；

——规范化的管理和专业化的运作：通过一系列保障伦理操守的组织架构和制衡机制（如合理的理事会治理结构、透明的信息公开渠道、专业细化的财务制度及成熟的人事制度等）来保证组织运营的规范及效率。

在我国，公益创投也是一个崭新的现象，近年来一些知名企业和非营利组织合作联手推动公益平台建设，成为直接推动公益组织与社会公益事业发展的新生力量。

案例一：NPP的实践。2006年底，由全球著名的咨询集团麦肯锡公司联手摩托罗拉中国、诺华中国、奥美整合传媒集团等7家知名企业与中国青少年发展基金会、中国扶贫基金会共同创建了“NPP—公益事业伙伴基金”，它联手一流企业，建立和推行具有公信力的产业标准，并通过提供全方位的免费专业服务支持和能力建设资金，为公益事业领域建立和推广模范型组织。NPP与其他公益组织最大的差异在于，它并不直接执行公益项目，而是为其他公益组织提供资金和专业咨询培训，以此来促进其发展。发起各方整合各自优势：麦肯锡提供义务公益咨询服务，包括策略、营运、募款、人事等各方面的经验；其典型案例青海吉美坚赞福利学校，是一家为贫困的适龄、超龄牧民子女及年轻僧人提供免费教育的民办学校。NPP在理事会组建、学校教学模式总结、教材开发、创新收入模式发展等方面为这所学校提供了全方位的专业支持，并帮助其寻求外部资源，使其成为一所可持续发展的公益组织。

案例二：公益孵化器 NPI。上海浦东非营利组织发展中心（NPI）是在上海浦东正式注册的民办非企业单位。2007 年，NPI 在上海浦东率先成立了“公益孵化器”，应用“政府支持，民间力量兴办、专业团队管理、政府和公众监督、民间公益组织受益”的孵化器模式，对被孵化机构提供包括场地设备、能力建设、注册协助和小额补贴等公益组织创业期最亟须的资源，扶助这些初创的公益组织逐渐成长。随着工作的推进，NPI 逐渐探索出了四个主要的业务方向，即：建立公益组织孵化器和公益创投基金扶植中小 NPO 和社会企业发展；推动企业承担社会责任引导企业资源流入第三部门；承接政策研究和社区服务项目争取政策环境的改善；以在职培训和机构实习方式培育公益经理人和社会企业家。目前已有“妙心家政”、“浙冻人服务”等 15 家公益组织孵化成功。

案例三：联想公益创投计划。2007 年 12 月，联想集团发布企业社会责任战略，启动以“让爱心更有力量”为宗旨的公益创投计划，在全国范围内公开征集公益组织，为其提供定制化的能力建设和志愿服务支持，以及首期总计 300 万元的创业支持资金。征集原则重点强调创新性地解决社会问题，以及有较规范的治理结构和团队。目前已有 16 个项目入选首批计划，其中包括倡导“公益旅游”的“多背一公斤”；致力于中国生物多样性的保护的“山水自然保护中心”；缩小数字鸿沟的“中国村络工程办公室”等。每家机构可得到 15 万—20 万元的资助和为期一年的能力建设，帮助它们成长为高效率、高社会效益、可持续发展的公益组织。

案例四：慈善倍增计划。深圳市民政局拓展和改革公益金资助范围，向公益组织倾斜。2006 年划出 2000 万元资助兴办社区居家养老服务组织，2007 年 50 万元用于补助各类社团、民办非企业单位开展“关切诚信自律、关怀服务对象、关注民生福利、关心社区公益、关爱弱势群体”的“五关行动”。在上述初步探索后，2008 年，推出公益金 1970 万元用于购买公益组织服务。其基本做法是向社会公开征集公益组织开展的公益项目，制定资助考评办法，以全额、差额、部分补贴的方式资助，并对可持续发展的项目给予能力支持，旨在以公益创投的理念培育公益组织成长。

三、评析和启示

公益创投是公益领域的观念创新。公益创投是在政府、企业、公益组织三方合作之观念革新背景下提出的，是三方合作共赢的多目标、多功能、建设性的策略，对于政府来说，有利于推进公益事业，分担治理责任；对于企业来说，能达成有实际效果的社会影响，提升企业形象；对于公益组织来说，可以提升绩效，增强吸引资金和人才的能力，使之拥有更加优化的事业发展基础和更加良性的运作结构。

公益创投为公益组织可持续发展提供了一种新的机制。公益创投在选择资助项目上有一个“遴选”的概念，这就引导公益组织充分发掘公益创意，使之契合社会需求，有较强的操作性和模式的可复制性。同时，公益创投不同于过去企业单纯地向公益界提供捐赠的传统慈善模式，而是将风险创投的模式引入公益领域，输入企业界在资金和管理方面的各种资源，包括建设公益产业信息平台，制定行业公信力标准，以及倡导先进的公益理念等。这种既关注公益项目更关注公益组织能力建设的模式有助于公益事业可持续发展。

公益创投有助于构建分工有序的公益组织格局。长期以来，公益组织常常把自身的业务范围扩大到无所不包，以便争取到尽可能多的资源，结果造成公益组织面目雷同，没有明晰的定位和专长，往往还会出现恶性竞争，既筹款又进行项目运作，一旦项目运作不理想，又会影响到筹款的公信力。公益创投机制的出现，使公益组织分工专业化，一方面培育资助型公益组织专注于募款能力；另一方面强化运作型公益组织的执行能力，从而对公益组织发展起到导向作用，使其把精力花在专注于寻找真正的社会需求上，并力图使自身的服务个性化。只有培育出众多专业方向明确的公益服务组织，公益事业的发展才会均衡，才能更好地满足社会多元化、差异化的需求，形成公益事业良性发展格局。

公益创投有助于促进公益事业的公开透明。公益捐赠是一种特殊的财产形成方式，是公益产权。保护公益产权需要公开透明，它是公益事业健康发展的生命。随着公益组织资金规模的增大，公益产权受到不法侵占的危险性会非常大。一些公益组织的丑闻曝光，严重影响了公益组织的声誉和公信力。1997 年，美国最大的募款组织“联合之路”的总裁就因挪用捐款在欧洲购置豪宅而被曝光。2004 年，国家自然科学基金会爆出会计涉嫌贪污 1200 万元、挪用公款 2 亿元的惊天大案。公益创投结合多方资源，对资助的组织和项目须经认真遴选，并把项目公之于众，要求被资助组织有明确的绩效，接受社会监督，使问责和交代得以实现。

然而，如同任何事物都有其短长，公益创投也并非万能妙药，如何制定配套措施及避免误区？

首先，要制定不同的税收政策。对于公益组织来说，享有的法定免税优惠待遇包括两项，一是其本身享有免税的优惠待遇，二是向其捐赠的纳税人享受税收扣除的优惠待遇。但是，对于“互益型”组织，虽然其本身享有合法的免税地位，但是向其捐赠的纳税人不享有税收扣除优惠。目前我们尚无明确的划分，影响社会资源向公益组织流入。

其次，要警惕公益组织可能出现的“使命漂移”。公益领域市场化是一个世界性的趋势。理论上，公益组织的工作应该是紧紧围绕着服务对象的需要，但现实中，能否获得捐助者满意成为一些公益组织最看重的，而服务对象是否真正得到实惠则在其次了。公益创投导入企业运营模式，逐步通过合同的方式支付和分配援助基金，合同化方式已经成为公益组织筹资的发展趋势。这种合同文化造成的压力正在使得公益组织运行的工作方式变得更加谨慎，更多地考虑服从和优化审计，而不是去冒险、创新、更有效率地服务公众。如何保障公益组织在这样的筹资环境中不至于丧失工作对象，失去工作目标，导致公益“使命漂移”，如何保证公益组织依旧立足于服务对象，这些都是推行公益创投实践中必须小心面对和处理的问题。

第三，要建立独立的评估体系。为了防止公益组织在运行过程中公益性的偏离，必须有一系列社会监督、问责机制。为了避免这种问责交代机制流于形式，还需要有独立的评估机构来帮助公众对公益组织提供的信息进行分析与评价。对公益组织的监督，大体可以分为外部监督和内部监督，即他律与自律。基于中国特有的公益价值理念以及法制结构的差异，采取综合的监督模式更有利于推进我国公益组织的诚信建设，从而增强其公信力，全面提升公益组织的管理水平。

仅凭善意不可移动公益之山，必须运用策略这个推土机。公益创投为我们提供了一种有效的策略选择，我们有理由相信，随着公益事业的发展，它将日臻完善。

社区社会组织建设工作机制思考

宁波市民政局民间组织管理局　陈志卫

中国共产党十七大会议报告提出了“社会建设”，社会组织就是加强社会建设的一个抓手。社区社会组织是我国社会组织中一种新的组织类型，也是社区（基层社会）建设中一种新的结构性力量。自 2000 年我国社区建设进入全面推进态势以后，社区社会组织如同雨后春笋般在全国社区大地上蓬勃发展。从社区社会组织发展的轨迹看，社区社会组织一方面是由于广大居民需要，以居民主体参与实践而创造的；另一方面也是由“一区一品（或多品）”个性化创造，又是缺乏统一规则的基础上发展的。从战略性发展的前景需要看，现阶段应该对社区社会组织建设的工作机制加以研究并逐步定型。因为，在社区社会组织发展的各种要素中，优化后的工作机制带有根本性和长效性。这种工作机制是以体制创新为基础，形成的一套符合社区社会组织建设本质规律的结构化规则，具有指导机制、管理机制、激励机制、动力机制和监督机制等，其中，包含着对过去经过实践检验有效的方式方法，进行一定的加工，使之系统化、理论化，这样才能有效地指导实践，有利于社区社会组织建设稳步发展并保持长久的活力。

一、确立科学指导的认识定位

民政部部长李学举 2007 年 11 月在南京会议上提出：“建设是核心。就是说要以社会组织为本，始终把社会组织建设作为中心任务来抓”。建设的基础是对社会组织的正确认识，对于社区社会组织来说，也是同样道理，科学认识是我们研究制订工作方针的基础。

（一）从社区与社区社会组织的共性内容中定位

科学发展观要求我们，遵循事物发展的内在规律性，来确定事物运动发展中的“指导法”。如将社会组织的功能定位、社会环境、发展目标、人员组成、组织建设等要素当作相互联系的统一体来观察，在经济社会的宏观发展中，如何配合、支持、围绕经济社会发展，来设定社会组织建设的宏观目标和阶段性目标。社区社会组织的发展与社区建设工作内容相吻合。社区建设一开始就表现出其旺盛的生命力，其原因就在于社区建设的工作内容与广大居民群众的内在需求是吻合的。如中办、国办 23 号文件中提出社区建设的工作内容，是社区服务、自治、卫生、文化、环境等等。现有的社区社会组织虽然有多种类别，但从功能作用上看，宁波市总结归纳出服务型、学习型、自治型、文化型、安全型等几种类型，从中可以看出，基本上反映出了社区建设与社区社会组织的工作内容是相近相通的。如宁波市每个社区都有 10－20 个提供服务、协助管理、组织活动、开展互助等多种类型的社区社会组织，对于社区（基层社会）建设起到了提升服务功能、扩大民主自治的积极作用。对于社区社会组织的科学指导来说，就是要立足于发挥社会组织的作用结合实际，制定和实施培育发展社区社会组织的办法，采取切实有效措施，统筹规划，科学发展，逐步建立布局合理、结构优化、功能到位、运行有序、作用明显的社区社会组织发展管理工作格局。

（二）从社区与社区社会组织的本质特性中去定位

社区的本质是“一定地域的社会生活共同体”，社区社会组织则是“一定地域社会生活共同体”的实现载体。社区社会组织可以把具有共同特点或需求的人组织起来，建立相应的组织，开展不同形式和丰富多彩的活动，为社区居民的交往和沟通创造条件，在社区居民之间构筑交往和沟通的桥梁，满足居民交往和沟通的需求，促进社区居民彼此之间相认、相识、相知和相互帮助，使社区真正成为社区居民生活的共同体。据 2002 年宁波市的社会调查，当地居民在社区的参与率一般为 10%。2008 年 6 月社区社会组织已达 4500 多个，每个社区平均不少于 15 个，每个团队组织约 30 人，社区社会组织实际上已经成为居民广泛参与的组织载体和核心组织，社区居民参与率普遍提升到了 50%以上。事实证明，社区社会组织具有贴近生活、贴近群众的特征，居民群众可以通过年龄大小、兴趣爱好、共同利益等自愿参与社区社会组织的团队活动，开展邻里互助及文化活动，从中实现了“家门口”的社会人，寻找到了单位之外新的依托载体来满足其精神、文化需求，同时，经济能力的普遍提高又使得人们有可能追求多元化、更高层次的需求满足。所以说，国务院曾经发文要求结合社区实际，重点培育公益慈善类、文体类、生活服务类社区社会组织，从中已经表现出具有科学认识的定位。

（三）从社区社会组织与社会组织的差异性中去定位

社区社会组织与其他社会组织具有共性，这就是十六大提出的“各类社会组织提供服务、反映诉求、规范行为的作用”。但也存在许多差异，从工作对象的类别形态看，处于社区之上层面的社会团体、基金会和民办非企业单位等类型的社会组织，由于自身的利益驱动和一定社会活动能力的作用，通常结社意识强，社会活动能力强。而社区社会组织以社区居民为成员，以社区地域为活动区域，以满足社区居民的不同需求为目的，由居民自主成立或参与，较之以正规社会组织有更多的随意性。尤其是从社区居民群众现有状态看，居民的“结社”意识和社区单位的资源共享的意识比较缺乏，参与的主体人员比较狭窄，参与的内容受到局限，活动的范围受到限制。因此，对于社区社会组织的管理，不能照搬那些正规登记的社会组织，而是应该针对社区社会组织的本质特征来设计指导的原则与方法。如宁波市海曙和镇海区制定的几条办法：组织设在社区，功能街道共享；管理方式简化，属地定在街区；鼓励个性发展，满足多样需求；符合条件登记，一般采用备案等等。在实践中就非常有效，有利于社区社会组织健康发展、持续发展。

二、落实依法管理的工作机制

管理是社会组织发展的基础保障。对于社区社会组织来说，也离不开管理。依法管理是社会主义法治的重要内容，也是社区社会组织迫切需要加强的，这既需要完善相应的法规体系，也需要我们在实践中不断的摸索创造。

（一）用基本法规原则去指导管理

对社会组织实施依法管理，不是死搬教条地对照法规条文，尤其是生长期较短的社区社会组织，还面临着不少法规条文的空当。从宏观上看，社会组织的建设是为了增强其服务社会的功能，逐步明确政府的职责和任务，完善社会组织政策体系，科学规划、正确引导、积极扶持，使社会组织全面协调可持续发展，与构建社会主义和谐社会的内在要求相适应，与建设中国特色社会主义的正确方向相统一。因此，对于社会组织管理的基本要求，坚持党的领导、依法办事、民主管理，是我们应该遵循的共同法则。从社区社会组织的发展现状看，目前还处于政府引导与民间自发相结合、法规理论与实务实践共探索的初级阶段，民政部部长李学举曾明确提出："培育与监管是基本手段，就是要一手抓培育，一手抓监管"。这就要求我们做到"发展不忘管理，管理为了发展"，将社会组织准入管理与跟踪监管相结合，将粗放型管理逐步向精确型管理转化。唯有如此，才能有利于提升组织质量，培育扶持出大量能力强、素质高的社区社会组织，从而确实提升社区社会组织的地位作用。

（二）用细化政策规定实施具体管理

随着社区社会组织的发展，不少地方已经针对其组织特性，出台了相对应的政策规定，其中有些原则是社会组织的共性管理要求的移植，仍然具有普遍的适用价值。如社区党建工作应覆盖到社会组织之中，落实党建工作责任制，这些都是必须坚持的。也有一些针对社区社会组织的创新政策，很值得我们注意。如宁波市明确责权主体，提出社区社会组织建立必须要得到社区党支部（总支）和社区居委会的同意，并在街道办事处备案，日常活动要自觉接受社区党组织和社区居委会的指导；未经登记或备案、擅自开展活动的组织，作为非法组织来处理。还有分类鉴别和管理原则。上海市对社区社会组织进行分类管理，生活服务类、兴趣交流类的社会组织，一般采用备案制，对于一些涉及功法和学术、咨询等类别的，则从严把关，须向民政部门申请登记审批。从不断完善管理监督机制，规范发展行为的要求看，政策要细化，也要系统化。如对社区民间组织进行管理和监督，要逐步建立健全包括备案登记、跟踪监管、绩效评估、依法处罚等在内的完整管理制度体系，规范各项工作程序，全面提高管理工作的制度化水平。

（三）用内部组织法则推进自我管理

社区社会组织是群众性的自我教育、自我管理型组织，每一个体的内部管理是其组织正常运转、健康发展的基本保证。内部管理必须把握的三项要素。一是组织宗旨。明确的宗旨是组织的灵魂，是确定组织活动路线的基础，也是衡量组织活动成效的标准。社区社会组织是人们为了实现共同的特定目标而组合起来的社会群体，组织宗旨是组织致力于达到的某种期望的境界，是指向未来的东西，是组织期望达到的状态。二是组织规制。社区社会组织的规章制度，是关于组织的性质、目标、任务、结构、组织原则、组织成员的权利与义务、组织活动规则等的规定，也是一种预先约定。由于社区社会组织相对社区层面以上社会组织缺乏相应的人力和精力，很难做到将规章制度形成规范的文件和体系，但是就其基本作用来说，规章制度是必不可缺的，同时规章制度的复杂程度也体现了一个社区社会组织活动的内容、目标、规模、质量。三是组织成员。每个社区社会组织都是有一定数量成员组成的，成员素质决定了一个团体的整体功能质量，因此，社区社会组织对于进入组织的成员，必须通过一定的进入程序或手续，通过这种进入程序或手续，从而形成社区社会组织的界定界限，以促进成员对其社区社会组织的归属感和认同感，明确其成员各自的权利和义务。对自我管理除了有基本标准来规范，还应设立跟踪评估监督机制，才能促进自我管理、自我规范。

三、创建有效指导管理的工作机制

社区社会组织既是一种新的社会组织，也是一种新的体制。因此，也需要相应的、有针对性的，能够有效指导管理的工作机制，这需要体制结构的创新，也需要工作方法的创新。

（一）建立业务指导工作联合平台

社区建设与社区社会组织的本质特征是居民群众的广泛参与。从业务指导的角度看，社区建设与社会组织的业务指导工作应该是融合的，而不是单立的。从现实情况看，社区与社会组织工作，虽然同属民政系统的工作，但具体而言，是民政部门中两个职能部门的工作。事实上，从省、市、区县的领导和机构看，有不少是分开单设的，工作轨道不交汇、不融合。事实证明，工作思路是分轨自行的，认识上就不容易统一，工作上也不够协调，发展就会受限。解决认识问题，就要认识到社区是社会组织发展的重要平台和良好机遇，社会组织是社区建设的重要力量和有效机制。以宁波市为例，采用召开社区工作和社会组织联合会议形式，将两种分立的工作体系融合在一起，构建成一个共同作用的发展平台实现使社会组织落脚在社区，而社区建设又因为有了社会组织而提升质量、增强功能。在社区建设的现有基础上，在社区社会组织的现有状态上，开展整合、培育发展的工作。同时，还积极构筑了与社区社会组织相关，如老人、妇女、劳动、文明社区创建等部门有机联合的工作平台，共同抓好社区党支部、居委会培育社区社会组织的典型，逐步形成了“四同”，即“同化认识、同步项目、同研政策、同建成果”，提高了工作指导效能。

（二）建立综合服务管理街道工作平台

在街道层面建立社区社会组织工作平台，是为了有效地开展对社区社会组织的服务、协调、指导、管理。如上海长寿路街道、宁波白云、招宝山等街道，都不同程度地开展了这方面的探索。一是通过社会组织服务中心（办公室）搭建服务平台，为社会组织提供各种服务，帮助社会组织解决实际困难，发挥“孵化器”作用，引导、扶持、培育社区慈善超市等服务性、公益性、慈善类社会组织，满足社区需求、救助社区弱势群体；二是推进集中式指导管理，对群众团队实行备案登记，探索群众团队长效管理机制，建立社区社会组织信息网络，及时反馈信息，协助政府管理部门开展工作；三是开展调查研究，不断研发项目，制定相应扶持政策。其中宁波市北仑区的做法值得关注，他们设立200万元福彩公益基金，资助社区社会组织开展扶贫帮困等公益服务发展项目，对社区公益性社会组织实行分类扶持，通过项目征集、项目引领、信息咨询服务及购买性、委托性、奖励性等促进机制，形成了“财气神”一体循环的气场效应，“财”为资金引领项目，项目集聚人气，人气促成神聚（社区建设的精神理念成为共识），形成全方位支持社会组织并促进社区（基层社会）建设的联动发展效应。

（三）建立引领社区社会组织自行运转的平台

社区社会组织在整合社区资源、推动各项社会活动，促进经济发展，维护社会稳定中起着不可缺少的桥梁和纽带作用。其生命力在于是否能够有效服务于广大居民生活需要，这主要表现于社区社会组织的类型、宗旨、功能。如何能够使社区社会组织贴近生活、贴近群众，成为打破部门和区域界限、扩大公众参与的重要合作平台，需要设立有效的活动载体，以起到以点带面、拉动全面的效应。宁波市为了促进社区社会组织健康、有序发展，开展了“十好百佳”创建活动。每轮创建活动为两年，通过创建培育100家左右组织健全、功能完善、规范活跃、作用突出的社区社会组织，以提升社区社会组织整体水平，促进和谐社区建设。“十好”主要有：组织落实好，功能定位好，基础保障好，自律管理好，活动运转好，公益形象好，队伍建设好，发展能力好，居民参与好，作用发挥好。从活动的进程来看，“十好”标准浅显而又明确，适合基层社区工作者掌握，有利于推广，起到了引领社区社会组织健康、快捷发展的作用。

四、积极探索长效动力的政策机制

社区社会组织的产生及其生发的原动力，是广大人民群众的需求。但是随着人们生活质量的不断提高和对社会生活要求的提高，社区社会组织如何适应不断发展的新形势，这需要在政策制度的层面加以提升。

（一）注重完善政策和发挥引领作用

营造社区社会组织生存和发展的社会环境，凭借社区群众的自身力量是远远不够的，更多的需要从政策制度的层面去设计，政府有关职能部门，应进一步研究制定并落实社区社会组织发展的扶持政策，为社区社会组织培育发展提供有力的政策支撑。如，积极协调政府通过奖励、补贴或购买服务等方式扶持社区社会组织的发展，积极尝试社区内公益性、福利性设施“公办转民办”“公办民管”和“民办公助”等运作模式。同时，依法保护社区社会组织的合法权益，保障社区社会组织的正当收费和正常经济来源。积极协调财政、劳动、教育等相关部门，努力解决社区社会组织培育发展中遇到的经费、场所、人力、从业人员社会保障等实际困难，为社区社会组织的生存和发展营造宽松的社会环境，保障社区社会组织的可持续发展。宁波市曾制定社区内学校资源让居民共享的政策，不仅扩大了资源的合理使用，而且有效地促进了社会良好氛围。还有培育激励政策等等，通过开展各类社区社会组织的绩效评估和评选表彰活动，推广优秀社区社会组织经验，激发其活力和动力。

（二）加强政策推进志愿者队伍建设

胡锦涛同志曾明确指出，抓好社区建设要建设好两支队伍，一支是社区专职工作者队伍，一支是志愿者队伍。社区社会组织是志愿者队伍主要承载体，也是培训壮大志愿者队伍的主要承载体。而志愿者又是社区社会组织中，最具有公益性和奉献性的群体，是动员社区内的各种社会资源，有效组织居民自我管理、自我教育、自我服务的骨干力量。鼓励志愿活动，并且保持持续的动力参加志愿活动，需要政策机制来维护持久的动力。这需要从机制上、制度上、政策上去研究来解决，如志愿活动服务他人的互换机制、精神与物质的奖励等等。尤其要注意用政策培育社区社会组织的“领头羊”，培养出一批有技能、善协调、会管理同时具有魅力、有创造力、有影响力的骨干队伍，以带动社区社会组织的整体功能建设。

（三）探索资金保障的制度性方法

建立资金保障制度，为社区社会组织建设提供资金保障和物质支撑，是增加发展动力的必要保证。要从居民群众的实际需求出发，根据社区社会组织可提供服务的类型、数量、质量，加大政府购买服务力度，积极引导社区社会组织向社区养老、医疗救助、志愿服务等公益性方向发展，并将扶持老年公寓、老年护理院、社区养老服务站、残疾人康复站等非营利性单位的发展，将为特殊群体服务与政府为民办实事及重点建设项目结合起来，资助社区社会组织长效发展。税务部门对公益类社区社会组织要在政策许可的范围内减免税收费用，劳动部门要优先给社区社会组织从业人员提供公益性岗位、解决劳动保险和养老保险等，动员组织街道、社区为社区社会组织提供免费或者低偿活动场地、资金和设施等方面的必要帮助，为社区社会组织发展提供便利条件。有条件的地区可以实行税收增量比例返还制度，以目前提供的税收和财政下拨的经费为基数，将每年新增加的创税部分按比例返还，引导居委会开拓服务、租赁、中介、房租协税业务，开辟低偿服务项目，采用政府拨一点、项目创一点、会员收一点、社会集一点的办法，增强社区社会组织内在活力，以促进长效发展。

农民专业合作经济组织法律地位探讨

张仁萍　符信新

农民专业合作经济组织在发展现代农业、服务广大农民和建设和谐农村等方面具有非常重要的作用，被认为是农村经济的体制创新，在全国各地迅猛发展。然而，由于相关立法的滞后，农民专业合作经济组织的法律地位不明确，造成在注册登记、签订合同、销售产品、申请贷款、承担责任等方面遇到各种法律障碍。基于此，笔者试图通过对农民专业合作经济组织的概念与范围、民事法律关系主体、法人类别、注册登记与管理等问题的分析，对农民专业合作经济组织的法律地位作一探讨，以确定其正当的法律地位，促进其健康发展。

一、农民专业合作经济组织的概念与范围

农民专业合作经济组织，是指建立在家庭承包经营基础上，从事同类或者相关农产品的生产经营者，依照加入自愿、退出自由、民主管理、盈余返还的原则，按章程进行共同生产经营、服务活动的互助性经济组织，是当前我国农村的专业合作社、社区合作社、专业协会、股份合作社、合作社的联合体等组织的总称。

我国实践中的农民专业合作经济组织大致有三种类型：一是农村专业经济协会。这类协会采取会员制的方式，吸收从事同一专业生产的农民作为会员，在技术服务、生产、加工、储运、销售等环节上自愿联合起来建立的，由协会提供产、供、销过程中的服务，组织会员在产前、产中、产后等环节进行合作的服务性经济组织。这类协会不是一个经济实体，不以营利为目的，利益关系比较松散，其特征是农民入会时交纳的不是股金而是会费。二是农民专业合作社，这种合作社在家庭承包经营的基础上，从事同类或者相关农产品的生产经营者，依据加入自愿、退出自由、民主管理、盈余返还的原则，按照章程进行共同生产、经营、服务活动的互助性经济组织。此为农民专业合作经济组织的典型形式。其特征是以为社员服务、保护社员利益为宗旨，依章程成立，农民入社时缴纳股金取得社员资格，合作社实行"一人一票制"的社员民主管理，对内不以营利为目的，把所获得的利润，按交易量返还给农民，属于经济实体。这是区别于其他经济组织的重要特征。三是农民股份合作社。主要是从事生产经营的农民，自愿采取资金、技术、土地使用权等生产要素入股，按股份合作制原则组建的经济实体。这种类型一般有章程，实体以经济合同方式收购专业合作经济组织成员的农产品进行加工或对外销售，盈利分配实行按交易数量返还与按股份分配相结合。

二、农民专业合作经济组织是何种民事法律关系主体

民事法律关系主体，又称民事权利义务的主体，是指能参加民事法律

关系而享有民事权利承担民事义务的法律资格。确立农民专业合作经济组织的法律地位是其参与民事法律关系、享有民事权利、承担民事义务的前提。然而，目前我国还没有制定农民专业合作经济组织法。《农业法》只对农民合作经济组织作了原则性的规定，并未明确民事主体地位。2004 年浙江省颁布的《浙江省农民专业合作社条例》开国内农民专业合作经济组织立法之先河，其第四条规定："合作社依照本条例规定登记取得法人资格，依法独立承担民事责任"。但因为它是地方性法规，只能在浙江省适用，且该条例并未明确农民专业合作社的法人类别，只是笼统称之为法人，没有从根本上解决农民专业合作社的法律地位问题。2006 年 10 月 31 日第十届全国人民代表大会常务委员会第二十四次会议通过了《中华人民共和国农民专业合作社法》，使农民专业合作社有了法律主体地位，但是却放在工商行政管理部门登记管理，把农民专业合作社混同于公司企业等营利性组织。实际上，国际上通常把农民专业合作社作为非营利组织对待。

由于缺乏法律赋予的合法身份，实践中的农民专业合作经济组织"法律地位"不明确，能否及如何注册登记，主要取决于各地政府部门的认识水平。造成农民专业合作经济组织内部的权利、义务、责任不明晰，运行机制不规范，农民正当权益得不到保障。更令人担忧的是，一旦出现经营问题和债务纠纷，农民专业合作经济组织根本无法承担随之而来的法律责任。所有这些都严重制约着农民专业合作组织的生存和发展。因此，通过统一的农民专业合作经济组织立法来确立农民专业合作经济组织的法律地位就显得尤为重要和迫切。

按我国目前的民事主体制度，民事主体的种类包括自然人、法人和合伙。合伙分为个人合伙和合伙企业，个人合伙是指两个以上的人以共同经营为目的，相约共同出资、共享利益、共担风险的自愿联合；合伙企业是指在中国境内设立的由各合伙人订立合伙协议，共同出资、合伙经营、共享收益、共担风险，并对合伙企业债务承担无限连带责任的营利性组织。农民专业合作经济组织显然不是自然人，也不能是个人合伙或合伙企业，因为：一是，合伙需要承担无限连带责任，农民专业经济合作组织本来主要就是农民这种弱势群体的联合体，承担无限连带责任容易导致农民破产；二是，不论是个人合伙，还是合伙企业，都是以营利为目的的。而农民专业合作经济组织不是以营利为目的的，成员利益的实现不仅表现为获得财产权益，还表现为从组织中获得服务，更具有"人合"色彩。所以应赋予农民专业经济合作组织的法人地位。如果不赋予其法人地位，农民专业合作经济组织将很难得到行政管理部门和市场其他主体的认可，必然阻碍其获得商标注册、质量认证和信贷支持，导致交易双方主体在安全性上的担忧和信任，最终将会阻碍其发展壮大。那么，农民专业经济合作组织是否符合我国法人登记的基本要求呢？

我国《民法通则》第三十六条将法人界定为“具有民事权利能力和民事行为能力，依法独立享有民事权利和承担民事义务的组织。”第三十七条规定：“法人应当具备下列条件：（一）依法成立；（二）有必要的财产或者经费；（三）有自己的名称、组织机构和场所；（四）能够独立承担民事责任。”以此标准来判断，上述三种类型的农民专业合作经济组织均具备我国民法所规定的法人实质要件，应当获得法人地位。事实上，我国台湾地区的《合作社法》明确合作社是法人，把合作社定义为：“依平等原则，在互助组织的基础上，以共同经营方法谋求社员经济利益和生活改善，而其社员人数及股金总额均可变动的团体。合作社为法人。”至于赋予其何种法人地位，则需要分析农民专业合作经济组织的法人类别才能得出结论。

三、农民专业合作经济组织的法人类别

我国民法根据活动性质的不同将法人分为企业法人、机关法人、事业单位法人和社会团体法人。农村专业经济协会属于社会团体法人没有异议。但农民专业合作社和农民股份合作社既不属于社会团体法人，也不属于机关法人、事业单位法人和企业法人。这两类合作社的宗旨是为社员提供服务，在性质上属于自助性经济组织。显然，我国现行的法人类别无法涵盖这两类合作社。这需要另辟蹊径，从别的角度来分析这两类合作社的法人地位。

大陆法系传统民法理论依据不同的标准把法人作了多种划分：以法人设立所依据的法律为标准，分为公法人与私法人；以法人成立的基础为标准，私法人可再分为社团法人和财团法人。社团法人为人的组织体，其成立基础在于人。例如各种公司、合作社、各种协会、学会都是社团法人；财团法人为财产之集合体，其成立基础在于财产。例如各种基金会；以法人的目的有无营利性为标准，将法人分为公益法人、营利法人和中间法人，公益法人是指以公益事业为目的法人。例如学会；营利法人是指营利事业为目的的法人。例如公司；所谓中间法人，指法人当中存在着既不宜归于营利法人，又难于归于公益法人的法人。例如合作社。按照这一分类方法，我国的农民合作社当属社团法人中的中间法人。但是中间法人概念

范围太广，不能突出农民专业经济组织的本质特征。从农民专业经济组织的组建宗旨可以看出，这类组织是不以营利为目的的农民联合体，属于非营利法人。但是非营利法人的范围也太大，需要进一步明确法人类别。

梁慧星教授主持起草的《中国民法典：总则编条文草案》中采用了营利法人和非营利法人概念，他认为，非营利法人包括传统分类的公益法人以及介于营利法人与公益法人之间的中间状态的法人。作为自助性经济组织并对社员实行非营利原则的各种合作社，正是这样的中间状态的法人。但该草案并没有对“合作社”下定义，况且“非营利法人”是一个模糊概念。现行民法中的机关法人、事业单位法人、社会团体法人等均属非营利法人。这一概念仅能定“性”，不能定“位”。农民专业合作经济组织既向成员提供服务又返还盈利，成员之间既互帮互助，又共同合作，该组织既有“资合”性质又有“人合”色彩，且“人合”成分大于“资合”成分，笔者认为这是一种新型的法人组织，即“互益法人”。实际上，1987 年《美国非营利法人示范法》已经把非营利法人划分为公益法人、互益法人和宗教法人三种形式。

四、农民专业合作经济组织的注册登记与管理

注册登记是农民专业合作经济组织确立法人地位的标志，也是其进入市场的通行证。农民专业合作经济组织的注册登记应该采取什么方式呢？世界上各国设立法人的原则一般有自由设立、特许设立、行政许可、准则设立和强制设立五种。按我国现行的法人注册登记制度，机关法人和事业单位法人的成立采取“特许主义”，无须进行法人登记；社会团体法人的注册登记机关为民政部门；企业法人的登记机关为工商行政管理部门。实践中，由于农民专业合作经济组织法律地位不明确，导致在注册登记方面极为混乱，在民政、工商、农业、科协等部门进行登记的都有，其中还有进行多头登记的。大多数农民专业合作经济组织根本没有进行注册登记。登记的名称也是五花八门：协会、有限责任公司、合作社有限责任公司、合作社股份有限公司等等，不一而足，比较混乱。

近两年来，不少省市把农民专业合作经济组织分为营利性和非营利性两种，营利性的到工商部门登记注册，非营利性的到民政部门登记注册。但是从法理上看，把农民专业合作组织分为营利性和非营利性是不科学的，因为法律意义上的“营利性经济组织”指的是“以营利为目的”的经济组织，在此意义上，所有的农民专业合作经济组织都是非营利性的。而且如果在工商部门注册登记为法人，按照现行法律规定，只能归属于企业

法人。但合作社很显然不是企业法人。这就带来了一些问题，如，合作社在工商行政管理部门登记为企业法人，就必须按工商企业纳税，也得不到政府优惠政策的扶持，这显然与农民合作经济组织立法服务“三农”的理念是相悖的；农民专业合作经济组织性质上是不以营利为目的的自助性经济组织，与以营利为目的的企业法人有着本质的不同，在法律上应属两类根本不同的民事主体。现实中将农民专业合作经济组织作为企业法人进行登记容易造成在法理上的混淆和实践中的混乱，抑制农民专业合作经济组织职能的实现和作用的发挥。因此，可以认为，对农民专业合作经济组织的这一简单分类管理方法，只能解一时之急，不能解决理论问题和法律问题，不是长远之计。

笔者认为，最好的办法是尽快制定一部《农民专业合作经济组织法》。在对农民专业合作经济组织进行整体上的“非营利法人”定性的基础上，确定其中的农民专业合作社和农民股份合作社为“互益法人”，并且实行双重管理体制，农业主管部门作为业务指导单位，民政部门作为登记管理机关。这样做的理由：一是目前所有的民间组织都在民政部门登记，其中包括农村专业经济协会，这些组织有个共同的特点就是不以营利为目的，属于“非营利法人”。农民专业合作社和农民股份合作社属于“非营利法人”中的“互益法人”，可以作为民办非企业单位统一归口到民政部门登记，但是对行“农民股份合作社”之名，实际上按“股份公司”运作的组织，应当依照《公司法》到工商部门办理登记手续。二是我国大多数农民的文化知识、农技水平和组织能力还不高，参加农村专业经济协会的也主要是农户、涉农企业、农民专业合作社和农民股份合作社。在农民专业合作经济组织发展的初级阶段，需要政府部门的大力推动。另外，从便于管理和服务的角度来看，也应当确立双重管理体制，利用农业主管部门的技术优势对农民专业合作经济组织进行业务指导、技术培训、经验交流等。三是目前在工商部门登记的都是以营利为目的的企业法人，如果把农民专业合作社和农民股份合作社放到工商部门登记，很容易使人们认为这两类组织和企业法人没有区别，造成认识上混淆和实践上的混乱，甚至可能偏离这两类合作社的组建宗旨。

总之，确定农民专业合作经济组织正当的法律地位，有利于提高我国广大农民的组织化程度，创建农民进入市场的平台；有利于建立农民专业合作经济组织合理的法人治理结构，规范运作行为；有利于打造“四有”农民专业合作经济组织（有组织制度、有合作手段、有较大规模、有明显效益），使农民专业合作经济组织真正做到“民办、民管、民受益”。

发挥社会组织在防范化解群体性事件中的作用

刘忠祥　高成运

党的十七大报告提出要“发挥社会组织在扩大群众参与、反映群众诉求方面的积极作用，增强社会自治功能”，对我国社会组织的作用有了新的认识和概括。社会组织作为独立于政府、企业之外的第三部门，在防范化解群体性事件中有着自己的独特优势，可以在预防和化解社会矛盾中发挥政府部门难以替代的作用。

一、社会组织在群体性事件治理中的角色受到社会关注和重视

（一）单位化社会体制逐渐瓦解，呼唤社会组织发展壮大

计划经济时代的我国社会是一个高度组织化的社会，通过单位达到了社会控制，保持了社会稳定。而现在的社会转型期，单位化的社会体制开始瓦解，大量的公民成为“社会人”。据有关部门统计，目前中国社会发生的群体性事件中，农民维权约占35%，工人维权约占30%，市民维权约占15%，社会纠纷占10%，社会骚乱和有组织犯罪分别占5%。这里涉及的基本上都是弱势群体或者是社会的边缘群体。比如退休工人数已达5000多万人，但这一人群与原单位的联系越来越弱，难以从原单位获得充分的或必要的社会支持。进城务工的农民工已达2亿人左右，留守在农村的老人、妇女、儿童及部分青壮年大概在7亿人左右，但普遍缺乏来自社会和社区的社会支持和社会服务。还有失业失学的青少年、流浪儿童普遍缺乏社会关怀和帮助，刑释解教人员、吸毒人员等边缘群体在回归社会、融入社会时也普遍缺乏社会帮助和支持。世界的现代化进程表明，一个社会的组织化程度越高，其稳定性就越强，社会活力就越大，社会管理的难度系数就越小。一个成功的社会应该善于管理冲突和矛盾，而不是杜绝冲突和矛盾。在单位化社会体制解体的今天，有必要大力培育和发展社会组织，提高社会的再组织化程度。从某种意义上可以说，社会组织将是中国社会再组织化的重要力量甚至是主体力量。因此，社会组织的健康发展是化解社会矛盾、维护社会稳定、实现社会相对和谐的有效机制与路径。

（二）社会利益结构重新调整，使社会组织成为社会成员利益诉求的渠道选择

在中国现阶段，社会利益结构在进行不可避免的大幅度调整。现在的改革发生了不小的变化，从增益型的改革转变为利益调整型的改革。中国改革的初期是增益型的改革。就一般情况来说，凡是卷入改革的人均为赢家，而且卷入改革的人或群体在利益方面的增进并不意味着其他人或群体在利益方面同时要损失些什么。如今中国的改革是利益调整型的改革，这一群体的利益增进，常常意味着另一群体的利益损失，以往的那种卷入改革过程者皆为赢家的情形已经不复存在。比如，资方的利润高一些，就往往意味着工人的收入要低一些。但与此同时，在市场经济条件下，社会成员的合理利益被确认，因而其平等和民主意识明显增强，社会成员越来越懂得选择多种不同的方式来进行维权和表达自己的利益诉求。从我国近年来群体性事件的发展态势看，有组织、有直接利益诉求的群体性突发事件在数量上占了绝大多数，但是，无组织、有直接利益诉求甚至无组织、无直接利益诉求的群体性事件也在大量增加，这带有明显的社会利益结构调整期的特征。社会组织作为社会的“自组织”，不仅有着与社会成员的天然联系以及组织社会的天然能力，而且可以扮演政府和社会成员之间沟通联系的中介和桥梁，通过自愿、协商的方式和专业的手段去服务特定的社会群体并帮助解决他们的问题。比如，浙江东阳市建筑行业协会就部门重复收费问题，代表建材企业与政府有关部门进行协调，使不满情绪得到合理疏导和有效化解，正当权益得到合法保障或适度补偿。因而，通过社会组织这一途径谋求自身的利益保障，将成为社会利益结构调整期社会成员的选项之一。

（三）社会建设进程快速推进，使社会组织的职能空间得到拓展

在一个健全的现代社会当中，经济建设与社会建设是协调、统一的，两者共同支撑着社会的安全运行和健康发展。从一定意义上讲，经济建设侧重于经济效益和初次分配领域，体现了机会平等和按劳分配原则；社会建设侧重于再分配领域，体现了社会公正的人人共享、普遍受益的精神。如果社会建设严重滞后于经济建设，那么贫富、阶层、城乡、地区等结构性差异将持续存在，以此为根源的群体性事件必将会经常发生。同经济建设相比，中国真正意义上的社会建设起步较晚。到了20世纪90年代末期和21世纪之初，社会建设才开始起步。近年来，特别是十七大以来，社会建设提到重要议事日程，呈现加速推进的势头。社会组织在社会建设和社会管理中的职能空间得到极大拓展，其地位和作用明显上升。社会组织对

基层社会和公众生活的影响也越来越大，比如，在参与公共决策上，环保类社会组织表现活跃，在金沙江虎跳峡电站、北京动物园搬迁、圆明园防渗膜工程、怒江水电开发等多起重大公共事件中，环保社会组织积极参与，并发出自己的声音，对公共决策产生了积极影响。2004 年，40 余家环保组织倡导 26℃空调节能行动，得到了社会的积极响应。配合国家制定“十一五”环境保护规划，中华环保联合会在全国范围开展公开征集公众对编制国家“十一五”环保规划意见和建议的活动，全国有 400 多万公众以不同形式参与，公众参与踊跃、反映强烈，其广度和深度前所未有。在社会转型时期，各种问题不断涌现，通过社会组织这样的建设性力量，可以发挥更多合理、有效的干预作用，从而在社会建设与管理中提高公众参与程度，促进社会建设发展水平。

二、社会组织在防范化解群体性事件中的主要功能

社会组织参与防范化解群体性事件，可以发挥以下几个方面的作用：

一是精神抚慰功能。心态失衡是群体性事件发生的心理根源。同样的问题，群体心态不一致，演变结果和处理难度大不相同。民众可以通过社会组织及时充分地表达自己的利益要求，避免矛盾和冲突在社会领域的过度压抑、聚集甚至总爆发，减缓或者避免社会成员对政府的直接对抗，从而建立起社会缓冲与消融机制。因此，社会组织可以发挥精神抚慰、人文关怀功能，及时化解一些人不满情绪的积累，防止或减少没有直接利益诉求的民众参与群体事件。社会组织可以对那些心理失衡比较严重、生活确有困难的人，实行重点帮扶，组织他们进行文化和知识技能培训，提高其社会竞争能力。特别是在一些经济发达地区，外来打工人员、流动人口常常是群体性事件的参与主体，他们大多身处异乡，极易感受社会压力。社会组织可以凭借自身优势，扩大成员交流，使他们倾吐心声、互相鼓励，以摆脱自卑和孤独，消除困惑，协调成员与政府及企业关系，反映成员要求、维护其合法权益等，成为群众情感寄托和精神抚慰的“舒缓器”。

二是排忧解难功能。进城农民工、城乡贫困老人、城乡特困户、优抚对象，流浪乞讨人员等弱势群体和企业军转干部、企业退休人员等特殊群体面对贫富差距，心理失衡，是集体诉求和群体性事件发生的重要因素。这部分群体的生活得不到保障，直接影响社会稳定的大局。社会组织可以发挥自身作用，提供社会服务，积极排忧解难，提前化解矛盾和有效分解群体性事件。大量活跃在基层的公益性社会组织，如基金会、慈善协会、残疾人康复中心等顺应社会需求，在福利、公益事业和社会服务领域发挥

着积极作用。比如，浙江杜桥镇流动人口管理协会，针对农民工法律知识薄弱的情况，专门成立了流动人口法制学校，为他们提供法律咨询，每年对流动人口授课十余次，每年有5000多名农民工接受教育培训。四川巴州区劳务开发协会春运期间义务为民工购票，免费提供休息和行礼寄存，免费接送遇困农民工。四川华西民工救助中心每遇到农民工合法权益受到侵害时，中心工作人员接到求助后在第一时间赶到现场，设身处地为农民工实施救助等。

三是桥梁纽带功能。民众合法权益受到侵害时，最主要的就是其合理要求有机会表达、有渠道申诉。社会组织一方面能够及时反映其意愿、呼声，建立理性沟通渠道，从而可能通过反复协商统筹兼顾各方面利益；另一方面，社会组织在党委政府主管下又合理规范了民众维护自身权益的要求，把矛盾化解在基层。社会组织作为第三方力量，起到了建立缓冲地带的作用，可以消解不必要的对立态势，避免把政府直接推到社会矛盾的利益交叉点上去。社会组织实际上在政府与个体之间起到了缓冲器、润滑剂的桥梁纽带作用，有利于实现政府管理与社会调节的互动，以形成社会管理和社会均衡发展的合力，更好地建设和谐社会。

四是源头预警功能。尽管群体性事件有突发性和潜伏性之分，但群体性事件一般都有一个酝酿、发展和爆发的过程。只有在群体事件的酝酿阶段，确保对引发群体事件的隐患和苗头的高度敏感性，才能及时掌握信息，见微知著，未雨绸缪。社会组织是各类人群的集聚点、各种思想的交汇处、各种信息的传播站，也是反映社情民意、引导社会舆论、缓解社会压力的重要场所。在群体事件发生的初始阶段，社会组织能够利用自身优势及时把掌握的信息、动态向党委、政府和有关部门汇报，以便做到早发现、早安抚、早解决，在不稳定因素快速积聚以前，及时采取防范措施，阻止群众聚集，延缓事件的发生，减小规模和影响。因此，社会组织在防范化解群体性事件中可承担监控、预警功能。

三、对发挥社会组织在防范化解群体性事件中作用的建议

（一）充分认识社会组织的积极作用

随着我国社会结构、社会组织形式、社会利益格局的深刻变化，社会组织日益成为民众利益诉求、民主参与的重要渠道，成为政府加强社会管理、提供公共服务、联系民众的重要渠道，成为各方争取、关注和重视的社会力量。通过组织途径表达各种诉求和意见，往往比较理性、处于可控状态，不容易发生极端行为。为了适应这一形势，必须用正规、合法的社

会组织取代各种自发的团体，使每一位社会成员都能在合法的社会组织中找到自己的位置。建议各级党委和政府、政府各职能部门要从落实科学发展观的高度出发，正确认识和认真对待社会组织及其在防范化解群体性事件中所发挥的作用，贯彻落实党的十七大精神要求，从建立完善社会管理和社会服务方式，促进社会和谐的角度出发，真正认识并积极发挥社会组织在防范化解群体性事件中的积极作用。

（二）切实加强党和政府对社会组织的领导

社会组织不仅在经济社会领域发挥着促进就业、创造财富、提供服务、解决社会问题等方面的作用，还具有一定政治功能。这种功能又具有鲜明的两面性。一方面在于扩大社会参与，推进民主政治发展，在防范化解群体性事件中发挥积极作用，但如果作用发挥不当，也可能成为压力集团，抗衡政府，危害社会。因此，我们要准确把握我国社会组织阶段性特点和本质特征，引导其发展成为社会建设的重要主体，成为党领导下的可靠力量和长期执政的重要基础。要整合相关职能主管部门的力量，积极探索多部门参加的长效性协调机制，不断形成促进社会组织发展的综合支持体系和依法规范的综合管理体系。要多策并举，加强社会组织党建工作，进一步理顺社会组织党建工作的关系，形成党的组织部门、社会组织登记管理部门、社会组织业务主管单位“三位一体共同负责”的工作格局。要推动建立政府调控机制同社会协调机制互联、政府行政功能与社会自治功能互补、政府管理力量与社会调节力量互动的社会管理网络，不断提高社会建设和管理水平。

（三）积极培育发展，加大政策和资金扶持力度

要尽快修订、制定《社会团体登记管理条例》《民办非企业单位登记管理暂行条例》及其《实施细则》，强化管理和监督，同时将境外非政府组织在境内的活动纳入我国法律框架，加强对境外非政府组织的监督管理和审查。要把社会组织培育发展纳入经济社会发展计划，赋予一部分政府转移出来的社会管理和公共服务职能，逐步减少、取消社会组织参与公共服务和社会管理的限制。对社会组织从事公共服务给予税收优惠和财力支持，完善从业人员有关工资人事、社会保障政策。要积极培育发展一批切实在防范群体性事件、化解社会矛盾上真正发挥作用的社会组织，加大政府购买服务的力度，通过政府购买服务的方式，资助其开展必要的活动，这样也可以避免和减少其因资金问题而接受境外组织的资助，防止被境外敌对势力所利用。

（四）妥善处理基层自发“维权”组织和维权活动

基层自发维权组织和活动，情况比较复杂，涉及面广，从微观看往往具有相当的合理性，有的基层同志反映，他们提出的问题80％都是合理的，80％是能够解决的，80％是在基层就应该解决的。但由于各种原因，长期得不到解决，他们有的到处申诉告状，有的采取跳楼、自焚等极端办法，有的通过老乡、亲友等纽带聚众抗争，但往往也因方式方法的偏激，情绪发泄方式的不妥，产生负面作用，甚至影响社会稳定。因此，处理基层“维权”组织和自发维权活动，要严格把握政策界限，正确处理不同性质的矛盾，从实际出发，针对不同情况，切忌不分青红皂白扣帽子打棍子，扩大和激化矛盾，造成更为严重的后果。对那些以维护公民合法权益为幌子，而与境内外敌对势力相互勾结，在职工群众中从事非法活动，危害国家安全和社会稳定的敌对非法社会组织，要重点进行严厉打击。对极少数社会组织不积极化解冲突、维护社会稳定，利用政府工作失误和群众不满而介入群体性事件的，则要严厉查处。

体制内行业协会的功能异化及改革路径

孙春苗

体制内行业协会主要是指通过分解和剥离原来的政府行业主管部门，采用自上而下的方式成立和培育起来的相关的行业协会，此类“官办型”行业协会的产生主要是基于两种需要：从计划经济下的部门管理转向市场经济下的行业管理的需要，以及政府机构改革和转变职能的需要。这类行业协会是通过政府授让权力而取得行政合法性在先，然后在运作过程中有可能逐步扩大其社会合法性。

一、体制内行业协会的功能异化

作为转型期中国所特有的行业组织类型，通过此类行业协会的实际调研以及媒体报道发现，体制内生成的“官办”行业协会的功能异化问题相当普遍，主要体现在：

（一）组织定位偏离行业自治的基本属性

1. 在服务对象定位方面，此类行业协会往往选择政府部门（尤其是业务主管单位）为自己的主要服务对象，以“分担政府职能”为主要工作内容，在面向会员企业的时候更多呈现的是“行业管理者”的高姿态而不是“服务提供者”。例如，中国包装联合会作为中国第一个官办型行业协会，[①]其19项主要业务中的第一项就是“落实国家包装行业方针政策，协助国务院有关部门全面开展包装行业管理和指导工作”。

2. 在行为价值取向方面，此类行业协会往往以部门利益为导向，而并非以会员企业利益、行业整体利益为导向。不仅没有向会员企业提供周到及时的服务，有的甚至借用行政权力寻租，向会员企业进行违规认证、巧立名目乱收费等一系列违法行为，造成行业协会和会员企业之间的对立紧张关系，使得会员企业的利益不仅没有得到维护和提升，反而受到了损害。近年来此类行业协会依托行政权力对企业进行乱评比、乱排序、乱收费的“三乱”现象有增无减，给企业造成了很大的经济负担。例如，2006年中国音像协会向全国的KTV企业进行收费纷纷遭到了各地KTV的抵制。

（二）行政化和官僚化导致工作能力不足

1. 在能力建设方面，此类行业协会存在着宗旨和目标模糊、组织和人员涣散、工作效率低下等问题，同时组织经费不足、薪酬待遇不高也导致组织缺乏高素质专业人才，这进一步限制了组织能力的提升，这是很多官办型行业协会所面临的普遍问题。

2. 在工作方式方面，此类行业协会与政府部门存在着一定程度的“趋同效应”，即工作行政化、机构官僚化以及对政府的依赖等一系列问题，这也导致组织缺乏制度创新动力和行动开拓能力，因而无力为会员提供高质量的服务，也无法形成对会员企业的向心力。例如，行业协会在面临层出不穷的国际反倾销诉讼的时候，信息不畅、反应滞后、应对措施不足，造成许多行业处于十分被动的境地，造成大量经济损失。

（三）权威性和影响力不足

1. 此类行业协会普遍缺乏有效的行业共同利益整合机制、与政府和企业的良好沟通机制，造成自身缺乏足够的权威性和影响力；

① 1980年3月12日，经国务院批准，中国包装技术协会成立，业务主管单位是当时的国家经济委员会；2004年9月2日，经民政部批准，中国包装技术协会正式更名为“中国包装联合会”，目前的业务主管单位是国务院国有资产监督管理委员会。

2. 很多官办型行业协会的会员众多、规模庞大，然而企业的加入主要是基于此类协会所拥有的政府委托职能以及对应的政府行政权力，而不是对协会本身合法性的认可或者参与行业集体行动的积极性。

二、政府对于体制内行业协会的错误定位及影响

由于体制内行业协会生成途径的路径依赖影响，加上原有计划经济体制的惯有思维以及部门利益的影响，政府部门尤其是业务主管单位对于此类行业协会的认识和定位存在着一定的误区，这也是体制内行业协会失灵的重要原因。一般来说，政府对于体制内行业协会的错误定位主要表现在以下方面：

1. 安置政府工作人员。此类行业协会往往成为分流政府冗员或安置退休官员的机构，这种“二政府”组织容易延续以往的官僚体制，这与真正的行业协会的自治机制是矛盾和抵触的，而且不利于政府机构改革的彻底推行。

2. 延续部门管理。此类行业协会往往要接受政府委托的职能或分派的任务，而有些职能或任务并不是基于行业发展的真正需求而是基于政府行政的考虑，比如行业管理、行业自律等，所以也无法构成对企业参与的真正吸引力。

3. 承担边缘性功能。一方面政府往往将一些边缘性职能转给此类行业协会，比如发行行业刊物，或者将行政需要而政府操作成本很高的职能强加给行业协会，比如进行某项行业调查；另一方面，许多本来应该由行业协会承担的重要职能资源仍然被掌握在政府手中，比如行业认证、技术标准制定等。

4. 利用行业协会进行权力寻租。部分政府部门为了追求部门利益，利用自己分管的行业协会向下属企业收取会费，却没有相应地为会员企业提供服务。有人形象地描述此类行业协会的一些特征：“戴市场的帽子，拿政府的鞭子，坐行业的轿子，收企业的票子，供官员兼职的位子。”

近年来，中央政府逐渐意识到上述问题的存在及其对于体制内行业协会发展的束缚，并提出了一系列的改革措施，如 1998 年国务院办公厅下发《关于党政机关领导干部不兼任社会团体领导职务的通知》；2002 年国家经贸委在《关于加强行业协会规范管理和培育发展工作的通知》中强调“要充分尊重行业协会的独立社团法人地位，要加快政府职能转变”；2007 年《国务院办公厅关于加快推进行业协会商会改革和发展的若干意见》强调，行业协会“要从职能、机构、工作人员、财务等方面与政府及其部门、企事业单位彻底分开”。

随着行业协会改革的不断深入，“政会分开”逐渐开始在一些行业协会中得到实施，政府部门对于行业协会进行直接管理的程度和幅度在不断减少，但从全国看，政会不分的现象依然普遍存在，尤其是省级以上的行业协会。2004 年，中国工业企业与市场调查系统以工商领域的 86 家“官办”的全国性行业协会为调查对象，撰写了 1.4 万字的《中国行业组织生存状况调查报告》。该报告指出，在被调查的机构中，政府部门对 38%的行业协会进行直接的行政管理，主要采取的方式是任命行业协会的主要负责人，对行业协会的资金运行进行统一支配和管理，对行业协会的日常工作进行管理等；政府部门对 41%的行业协会进行部分的直接管理，主要是通过掌握行业协会的人事大权来实现；只有 21%的行业协会接受政府的宏观管理（见图 1）。据 2008 年《社会组织周刊》的报道，在全国性社团中，处级以上公务员在行业协会兼职人数 7680 人，其中，部级及以上领导 825 人，司局级领导 2690 人，处级领导 1180 人[1]。

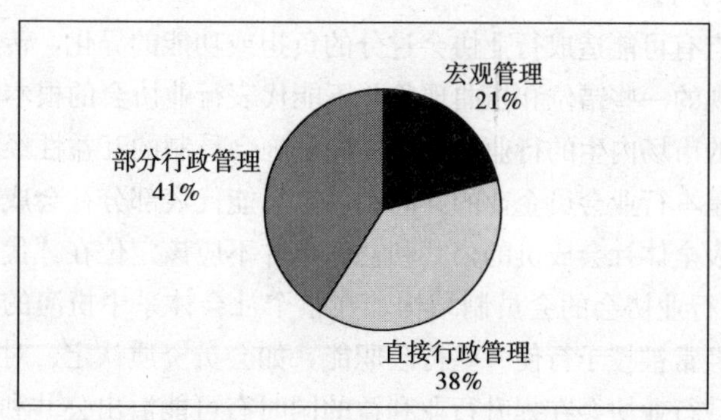

图 1. 政府对于行业协会的管理方式统计

三、学界对于体制内行业协会的认识偏差及批判

不仅政府部门对于体制内行业协会的定位有一定误区，学界对于此类行业协会的认识也存在着一定偏差，这些偏差认识不利于从学术层面对此类行业协会进行准确定位和深入研究，也在一定程度上阻碍了此类行业协会的深化改革和长远发展。总体来看，学界对于此类行业协会的错误认识表现为以下几个方面，针对这些观点，笔者将一一进行具体批判：

（一）对“委托一代理”观点的批判

一种观点认为，体制内行业协会是由政府“赋权”形成的，由此出发，政府和此类行业协会之间形成了“委托一代理”关系。这种盲目照搬西方理论的观点并不正确，因为构成“委托一代理”问题的基本条件有三个，第一个基本条件就是“委托人和代理人是两个相互独立的利益主体，双方都以自身效用最大化为追求目标。代理人为委托人工作，并且可以选择自己的行动；委托人付给代理人报酬，并且可以决定报酬的给予方式”，[①] 也就是说“委托一代理”关系成立最基本的前提是双方之间在权利和义务方面的对等关系，而在当前的中国，政府部门和此类行业协会之间的地位本身就是不平等的，体制内行业协会成为“政府代言人”的现象只是中国转型期的特殊现象，由此推理，政府和体制内行业协会之间并不存在真正意义上的“委托一代理”关系，而是一种“依附一庇护”的关系。

（二）对“桥梁和纽带”观点的修正

一种观点认为，体制内行业协会代表公共利益，应该做政府和企业之间沟通的“桥梁和纽带”，比如，黎军认为：“行业协会既代表或协助政府实现对社会的管理以维持秩序，又作为社会成员的利益代表对政府形成一定的监督制约力量”[2]。

这种观点有可能造成行业协会过分的负担或功能的异化，转型期体制内行业协会出现的一些错位和扭曲现象并不能代表行业协会的根本属性和未来走向。真正的市场内生的行业协会是一种实施会员制的互益性经济类社团组织，追求的是本行业会员企业的共同利益，只能代表部分社会成员的局部利益，不能代表全体社会成员的公共利益，也并不应该定位在“代表或协助政府”。诚然，行业协会的会员制结构和在整个社会体系中扮演的角色，决定了行业协会经常被授予行使一些行政职能，如会员资质认定、对违规会员的惩处等，导致行业协会在提升行业利益的同时有可能溢出公共利益，但是这不能改变行业协会作为一种封闭性、互益性法人的本质，也不能因此而否认行业协会作为互益性法人与公益性法人的根本差别。当前现实中发生的行业协会推动涨价、垄断的诸多案例此起彼伏，就为此作了很好的注解。

（三）对延续当前体制观点的批评

一种观点认为，体制内行业协会当前运行体制的延续有必要性和意义，因为可以从体制内外的双重渠道获取相关资源，尤其是可以从政府那里获取相关的政策支持、职能转移和资金援助。

应当说，部分学者的这种观点在特定的转型期具有特定的存在理由，也代表了相当一部分体制内行业协会抗拒改革的动机和理由。然而，与行

① 第二个基本条件是“委托人和代理人都面临不确定性和风险”，第三个基本条件是“委托人和代理人之间信息不对称，代理人的信息优势可能影响委托人的利益”。

业协会对政府的依赖对应的往往是政府对于行业协会的干预，从行业协会长远发展的战略意义上来看，这种观点是一种治标不治本的暂行措施，并不值得肯定，尤其是作为学者不能在理论层次上进行鼓吹和提倡，因为这将有可能造成体制内行业协会对于政府的依附和从属，不利于行业协会的深入改革和开拓创新，无法激励真正的行业协会独立地位和自治机制的产生。同时必须注意到，行业协会也有责任切实解决自身行政化倾向严重以及依赖政府等问题，我们应该改变以往政会分开侧重政府责任的一贯做法，基于政府和体制内行业协会的双向角度，从制度根源出发进行当前行业协会管理体制的彻底改革。

四、体制内行业协会功能异化的原因

（一）理论分析——法人分类

从理论层面来看，在传统的法人分类理论上，存在着比较笼统的做法，那就是要么分为营利性法人和非营利性法人，要么分为私益性法人和公益性法人，然而行业协会作为互益性法人，是一种并非以社会公益为目的的特殊非营利法人组织[3]，与公益性法人、公法人组织有很大的不同，如会员制具有封闭性、受益具有排他性、法人解散时资产应当返还会员等。行业协会设立和存在的目的着眼于会员整体利益而非社会公共利益，不应当被定义为公益性法人，也不应界定为公法人组织。部分行业协会体现出“公法人”倾向，不过是政府授权委托的选择结果，这种情况在整个行业协会领域中并不具有普遍意义，也不能改变行业协会作为私法人的法律属性[4]。然而，在相当长的一段时间内，行业协会作为互益性法人的独立性地位没有得到理论澄清和立法确认，导致部分官员和学者对于体制内行业协会的认识和定位存在很多误区。

（二）实践影响——管理体制

从实践层面来讲，中国的行业协会在组织类型方面属于社会团体范畴，其管理体制遵循中国社团实施分级双重管理的基本原则[5]。双重管理体制在一定程度上是对原有的“政府管企业”体制的延续，方便各业务主管单位通过行业协会来保留对所辖地区的行业的干预和控制。体制内行业协会的成立主要是基于政府机构改革和政府职能转移的需要，通过分解和剥离原来的政府行业主管部门、自上而下成立的，而并非基于企业的联合需要而自愿自发组织成立，在这种背景下，体制内行业协会无法保证独立地位和自治机制，发展容易受到业务主管单位主观态度不确定性的影响，当然也就谈不上为会员提供服务、提升行业整体利益。体制内行业性协会“二政府”的尴尬境地是转型期中国特有的“路径依赖”现象，这造成了业务主管单位和体制内行业协会之间难以改变的“控制—依赖”关系，也致使中央政府对于行业协会的改革措施迟迟得不到切实有力的推行。

当真正意义上的行业协会作为整体出现的时候，它们的本质是某行业的利益集团，追求的是会员企业的共同利益，具有显著的经济价值导向，而且它们的外部行为方式也应当围绕这一基本点运作的。行业协会存在的使命在于代表企业利益、为企业提供服务，只有履行这一使命的时候，行业协会才能实现自身的良性可持续发展，进而促进行业企业乃至整个行业更好地发展。然而，很多体制内行业协会的运行逻辑却偏离了这一要旨，部分官员的错误定位和学者的错误认识进一步加重了这种扭曲，应该适时进行纠正，否则，体制内行业协会必然发生功能上的错位或不堪重负，进而有可能造成“失灵”。这种“失灵”既有可能带来行业协会的独立性和自治性不足、行政化和官僚化加剧等问题，也可能造成行业协会利用行政权力寻租、损害会员企业利益的可能性。

五、体制内行业协会的改革路径

（一）总体思路

如何尽量避免体制内行业协会出现功能异化问题？最重要的措施是实施政会分开，实现行业协会与业务主管单位在经费、人员、办公场地三方面的“脱钩”，建立行业协会独立自主的经济自治机制。

2007 年国务院办公厅《关于加快推进行业协会商会改革和发展的若干意见》的第七条中，对有关政会分开的工作进行了总体部署：行业协会要严格依照法律法规和章程独立自主地开展活动，切实解决行政化倾向严重以及依赖政府等问题。要从职能、机构、工作人员、财务等方面与政府及其部门、企事业单位彻底分开，目前尚合署办公的要限期分开。现职公务员不得在行业协会兼任领导职务，确需兼任的要严格按有关规定审批。行业协会使用的国有资产，要明确产权归属，按照有关规定划归行业协会使用和管理。建立政府购买行业协会服务的制度，对行业协会受政府委托开展业务活动或提供的服务，政府应支付相应的费用，所需资金纳入预算管理。①

---

① 见国办发［2007］36 号《关于加快推进行业协会商会改革和发展的若干意见》。

在实现政会分开的过程中，比较理想的改革措施就是彻底废除现有的行业协会双重管理体制，让体制内行业协会真正脱离部门利益的牵掣和政府的不合理干预，切实树立为会员服务的宗旨，使协会的各项工作走向专业化、市场化、民间化，从而获得会员企业的认同和参与，真正成为会员企业的利益代言人，完成由行业管理者向行业利益代表者转化、由行政合法性向社会合法性转化的两大转型过程。同时，政府有必要为行业协会的发展提供必要的服务和支持，在培育行业协会的同时也要加强对行业协会的监督管理，引导行业协会沿着正确的方向发展，实现行业协会独立自主的市场主体地位，建立起政府和行业协会之间的良性互动关系。

（二）实践经验——以深圳行业协会改革为例[4]

早在1995年，深圳市委组织部、市编办、市民政局就联合出台了《关于全市性社会团体管理若干问题的通知》，要求全市性社会团体逐步实现“人员自聘、工作自主、经费自筹”，启动了行业协会社会化、市场化序幕，在探索构建政府与行业协会的新型关系上迈出了第一步。

第一，行业协会改革的统筹指导。

2004年，深圳市委办公厅、市府办公厅联合下发了《深圳市行业协会民间化工作实施方案》，进一步确定了行业协会改革发展的总体思路是行业协会民间化、市场化、国际化改革。同时，市委组织部下发了《关于党政机关事业单位公职人员不再兼任行业协会职务有关问题的通知》，规定在行业协会任职的国家机关公职人员以及各类事业单位在职人员均要辞去所担任的行业协会职务。同年12月，成立深圳市行业协会民间化工作联系会议制度，联席会议由市发改局、市贸工局等23个政府部门组成，工作内容包括贯彻落实市委、市政府关于行业协会民间化工作的部署，讨论研究设计行业协会民间化各阶段工作的计划安排和重大事项，即协调处理民间化过程中出现的新情况、新问题等。

第二，行业协会的管理体制改革。

2004年，根据中编办有关指示和《中共广东省委、广东省人民政府有关深圳市深化行政管理体制改革试点方案的批复》，深圳市委、市政府在政府序列中新设了行业协会服务署，统筹协调全市行业协会改革发展，集中行使分散在原行业协会各业务主管部门对行业协会的行政管理权，并在推进行业协会改革与发展过程中，注重协调处理好五大关系：坚持“指导与被指导、监督与被监督”原则，处理好政府与行业协会的新型关系；坚持“培育服务与指导规范并重”的原则，处理好行业协会改革发展与稳定的关系；坚持“支持不干预”的原则，处理好业务指导部门与行业协会的关系；坚持“协助不越位”的原则，处理好业务指导部门与行政管理职能部门的关系；坚持“分工合作，共同促进”的原则，妥善处理行业协会业务指导部门与行业管理职能部门的关系。

2007年初，深圳市民间组织管理局提出，深圳行业协会改革的新的目标是将原来的“二元制”变为简单的新的“一元制”，其改革目标是实现“三无”，即行业协会、商会“无行政级别、无行政事业编制、无行政业务主管部门”。同时，深圳市行业协会服务署与深圳民政局下辖的民间组织管理办公室整合为市民间组织管理局，作为市民政局下设副局级行政事务机构。至此，备受瞩目的深圳市行业协会服务署，也在完成自己的历史使命后功成身退，传统的二元体制终于被一元体制取代，深圳市也成为国内最先实行行业协会一元化管理体制的城市。

第三，对行业协会的培育和支持。

制定《深圳市行业协会商会发展“十一五”专项规划》，规定了深圳市今后五年行业协会改革与发展的方向、目标和任务。

建立了市领导、市政府部门与行业协会定期对话沟通机制，规划建设“深圳市行业协会服务中心”与“深圳市行业协会服务中心”与“深圳行业协会信息化公共平台”项目，搭建起为行业协会服务的一系列公共平台，促进了政府和行业协会的沟通交流，帮助解决行业协会发展中的实际问题与困难。

深圳市还积极开展了行业协会发展专项经费及管理办法的调研，研究制定《深圳市行业协会专项经费管理办法》。

对非行政许可审批进行汇总和梳理，研究制定政府相关行业管理职能和工作事项向行业协会依法、有序、规范转移的长效机制。在2005年深圳市第三轮行政审批制度改革过程中，市政府决定取消并由行业协会商会或中介机构实行自律管理的行政许可项目就达23项，进一步放宽了行业协会商会发展的政策环境；

通过举办讲座、论坛，与高校等联合举行行业协会在职秘书长培训班等形式，不断提高行业协会工作人员的专业管理水平。

编辑发行了《深圳行业状况及行业协会》年度报告，对深圳主要行业和行业协会的年度运行状况进行综合分析及指导。

进一步加强公共服务意识，维护行业协会的合法权益，对行业协会出国出境、反倾销应诉等提供援助和支持，加强对行业协会的宣传，营造良好氛围，不断提高深圳市行业协会的知名度和影响力。

第四，对行业协会的监管和规范。

2005年6月，深圳市出台了《深圳市行业协会暂行办法》，确立了行业协会管理的新模式，明确规定了行业协会的设立原则、运作模式、治理结构和行为规范。

制定了《深圳市行业协会设立指引》，明确行业协会成立条件与要求，实行行业协会筹备的信息披露制度，对行业协会实行分类指导。

制定了《深圳市行业协会综合考核办法》，探索行业协会考核评价，逐步建立行业协会退出机制，优化行业协会结构。

制定出台《深圳市行业协会法人治理建设指导准则》，研究推动行业协会加强法人治理，积极引导行业协会商会完善内部治理结构，促进行业协会完善内部制度，不断提高行业协会运作质量和公信力。

加快修订《深圳经济特区行业协会商会条例》。

通过一系列民间化改革，深圳市行业协会与政府部门、事业单位等原主管单位在人财物方面基本脱钩，还原了行业协会商会独立社团法人地位。[①] 2004年10月以来，新成立的行业协会的发展初步实现了“自愿发起，自选会长，自筹经费，自聘人员，自理会务”、“行业办会、会员办会”的特点。行业协会的组建实现了由“政府主导、自上而下”向“政府指导、自下而上”的根本性转变，另外政府还通过设立行业协会专项经费、促进相关职能向行业协会转移、建立与行业协会之间的定期对话沟通机制、取消双重管理体制、制定实施一系列条例和法律等积极务实的有效措施，促进了政府与行业协会之间的新型关系的形成。

这些改革措施激发了行业协会改革发展的积极性，目前深圳行业协会不仅已经基本实现了在人财物等方面的“存量改革”，而且已经进入整合行业和行业协会资源的“增量发展”阶段。深圳行业协会不仅涉及了深圳高新技术、金融、物流、文化四大支柱产业以及优势传统产业，覆盖了深圳市国民经济主要领域，而且大部分企业发挥了搭建企业与政府的沟通平台、整合行业资源为企业服务、促进行业自律和规范市场竞争秩序、组织企业应对反倾销、解决国际贸易纠纷等重要作用，并形成了深圳行业协会

① 201名在69家行业协会兼职的党政府机关已经按照规定全部脱钩；每家行业协会都有独立的基本账户、会计从业人员和较为完整的财务年度报表；超过80%的协会通过租用社会物业、会员提供、购买自有产权的办公场所来解决，另有少数行业协会有偿或无偿使用政府物业，基本上没有与原业务主管单位合署办公的情况。

在实施“提供服务、反映诉求、规范行为”功能方面的显著特色。①

参考文献

［1］行业协会的中国之路，社会组织周刊（EB/OL）. 2008－03－15，2008－09－01。

［2］黎军．行业组织的行政法问题研究［M］．北京：北京大学出版社，2002.80。

［3］陈晓军．互益性法人法律制度研究——以商会、行业协会为中心［M］．北京：法律出版社，2007.8，78。

［4］梁道行．大胆改革勇于创新大力推动行业协会商会的健康发展［R］．深圳民间组织管理局．深圳行业状况及行业协会，2006，北京：人民日报社《大地》2006 专刊，2007－08－11。

［5］贾西津．转型时期的行业协会——角色、功能与管理体制［M］．北京：社会科学文献出版社，2004.144。

我国公益性捐赠税收优惠政策分析

宋忠伟

公益性捐赠是指按照《中华人民共和国公益事业捐赠法》规定向非营利公益事业的捐赠支出。作为我国社会组织的重要筹资渠道，公益性捐赠对于发展壮大社会组织、推动我国慈善事业发展、完善社会保障体系具有重要意义。根据中华人民共和国民政部编写的《中国民政统计年鉴——2008》，2007 年民政部门、慈善会、各类基金会总计收到社会捐赠款物 148.387 亿元，其中社会捐赠款 132.82 亿元。为鼓励社会公益性捐赠行为，推动我国公益事业的健康发展，国家有关部门出台了一系列的公益性捐赠税收优惠政策，但由于我国公益事业的重要参与力量——社会组织，尤其是公益性社会团体，起步较晚，相关规章制度不够健全，导致政策的

① 见深圳民间组织管理局．深圳行业状况及行业协会．2006，北京：人民日报社《大地》2006 专刊，2007：13。

制定、推行遭遇“瓶颈”。本文通过对我国目前公益性捐赠税收优惠政策的介绍，结合税收优惠政策实施中所遇到的问题，借鉴目前国际社会的先进经验，提出相应的政策建议。旨在为发挥公益性捐赠税收优惠政策的效能作用、加强社会组织尤其是公益性社会团体建设、推动公益事业健康发展建言献策。

一、我国公益性捐赠税收优惠政策

我国公益性捐赠的受赠主体是公益性社会团体和县级以上人民政府及其部门。根据《中华人民共和国企业所得税法实施条例》，公益性社会团体，是指同时符合下列条件的基金会、慈善组织等社会团体：依法登记，具有法人资格，以发展公益事业为宗旨，且不以营利为目的；全部资产及其增值为该法人所有；收益和营运结余主要用于符合该法人设立目的的事业；终止后的剩余财产不归属任何个人或者营利组织；不经营与其设立目的无关的业务；有健全的财务会计制度；捐赠者不以任何形式参与社会团体财产的分配；国务院财政、税务主管部门会同国务院民政部门等登记管理部门规定的其他条件。

现阶段，我国并没有专门的公益性捐赠税收优惠法律法规，更多的是散见于各类法规条文中。归纳一下，政策规定主要体现在以下几个方面：

（一）公益性社会团体捐赠税前扣除资格认定

《财政部、国家税务总局关于公益救济性捐赠税前扣除政策及相关管理问题的通知》（财税［2007］6号）规定：经国务院民政部门批准成立的非营利的公益性社会团体和基金会，其捐赠税前扣除资格由财政部和国家税务总局进行确认；经省级人民政府民政部门批准成立的非营利的公益性社会团体和基金会，其捐赠税前扣除资格由省级财税部门进行确认，并报财政部和国家税务总局备案。并对申请捐赠税前扣除资格公益性社会团体所应具备条件、捐赠物资用途、捐赠票据使用作了相应规定。

（二）捐赠税前部分扣除政策规定

1. 企业公益性捐赠。《中华人民共和国企业所得税法》第九条规定：企业发生的公益性捐赠支出，在年度利润总额12%以内的部分，准予在计算应纳税所得额时扣除。

2. 个人公益性捐赠。根据《中华人民共和国个人所得税法实施条例》第二十四条规定，个人捐赠额未超过纳税义务人申报的应纳税所得额30%的部分，可以从其应纳税所得额中扣除。

3. 受赠单位免税制度。根据《事业单位、社会团体、民办非企业单位企业所得税征收管理办法》第三条规定，事业单位、社会团体、民办非企业单位获得的社会各界捐赠收入免征企业所得税。

之所以规定公益性捐赠税前部分扣除政策，是因为公益性捐赠本质上涉及捐赠者、受赠者和政府三方面。公益性捐赠支出税收扣除部分实质上是由政府承担的，如果允许公益性捐赠支出全额在税前扣除，其税收负担便全额转嫁到政府身上，加大了政府财政负担，不利于政府支出的宏观调控。另外，公益性捐赠的税前部分扣除政策，可以防止部分捐赠者利用此项政策来规避税收，从而能有效堵塞税收漏洞。

（三）捐赠税前全额扣除政策规定

为鼓励企业、社会团体、个人向国家急需发展的公益事业捐赠，国家也同时出台了一系列政策、条例，对一些公益性捐赠实行捐赠税前全额扣除政策。

《关于企业等社会力量向红十字事业捐赠有关所得税政策问题的通知》（财税［2000］30号）规定：企业、事业单位、社会团体和个人等社会力量，通过非营利性的社会和国家机关（包括中国红十字会）向红十字事业的捐赠，在计算缴纳企业所得税和个人所得税时准予全额扣除。

《关于对老年服务机构有关税收政策问题的通知》（财税［2000］97号）第二条规定：对企事业单位、社会团体和个人等社会力量，通过非营利性的社会团体和政府部门向福利性、非营利性的老年服务机构的捐赠，在缴纳企业所得税和个人所得税前准予全额扣除。并在第三条规定中指出，本通知所称老年服务机构，是指专门为老年人提供生活照料、文化、护理、健身等多方面服务的福利性、非营利性的机构，主要包括：老年社会福利院、敬老院（养老院）、老年服务中心、老年公寓（含老年护理院、康复中心、托老所）等。

对于上述关系国计民生的重要领域捐赠，实行税前全额扣除政策，有利于引导社会公益性捐赠方向，最大化公益性捐赠的社会效用。目前我国实行税前全额扣除政策的捐赠还包括：向农村义务教育的捐赠；向公益性青少年活动场所的捐赠；向中华健康快车基金会等5家单位的捐赠；向农村寄宿制学校建设工程的捐赠；向宋庆龄基金会等6家单位的捐赠；向老龄事业发展基金会等8家单位的捐赠；向中国医药卫生事业发展基金会的捐赠；向中国教育发展基金会的捐赠；向2010年上海世博会的捐赠等。

二、我国公益性税收优惠政策执行状况及存在的问题

纵观我国公益性捐赠税收优惠政策执行状况，成果显著，但也存在一些问题。

（一）我国公益性捐赠税收优惠政策执行状况

一方面我国公益性捐赠税收优惠政策实施激励了社会捐赠行为，一定程度上推动了公益事业发展；另一方面，由于我国相关法规不健全，导致公益性捐赠税收优惠政策在落实上的效果大打折扣。目前各省市政策不一，管理不规范。尤其体现在社会团体捐赠税前扣除资格认定上，确认程序、资格范围差异较大，在此以北京、山东、江苏、重庆为例。

北京出台《关于北京市公益救济性捐赠税前扣除管理工作的补充通知》，规定：北京市民政局负责捐赠税前扣除资格初审，北京市财政局、国家税务局、地方税务局负责捐赠税前扣除资格确认。

山东出台《关于对非营利的公益性社会团体和基金会进行捐赠税前扣除资格确认工作的通知》，规定：省财税部门根据业务主管部门报送的资料确认税前扣除资格，范围仅限于省级社会组织。

江苏出台《江苏省非营利公益性社会团体和基金会捐赠税前扣除资格认定办法（试行）》，规定：省民政厅会同省财政厅、省国家税务局、地方税务局负责非营利性公益组织捐赠税前扣除资格的认定工作，同时规定范围仅限于省级社会组织。

重庆出台《关于加强公益救济性捐赠接收管理有关问题的通知》，规定：市级社会组织捐赠税前扣除资格经市民政局审核，再送市财税部门统一确认；各区县（自治县）慈善会经区县（自治县）民政局签注意见，送市民政局审核，再送市财税部门统一确认，最后由市民政局通过媒体统一向社会公示。

通过上述各省市政策，我们可以看出，山东省与江苏省规定捐赠税前扣除资格仅限于省级社会组织，而重庆范围却覆盖到了区县级。另外，北京、重庆实行的是民政初审、财税确认的方式，山东实行的是财税部门根据业务主管单位报送材料进行资格确认，江苏实行的是民政会同财税部门共同审定。

同时，我国捐赠票据使用缺乏明确统一的政策规定，各省市自定政策，有些省市政策变动频繁。导致一方面一些公益性社会组织接受捐赠无票据可用，地区间票据无法通用，跨省区捐赠活动受限；另一方面由于政策的频繁变动，使得一些社会组织无所适从，同时也给政

府监管带来困难，增加了社会成本。对于社会组织公益性捐赠资金使用状况的监督方面，也存在政府各职能部门重复监管、越位监管、缺位监管状况。

（二）存在的问题分析

我国目前公益性捐赠税收优惠政策在执行过程中仍带有一定的盲目性和随意性，有待于进一步改进、完善。存在的主要问题如下：

1. 公益性捐赠税前扣除资格认定标准不统一

《财政部国家税务总局关于公益救济性捐赠税前扣除政策及相关管理问题的通知》（财税［2007］6号）对公益性捐赠税前扣除资格认定范围没有明确，具体操作程序也未作统一规定，导致各省市自定公益性捐赠税收扣除资格范围、审定程序。这不利于形成统一规范的社会组织获取捐赠税前扣除资格评价体系，不利于社会组织尤其是公益性社会团体建设和健康发展，也不利于社会公益性捐赠平台的构建。

2. 公益性捐赠票据使用混乱

捐赠票据，是证明单位或个人捐赠行为，从而享受捐赠税收优惠政策的法律凭证，同时也是单位财务收支的法律凭证和会计核算的原始凭证，更是财政、审计、税务部门进行监督检查的重要依据。目前我国对于公益性捐赠票据的使用没有统一的政策约束。各省市自行制定捐赠票据法规，公益性捐赠票据使用混乱，公益性社会团体接受捐赠无票可用现象也屡见不鲜。同时，由于捐赠票据差异性，导致地区间开展捐赠活动深受制约。不利于规范和推动全社会公益性捐赠行为，不利于政府有效监管。

3. 部分省区公益性捐赠税收优惠政策覆盖范围有限

目前部分省区我国公益性捐赠税收优惠政策，其覆盖范围仅限于全国性、省级社会团体，如，山东省、江苏省。而对于大量活跃在基层、直接参与公益性活动的社会团体却因无政策法规支持而无法享受公益性捐赠税收优惠政策。不利于扶持和培养基层社会组织，不利于加强我国社会组织整体建设和管理，更不利于公益性事业进一步开展。

4. 对于企业、个人的公益性捐赠税前扣除政策有待完善

我国税法规定，企业发生公益性捐赠支出，在年度利润总额12%以内的部分，准予在计算应纳税所得额时扣除；个人发生的捐赠额未超过纳税义务人申报的应纳税所得额30%的部分，可以从其应纳税所得额中扣除。但对于超额捐赠部分，却没有作出诸如结转下年的相关规定。这不利于扩大社会公益性捐赠规模，不利于推动公益性事业较快发展。

5. 政府对社会组织尤其是公益性社会团体财务监管缺位

由于我国没有专门的关于社会组织财务监管的法律规范，导致民政部门、财政、税务、审计部门或“九龙治水”，或监管缺位。加上我国政府对社会组织的财务监督主要通过会计师事务所的审计报告，而审计机构在审计过程中的疏漏，也会影响到监管的科学性和有效性。

三、公益性捐赠税收优惠政策的国际借鉴

目前，国际上对于捐赠有四种税收优惠政策，包括：减免、抵免、受益方案和指定方案。减免是指减少纳税人应纳税所得额；抵免则是指减少应缴税额；受益方案和指定方案，是指纳税人把自身的应纳税额变相支付给指定受益组织。美国、德国采用减免政策，加拿大实行二级纳税抵免制度，英国采用纳税受益方法，匈牙利、罗马尼亚则采用“税款指定”法。

我国与美国、德国同属于减免政策。美国作为社会组织发展相对成熟的国家，其相关的税收政策也较为完善，在此着重介绍美国的税收优惠政策，同时也介绍被誉为大陆法系代表——德国相关的捐赠税收优惠政策，以供借鉴。

（一）美国公益性捐赠税收优惠政策

美国税法所规定的享受捐赠税前扣除优惠政策，必须向免税机构提供捐赠。联邦法典第26卷“国内税收法典”第501（C）款对免税机构进行了明确规定。美国设立国内收入署（IRS），一方面负责捐赠税收优惠法规的管理实施，另一方面，运用先进信息技术统一审定并监管全国免税机构。

同时，美国公益性捐赠税收优惠程度主要取决于捐赠对象的社会组织性质，并在“国内税收法典”第170条中作了详细规定。企业向公益性社会团体捐款，其捐赠税前扣除额不得超过应纳税额的10%；个人向公益性社会团体捐款，其捐赠税前扣除额不得超过应纳税额的50%。同时规定超出比例的捐赠，可以累计到下一年度结转予以扣除，但结转期限不得超过五个纳税年度。捐赠给私人基金会，则只是规定了个人捐赠税前扣除额不得超过应纳税额的20%，且超出部分不能结转。

（二）德国公益性捐赠税收优惠政策

德国税法规定，个人和团体向公益性组织的捐赠可以享受税收减免政策。捐赠者申请税收减免时必须持有受赠者填写的可扣除税款证明。德国企业和个人对那些被承认是追求公共目标的慈善组织、教会等的捐赠，可享受5%的税前收入扣除优惠；对专门追求文化目标的科学性、慈善性组

织的捐赠，最高可享受10%的税前收入扣除优惠。同时规定，每三年对享受税收特惠政策的实体进行一次评估，对取消享受税收特惠实体的捐赠，纳税人不得享受捐赠税前扣除政策优惠。

（三）借鉴意义

我国自2008年1月1日起实施的《中华人民共和国企业所得税法》，把企业公益性捐赠税前扣除比例从3%提高到了12%，以期与国际接轨，更好地激励社会公益性捐赠行为。

然而应该看到，我国还没有专门的公益性捐赠税收优惠法律法规，而且规范社会组织发展的三大条例《社会团体登记管理条例》《基金会管理条例》《民办非企业单位登记管理暂行条例》都属于行政法规，还没有涉及法律层面上的立法。从国际上看，无论是英美法系国家（如，美国、澳大利亚），还是大陆法系国家（如，德国、韩国），其公益性捐赠税收优惠政策通常都会有统一的法律政策来保障实施，而且对于受赠主体、监管程序等都有明确规定，这也给予了我们重要启示。

下一步，应借鉴国际先进经验，加快公益性捐赠税收优惠法规建设，明确公益性社会团体税前扣除资格认定程序，规范捐赠票据使用，加强社会组织监督管理，推动我国公益事业又好又快地发展。

四、完善我国公益性捐赠税收优惠政策的思考

现阶段，我们应立足国情，借鉴国际经验，加快与捐赠税收优惠政策相配套的法律法规建设步伐。在政策的具体制定上，应明确公益性捐赠实施规范，加强社会组织监督管理，从而进一步完善公益性捐赠税收优惠政策，推动我国公益事业又好又快地发展。

（一）统一公益性捐赠税前扣除资格认定制度

社会组织发展较为成熟的国家，如，美国、德国，其对公益性捐赠受赠主体的资格认定都有统一明确的立法规范，而且德国税法规定每三年对享受税收特惠政策的实体进行一次评估。我国目前对于社会组织获取公益性捐赠税前扣除资格认定标准不统一、程序不明确、评估体系不健全，导致政策实施效果大打折扣。

民政部门作为非营利社会团体的登记管理机关，在公益性捐赠税前扣除资格认定上具有无可替代的优势作用。我们知道，公益性社会团体的设立宗旨、日常活动内容和资金用途，是其能否获得公益性捐赠税前扣除资格的关键因素。而公益性团体的设立宗旨需要民政部门核准，其日常活动

内容规范需要民政部门进行监管并在年检结论中得以体现，加上民政部门的年检中还包括了对公益性社会团体资金用途、财务状况的审计情况，因此，民政部门的审定意见对公益性社会团体捐赠税前扣除资格认定具有重要参考价值。民政、财政税务、审计部门明确责任、各司其职，建立民政初审、财政税务确认、审计监督联动机制，有利于发挥政府各部门职能作用，形成统一规范的社会组织获取捐赠税前扣除资格评价体系，加强社会组织建设和管理。

（二）规范公益性捐赠票据使用制度

目前我国对于公益性捐赠票据使用，尤其是没有获取捐赠税前扣除资格社会团体捐赠票据的领用，没有统一政策规定，各省市自定捐赠票据政策。导致了目前我国公益性捐赠票据使用混乱，各地政策不统一、票据存在差异，致使地区间捐赠受限。加上我国目前部分省区获取捐赠税前扣除资格的社会组织局限于全国性和省级，基层社会组织因无法获取公益性捐赠票据而筹资困难、举步维艰，不利于推动公益事业的全面发展。

作为证明捐赠行为法律凭证，公益性捐赠票据式样、印制及票据领用、保管、销毁等各个环节程序应予以规范化、制度化，明确各类社会组织捐赠票据使用规范，统一我国票据制度，保障全社会公益性捐赠活动的顺利开展。

（三）扩大获取捐赠税前扣除资格社会团体认定范围

公益性捐赠税收优惠政策制定实施，是为了激励社会公益性捐赠行为，扩大社会组织筹资渠道，加强社会组织建设和管理，从而更好地推动全社会公益事业发展，增加社会福利。目前，我国部分省市获取捐赠税前扣除资格的社会团体仅限于全国性和省级。现实生活中，更多公益性社会团体却是活跃在基层，他们直接与群众接触，往往更了解人民群众需求，想群众之所想，急群众之所急。通过创办爱心社、救助站、咨询中心，组织志愿服务，开展邻里互助活动，号召社会向灾区捐款捐物等公益性活动，帮助群众、服务于群众。

基层公益性社会活动与人民群众的切身利益紧密相连，有效推动基层社会组织的健康发展是维护群众利益、提高社会福利的现实需求。当前，最有效的途径之一便是扩大获取捐赠税前扣除资格社会团体认定范围。基层社会组织，凡是在社会团体设立宗旨、资金用途、社团财务制度等方面符合相关条件的，均可向所属省级政府部门申请获取捐赠税前扣除资格。这样，一方面激励基层社会组织加强自身建设与管理，合理规范使用捐赠资金，以期获取捐赠税前扣除资格；另一方面公益性捐赠票据的开立，也激励了社会向基层社会组织的捐赠行为，扩大其筹资渠道，增强开展公益活动的能力，从而更好更有效地服务于人民群众。

（四）鼓励超额捐赠行为

我国目前税法只规定企业公益性捐赠支出在年度利润总额12%以内的部分，个人捐赠额未超过纳税义务人申报的应纳税所得额30%的部分，可以从其当年应纳税所得额中扣除。而对于企业、个人的超额捐赠部分没有作出诸如结转下年的相关规定，不利于提高企业、个人的公益性捐赠积极性，不利于推动我国公益事业更好更快地发展。目前社会组织发展比较成熟的国家，往往对于企业和个人的超额捐赠都有可以结转到下一年的相关规定，以激励社会公益性捐赠行为。以美国为例，美国企业和个人向公益性社会团体的捐款超出税前扣除比例的，可以累计到下一年度结转予以扣除，但结转期限不得超过5个纳税年度。

我国应结合自身国情，出台关于超比例捐款如何结转的规定。比如，可以规定企业和个人向公益性社会团体的捐款超出税前扣除比例的，可以累计到下一年度结转予以扣除，但结转期限不得超过3个纳税年度等。这样，可以更大程度上激励社会公益性捐赠行为，扩充社会组织筹资来源，为公益性事业发展提供更坚实的资本支持。

（五）规范政府对社会组织尤其是公益性社会团体的财务监管制度

《中华人民共和国公益事业捐赠法》第20条规定“受赠人每年度应当向政府有关部门报告受赠财产的使用、管理情况，接受监督。必要时，政府有关部门可以对其财务进行审计”；《社会团体登记管理条例》第30条规定“社会团体必须执行国家规定的财务管理制度，接受财政部门的监督；资产来源与国家拨款或者社会捐赠、资助的，还应当接受审计机关的监督”；《基金会管理条例》第37条规定“基金会应当接受税务、会计主管部门的税务监督和会计监督”。加上《民间非营利组织会计制度》的颁布实施，也使得社会组织的财务运作、资金使用进一步规范化、明晰化、标准化。但同时我们应该看到我国对社会组织的财务监管秩序仍比较混乱，没有一套明确规范监督机制的法律法规。长此以往，一方面滋长了某些社会组织尤其是公益性社会团体以公益为名号，挪用捐赠款项、中饱私囊的作风，违背了捐赠者的意愿，损害了广大人民群众的切身利益；另一方面公益性社会团体的整体名誉受到损害，出现信任危机，对社会公益性捐赠产生消极影响，不利于推动公益事业的发展。

明确民政、财政、税务、审计等政府部门对公益性社会团体财务机制、捐赠款项资金用途的监管责任，避免监督的缺位、越位和错位，建立政府、社会、公益性社会团体三位一体的监管机制是保证公益性捐赠税收优惠政策落到实处的现实需要。从国际上看，公益性社会组织发展较为成熟的国家，一般都从法律上明确了各监督部门的监督范围和权限，政府各部门共享信息数据、遵守保密制度、相互沟通协商、共同配合。美国设立国内收入署（IRS），运用先进信息技术，加强对纳税人监管。我国政府可以通过制定有关财务监管的专项法律法规把民政、财政、税务、审计等部门的财务监督职责、权限、具体的运作程序予以明确和固定化，从而建立统一规范的政府监管机制，解决政府监管的缺位、越位和错位问题。同时，进行宣传教育，增强人民群众的社会监督意识和会计从业人员的职业道德观念，在公益性社会团体内部制定经费支出预算管理制度，从整体上最终形成政府、社会、公益性社会团体三位一体的监管机制，加强社会组织尤其是公益性社会团体的建设和管理，使得我国公益性捐赠税收优惠政策落到实处。

试论中国公益基金会的监督机制及完善

李　莉　陈秀峰

伴随着中国第三部门的出现和公益事业的发展，中国的公益基金会成为非营利组织的一个典型代表。它们承担着社会的公益使命，通过筹款活动将道德性的社会资源集中起来，再通过提供公共服务的方式反馈于社会，在慈善捐助、社会救济、公共服务等各项公益事业发展中发挥着特定的重要作用。与此同时，对公益基金会的有效监督也成为一个重要问题。这主要是因为公益基金会作为非营利组织的多重“利益相关者”而引起模糊的公共责任。

相对于公共部门与私人部门来说，公益基金会的公共责任似乎显得较为模糊而不明确。企业组织的公共责任是向股东负责，接受顾客与消费者自由选择的市场机制检验，公共部门的公共责任是最终向选民负责，公共责任机制明确，具有法律所清楚界定的职责与权力；而公益基金会由于“所有者缺位”，面临多重利益相关者的责任，包括对一般公众、捐助者、受助者、志愿者和许许多多的其他利害关系人的责任与义务。对公益基金会而言，利益关系人的多样性意味着责任对象的多样性，每一个主体都很重要，因为这些不同的利益相关者具有控制组织的财政生命力的潜力，它们控制着组织生存必需的大量资源。但其彼此间的需求却可能有所矛盾与冲突，例如捐款者的偏好与服务对象的需求之间可能就存有紧张的关系。对组织的资源具有相互冲突的要求权的多重利益相关者，会利用不同的评价标准，各自评价公益基金会的活动、绩效、效果和整体合法性，造成公益基金会的公共责任更为模糊和混乱，这也对公益基金会构建符合自身特点的监督机制提出了新的要求。

一、公益基金会的监督机制：内涵与特性

监督是一种实施控制的行为方式，它是指组织的利益相关者针对组织的活动过程、行为或决策所进行的一系列客观而及时的审核、监察与督导行动。监督机制则是指监督的主客体之间相互联系和作用的制约关系及调节功能。良好的监督机制是公益基金会有效运转、实现善治的必要条件之一。从公益基金会组织治理的角度来说，公益基金会的监督机制主要是指公益基金会的内部监督，而在国家与社会的分析视野下，以非营利的宗旨作为导向机制的公益基金会与政府、市场相互共同作用，因此，广泛意义上的公益基金会的监督机制不仅包括内部监督，也包含外部监督。

公益基金会内部治理的监督机制包含监事会的监督、理事会、组织规章制度的监督和组织信念、使命的监督等几个层次。首先，监事会的职责即以财务活动为重点，对理事会及管理者的行为进行有效的监督，这是内部监督的重要方面。其次是理事会的监督，理事会最重要的职能在于战略决策以及选择和监督管理者及执行者。由于在法律上的重要地位，理事会对管理者的监督也是非常重要的。理事会对管理者从业绩或能力的考核等方面对管理者的任免有最后的决定权，从这一点来说理事会的监督也是强有力的。再次是项目开展、实施、管理活动中制定的规章制度的监督。公益基金会可以通过筹款管理制度、办事程序等预防违规行为。例如，中国青少年基金会在希望工程中就建立了比较完善的监督制度与办法。希望工程的内部监督机制建设包括监察、监督机构等组织的设立、“五透明、五不准”基本原则的确立、《希望工程实施管理规则》《希望工程监察巡视员制度实施办法》等20余项规章制度以及计算机管理信息系统技术保障等多个方面。另外信念、使命的监督是无形的，但它是公益基金会的灵魂，明

确、崇高的公益使命可以对组织的方方面面起到巨大的监督作用，构成公益基金会内部监督的核心。通过使命的监督可以确保公益基金会的领导者以事业感、使命感和社会责任感为支撑，形成一种“道德驱动的自律”，促使组织高效、廉洁地用于公益目标。

外部监督主要有以下几个方面：一是政府的监督。政府是唯一具有法律权威，可以强行对公益基金会进行监督的组织，政府在公益基金会监督管理方面负有不可推卸的职责。二是独立的第三方评估。为弥补政府监督机制的不足，现在各国越来越重视独立的第三方评估的监督。例如，全国慈善信息局（NCIB）是美国最早成立的民间评估机构之一，它提出了 9 条监督评审标准，其中涉及董事会管理职能（Board Governance）、目标（Purpose）、项目（Programs）、信息（Information）、财政资助（Financial Support）、资金使用（Usof Fundations）、年度报告（Annual Reporting）、职责（Accountabilities）和预算（Budget），以帮助捐款人掌握慈善组织全面的信息，使捐赠者更明智地捐款。三是行业互律。即全国的公益基金会联合起来形成一个全国性协会或者行业性社团会，制定一个共同遵守的道德标准和行为规范，以共同维护基金会的社会形象。四是媒体监督。媒体的监督是指报纸杂志、广播电台等新闻媒体进行的监督，由于媒体是公众获取信息的主要渠道，普及范围广、影响大，具有导向作用和威慑作用，具有及时、全面、影响大的特点，因此它也是一种重要而有效的监督形式。五是捐款者与社会公众的监督。他们主要是通过查询、跟踪、调查、上网、投诉等对公益基金会进行监督。

二、中国公益基金会监督机制的主要问题

1. 资金监管不力。公益基金会资金的获得和有效使用需要有科学的资金管理。由于公益基金会资金运营的目的主要不是为了获取利润或利润同等物而提供产品或劳务，公益基金会的资金管理不存在利润指标，对于各部门的责权利也就无法十分明确，这使资金管理带有很大的模糊性。同时由于不能对其资财权益进行转让、出售，并且在某些情况下必须按照资财提供者的要求来运作、管理和处置资财，因而公益基金会通常不进行损益的计算，也不进行净收入的分配。这些财务特征，决定了公益基金会资金管理需要透明和规范。

中国《基金会管理条例》明确规定，要求基金会应当每年定期编制财务报告按期接受财务审计，公布财务报告与审计结果，并接受公众质询。然而，有关调查和案例都表明，中国公益基金会的资金管理还未达到规范

化、透明化的程度。相当多的公益基金会如果没有特殊情况不作年度财务报告，或者虽作年度财务报告但无严格审计，一些基金会的财务报告只是应付检查的一种形式；大多数的基金会都没有进行服务或产出的需求分析，没有规范的财务部门和财务制度，也没有财务预算和财务决算，甚至没有专职的财务人员；不少基金会财务会计方法简单，捐赠收入与基金会的本金分不开，捐赠收入也不按照其来源与使用目的进行分类，造成财务违规和腐败现象。主要体现为：一是公益机构的违规筹款；二是挪用公益基金及捐赠物资从事不符合其宗旨的活动和事业；三是工作人员挪用、私分或贪污捐赠物款；四是逃税漏税、逃汇骗汇；五是日常管理中的财务浪费，造成基金会内部管理的高成本、无计划、低效益。财务管理的混乱，更使基金会的运作处于封闭和不透明的状态，使得主管机关、捐赠人和社会公众对基金会的监督缺乏基本途径，对基金会的审计缺乏必要的依托。在资金管理方面，就曾发生中华体育基金会 2000 万元、宋庆龄基金会 1810 万元丢失事件。

2. 项目监管不善。中国绝大多数的公益基金会都是以项目运作的方式来开展活动的，甚至有的公益基金会就是为了运作项目而设立的，其主体工作就是一个大型项目。因此，能否有效地实施项目以及管理好项目是实现公益基金会宗旨的重要手段。公益基金会项目的实施与开展是人力、物资、资金、技术等各方面资源的配置，也是一个代表诸多利益主体的、多元化的载体，是表达、实现、服务于不同利益要求者的一种工具。任何一个公益基金会都无法完全独立地实施一个公益项目，它不仅需要合理地配置现有资源和调动潜在的资源，还需要各方面的合作与多元化监管。公益项目的参与者不但包括公益基金会、受益者、合作方，还包括捐赠者、政府、社区、专家等。参与合作的各方的角色不同，责任和义务也不同。公益基金会就像连接资助者和受益者的一道桥梁，它将资助者的善意的捐款和美好的愿望通过项目的实施传达给受益者使他们产生改变命运更强劲的动力，又将受益者的变化告诉资助者，使捐助者得到助人后的满足与快乐。但如果没有内外参与者的监督与管理，项目的实施效果不可能保证，连接资助者和受益者的桥梁也会断裂。因此，基金会需要随时提供与项目相关的信息，如项目进展情况、资金的使用与管理情况、项目运行中出现的问题给各方利益相关者，由他们通过监管来确认公益项目质量的优劣、受益群众受益程度的高低、资金使用的好坏等。如果项目计划周密，但管理松懈，不但项目的进度和质量会受影响，还可能导致贪污、挪用等资金流失现象，造成项目的失败和资源的浪费。

从总体来说，中国公益基金会的项目监管没有得到应有的重视，缺乏有力的措施，主要表现在：一是在中国公益项目的运作过程中，组织者没有应用完整的项目管理方法和理念，不重视事前监督，在项目开始运作前没有预算好有关的开支、人力、财力与物力投入，使项目开展无章可循，无制度可依；二是在项目开展过程中忽视过程监督。与市场上的工程类项目相比，中国的公益项目侧重于服务类项目，通常投资金额较小，项目周期较短，但项目的复杂程度、不确定因素的数量和对质量与进度的要求并不低于工程类项目，而且利益相关者数量多，需求复杂，要保证项目的成功，就需要协调与监督，而中国很多公益基金会在项目开展过程中忽视了对技术、时间、效率与人员管理等方面的监督，往往出现有了漏洞之后再弥补的现象；三是在项目实施后遗忘事后监督。由于公益项目并不以营利为目的，而是看重其项目的社会影响，项目的社会效益大于经济效益，因此在项目实施后需要通过监督进一步关注实施的后续效果与社会评价，避免项目偏离原有的宗旨，而很多基金会在项目完结后就抽身而退，使项目管理缺乏系统的规划体系，也无法体现项目带来的巨大社会效益。

3. 评估性监督不足。有效的绩效评估制度应该说也是公益基金会监督机制的重要组成部分。公益基金会的存在与发展主要依赖于社会各部门、各方面人力、物力及财力的不断注入，而这些投入的资源是具有稀缺性与排他性的，只有使其稀缺的资源得以发挥最大的效用，公益基金会才能够生存、发展、壮大。由此可见，公益基金会必须重视活动的绩效，准确预测、科学决策、有效控制，获得最大价值，才能担负其生存与发展的使命，否则也会面临在竞争中被淘汰的命运。即便没有其他组织在资源上的竞争，对社会资源的无效率使用，也会导致社会整体资源配置不当，从而降低社会整体福利水平。所以，对公益基金会通过开展绩效评估进行监督，不仅能确保公益基金具有继续开展活动的技能和资源，还将推进组织发挥良好的社会效益。

公益基金会绩效评估主要是通过对组织的非营利性、使命和战略规划、项目、组织能力、服务质量、公共责任和社会公众满意程度等方面的判断，对组织管理过程中投入、产出和成果所反映的绩效进行评定，达到提高责任和社会公信度、提高效率和能力、按照宗旨持续发展的目的。因此，运用“绩效”概念衡量公益基金会的组织治理，所指的不单纯是一个效果层面的概念，还包括着组织使命、组织规划、组织管理、社会效益等方面的含义在内。由于现阶段管理理念和管理手段的限制，现代公益基金会的评估还没有进入全方位的、综合性的评估阶段：从程度上看，大部分的评估都是粗线条的、形式上的评估，缺乏科学有效的、具有普遍效力的评估；从内容上看，有的基金会只限于对募捐绩效、人力资源管理、财务管理等各方面进行初步性评估，缺乏对组织使命、战略规划、能力建设等方面的评估；从评估的组织者来看，主要是机构的自我评估和媒体以及政府对组织的评估，缺乏第三方评估、同行、公众的评估等等。

4. 社会监督乏力。同企业相比，公益基金会还存在一些外部约束主体缺失的状况，例如在政府监管、法制监管以及新闻监督方面，都存在约束作用微弱的问题，有的外部监管都流于形式甚至形成“暗箱操作的共谋局面”，使外部监管的有效性大大降低。其一，政府对公益基金会等非营利组织的许多管理制度形同虚设、难以落实。例如，中国虽然为非营利组织的注册申请设立了较高的要求和审查标准，也规定了统一的年检，但是由于年检内容的设计较为空洞、缺乏可评估性，以至于大多数地方的年检形同虚设。组织成立后几乎没有任何必要的评估和社会监督机制制约。即使在美国这样的发达国家，非营利组织面临的管理也同样松懈，美国国税局作为非营利组织税收优惠待遇的审查批准机构，在1993年，仅对4500个非营利组织进行了审查，还不到其组织总数（100多万个）的5‰。如此流于形式的监管，致使美国的非营利领域中，借非营利之名行营利之实的行为也是屡禁不止、蔚然成风。其二，对包括公益基金会在内的整个民间组织相关的法律过于简略、薄弱。依法管理社会是现代法治国家的一个基本准则，但目前中国还没有出台《非营利组织法》等具有较高效力的国家大法，虽然对公益基金会制定有《基金会管理条例》等法规，但这种法规都属于行政立法或者部门规定，其权威性不足。同时这些法规多属于程序法而非实体法，对组织管理、财务和税务、收支管理、募捐与捐助政策、对志愿者及其活动的社会认可以及评价与监督体系等方面都没有建立有效的规章制度。此外，中国对非营利组织的法规缺乏针对性和特定性，虽然在国外公益基金会从法律定位上都认定为是“财团法人”，但中国对不同性质的社团依然采取“一法统揽”的做法，从官方文件上可以看出对公益基金会的很多认定和规范方面缺乏针对性和可操作性。其三，没有发挥舆论传媒的监督作用。在中国改革开放的初期，媒体一向以正面报道为主，为避免负面影响很少报道各类社会弱势群体及各种社会问题。近些年来，随着社会的进步和精神文明建设的要求，有更多的媒体开始参与社会问题的解决，而中国公益基金会在开展募捐公益活动中还远未发挥舆论界和新闻界的足够作用。大部分基金会在项目活动的推广中还比较注重通过媒体进行募捐宣传，但是却不愿意媒体对基金会的财务、管理、效益实施实质性的监督，即“报喜不报忧”，对社会大众来说，不但无从知晓基金会的资金来源、职能及贡献，还有可能误导他们进行不必要的捐款。其四，公众监督薄弱。多年来的总体性国家和全能政府实践，社会主义制度下利益高度一致性的过分强调，政治领域对权力缺乏制衡和制度化约束等，必然导致对个人觉悟的过分信赖，公民权利意识和监督意识薄弱，甚至表现出无奈和“理性的冷漠”。其中捐助者和服务对象无疑是最重要的群体。捐助者监督面临的主要问题是动力不足和监督主体缺失，即小额度捐助者缺乏监督的动力和信息；大额度捐助者往往忙于自己的商务无暇顾及；有的捐助以遗嘱的形式，在捐助者去世之后才会生效，监督主体存在“自然缺失”。另一方面，作为弱势群体，公益基金会的服务对象存在能力的缺陷，而且由于受益者所处的不平等地位，他们的监督作用难以有效发挥。

三、如何建立自律、互律与他律相结合的监督机制

内部监督和外部监督的有效配合是公益基金会建立完善的监督约束机制的条件。公益基金会的内部监督主体具有信息优势，具有较强的监督能力，而通过组织内部的专门机构进行监督，避免了个人之间的利益冲突，同时监督主体也具有法定的监督权，执行起来有法可依。外部监督的主要特点是参与者多、监督面广。但二者都有不足：内部监督往往忽视外部相关者的利益，容易发生“内部人控制问题”，过于严厉的监督会抑制管理者的创新精神等。外部监督主要是监督主体的利益取向各不相同，难以形成监督合力；同时由于没有法定权力作为支撑，往往是一种伴生性监督，难以顺利开展和长期存续，影响了最终效果。因此，从辩证的角度看，内部监督机制需要与外部监督机制从各个方面进行完善和补充，建立内部监督与外部监督相结合的综合监督机制，是实现公益基金会善治行之有效的途径。换而言之，要保证公益基金会的绩效和保证捐助者和其他利益相关主体的利益，防止代理人的“逆向选择”和“败德行为”，最重要的一点就是建立自律、互律与他律相结合的有效的监督机制。

1. 建立信息披露制度，规范财务监督。任何一个公益基金会组织都需要有用以约束自己成员的行为标准、道德标准和内部管理制度安排，进行自我约束，这就是自律。一个强有力的信息披露制度是公益基金会进行自律以及向社会作出良好交代的重要手段，也是影响组织行为和保护相关利益者的有力工具。公益基金会要得到社会的支持，尽可能多地筹集资金实现其社会使命，从而实现自身的可持续发展，一定要有很高的社会公信度，而其社会公信度主要决定于其财务收支的透明度，如果没有严格的财

务制度，不做到财务收支透明，那么组织的廉洁便无法得到保证，资金不可能得到有效使用，必将导致基金会的社会公信度受损。因此，公益基金会没有权利像企业一样拥有自己的“企业秘密”，它必须向社会公众公开其财务、活动、管理等方面的信息。正如曾任美国首席法官的 Louis Brandeis 所说：“透明度是社会经济问题的最佳药品，正如人们常说的那样，阳光是最佳的防腐剂。”作为一个基于公益目的合法经营的组织，公益基金会所有的信息应该也必须向公众披露，确保财务收支透明度的提高，承担起对社会、对捐赠者的责任。对公益基金会加强财务监督的主要方面包括：组织有正式财务管理规定及程序以避免资金浪费和不正当使用，包括支出审批权、审批与监控支出程序、提供财务信息分析报告、每月和银行对账、严格遵守报销标准等；组织所有人员，包括员工、志愿者、管理人员及理事会成员应知道并遵守财务规定，组织对不遵守规定的人员有强制执行措施；组织根据年度预算支出；组织根据捐款数额、服务收入及支出预测制定财务预算；组织根据捐助方的意愿和项目任务分配资源；组织鼓励员工参与年度财务预算过程；管理层至少每三个月检查财务账目一次；组织每年提供一份财务报告；组织的财务管理透明，员工、捐助方、其他利益相关方等可随时了解必要的相关财务情况；为相关部门提供审计报告等等。每个基金会组织还需要将财务方面的重要信息定期以简报或者在公共媒体上发布，需要公布信息的信息程度和具体要求一般依据组织规模不同而有所差异，规模越大的组织其需要公开的数据越多、越要求完善。在美国，所有基金会的档案都放在国家档案馆里，任何一个公众都可以随时去查；在英国，所有 NPO 信息披露等同于上市公司的信息，非常严谨。对于中国公益基金会在这方面的缺陷，Regina. E. Herzlinger 提出了 DADS 法则，即非营利组织经营信息的披露—分析—发布—惩罚制度，要求组织定时对外界公布自己的经营信息，并以惩罚作为手段，保障整个体系的效用。虽然实施信息透明制度会给公益基金会的经营增加一定的成本支出，但是从长期来看会提高该领域的公信度和资金利用效率。

2. 对组织活动进行绩效评估，加强项目监督。项目监督就是对公益基金会开展的各种项目的适当性、效益、社会影响、持续性等进行监督。20 世纪 80 年代以来，中国公益基金会组织最大的一个变化就是开始与国际接轨，开展各式各样的项目活动，例如“希望工程”、“春蕾计划”等等，在国内外产生了很大的影响，这也对组织的项目评估提出了新的要求。根据“温洛克民间组织能力开发项目”的评估标准，对公益基金会的项目评估主要涉及以下方面：项目能反映利益相关方，尤其是受益人的需要；组织与利益相关方商谈有关问题，如政策、倡导、筹款、需求评估、项目设计、执行和效果评估等；关于组织的项目和服务，组织欢迎受益人和其他利益相关方提出建议和意见；管理层定期阅读关于受益人的反馈报告，考虑是否需要据此调整项目和服务；组织的利益相关方对组织的项目和服务感到满意；组织能清楚有效地对内对外传达本组织的信息，有较成熟的沟通方案以宣传组织本身和组织的工作；组织通过外界媒体、政府及公众有效地提高组织声誉；组织努力使其他有关组织、决策者和公众理解并支持组织的受益人；组织与和组织工作内容类似的非营利组织开展良好的合作，等等。与此同时，还需要建立有保障的项目监督与管理机构。基金会的项目管理是基于高度整合的团队的、以横向式管理为主的管理，因此，应该按照项目的性质和规模，建立具有快速反应机制的监督机构和监督人员，保证按照项目的宗旨和进度顺利完成项目任务，达到项目目标。同时还需要建立一套符合项目特点的、可操作性强的规范化项目监督与管理流程，根据流程告诉组织成员项目每一步应如何做，哪些事可以做，哪些事不能做，应该规避哪些问题和风险等，为项目的实施提供统一的行动指南，实现项目监管的规范化。

3. 建立行业互律机制。行业互律是指由全国的各种基金会联合制定并共同遵守的行为和道德标准。国外常常是由联合组织及协会共同制定行业自律条款或自律公约，自律虽然是自觉自愿的，但有些组织有时还是把对行业自律条款的遵守承诺作为加入联合组织的条件之一。这种约束对联合体整体来说是自律，但对联合体各个成员来说则是互律，即自愿的他律。行业互律与组织自律相比，标准更为规范，措施更为有力；而与社会他律相比，具有较高的组织化、制度化程度，并拥有一定的强制性，约束作用较强。在西方实践中，行业互律主要采取以下形式：（1）行业认可制。行业认可制即行业协会承认某个非营利组织为其成员，从而在公众中获得某种合法性。行业认可制对成员的重要约束是在成员违规时可能受到的行业谴责并被开除成员资格。（2）行业赞许制。行业赞许制即行业协会根据行业特点和特定的标准对组织成员进行评估排序并对成就卓越者进行表彰，其目的在于提高那些表现优良的成员组织的社会公信力，无形中对那些表现欠佳的成员组织形成生存压力。（3）行业规制。指的是行业协会对成员组织制定的可操作的工作标准和要求，通过维护每个成员组织相关行为的统一性来达到规范整个行业的目的。例如，在瑞典由 300 个非营利机构组成的募集基金控制基金会（Swedish Foundation for Fundationraising Control SFFC），对其会员单位制定了极其严格的标准。在法国，约有 50 个机构是法国慈善委员会（comite de la Charte）的会员单位，该机构已制定了非营利组织的道德准则。在南非由6000个机构组成的联盟，起草了道德规范，联盟的会员都必须在规范书上签字并同意进行内部评定以保证它们能够坚持这些标准。在菲律宾有NPO证书理事会（PhiliPPine Council for NPOC ertification）已经发起了自己颁发证书的尝试，为了便于菲律宾的NPO自律，其政府于1991年制定了涉及职业道德和行业标准的NPO行业自律准则公约。在中国，现在仅清华大学NPO信息咨询中心，专门对中国NPO进行信息披露和行业咨询，但是在基金会迅猛发展的今天，这些行业互律的组织和行为还大大滞后，这也迫切需要我们加快形成规范的行业许可制度和更多的行业互律机构。

4. 建立公共责任机制，形成多元化的外部监督。哈佛商学院里贾纳·E·赫茨琳杰（Regina. E. Herzlinger）认为，非营利组织缺乏商业领域中那种强制性的责任机制，因此，需要一定的社会规则对其加以监督，以帮助他们高效益、高效率和负责地完成社会使命，这就是公共责任制（ac-coutability）。公共责任制作为对公益基金会的一种外部效力，也是一种公益基金会的他律机制，可以从法律规制、政府监督和社会问责三个方面来加以构建：首先，法律规制。立法机关颁布的相关法律构成了公益基金会组织的基本环境，法律作为对基金会主体行为的基本规范，既是对公益基金会行为的系统约束，又是判断其行为正当性的基本标准，它可以对公益基金会组织的资格认证、行为过程控制、审核评估都建立明确的规定。特别是美日西欧这些非营利组织发达的国家一般不以法律登记作为衡量基金会是否合法的依据，法律的控制一般集中于对基金会组织行为的过程控制，其中最主要的是有关基金会税收监管的规定。中国法律对基金会的监管规定主要集中于对其法人资格的认定上，而在过程控制上缺少法律支持，因此，中国今后需要加强对基金会在财务和税务、收支管理、募捐与捐助等方面的立法监督，形成高层次的、有针对性的、特定性的法律制度。

其次，作为公益基金会的监督主体之一，政府独有的强制力是有效监督的基本保障。但是政府需要改变原有的重审批、轻监督的现象，变直接管理为主的模式为间接管理为主的模式，注重于宏观调控，形成以经济手段与法律手段为主，行政手段为辅的监督模式。为了避免监督中的形式主义和虚假监督，政府需要实实在在地实施其国家责任，本着政策导向、宏观指导、透明参与、评估公开的原则，一方面通过政府规制，即由独立规制机构或行政机关实施准立法职能、行政职能和裁决准司法职能；另一方面建立实质性的监督机构，明确监督主体和职责分工，例如，在民政部门中设立一个专门对基金会等非营利组织进行监督的机构，开展过程监督和服务质量监督等。

再次，社会媒体与社会公众有责任对公益基金会加强监督。由于政府监督的能力有限，而且当政府管制过大时容易限制遵纪守法的基金会组织的发展，因此，有必要建立独立的第三方监督机制。社会媒体的监督和揭露不仅可以成为政府规制机构和司法机构的主要信息来源，媒体的“曝光”还会影响公众态度和行为，对公益基金会形成巨大压力，因此构成对公益基金会实施社会监督的重要手段。而社会公众包括捐赠者、志愿者、受益者和其他各种利益相关者，他们这些群体所代表的是作为整个社会的公共利益，因此，社会公众如果加强公民权利意识和监督意识，通过质询、调查、讨论、团体交往、政策参与等对公益基金会的活动进行关注和评价，不仅能促进公益基金会在道德与法律方面承担应有的公共责任，形成良好的问责交代制度，还能真正保障和实现社会公共利益。

·第六编·

社会组织风采

立足协会发展 为企业保驾护航

唐久林 顾雯伶

辽宁省家具协会自1999年10月组建以来，该协会在理事长祖树武同志的领导下，全体员工对会员单位及相关行业生产、经营、科研等单位发展起到了很好的促进和指导作用。对这个行业性组织，经辽宁省社团管理登记机关批准注册后，发展速度快，不断发展会员，全面为会员服务，特别是秉承遵守宪法、法律和社会道德风尚，代表行业利益，维护会员单位合法权益；宣传国家方针政策，传达贯彻政府意图；为企业服务，在行业和政府间起到了桥梁和纽带作用。

一、充分发挥协会作用，开展行业诚信自律

中国木质门窗历史悠久、伴随时代的发展，深深融入中国传统工艺和民族文化特色成为国内外消费者喜爱的家居装修用品。但市场的不规范，给假冒伪劣产品以鱼目混珠的可乘之机，好的不香，坏的不臭，坑害了消费者，也损害了全行业形象。市场规范了，品牌建设工作做好了，行业才能健康、稳固、全面地发展，才能更好地服务社会。在这方面省家具协会想会员单位所想，急会员单位所需，为了各会员单位利益，进一步做好市场规范和品牌建设，充分发挥协会行业骨干企业的积极性，并坚持行业诚信自律，使协会工作从根本上解决问题，让企业依法生产、依法经营。多年来，辽宁省家具协会一直坚持这一做法，取得了很好的成效。

1. 编辑出版《地板/木门/橱柜/家具/卫浴/陶瓷消费指南》杂志

消费指导杂志是指导科学消费，理性购买，并与省消费者协会、沈阳产品质量监督检验、华丰、宏发企业集团、宏耐、大自然地板、新北方购物、鲁迅美术学院、沈阳大学等大专院校专家共同研讨出版的刊物，到目前出版发行累计达50万册，深受广大会员单位和消费者的喜爱和好评。其中《实木家具市场规范》获全国家具行业十大新闻。

2. 开展品牌培育工作

自省家具协会成立以来，行业内部组织实行评比和培育。经过专家和有关部门评审，共评出“门业十佳”，“好地板 沈阳造”形象工程，实木家

具“十大品牌”，还申报国家和省名牌商标，有的产品还获得国家免检产品。这些有影响力的产品和企业主要是：中国名牌1个（大连华丰）；驰名商标3个（大连华丰、沈阳宏发、沈阳舒丽雅）；免检产品8个（沈阳梦宝、沈阳舒丽雅、邦迪、百世、圣罗娜、辽宁宏基、圣美林、抚顺天合）。从而使企业的影响不断扩大，知名度不断提升。

3. 办好国际会展为企业构架产销纽带和桥梁

每年两届展会：2007年4月30日沈阳国际地板展由国内第二大会展辽宁工业展览馆担纲国内家具展；2007年10月2日沈阳家具博览会由北方最具影响力的辽宁工业展览馆举办。使参展单位取得了很好社会效益和经济效益。

二、协会维护企业合法权益

“天河木业登报爆发”“梦宝垃圾床垫事件”“实木家具投诉”沈阳地板事件等事件。

其中影响最大的一个典型事例是：2007年5月，北京某报社的一个市场调查中心，派人来沈阳以消费者的名义买了东生、富王、斯诺尔家、好运达等五家地板产品，拉到北京作了抽检，出具的报告称地板不合格，给企业发来传真称要在报纸和网站上发布曝光。引起企业愤怒，市场上恐慌不安。协会得知后，即与律师顾问联系，请协助处理。

律师同志经调查认为，辽宁省沈阳市五家地板企业是合法企业，依法按照国家标准生产地板产品。从资质上看，该报市场调查中心是一家民间组织，不具备委托检测的法律资格；从行为上看，该报调查中心以曝光要挟企业进京洽谈，具有隐性营利目的与动机，其行为具有违法性！从程序上看，该报调查中心的送检程序不合法，送检的地板样品，属于无品牌、无型号、无批次产品，无法证明是沈阳五家企业生产的产品，而且未经生产厂家的认可，也未经过任何有关机关的封样处理，很难保证地板不被调包。律师认为，企业完全可以责问其行为，依法维护企业权益。

协会派人带上律师出具的“律师函”，同企业一同进京，向中国林产工业协会汇报，得到国家协会支持。吕斌秘书长亲自出面与我们一起同报社交涉。该报当面向企业作了“说明”，所谓曝光瞬间被顺利平息，有力地维护了辽宁地板业的形象，此后，辽宁省再无此类事件发生。

三、将协会公益慈善事业作为一项重要工作来抓

曾获得“中华慈善奖”的辽宁省家具协会的教育企业家，在行业发

展，企业获利的同时，都不忘回报社会。宏发企业集团、梦宝家具公司、香江家居、一品万城红木家具等企业每年向社会捐助上百万元。如，2007年南方少数省市出现了严重雨雪天气，辽宁省家具协会建议经与沈阳宏发集团有限公司协商在企业合理安排员工及时返乡，并租用专车“护送”员工返乡过年。

2008年辽宁省家具协会携手企业助学，香江十万图书捐赠法库。由香江社会救助基金会、香江家居、法库县人民政府、辽宁省家具协会主办的“香江社会救助基金会走进法库”捐赠仪式在法库县工人文化宫举行。

香江社会救助基金会制定了“五个1000工程”走进法库：即力争在3年时间内“建立1000个香江爱心图书室、资助1000个孤儿、帮助1000个贫困家庭、帮助和奖励1000个贫困学生、组织1000名义工。”活动不仅体现了香江家居人的一份爱心，也献上了辽沈家居行业对教育事业的真挚情感，并号召全行业关注未来，关心教育，关爱孩子，努力为建设和谐社会多做贡献。

四川地震造成了巨大的人员伤亡和财产损失，看着灾区那一片片废墟和残垣断壁，每个人从心底感到无限的哀痛。

“一方有难，八方支援”。辽宁省家具协会的会员单位团结一致，众志成城，踊跃捐款，奉献爱心，支持灾区的抗震斗争，帮助灾区群众渡过难关，恢复生产，重建美好家园。

沈阳金牛家私公司、沈阳一世界家居商场、海城建材市场、喜来居名家居广场、宏发集团员工、锦州东方家具城、锦州喜洋洋家居广场、舒丽雅家私有限公司、居然之家沈阳店、沈阳百丽家居、红星美凯龙、香江家居等会员单位为四川灾民募集善款55万余元。

四、协会拓展和延伸培训平台营造会员之家

为全面提高劳动者和广大员工的素质，规范家具行业与国际接轨是具有战略意义的一项工作。特别是在当前家具行业市场竞争激烈的形势下，家具企业要生产出“高质量、高水准”满足广大消费者需求的产品，让百姓满意放心，提高和培训家具行业劳动者素质，增强竞争力，势在必行。有些企业员工文化水平参差不齐，各方面素质不是很高，为了解决这一难题，理事长祖树武同志忙碌之余到沈阳大学、清华大学、北京大学等知名学校请相关专业的教授来授课讲学。协会把抓好培训学习作为工作重点，近10年来组织行业、企业负责人、员工等各种培训学习100余次，近万人次。近年来，辽宁省家具协会还组团参加美国阔叶木板材分等规则上研讨

会，组织到重庆考察交流，参观门业卖场和天鸿木业、兴源木业、美心集团，并参加了重庆门业协会的成立大会。参加了广州国际地面铺装材料展览会，省家具协会组织企业参观上海展会、北京展会、去广东等全国34个省市进行考察。

根据工作实际和会员需要，辽宁省家具协会遵循协会章程，按照协会宗旨、围绕其任务，加强了基础建设，组织了一系列活动。现协会拥有会员单位200多个，它汇集了辽宁省家具业的优秀生产、经营、科研单位，会员单位生产经营能力超过了全行业的半数；创办的刊物《辽宁家具》充分发挥了“窗口”的作用，展示了辽宁家具业的建设和发展，创建的网站《中国家具商务网》，开辟了辽宁家具行业与世界最快捷、最经济信息传播及通信途径，让会员能及时了解、准确掌握上级文件精神和有关的法律法规，对规范家具市场，促进行业健康发展起到了积极推动作用，深受广大会员欢迎；组建的“人才培养基地”，将给辽宁家具行业发展提供专业知识人才。举办了“辽宁家具业博览会”，组织了对外交流，进行了行业调研……协会的工作一年一个台阶逐步向前发展，它将通过自身的努力，为推动辽宁家具行业走上健康的持续的发展道路，折桂乘龙，再创佳绩！

（原载《中国社会组织周刊》2008年第25期）

辽宁爱之光防盲基金会

辽宁省民间组织管理局

爱之光防盲基金会成立于2006年10月8日，是由辽宁省民政厅批准，辽宁省卫生厅主管的非营利性机构。基金会旨在以防盲为中心，调动所有社会资源为防盲工作服务，传播慈善精神，汇集社会各界人士的力量共同完成预防失明、挽救视力的崇高使命，使辽宁乃至全国的眼疾患者早日重见光明。

基金会的宗旨在于分享光明，分享希望。主要负责贫困地区眼病筛查；贫困患者的眼病治疗；眼保健知识的传播与公共教育宣传；培训基层眼科医护人员；与国内、国际相关团体和个人的友好往来、合作；组织国内外防盲治盲方面的学术交流活动，推广先进的预防和治疗技术；眼病的防治研究等。

爱之光防盲基金会有一套完善的募集资金、资金运用、资金审计等项目资金实施系统，保证资金的有效运用，是一个独立的民间组织，不带任何政治与宗教色彩，不为任何特殊利益集团服务。视觉健康是我们唯一关注的内容。

爱之光防盲基金会开展的防盲项目

（一）“2008名复明患者赏奥运”项目

2007年6月4日爱之光防盲基金会在北京启动“2008名复明患者赏奥运”活动，在一年的时间里，为来自全国的2008名贫困眼病患者免费手术送上光明，让这些视障患者也能同全国人民一起观看北京奥运盛会，体验奥运激情。

（二）2007世界视觉日——我心中的美丽世界，百名儿童现场绘画活动

2007年“世界视觉日”的主题是“关爱儿童眼健康”。爱之光防盲基金会组织包括沈阳市盲校患低视力的孩子在内的100名儿童共同参与的“我心中的美丽世界”百名儿童大型现场绘画活动。

在许许多多“盲人”之中，并非所有人都与光明的世界无缘，他们有些只是低视力患者，通过治疗或佩戴助视器等手段是可以和正常人一样学习、工作、生活的。

爱之光防盲基金会在这个特殊的日子举办此项活动，意在通过让低视力的孩子与正常的孩子在同一个画布上绘制心中美丽的世界，来使低视力人群及他们的亲人了解：低视力者可以和正常人一样生活，低视力者不是盲人！

（三）沈阳市“千人复明工程”活动

沈阳市约有盲人4万人，因患白内障致盲的有2.4万人，其中因生活贫困而无力支付手术费用的约占三分之一。他们在承受巨大个人痛苦的同时，也给家庭和社会带来了沉重负担。

爱之光防盲基金会与沈阳市工商联、何氏眼科医院合作，自2007年10月始，动员和组织全市各级商会组织和会员投身慈善事业，筹集资金，为全市1000名沈阳地区的贫困白内障患者免费实施复明手术。

2008年12月，在一期行动成功结束后，千人复明工程——乡村大行动，即千人复明工程二期活动正式在沈启动，二期工程将在更广泛的地区

开展防盲治盲工作。

（四）留学报国——民族地区“爱之光”复明项目

留学报国——民族地区“爱之光”复明项目是由中央统战部主办，辽宁省委统战部、内蒙古自治区党委统战部、何氏眼科医院和爱之光防盲基金会协办的复明项目。本次活动旨在深入贯彻落实党的十七大精神和全国统战工作会议精神，充分发挥留学人员的智力优势和专业技术优势，根据党和国家关于“促进民族地区医疗卫生事业发展”的相关政策，通过派专家医疗队义诊、减免手术治疗费、培训少数民族地区眼科医生、协助援建少数民族地区眼科筛查门诊等形式，切实帮助少数民族群众解决治眼病难问题，推动民族地区眼科医疗事业发展，巩固和发展社会主义的新型民族关系，为实现民族团结，促进社会和谐作贡献。

（五）“甘露计划—复明工程”项目

“甘露计划—复明工程”项目在辽宁省计划生育协会和爱之光防盲基金会的倡导下于2008年正式开始，本次项目将在全省范围内为1000名计划生育特殊特困家庭中的白内障患者送光明，给予免费检查及治疗。

（六）爱心流动医院赴四川灾区赈灾工作

2008年5月，国内首家眼科流动医院——辽宁爱心流动医院急赴四川地震灾区实施眼病救助工作。

辽宁青年爱心流动医院由辽宁省青年联合会、辽宁省青少年基金会和沈阳何氏眼科医院、辽宁爱之光防盲基金会共同发起捐赠，并由何氏眼科医院派驻医疗专家团队开展赈灾救助工作。

该医院设在一辆价值112万元的流动车上，前边由牵引车做动力，后边是全长16米的诊疗车。车厢内手术治疗区卫生条件达到常规手术室要求，并配备了何氏眼科医院捐赠的价值150余万元的医疗设备和药品，包括眼科药品及消毒设备。确保了即使在严重的受灾现场也能及时、有效地完成眼外伤手术和灾后眼传染病的预防和治疗。

在为期半个月的医疗救助过程中，医疗队深入汉旺、遵道、龙门等绵竹市及什邡市的各重灾区，共筛查受灾群众5226人；发放眼药3653支，发放老花镜500副，验配近视镜180副；眼科普保健讲座4次；为眼病患者做处置429例，完成眼科手术36例。

这辆满载着爱心的眼科流动医院，给灾区带来一片希望，与灾区人民共筑一片光明！

积极采取措施　加强行业监控

——黑龙江省奶业协会面对“三鹿”奶粉事件迅速反应

方　群

面对乳制品市场三聚氰胺问题的发生，黑龙江省奶业协会迅速作出反应，制定多项应急措施，进一步加强协调和服务，并及时向政府和会员单位反馈相关情况，维护全省奶业稳定发展。

黑龙江省奶业协会率先在“龙江奶业信息网”上发布了奶业协会关于加强乳品质量监控的通知，号召奶农、乳品加工企业共同保护消费者的合法权益和身心健康，杜绝任何危害消费者健康的事件发生，并强调食品安全警钟长鸣。协会与省畜牧兽医局一同组织召开了全省乳品加工企业、饲料企业、奶业主产区畜牧局长、奶业专家等参加的座谈会，分析形势，共同制定措施，确保奶制品安全生产。还在“龙江奶业信息网”发布奶业协会致全省乳品加工企业的公开信，号召各会员单位及各乳品企业加强自律，自觉履行社会责任，加强原料奶质量控制，反对压等压价限量收奶，严格原辅料管理，加强加工过程质量控制，保证市场供给，围绕以人为本，诚信经营，自觉接受社会监督。

关注消费者、关注企业、关注奶农、关注媒体。协会的四个工作组与加工企业、各地市县奶业协会、奶牛养殖场保持紧密联系，走访调查商超卖场，对黑龙江省各地区每日的原料奶收购、乳品企业加工和管理、市场销售、媒体报道、奶农的反映等情况进行重点了解，对企业及各方反映的情况做到跟踪、协调，每天及时向国家及省政府相关部门反馈动态情况。对于奶农、乳品企业、销售市场反映的问题及时进行核实并向政府有关部门反映，积极配合政府一边安抚奶农，一边与乳企协商解决措施，协调原料奶收购等问题。

黑龙江省奶业协会在做好本省奶业稳定发展的同时，充分发挥参谋助手的作用，积极协助配合国家相关部门的检查调研。协会协同农业部调研组赴大庆、杜蒙、安达三个奶业主产区进行了详细而深入的调研，走访了涵盖整个产业链各环节、具有代表性的13个站点，针对奶业产业链的薄弱环节研究了有效措施和对策。

黑龙江省奶业协会仅用一个多月的时间就检查商超卖场150余次，参与有关部门组织的调研、座谈等活动10余次，上报材料30余篇，提出建设性的意见和建议10余条，为黑龙江省奶业在这次风波中平稳过度和正常发展做出了积极贡献。

（原载《中国社会报—社会组织周刊》2008年10月26日第1版）

苏州市慈善总会

江苏省民间组织管理局

苏州市慈善总会成立于1995年12月，为独立的社会团体法人，以“帮贫济困、救灾救难、助残扶弱，弘扬人道主义、促进社会慈善福利事业发展”为工作宗旨。总会的领导机构为理事会，设会长、副会长、常务理事、理事若干名。理事会由苏州市有关部门、市内外热心于社会慈善福利事业的代表组成。分管民政的副市长为会长，民政局局长、分管副局长、社会捐助工作中心主任分别担任常务副会长、副会长、秘书长。全市12个市（县）、区都先后建立健全了慈善组织机构，各地慈善组织一般由市（县）、区政府领导担任会长，民政局领导担任副会长或秘书长。2008年4月，根据省民政厅的要求，经市政府同意，组建苏州市慈善基金会，与苏州市慈善总会合署办公。

“5·12”汶川大地震发生后，在苏州掀起了一股前所未有的抗震救灾爱心浪潮。通过创新组织形式、接收方式、管理模式和宣传手段等途径，极大地调动和激发了社会各界万众一心、众志成城、奉献爱心的高昂热情，扩大了社会捐助工作的影响力和感召力。全市抗震救灾募集款物10.33亿元，其中，民政、慈善系统募集款物5.56亿元，位居全国地级市募集之首，也充分展示了苏州人民与灾区同胞同舟共济的大爱力量。

一、创新组织形式，变政府募集为社会募集

汶川大地震发生后，全市民政慈善系统紧急行动起来，迅速协调、动员和组织社会各界赈灾募捐。第一时间协调有关方面，并以市委、市政府名义向四川灾区汇出100万元首笔善款；第一时间协调15个部门向全市发

出了“我们的心紧紧在一起”的募集倡议书；第一时间协调四套班子领导和党政机关的党员、干部率先捐款。从单一的政府组织募集到政府率先垂范、协调社会力量共同组织募集的转变，有效地激发全市各界和广大市民捐款捐物的热情。市慈善总会先后与苏州移动组织奥运冠军“情系汶川”捐款，与苏州文联举办“烛光祈福”赈灾义演晚会，与苏州广电总台、苏州公益网开展的赈灾义演募捐活动，与市体育局举办的奥运火炬手捐赠仪式，与苏州路之遥科技有限公司等企业举行员工献爱心捐款活动，与此同时，协调各类社会团体、行业协会以各种形式加入到慈善募集行动中来。

二、创新接收方式，变被动接收为主动出击

常规的接收慈善捐赠，主要由捐赠者到各级慈善机构或指定捐赠点办理，这种被动式接收的做法不适应重大应急赈灾募集行动。为此，民政部门、慈善机构主动出击，打破常规接收方式，由被动接收变主动募集，最大限度为捐赠人提供便利。在市城区人流量大的繁华街区精心布设5个捐款接收点，并利用网络和金融平台，实现了网上在线捐赠、网银支付捐赠和POS机刷卡捐赠与现金捐款并行的接收方式；及时会商交通银行在全市58个营业点开通慈善捐款“绿色通道”，与三城区各社区合作开通社会捐赠接受网点，组织义工在各个社区设立流动慈善募捐箱遍及全市各个角落。与此同时，苏州市慈善总会开通24小时捐赠热线，为出行不便的爱心人士提供上门接收捐赠的服务。这种广设网点、主动出击、创新服务的接收方式，不仅方便市民捐款，大幅度提高募集总量，又很好地宣传和展示了慈善公益形象，增强了社会和公民的慈善意识。

三、创新管理模式，变机构监督为公众监督

在抗震救灾募捐活动中，不仅落实各项内部监督机制，还不断强化各项公众监督举措。接收的每一笔款物严格实行专户、专项、专人和专报制度，做到每一笔捐赠款物进入抗震救灾专户，每一笔资金支出明确救助项目，每一道捐助程序由专人执行，每一天上报接收款物明细情况；建立募捐箱开箱的共同监督机制；建立捐赠数据电子档案，确保捐赠来源、金额、捐赠者意愿等信息随时可供查询，而且每天通过报纸、电台、电视台等媒体把当日募集数、捐出数额以及捐赠款物的去向向社会公开，接受公众监督。从5月13日至7月8日，市慈善总会将接收到的每一笔捐款在《苏州日报》等媒体分批公布，在社会上引起积极反响，助推新一轮捐赠热潮兴起。

四、创新宣传手段，变传统手段为多措并举

爱心需要激发，善举需要传播。在这次全民慈善募集大行动中，各种宣传手段并举，舆论造势一浪高过一浪。全市各媒体开辟赈灾募捐专栏、专刊、专访，及时发布募捐动态和感人事迹，激发全民爱心行动，宣传声势空前；市慈善总会会同有关部门构建了114百事通、公交广告等宣传平台，全天候播发赈灾募捐动态信息；苏州民政网、苏州慈善网每天及时发布捐助信息，每天及时更新慈善捐赠爱心榜；借用街头大屏幕，无偿滚动播出赈灾募捐公益宣传片，形成全方位、立体式、宽领域、不间断的宣传格局。

（中国社会报报道）

阔步迈向现代农业

——江苏省东台市农村专业经济协会
推进农业产业化发展纪实

杨　军

金秋十月，江苏省东台市农村专业经济协会推进农业产业化发展也结下了累累硕果：江苏长江以北地区最大的大型产地农产品综合批发市场落户、总面积5000亩仙湖现代农业示范园正在如火如荼地建设中，成功签下第十届江苏农洽会签约项目“最大单”——总投资2.6亿美元的马铃薯繁种种植深加工及100万头生猪养殖项目……

带着太多的惊喜，笔者踏访了东台的部分农村专业经济协会，找寻农专协会推进农业产业化蓬勃发展的金钥匙。

组建协会集聚联农带农效应

农业产业化经营的落脚点是带动农民持续稳定增收。该市民政局积极依托农业龙头企业加工能力和特色农业资源优势，大力培育发展农专协会，加强联农带农机制建设。

该市引导农业龙头企业、农民经纪人、种养大户牵头，联合生产基地农户组建了一大批以种植业、养殖业为主的农专协会，改变了一家一户的单一局面，提高了农民的组织化程度，为农民致富创出了路子，形成了农产品局部规模。目前在市民政部门已注册登记77家农专协会，备案登记35家，涉及桑蚕、食用菌、蔬菜等近30个农副产品的种植、养殖、加工、销售等，拥有农民会员30多万人，辐射农户17.5万户，约占全市农业人口的80%。在走访中我们发现，加入农专协会的农户，年人均增收大都在1500元以上，有的可达二三万元。东台农专协会一出现就显示出强大的生命力，功能和作用越来越突出。

发展基地膨胀特色产业规模

蚕桑、乳猪、大棚西瓜等都是东台的一些特色产业，市民政局积极依托这些特色农业发展的优势基础，大力培育发展各类农专协会。在协会的推动下，先后建成110万亩瓜果蔬菜、25万亩大棚西瓜、15万亩大棚青椒、10万亩三红胡萝卜、16万亩蚕桑、6万亩甜叶菊、7000万羽家禽、100万只乳猪、400万只山羊、70万亩滩涂贝藻类生产基地。

不仅如此，东台农专协会还引导农业龙头企业、农民专业合作经济组织和种养大户紧紧抓住农产品市场行情上升的有利时机，通过组建农业公司，开展实体化经营，推进农产品生产基地建设。2008年，新组建年出栏生猪10万头的明生养殖公司、年饲养蛋禽10万只的民富养殖公司等12家农业生产型公司。形成了"一园三区多点"的"协会+基地"农业示范园区发展布局，打造了一批引领现代农业发展的高标准样板工程。

壮大龙头增强辐射带动能力

产业发展快，全靠龙头带。东台农专协会把农业龙头企业的发展作为通市场、连基地、带农户的火车头。充分依托农业资源这块金字招牌大开放、大招商，在培育和引进农业龙头企业上下足了功夫。

近年来，东台沿海农民逐步扩大甜叶菊种植面积，已发展到2万亩，但由于没有农业龙头企业，形不成产业链。为此，东台农专协会积极响应市政府的号召，决定参与招引大型甜叶菊加工龙头企业，让菊农吃上定心丸。2008年由世界500强企业GLG公司投资8000万美元的甜菊糖项目正式落户东台，达产后所产糖源可占世界糖源市场40%的份额，该项目将带动周边10多个镇近5万亩的甜叶菊生产基地。

争创品牌提升农产品竞争力

2004年被民政部命名为“全国先进民间组织”的东台市西瓜产销协会，“十五”期间累计推广种植西瓜80万亩，总产量300万吨，收入36亿元，占全市种植业收入的五分之一强，亩均收入4500多元，是粮棉作物亩产收入的3倍多。全市2008年25万亩西瓜总产达80多万吨，实现销售收入10亿多元，为全市经济的发展作出了新的贡献。在瓜协的多年不懈努力下，去年3月28日“东台西瓜”获国家证明商标，这是目前国内唯一获准具有地理标志的国家注册的瓜类产品。

名闻天下的东台西瓜，近乎完美和苛刻的“生产”过程令人啧叹不止：育种—嫁接—授粉—成熟—采摘—上市，各个环节全程质量控制管理，生产有规程，产品有标识，市场有监测，质量有保证。品牌西瓜身价大涨，每公斤比传统种植的高出0.5元。这些都是瓜协多年争创“品牌”的结果。

农业产业化的核心是提高农产品的市场竞争力，而“品牌”是进入市场的“通行证”。东台农专协会通过调查摸底，落实品牌创建任务，指导农产品生产加工企业改变产品生产环境，推进标准化生产，提高产品质量。2008年，该市已有2个农产品通过绿色食品认证，正在组织10个企业申报12个绿色食品、6个单位申报9个无公害农产品。截至目前，该市“三品”总数达到103个，其中无公害农产品42个，绿色食品46个，有机食品15个。

（原载《中国社会报—社会组织周刊》2008年10月26日第2版）

浙江省银行业协会

浙江省民间组织管理局

融资难、贷款难，浙江中小企业徘徊在融资困局中。昨天，浙江省银行业协会联合各家银行，共同签署了支持浙江中小企业发展的八项约定，承诺力争2008年信贷增量不低于去年，并要求各银行会员单位审慎用贷款利率上浮政策。

八项承诺助浙江中小企业渡难关。人民币升值、外贸环境恶化、成本上升……由于种种原因，浙江中小企业已不堪重负，甚至出现倒闭的中小企业。而货币政策的从紧，又使银行贷款不得不向优势大中型企业集中的趋势更加明显，这进一步加剧了中小企业的资金困难。“为进一步做好从紧货币政策下的金融保障工作，我们发起这次‘约法八章’的活动”。昨天，由浙江省银行业协会牵头，包括工、农、中、建、交及各大股份制银行在内的浙江各银行业会员单位，签署了一份约定书。

从这份仅为4页纸的约定书看，八项条款基本围绕着中小企业融资与金融保障进行。其中，最为关键的是前三条：努力保持信贷总量适度增长；审慎运用贷款利率上浮政策；切实做好“支农”“支小”。

“银企同舟共济，共渡难关，银行要尽量给有暂时性资金困难的企业必要的扶持，不搞一刀切。”在通气会上，浙江省银行业协会相关负责人提醒在场会员单位，银行与企业的关系应该是“百年好合”，中小企业资金链一旦断裂，浙江活跃的经济细胞就会消失，从长远来看，也必然会损害到银行的经营。

因此，在银行业协会牵头下，浙江各银行会员单位签署了约定书，并承诺：能不上浮的利率，决不上浮；能少浮的，就少浮；避免短期行为，真正实现银企共赢。同时，各家银行也表示当下更应该在确保稳健原则的前提下，多搞金融产品的创新，力争给小企业与“三农”贷款增量不低于去年，不搞急刹车，审慎收贷，帮助浙江企业渡难关。

（原载《每日商报》2008年8月1日第17版）

江西：农村用水协会显成效
自己的工程自己管　自己的事情自己办

江西省民间组织管理局

农村“双抢”季节，也是农村灌溉用水最紧张时刻。江西省宜丰县天宝乡辛会村却有一番新景象。过去放水季节渠道上人来人往的抢水、堵水的热闹场景在今年却看不到了，映入眼帘的只有渠道管护员在数十公里的渠道上有规律的放水、堵水，田间、地头到处是细水长流。一些在田间收割的农民高兴地说："这全是用水协会的功劳，如果没有用水协会，又要抢水打架喽。"

江西是个农业大省，大量小型农田水利工程和大中型灌区的斗渠以下田间工程老化破损、使用效率低等问题，一直是影响我省农业发展、农民增收的重要因素。近年来，江西省围绕积极探索水利工程建设管理的新模式、新机制，在全省组建"三有四权"（即有产权证、有社团登记证、有管护合同，明晰所有权、放开使用权、搞活经营权、落实管理权）农村用水协会，取得明显成效。民政部门对用水协会采取简化程序、免收登记工本费等措施，同时加强其组织机构和内部制度建设；水利部门优先安排水利项目资金、给予资金补助、提供无偿技术服务，支持、鼓励成立这类有利于农业、有利于农民的农村专业经济组织发展，鼓励和引导农民自愿组织起来，互助合作、自主管理、自我服务，实现权利、责任、义务的高度统一，有效解决农村管水组织缺位，小型水工程建设劳力缺乏和工程管护责任缺失等问题，实现由村民自建自管、村民用放心水、交明白钱。

通过成立农民用水户协会，农村群众拥有辖区内小型水利工程的所有权、管理权和经营权，用水者成了工程实实在在的主人，对工程的维护管理和运行全权负责。协会通过"一事一议"、民主决策等方式，变过去"要我办水利"为现在"我要办水利"，广大农民兴修水利的热情高涨。丰城市丽村镇游坊村用水协会芦下用水小组召开用水户会议，决定人均出资1000元，加上拍卖库区10年经营权所得12万元，共计22.3万元，新建一座小型水库，目前枢纽工程已基本完成，今年可使1200多亩干旱田解决灌溉用水。金溪县是个农业大县，是国家的商品粮基地之一。过去每到灌溉季节，部分农民为争水而擅自扒渠放水，人为破坏水渠乃至斗殴的水事纠纷时有发生。该县组建了12个农民用水者协会，参与灌溉用水管理。协会成立后与各村用水组代表协商用水计划，确定轮灌秩序，并报县防汛抗旱指挥部备案，渠道管护员按用水计划、农户用水需求及时、合理地堵水、放水，从而理顺了农村灌溉用水秩序，避免争水纠纷，保证了对用水户及时供水，有效地缓解了过去灌区上游壅水、中游抢水、下游无水的矛盾，改善了各灌区的用水状况，避免了水资源的浪费，使水资源最大限度地发挥了效益。

领着村民走上康庄大道

陈　博　陈冲冲

作为广西农村专业经济协会示范点，福绵管理区樟木镇中药材协会以“服务大众促发展”为宗旨——

短短的几年里，福绵管理区樟木镇中药材协会会员由2003年成立之初的10人发展至现在的720多人，种植中药材由800多亩发展到3000亩，一跃成为全区农村专业经济协会示范点，辐射带动周边农户达6000多户，为当地农民增收致富开辟了一条康庄大道。

该协会以“服务大众促发展”为宗旨，采取“推出去、引进来”的模式，主动与玉林、梧州、贵州、吉林等地制药厂及客商联系，达成保价收购协议，为广大药农消除市场风险。还经常邀请广西药用植物研究所的专家和玉林制药厂的技术人员，举办中药材种植技术讲座，分析产品市场趋势，提高会员的种植技术，增强会员的种植信心和驾驭市场能力。同时，积极探索完善农民专业合作组织发展路子，在稳定家庭承包的基础上引导农民走产业化的路子，定期派出技术员指导会员种植、管理、治病，并通过信用社为资金困难的会员担保借款，向会员赊销肥料、农药，及时为会员解决生产管理技术和生产资金紧缺问题，有效调动了会员的种植积极性。会员邹富英常年种植3亩多天冬，还组织发动村里的妇女，带动全村种植中药材200多亩；会员吕大超经常赊销天冬种苗给困难群众，义务为村民提供技术服务，推动了产业化经营的发展。

该协会积极组建中药材经纪人队伍，多渠道开辟市场，提高中药材产品的竞争力，增加种植户的经济收入，会员种植中药材年人均纯收入达3000多元，非会员的年人均纯收入也达2700多元。樟木镇中药材协会让药农看到了无限的希望，一个以樟木为中心，辐射成均、新桥、沙田等周边乡镇，年种植面积超2.5万亩的中药材种植基地正在形成。

（原载《玉林日报》2008年8月26日）

“绿色汉江”六年行

湖北省民间组织管理局

12月2日上午，襄阳区朱集镇刘湾村沸腾了！由民间环保组织“绿色汉江”引来日元贷款建设的自来水厂正式通水！在隆重的剪彩仪式上，村民们专门请来“绿色汉江”会长运建立和志愿者代表，村民们当场向这些环保卫士们致谢。

成立于2002年9月的“绿色汉江”（襄樊市环保协会）组织，是目前汉水流域唯一一家民间环保组织、湖北省唯一获得“福特汽车环保奖”和“地球奖提名”的民间环保组织。

环保志愿者的姿态

清澈的汉江从襄樊穿城而过，水质常年保持Ⅱ类，在这样的城市中宣传水资源保护，难度可想而知。

2004年前后，绿色汉江搜集到湖北境内唐白河出现深度污染、沿线村庄居民消化道肿瘤疾病高发的信息后，通过“徒步唐白河”溯源暗访，掌握到上游大量小造纸企业违规排污的确凿证据，协会与相关媒体高度关注，使这一问题走进公众视野，最终引起国家环保总局和鄂豫两省决策层的高度重视。之后，鄂豫两省联手采取措施关停了污染企业。源头治污使流域环境得到极大改善。之后，绿色汉江在当地政府的支持下，引导农民调整种植结构，避免污染转移。为解决唐白河下游农民安全饮水问题，遏制区域性消化道肿瘤疾病高发态势，绿色汉江逐层奔走，得到世界银行、省水利厅、日本驻华大使馆的援助，在襄阳区朱集镇建设了两座水厂，为6个村庄的3646家农户供应深层洁净水，受益人群高达15401人。首期翟湾水厂已于2006年3月投入使用。

唐白河湖北境内污染之重曾触目惊心，但这一地区的群众在众多媒体聚焦报道时始终保持理智与安定，这与绿色汉江安排骨干成员先期开展的入户式教育密不可分。协会会长运建立曾带领志愿者37次徒步唐白河，42次进翟湾。当年在唐白河沿线村庄建立的农民水质监测组至今仍在运作，他们用绿色汉江发放的数码相机记录着河流水质的变化。

2007年8月28日，太平洋环境中国项目主任萨婷婷在调研唐白河水质保护现状时感慨地说："没想到唐白河上的艄公都是水质观察员！"

为配合南水北调中线工程动工，绿色汉江自2002年起密切关注汉江襄樊段水情变化。2005年，协会的"配合南水北调中线工程、在汉水流域（襄樊段）开展环境教育项目"获阿拉善SEE生态滋根奖。今年3月，协会通过缜密调研，在水库到襄樊市区确定了5个水质监测点，定期观测水情变化。同时，协会抽调骨干成员成立5个小分队，定期前往监测点观测记录，形成包含卫星定位与人文状况的系统资料。

环保组织的生命

环境忧患意识的唤醒与养成，需要渐进的过程。绿色汉江扎根襄樊，致力于城市可持续发展的民间实践，普及并唤醒公众的环保意识。

2008年3月9日，协会在襄樊发起"杜绝白色污染·为母亲河洁面"运动，倡议500多名大中专学生和环保志愿者捡拾汉江沿岸塑料垃圾，通过参与式活动，提请社会各界关注白色污染。之后，协会向市民赠送环保购物袋2万余个，由协会编写的《杜绝白色污染歌》也在市民中传唱一时。

民间环保任重道远。绿色汉江定期组织环保小分队进校园、下农村、到社区开展环保宣讲，开展环保宣传。6年来，专题宣讲多达448场次，现场听众（观众）23万多人次（不包括电视、网络、广播），民众耳熟能详的"环保课堂"成为传播环保理念的阵地与载体。

污染、污染企业以及污染背后的利益动机，是环保无法回避的现实。2003年酷暑，宜城市上大雁工业园区周边农田受企业违规排污发生绝收现象。绿色汉江闻讯后赶到事发现场，一方面积极向环保主管部门报告，一方面协助受害农户现场取证。污染企业最终受到应有的惩处，受害农户也得到了应得的赔偿。

冒险排污与环保执法间的博弈，有时需要胆识的较量。在监督一家磷酸厂违规排污的过程中，绿色汉江的环保志愿者们踏冰暗访，费尽周折。

作为中国内陆的地方环保组织，能将利益相关者转变为环境保护的参与者，这种影响的力量究竟是怎么产生的？2008年4月13日，《亚洲地球要素》节目主持人ROB先生从香港辗转飞抵襄樊，采制《环境卫士》专辑向全球介绍"绿色汉江"及其创始人运建立女士为保护母亲河所作的突出贡献。

曾被BBC和美国《时代周刊》报道，先后获地球奖提名、感动襄樊十大人物的华发老人运建立面对镜头，语气坚定地说："绿色汉江作为连接政府与民间环保诉求的桥梁和纽带，正获得政府的高度重视与倾力支持。环保组织在环境教育和公众发动上，依然拥有巨大的空间。”“一条河流的治理无法一蹴而就，绿色汉江还有很多事情要做。”

6年来，绿色汉江始终与自己的城市和民众一路前行，至今已拥有团体会员57个，个体会员137人（不包括团体会员单位人员数），志愿者超过2000人。

（原载《襄樊晚报》）

在改革中做大做强行业协会

贵州省保险业协会

2008年的贵州省保险业协会，会员由2001年成立的4家保险公司发展到现在25家，保险业务也进入持续快速健康协调发展时期，保费规模由2001年的20亿元，发展到2008年的70.9亿元，各项赔付支出，由2001年的6.95亿元，增加到2008年的35亿元。特别是2008年的雪凝灾害，保险赔付达35亿元。同比增长67.9%。为社会稳定做出了积极的贡献。

一、坚持市场化原则，不断加强协会自身建设

一是不断加强组织体系建设。在行业协会改革发展的大好形势下，从原来的行政色彩较浓的行业协会走向市场。协会不断对自身的组织结构进行完善更新，设立若干专业委员会，保证保险业事业的全面运转。完善理事会议事、论证、执行的职能，推动协会工作的全面开展。

二是加强职工队伍的建设。2008年，协会向社会招大学生8人。平均年龄29岁，所有招聘专职人员的基本养老、医疗、失业等社会保险，均按有关规定执行。现有党员8人，经常开展党日活动。2008年发生的贵州省雪凝灾害和四川汶川地震灾害，在党支部的倡议下，党员带头献爱心，10名同志共捐款18350元。

三是加强协会制度建设。协会成立后，先后制定了10多个制度，基本做到有章可循、职责分明，从而使秘书处的工作逐步走上规范化、制度

化的轨道。

二、坚持自律服务，积极发挥协会职能作用

根据保险市场出现非理性竞争中的重点险种和问题，先后制订并与会员单位签署10多个自律公约，每年对自律公约进行检查，对发现的问题除通报批评、整改外，还加大对违约处罚金的处理。近3年，经行业自律检查，对所认定的各类违约行为，处理违约金近40多万元。针对突出问题的重点险种实行共保。航空意外伤害保险在协会成立前，是各保险公司竞争激烈的险种，手续费不断升高，最后达到80%。协会成立后，首要任务就是规范这块市场。经过各会员单位协调，对航意险实行共保，且手续费按标准降至8%。从而使全省整个航意险市场不仅规范有序，而且保费收入大幅度增加。截至目前，贵州省的航意险市场秩序，在全国各省中是最规范的。

加强对保险代理人的管理是行业管理的重中之重。现全省有1.33万人，为规范其合规推销业务以及合理流动，协会制定了《保险代理人行业管理规定》和《保险代理人不良行为记录档案制度》，协会对诚实守信、业绩突出、服务优良的保险个人代理人进行表彰，运用《不良行为记录档案制度》，对98名违规违纪人员，进行不良行为记录登记，并通报各会员单位不予录用。

三、坚持提高服务质量，不断扩大保险服务领域

1. 积极构建信息交流平台，实现信息资源共享。《贵州保险信息》每月一期，七年多从未间断，已发行第82期，又开通协会网站，作为贵州保险业的门户网站，实时发布大量行业动态信息和保险知识。对全省1.33万多名保险代理人，协会建立了"保险代理人管理信息系统"，便于各保险公司对所属保险代理人的资格、流动、奖惩等情况进行查询。

2. 承担政府转移职能。根据贵州保监局授权，从2006年1月起，协会承担了组织全国保险代理、经纪、公估从业人员资格考试贵州考区的考务工作。截至2008年10月底止，协会共组织保险代理人从业资格纸质化考试10次，电子化考试1205场，共有51426人（次）参加考试；组织保险经纪和公估人从业资格考试7场，有786人（次）参加考试。2001年以来，共打印发放各类保险代理、经纪和公估从业人员资格证书38100本。

七年多来，贵州省保险业协会已实现组织体系完整、职能定位清晰、

规章制度健全、有作为、有地位、有威望的行业自律组织。

（2008年11月24日贵州省保险业协会在省行业协会商会改革工作会议上的经验交流发言）

云南省俊发教育扶贫基金会

云南省民间组织管理局

云南省俊发教育扶贫基金会是由云南俊发房地产有限责任公司负责人倡议发起，云南省教育厅作为业务主管单位，于2007年6月经云南省民政厅批准成立的非公募基金会。基金会“遵守宪法、法律、法规和国家政策，尊师重教，扶植新秀，奖掖群贤，资助贫困地区失学儿童和促进贫困地区教育事业的发展”的宗旨，契合了温总理提出的“促进教育公平，完善国家助学制度，加大对中等职业学校和高等院校家庭经济困难学生的资助。使人人享有平等的受教育机会，不让一个孩子因家庭经济困难而失学”这一促进教育公平的思想，并已落实到日常工作中。俊发地产每年向基金会捐资不低于200万元，在云南省贫困地区出资建盖学校、支持贫困地区教育事业的发展，以求从根本上改变贫困地区的贫困状况。

基金会在教育领域投入巨资，目的只有一个：关注民生、服务弱势群体，坚持教育的公益性，把人文关怀深入到人们的内心，为山区孩子提供平等的受教育机会。基金会成立不到两年，就已援建了昆明市东川区俊发第一希望小学、玉溪市峨山县塔甸俊发希望小学两所学校，总投资313万元。学校建成后，整合了当地的教育资源，充分提高了教育资源的使用效率，同时解决了危房和缺房的问题，消除了安全隐患，满足了办学需要，硬件设施亦可达到我省中心完小标准化办学要求。与此同时，俊发员工还为希望小学部分贫困学生提供生活费资助。两年来，东川希望小学共有102个同学获得每年每人500元的生活费；塔甸希望小学的贫困生资助工作也已启动，2009年新学年，这里的孩子也将有机会得到俊发员工的生活费资助。为帮助贫困大学生完成学业，基金会于2007年11月启动了“俊发扬帆”奖助学金活动，与云南大学、昆明理工大学、云南财经大学三所大学签订助学协议，已捐资155.4万元，共资助568名贫困大学生完成学业，尽企业之力，助莘莘学子学海扬帆。

“5·12”汶川大地震发生后，基金会仅一天半时间，就向灾区捐款162万多元（其中员工自愿捐款2万多元，公司自愿捐款150万元，社会自愿捐献10多万元），尽自己一份力，向灾区人民献一份爱心。2008年3月，公司一位员工因突发心肌梗死住院，基金会将全体员工自发捐赠的1.4万元送到了病人手中。此外，基金会还每年向昆明爱鸟协会捐款，用于红嘴鸥的保护。

作为云南的非公募基金会之一，云南省俊发教育扶贫基金会虽然成立的时间较短，但基金会的公益效益十分显著，慈善形象已深入人心。我们坚信，基金会在俊发地产强有力的支持下，在社会各界的关注、关怀下，一定会成为云南省基金会中的一朵奇葩!

援助西藏发展基金会

——世界屋脊上唯一的全国性公募基金会

援助西藏发展基金会

援助西藏发展基金会（英文：Tibet Development Fund，简称TDF）由已故的全国人大副委员长、第十世班禅大师和时任全国人大副委员长阿沛·阿旺晋美倡议创建，于1987年4月在北京成立筹备委员会，两位副委员长共同担任筹委会主任。1992年4月基金会在北京正式成立。1997年4月在北京召开第二届理事全体会议，2006年3月在北京召开第三届理事全体会议。基金会的理事长是全国政协副主席阿沛·阿旺晋美，全国政协副主席帕巴拉·格列朗杰和原西藏自治区主席、老红军天宝担任基金会的副理事长。

2008年，在党和政府的关怀下，在社会各界的支持下，援藏基金会坚持开展以扶贫救灾济困为内容的“公益工程”、以治愈白内障失明为主的医疗卫生援助为内容的“光明工程”、以文化教育援助为内容的“育人工程”和以给贫困农牧民家庭捐赠太阳能设备为内容的“阳光工程”。“四大工程”共落实各类援助项目43个，筹集落实援藏资金468万多元。

一、“光明工程”，共筹措落实资金317万多元，479名贫困白内障患者重见光明

在基金会领导的精心安排部署下，2008年“光明工程”以基金会拉萨光明眼科康复诊疗院为平台，突出特色，重在实效，开展的复明行动在公益慈善活动中成为脍炙人口的亮点。根据年度计划，基金会组织精干的医疗队，有步骤、有重点地先后前往山南地区桑日县、曲松县、措美县、那曲地区索县及日喀则地区日布县开展“光明工程”复明活动，为6800多名眼疾病患者进行诊治，为479名白内障患者施行免费复明手术，使他们重见光明。特别是结合深入学习实践科学发展观活动，组织拉萨光明眼科康复诊疗院于2008年12月22至28日，在拉萨开展了以“突出实践 重在实效 为民造福”为主题的大型白内障免费复明手术活动。其间共为区内低收入、零就业、低保户家庭的城镇居民和周边的农牧民群众眼疾患者1273人次提供了免费检查和咨询，并且为筛选出的具备手术条件的211名白内障患者施行了免费复明手术治疗，活动取得了圆满的成功，达到了预期的目的，引起了很好的社会反响。西藏电视台、拉萨电视台等多家媒体和国内各大网站在第一时间对活动进行了大篇幅的报道，成为实践活动的一道亮点。

6月，基金会协同山南地区卫生局、地区人民医院共同组织的山南地区首届县级医院眼科培训班在地区人民医院成功举办。来自扎囊、桑日、浪卡子、琼结、加查五县人民医院的眼科医生参加了培训。基金会还为山南地区人民眼科购买了价值88000元的白内障手术用便携式显微镜一台；为山南地区人民医院提供贫困病人补助5200元；给索县卫生服务中心赠送了包括大型消毒锅、病床等价值4万多元的医疗设备。

二、“育人工程”，资助贫困生115名，奖励优秀生10名，资助资金达65万余元

为了确保有限的资金落实到真正需要帮助的品学兼优的贫困生，按照本会育人工程制定的实施细则，对2007年度在册资助的121名受助生的学习成绩、在校表现及收据单交纳情况等逐一进行了严格审核后，除有18名资助生完成学业顺利毕业（有的已走上工作岗位）外，2008年度有64名学生因学习成绩优秀，在校表现突出，深得班主任老师好评的，得以继续资助，并新增资助48名贫困生。

在自治区党委统战部台湾事务办公室的大力支持下，基金会与台资

企业北京瑞麦食品有限公司协商签订了关于长期在西藏自治区各小学开设奖励品学兼优的优秀小学毕业生的“旺旺奖学金”协议。2008 年在全区十所小学中挑选了 10 名优秀毕业生，给予了奖励，每人奖励 2000 元。与西藏自治区民族团结进步促进协会联合将广东“富力地产”的捐助的 25 万元落实给了林芝县更章门巴族乡小学，5 万元资助落实到拉萨中学贫困生。

育人工程项目得到社会各界的热心关注，爱心企业人士洪荣光先生 2008 年再次为育人工程项目捐资 16500 元，资助 6 名贫困大学生。

三、“公益工程”，紧紧围绕本会工作重点，创新思路，不断改进工作方法，社会效益日渐突出。共实施项目 14 个，援助资金 63 万多元

1. 2008 年基金会改进工作方法，加大了对两所保育院的管理力度，改善了孩子们的生活和学习条件。6 月，投入 4.2 万元，维修了曲水南木保育院的厨房屋顶，对屋面进行了防水处理，改建了原有的浴室，装修了学生娱乐室，经过此次维修，使孩子们的生活质量和学习居住条件有了明显改善。同时根据孩子们及当地政府的意见，经过认真地实地调查了解，及时调整学习管理员，从而保证了该院的正常管理。

2. 汶川和当雄发生地震后，基金会领导和全体干部职工同全区各族人民一样非常关心灾情，根据阿沛理事长和帕巴拉副理事长的指示精神，拉萨总部办公室立即召开会议，就如何抗震救灾进行了研究和工作安排，踊跃向灾区捐款捐物。5 月 14 日，将 3.2 万元捐献给汶川灾区；10 月 15 日，将价值 5 万多元的糌粑、大米、砖茶、藏垫、被子、铁炉等救灾物资送到了受灾较严重的拉萨市尼木县续迈乡灾民手中，以实际行动支援抗震救灾，把深入学习科学发展观落实到具体的工作当中。

3. 2008 年 9 月，由中国民族卫生协会和中国西藏文化保护与发展协会主办，由援助西藏发展基金会、西藏自治区藏医药产业协会和英平投资管理集团有限公司协办的中国（西藏）首届民族传统医药博览会在拉萨隆重举行。全国政协副主席、援藏基金会理事长阿沛·阿旺晋美，全国政协副主席、援藏基金会副理事长帕巴拉·格列朗杰发来贺电贺信热烈祝贺博览会开幕。为期三天的博览会由医药展销、投资合作、评选表彰、高峰论坛四个主流板块和藏文化及藏医药文化考察等辅助板块组成。

四、"阳光工程"，捐赠太阳能设备283套，落实资金22万多元

进一步解放思想，开拓创新，在积极扩大筹资渠道的同时，努力为边远农牧民贫困群众解决燃眉之急，送去光明和温暖。2008年"阳光工程"捐赠太阳能设备283套，落实资金22万多元，惠及那曲地区嘉黎县林提乡卫生所和昌都地区丁青县觉恩乡、拉萨市达孜县唐嘎乡、山南地区贡嘎县岗堆镇普雄村、日喀则地区拉孜县扎西岗乡、定杰县多布扎乡罗琼村、仁布县仁布乡、仲巴县布多乡的273户，1080余人。

11月10日下午，"爱我西藏·支援西藏"活动指导委员会和援助西藏发展基金会在北京西藏大厦举行了"爱我西藏·支援西藏"阳光工程公益活动启动仪式。在仪式上向搜狐公益网颁发了由阿沛理事长签署的"爱心媒体"荣誉证书。"阳光工程"公益活动将通过搜狐网络平台向社会发出倡议，动员社会各界积极参与阳光工程公益活动，奉献一份爱心，为西藏边远地区贫困农牧民家庭配置太阳能灶和小型光伏发电设备。这次与搜狐公益网联合启动的阳光工程公益活动第一期力争为西藏偏远地区的500户农牧民家庭安装太阳能设备。活动得到了中国人民解放军总政治部和国家工商总局、蜀山茶源北京茶文化有限责任公司及新华社等相关部门、企业、新闻媒体的大力支持，并初见成效。

五、定点扶贫工作，全年投入扶贫资金达6万多元

2008年基金会根据2007年扶贫工作经验，结合当地实际情况，突出实践和调研相结合的作用，狠抓扶贫造血功能，尽可能地从根本上解决暖而复寒、饱而复饥的问题。2008年投资12000元，为扶贫点—仲巴县不多乡绝畜特困户又购买了绵羊75只、山羊50只；投资15000元购买了牲畜过冬饲料；配备了5000元的常用畜牧药；投资3840元，为新增3户配备了太阳能户用系统；为三个行政村和乡政府配备了价值3550元的数字电视机；为让牧民们喝上干净的饮用水，基金会为该乡打井提供资助款30000元。为了让扶贫工作做到可持续发展，提高"造血"脱贫功能，经乡政府、基金会与牧民协商，共同达成了由基金会无偿给牧民购买的羊所产的羊羔进行三七分成的分配意见，签订了三年的合同。这是基金会与当地干部群众共同摸索出的一个增强群众"造血"能力的扶贫方式，得到了群众的肯定。11月，基金会扶贫帮扶工作调研小组形成的实地调研报告得到了自治区扶贫办的肯定，并向全区转发。

援藏基金会开展的援藏项目，看得见，摸得着，产生了良好的社会效益和经济效益，从一个侧面把党和政府的温暖送到最需要帮助的人们的心上，为政府做了一些辅助性的工作，党和政府给予了高度的评价和充分的肯定。2008年，在民政部、中华慈善总会、中国红十字基金会等组织的慈善公益表彰大会上，基金“阳光工程”获得了“最具影响力慈善项目”中华慈善奖。胡锦涛总书记等中央领导亲切接见了获奖单位代表；在自治区第五次民族团结进步表彰大会上，基金再度荣获全区民族团结进步先进集体的光荣称号；在全国性基金会评估工作中，基金被民政部评定为3A级全国性基金会。

深圳市已有1.7万名老人享受社区居家养老服务

郑　英

推动社区开展居家养老服务，让深圳老人足不出户就能享受到社会的关爱，成为实现老年人这一福利的主要途径和渠道。记者了解到，为了加快培育发展、规范管理社区民间组织，为居家养老提供服务载体，深圳市民间组织管理局对社区社会组织给予包括扶持资金投入、备案制等更为宽松的政策以及更大的扶持力度。

据了解，近年来深圳市老年人口数量不断增加，人口老龄化正在给家庭结构和社会生活带来新的变化，深圳户籍老年人口已超过16万人，居家养老服务政策也不断调整并惠及更多深圳老人。2007年10月，深圳市对居家养老规定的条件又作了进一步调整，包括享受待遇的深圳老人年龄由85岁降为80岁；对自请保姆、入住福利机构并符合补助条件和标准的老人，也纳入补助范围；将经工商部门批准注册的家政服务公司纳入提供居家养老服务的服务机构范畴，由此社区居家养老需求进一步扩大，同时也给社区社会组织发展带来巨大发展空间。目前，市级居家养老服务机构数量达25家，经区级民政部门批准的区级社区居家养老机构也陆续增加。从2006年10月全市启动居家养老服务以来，到目前为止，深圳享受到居家养老条件的深圳老人数量达17000人，政府购买居家养老服务投入已经超过4000万元，从享受老人的数量以及获得资助的金额而言走在了全国前列，社区居家养老取得的成效获民政部领导的肯定。

在2006年底开展社区民间组织登记管理试点工作基础上，深圳市民间组织管理部门进一步推进社区社会组织从事社区服务，包括申请福利彩票公益金2000万元扶持资助从事居家养老服务的社区民间组织发展。目前，扶持力度仍在不断提高，对《深圳市资助社区民间组织从事社区服务暂行办法》作出相应调整：一是扩大资助对象。将原仅限于由居委会、群团组织举办的社区民间组织调整为社会各类组织和个人举办的经民政部门依法登记的以居家养老服务为核心的民间组织。二是调整支付方式，原资助分两部分进行，对成立从事社区居家养老的社区民间组织给予资助1万元，对积极开展社区居家养老服务活动的社区民间组织再资助1万元，调整为对每个机构资助2万元，在机构设立后一次性支付。三是根据服务老人的数量给予机构补贴。按符合居家养老补助条件的老人计算，每服务一个老人每年补贴200元，以此鼓励以居家养老服务为宗旨的民间组织发展。四是创新登记管理体制。在倡导各区积极培育发展社区民间组织的同时，鼓励支持社会力量成立市级居家养老服务机构，可直接由市民政局担任业务主管单位，避免因双重管理体制带来的障碍。

在深圳市社区居家养老服务逐步实现全面覆盖的同时，还将引入竞争机制，使居家养老服务越办越好，让深圳老人身在家中就可以享受社会关爱。

（原载《深圳商报》2008年6月24日）

“这个冬天不再冷”

刘　畅

贷款难，中小企业贷款更难，在金融海啸之下贷款难上加难。最近，行业协会牵线搭桥，企业自愿组合“抱团贷款”的新模式在深圳出现了。2008年10月深圳成立“行业协会联手互助工程”，通过深圳市社会组织总会秘书长王理宗的讲述，希望“这个冬天不太冷”。

记者调查：深圳中小企业多年前就曾尝试过类似的贷款形式。

昔：中小企业在互助中壮大

早在2001年，深圳市福田区民营企业家联谊会就曾发起过“信用互助”。那时，亚洲金融风暴刚过不久，为解决资金问题，联谊会成员决定建立“资金池”，也就是参加“信用互助”的企业成员各自拿出一部分资金放入“资金池”，由中科智进行担保，民生银行进行放大贷款。一旦出现欠贷，由“资金池”的资金先行垫付。但是这种模式第一主体是不具法人资格的商会，第二主体是担保公司，第三主体才是银行，拿出资金建“资金池”的企业不一定都能通过银行审批、拿到贷款，存在一定的“灰色地带”。该模式没坚持多久就“夭折”了。

今：多家协会密切跟进

相较之前的“信用互助”，王理宗认为现在的“抱团贷款”有了很大的进步，如现在初审合格的企业才交“抱团贷款”保证金给银行，并且是直接交银行，不再通过担保公司等“中间路径”；同时，“抱团贷款”只需交纳保证金，不需抵押物，贷款“门槛”相对降低了。

王理宗透露，目前深圳市工业经济联合会、机械行业协会、服装行业协会等包括深圳市四大支柱产业、优势传统产业以及现代服务业在内的全市近40多家行业协会都已经加盟“深圳市行业协会联手互助工程”，针对存在的贷款难问题，各行业都在关注“抱团贷款”的新进展，已有不少协会开始积极与银行联系，寻找可为行业企业量身定制的融资产品。

明：打造多行业“利益共同体”

深圳的行业协会在全国最早实行民间化改革，在了解行业信息，对行业企业提供针对性帮扶方面具有独特优势。深圳发起行业协会联手互助工程就是要通过行业组织的联合、联动，打造一个资源整合、信息共享的多行业利益共同体，共同应对当前严峻的经济形势。为此，该“联手互助工程”建立了联席会议制度，将定期交流各行业包括贷款难等在内的突出问题，提出解决意见和政策建议，第一时间报市政府。同时，将进行不同协会相关项目对接等。

王理宗说，目前深圳社会组织总会已联络了近9家商业银行，正在撮合银行与一家或多家行业协会形成“合作伙伴”，通过协会的中介力量，更快更精准地将银行与企业需求进行对接。

（原载《广州日报》2008年12月26日）

厦门莲花爱心护理院为老年人营造温馨病房

厦门市民间组织管理局

厦门莲花爱心护理院是民办非企业单位。为了让入住该院的老人得到更加贴心的服务，厦门莲花爱心护理院从2008年7月份开始开展“温馨病房”服务活动。活动开展至今，已取得一定成效，受到入住老人的普遍好评。

厦门莲花爱心护理院在服务活动中，以护理院内三个护理小组为单位开展竞赛，主要从护理院内部管理、环境卫生、老人生活护理质量、老人及家属满意度等多角度进行综合考核，从而评价结果。为了让老人充分感受到养老环境的温馨，护士们从美化病房环境着手，每名护士绞尽脑汁，动手把老人房间装扮成“温馨病房”，墙上挂着千纸鹤，窗户上贴着工作人员亲手制作的纸制小星星，电视机上摆着可爱的卡通玩具，窗外柳树绿色的柳条飘摇在房间的窗户上……到处可以看到温馨的点缀。一走进病房，带给人的感觉是清新和温暖，老人住在这里处处感觉到一种生命的力量。在这样美丽的环境，不知情的人一定以为是来到了哪个休闲之地，殊不知却是老年人养老的地方。一名卧床的老人激动地说：“想不到，躺在床上还能天天看到美景，看到绿色，看到护士们的用心和爱心，真的很感动。”

厦门莲花爱心护理院的负责人说，我们开展“温馨病房”服务，不是一个短期的行为，而是想通过这个持久的服务活动达到不断提升管理水平的目的，让老人在这里入住更安全，得到更好的照顾，使我们的社会更加温馨和谐。

（原载《社会组织周刊》2008年8月31日）

“十里红妆”一风情

——记宁波市宁海县“十里红妆”民俗博物馆

陈志卫

“十里红妆”创建于2003年9月，是按照民办非企业登记的较大型民间民俗博物馆。在3000多平方米展馆中展出藏品1200多件，为我国江南民间同类收藏之最，被评为5级旅游资源。开馆以来，接待各地游客近20万人次，已成为宁波市集保护、展示、研究、旅游于一体的文化新亮点、旅游新景点。

“十里红妆”民俗博物馆陈列展示的都是浙东地区婚嫁习俗有关的器物，一片红色的器具让你记忆起旧时的江南民间生活：大到床铺家具，小到针头线脑；贵重到金银首饰、珠玉珍玩，日常到衣裳布匹、烛台灯火、床橱柜桌、梳洗用具——无不透着喜气，透着吉祥，透着老百姓民间生活的气息。“百床风情”展出了从明清到民国时期的小姐床、婚床、罗汉床、架子床等近百张各种形式的床。金碧辉煌的“千工床”，体现了“一生做人、半世在床”的传统生活理念；“万工轿”则是婚姻中明媒正娶的见证。去藏馆浏览的人都会被精美绝伦的器物所惊讶，会情不自禁地赞叹工匠的心灵手巧，甚至会感受到一种风情文化的震撼。

“十里红妆”主人何晓道，是位深通其道的民间艺术鉴赏收藏家。作为一名自觉的民俗研究者，他把自己定位于“我就是那个行走在乡间的拾遗者。”看其馆藏再配上他的著作《红妆》一书，就会觉得更加全面深刻了。该书精选了他20年来收藏的红妆家具近200件，包括床、柜、箱、桌、椅、桶、女红用品等，用“三寸金莲”“古越婚俗”“十里红妆”三个篇章把这些器物按主题板块有机地排列在一起，使原本没有生命的物件一个个鲜活起来，有泪、有血、有情感、有故事。

“十里红妆”也是政府倡导全社会保护文化遗产的一次成功的尝试。在当地，“十里红妆”已经成为文化和旅游资源的著名品牌，并成为宁波市和浙江省文化体制改革试点单位。2005年5月19日，宁海县人民政府组织了声势浩大的宁海十里红妆婚俗风情大巡游活动，参加演出人员1307人，观众达5万人次，通过婚俗表演、嫁妆巡游，向世人展示了十里红妆的壮观场面和红妆文化的魅力。中央电视台曾对此作过详细报道。其后，“十里红妆”婚庆服务活动成了更多人的选择，以“红”色为主基调的中式传统婚礼，甚至吸引了“老外”慕名前来体验一番，张贴大红喜字，佩戴大红花，穿上大红袄，遮上红盖头，在享受中式传统婚礼十足喜庆气氛的同时，也有了中国式的成功、吉利和兴旺发达的期望。“十里红妆”婚庆活动使民俗博物馆由静态展示变为动态参与。政府与社科人士说：“愿‘十里红妆’成为一种‘永久性’的公益文化旅游事业”。

（原载《中国社会报—社会组织周刊》2008 年 6 月 8 日）

为出租车司机提供热饭热菜服务

厦门市出租汽车暨汽车租赁协会最近协同市运管部门及部分出租车驾驶员代表来到厦门海谊酒店，就建立的士司机餐厅，为出租车驾驶员提供热饭热菜服务达成一致意见。

以往，厦门市的出租车驾驶员在外头没有固定的就餐场所，造成停车难、用餐难等问题。出租车驾驶员迫切盼望有自己的的士司机餐厅。

厦门市出租汽车暨汽车租赁协会和市运管部门本着为出租车驾驶员服务的理念，想方设法为出租车驾驶员提供就餐服务。他们找到的厦门海谊酒店原本是一个供应附近学校学生就餐的公共食堂，各种经营证件齐全，饭菜进货台账完备，餐厅环境也整洁卫生，符合作为的士司机餐厅的基本要求。协会和市运管部门与该酒店经多方协商，酒店方面承诺：一是饭菜价格优惠幅度与学生同价；二是可提供外卖；三是设立出租车驾驶员优先打饭窗口；四是免费提供开水，盛夏季节供应凉茶；五是饭菜供应时间为 10：30～13：30，其间均能保证过往驾驶员吃上热饭热菜；六是免费为就餐的驾驶员提供停车位 150 辆以上，并派保安维护现场秩序，使车辆停放有序；七是每日提供菜的品种保持在 16 种以上；八是提供 E 通卡付账的服务。协会方面负责制作“的士餐厅”牌子，制定驾驶员文明就餐注意事项，让来就餐的驾驶员遵守餐厅各项规定，不大声喧哗，不按喇叭。双方议定餐厅承办人在经营中要做到诚信、文明、价廉、卫生，特别要防止食物中毒事件，各类标准均以卫生主管部门的规定为准。双方商定合作时间暂定为一年，从 2009 年 1 月 1 日至 12 月 31 日。餐厅于 2009 年 1 月 1 日开张。

（原载《中国社会报—社会组织周刊》2008 年 12 月 28 日）

附　录

社会组织历年统计资料

单位：个

年　份	社会组织合计	社会团体	民办非企业	基金会
1978				
1979				
1980				
1981				
1982				
1983				
1984				
1985				
1986				
1987				
1988	4446	4446		
1989	4544	4544		
1990	10855	10855		
1991	82814	82814		
1992	154502	154502		
1993	167506	167506		
1994	174060	174060		
1995	180583	180583		
1996	184821	184821		
1997	181318	181318		
1998	165600	165600		
1999	142665	136764	5901	
2000	153322	130668	22654	
2001	210939	128805	82134	
2002	244509	133297	111212	
2003	266612	141167	124491	954
2004	289432	153359	135181	892
2005	319762	171150	147637	975
2006	354393	191946	161303	1144
2007	386916	211661	173915	1340
2008	413660	229681	182382	1597

注：2002年以前的基金会含在社会团体内。

2008年社会组织十件大事

一、胡锦涛总书记对慈善组织充分肯定并提出殷切希望

12月5日，党和国家领导人胡锦涛、李克强等在北京人民大会堂亲切会见出席中华慈善大会的代表。胡锦涛总书记在讲话中对长期以来为中国慈善事业发展作出积极贡献的海内外慈善机构、社会团体等给予了充分肯定，希望他们进一步发扬人道主义精神，乐善好施，扶贫济困，热情参与慈善活动，向需要帮助的人们奉献更多的关爱，同时要求各级各类慈善组织充分发挥自身优势，积极传播慈善文化，不断创新募捐方式，切实管好用好善款，以良好形象取信公众、取信社会。讲话为推进新时期我国慈善组织发展指明了前进方向，必将推动我国慈善事业持续快速健康发展。

二、社会组织积极投入汶川特大地震救援和灾后重建

“5·12”汶川特大地震震惊世界，也吹响了社会组织抗震救灾的集结号。全国数十万社会组织紧急行动起来，主动配合党和政府开展了规模空前的救援行动和共和国历史上最大规模的社会捐助行动，社会组织累计募集款物356亿元，动员志愿者500多万人，为灾区人民战胜灾害、重建家园提供了强有力的物质帮助和精神支持，成为抗震救灾的生力军。社会组织敢于担当、勇于奉献，彰显了民间力量在应对重大突发事件中的重要作用，形成了政府与民间风雨同舟、齐心协力抗击灾害的磅礴力量，为赢得抗震救灾的胜利作出了不可磨灭的贡献。

三、北京市志愿者协会荣获“联合国卓越志愿服务组织奖”

8月至9月，我国成功举办北京奥运会和残奥会，圆了中华民族百年梦想。奥运期间，12万名赛会志愿者、40万城市志愿者、上百万社会志愿者、20多万拉拉队志愿者共170万人，以其“文明、热情、专业”的服务为奥运会、残奥会的成功举办提供了重要保障，志愿者的微笑成为北京最好的名片。这次百年奥运史上最大规模的志愿服务，展示了我国人民蓬勃向上的精神风貌，增进了我国人民同世界各国人民的了解和友谊，赢得社会各界和国际社会的高度赞誉。联合国秘书长潘基文致信北京奥运全体志愿者，对其服务致以崇高敬意，北京市志愿者协会作为志愿者组织的代表，被授予“联合国卓越志愿服务组织奖”。

四、国家对公益性捐赠税前扣除比例大幅提高

1月1日起实施的《企业所得税法》及其实施条例明确规定符合条件的非营利组织的收入可以免税，首次确定了公益组织的认定标准，并将企业公益性捐赠税前扣除比例从原来的年度所得额的3%调整为年度利润的12%。社会捐赠不足、社会组织资金匮乏是长期以来制约社会组织健康发展的“瓶颈”之一，《企业所得税法》及其实施条例的出台，是完善社会组织税收制度的重大步骤，有利于鼓励社会公益捐赠，激励社会组织更多地从事公益活动，对社会组织发展必将产生深远影响。

五、首次基金会评估结果揭晓

4月29日，民政部召开“基金会评估工作总结暨授牌大会”，首批62家符合参评条件的基金会中，有6家获得最高评级5A级、13家获得4A级、19家获得3A级。这是我国首次按照政府主导、社会参与、独立运作的方式对社会组织进行的全方位评估，迈出了社会组织分类评估的第一步，随后行业协会商会、学术性社团、公益性社团、民办非企业单位等评估工作也将陆续展开。社会组织评估机制的建立，是社会组织管理方式的创新，有利于增强社会组织的自律性和诚信度，促进社会组织监督机制的完善。

六、首届社会工作师职业水平考试举行

6月29日，首届全国社会工作师、助理社会工作师职业水平考试开考，13.6万余名考生报名参加了考试。20086人获得助理社会工作师职业水平证书，4105人获得社会工作师职业水平证书。社会工作人才是社会组织人才队伍建设的重要组成部分，社会组织也是社会工作人才的重要培养和使用基地。社会工作师、助理社会工作师被正式纳入我国职业序列，为社会组织从业人员获取职业资格、提升职业素质提供了新渠道，有助于社会组织人才队伍的专业化、职业化，为社会组织的健康发展提供人才保障。

七、第十八万三千个民办非企业单位在上海登记成立

10月9日，上海联合动漫产业发展中心在上海市社会团体管理局注册成立，这是我国登记的第十八万三千个民办非企业单位。近些年来，社会力量兴办的学校、医院、养老机构、体育俱乐部、艺术博物馆、画院等民办社会服务机构如雨后春笋，发展势头强劲，初步形成民办了社会事业和公办社会事业相互促进、共同发展的格局，不同程度地满足了人民群众在教育培训、医疗卫生、社会福利、文化娱乐、体育健身、生态环保、法律

援助、社区服务等方面的多元化需求，成为政府公共服务供给的重要补充。

八、广东按照“五自”“四无”要求推进行业协会商会改革

广东省创新行业协会发展与管理模式，以市场化、民间化为方向，在全国率先推进行业协会改革。截至2008年12月份，业务主管单位全部改为业务指导单位，100％的现职公务员退出兼任的行业协会领导职务，新登记的行业协会100％由企业自发组建，200多家过去无法找到业务主管单位的行业协会商会得以登记，初步实现了行业协会“自愿发起、自选会长、自筹经费、自聘人员、自主会务”，以及“无行政级别、无行政事业编制、无行政业务主管部门、无现职国家机关工作人员兼职”的改革目标，有力地激发了行业协会活力，促进了当地经济社会发展，对全国其他地区改革也起到积极示范作用。

九、南京备案社区社会组织突破8000个

为支持和鼓励社区居民成立形式多样的基层社会组织，南京市改进社会组织登记制度，全面推行社区社会组织备案制度，截至10月份，全市备案的社区社会组织已达8166个，数量位居全国同类城市前列。据不完全统计，这类备案组织已在北京、天津、山东、浙江等地推进，全国已超过20万个，主要形式包括慈善组织、群众性文体组织、科普组织和为老年人、残疾人、困难群众提供生活服务的组织。备案制度的创新之举，为社区居民参与各种活动，实现自我服务、自我完善和自我提高提供了活动平台，对提高社区居民生活质量、扩大就业、化解社会矛盾、促进社会和谐发挥了积极作用。

十、中国红十字基金会“5·12灾后重建项目”公开招标

汶川地震之后，红十字基金会面向公益性社会组织和其他专业社会公益服务机构进行5·12灾后重建公益服务项目公开招标。聘请专家成立独立评审委员会，通过公平竞争，截至11月25日，已有两批12个社会组织公益项目获得资助，中标总额1416万元。其中“红十字乐和家园”和“生态厕所参与灾区重建”荣获本年度中华慈善大会“最具影响力慈善项目”。这种评委独立、规章完备、程序公正、资助透明的项目公开招标开创了社会组织横向合作的新模式，是基金会对于捐款使用的制度创新，也是中国公益性社会组织资源优化配置的有益探索。

图书在版编目（CIP）数据

中国社会组织年鉴．2009／《中国社会组织年鉴》编委会编．—北京：中国社会出版社，2010.1

ISBN 978－7－5087－3056－1

Ⅰ．①中…　Ⅱ．①中…　Ⅲ．①社会团体—中国—2009—年鉴　Ⅳ．①D66－54

中国版本图书馆 CIP 数据核字（2010）第 006578 号

书　　名： 中国社会组织年鉴 2009
编　　者： 中国社会组织年鉴编委会
责任编辑： 朱永玲

出版发行： 中国社会出版社　邮政编码：100032
通联方法： 北京市西城区二龙路甲 33 号新龙大厦
电　话：（010）66080300　（010）66083600
（010）66085300　（010）66063678
邮购部：（010）66060275　电　传：（010）66051713
网　　址： www. shcbs. com. cn
经　　销： 各地新华书店

印刷装订： 中国电影出版社印刷厂
开　　本： 170mm×240mm　1/16
印　　张： 38
字　　数： 610 千字
版　　次： 2009 年 10 月第 1 版
印　　次： 2009 年 10 月第 1 次印刷
定　　价： 108.00 元